英德年鉴

YINGDE NIANJIAN

2023

中共英德市委员会
英德市人民政府 主办
英德年鉴编纂委员会 编

华南理工大学出版社
·广州·

图书在版编目（CIP）数据

英德年鉴.2023/英德年鉴编纂委员会编.—广州：华南理工大学出版社，2024.1
ISBN 978-7-5623-7540-1

Ⅰ.①英… Ⅱ.①英… Ⅲ.①英德-2023-年鉴 Ⅳ.① Z526.53

中国国家版本馆CIP数据核字（2024）第000845号

英德年鉴·2023
YINGDE NIANJIAN

英德年鉴编纂委员会 编

出 版 人：	柯　宁
出版发行：	华南理工大学出版社
	（广州五山华南理工大学17号楼，邮编510640）
	http://hg.cb.scut.edu.cn　　E-mail:scutc13@scut.edu.cn
	营销部电话：020-87113487　87111048（传真）
策划编辑：	袁　泽
责任编辑：	刘　锋　张晓婷
责任校对：	李　桢　洪　静　邱　燕
印 刷 者：	佛山家联印刷有限公司
开　　本：	889mm×1194mm　1/16　印张：31.75　字数：726千
版　　次：	2024年1月第1版　印次：2024年1月第1次印刷
定　　价：	180.00元

版权所有　盗版必究　印装差错　负责调换

英德年鉴编纂委员会

（2023年9月）

主　　　任：林明晓
副　主　任：李巧玲
执行副主任：郑中重　周亚环
委　　　员：（排名不分先后）

　　　　　　童　玲　陈海涛　朱增化　张新民　邓　峰
　　　　　　方武贤　李中诏　杨霄飞　周兰标　潘　虹
　　　　　　邓明华　林翠嵘　曾祥伟　吴小兵　刘良杰
　　　　　　陈参选　罗日志　范方赠　谭文欢　李永辉
　　　　　　温泳滨　周　波　胡英杰　范兰辉　李　龙
　　　　　　罗秀金　郑远锋　黄光威　吴国亮　刘少波
　　　　　　邓伟志　姜万河　伍国健　陈　光　朱少怀
　　　　　　黄永汉

英德年鉴编辑部

主　　　编：郑中重　周亚环
执行主编：曹　亮
责任编辑：曹　亮　黄丽华　张　锋　胡瑞芬　周　航　阮关凤

编辑部地址：英德市金子山大道英德市人民政府行政中心档案馆
邮　　　编：513000
电话（传真）：0763-2813001

英德市地图

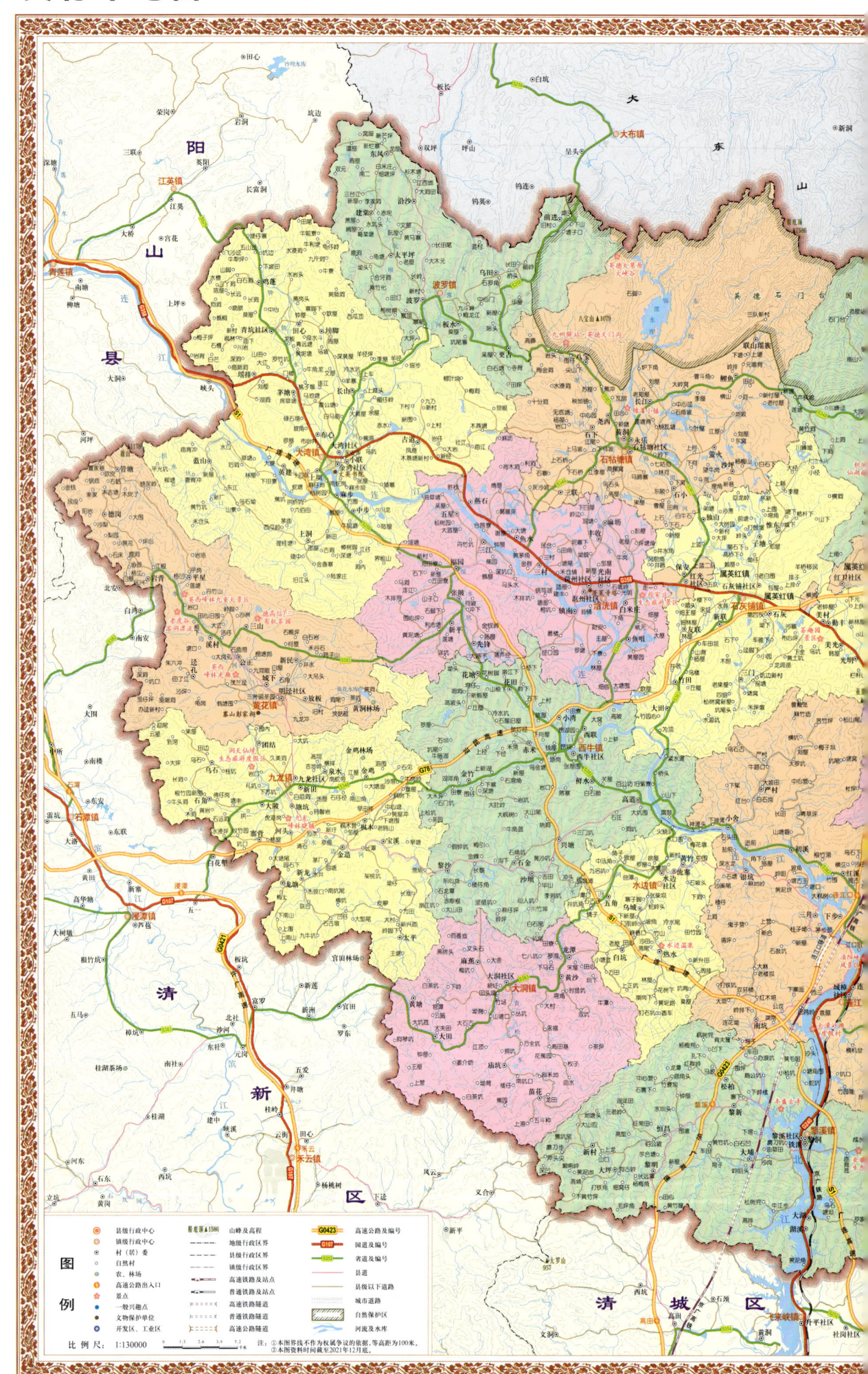

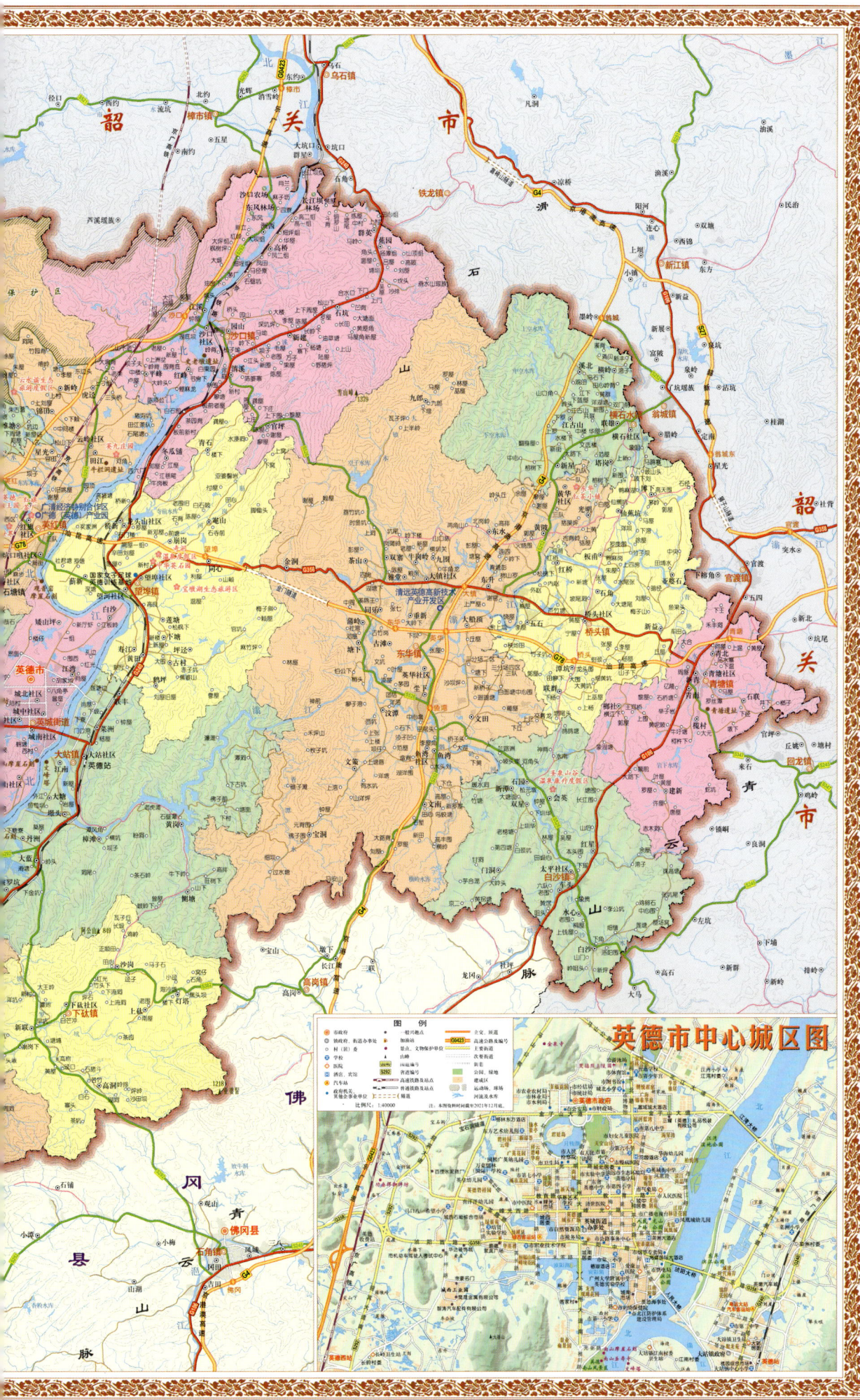

大好河山 看英德

英德市全域旅游全景图
TOURISM PANORAMA OF YINGDE COUNTY

阳山县

广连高速
波罗镇
西京古道
九州驿站·天门沟 AAA
石牯塘镇
安美动感生态园
大湾镇
九重天 老虎谷溶洞漂流
星溪围民宿
云上云左民宿 清欢竹境轻奢民宿
彭家祠
德高信T三有机茶园
黄花镇
浛洸镇
徐家庄旅游生态景区 AAA
鱼咀村
碧乡文旅·鱼咀民宿
连江
璞营地
璞驿酒店
芸居酒店
英西峰林
AAAA 洞天仙境
九龙镇
西牛镇
九龙峰林晓镇 AAAA
汕昆高速
河头村
碧乡客栈
水边温泉度假村
水边镇
许广高速
大洞镇
清新区
乐广高速

编辑说明

一、《英德年鉴》是中共英德市委、英德市人民政府组织编纂，《英德年鉴》编辑部编辑出版的大型资料性工具书。2005年创刊，2006年后每年出版一册。按照惯例，从2011年起以出版年份为卷次名称，反映上一年当地经济和社会发展的基本情况。

二、《英德年鉴》以马克思列宁主义、毛泽东思想、邓小平理论、"三个代表"重要思想、科学发展观、习近平新时代中国特色社会主义思想为指导，坚持辩证唯物主义和历史唯物主义的立场、观点和方法，存真求实，客观记载英德市年度发展情况。

三、《英德年鉴》文字部分设年度关注、特载、专辑等26个类目，下有174个分目、49个子分目、1335个条目；文字部分以条目为表现内容的基本形式，条目标题用黑体加【】表示。《英德年鉴·2023》围绕英德市委、市政府中心工作，服务英德市发展大局，按照"大事突出、要事不漏、新事不丢、琐事不记"的记事原则，突出亮点和特色，全面、系统、翔实地记述2022年英德市的自然、政治、经济、文化、社会等方面的基本面貌和发展情况，为社会各界和海内外人士了解英德、认识英德、研究英德提供基本的资料。

四、《英德年鉴》统计数据除面积用"亩"外，其余均采用法定计量单位。由于统计口径不一，个别数据可能不一致，使用时应以附录的数据为准。

五、《英德年鉴》出现的"市"，如无特别说明均指英德市。

英德名片

★ 国家女子足球英德训练基地（1986年）
★ 广东省历史文化名城（1996年）
★ 英德国家森林公园（2000年）
★ 中国红茶之乡（2005年）
★ 中国麻竹笋之乡（2005年）
★ 中国英石之乡（2005年）
★ 中国沙糖桔之乡（2006年）
★ 中国蚕丝之乡（2006年）
★ 中国女子足球之乡（2007年）
★ 中国果蔗之乡（2007年）
★ 中国黑皮冬瓜之乡（2008年）
★ 广东省卫生城市（2008年）
★ 广东省旅游强县（市）（2008年）
★ 广东省文明城市（2010年）
★ 英德红茶地理标志证明商标（2010年）
★ 广东省林业生态县（2011年）
★ 全国重点产茶县（2010-2017年）
★ 中国茶叶产业发展示范县（2013年、2016年）
★ 全国十大生态产茶县之一（2014年）
★ 全国双拥模范城（2016年）
★ 全国残疾预防综合试验区创建点（2016年）
★ 地质灾害防治高标准"十有县"（2017年）
★ 国家级农村职业教育和成人教育示范县（2018年）
★ 中国茶业品牌影响力全国十强县（市）（2018年）
★ 中国茶业百强县（2018年、2019年、2020年、2021年、2022年）
★ 中国茶旅融合十强示范县（2019年）
★ 农产品流通现代化、农村电商和产销对接典型县(市)（2019年）
★ 国家级电子商务进农村综合示范县（2019年）
★ 紧密型县域医共体建设试点县（2019年）
★ 全国新时代文明实践中心建设第二批试点县（2019年）
★ 全国农作物病虫害"绿色防控示范县"（2020年、2021年）
★ 2019年县域数字普惠金融发展动能指数得分百强县（2020年）
★ 2020年度茶业品牌发展十强县（2020年）
★ 区域特色美丽茶乡（2021年）
★ 2021年度"三茶统筹"先行县域（2021年）
★ 全国县域旅游发展潜力百佳县（2019年、2020年、2021年）
★ 全国基层中医药工作先进单位（2021年）
★ 全国农作物病虫害绿色防控示范县和统防统治百强县（2021年）
★ 茶业助力乡村振兴示范县域（2022年）
★ 全国投资潜力百强县（2022年）

数字英德·2022

行政区域面积5634平方千米

年末户籍总人口120.9万人

生产总值405.2亿元（当年价格）

　　第一产业增加值87.6亿元

　　第二产业增加值157.2亿元

　　　规模以上工业增加值137.7亿元

　　第三产业增加值160.4亿元

城乡居民住户存款余额425.8亿元

社会消费品零售总额98.5亿元

农村居民人均可支配收入21 230元

外贸出口总额45.7亿元

实际利用外资0.35亿元

地方财政一般预算收入29.2亿元

税收收入13.4亿元

地方财政一般预算支出83亿元

人均生产总值42 925元

全社会固定资产投资下降12.9%

公路通车里程6534千米

接待旅游总人数217.8万人次

各类专业技术人员22 541人

人　口

　　2022年，英德市年末户籍人口120.9万人；常住人口94.44万人。全市户籍人口出生1.3万人，人口出生率9.28‰，死亡人口7448人，死亡率6.42‰，自然增长人口5496人，自然增长率2.87‰。

大事要闻

连樟村新貌

● 2022年，英德市连樟村现代农业示范园采用立体栽培模式，栽种草莓、小西瓜、黄瓜、樱桃、番茄等优质果蔬

（南方日报英德站供图）

● 2022年英德市连樟村鸟瞰图

（南方日报英德站供图）

连樟村新貌

● 连樟村现代农业科技示范园新型职业农民培训基地 （南方日报英德站供图）

● 连樟村样板区建成14个5G网络基站 （孙运冰 摄）

2022年洪灾

● 2022年6月19日，英红镇党员干部连夜到坑口咀社区转移老人儿童到安全区域　　　（王小卡 摄）

● 2022年6月20日，英德北江两岸鸟瞰图　　　（南方日报英德站供图）

2022年洪灾

● 2022年英德洪灾期间,工作人员在英德市体育馆向受灾转移群众派发物资(南方日报英德站供图)

● 2022年6月22日,一百多名清远军分区部队官兵在英德市北江用沙袋搭建防洪堤　　　　　(曾亮超 摄)

大事要闻

同心抗疫

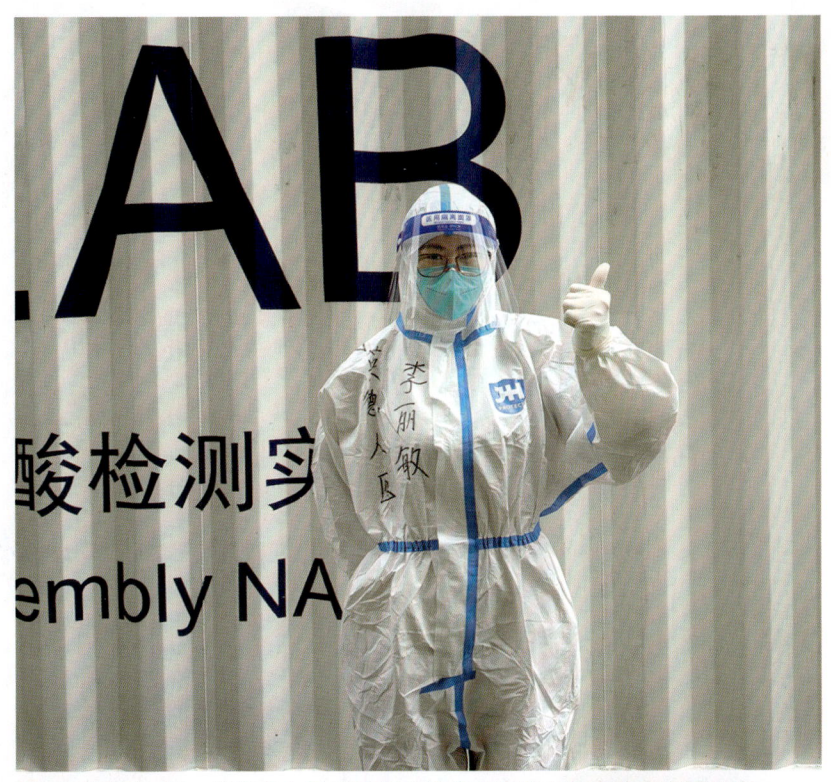
●2022年5月11日，英德市人民医院李丽敏在上海的方舱实验室支援抗疫
（南方日报英德站供图）

●2022年7月12日，英德市开展全民核酸检测，医护人员指导小朋友完成核酸检测
（南方日报英德站供图）

同心抗疫

● 2022年7月10日,英德市英城街道、九龙镇实行全域3天静态管理,党员志愿者在英城街道为中风险区居民运送物资　（南方日报英德站供图）

● 2022年7月12日,医护人员和党员志愿者上门为行动不便的老人检测核酸　（南方日报英德站供图）

● 2022年7月10日,检测点有序开展核酸检测　（南方日报英德站供图）

水资源质量提升

● 2022年，英德市推动英德河长制工作由清理到治理转变，呈现出一幅人水和谐、人水相融景象　　（曾亮超 摄）

● 经过整治，滃江流域水环境质量得到明显提高　　（南方日报英德站供图）

乡村振兴

● 图为在招聘会中，部分企业现场直播带岗 （焦莹摄）

● 2022年1月4日，清远国能诚创新能源有限公司英德项目部在英德供电局揭牌成立
（南方日报英德站供图）

● 2022年2月14日，英德市2022年首场招聘会在大湾镇综合文化站广场举办，36家企业入场
（焦莹摄）

汕昆高速桥头互通连接线通车

● 2022年1月25日,位于英德市桥头镇的汕昆高速公路桥头互通连接线改扩建工程正式建成通车

(南方日报英德站供图)

● 汕昆高速桥头互通连接线为双向四车道　　　　　　　　　　　　(南方日报英德站供图)

奥 园

●奥园英德巧克力王国是国内独创融合巧克力元素、英德红茶文化、泡池、酒店及喀斯特地貌于一体的全业态全域旅游度假胜地　　　　　　　　　　　　　　　　　　　　　　　　　　（南方日报英德站供图）

●奥园英德泉林水世界　　　　　　　　　　　　　　　　　　　　　　　（南方日报英德站供图）

九龙庆新年活动

●2022年1月24日,英西洞天仙境和峰林晓镇景区启动国潮文化旅游节暨"乡潮中国年"活动(焦莹 摄)

●国潮文化旅游节开幕仪式上的木呷狮表演　　　　　　　　　　　　　　(焦莹 摄)

黄花风铃

● 2022年3月19日，浈阳峡首届黄花风铃节在仙鹿岛举行，百亩黄花风铃绽放，吸引不少汉服爱好者和游客打卡　　（曾亮超　摄）

● 百亩黄花风铃俯瞰图　　（曾亮超　摄）

目　录

年度关注

◆2022年英德市十件民生实事完成情况……………1
◆连樟村妇联被授予"全国妇联系统先进集体"称号……………………………………………………5
◆第五届北江鱼干美食节开幕………………………6
◆国潮文化旅游节暨"乡潮中国年"活动……………6
◆2022第四届中国·英德红茶头采节………………7
◆英德两处遗址入选"广东十年十大重要考古发现"…………………………………………………8
◆英德木呷狮舞入选第八批省级非遗代表性项目名录…………………………………………………8
◆英德国家森林公园获批为国家级森林公园………10
◆广东英德华侨农场入选第十批"中国华侨国际文化交流基地"……………………………………10
◆英德多个品牌获第二届世界红茶产品质量推选活动"大金奖"……………………………………11
◆英德入选2022年度全国投资潜力百强县（市）…11
◆英德红茶获广东首批"粤地优品——广东高品质地理标志"称号……………………………………11
◆英德青塘考古遗址公园入选第四批国家考古遗址公园立项名单………………………………………12
◆英德市区石门台饮用水工程项目一期正式通水…12
◆茶叶品质气象指数保险落地英德…………………13

特　载

◆市委常委会工作报告………………………………14
◆政府工作报告………………………………………21

专　辑

◆英德市时代楷模、道德模范、最美人物…………34
  · 2022年广东好人
  · 2022年清远好人
◆2022年英德市道德模范……………………………39
◆2022年英德市时代楷模……………………………41
◆2022年最美英德人…………………………………43
◆连樟样板区城乡融合发展试验探索………………47
  · 农村集体经营性建设用地入市制度建立
  · 进城落户农民自愿有偿转让退出农村权益制度建立
  · 农村产权抵押担保权能完善
  · 城乡产业协同发展平台搭建
  · 城乡基本公共服务均等化发展体制机制建立
  · 生态产品价值实现机制建立
  · 农民持续增收体制机制健全

英德市2022年大事记

◆1月……………………………………………………50
◆2月……………………………………………………50

- ◆ 3月 ······50
- ◆ 4月 ······50
- ◆ 5月 ······51
- ◆ 6月 ······51
- ◆ 7月 ······52
- ◆ 8月 ······52
- ◆ 9月 ······52
- ◆ 10月 ······52
- ◆ 11月 ······52
- ◆ 12月 ······53

英德概览

- ◆ 建置沿革 ······54
  - 先秦以前
  - 两汉、三国、两晋时期
  - 南北朝时期
  - 隋、唐、五代十国时期
  - 两宋时期
  - 元、明、清时期
  - 民国时期
  - 中华人民共和国时期
- ◆ 自然地理 ······55
  - 地理位置
  - 地质
  - 地貌
  - 土壤
  - 山脉
  - 河流
  - 气候
- ◆ 自然资源 ······59
  - 土地资源
  - 水资源
  - 森林资源
  - 矿产资源
  - 动物资源
- ◆ 旅游资源 ······61
  - 概况
- ◆ 环境质量 ······63
  - 市区环境空气质量
  - 水环境
  - 声环境
- ◆ 人口·语言 ······63
  - 人口
  - 语言
- ◆ 民族·宗教 ······64
  - 民族
  - 宗教
- ◆ 行政区划 ······64
  - 行政区划
  - 行政区域界线勘定
- ◆ 经济社会发展 ······66
  - 经济社会发展概况
  - 社会事业发展概况
  - 精神文明建设概况
  - 生态文明建设概况
- ◆ 主要行政事业机构及负责人名单 ······70
  - 中共英德市委领导名单
  - 市人大常委会领导名单
  - 市人民政府领导名单
  - 英德市政协领导名单
  - 行政事业（企业）单位负责人名单
  - 镇（街道）党（工）委、政府（办事处）主要负责人名单

党务政务

◆ 中共英德市委员会……………………77

中共英德市委员会综述……………………77
- 概况
- 政治建设
- 经济发展
- 改革
- 乡村振兴
- 生态环境保护
- 民生事业
- 抗洪抢险
- 疫情防控

市委重要会议……………………79
- 中国共产党英德市第十四届委员会第二次全体会议
- 市委常委会（扩大）会议

综合协调服务……………………89
- 概况
- 督查督办
- 史志档案管理
- 保密
- 值班值守
- 办文
- 办会
- 政务信息
- 市委深化改革
- 综合调研

组　织……………………92
- 概况
- 抗洪抗疫"两支队伍"管理
- 李鼎新事迹
- 党组织联建共建行动
- "学习宣传二十大　党群连心访万家"活动
- 市直机关党务
- 模范机关创建
- 党建促乡村振兴
- "我为群众办实事"实践活动
- 软弱涣散村（社区）党组织排查整顿
- 镇（街道）党务干部队伍"优才培育计划"
- 村（社区）"两委"干部管理培养
- 乡镇"五小"场所和周转房建设
- "两新"组织领域基层党建
- "两新"组织党建示范点打造
- 科级领导班子和干部队伍建设
- 近距离考察识别干部
- 干部培养锻炼
- 市管非实职领导干部管理
- 公务员招录
- 公务员登记自查整改
- 公务员管理
- 工资规范管理
- "人民满意的公务员"和"人民满意的公务员集体"推荐活动
- 人才政策体系优化
- 人才工程项目
- "雁归计划"
- 人才服务体系

宣　传……………………99
- 概况
- 党的二十大精神学习宣传贯彻
- 理论学习
- 乡村新闻官
- 舆论宣传

机构编制……………………………………100
- 概况
- 党政机构职能体系
- 英德市投资审核中心改革
- 事业单位结构调整
- 机构编制资源优化配置
- 行政和事业人员用编计划
- 机构编制规范化管理
- 实名制系统数据管理
- 事业单位登记管理
- 事业单位法人年度报告
- 机关、群团统一社会信用代码赋码发证
- 事业单位法人公示信息抽查
- 事业单位信用体系建设
- 政务和公益机构域名注册和网上名称管理

党　　校……………………………………102
- 概况
- 党校宣讲
- 党校科研
- 镇（街道）党校建设
- 市直机关发展对象培训班
- 公务员初任培训班
- 大中专毕业生岗前培训班
- 市直机关转正1年内的正式党员培训班
- 公务员全员培训暨"十个一批"干部专业化培训
- 村（社区）"两委"干部小班制培训班
- 市直机关预备党员培训班
- 乡村振兴驻镇帮镇扶村工作队员培训班
- 市直（驻英德）机关党组织书记培训班
- 市直（驻英德）机关党组织委员培训班
- 2022年英德市新任副科级领导干部培训班
- 中青年干部培训班
- 2022年新录用公务员初任培训班
- 村（社区）党组织书记全员培训班
- 村（社区）"两委"干部全员轮训班
- 2022年"两新"组织党组织书记全员培训班
- 英德市统战成员培训班

老干部服务…………………………………105
- 概况
- 老干部政治待遇落实
- 老干部生活待遇落实
- 老干部走访慰问
- 老干部活动阵地建设
- 离退休党支部达标创优
- 老干部志愿服务活动
- 优秀老干部表彰和老干大学业务培训活动
- 老干部工作宣传

接　　待……………………………………107
- 概况
- 主要接待

信　　访……………………………………107
- 概况
- 领导干部接访约访活动
- 重复信访、信访积案专项集中治理
- 纳入国家满意度评价案件
- 《信访工作条例》宣传

统　　战……………………………………108
- 概况
- 大统战工作格局构建
- 多党合作
- 民族宗教
- 英德市统战成员培训班
- 非公有制经济

- 台、港、澳
- 侨务

◆英德市人民代表大会……………………111
- 概况

人大重要会议………………………………111
- 市委人大工作会议
- 市十六届人民代表大会第二次会议
- 人大常委会会议
- 镇（街道）人大主席（主任）座谈会

人大重要活动和主要工作…………………117
- 人大监督
- 人大执法检查
- 规范性文件备案
- 人大专题调研
- 英德市头号民生工程"护航"
- 人事任免
- 人大代表建议办理
- 人大代表"以人民为中心"网格式联系服务群众
- 最美人大代表联络站创建
- "三问一评"跟踪监督机制
- 人大新闻宣传
- 人大代表活动
- 人大代表约见市长活动

◆英德市人民政府……………………………120

市政府重要会议……………………………120
- 市政府常务会议
- 2022年英德市征兵工作会议
- 英德市土地储备有关工作会议
- 2022年英德市政府全体成员（扩大）会议暨党风廉政工作会议
- 2022年英德市重点项目建设、专项债支出进度和驻镇帮镇扶村项目建设工作推进会
- 英德市违法用地问题整治工作推进会议
- 全市道路交通安全"百日攻坚（第六轮）"行动工作推进会
- 英德市粮食生产暨复工复产进度督导会
- 英德市防汛救灾复盘工作座谈会
- 市区石门台饮用水工程（一期）推进会
- 英德市经济形势研判会议
- 英德市安全生产和消防安全工作会议
- 市人大代表约见市长座谈会

市政府重要政事与决策……………………127
- 英德市重污染天气应急预案（修订）
- 英德市城镇排水管理办法
- 英德市危险化学品禁止、限制和控制目录（试行）
- 英德市化工行业安全发展规划（2022—2026）
- 英德市乡镇渡口渡船运行管理实施方案（暂行）
- 英德市人民政府2022年度行政规范性文件制定计划
- 英德市人民政府2022年度重大行政决策事项目录
- 英德市应急管理"十四五"规划
- 《英德市妇女发展规划（2021—2030年）》《英德市儿童发展规划（2021—2030年）》
- 英德市畜禽养殖发展规划（2021—2035年）
- 英德市气象灾害应急预案
- 广东省英德市地质灾害防治"十四五"规划
- 英德市县域农村生活污水治理专项规划（2020—2025年）
- 英德市创新驱动发展专项资金管理暂行办法
- 英德市畜禽养殖污染防治规划（2021—2025）
- 英德市生态环境保护"十四五"规划
- 英德市综合交通运输"十四五"发展规划

政务服务……………………………………129
- 概况

- 民生实事建设
- "放管服"改革
- 政务服务管理
- "数字政府"建设
- 政务服务便民热线管理
- 公共资源交易

机关事务管理……………………………130
- 概况
- 行政中心后勤管理
- 办公用房管理
- 公务用车管理
- 机关饭堂管理

◆政协英德市委员会……………………132

政协综述………………………………132
- 概况

政协重要会议…………………………132
- 市政协全体委员会议
- 市政协常务委员会会议

政协重要活动和主要工作……………133
- 政协提案
- 政协协商议政、民主监督
- 文史资料
- 政协联络活动

◆中共英德市纪律检查委员会　英德市监察委员会……………………………………134
- 概况
- 全市纪委监委机关党史学习教育总结会议
- 十九届中央纪委六次全会精神专题学习
- 市纪委十四届二次全会
- 习近平总书记在庆祝中国共产主义青年团成立100周年大会上的重要讲话精神专题学习
- 党的二十大精神传达贯彻落实大会
- 第一届特约监察员聘请会议

- 政治监督
- 日常监督
- "四风"纠治
- 群众身边腐败和作风问题专项整治
- 巡察
- 纪检监察队伍建设

民主党派和工商联

◆民主党派………………………………138

中国民主同盟英德市基层委员会……………138
- 概况
- 民盟自身建设
- 民盟参政议政
- 民盟社会服务

中国民主促进会英德市总支部委员会…………139
- 概况
- 民进参政议政
- 民进社会服务

◆英德市工商业联合会…………………140
- 概况
- 非公企业沟通联系
- 非公企业服务
- 工商联乡村振兴
- 工商联志愿服务

群团组织

◆英德市总工会…………………………142
- 概况
- 工会慰问
- 工会活动
- 劳模宣传交流活动
- 技能培训

- 工会荣誉

◆ 共青团英德市委员会……………………143
- 概况
- 青少年思想道德建设
- 团工作新平台
- 青年发展体制机制
- 团市委助力乡村振兴
- 团市委志愿服务
- 党建带团建

◆ 英德市妇女联合会………………………145
- 概况
- 英德市妇女第十三次代表大会
- 庆祝"三八"国际妇女节座谈会
- 巾帼大宣讲
- 广东省妇女创业小额担保贷款贴息项目
- 妇女议事会
- 妇女维权与信息服务
- 妇联普法
- 妇女儿童帮扶关爱
- 家庭文明建设
- "美丽庭院"创建活动
- 巾帼行动

◆ 英德市文学艺术界联合会………………147
- 概况
- 文艺活动
- 党的二十大精神学习宣传贯彻系列活动
- 情暖童心公益活动
- 英州文艺讲堂
- 文艺进校园

◆ 英德市归国华侨联合会…………………148
- 概况
- 英德市侨联七届六次全体委员会议召开
- 侨界代表人士专题学习

- 侨界青年大学生联谊活动
- 英德市留学人员联谊会成立
- 侨联扶贫救助
- 聚侨力 惠侨民
- 侨联联谊拓展
- 侨文化建设
- 侨企服务

◆ 英德市科学技术协会……………………151
- 概况
- 科普宣传活动
- 科普服务公共平台
- 学术交流

◆ 英德市残疾人联合会……………………151
- 概况
- 残疾人就业创业
- 残疾人康复
- 残疾人文体
- 残疾人证办理
- 社区康园中心建设

◆ 英德市红十字会…………………………153
- 概况
- 红十字"5·8"博爱周活动
- 博爱送万家活动
- 重症"地贫儿"专项救助行动
- 初级卫生救护培训
- 造血干细胞捐赠
- 杏林公益金救助
- 抗洪救灾

法治·军事

◆ 政法与综治………………………………155
- 概况

- 社会矛盾化解
- 扫黑除恶斗争
- 反邪教
- 社会综合治理
- 政法队伍教育整顿

◆ 公　安……………………………156
- 概况
- 公安系统思想建设
- 打击破案
- 社会治安
- 道路交通管理
- 疫情防控
- 公安队伍建设
- 公安宣传
- 放管服改革
- 森林生态安全

◆ 检　察……………………………159
- 概况
- 机关党建
- 营商环境优化
- 金融风险防范化解
- 生态环境检察
- 经济犯罪打击
- 控告申诉检察
- 未成年人检察
- 刑事检察
- 民事检察
- 行政检察
- 公益诉讼检察
- 社会治理
- 检察队伍建设
- 检察作风建设

- 社会监督

◆ 法　院……………………………162
- 概况
- 刑事审判
- 民商事审判
- 民生司法保障
- 案件执行
- 治理效能
- 司法体制改革
- 社会监督

◆ 司法行政…………………………163
- 概况
- 依法治市
- 依法行政
- 行政执法监督
- 行政复议和行政应诉
- 普法依法治理
- 公共法律服务
- 公证
- 社区矫正和安置帮教
- 人民调解

◆ 人民防空…………………………165
- 概况
- 防空警报试鸣活动

◆ 广东省英德监狱…………………166
- 概况
- 疫情防控
- 监管安全
- 教育改造

经济管理与监督

◆ 发展计划管理……………………167
- 概况

- 疫情防控
- 编制规划
- 重点项目建设
- 价格收费管理
- 价格认证和鉴证
- 粮食与物资储备管理
- 能源管理
- 营商环境建设
- 连樟样板区城乡融合发展试验探索
- 广州市白云区对口帮扶英德

◆ 自然资源……………………………172
- 概况
- 国土空间规划
- 土地要素保障
- 耕地保护
- 第三次全国国土调查
- 节约集约利用土地
- 自然资源领域改革
- 不动产登记
- 地质灾害防治
- 矿产资源管理
- 自然资源执法监察
- 国土空间生态修复

◆ 审　计……………………………174
- 概况
- 财政预算审计
- 经济责任审计

◆ 统　计……………………………175
- 概况
- 统计服务
- 统计专项调查
- 统计法治

◆ 国家统计局英德调查队……………………………176
- 概况
- 统计法治宣传
- 统计执法检查
- 示范点建设

◆ 市场监督管理……………………………176
- 概况
- 注册登记
- 信用监管
- 特种设备安全监察
- 质量监督管理
- 标准化监督管理
- 网络市场行为规范
- 知识产权保护
- 广告市场监督管理
- 计量监督管理
- 价格监督管理
- 疫情防控
- 市场秩序维护
- 消费维权
- 获认证企业名单统计

◆ 食品安全监督管理……………………………186
- 概况
- 食品安全"两个责任"
- 食品监督抽检
- 食品快筛快检
- 农贸市场升级改造
- 餐饮环节质量安全
- 食品安全消费投诉
- 农产品安全源头管理
- 食品风险监测
- 集中式供水安全保障
- 科技创新

- 食品安全应急
- 食品安全培训
- 食品安全宣传
- 疫情防控

◆ **药品、医疗器械、化妆品安全监督管理**……188
- 概况
- 药品、医疗器械监管
- 化妆品监管
- 疫苗安全管理
- 疫情防控
- 药械化不良反应报告

◆ **国有资产监督管理**………………………189
- 概况
- 重点工作任务
- 信访维稳

◆ **英德市代建项目管理中心**………………190
- 概况
- 代建项目情况
- 合同管理
- 造价管理
- 施工安全生产监管
- 民生项目

农业·水利·气象

◆ **农　　业**…………………………………191

农业综述…………………………………………191
- 概况
- 两大百亿产业
- 粮食生产
- 养殖
- 经济作物种植
- 农业产业化发展水平
- 美丽乡村建设

种植业………………………………………………193
- 概况
- 灾后复产
- 红火蚁防控
- "一村一品、一镇一业"项目建设
- 绿色农业

畜牧业………………………………………………194
- 概况
- 清远鸡产业发展
- 生猪产业转型升级
- 奶业生产能力提升项目
- 生猪屠宰标准化建设
- 动物强制集中免疫
- 动物疫病监测
- 非洲猪瘟防控
- 畜禽产地和屠宰检疫
- 动物卫生监督巡查
- 畜禽养殖废弃物资源化利用
- 养殖业政策性保险措施
- 行业安全生产
- 畜牧业受灾情况

水产业………………………………………………196
- 概况
- 水产养殖
- 水产品质量监管
- 省级水产健康养殖和生态养殖示范区创建
- 渔业绿色循环发展试点项目
- 渔业灾情

渔政管理……………………………………………197
- 概况
- 增殖放流活动
- 禁渔期

- 水产品质量安全
- 渔船管理
- 渔业安全生产管理

乡村振兴 ································ 198
- 概况
- 扶贫济困
- 乡村振兴新闻发布会

茶　业 ································ 198
- 概况
- 两大百亿产业政策
- 红茶品牌影响力
- 茶叶产业发展
- 茶旅融合
- 英德红茶地理标志
- 英德红茶国家产业园
- 茶叶产业保障
- 英德多个品牌获第二届世界红茶产品质量推选活动"大金奖"
- 英德红茶获广东首批"粤地优品——广东高品质地理标志"称号
- 2022第四届中国·英德红茶头采节

农机管理 ································ 200
- 概况
- 农机设备基本情况
- 农机购置补贴
- 农业生产社会化服务
- 农机示范推广
- 拖拉机驾驶员培训
- 智慧农机和稻谷机械化烘干项目建设
- 农机安全生产
- 农机业务管理

农业科技 ································ 202
- 概况
- 农业技术推广与培训
- 农作物新品种试验示范
- 品种引进
- 农业技术培训
- 良种良法宣传及农业技术指导

林　业 ································ 203
- 概况
- 植树造林
- 森林防火
- 森林资源保护与管理
- 林业病虫害防治
- 林业行政执法
- 林长制

清远市金鸡林场 ································ 205
- 概况
- 营林生产
- 林木采伐
- 森林资源管护

清远市英德林场 ································ 205
- 概况
- 林业生产

◆水　利 ································ 205
- 概况
- 洪灾应对
- 河湖长制
- 河湖"清四乱"
- 妨碍河道行洪突出问题排查整治
- 河道管理范围划定
- 城镇生活污水处理设施建设

- 城市排水和污水收集工程
- 农村集中供水工程建设
- 分散式饮用水水源保护区划分
- 黑臭水体治理
- 小流域整治工程建设
- 水库除险加固工程
- 水利工程质量监督
- 执法监督管理

◆ 气　象 ……………………………… 208
- 概况
- 气候
- 主要气候事件
- 茶叶科技服务调研
- 茶叶气象服务
- 英德市气象灾害防御重点单位名单
- 英德市气象灾害应急预案
- "龙舟水"过程气象保障服务

工　业

◆ 工业综述 …………………………… 211
- 概况

◆ 工业园区建设 ……………………… 211
- 概况
- 清远英德高新技术产业开发区
- 广清经济特别合作区广德（英德）产业园

◆ 水泥产业 …………………………… 212
- 概况
- 台泥（英德）水泥有限公司

◆ 水　电 ……………………………… 213
- 概况
- 广东粤电长湖发电有限责任公司

◆ 电力供应 …………………………… 213
- 概况
- 电网管理
- 电力服务
- 电力安全管理
- 抗洪抗疫用电保障

交通运输业和邮政业

◆ 公路运输业 ………………………… 215
- 交通重点工程建设
- 交通安全监督
- 春运
- 运输行业管理
- 交通综合执法
- 治超非现场执法设施应用
- 车辆超限超载
- 交通运输行政执法

汽车站简介 …………………………… 218
- 清远市粤运汽车运输有限公司英德分公司
- 城西汽车客运站

◆ 公路管理和建设 …………………… 218
- 概况
- 公路建设
- 公路养护
- 路政管理
- 公路安全

◆ 铁路运输业 ………………………… 220
- 概况
- 英德站

◆ 水路运输业 ………………………… 220
- 概况

- 水路运输市场
- 港口码头
- 港口与船舶污染物防治
- 北江航道（英德段）
- 连江航道（英德段）

◆ 航道管理 ………………………………… 221
- 概况
- 航道维护管理
- 航标维护管理
- 船闸维护管理
- 船舶维护管理
- 航道巡查
- 涉航项目技术核查

◆ 水上交通安全监督管理 ……………… 222
- 概况
- 水上交通安全管理

◆ 邮政业 …………………………………… 223
- 概况
- 邮政业务发展
- 邮政改革创新
- 邮政能力建设

信 息 业

◆ 无线电管理 ……………………………… 224
- 概况
- 无线电信号监测
- 无线电安保
- "黑广播"排查打击

◆ 电　信 …………………………………… 224
- 概况
- 电信市场经营
- 电信网络建设维护
- 电信基础管理

◆ 移　动 …………………………………… 225
- 概况
- 移动网络建设
- 移动业务发展
- 网络保障服务
- 企业管理

◆ 信息化建设 ……………………………… 226
- 概况
- 企业信息化发展
- "数字政府"建设

城建·环保

◆ 城管执法 ………………………………… 227
- 概况
- 市政设施建设
- 净化绿化亮化
- 城乡人居环境
- 城市生活垃圾分类
- 城管领域营商环境优化
- 燃气服务监管
- 城市管理数字化平台
- 城市管理整治
- 户外广告招牌规范
- 一般程序行政执法

◆ 城乡建设 ………………………………… 229
- 概况
- 宜居城乡建设
- 保障性住房建设
- 农村危房改造
- 房地产业管理
- 物业管理

- 建筑市场管理
- 建筑工程招投标管理
- 建筑施工质量安全监管
- 消防审验
- "打非治违"整治
- 灾后房屋评估

◆ 城防工程 ………………………… 230
- 概况
- 防洪度汛
- 工程维修保养
- 何公坑新排涝站
- 英德市东岸南片区排涝站升级改造工程
- 英德市东岸北片区排涝站升级改造工程

◆ 房产管理 ………………………… 231
- 概况
- 市区国有土地上房屋征收
- 市重点工程项目房屋拆迁
- 住房改革资金管理
- 公房管理
- 中介服务管理

◆ 城市管理 ………………………… 232
- 概况
- 城管执法
- 安全生产
- 圩镇整治

◆ 环境保护 ………………………… 233
- 概况
- 生态环境监察
- 水环境质量
- 空气环境质量
- 声环境质量
- 工业和农业源减排
- 生态环境保护宣传

- 污染防治
- 大气污染防治
- 农村环境整治
- 土壤污染防治
- 固定污染源排污许可管理
- 环境保护与生态建设规划
- "三线一单"成果运用
- 生态环境监测
- 生态环境信访

◆ 广东石门台国家级自然保护区 ……… 236
- 概况
- 生态公益岗位设立
- 林长制工作
- 森林资源智能化管护
- 红外相机网格化监测
- 基础设施建设
- 南岭国家公园项目建设
- 新物种
- 专业知识业务培训
- 自然教育活动

◆ 城市生活污水处理 ………………… 237
- 概况
- 西城污水处理厂
- 浛洸污水处理厂
- 大站污水处理厂
- 东华污水处理厂

◆ 城市供水 ………………………… 238
- 概况
- 供水基础设施建设
- 水源地建设
- 水厂建设

◆ 城市绿化 ………………………… 238
- 概况

- 绿化建设（改造）
- 绿化养护
- 绿化日常养护管理

◆城市亮化……………………………239
- 概况
- 亮化管理

◆城市卫生……………………………239
- 概况
- 公厕建设
- 龙山庄垃圾压缩中转站升级改造
- "创文创卫"
- 洪灾后清淤
- 垃圾分类
- 环卫质量考核
- 清洁卫生服务费和生活垃圾处理费征收
- 大型生活垃圾压缩转运站建设
- 老虎岩垃圾填埋场运营监督管理
- 环保督察整改

贸 易

◆经 贸………………………………242
- 概况
- 招商引资
- 对外贸易
- 电子商务产业园

◆市场建设与管理……………………242
- 概况
- 安全食品建设
- 市场建设
- 市场管理

◆供销合作……………………………243
- 概况

- 安全生产
- 为农服务

◆粮食物资储备………………………244
- 概况
- 储备油轮换
- 粮食物资仓储建设
- 应急物资管理
- 粮食物资储备安全生产

◆烟草专卖……………………………244
- 概况
- 卷烟经营
- 专卖管理

◆食盐专营……………………………245
- 概况
- 食盐储备
- 食盐销售
- 社会公益

◆石油销售……………………………245
- 概况
- 石油销售管理

◆水泥产业能源消耗情况……………245
- 概况

旅 游 业

◆旅游业综述…………………………246
- 概况
- 旅游接待与收入
- 旅游宣传与节庆活动
- 旅游行业管理

◆旅游资源开发和景区（点）建设…246
- 资源开发和景区（点）建设

◆旅游景区（点）简介………………247
- 宝晶宫生态旅游度假区

- 洞天仙境生态旅游度假区
- 九龙峰林晓镇
- 积庆里仙湖旅游区
- 九州驿站·天门沟
- 茶叶世界
- 仙桥地下河
- 浈阳峡风景区
- 徐家庄生态旅游景区
- 奥园英德巧克力王国
- 宝墩湖·湖山温泉度假村
- 德高信T三有机茶园
- 英西峰林·九重天
- 英西峰林·老虎谷溶洞漂流
- 彭家祠
- 云水谣生态旅游度假区
- 东华红茶小镇
- 中华英石园
- 英州红茶趣园
- 大樟沙滩度假村
- 亚婆田·白水寨生态旅游度假区
- 铁溪小镇
- 英西峰林走廊
- 南山
- 长湖
- 英九庄园
- 红旗茶厂

财政·税务·金融

◆财　政…………………………………250
- 概况
- 民生事业支出
- 重点领域改革
- "数字财政"建设
- 财政管理效能
- 住房公积金管理

◆英德市公共资源交易中心…………251
- 概况
- 交易平台建设

◆税　务…………………………………251
- 概况
- 减税降费
- 税收征管
- 纳税服务
- 依法治税

◆金　融…………………………………253
- 概况

中国人民银行英德市支行………………253
- 概况
- 助企助农
- 国库会计核算
- 金融生态环境建设
- 外汇管理情况

中国工商银行股份有限公司英德支行………253
- 概况
- 业务发展
- 电信反诈

中国农业银行股份有限公司英德市支行……254
- 概况
- 经营业绩
- 乡村振兴助力
- 内部管理

中国建设银行股份有限公司英德支行………255
- 概况
- 业务发展

- 普惠金融业务
- 数字化经营
- 内控管理

广东英德农村商业银行股份有限公司………256
- 概况
- 英德农商银行责任担当
- 英德农商银行好德金融
- 英德农商银行"三农"金融
- 英德农商银行小微金融
- 英德农商银行平安金融
- 英德农商银行科技金融

中国邮政储蓄银行股份有限公司英德市支行…259
- 概况
- 金融业务管理
- 农村信用体系建设
- 不良资产清理
- 内控管理

广东英德泰隆村镇银行……………………260
- 概况
- 经营业绩
- 助力乡村振兴
- 警银联防反诈驿站

广东顺德农村商业银行股份有限公司英德支行…260
- 概况
- 经营管理
- 内控管理

中国人民财产保险股份有限公司英德支公司…261
- 概况
- 农业风险保障
- 保险业务

教育·科技

◆**教育综述**………………………………262
- 概况

- 德育
- 教学质量
- 校园安全
- 教师队伍建设
- "双减"

◆**基础教育**………………………………263
- 学前教育
- 义务教育
- 高中教育
- 特殊教育

高中学校简介……………………………264
- 英德市英德中学
- 英德市第一中学
- 英德市第二中学
- 英德市田家炳中学
- 英德市英东中学
- 广州大学附属中学英德实验学校
- 英德市英西中学

◆**成人教育**………………………………267
- 概况

◆**职业教育**………………………………267
- 概况
- 英德市职业技术学校

◆**社会力量办学**…………………………268
- 概况
- 英德市粤海实验学校
- 英德市实验中学
- 英德市清涟小学

英德华粤教育集团………………………269
- 概况
- 英德华粤艺术学校
- 英德华粤中英文学校

- 英德市实验小学
- 英德华粤幼儿园

◆ 科学技术……………………………271
- 概况
- 科技项目
- 高新技术企业和科技型中小企业
- 科技创新平台建设
- 产学研合作和科技创新人才队伍建设
- 孵化育成体系建设
- 科普宣传

文化·体育·传媒

◆ 文化综述……………………………273
- 概况
- 文化活动

◆ 群众文化……………………………274
- 概况
- 文化成就

英德诗社……………………………274
- 概况
- 诗词六进
- 诗社作业

英德市秋光歌舞团……………………275
- 概况
- 演出活动

◆ 文体市场……………………………275
- 概况
- 文体市场管理
- 文体市场综合执法

◆ 群众体育……………………………276
- 概况
- 群众体育活动

◆ 竞技体育……………………………276
- 概况

◆ 国家女子足球英德训练基地…………277
- 概况
- 赛事活动
- 校园足球
- 女足基地升级改造

◆ 融媒体………………………………278
- 概况
- 党的二十大报道
- 融媒体中心宣传
- 节目调整

◆ 有线广播电视网络……………………279
- 概况
- 有线广播电视网络安全播出
- 有线广播电视网络抗洪救灾复工复产
- 智慧广电平安英德治安视频监控传输系统项目

◆ 史志工作……………………………279
- 概况
- 党史
- 《英德年鉴·2022》编纂出版
- 镇志申报编修
- 《清远名村系列丛书》编纂出版
- 方志驿站建设

◆ 档案工作……………………………280
- 概况
- 档案接收
- 档案安全保密管理
- 档案利用
- 档案信息化建设
- 档案宣传教育

医疗卫生

◆ 卫生健康 ……………………………… 282
- 概况
- 新冠疫情常态化防控
- 卫生基础设施建设
- 医疗服务
- 医共体建设
- 公共卫生服务
- 中医药服务
- 卫生信息化建设
- 卫生人才队伍建设
- 行业综合监管
- 计划生育利益导向机制
- 生育优质服务

◆ 疾病预防控制 ………………………… 285
- 概况
- 突发公共卫生事件处置
- 新冠疫情防控
- 新冠病毒疫苗接种
- 钉螺疫情处置
- 疫情信息处置
- 免疫规划
- 预防接种异常反应监测
- 疫苗可预防传染病监测
- 麻腮风疫苗查漏补种及评估
- 艾滋病防治
- 禽类市场外环境监测
- 鼠密度监测
- 疟疾监测
- 碘缺乏病监测
- 病媒监测
- 慢性非传染性疾病防控
- 死因监测
- 肿瘤监测
- 水质监测
- 公共场所监测
- 学校卫生监测
- 宣传教育
- 检验检测设备

◆ 卫生监督 ……………………………… 289
- 概况
- 传染病卫生监督
- 公共场所卫生监督
- 卫生监督协管建设
- 无证行医打击
- 生活饮用水卫生监督
- 学校、幼儿园卫生监督
- 职业卫生监督
- "双随机"监督抽检

◆ 爱国卫生 ……………………………… 291
- 概况
- 国家卫生城市创建
- 健康促进
- 病媒生物防控

市重点医院简介 ………………………… 291
- 英德市人民医院
- 英德市中医院
- 英德市妇幼保健院
- 英德市慢性病防治医院
- 浛洸镇中心卫生院
- 东华镇中心卫生院（英德市第二人民医院）

社会生活

◆ **人力资源和社会保障** ················ 297
- 概况
- 稳就业促创业
- 劳动保障
- 社会保障政策落实与监督
- 职业技能提升培训
- 人才人事
- 第七届英德市"英州杯"创新创业大赛

◆ **医疗保障管理** ···················· 299
- 概况
- 医疗保障改革
- 医药服务管理
- 医疗救助
- 疫情救治保障
- 基本医疗保险扩面提标
- 医保基金监管

◆ **民　政** ······················· 299
- 概况
- 基层政权
- 地名管理
- 社会组织管理
- 婚姻登记
- 收养登记
- 殡葬管理
- 社会救助
- 慈善事业
- 社会工作人才
- 福利彩票

◆ **退役军人事务** ···················· 301
- 概况
- 退役军人服务保障体系建设
- 退役军人志愿服务体系建设
- 双拥模范城创建
- 拥军慰问关爱
- 优抚服务
- 转业安置
- 退役军人应急救助
- 退役军人就业帮扶
- 退役军人信访维稳

◆ **应急管理** ······················ 302
- 概况
- 安全生产
- 防灾减灾救灾
- 应急体制机制建设
- 宣传培训教育

◆ **关心下一代工作** ·················· 304
- 概况
- 主题教育活动
- 好事实事
- 创业青年培训和跟踪服务
- 宣传报道

◆ **水利移民** ······················ 306
- 概况
- 水库移民后期扶持
- 水库移民村家园建设
- 水库移民村亮化工程

◆ **社会保险** ······················ 306
- 概况
- 企业职工养老保险
- 机关事业单位养老保险
- 城乡居民养老保险
- 失业保险

- 工伤保险
- 社保扩面征缴
- 养老待遇调整
- 社保助企纾困政策
- 困难群体保障政策

◆ **民族宗教** ……………………………………308
- 概况
- 民族
- 宗教

◆ **收入与消费** …………………………………309
- 概况
- 农村居民收入状况
- 城镇居民收入状况
- 全体居民收入状况
- 居民生活消费支出情况

镇（街道）

◆ **英城街道** ……………………………………310
- 英城街道基本情况
- 英城街道经济发展概况
- 英城街道社会事业发展概况
- 英城街道党建
- 英城街道综治信访维稳
- 英城街道乡村振兴
- 英城街道安全生产
- 英城街道抗洪救灾
- 英城街道生态文明建设
- 英城街道新冠疫情防控

◆ **白沙镇** ………………………………………313
- 白沙镇基本情况
- 白沙镇经济发展概况
- 白沙镇社会事业发展概况

- 白沙镇农村综合改革
- 白沙镇党建
- 白沙镇综治信访维稳
- 白沙镇乡村振兴
- 白沙镇美丽乡村建设
- 白沙镇土地管理
- 白沙镇安全生产
- 白沙镇非法开采稀土矿整治
- 白沙镇疫情防控
- 白沙镇人大
- 白沙镇第十七届人民代表大会第二次会议
- 白沙镇第十七届人民代表大会第三次会议

◆ **青塘镇** ………………………………………317
- 青塘镇基本情况
- 青塘镇经济发展概况
- 青塘镇社会事业发展概况
- 青塘镇农村综合改革
- 青塘镇党建
- 青塘镇综治信访维稳
- 青塘镇安全生产
- 青塘镇非法开采稀土矿整治
- 青塘镇乡村振兴
- 青塘镇第十七届人民代表大会第二次会议
- 青塘镇第十七届人民代表大会第三次会议

◆ **桥头镇** ………………………………………320
- 桥头镇基本情况
- 桥头镇经济发展概况
- 桥头镇社会事业发展概况
- 桥头镇党建
- 桥头镇综治信访维稳
- 桥头镇乡村振兴
- 桥头镇美丽乡村建设
- 桥头镇农村综合改革

- 汕昆高速桥头互通连接线改扩建工程建成通车
- 桥头镇抗灾救灾
- 桥头镇疫情防控
- 中共桥头镇第十六届党员代表大会第二次会议
- 桥头镇第十七届人民代表大会第二次会议

◆ 东华镇 ……………………………………… 323
- 东华镇基本情况
- 东华镇经济发展概况
- 东华镇社会事业发展概况
- 东华镇农村综合改革
- 东华镇党建
- 东华镇综治信访维稳
- 东华镇乡村振兴
- 东华镇美丽乡村建设
- 东华镇疫情防控
- 东华镇第四届人民代表大会第二次会议
- 东华镇第四届人民代表大会第三次会议

◆ 横石水镇 …………………………………… 325
- 横石水镇基本情况
- 横石水镇经济发展概况
- 横石水镇社会事业发展概况
- 横石水镇党建
- 横石水镇综治信访维稳
- 横石水镇美丽乡村建设
- 横石水镇乡村振兴
- 横石水镇安全生产
- 横石水镇防汛抗洪
- 横石水镇第十七届人民代表大会第二次会议
- 横石水镇第十七届人民代表大会第三次会议

◆ 英红镇 ……………………………………… 329
- 英红镇基本情况
- 英红镇经济发展概况
- 英红镇社会事业发展概况
- 英红镇疫情防控
- 英红镇党建
- 英红镇综治信访维稳
- 英红镇应急管理
- 英红镇乡村振兴
- 英红镇美丽乡村建设
- 英红镇城乡清洁
- 英红镇国土规划
- 中共英红镇第五届党员代表大会第二次会议
- 英红镇第五届人民代表大会第二次会议
- 英红镇第五届人民代表大会第三次会议

◆ 沙口镇 ……………………………………… 333
- 沙口镇基本情况
- 沙口镇经济发展概况
- 沙口镇社会事业发展概况
- 沙口镇农村综合改革
- 沙口镇乡村振兴
- 沙口镇党建
- 沙口镇综治信访维稳
- 沙口镇安全生产
- 沙口镇第十七届人民代表大会第二次会议
- 沙口镇第十七届人民代表大会第三次会议

◆ 望埠镇 ……………………………………… 337
- 望埠镇基本情况
- 望埠镇经济发展概况
- 望埠镇社会事业发展概况
- 望埠镇党建
- 望埠镇综治信访维稳
- 望埠镇巩固脱贫攻坚成效
- 望埠镇美丽乡村建设
- 望埠镇城乡清洁

- 望埠镇安全生产
- 望埠镇疫情防控
- 望埠镇超百年一遇特大洪水
- 望埠镇首届电商直播大赛
- 中共望埠镇第十五届党员代表大会第二次会议
- 望埠镇第十七届人民代表大会第二次会议
- 望埠镇第十七届人民代表大会第三次会议
- 望埠镇残联第八次代表大会

◆ 大站镇……………………………342
- 大站镇基本情况
- 大站镇经济发展概况
- 大站镇社会事业发展概况
- 大站镇农村综合改革
- 大站镇党建
- 大站镇综治信访维稳
- 大站镇乡村振兴
- 大站镇美丽乡村建设
- 大站镇安全生产
- 大站镇环境保护
- 大站镇"创文""创卫"
- 大站镇第十七届人民代表大会第二次会议
- 大站镇第十七届人民代表大会第三次会议

◆ 黎溪镇……………………………346
- 黎溪镇基本情况
- 黎溪镇经济发展概况
- 黎溪镇社会事业发展概况
- 黎溪镇抗洪救灾
- 黎溪镇乡村振兴
- 黎溪镇粮食安全
- 黎溪镇落实河长制
- 黎溪镇落实林长制
- 黎溪镇安全生产

- 黎溪镇综治信访维稳
- 黎溪镇党建
- 黎溪镇疫情防控
- 黎溪镇第十七届人民代表大会第二次会议
- 黎溪镇第十七届人民代表大会第三次会议

◆ 连江口镇…………………………350
- 连江口镇基本情况
- 连江口镇经济发展概况
- 连江口镇社会事业发展概况
- 连江口镇党建
- 连江口镇综治信访维稳
- 连江口镇抗洪救灾
- 连江口镇脱贫攻坚成果巩固
- 连江口镇乡村振兴
- 连江口镇美丽乡村建设
- 连江口镇安全生产
- 连江口镇第十七届人民代表大会第二次会议
- 连江口镇第十七届人民代表大会第三次会议
- 连江口镇第十七届人大代表补选
- 连江口镇第十七届人民代表大会第四次会议

◆ 横石塘镇…………………………353
- 横石塘镇基本情况
- 横石塘镇经济发展概况
- 横石塘镇社会事业发展概况
- 横石塘镇党建
- 横石塘镇综治信访维稳
- 横石塘镇乡村振兴
- 横石塘镇美丽乡村建设
- 横石塘镇农村宅基地审批管理
- 横石塘镇城乡清洁
- 横石塘镇安全生产
- 横石塘镇党风廉政

- 横石塘镇第十七届人民代表大会第二次会议
- 横石塘镇第十七届人民代表大会第三次会议

◆ **石牯塘镇**··················356
- 石牯塘镇基本情况
- 石牯塘镇经济发展概况
- 石牯塘镇社会事业发展概况
- 石牯塘镇党建
- 石牯塘镇综治信访维稳
- 石牯塘镇乡村振兴
- 石牯塘镇城乡清洁
- 石牯塘镇安全生产
- 石牯塘镇疫情防控
- 石牯塘镇第十七届人民代表大会第二次会议
- 石牯塘镇第十七届人民代表大会第三次会议

◆ **洽洸镇**··················358
- 洽洸镇基本情况
- 洽洸镇经济发展概况
- 洽洸镇社会事业发展概况
- 洽洸镇党建
- 洽洸镇综治信访维稳
- 洽洸镇乡村振兴
- 洽洸镇美丽乡村建设
- 洽洸镇城乡清洁
- 洽洸镇环境保护
- 洽洸镇安全生产
- 洽洸镇国土规划
- 洽洸镇疫情防控
- 洽洸镇第十七届人民代表大会第二次会议
- 洽洸镇第十七届人民代表大会第三次会议

◆ **下砵镇**··················361
- 下砵镇基本情况
- 下砵镇经济发展概况
- 下砵镇社会事业发展概况
- 下砵镇党建
- 下砵镇疫情防控
- 下砵镇综治信访维稳
- 下砵镇城乡清洁
- 下砵镇安全生产
- 下砵镇环境保护
- 下砵商会第一次会员大会
- 下砵镇第十七届人民代表大会第二次会议
- 下砵镇第十七届人民代表大会第三次会议

◆ **大洞镇**··················364
- 大洞镇基本情况
- 大洞镇经济发展概况
- 大洞镇社会事业发展概况
- 大洞镇综合行政执法
- 大洞镇党建
- 大洞镇综治信访维稳
- 大洞镇乡村振兴
- 大洞镇应急管理
- 大洞镇疫情防控
- 大洞镇创文
- 大洞镇抗洪救灾
- 大洞镇第十七届人民代表大会第二次会议
- 大洞镇第十七届人民代表大会第三次会议

◆ **西牛镇**··················367
- 西牛镇基本情况
- 西牛镇经济发展概况
- 西牛镇社会事业发展概况
- 西牛镇麻竹笋产业
- 西牛镇综治信访维稳
- 西牛镇美丽乡村建设
- 西牛镇党建

- 西牛镇精准扶贫
- 西牛镇疫情防控
- 西牛镇安全生产
- 中共西牛镇第十六届党员代表大会第二次会议
- 西牛镇第十七届人民代表大会第二次会议
- 西牛镇第十七届人民代表大会第三次会议

◆ 水边镇……………………………370
- 水边镇基本情况
- 水边镇经济发展概况
- 水边镇社会事业发展概况
- 水边镇食品安全
- 水边镇党建
- 水边镇综治信访维稳
- 水边镇乡村振兴
- 水边镇美丽乡村建设
- 水边镇城乡清洁
- 水边镇安全生产
- 水边镇创文宣传
- 水边镇疫情防控
- 水边镇第十七届人民代表大会第二次会议
- 水边镇第十七届人民代表大会第三次会议

◆ 九龙镇……………………………373
- 九龙镇基本情况
- 九龙镇经济发展情况
- 九龙镇社会事业发展概况
- 九龙镇乡村振兴
- 九龙镇美丽乡村建设
- 九龙镇党建
- 九龙镇综治信访维稳
- 九龙镇疫情防控
- 九龙镇十七届人民代表大会第二次会议
- 九龙镇十七届人民代表大会第三次会议
- 九龙镇人大代表活动
- 九龙镇精神文明建设

◆ 石灰铺镇…………………………376
- 石灰铺镇基本情况
- 石灰铺镇经济发展概况
- 石灰铺镇社会事业发展概况
- 石灰铺镇农村综合改革
- 石灰铺镇环境治理
- 石灰铺镇党建
- 石灰铺镇社会综合治理
- 石灰铺镇乡村振兴
- 石灰铺镇美丽乡村建设
- 石灰铺镇安全生产
- 石灰铺镇疫情防控
- 石灰铺镇第十七届人民代表大会第二次会议
- 石灰铺镇第十七届人民代表大会第三次会议
- 石灰铺镇抗洪救灾

◆ 大湾镇……………………………379
- 大湾镇基本情况
- 大湾镇经济发展概况
- 大湾镇社会事务发展概况
- 大湾镇乡村振兴
- 大湾镇美丽乡村建设
- 大湾镇党建
- 大湾镇综治信访维稳
- 大湾镇安全生产
- 大湾镇疫情防控
- 大湾镇特色美食、民俗活动在央视播报
- 大湾镇"6·21"超百年一遇特大洪水
- 乡村振兴资金管理使用暨农村集体"三资"管理专项巡察县级交叉巡察
- 中共大湾镇第十六届代表大会第二次会议
- 大湾镇第十七届人民代表大会第二次会议

- 大湾镇第十七届人民代表大会第三次会议

◆波罗镇……………………………………382
- 波罗镇基本情况
- 波罗镇经济发展概况
- 波罗镇社会事业发展概况
- 波罗镇农村综合改革
- 波罗镇党建
- 波罗镇综治信访维稳
- 波罗镇乡村振兴
- 波罗镇美丽乡村建设
- 波罗镇安全生产
- 波罗镇道路交通安全
- 波罗镇创文
- 波罗镇社会工作服务站
- 波罗镇疫情防控
- 波罗镇第十七届人民代表大会第二次会议
- 波罗镇第十七届人民代表大会第三次会议

◆黄花镇……………………………………386
- 黄花镇基本情况
- 黄花镇经济发展概况
- 黄花镇社会事业发展概况
- 黄花镇党建
- 黄花镇综治信访维稳
- 黄花镇乡村振兴
- 黄花镇美丽乡村建设
- 黄花镇安全生产
- 黄花镇生态环境保护
- 黄花镇第四届人民代表大会第二次会议
- 黄花镇第四届人民代表大会第三次会议

人　物

◆新任英德市副市长……………………389

附　录

◆2022年英德市国民经济和社会发展统计公报…391
◆英德市2020—2022年社会经济主要指标…396
◆英德市2022年各镇（街道）主要经济指标…397
◆先进单位与个人………………………400
◆2022年纳税100万元以上企业统计………414
◆2022年市委及市委办公室文件要目………425
◆2022年市政府及市政府办公室文件要目…429

索　引

◆主题词索引……………………………435

年度关注

编辑：黄丽华

2022年英德市十件民生实事完成情况

2022年底，根据工作安排，市政府办公室督查全市2022年十件民生实事办理情况。截至12月底，全市2022年度的十件民生实事有八件全部完成年度目标任务，两件基本完成。

2022年英德市十件民生实事完成情况表

序号	实事名称	具体工作内容	牵头承办单位	办理进展情况	存在问题及原因
1	提升城镇居民饮用水质量，启动石门台饮用水工程。	1.完成可行性研究方案及专家论证、社会风险评估、工程勘探、用地预审与选址、用地报批、土地征拆工作、工程预算编制、建设资金筹措方案报告、立项、编制招标文件、项目招投标等前期手续。2.完成输水主管网铺设。	市国资服务中心	【已完成】市区石门台饮用水工程（一期）已按计划完成通水，柏顺自来水公司已完成水源转换，在试运行中。	无
2	提升英西片道路交通水平，实施国道G358线英城至大湾段一级公路改建工程。	1.完成该工程项目的用地预审、用地报批工作。2.完成该项目英城至浛洸段29.54千米施工图设计审批及预算财审、施工、监理招标、征地拆迁、施工单位进场施工作业。3.同步开展浛洸至大湾段23.8千米项目前期工作。	市公路事务中心	【基本完成】1.已取得清远市自然资源局的用地预审批复和省林业厅的用林报批批复，在根据用地预审的批复意见组卷用地报批工作中。2.英城至浛洸段（K932+471.61～K962+125）29.54千米已完成施工、监理招标，已在不涉及新增用地、不涉及违法用地的河江渡大桥开工建设，河江渡大桥旧桥已拆除，设计桩基24根，已完成全部桩基施工。3.浛洸至大湾段（K962+125～K985+755段）23.63千米，英德市投资审核中心已完成施工图预算审核。	用地报批未完成。在根据用地预审的批复意见组卷用地报批工作中，需清远市政府协调省自然资源厅办理用地批复工作。

续上表

序号	实事名称	具体工作内容	牵头承办单位	办理进展情况	存在问题及原因
3	巩固脱贫攻坚成果，建立防返贫综合保险机制。	为全市建档立卡脱贫户（12 551户）、边缘易致贫户（81户）购买防返贫综合保险。	市农业农村局	【已完成】2022年度全市为12 636户贫困户、防返贫监测对象购买防返贫保险，提高意外事故、常见大病保障额度，新增3种常见重大疾病、传染病救助责任，以及个人综合责任险等内容。已完成投保金额356.3万元，正常开展各项理赔工作。	无
4	提升养老服务品质，实施英西北区域性敬老院及老年人居家适老化改造项目。	1.完善英西北区域性敬老院设施，完成设定床位600个，正式运营。 2.完成200户农村特殊困难老年人居家适老化改造项目。	市民政局	【已完成】英西北区域性敬老院改造项目。配套设施的配电、围墙、排水排污、排洪渠等附属工程已达到投入使用的条件；已完成停车场、公园小路、综合楼热水系统安装、绿化工程、消防道路、值班室等工程建设。已通过消防安全质量和主体工程安全现场验收，但因土地报批和相关的行政审批手续不齐，暂无法出具相关的消防验收备案合格证明和主体工程质量验收证明。运营商已进场完善室内设施设备，具备启用条件。 老年人居家适老化改造项目。本次改造主要目标对象是英红镇、大湾镇、西牛镇、横石水镇符合条件且愿意改造的特殊困难老年人家庭，截至2022年底，200户改造对象已根据改造方案完成改造。	用地报批相关资料已完善，但因土地报批系统变更，目前仍没有组卷上报；消防安全质量和主体工程验收，因历史用地问题，没有取得施工许可等相关手续，办理验收存在困难。
5	提高抗疫水平，完成市疾控中心核心能力建设。	1.完成市疾控中心升级改造。 2.完成实验室设备设施更新及信息化系统建设。	市疾病预防控制中心	【已完成】市疾控中心核心能力建设项目主要是对卫生检验中心二至五层实验室以及整栋楼的消防设施等进行升级改造。项目完成后将提高全市开展传染性疾病病原微生物的检测检验，开展中毒事件的毒物分析，开展疾病和健康危害因素的生物、物理、化学因子的检测能力，更好地为突发公共卫生事件的应急处置、传染性疾病的诊断、疾病和健康相关危害因素的预防控制等提供技术支撑。该项目已全部完成建设。	无

续上表

序号	实事名称	具体工作内容	牵头承办单位	办理进展情况	存在问题及原因
6	提升政务服务效能，升级一体化政务服务平台。	1.完成一体化政务服务平台升级建设，提高政务服务事项办理效率。2.完善政务服务大厅标志标识设置，提升工作人员服务形象，规范政务服务标准。3.完成24个镇（街道）"粤智助"政府服务一体机投放，实现基层服务"就近办""一次办"。	市政务数据局	【已完成】已完成一体化政务服务平台升级建设并投入使用。截至2022年12月，全市一体化在线政务服务平台进驻部门总数358个，可签发电子证照77种，累计签发250个，通过省电子证照库共享支持200个电子证照免证调用，支持3487个事项提供免证办服务，支持200个材料免提交；通过打通省电子印章平台实现市、镇、村152个电子印章的调用。已完善政务服务大厅标志标识设置，提升工作人员服务形象，规范政务服务标准。一是全面更新服务大厅标志标识，印制各入驻大厅单位的高频事项办事指南；二是组织大厅管理员、导办员及窗口工作人员参加政务礼仪、适残化手语等培训，进一步提升窗口工作人员服务水平；三是通过制度管人理事，制定系列窗口工作人员考评办法，选出优秀工作人员或党员并进行通报表扬；四是完成政务大厅适老化适残化专区的改造，完善升级无障碍设施、服务。已在24个镇（街）、299个村（社区）党群服务中心及广德园区部署350台"粤智助"政府服务一体机，业务办件量近37万件，累计服务基层群众16万人次。实现"粤智助"政府服务一体机在全市市、镇、村三级全覆盖，打通政务服务"最后一百米"。	无
7	提升城市管理智慧化水平，实施市区道路智能停车项目。	实施市区东至西岸滨江路、南至浈阳路、西至英州大道、北至光明路区域道路约3000个智能停车位项目建设。	市国资服务中心	【已完成】该项目于2022年11月7日正式开始施工，首期建设3000个车位，截至2022年12月，英州大道、峰光路（英州大道以东段）、光明路（英州大道以东段）等3个路段约390个停车位已启动智慧停车，持续投入试运营阶段。	无

续上表

序号	实事名称	具体工作内容	牵头承办单位	办理进展情况	存在问题及原因
8	加强水上交通管理，提升农村客（渡）船安全及服务质量。	1.制定并实施《英德市乡镇渡口渡船运行管理实施方案（暂行）》。 2.实施乡镇渡口免费义渡，进一步规范渡口运营，加强从业人员培训力度，强化安全管理和资金统筹，消除渡船安全隐患，保障人民群众生命安全。	市交通运输局	【已完成】英德市于5月份印发《英德市乡镇渡口渡船运行管理实施方案（暂行）》（下称方案），按照文件要求，全市有5个乡镇共7个渡口、10艘渡船（364个座位），已招聘17名渡工，全面实施义渡，正常运行。乡镇渡口渡船所在地镇政府扎实推进方案落实，一是制定本辖区渡口、渡船、渡工管理相关制度，并做好日常监管；二是积极开展渡工更新及招聘，聘用有资质的渡工，纳入政府直接管理，保障工资及福利。渡工工资纳入财政专项资金统筹拨付；三是各镇均落实渡船年度审验及座位险购买，保障渡船安全运行；四是通过张贴宣传告示、现场宣讲等方式积极开展"义渡"政策宣传。	无
9	增强防洪减灾能力，完成一批水利设施建设。	1.完成石灰铺镇美光美村坑和东华镇金门水2宗小流域治理工程建设。 2.完成东华镇峡颈、浛洸镇贵坑、浛洸镇黄基坑、浛洸镇钟塘、桥头镇将军大塘、石牯塘镇杨村和石灰铺镇白石等7宗水库除险加固主体工程建设。	市水利局	【基本完成】1.石灰铺镇美光美村坑小流域治理工程，已完成清淤4000米，剩余3410米。格宾笼已完成2.72千米，完成新建人行桥5座，正在开展取水陂头，管道铺设及道路恢复等收尾工程，形象进度为99%；东华镇金门水小流域治理工程，已完成陈屋陂拆除重建、溪唇王景观陂的建设以及大部分的格宾护岸，在开展3座机耕桥的建设以及水毁修复工作，总进度为97%。 2.截至12月底，东华镇峡颈、浛洸镇贵坑、浛洸镇黄基坑、浛洸镇钟塘、桥头镇将军大塘、石牯塘镇杨村和石灰铺镇白石等7宗水库除险加固项目已全部完成主体工程建设。	无

续上表

序号	实事名称	具体工作内容	牵头承办单位	办理进展情况	存在问题及原因
10	推动绿色发展，加快新能源汽车充电设施建设。	完成全市24个镇（街道）公共充电桩全覆盖，实现新能源汽车充电不出镇。	英德供电局	【已完成】该项目主要内容为完成全市剩余14个乡镇公共充电桩项目建设，合计14个充电桩、33支枪，总功率1980千瓦。牵头承办单位有序开展项目的前期调研、选址、规划等工作，并于2022年8月完成14个项目的立项及批复，从9月开始，加大施工投入，制定施工倒排工期计划，实行每日通报施工进度制度，全面推进实事项目落实。截至12月底，14个项目全部完成建设并投入运营，实现全市24个镇（街道）公共充电桩全覆盖，电动汽车充电不出镇的工作目标。	无

（英德市人民政府督查室）

连樟村妇联被授予"全国妇联系统先进集体"称号

2021年12月30日，为表彰先进、发挥典型的示范引领作用，人力资源社会保障部、全国妇联下发《人力资源社会保障部 全国妇联关于表彰全国妇联系统先进集体、劳动模范和先进工作者的决定》，授予150个单位"全国妇联系统先进集体"称号、100名同志"全国妇联系统劳动模范"称号、100名同志"全国妇联系统先进工作者"称号。英德市连江口镇连樟村妇联作为全省唯一村级妇联，被授予"全国妇联系统先进集体"称号。

连樟村是粤北山区的一个小村庄，总人口2417人，其中妇女832人，儿童536人。在脱贫攻坚战中，连樟村始终牢记习近平总书记的殷切嘱托，感恩奋进，向闭塞和发展不平衡不充分宣战，逐渐从一个贫瘠落后的小村庄蜕变成"网红村"。连樟村妇联以建设妇女儿童之家示范点为抓手，开展一系列"牢记嘱托 感恩奋进"主题实践活动，把党委、政府的关怀和温暖送到妇女儿童心中。连樟村妇联协助建设"扶贫车间"，引导市场资本向农村转移，为80多名妇女提供就业机会，带动8名妇女返乡就业，实现家门口脱贫增收。组织32名妇女参加新型农民培训及"粤菜师傅"等培训，提升妇女技能水平，培育壮大农村妇女人才队伍。创建2个巾帼创业示范基地，其中华娇妹所创立的连樟农业科技发展示范基地被授予"2019年清远市巾帼创业示范基地"称号，为妇女提供就业信息、技术技能培训等服务，辐射带动更多妇女投身连樟富民兴村事业发展。

在旧村焕新颜建设中，连樟村妇联引导村里妇女从乱扔垃圾到积极响应垃圾分类投放，从不愿"三清三拆三整治"到投身美丽乡村建设，引领妇女做文明风尚的倡导者；通过"美丽庭院"示范创建，开展形式多样的主题实践活动，以小家庭的绿色文明促进乡风文明。开展"文明家庭""星级文明户""最美家庭"

"书香家庭"系列评选和表彰分享等活动,通过宣扬先进事迹,引导村里其他农户自觉弘扬良好家风。其中,连樟村陆国算、陆志光两户家庭被评为清远市"最美家庭"。

连樟村妇联组建一支38人参与的广场舞健身队,通过训练,队员们从零基础到能够经常外出比赛。组建巾帼志愿网格员服务队,在疫情防控期间主动参与重要路口岗哨排查,动员妇女自觉参与公共场所消毒,利用广场舞音响宣传疫情防控知识,守住疫情防控第一线。设立"四点半课堂",逢周五为村中50多名学龄儿童开展爱国爱党主题宣传教育,帮助他们扣好人生中的第一粒扣子。组织妇女免费体检,并赠送38份"两癌"健康保险,为妇女健康保驾护航。

第五届北江鱼干美食节开幕

连江口镇地处北江与连江交汇之处,历史悠久,文化丰厚,有着两千多年的历史,是旧时兵家必争之地,镇内古迹众多,是广东旅游名镇,同时也是粤北地区唯一入选的全国第二批特色小镇。

2022年1月1日,浈阳峡风景区创办的第五届浈阳峡北江鱼干旅游美食节正式启动。此次活动持续至1月3日,美食节准备3条"鱼干王",通过慈善拍卖、慈善捐赠等方式扶助贫困家庭,助力精准扶贫。

浈阳峡风景区常务副总经理李治平表示,此次北江鱼干旅游美食节不仅为外界搭建北江鱼干的展示平台,形成特色产业,还进一步提升英德旅游的知名度,带动当地的各类农特产品、美食、旅游等产业的发展,促进农民增收,推动美丽乡村和全国特色小镇建设,助力乡村振兴。特色美食活动现场设有多个特色展位,分成"特色美食区""舌尖北江区"等多个主题区域,更特设"扶贫专区""电商园专区",助力精准扶贫。

除了美食,北江鱼干节还有太公分猪肉、水上音乐烟花秀、创意跳蚤市场、岭南传统粤剧、北江撒网捕鱼表演、大唐不倒翁等多项精彩节目。

国潮文化旅游节暨"乡潮中国年"活动

2022年1月24日,英德市九龙镇的峰林农家内,奏响了"十点梅花铜鼓乐",高脚鼓、铜锣、钹钹、小当锣争鸣,木呷狮舞动,提前拉开了热闹的农家新春帷幕。同日,英西洞天仙境和峰林晓镇景区启动国潮文化旅游节暨"乡潮中国年"活动。春节期间,游客到访英西峰林景区,深度体验龙狮争霸、新年戏曲、花灯巡游、非遗年味等传统的客家乡村年俗,感受原生的乡土节庆氛围。活动助力乡村振兴,推动节庆乡俗与文化旅游深度融合。

负责舞狮头的村长介绍,当地村民多是从中原地区迁徙而来的客家人,木呷狮舞也是祖辈从中原带来的传统文化。与其他舞狮不同,木呷狮外形似公鸡,面如狮虎,具有动作活、弹跳高、摇摆密等特点,在表演过程中舞狮、武术、乐器三者缺一不可,木呷狮舞既是客家文化艺术的传承,又是农家新年必不可少的仪式。从前,村里年轻人外出务工多,懂得客家狮舞的表演者越发稀少;近几年,村子所在的九龙镇整合当地峰林地质资源发展旅游,年轻一辈陆续回流,而"木呷狮"又被评为清远市级非遗,愿意学习客家狮舞的村民又多起来了。从前只有农历大年初一能舞狮,今年配合景区活动,从"小年"节庆便热闹起来,村民们也正好红红火火地过一个大年。

"2022英西峰林国潮文化旅游节暨乡潮中国年"活动是英西洞天仙境和峰林晓镇景区为助力乡村振兴,推动节庆乡俗与文化旅游深度融合而推出的。木呷狮舞是客家人在迁徙、定居的历程中,以当地农耕经济为基础,在长期的劳作实践过程中,不断总结、创造、改造而形成的民间艺术。除欣赏客家传统艺术外,景区还上演生龙活虎拜大年、三神齐聚人间仙境、年味剧场新年戏曲、仙女下凡花神献瑞、花灯巡游仙风少年等多项新春节庆活动,游客可沉浸式感受乡村风土节庆年俗,全方位体验充满年味的春节。

当天,由清远市文化广电旅游体育局、英德市文化广电旅游体育局指导,英德市国业旅游开发有限公司主办的"2022英西峰林国潮文化旅游节暨乡潮中国年"活动,也在英西洞天仙境和峰林晓镇景区拉开帷幕。

为让乡土民俗与现代游客消费需求有效对接,景区除展现原生乡土元素外,也融入现代化的改良创新,结合时下热门国潮元素,以年俗、国粹为主题,打造系列传统艺术与当代流行文化相结合的活动。如结合时下热门的汉服主题,根据洞天仙境和峰林晓镇景区的峰林地貌特色,设计仙女下凡飞天表演、花神献瑞花灯巡游。表演者身穿汉服,在亿万年沉淀而成的石灰岩山峰背景画之中,带来连场好戏,缔造一场融合自然和国潮的视觉盛宴。

在村民市集摊位,游客能品尝到英德最地道的地方传统美食,如只有当地石灰岩山区山泉水才能炮制出的英德非物质文化遗产黄花豆腐,体验传统黄花豆腐手作技艺,品尝当地独有的不整齐小四方"豆腐角",从食材的起源追溯乡村地方特色舌尖文化,开展深度文旅体验。

2022第四届
中国·英德红茶头采节

2022年4月2日,"2022第四届中国·英德红茶头采节"开采仪式在广东英九庄园绿色发展有限公司智能茶厂文创中心举行。活动以"凝心齐聚力,共创茶百亿"为主题,由英德市茶业行业协会主办。受疫情影响,英德红茶头采节从"线下"搬到"云端"。整场活动从"产业""文化""科技"三大层面展开,以英德红茶拍卖会、茶文化与音乐文化融合、第17届巴拿马世界博览会金奖红茶颁奖仪式等亮点环节作为主要内容,通过央视频移动网、新华社现场云、中国网++、网易新闻、悦英德等平台进行直播,全面展示英德深厚的茶文化底蕴,助力英德打造百亿茶叶产业。头采节上,由本土原创音乐人、广东省优秀音乐制作人陈定伦主力创作,由广东南方歌舞团、国家二级演员张琼演唱的以红茶文化与音乐文化相融合的主题曲《东方金美人》首度发布,并在QQ音乐、酷狗音乐、酷我音乐同步上线。在2022第17届巴拿马世界华人春晚世博会上,英德红茶被评为巴拿马世界博览会金奖红茶。活动现场,巴拿马华商总会会长黄伟文为英德市委副书记、市长林明晓颁发奖牌。英德红茶拍卖会特别推出三款红茶珍品,所拍款项的20%用于捐赠给英德的慈善事业。三款红茶珍品规格均为100克，其中英德红茶·第17届巴拿马世界博览会金奖红茶，英德红茶·原生境红茶（杏仁香）的起拍价均为6万元，英德红茶·英红九号母树头采春茶起拍价10万元，经过多番竞价，三款拍品分别以127 000元、158 000元、207 000元拍出。

活动现场，英德市农业农村局（英德市乡村振兴局）、英德市市场监督管理局、英德市茶业行业协会及广东英德农村商业银行股份有限公司四方代表签订战略合作框架协议。广东英德农村商业银行股份有限公司向英德茶行业整体授信50亿元。

活动当天，5个直播平台总观看量近155万人次。其中，央视频移动网11万人次、新华社现场云10.64万人次、中国网++79.1万人次、网易新闻53.32万人次、悦英德0.5万人次。

截至2021年底，英德市拥有食品生产许可证的茶叶企业107家，茶园种植面积17.02万亩。2021年干茶产量超过1.35万吨，产值超过50亿元，综合产值57亿元，英德茶产业呈现标准化、规模化、产业化的发展趋势。

2021年，英德市入选第一批全国农作物（茶叶）病虫害绿色防控县和统防统治百强县名单。先后有7家茶园获评省高级生态茶园，24家茶园获评省初级生态茶园；建设有省、清远市级农业公园茶园8家，获评"全国区域特色美丽茶乡"。英德茶产业已逐步形成"有机肥＋水肥一体化""有机肥＋机械深施"模式。

英德两处遗址入选"广东十年十大重要考古发现"

2022年4月16日，英德青塘遗址和英德岩山寨遗址入选由广东省文化和旅游厅指导、广东省古迹保护协会举办的"广东省十年十大重要考古发现（2012—2022）"。英德青塘遗址曾入选"全国十大考古新发现"；英德岩山寨遗址则在2021年入选"考古中国"重大项目。青塘遗址包括黄门岩1号至4号洞、朱屋岩、吊珠岩及仙佛岩等多处洞穴地点；出土广东年代最早的陶器，出土古人类化石、石器、陶器、蚌器、角骨器、动物骨骼及植物遗存等各类文物标本一万多件，建立起距今约2.5万至1万年连续的地层与文化序列，在此发现的墓葬是中国迄今发现年代最早的、可确认葬式的墓葬，其人骨是广东境内保存最为完整的距今1万年前的古人类化石。英德岩山寨遗址位于青塘镇榄村，岩山寨遗址由分布于多个地貌部位、不同功能性质的地点组成，遗存分布面积10万平方米，是岭南迄今发现规模最大的新石器时代至夏商时期中心聚落遗址。

英德木呷狮舞入选第八批省级非遗代表性项目名录

2022年4月29日，广东省人民政府公布第八批省级非物质文化遗产代表性项目名录。此次公布项目115项。其中，英德木呷狮舞作为广东传统舞蹈项目类别之一入选。木呷狮舞是英德独具特色的传统舞蹈，表演时1人舞狮头、4人舞小丑、4人打乐器，在"十点梅花"锣鼓乐的伴奏下舞动不同的动作。

英德乃岭南古邑，古称英州，是广东省历史文化名城。英德人文和自然资源极为丰富。木呷狮舞就是当地的优秀文化资源代表，历代流传。英德有"木呷狮""鸡公狮""猫头狮"三大狮头。因"木呷狮"形象威武，神态勇猛，气势强大，狮头上还刻有一个"王"字，又称为"狮王"。木呷狮舞多于春节及重大节日期间在祠堂、广场等地点表演，表演前行请木呷狮礼仪。木呷狮舞动时，狮头在高脚鼓、大镲、铜锣、小钗子等乐器伴奏下进行走、跑、拜、跳、舔、扑、咬等动作，时而发出"呷呷"声音。青、黄猴的基本动作有：跳台心，跳台角，肩肘倒立，头手倒立，洗头、理发、挖耳屎、捉虱子、捶背等动作。驼背婆的基本动作有：捶背、抹鼻、扎头发、照镜、整妆、抬香包。大小面的基本动作有：引青、拔扇、打时、跳台心等动作。每个动作有不同的意义，分别代表喜、怒、哀、乐等。木呷狮舞内容丰富，情节滑稽诙谐，令观众捧腹大笑、开心快乐。

木呷狮舞通过家族和社会传承方式传承，已成为英德地区独具特色的传统舞蹈。木呷狮舞文化分布在石牯塘、沙口、东华等镇，其中以石牯塘镇的木呷狮最具代表性。通过参加不同形式的文化交流活动，如省举办的民间狮王争霸赛、广州白云区对口帮扶非遗展演活动、清远市民间狮王大赛、英德市狮王争霸赛、英德非遗进校园活动等，木呷狮舞的知名度不断提升，也受到越来越多人的认可和喜爱。

木呷狮主要特征有：一是外形设计独特，具有鲜明的本土特色，木呷狮形象威武，神态勇猛，气概非凡，气势强大，狮头上刻有一个"王"字。其造型栩栩如生，活泼灵动，具有较高的艺术性和英德优秀的文化传统，是当地人民智慧和艺术创新的结晶，具有鲜明的地方特色。二是动作造型独特，生动形象，表演时通常为10人，其中：师父1人，狮头1人，乐队4人，小丑4人，通过他们的默契配合，在锣鼓乐伴奏下，舞动出各种动作，造型丰富，变化无穷，富有想象力。如狮舞《武仙出台》与虎分青，与虎争山头，与虎争香包，小丑们个个团结一致，斗智斗勇，顽强拼搏，形象生动，展现积极向上的精神风貌。三是协调方式独特，动作难度大，舞木呷狮头，由1人进行（客家人叫打单狮，是木呷狮特有的打法，其他狮头都是双人或多人共同进行），由于狮头、狮被比一般的狮头都要重，所以要求舞者具有强壮的体魄和深厚的功底，而且舞狮时手脚的动作难度大，又要在锣鼓的伴奏下变换造型，动作的协调性、动作的质量要求很高。

木呷狮的重要价值有：一是历史价值。木呷狮舞是英德最为普遍的一种民间舞狮活动，历代流传，具有一定的历史价值，它的产生和发展与中华民族传统文化一脉相承，它与人们生活息息相关，是历代英德客家人对自己风俗习惯的一种寄托和表达方式，蕴含着深刻的文化内涵。二是艺术价值。在以舞蹈形式表现狮子神态、形象的基础上，又创造出丰富多彩的造型动作，寓意朱氏先祖与虎打斗的勇敢精神和团结拼搏精神，其独特的表演形式，具有独特的艺术价值。同时，呷狮舞有完整的套路，还有不同的锣鼓击法，对于研究传统音乐、传统文化等方面有很好的借鉴作用。三是社会价值。木呷狮舞，从大年初二开始，先在本村各家各户拜年，贺新春、庆丰收，增添春节气氛，同时增强村民凝聚力和团结力。拜完本村后，狮队连续几天几夜到圩镇和邻村拜新年，或进行锣鼓乐《武仙出台》的表演，或进行狮舞《武仙出台》的表演，或进行传统武术表演，大大增强春节的健康快乐气氛，同时也增加民族的自信心和凝聚力。四是科学价值。一直以来，木呷狮舞是以民间口头加实践形式一代代传承下来，由于缺少理论支持，极大地制约了更好的发展与传承。若将木呷狮舞用现代化的手段加以整理、记录，规范出一套完整的动作，则有一定的科学研究价值。木呷狮舞是英德市的一种传统舞蹈，多在春节期间进行表演，地点大多在村的祠堂文化室或文化广场等。

英德国家森林公园获批为国家级森林公园

2022年5月，国家林业和草原局官网发布批复，《广东英德国家森林公园总体规划（2021—2030年）》（下称"规划"）获国家林业和草原局批复同意为国家级森林公园。英德国家森林公园是广东省范围最大的森林公园，总面积49 871.82公顷，分为英西峰林片区和长湖片区。其范围包含英德林场和黄花镇、九龙镇、下矶镇、英城街道、大站镇、望埠镇、东华镇、连江口镇8个镇（街道）的部分行政区域。森林公园内有丰富的自然和人文资源，英西峰林走廊是广东唯一的峰林游廊，被誉为"南天第一峰林"。长湖两岸群山环峙，形成"高峡出平湖"的独特景观；宝晶宫溶洞被誉为"岭南第一洞天"，洞内石林、石笋、石钟乳千姿百态。规划将英德国家森林公园的功能定位在生态保护功能、科普宣教功能和游憩功能，并划分为四大功能区，即核心景观区、一般游憩区、生态保育区和管理服务区。规划要求，要严格保护、适度开发，依托区位和资源优势，深入挖掘自然资源和文化资源，开展森林游赏、森林康养、户外探险、科普教育、生态农业观光、客家民俗文化体验等多种主题的生态旅游活动。

广东英德华侨农场入选第十批"中国华侨国际文化交流基地"

2022年9月27日，中国侨联公布第十批"中国华侨国际文化交流基地"名单，全国有92家机构和单位上榜，广东英德华侨农场入选。中国华侨国际文化交流基地（以下简称"交流基地"）是承载中华文化和广大侨胞向往，旨在弘扬中华优秀文化、促进中外文化交流的展示窗口，是侨联组织整合社会资源、推进优势互补、合力开展海内外文化交流活动的重要平台。广东英德华侨农场为广东英德华侨茶场（英华茶场）、广东英红华侨茶场、广东黄陂华侨茶场三个茶场的总称。英华茶场有户籍人口8400多人，其中归难侨、侨眷4600多人。作为"广东省侨界文化交流基地"，茶场举办侨文化交流活动，接待印尼驻华大使、广州历任总领事以及广西南宁市侨联等省内外侨团组织。英红华侨茶场辖内约有归侨侨眷1.3万人，土地总面积218平方千米，是广东省拥有归侨人数最多、国有土地面积最大的华侨茶场。辖内建设有英红博物馆、英红侨胞之家，是对外联谊联络的重要平台。黄陂华侨茶场位于英德市东华镇东北面，始建于1954年。自2010年起，黄陂华侨茶场将2200亩茶园租赁给茶企经营，建设有东华红茶小镇和广东农业现代产业园，形成特有的茶园风景线。

英德多个品牌获第二届世界红茶产品质量推选活动"大金奖"

2022年11月23日，中国茶叶流通协会公布"世界红茶产品质量推选结果"的文件，其中，来自英德多家茶企的多个产品获第二届世界红茶产品质量推选活动"大金奖"。第二届世界红茶产品质量推选于2022年9—11月分别在福建省福安市、印度加尔各答、斯里兰卡科伦坡等地举行，有全球1031家企业的1334个红茶产品参加，推选出大金奖106个、金奖244个、银奖352个。其中，英德市上茗轩、广东德高信食品加工有限公司、广东鸿雁茶业有限公司、英德积庆里茶叶有限公司、广东英九庄园绿色产业发展有限公司选送的红茶产品获"大金奖"。英德英玖红茶业有限公司、英德市龙润农业发展有限公司、英德市老一队茶业有限公司等多家茶企选送的红茶产品获得金奖。

英德入选2022年度全国投资潜力百强县（市）

2022年11月29日，稷夏智库正式发布2022年全国综合竞争力百强县（市）报告。稷夏智库受权根据中国社会科学院财经战略研究院《中国县域经济发展报告》指标体系，对从全国近2000个县域经济单元中遴选出的400强样本县（市）的经济竞争力和投资潜力进行测算，分别形成全国综合竞争力百强县（市）和投资潜力百强县（市）榜单。全国投资潜力百强县（市）榜单从人口和人力资源、基础设施、交通区位、生态环境、政府效率5个维度构建指标体系。其中，英德市位列第30名。2022年，英德市建立"跑腿"服务机制，组建囊括有关审批部门业务骨干的跑腿服务团，涉及19个部门，包括19个分管负责同志、31个跑腿服务员，负责为企业代办本行业部门的相关手续。同时实行项目专班式跟进服务。制作招商宣传片、两大园区VR全景及招商宣传册，开通招商中心网站、微信公众号，投入38万元建设GIS地理信息移动精准招商平台，整合高新区约155.8平方千米的自然资源信息，包括土地利用规划、城市规划、林地信息等。截至2022年12月底，英德市累计引进项目93个，计划投资额149.17亿元。其中新建项目77个，增资扩产项目16个；制造业项目80个，能源类项目7个，农业文旅类等项目6个。亿元以上项目22个，其中3亿元以上项目9个；高新区项目71个（含万洋项目55个）、园区外项目22个。2022年引进的93个项目中，属于制造业的项目80个，新能源项目7个，旅游文化项目3个。

英德红茶获广东首批"粤地优品——广东高品质地理标志"称号

2022年12月17日，广东商标协会开展首批"粤地优品——广东高品质地理标志"评价活动，从法律、社会、文化、经济、环境五个维度对广东省地理标志进行评价，全省有12个地理标志产品入选，英德红茶榜上有名。英德红茶作为国家地理标志产品，入选首批"中欧100＋100"地理标志互认保护产品公示清单。截至2021年底，全市标准化茶园面积17.02万亩，纳入原生境茶树管理区域1.98万亩，全市全年干茶产量1.35万吨，茶叶产值超50亿元，综合产值57亿元。全市茶叶企业588家，市级以上茶叶农业龙头企业21家，省级茶叶农业龙头企业12家，获得HACCP认证茶企11家，获得出口食品备案证明茶企7家，获得生态原产地产品保护标志茶企3家。新型经营主体茶叶专业合作社142家，家庭农场（种茶）73家，带动茶产业就业15万人。

英德青塘考古遗址公园入选第四批国家考古遗址公园立项名单

2022年12月29日，国家文物局公布第四批国家考古遗址公园名单和立项名单，英德青塘考古遗址公园入选第四批国家考古遗址公园立项名单。该遗址公园将定位为以保护、阐释、展示、传承青塘遗址与岩山寨遗址价值为核心的考古遗址公园；是具备文物保护、生态涵养、科研教育、休闲游憩、文化娱乐等多功能的乡镇生态公园；是以岭南文明起源与聚落考古为主题，以文化研究、文化阐释、文化传播、文化参与、文化创意、文化旅游为导向的英德第一文化门户；同时或将开展华南洞穴与聚落考古科研教育基地建设。

英德市区石门台饮用水工程项目一期正式通水

2022年12月29日，英德市区石门台饮用水工程项目一期正式通水。

2022年4月，市区石门台饮用水工程项目动工建设，并确定为2022年一号民生工程。市区石门台饮用水工程的水源来自市北部国家级自然保护区英德石门台。石门台与阳山县、曲江区、武江区、乳源瑶族自治县等接壤，面积约3.36万公顷，获批国家自然保护区，被誉为"南岭绿色明珠"。

市区石门台饮用水工程有两个取水口，均布置在发源于石门台国家级自然保护区内的石门台河和水头河上游，其中石门台河集雨面积36平方千米、多年平均径流量达5630万立方米，水头河（虎石水库坝址以上）集雨面积72.4平方千米、多年平均径流量9440万立方米。经有关部门检测，水质均优于生活饮用水标准。市区石门台饮用水工程项目一期估算总投资约4.8亿元，实际投资约4.1亿元。规划取水规模约为10万立方米/天。总体布局为：在横石塘石门台河引水和在英红官田引水到下游的秀才山东水库调节后，再引水到市区云山水厂，并管连通引水至江湾取水口段接驳市区自来水管网，联合向英德市区供水。工程主要包括新建总长475米的观音山隧道；改造坑尾二级水电站、辛天山水电站等两座水电站作为取水陂头；铺设47.16千米输水管，管线具体分布：A线为石门台河（横石塘水）至江湾取水口段，管道直径为1.2米，输水管长23.81千米；B线为水头洞水至秀才山东水库段，管道直径为1.4米，输水管长9.14千米；C线为秀才山水库至江湾取水口段，管道直径为1.2米，输水管长14.21千米。

2022年12月7日，新建的

观音山隧道全线贯通,不仅对项目具有里程碑式的意义,也是该工程"花小钱办大事"的缩影之一。新建的观音山隧道是英德市区石门台饮用水工程项目一期的重要一环,观音山隧道位于英红镇南面观音山,南北走向,穿过低山丘陵地貌区,全长475米,最大埋深187米,属短深埋隧道。作为交通、供水两用隧道,新建的观音山隧道在原有的机动车道基础上,增设3米宽的非机动车道,不仅分摊原有道路车流量拥挤的压力,更为人们的出行提供安全保障,同时,作为通水管道是供水至英德市区的必经之路。

市委书记张杨彬表示,原来打通隧道预算需要7000多万元,后通过走访专家学者,请教在英德有建设经验的行家,最后只用3000万元左右打通隧道,用最少的钱办最好的事情。

英德市市区石门台饮用水工程项目设计总工程师谢绍传介绍,管道引水至秀才山东水库,最大限度地减少征地、大坝的建设成本,仅这一项就节约了约5亿元投资。

据了解,项目二期规划为在横石塘石门台水、英红水头洞水各修建1座中型水库及小型水库,调节库容分别为2200万立方米和500万立方米,取水规模增加至25万立方米/天。一、二期工程全面完成后,将满足下游60万人民用水预期。

茶叶品质气象指数保险落地英德

2022年12月,人保财险清远市分公司茶叶品质气象指数保险落地英德,首批有4家茶企参保并签订投保协议,有5600多亩茶园受到保护。英德茶叶种植户不再"靠天吃饭",茶叶品质气象指数保险开启为英德茶叶"护航模式"。

茶叶是英德农业主导产业之一,在每年春茶采摘的关键时节,极易遭受低温霜冻、俗称"倒春寒"的自然灾害,导致茶叶减产减收。不少茶企茶农渴求有相关保险为他们保驾护航。英德市永和农业发展有限公司副总经理黄永泉表示,英红九号的属性是怕旱怕冷又怕热,他们多次因自然灾害而遭受损失,这个保险增强了茶企茶农抵御自然灾害风险的能力,为解除茶农的后顾之忧,英德市政府积极推进茶叶品质气象指数保险工作。不同于传统的政策性农业保险,该茶叶品质气象指数保险方案选取对茶叶种植生长过程中影响较大的气象因素,如低温冷害、热害、干旱作为气象指数保险理赔触发条件,以清远市气象部门气象要素监测数据为依据,根据天气指数模型算法,当低温冷害、热害、干旱达到赔付触发条件时,无须现场勘查,保险公司即按照保险合同约定以每亩赔付保险金额5000元向被保险人支付,让茶农茶企吃下"定心丸"。

茶叶品质气象指数保险是广东省省级财政补贴型种植险的一种,每亩茶园参保费为200元。其中省级财政资金补贴比例50%,市、县级财政资金补贴比例分别为15%;农户或茶企负担比例20%,即40元/亩。英德市政府在创建英德市红茶国家现代农业产业园工作中,专项设置红茶政策性保险试点项目,加强对茶叶品质气象指数保险宣传和指导。按照"政府引导、市场运作、自主自愿、协同推进"的原则,以茶叶种植经营主体(包括农户、企业等)为服务对象,建立茶叶品质气象指数灾害风险保障体系。

特 载

编辑：黄丽华

市委常委会工作报告

2022年，在清远市委市政府的正确领导下，英德市委常委会坚持以习近平新时代中国特色社会主义思想为指导，深入学习贯彻党的二十大精神，紧紧围绕习近平总书记"疫情要防住、经济要稳住、发展要安全"的重要要求，认真贯彻落实省委各项工作部署和清远市、英德市两级"十大行动方案"，统筹疫情防控和经济社会发展，统筹发展和安全，突出"讲政治、拼经济、惠民生"，推动英德党的建设和改革发展稳定事业取得新成效，实现本届党委良好开局。现将2022年工作总结如下。

一、旗帜鲜明讲政治、铸忠诚，党的领导和党的建设不断加强

（一）深入学习宣传贯彻党的二十大精神，推动党的二十大精神在英德落地生根。一是全面学习领会党的二十大精神。坚持把学习宣传贯彻党的二十大精神作为当前和今后一个时期的首要政治任务，按照"三个全面""五个牢牢把握"的要求，组织全市各级党组织第一时间收听收看党的二十大开幕式，并通过召开市委常委会（扩大）会议、市委理论学习中心组会议、传达贯彻落实党的二十大精神大会等进行深入学习，制定并印发《中共英德市委关于认真学习宣传贯彻党的二十大精神的通知》《英德市学习宣传贯彻党的二十大精神总体工作方案》等系列文件，由市委领导班子成员带头，通过领导干部带头学、党员干部全面学、党校主阵地学以及"第一议题"、主题党日、座谈交流等多种方式进行深入学习，切实把思想和行动统一到党的二十大精神上来。二是持续掀起学习宣传贯彻热潮。建立宣传宣讲党的二十大精神工作清单，组建市镇两级宣讲团、理论骨干宣讲团、党代表宣讲团、思政教师宣讲团、百姓宣讲团等，由市委主要领导带头，市四套班子领导分别到挂点镇、分管领域、田间地头、企业等开展宣传宣讲，各镇（街）、各相关职能部门主要负责同志分别在所在单位、管辖村（社区）、学校、医院等进行宣讲，确保全覆盖、无遗漏。开设《二十大时光·专访》《学习贯彻二十大精神·专访》《学习贯彻二十大精神·时评》等专栏，发布党的二十大新闻稿件以及转载党的二十大相关新闻稿件共950余篇，持续广泛掀起学习宣传党的二十大精神热潮。三是坚持理论联系实际。在全面学习、全面把握党的二十大精神的基础上，深入开展调查研究，进一步优化发展思路，提出坚定不移走新型工业化发展道路，大力实施工业立市、工业强市、制造业当家的发展战略，推动县域经济走在全省前列。

（二）全面加强党的政治

建设和思想建设，忠诚拥护"两个确立"，坚决做到"两个维护"。一是旗帜鲜明讲政治。严格执行省委坚决落实"两个维护"十项制度机制，建立政治要件台账，制定工作指引，推动习近平总书记重要讲话和重要指示精神落地落实。认真贯彻落实民主集中制，凡涉及"三重一大"的事项都提交市委常委会集体研究决策。2022年以来，共召开市委常委会39次，共研究议题276个。市委领导班子成员带头坚持制度治党、依规治党，带头执行各类党内法规、制度等，严格落实重要事项请示报告、领导干部外出请假报备、个人重大事项报告等制度，以及"三会一课"、双重组织生活等制度，组织开展"圈子文化"专项整治，推动市委领导班子成员进一步树牢政治纪律和政治规矩。建立健全市委定期听取市人大、政府、政协党组工作汇报制度并严格执行，增强市委总揽全局、协调各方的作用。坚持和加强党对统一战线工作的集中统一领导，着力构建大统战工作格局，推动各级党组织和各级领导干部持续强化统战意识，提升统一战线工作科学化、规范化、制度化水平。发展全过程人民民主，建立人大代表联系人民群众的制度机制，把市区石门台饮用水工程打造成为全过程人民民主的典范。二是坚决贯彻落实上级重大决策部署。坚决按照习近平总书记"疫情要防住、经济要稳住、发展要安全"的重要要求，围绕迎接党的二十大胜利召开这条主线，抓实各项工作。不折不扣执行疫情防控第九版、第十版、"二十条""新十条"，高效处置本土疫情。面对超百年一遇特大洪水时，在省委省政府、清远市委市政府的统一部署和调度下有效应对风险挑战。积极对接、支持、服务"双区"和横琴、前海两个合作区建设以及广清一体化，坚持湾区所需、英德所能，在交通、产业、营商环境等领域全面对接，争取京广铁路（广州至英德段）"城际化"在英德设置4个交通站点，加快融入"广清一小时经济生活圈"，累计建设粤港澳大湾区"菜篮子"生产基地13家。高站位抓好省委"1+1+9"工作部署和2022年"十大行动方案"落地落实。坚决扛起粮食安全、中央环保督察反馈问题整改、"两违"问题整治等工作的政治责任，高质量完成上级下达的各项任务。三是用党的创新理论武装头脑。明确"三法十条"任务清单，用好"十学讲话"，严格落实"第一议题"制度，发挥市、镇、村三级党校培训主阵地作用，分领域、分层次抓好干部培训，抓实"4+1+N"支部主题党日活动，推动全市1400个基层党支部4万多名党员学用总书记思想成为学习习惯和工作习惯。四是筑牢意识形态安全护城河。建立健全定期听取意识形态工作汇报制度，市委常委会听取意识形态工作汇报2次，完成对8个镇（街）、8个市直单位意识形态工作巡察，全面压实意识形态主体责任。加大对"法轮功""全能神""精神传销"等非法组织活动的打击力度，排查涉境外传销组织6个，整治涉精神传销有害活动1起，确保国家政治安全。五是着力提升党管武装工作质效。落实党管武装工作责任，深入开展双拥共建，高质量做好征兵工作，超额完成上级下达的毕业大学生征集任务，高质量兵员征集工作走在清远市前列。

（三）全力完善党的基层组织体系建设，不断提升基层治理效能。一是着力完善抓党建促乡村振兴示范县创建体制机制。研究制定《英德市抓党建促乡村振兴重点工作任务落实若干机制》，推动抓党建促乡村振兴33项重点任务和139项具体举措进一步落实落细。深入实施"头雁"工程，选优配强村（社区）党组织带头人和"两委"干部，目前我市行政村（社区）党组织书记中，致富能手、经商务工返乡人员、大学毕业生、退役军人等"四类"人员共253人，占比85%。二是统筹推进各领域党组织建设。统筹机关人员下沉镇街一线参与疫情防控、抗洪抢险，2022年3月至今共调度机关人员4.26万人次，其中党员1.99万人次，在危难险重情况下切实发挥机关党组织的战斗堡垒作用和广大党员的先锋模范作用。健全街道"大工委"、社区"大党委"工作机制，精准整顿15个软弱涣散党组织，深化模范机关创建活动并打造第二批机关党建示范点11个，推行中小学校党组织领导的校长负责制，完成二级以上医院党委书记、院长分设工作，积极探索推进新业态、新就业群体党建工作，切实把各级党组织锻造得更加坚强有力。

（四）树立正确的选人用人导向，激发干部担当作为的精气神。一是坚持好干部标准。完成市直部门领导干部调整，推动人岗相适、人事相宜。注重发挥职级晋升对干部的激励作用，对表现优秀的134名市管干部、86名非市管干部进行职级晋升。创新制定并实施了市管非实职领导干部集中调配管理十条措施，首批集中调配35名市管非实职领导干部参与市委市政府中心工作，进一步调动市管非实职领导干部的积极性和创造性。二是大力实施人才强市战略。联合申报省、清远市级科技项目21项，"英红九号提质增效关键技术创新与产业化应用"荣获2022年"创新清远"科学技术一等奖，柔性引进高端科技人才120人，建设广东省博士工作站8个，科技创新动能不断提升。

（五）坚定不移推进全面从严治党，深入开展新时代党的建设新的伟大工程。一是锲而不舍落实中央八项规定及其实施细则精神。着眼"小切口大变化"，在重大节假日期间开展监督检查33批次，开展会风监督45次，查处不担当、不作为问题8个23人，推动作风建设见行见效。严查领导干部违反中央八项规定精神问题，对顶风违纪的从严处理，对违规吃喝、收送礼品礼金的坚决查处，共查处违反中央八项规定精神问题12起29人。二是以"三铁手段"护航"三不"一体。坚持运用"铁面无私惩治腐败、铁腕重拳扫黑除恶、抓铁有痕治乱补短"的"三铁手段"，全力惩治贪污腐败，持续保持打击各类违纪违法行为的高压态势。给予党纪政务处分172人，移送司法机关6人，运用监督执纪"四种形态"处理393人次，其中"第一种形态"222人。推动"十四五"巡察规划先行先试，率先启动十四届市委巡察并完成两轮巡察工作。

二、千方百计稳增长、促发展，高质量发展取得新进展

坚持稳中求进总基调，以清远、英德两级"十大行动方案"为抓手，克服经济下行、超百年一遇特大洪水、多轮本土疫情等多重不利因素影响，抢时间、抢进度、抢机遇，不等不靠、艰苦奋斗，推动英德

高质量发展迈上新台阶，英德进入2022年度全国投资潜力百强县（市）。

（一）坚持稳字当头，保持经济运行在合理区间。全年实现英德地区生产总值405.2亿元，同比增长1.7%，增速在清远南部县（市、区）排名第一；实现地方一般公共预算收入29.2亿元，增长15.4%，增速在清远各县（市、区）排名第一；实现规模以上工业增加值137.7亿元，增长6.3%；实现社会消费品零售总额98.5亿元。一是招商引资获得新进展。落实"项目为王"理念，坚持把招商引资作为"一把手"工程，落实招商工作联席会议机制，新引进项目92个，亿元以上项目18个，其中英德天堂山抽水蓄能电站项目正式签约，并纳入国家《抽水蓄能中长期发展规划（2021—2035）》储备厂址和《广东省能源发展"十四五"规划》，新增动工项目38个，新增竣工项目32个，"小升规"入库企业26家。二是工业园区发展实现大提升。推动高新区、广德园两个园区新增动工项目25个，新增投产项目45个，42家企业实施技改项目61个，完成工业投资76.6亿元，同比增长26.7%，完成全年目标任务120.06%，拉动全市规上工业增加值增长11个百分点，对全市规上工业增加值贡献率达176.1%。三是重点项目建设取得新成就。在受特大洪水、多轮本土疫情近3个月不能动工的情况下，成功申请两批地方政府专项债券共16亿元，实施重点项目38个，完成投资62.9亿元，占年度投资计划的148.6%，打赢了项目建设翻身仗。全力支持海螺、台泥、粤北钢铁、粤华铸造等重大企业复工复产，稳住英德经济"基本盘"。四是深化改革释放经济发展新动能。推动75项年度改革任务顺利进行，创新开展并完成市土地开发储备局、市投资审核中心体制改革，谋划部署市、镇两级财政体制改革。纵深推进营商环境综合改革，推动招商引资项目"跑腿"服务机制落到实处，大力推进首接负责制、否决报告制、限时办结制等优化政务营商环境"三项制度"，持续全面优化营商环境，在2021年度清远市广清营商环境一体化百分制考核中，英德市名列各县（市、区）第一。大力实施创新驱动发展战略，积极推进39家企业通过高新技术企业认定，实现省级新型研发机构建设零的突破。

（二）坚持乡村全面振兴发展，加快实现农业强农村美农民富。一是持续巩固乡村振兴发展基础。深入实施防返贫综合保险方案和乡村振兴"十镇百企千村"行动方案，将326户边缘户1288人纳入台账进行监测，坚决守住不发生规模性返贫底线。全市粮食播种面积共计58.5万亩，产量19.23万吨，完成全年目标任务。累计建成高标准农田126.4万亩，在清远市2021年度高标准农田建设评价中排名第二。扎实推进耕地保护，完成图斑内连片15亩撂荒耕地复耕复种面积4.8万亩，全部完成2022年复耕复种任务。二是加快推进农业产业发展。积极融入和服务广清一体化、粤港澳大湾区，坚持以打造英德红茶、西牛麻竹笋两大百亿农业产业为突破口，打造更多粤港澳大湾区"菜篮子""米袋子""茶罐子"，全年实现农林牧渔业总产值达158.3亿元，同比增长12.1%。成功组织举办第四届中国·英德红茶头采节活动，英德红茶以37.18亿元的品牌价值入选中国茶叶区域公用品牌"最具品牌传播力的三大品牌"之一。麻竹笋农业产业园成功列入省级现代农业产业园入库重点推荐名单。三是大力推进美丽乡村建设行动。指导全市4509个自然村全面完成"三清三拆三整治",4473个自然村达到省干净整洁村标准,占比99.2%。初步建成"连樟样板区""西乡月"两大乡村振兴示范带,启动建设"茶叶世界""英西峰林"两大乡村振兴示范带。连江口镇连樟村被评为2022年"广东省林长绿美园"和"中国休闲美丽乡村"。英德市在2021年度清远市推进乡村振兴战略实绩考核中位列各县(市、区)第二名,受到清远市实施乡村振兴战略领导小组通报表扬。四是大力推进城乡融合发展。以国家级城乡融合发展试验区连樟样板区和浛洸镇省级城乡融合发展中心镇改革试点为突破,以点带面推动城乡融合发展,连樟样板区完成30.87亩闲置宅基地和空地转为集体经营性建设用地入市交易。

(三)坚持生态文明协调发展,厚植绿色发展底色。一是持续抓好环保突出问题整改。以"花小钱办大事"原则推进生态修复,全面办结完成中央环保督查59宗交办案件,高标准完成648.8亩废旧矿山和养牛场、养鸡场、高丰围3个矿点的生态修复工作,整改成效得到上级认可。重拳打击整治盗采稀土矿行为,依法对犯罪分子提起刑事附带民事公益诉讼,实现生态公益诉讼零的突破,形成强大震慑力。创新林长工作机制,建立"林长+警长""林长+检察长"的"三长联动"护林新模式和"一长三员"(林长+执法员+监督员+护林员)森林资源源头管理架构,推动森林资源保护规范化、法治化。二是持续打好蓝天、碧水、净土保卫战。深入推进涉VOCs排放企业分级管控和深度治理工作,全市空气质量指数(AQI)优良率达到95%。国省考断面、水功能区断面以及重点水库等水质均达到2022年水质目标要求,22个集中式饮用水水源地水质均能达到Ⅱ类水质标准。大力推进万里碧道建设,英德水边河碧道成为清远市唯一成功入选的广东"最生态"碧道。全市4509个自然村中,4508个自然村完成污水收集管道建设,完成率为99.98%。三是持续推进英德绿色高质量发展。深入实施国土绿化工程,完成人工造林1400亩、退化林修复6400亩,封山育林500亩。全市共有4A级景区4个、3A级景区6个,南岭国家公园石门台国家级自然保护区入口廊道发展带项目取得新突破,连续6届入选"广东省县(市)域旅游综合竞争力'十强'",进一步将生态优势转化为经济发展优势。

三、持之以恒办实事、惠民生,人民群众获得感幸福感不断提升

坚持把"惠民生"作为一切工作的出发点和落脚点,以无论财政多么紧张,民生投入不少一分,无论多少困难,以坚决兑现群众承诺的坚定意志和坚强决心为民办实事、解民忧,完成民生支出71.11亿元,占一般公共预算支出的85.36%,基本完成2022年"十件民生实事"。

(一)全力以赴推进民生工程建设,切实解决人民群众急难愁盼问题。举全市之力推动人民群众期盼已久的市区石门台饮用水工程项目动工建设,市区石门台饮用水工程项目(一期)于2022年年底正式通水,实现重大民生工程

从动工到建成仅用八个月的历史性突破，正扎实推进二期工程前期准备工作，预计2023年4月底前动工建设，年内全面完成。大力推动国道358线英城至大湾段改建工程和省道292延长线新建工程加快建设，确保如期通车。

（二）全力以赴推动城乡发展提档升级，不断改善城乡发展面貌。扎实推进全国文明城市创建，完成5个老旧小区及170条背街内巷改造，开展"三线"专项整治，推进城市卫生治理，建成74个省级文明实践所（站）。中心城区道路智慧停车项目进场施工，治安视频监控安装及联网工作有序推进，"天翼看家""和家园"等前端摄像点覆盖率达到90%以上，城市管理基础不断完善。城乡环卫一体化PPP项目顺利推进，全市城乡垃圾转运至清远垃圾无害化处理厂处理，有效解决了"垃圾围城"的问题。推动完成市体育馆、女足基地升级改造，高质量协办省运会英德赛区第一阶段赛事。城市基础设施建设持续推进，金子山大道等一批"断头路"得到打通，浈阳湖、仙水湖周边环境治理全面完成，东岸南北片区排涝站实施升级改造，城市功能品质不断提升。

（三）全力以赴提升公共服务质量，不断提升人民群众获得感幸福感。全力以赴保障学位供给，英德市第九小学于2022年9月建成开学，比原计划提早一年，黄花镇中心小学教学楼、八一希望小学、利民实验幼儿园等一批教育基础设施新建扩建工程顺利推进，新增公办学位4230个，有效缓解学位紧缺问题。2022年高考本科上线人数2205人，高分层人数同比增长30%，教育质量大幅提升。积极盘活教育资源，正式启动英德市职业技术学校整体迁建至东华镇东华中学旧址，并在市职校旧址建设九年一贯制公办学校，提供解决历史遗留问题和增加市区公办学位4500个的"双赢方案"。大力实施健康英德建设，完善一批医疗卫生基础设施，英德市在清远市紧密型县域医疗卫生共同体绩效评价考核排名第二，成功创建为全国基层中医药工作先进单位，并成功蝉联"广东省卫生城市"称号，市人民医院达到"创三甲"申报标准，连江口镇顺利通过"广东省卫生镇"复审。青塘遗址、岩山寨遗址被省文旅厅列入"广东省十年十大重要考古发现"，青塘考古遗址公园入选国家考古遗址公园立项名单。全力做好广州市白云区对口帮扶工作，积极争取帮扶资金3550万元，推动18个民生事业项目顺利建设。以"粤菜师傅""广东技工""南粤家政"三项工程为抓手，完成技能提升补贴性培训1069人次，发放补贴资金108.1万元，推动就业创业工作迈上新台阶。

四、全力以赴防风险、护安全，狠抓平安清远建设三项攻坚六大任务

严格按照清远市委平安清远建设三项攻坚六大任务要求，建立闭环工作机制，抓重点、盯难点、疏堵点，以"钉钉子"精神推动英德43大项、87小项工作任务落地见效，建设更高水平的平安英德。

（一）坚持人民至上，"零伤亡"战胜超百年一遇特大洪水。一是众志成城抗大洪、抢大险、救大灾，全市实现"零伤亡"。在中央、省、清远市各级领导的果断决策、有效指挥、示范带动下，全市各级党员领导干部严格落实基层"三联系"和特殊群体临灾转移"四个一"等机制，成功转移人民

群众14.2万人，筑牢防汛抗洪的"铜墙铁壁"，实现了北江大堤不垮堤、不决堤、不漫堤和"零伤亡"的重大胜利。二是加快推进灾后复工复产。按照"水退、人到、地净、三通（通水、通电、通信）"原则，第一时间统筹各方救援力量24小时轮岗抢修塌方道路、水利工程、行洪河道、通信工程和电力等基础设施，完成"5路11桥"等一批重大水毁基础设施的应急抢通和修复重建工作。协调第三方对全市水淹房屋和地质灾害点进行科学鉴定，评估房屋2334间，守住不发生灾后次生灾害的底线。全面开展灾后排涝清淤防疫，实现大灾之后无大疫。三是全力保障平安高考、平安中考。排除万难实现4925名高三考生100%参加夏季高考，23472名初三考生100%参加中考。

（二）全力打赢疫情防控阻击战，守住不发生大规模疫情的底线。不断提升疫情防控应急处置能力，全力以赴打赢本土疫情歼灭战，坚持"快"字当头、"以快制快"，采取最迅速、最严格、最果断的硬措施在最短的时间内"围住、捞干、扑灭""07·10""10·28""11·27"等本土疫情，取得了本土疫情歼灭战的全面胜利。抓实常态化疫情防控工作，创新对全市22个高速公路服务区808名工作人员分门别类建立台账，纳入重点人员闭环管理，在每个高速公路出入口设置核酸检测点，提供"落地检"服务，形成了常态化疫情防控"英德打法"，相关工作经验得到省政府领导表扬并在全清远市推广。全面完成上级下达疫苗接种任务，全人群全程接种率为89.12%，其中60—79岁人群全程接种率为91.63%，80岁以上人群全程接种率为70.73%。

（三）全面压实安全生产责任，筑牢安全生产防线。坚持党政同责、一岗双责，印发《英德市委市政府领导班子成员安全生产工作职责清单》，完成市安委办实体化运作，以最严的要求扎实开展7轮道路交通安全百日攻坚战。创新开展英德市危化企业、危运车辆专项整治百日攻坚行动，3个化工工业园区基本实现封闭式管理。充分发挥网格员、信息员作用，聘请第三方专家按照"一企一册"的标准，大力开展危险化学品、工矿商贸、建筑工地、交通道路等领域安全隐患排查整治，在"五一"、中秋、国庆和党的二十大召开期间，未发生较大及以上生产安全事故，实现了安全生产事故和死亡人数双下降。

（四）全面推进社会综合治理，维护社会治安大局稳定。一是提升基层治理效能。充分发挥"网格化＋信息化""网格员＋信息员"的作用，把疫情防控、森林防灭火、信访维稳、安全生产、"两违"用地整治等工作纳入综合网格化管理，构建源头防控、排查梳理、应急处置的社会综合治理新模式，做到早发现、早报告、早处置。全市共上传网格事件72323宗，办结72296宗，办结率达99.96%。结合智慧城市建设，升级完善社会治理智能化平台，市域社会治理现代化水平得到进一步提升。二是常态化整治社会突出问题。对涉黑涉恶违法犯罪保持零容忍态度，露头就打，坚决铲除黑恶势力滋生土壤。全力防范打击电信网络诈骗违法行为，电诈案件立案582宗，同比下降41.33%，群众财产损失4079万元，同比下降32.68%，扭转了电信诈骗持续高发多发态势，成功避免被上级挂牌整治的风险。常态化开展扫黄打非、禁毒禁赌行动，铁腕整治黄赌毒等重点区域违法犯罪行为，营造安全稳定的社会环境。三是高位推动信访案件得到有效化解。高效处理广康生化信访问题，通过规范化设置废水排污口和铺设排污管道，解决了双方的矛盾纠纷，成功化解积累已久的信访积案。深入开展涉退役军人、涉房地产、涉拖欠工资等重点领域信访积案攻坚行动，化解中央、省、清远市交办重复信访件、积案信访件共169宗，在省第十三次党代会和党的二十大特殊防控期等重要时间节点及重大节假日实现了"五个不发生"的工作目标。四是持续推进法治英德建设。健全依法行政决策机制，对规范性文件进行前置合法性审查，办理征求意见稿合法性审查397件，提高政府依法决策水平。深入推进镇街综合行政执法改革，成功下放8个职能部门299项县级行政执法权。深入开展民主法治示范创建，九龙镇河头村完成创建全国民主法治示范村的申报工作，石牯塘镇联山瑶族村、大湾镇英建村、望埠镇古村村被省确认为2022年广东省"民主法治示范村（社区）"创建单位。

在总结成绩的同时，也发现一些问题和不足。比如，一些重点项目建设进度不够理想，全市主要经济指标增速与年初既定目标相比还有一定差距；一些领导干部干事创业精气神不足，"假作为、慢作为、不作为"问题仍然存在，等等。接下来，英德市委常委会将深入学习宣传贯彻党的二十大精神，贯彻落实党中央各项决策部署和省委、清远市委各项工作要求，围绕"讲政治、拼经济、惠民生"，踔厉奋发，勇毅前行，奋力谱写中国式现代化的英德新篇章！

政府工作报告

——2023年3月16日在英德市第十六届人民代表大会第三次会议上

英德市人民政府市长 林明晓

各位代表：

现在，我代表市人民政府，向大会作工作报告，请予审议，并请各位政协委员和其他列席人员提出意见。

一、2022年工作回顾

2022年是党的二十大胜利召开之年，也是英德发展历程中极不平凡、极为不易的一年。面对错综复杂的经济形势、艰巨繁重的发展任务，特别是遭受北江超百年一遇特大洪水与疫情叠加交织的严重冲击，市政府坚持以习近平新时代中国特色社会主义思想为指导，全面学习、全面把握、全面落实党的二十大精神，认真贯彻落实党中央决策部署以及省、清远市和市委工作要求，在市人大及其常委会、市政协的监督支持下，全面落实"疫情要防住、经济要稳住、发展要安全"重要要求，成功应对抗洪灾、防疫情、稳经济大战大考，实现了本届政府的良好开局。

——全力以赴抗洪抢险救灾复产。2022年我市遭遇历史性的"龙舟水"和北江超百年一遇特大洪水，全市约40万人受灾。面对雨情急、水情险、汛情猛的形势，我们果断启动防汛一级响应，全力做好抢险救灾各项工作，紧急转移安置群众14.2万人次，实现了"零伤亡"目标。全力做好灾后重建和复工复产各项工作，以最快速度全面恢复受灾群众用水、用电，全倒户、严损户住房重建修缮完工率均达100%，"5路11桥"[1]在最短时间恢复通车，1200余项受灾项目恢复重建。

——全力以赴稳住经济发展大盘。面对需求收缩、供给冲击、预期转弱三重压力，我们沉着应对、精准施策，保持经济运行在合理区间，推动市场主体稳步增长。2022年完成地区生产总值405.2亿元，同比增长1.7%，增幅在清远市南部地区领跑；农林牧渔业总产值158.3亿元，增长12.1%，居清远各县（市、区）第一；规模以上工业增加值137.7亿元，增长6.3%，居清远各县（市、区）第二；一般公共预算收入29.2亿元，增长15.4%，居清远各县（市、区）第一；固定资产投资总量居清远市前列，社会消费品零售总额98.5亿元。新登记市场主体12 334户，增长13.8%，新增"小升规"26家、"个转企"31家，3家企业入围广东制造业500强。

——全力以赴守护人民群众健康安全。我们全面落实国家、省、清远市最新防控政策，以坚定的政治站位、坚毅的态度决心，接连战胜"07·10""10·28""11·27"等本土疫情，同时有效保障省运会英德赛区第一阶段赛事圆满完赛，以最小代价实现最大防控成果。派出1914名医务人员、流调人员全力支援广州、清远等兄弟地区疫情处置，圆满完成重点地区风险人员分流隔离任务。扎实做好医疗救治和疫苗接种工作，确保疫情防控转段平稳有序，最大程度保护英德人民生命安全和身体健康。

我们坚持以科学之策应对非常之事，以精准之措应对非常之难，主要做了以下工作：

（一）聚力抓好实体经济，展现稳中向好的"英德韧劲"。

工业经济平稳运行。狠抓工业企业匹配度提升，完成工业投资87.1亿元，增长93.9%，高技术制造业、先进制造业分别增长490.2%、23.9%。推动水泥、钢铁等传统产业加快转型升级，完成工业技改投资9.8亿元。广康生化IPO申请获深交所审核通过。高新区、广德园合计完成规模以上工业增加值76.6亿元，增长26.7%，对全市规模以上工业增长贡献率达176%。项目建设加速推进。38个重点项目全年完成投资71.6亿元，超出年度计划37.9个百分点，国能清远电厂、华电分布式能源站等16个省、清远市重点项目超额完成投资计划，广晟新材异地搬迁升级改造、稀美钽铌金属新材料、佳纳动力电池材料及钴产品（一期）等项目顺利投产。获批建设用地1027.2亩，收储土地2474亩，出让工业用地978亩。特色产业蓬勃发展。累计建设大湾区菜篮子生产基地13家，获批筹建英德红茶国家地理标志产品保护示范区。英德市现代农业产业园获得国家级认定，麻竹笋产业园入选省级现代农业产业园入库重点推荐名单。现有茶园面积17.5万亩，综合产值60亿元；麻竹笋种植面积65万亩，综合产值40亿元。奥园英德巧克力王国获评国家3A级旅游景区，"清远英德红茶体验之旅"入选广东省工业旅游精品线路。孵化跨境电商企业2家，实现零的突破。

（二）聚力改革开放创新，积蓄高质量发展的"英德势能"。

重点改革落地见效。建立覆盖26个部门、312个事项的行政审批容缺受理制度，实施150条优化营商环境措施，在广清营商环境一体化考核中排名清远市第一，入选全国县域经济投资潜力百强县。连樟样板区

"三块地"改革[2]完成一批闲置宅基地转为集体经营性建设用地入市交易。完成市土地开发储备局、市投资审核中心体制改革。招商引资成效明显。主动对接"双区",打造多元化招商引资活动平台,创新"跑腿"服务机制,强力开展招商引资,新引进项目92个、计划总投资133亿元,其中亿元以上项目18个。总投资80亿元的天堂山抽水蓄能电站项目正式签约,总投资56亿元的广州建筑(英德)绿色建筑产业园项目正式开工。新增动工项目38个,新增竣工项目32个。科技创新活力迸发。新增国家级高新技术企业19家,69家企业被纳入科技型中小企业库,金正大农业研究院成为英德首家省级新型研发机构。柔性引进高端科技人才120人,新增广东省博士工作站1个。科技成果获奖数在清远市排名第一。

(三)聚力改善城乡面貌,做好城乡融合发展的"英德文章"。

基础设施日趋完善。北江航道扩能升级白石窑枢纽船闸工程有序推进。国道358线英城至大湾段改建工程动工建设,省道292线延长线一级公路新建工程累计完成投资9.4亿元,供水、交通两用的观音山第二隧道实现贯通。实施农村电网升级改造项目402个。新增光纤通达自然村274个,新建4G基站543个、5G基站516个。东岸北片区排涝站升级改造主体工程基本完成。城市品质持续提升。完成国土空间规划"三区三线"[3]划定,确定耕地保有量,划定永久基本农田、生态保护红线和城镇开发边界。全力创建文明城市,完成5个老旧小区改造和170条背街内巷整治,完成浈阳湖、仙水东湖周边环境综合治理,市区智能停车项目(一期)投入使用,中心城区生活垃圾分类覆盖面持续扩大,城乡生活垃圾全部集中转运至清远实行无害化处理。乡村振兴更具示范。持续加大"三农"投入,财政支出达33亿元。新增高标准农田6.4万亩,垦造水田3517亩,复耕撂荒耕地4.8万亩,粮食播种面积58.5万亩,产量19.2万吨。连樟村获评中国美丽休闲乡村,"连樟样板区""西乡月"两大乡村振兴示范带基本建成。浛洸镇城乡融合发展省级中心镇试点工作扎实推进。累计建成"四小园"[4]1.15万个,新建"四好农村路"67公里,累计创建美丽乡村3410个,全部乡镇达到宜居圩镇标准,英红镇、浛洸镇、大洞镇、九龙镇成功创建示范圩镇。

(四)聚力推动绿色发展,绘就天蓝水绿山青的"英德画卷"。

生态屏障高效构建。全面推行林长制,创新"三长"[5]联动护林新模式和"一长三员"[6]森林资源源头管理架构。完成高质量水源林人工造林1800亩、新造林抚育1000亩。连樟村获评广东省林长绿美园,水边河碧道获评广东"最生态"碧道。生态治理成效显著。大力推进涉VOCs排放企业分级管控和深度治理,空气质量指数优良率达95%。建设污水处理设施2565座,完成3387个农村污水治理,国省考断面水质稳定达标。基本完成高丰围、门洞村牛场、鸡场旧矿点生态修复,完成望埠镇萌新狮子山水泥用灰岩矿治理复绿。"双碳"工作稳步推进。新动工光伏项目19个,总装机容量11.6万千瓦时。累计建成新能源汽车充电桩281台,公共充电桩实现镇街全覆盖。因地制宜利用51.8万亩林地发展林下经济,经济林总产值10.7亿元。

**(五)聚力破解急难愁盼,写好增进民生福祉的"英德答卷"。

社会事业全面进步。民生支出72亿元,占一般公共预算支出85.8%。十件民生实事基本完成,市区石门台饮用水工程(一期)如期通水。市第九小学、利民实验幼儿园顺利开学,完成黄花镇中心小学、沙口镇冬瓜铺幼儿园等学校改扩建,新增公办学位4230个。组建以市第七小学为龙头的教育集团,义务教育集团化办学迈出新步伐。完成市人民医院感染科大楼等5个医疗卫生项目建设,市人民医院在全国三级公立医院绩效考核中连续三年保持在B级以上,市第二人民医院创建为二级甲等综合医院。成功创建全国基层中医药工作先进单位、广东省健康促进县,蝉联广东省卫生城市称号。全面完成省运会英德场馆升级改造。青塘遗址、岩山寨遗址列入"广东省十年十大重要考古发现"。社会保障坚强有力。持续强化重点群体就业帮扶,新增就业9053人。社保待遇按时足额发放,困难群众救助和保障标准稳步提高,脱贫攻坚成果持续巩固。分配被征地农民的养老保障留存资金1.56亿元,惠及群众16.4万人。发放城镇住房保障租赁补贴514户。完成英西北区域性敬老院建设。社工服务站实现镇街全覆盖。社会大局和谐稳定。圆满完成党的二十大安保维稳任务,实现"五个不发生"的工作目标。推动常态化扫黑除恶斗争走深走实,刑事治安警情下降26.6%,为电诈受害群众挽回损失362.4万元。深化基层社会治理,创建3个省级"民主法治示范村(社区)"。各类生产安全事故起数、死亡人数分别下降30.7%、34.1%,安全生产、食品药品安全形势保持平稳。

一年来,我们坚持党的领导,加强政府系统党的建设,全力以赴做好迎接党的二十大召开和学习宣传贯彻党的二十大精神各项工作,深刻领悟"两个确立"的决定性意义,更加坚定自觉做到"两个维护"。坚决落实全面从严治党主体责任,不断加强民主法治建设和党风廉政建设,扎实做好意识形态工作,全面推进政务信息公开,主动接受监察监督,加强重点领域审计监督,认真抓好国务院大督查反馈意见整改落实。办理各级人大代表建议和政协委员提案386件,办结率和满意率均为100%。积极推进依法行政,办结行政复议案件135起,行政机关负责人出庭应诉率达100%。国防动员、双拥、民兵预备役建设、退役军人服务保障等工作持续加强,工会、共青团、妇女儿童、红十字、慈善等事业健康发展,民族宗教、统计、外事侨务、地方志、人防、档案等工作取得新成绩。

各位代表!回顾2022年,成绩殊为不易,这是习近平新时代中国特色社会主义思想科学指引的结果,是上级党委、政府和市委坚强领导的结果,是市人大及其常委会、市政协监督支持的结果,是全市上下共同奋斗的结果。特别是在防汛救灾和抗击疫情的关键时刻,以李鼎新同志为代表的广大党员干部闻令而动、向险而行,人民解放军、武警官兵、消防指战员、医务工作者、志愿者冲锋在前、并肩作战,上级单位、兄弟县区、社会各界伸出援手、慷慨解囊,百万英德市民众志成城、守望相助,为我们战胜一切艰难险阻、应对一切风险挑战提供了坚强保障。在此,我代表市人民政府,向全市人民,向人大代表、政协委员,向各民主党派、各人民团体,向驻英部队和各驻英单位,向所有关心、支持和参与英德改革发展的各界朋友，致以崇高的敬意和衷心的感谢！

回顾2022年，我们深刻地认识到，我市经济社会发展还面临不少困难和问题。一是经济稳定增长压力较大，外部环境依然存在许多不确定、不稳定因素，部分行业特别是中小微企业发展仍较为困难，投资和消费增长动力偏弱。二是产业发展水平仍不高，先进制造业和战略性新兴产业规模体量偏小，传统产业转型升级步伐不够快。三是生态、农业等特色优势没有充分发挥，绿色发展模式尚未形成，农业精深加工、现代化发展的空间和潜力还很大。四是社会民生领域还有不少短板，公共服务供给与人民群众对美好生活的期待还有差距，疫情防控、安全生产、防灾减灾、信访维稳存在薄弱环节。五是一些干部职工干事创业精气神不足，服务效能不够高，营商环境有待进一步优化。对此，我们一定高度重视、持续改进，不负人民重托。

二、2023年主要工作安排

2023年是全面贯彻党的二十大精神的开局之年，是实施"十四五"规划承上启下的关键一年，做好今年工作意义重大。根据市委工作部署，今年定为"招商年"。今年政府工作的总体要求是：以习近平新时代中国特色社会主义思想为指导，全面贯彻党的二十大和二十届二中全会及全国"两会"精神，深入贯彻习近平总书记对广东系列重要讲话和重要指示精神，认真落实省第十三次党代会、省委十三届二次全会、全省高质量发展大会、清远市委八届四次全会和市第十四次党代会二次会议部署，坚持稳中求进工作总基调，完整、准确、全面贯彻新发展理念，锚定高质量发展首要任务，坚持"讲政治、拼经济、惠民生"，以奋发有为的精神状态和"时时放心不下"的责任担当，更好统筹疫情防控和经济社会发展，更好统筹发展和安全，着力稳预期、稳信心、抓落实，推动经济实现质的有效提升和量的合理增长，在新征程上积极探索中国式现代化的英德路径。全市经济社会发展主要预期目标是：地区生产总值增长8%，固定资产投资增长8.5%，规模以上工业增加值增长9%，社会消费品零售总额增长7%，地方一般公共预算收入增长5.5%，城乡居民人均可支配收入增长与经济增长基本同步。

实现今年的目标任务，重点做到"九个坚定不移"：

（一）坚定不移走"工业立市、工业强市"之路，加快打造清远绿色工业发展主战场

树立制造业当家的鲜明导向，紧紧抓住产业项目、工业投资、产业平台，推动工业提质扩量增效。

一是加快推动优势产业集群化发展。做大做强新能源、新材料、新型建材等产业，聚力打造辐射带动作用强的产业集群。推动国能清远电厂一期工程、华电分布式能源站竣工投产，加快国能清远电厂二期工程等重大项目建设，着力打造百亿级新能源产业集群。推动佳纳、广晟、稀美等优质企业增资扩产、延长产业链条，着力打造50亿级新材料产业集群。加快万洋众创城（二期）等项目建设，推动美妆日化、时尚产业集聚发展。抢抓装配式建筑产业发展机遇，加快广州建筑（英德）绿色建筑产业园等项目建设。前瞻布局储能、氢能、前沿新材料等未来产业，加快天堂山抽水蓄能电站前期工作和华电浛洸280兆瓦农光渔光互补等项目建设。

二是加快推动传统产业改造升级。立足资源禀赋和产业基础，坚持提质增效和延链、强链双向发力，持续推进工业企业匹配度提升，支持广康生化上市融资、增资扩股。支持海螺、台泥等行业龙头企业引领水泥产业集群化、数字化、绿色化发展；引导钢铁、玻璃产业加快转型升级步伐，提高精深加工能力，实施工业技改项目60个，完成工业技改投资10亿元以上。抓好化工园区封闭式管理和安全整治提升，推动化工产业集聚发展，加快建设成为全省重要的精细化工基地。严格按照"只减不增"原则，清理整治一批"小散乱污"企业和落后产能项目，盘活处置批而未供和闲置土地2100亩以上。

三是加快推动重大平台做大做强。坚持"筑巢引凤"和"亩均论英雄"，把高新区、广德园打造成为深度参与广清一体化的重要载体。以国家级高新区标准打造英德高新区，推进创新公共技术服务平台和科技企业孵化基地建设，完成英红污水厂等一批基础设施建设，引导工业项目、化工企业入园集聚发展，建强工业发展主阵地，力争高新区完成工业固投12亿元、规模以上工业增加值增长9%以上。深化英德、黄埔两地合作，推动广德园中南片区加快开发和顺英大道（二期）等项目加快建设，拓展合作空间。全力推动广东现代制鞋产业园项目落地建设，着力打造承接制鞋产业转移平台。做大做强国有资本投资运营平台，优化资本布局与结构调整，促进国有资本向产业发展、生态旅游、乡村振兴、城市建设等重点领域集中，积极参与引领矿产、林业、农业、河砂等资源综合开发利用，让国资国企在服务高质量发展中发挥更大作用。

（二）坚定不移壮大实体经济，着力打造经济高质量发展重要增长极

坚持把扩大内需和优化供给有机结合起来，打好稳增长、扩投资、促消费组合拳，巩固经济稳中向好态势。

一是大力开展招商引资。按照"招商年"工作部署，常态化开展领导带队外出招商、引荐客商，深化以商招商、专班招商、产业链招商，大力开展吸引英商回乡投资创业活动，招引一批龙头型、基地型、成长型企业和符合"安全、环保、效益"三条底线的优质项目，力争引进项目60个、总投资180亿元以上。完善"跑腿"服务机制，探索"预约办+上门办""承诺办+容缺办""拿地即开工"等模式，力促新开工项目30个以上。建立健全以项目落地建设实绩为导向的招商引资考核制度，营造"人人都是招商大使、事事都是招商环境"的浓厚氛围。

二是加快扩大有效投资。树立"大抓项目、抓大项目"导向，谋划、储备、建设一批亿元以上的大项目好项目，实施三级重点项目48个，年度计划投资97亿元以上。坚持"资源要素跟着项目走"，把土地、资金、能耗等要素向重大项目倾斜，推动20个在建项目竣工投产、18个投产企业上规达产，加快推进水边温泉度假区、女足基地升级改造等项目建设及北江旅游资源开发。紧盯专项债券、中央预算内投资、政策性开发性金融工具、中长期贷款等，结合交通、能源、水利、新基建、市政和园区短板弱项精准谋划项目，争取更多项目纳入国家和省"大盘子"，同时创造条件吸引社会资本积极参与重大项目建设。

三是促进消费持续恢复。加快线上线下消费有机融合，发展直播电商、社交电商、沉浸式消费、体验式消费，加大餐饮、文旅、养老、育幼等服务消费促进力度，提振明珠广场、合地广场、新天地等重点商圈活力。支持新能源汽车消费，鼓励开展绿色智能家电下乡和以旧换新。充分发挥国家级电子商务进农村综合示范县优势，完善冷链物流配送网络，鼓励龙头企业、合作社等经营主体发展新零售，主动参与清远跨境电商综合试验区建设。坚持房住不炒定位，支持商品房市场更好满足刚性和改善性住房需求，分类处置、妥善化解问题楼盘，促进房地产市场平稳发展。

（三）坚定不移深化改革开放创新，充分激发高质量发展活力动力

牢牢把握改革开放关键一招，优化营商环境，畅通要素资源流动，强化创新驱动，不断塑造发展新动能新优势。

一是以改革赋能发展。把深化"放管服"改革作为优化营商环境的重要抓手，坚定落实"两个毫不动摇"[7]，大力推进首接负责制、否决报告制、限时办结制"三项制度"，打造企业全生命周期服务链。延续优化助企纾困政策，引导金融机构加大对小微企业和科技创新、绿色发展等领域的支持力度。加强数字政府建设，推进政务服务"一网通办"，推动更多关联性强、办事需求量大的跨部门政务服务事项实现"一件事一次办"。深化财政体制改革，建立健全镇街财政体制绩效评估监督体系，严格财政投资项目审核，提高财政资金使用效益。加快社会信用体系特别是诚信政府建设，推动解决一批涉财政、不动产登记历史遗留问题。

二是以开放促进发展。主动服务、积极融入"双区"、三大平台建设和广清一体化，配合加快广清永高铁九龙站前期工作，同步谋划布局周边产业。深度参与北江经济带规划建设，完成北江航道扩能升级白石窑枢纽船闸工程建设，稳妥推进连江航运枢纽闸坝安全隐患治理，推动广东省航道水上绿色综合服务区（一期）工程动工建设。用足用好自贸协定优惠政策，鼓励和支持卓佳、佳美达、时代、月亮等外贸型企业积极开拓海外市场、承接更多海外订单，力争进出口总额增长10%以上。

三是以创新引领发展。启动国家创新型县（市）创建工作，深化产学研合作，支持建设一批省级以上重点实验室、工程中心，柔性引进高校和科研院所科研人才40人以上。大力培育创新主体，新认定高新技术企业30家、"专精特新"企业6家、科技型中小企业65家以上。加快推动科技创新成果高效转化，申报省、清远市级科技计划项目60项以上。大力实施质量强市、品牌兴市战略，加强知识产权保护，营造全社会尊重创新的浓厚氛围。

（四）坚定不移狠抓"三农"工作，全面推进乡村振兴

坚持农业农村优先发展，着力夯实粮食安全根基，发挥特色产业优势，补齐乡村建设短板，推动英德从"农业大市"向"农业强市"跨越。

一是扛牢粮食安全重任。坚决遏制耕地"非农化"、防止"非粮化"，加大中低产田改造力度，大力推进撂荒地复耕复种，新增建设高标准农田3.2万亩，垦造水田3000亩以上。推动健全种粮农民收益保障机制，持续深化节粮减损工作，确保粮食和重要农产品稳定安全供给。加强水稻、玉米、清远鸡、茶叶等良种繁育基地建设，积极推广良种良法，促进种业健康高质量发展。

二是大力发展特色产业。坚持以工业化、系统化思维发展现代农业，统筹推进英德红茶、西牛麻竹笋两大产业创百亿产值，促进清远鸡、丝苗米、肉鸽、水产等产业提质发展，新增茶叶种植面积4800亩，力争新增麻竹笋种植面积20万亩。依托英德红茶、连樟村果菜茶现代农业产业园，完善联农带农机制，高质量建设麻竹笋省级现代农业产业园，加快西牛麻竹笋、东华肉鸽、石牯塘预制菜、九龙豆制品镇域产业园创建工作，形成国家级、省级、镇域现代农业产业园梯次发展格局。强化区域公用品牌建设，推动特色农业规模化、产业化、品牌化发展，努力打造成为广东省农业第一大县。持续做好防止返贫动态监测和常态化帮扶，深化拓展驻镇帮镇扶村工作，深入推进"一村一品、一镇一业"，新增各类新型农业经营主体72家以上。

三是深化乡村建设行动。有序推进建制村通双车道公路改造、窄路基路面拓宽改造，加快补齐乡村道路短板。扎实开展"万企兴万村"行动，引导鼓励更多社会力量投入乡村建设。深入实施农村人居环境整治提升五年行动和"美丽乡村2025"行动计划，建立健全农村人居环境整治长效管护机制，统筹抓好农村厕所革命、生活污水和垃圾治理，70%以上行政村达到美丽宜居村标准，全力建成"茶叶世界""英西峰林"乡村振兴示范带，规划打造"红茶小镇""锦潭小镇"乡村振兴示范带，推动形成"1+6+12"[8]乡村振兴示范带格局，建设宜居宜业和美乡村。

（五）坚定不移推进生态文明建设，厚植绿美英德亮丽底色

深入践行习近平生态文明思想，协同推进降碳、减污、扩绿、增长，切实筑牢北部生态屏障。

一是持续强化生态环境保护修复。全面落实绿美广东、绿美清远生态建设部署，压实林长增绿、扩绿、管绿责任，持续推进英德国家森林公园建设，积极配合推进南岭国家公园创建。加强生物安全管理，精心养护古树名木，争创国家森林城市。科学开展林分改造、林相改善，因地制宜推进桉树林更新改造，增加常绿阔叶林种植，完成人工造林2000亩、低质低效林分改造8851亩、封山育林3040亩、新造林抚育1800亩、森林抚育22 600亩。依法依规清理整改小水电20座。常态化抓好森林防灭火工作。加快推进芋合茏等旧矿点生态修复，完成稀土矿旧矿点修复治理1200亩。保持打击盗采稀土矿、非法转移倾倒固废、"两违"[9]问题的高压态势，让青山常在、绿水长流。

二是深入打好蓝天、碧水、净土保卫战。强化多污染物协同治理，抓好工业源、移动源、扬尘源等污染防控，推动空气质量指数优良率稳定保持95%以上。深入落实河湖长制，统筹水资源、水环境、水生态治理，开展饮用水水源地保护、入河排污口排查整治、农村黑臭水体治理等行动，动态清零"四乱"问题，启动西城污水处理厂提标改造工程，确保国省考断面水质达标率保持100%。加强工业危险废物、医疗废物安全处置，妥善做好老虎岩生活垃圾填埋场封场后续工作，抓好农业面源污染防控，污染地块安全利用率保持100%。巩固拓展中央环保督察反馈问题整改成果，推动实现长效治理、长效保护。

三是积极推动绿色低碳

循环发展。加快发展方式绿色转型，推进工业园区集中供热及燃煤锅炉清洁能源改造，鼓励企业应用绿色低碳技术，提升重点领域节能降耗、减污减排能效。支持本土企业布局屋顶光伏、可再生能源发电、绿色建筑等领域，培育低碳零碳负碳新业态新产业，因地制宜发展林下种植、森林康养、生态旅游等产业。探索建立碳排放、污染排放等付费机制，积极参与碳排放权市场交易。鼓励绿色生产和消费，推动垃圾分类工作向乡镇扩面延伸，让绿色生活蔚然成风。

（六）坚定不移提升城市功能品质，促进城乡区域协调发展

坚持人民城市人民建、人民城市为人民，深入推进以人为核心的新型城镇化，推动城乡区域协调发展向着更高水平和更高质量迈进。

一是改善城市面貌。不断优化市区路网结构，打通洋塘北路等"断头路"，持续开展市区道路沥青改造和人行道改造。推进环境基础设施提级增效，加快城乡环卫一体化建设和老旧污水管网改造提升，加快5G、千兆光网等新型基础设施布局和融合应用，新建5G基站358个。优化公共充换电设施布局，新建一批新能源汽车充电桩、充电堆。继续改造大站镇站前路、三角塘片区等5个老旧小区，"见缝插绿"打造一批口袋公园，以最小成本实现"旧貌换新颜"。

二是强化城乡治理。积极配合做好省运会后半程各项工作，助力省运会圆满闭幕。加快"智慧城市"建设，探索城市治理"一网统管"，常态长效开展"门前三包"[10]，整治"六乱"[11]、"三线"[12]等问题，提升城市管理精细化水平，力争成功创建全国文明城市。积极解决"停车难"问题，全面完成智能停车项目，投入使用5000个停车位。加强城乡路灯、亮化设施的巡查、维修、除险，提高亮灯率。坚持以社会主义核心价值观引领文化建设，保护传承好历史文脉，推动物质文明和精神文明协调发展。深化拓展新时代文明实践中心建设，推动基层党建与社会治理深度融合，健全自治、法治、德治相结合的乡村治理体系，推进移风易俗，引导形成文明乡风、良好家风、淳朴民风。

三是促进城乡融合。深入实施"百县千镇万村高质量发展工程"，持续优化"一核一区两中心"[13]城市发展布局，以英城为核心，辐射带动大站、英红、望埠，加快打造一江两岸城市格局，拉大城市框架；支持东华、浛洸打造综合型中心城镇，引领带动英东、英西片区建设。高质量开展小城镇品质提升工作，推进公共服务设施提标扩面、产业培育设施提质增效。全力推进连樟样板区改革试验和浛洸镇城乡融合发展省级中心镇试点工作，深化"三块地"改革，破解宅基地管理和社会治理领域的深层次问题，促进城乡资源要素双向流动，总结推广破解城乡二元结构的"连樟经验""英德样板"。

（七）坚定不移保障和改善民生，持续增进人民福祉

紧紧扭住民心这个最大的政治，尽力而为、量力而行办好民生实事，让群众得到更多看得见、摸得着的实惠。

一是大力实施民生工程。保持民生支出强度，扎实办好十件民生实事。举全市之力推进市区石门台饮用水工程（二期），着力破解行政许可、用地审批等难题，确保年内全面建成。推动省道S292线延长线一级公路新建工程和观音山第二隧道连接线建成通车,力争国道G358线英城至浛洸段改建工程完成路基工程的60%。统筹推进北江防洪体系建设,启动江湾至白沙段防洪堤堤路结合改造工程,加快水毁工程修复、小型水库除险加固、62座漫水桥和乡村危旧桥梁改建。全力做好地质灾害防治工作,全域谋划海绵城市建设项目,提升城市安全韧性。

二是着力办好优质教育。 探索推广教育集团化办学,推进学前教育普及普惠、义务教育优质均衡发展。加快推进市职校迁至原东华中学及旧址改建九年一贯制公办学校项目。新建九龙镇第二中心幼儿园、浛洸镇第二幼儿园,力争完成9所公办幼儿园提升改造和3所中学宿舍楼新建扩建,新增学前教育学位540个、公办义务教育学位1100个。实施教育改革提质工程,推动英德中学附属实验学校并入英德中学,稳步推进小规模教学点撤并,深化中小学教师"县管校聘"改革、教育评价改革和课堂改革,打造高素质专业化教师队伍,认真落实好"双减"[14]政策,持续提升教学质量。

三是提升卫健服务能力。 认真做好新阶段疫情防控工作,落实"乙类乙管"要求,重点抓好老年人和患基础性疾病群体的防控,保障好群众就医用药,增加市人民医院、市中医院等医疗机构ICU床位及配套设备,着力保健康、防重症。持续推进紧密型县域医共体建设,大力支持市人民医院创"三甲"和市妇幼保健院创"二甲"专科医院,完善英红、黎溪等乡镇卫生院基础设施建设,优化市镇村三级医疗卫生网络,做实做细分级诊疗。深入开展健康英德建设,积极开展爱国卫生运动,加快创建国家卫生城市。

四是持续强化社会保障。 落实落细就业优先政策,促进高校毕业生、农民工、脱贫人口等重点群体稳定就业,新增城镇就业8500人以上。持续抓好职业技能培训,用好连樟村省级"粤菜师傅"培训基地,推动"三项工程"[15]标准化、品牌化发展。扎实做好保障农民工工资支付工作,切实维护劳动者合法权益。加大社保扩面征缴力度,构建多层次全覆盖的社会保障体系。建立健全职工门诊共济保障机制,健全分类社会救助体系,做好低保、重点人群、重点家庭等特殊群体帮扶工作,保障妇女、儿童、老年人、残疾人合法权益。积极建设示范性托育机构,实施特殊困难老年人家庭适老化改造,完成一批村(居)居家养老服务站建设,引导鼓励社会力量发展普惠托育、养老服务。

(八)坚定不移防风险保安全,建设更高水平的平安英德

全面贯彻总体国家安全观,大力发扬斗争精神,不断增强斗争本领,把安全贯穿发展各领域全过程。

一是坚决防范化解社会治安风险。 常态化开展扫黑除恶斗争,聚焦"盗抢骗""黄赌毒""食药环"等领域重拳出击,依法严惩人民群众反映强烈的电信网络诈骗、养老诈骗等违法犯罪。推进"一标三实"[16]和社会治安视频监控系统建设,对各类风险实现动态感知、实时预警。深化派出所"一镇一街一所"和"两队一室"[17]改革,探索勤务机制改革,提高见警率、威慑力,不断增强人民群众的安全感。

二是坚决防范化解公共安全风险。 深入推进维护政治安全专项行动,严防意识形态风险。坚持安全生产"三管三必须"[18]，持续抓好道路交通、工矿商贸、城镇燃气、危化品、消防等重点领域安全监管，坚决扭转道路交通安全严峻形势，确保生产安全事故起数和死亡人数持续下降。加强全灾种、大应急综合性救援队伍建设，推动市消防指挥中心建成投用。加强食品药品安全监管，切实维护正常市场秩序。

三是坚决防范化解社会矛盾风险。坚持和发展新时代"枫桥经验"，完善综合网格信息系统、公共法律服务平台，深化"两化""两员"[19]基层社会治理体系建设。加强和创新社会管理，支持社会组织、志愿服务、慈善事业融合发展，壮大群防群治力量。加强和改进人民信访、人民调解工作，全面防范化解涉众型矛盾，及时化解农村、邻里、家庭和劳资等纠纷，最大限度将矛盾吸附在本地、化解在萌芽、解决在基层。

此外，我们将一如既往支持国防和军队现代化建设，扎实抓好国防动员和后备力量建设，在双拥共建中加强军政军民团结。继续支持工会、妇联、科协、共青团、工商联等人民团体发挥桥梁纽带作用，同时加强民族宗教、外事侨务、港澳、对台、红十字、人防、气象、档案、地方志等工作。

（九）坚定不移加强党的全面领导和党的建设，努力建设人民满意的政府

全面贯彻新时代党的建设总要求，时刻保持"赶考"的清醒和坚定，深化自我革命，推动政府系统全面从严治党向纵深发展。

一是始终坚持政治引领。把党的政治建设摆在首位，以学习宣传贯彻党的二十大精神为主线，坚持不懈用习近平新时代中国特色社会主义思想凝心铸魂，深刻领悟"两个确立"的决定性意义，增强"四个意识"、坚定"四个自信"、做到"两个维护"，不断提高政治判断力、政治领悟力、政治执行力。严明政治纪律和政治规矩，自觉在思想上政治上行动上同以习近平同志为核心的党中央保持高度一致，不折不扣贯彻落实党中央决策部署，心怀"国之大者"谋划推动英德发展，确保各项事业沿着正确方向行稳致远。

二是始终坚持依法行政。自觉接受人大法律监督和工作监督、政协民主监督、社会舆论监督，强化审计、统计监督。深化法治政府建设，深入开展行政复议和镇街综合行政执法体制改革，全面落实行政执法"三项制度"[20]，促进严格规范公正文明执法。健全行政执法与刑事司法衔接机制，逐步实现信息共享长效化、案件移送程序化、执法司法规范化。严格落实重大行政决策程序，全面推进政务公开，促进行政权力规范透明运行。

三是始终坚持务实勤政。牢固树立正确政绩观，全面推行"一线工作法"，领导干部带头扑下身子、沉到一线，在一线掌握情况、形成决策，在一线厚植为民情怀、转变工作作风，以钉钉子精神把工作抓实抓细抓落地。坚持在招商引资、项目建设、乡村振兴等重点工作一线锻炼识别干部，推动形成能者上、优者奖、庸者下、劣者汰的良好局面，建设一支忠诚干净担当的高素质专业化干部队伍。

四是始终坚持廉洁从政。坚持以严的基调强化正风肃纪，加强重点领域、重要部门、关键岗位廉政风险防控，坚决整治群众身边腐败和不正之风。持之以恒加固中央八项规定精神堤坝，着力整治形式主义、官僚主义突出问题，持续为基层减负。坚持政府过紧日子，科学规划投资计划和财务预算，勤俭办一切事业，把有限的财力和资源集中到抓当前、打基础、利长远上。

各位代表！时代呼唤着我们，人民期待着我们。让我们更加紧密地团结在以习近平同志为核心的党中央周围，高举中国特色社会主义伟大旗帜，在市委的坚强领导下，坚定信心、埋头苦干、踔厉奋发、勇毅前行，扎扎实实办好英德的事，奋力谱写中国式现代化英德新篇章，为广东高水平推进现代化建设，在新征程中走在全国前列、创造新的辉煌作出新的更大贡献！

政府工作报告名词解释

[1] 5路11桥：是指2022年汛期被洪水冲断的道路和桥梁，具体包括S382线、S526线、X379线、X367线、Y176线共5条道路；Y660线石角桥、Y758线松柏桥、Y934线黄竹廊桥、Y745线大坪桥、C820线朱屋桥、CW26线横坑桥、C822线白颈坑桥、CB50线白沙岭桥、CC15线溪唇桥、S382线楼下桥、S382线大汾桥等11座桥梁。

[2] "三块地"改革：农村承包地、农村宅基地、农村集体经营性建设用地改革。

[3] 三区三线：城镇空间、农业空间、生态空间3种类型空间所对应的区域，以及分别对应划定的城镇开发边界、永久基本农田保护红线、生态保护红线3条控制线。

[4] 四小园：小菜园、小果园、小花园、小公园。

[5] 三长："林长＋警长""林长＋检察长"。

[6] 一长三员：林长、护林员、监管员、执法人员。

[7] 两个毫不动摇：毫不动摇巩固和发展公有制经济，毫不动摇鼓励、支持、引导非公有制经济发展。

[8] 1+6+12：1个乡村振兴示范片区＋6条市（县）级乡村振兴示范带＋12条镇级乡村振兴示范带。

[9] 两违：违法用地、违法建设的建筑。

[10] 门前三包：责任主体对责任区域内的卫生、绿化和秩序承担管理和维护责任。

[11] 六乱：乱搭乱建、乱堆乱放、乱设摊点、乱拉乱挂、乱贴乱写乱画、乱扔乱吐。

[12] 三线：电力线、通信线、有线电视线。

[13] 一核一区两中心：以中心城区为核心，以连江口镇、黎溪镇、下砭镇为样板区，以东华镇、浛洸镇为副中心的城乡融合发展格局。

[14] 双减：减轻义务教育阶段学生过重作业负担、减轻校外培训负担。

[15] 三项工程："粤菜师傅"工程、"广东技工"工程、"南粤家政"工程。

[16] 一标三实：标准地址、实有人口、实有房屋和实有单位。

[17] 两队一室：社区警务队、案件办理队、综合指挥室。

[18] 三管三必须：管行业必须管安全，管业务必须管安全，管生产经营必须管安全。

[19] "两化""两员"："网格化＋信息化""网格员＋信息员"。

[20] 行政执法"三项制度"：行政执法公示制度、执法全过程记录制度、重大执法决定法制审核制度。

英德市 2023 年度十件民生实事

序号	实事名称	具体工作任务
1	提高英德市石门台饮用水供水保障水平。	1.完成石门台河调节库容为2200万立方米的石门台水库的立项、招投标等前期工作，并正式开工建设。2.完成水头虎石水陂头的拦水坝主体工程建设。
2	提高城乡低保、特困人员、孤儿基本生活补贴和残疾人两项补贴水平。	城乡低保人均补差水平分别从每月692元、348元提高到712元、365元，特困人员基本生活标准不低于低保标准的1.6倍，集中供养孤儿从每人每月1949元提高到2017元，散居孤儿、事实无人抚养儿童从每人每月1313元提高到1359元，困难残疾人生活补贴、重度残疾人护理补贴标准分别从每人每月188元、252元提高到195元、261元。
3	深入推进健康养老服务体系建设。	1.完成470户特殊困难老年人居家适老化改造（其中无障碍改造170户，特殊困难老年人居家适老化改造300户）。2.完成10个村（居）居家养老服务站建设。
4	进一步完善交通路网建设，提高道路通行能力。	1.继续开展国道G358线建设，完成英城至浛洸段改建工程路基合同工程量的60%。2.完成观音山第二隧道及连接线工程；完成旧观音山隧道防火材料喷涂、洞门装饰等工程建设。
5	建立健全职工门诊共济保障机制。	完成职工医保个人账户改革工作，推动职工医保门诊保障由个人积累模式转向互助共济模式。1.完成职工医保参保人一级医疗机构选点和协调二级及以上医疗机构做好门诊备选工作，备选率达70%以上。2.推动职工医保门诊统筹共济保障政策落实落地，确保职工医保门诊共济保障机制平稳顺利运行，全市34家定点医院全部开通职工门诊统筹即时报销业务，实现"门诊共济"全覆盖。
6	完成一批教育基础设施建设，提升教育公共服务质量。	1.完成英德中学和英德中学附属实验学校合并为完全中学的相关工作。2.完成浛洸初级中学、九龙二中新建宿舍楼主体工程建设，增加寄宿制学位供给。3.完成百花实验幼儿园、连江口镇中心幼儿园等9所幼儿园升级改造工程建设。4.启动英德市职业技术学校迁建项目。
7	补齐英德市生活垃圾处理短板，实现生活垃圾无害化处理。	完成全市24个镇街生活垃圾转运至清远市绿能环保发电项目进行无害化处理相关工作，完成生活垃圾转运、处理协议签订，全程督导各镇街、转运企业开展生活垃圾转运工作，推动全市生活垃圾无害化处理更为彻底，在生态文明建设上实现更大进展。
8	提高政务服务水平，实现群众办理高频事项不出村。	1.实施专线租用和网络安全升级，保障"粤智助"网络线路的连通及数据安全。2.加大宣传推广力度，深化粤智助政府服务自助机在基层应用，推动更多高频服务事项上线，实现群众办事不出村。
9	进一步完善市区基础设施建设，改善市区人居环境。	1.市区西岸滨江公园人民大桥至江湾大桥提升改造工程：完成移植花卉、树木工程建设，提升西岸滨江公园品质，改善市区人居环境。2.完成浈阳东湖环湖步道连接工程建设，方便群众游览浈阳东湖，保障群众生命安全。
10	提升医疗救治能力，保障人民生命安全。	完善英德市人民医院和市中医院重症医学科配套设施设备，完成上级下达的市人民医院43张综合ICU床位和100张可转换ICU床位配套设备，市中医院20张综合ICU床位和23张可转换ICU床位配套设备等医疗资源扩容建设任务。

专辑

编辑：黄丽华

英德市时代楷模、道德模范、最美人物

为培育和践行社会主义核心价值观，开展道德模范等先进典型的宣传学习活动，以道德模范等先进典型的力量推动全社会形成崇德向善、见贤思齐、德行天下的浓厚氛围，发挥道德模范、身边好人等先进人物的示范引领作用，引导市民群众讲述英德好故事、传播英德好声音、树立英德好形象、传递英德正能量，市委宣传部组织英德市时代楷模、道德模范、最美人物评选活动。

经过严格规范的评选程序，李鼎新、潘开广获2022年广东好人荣誉称号，冯光兴等18人获2022年清远好人荣誉称号，陈观霞等5人被授予2022年英德市时代楷模荣誉称号、温福彦等11人被授予2022年英德市道德模范荣誉称号、郭艾等24人被授予2022年最美英德人荣誉称号。

2022年广东好人

李鼎新，1991年1月出生，中共党员，原英德市黎溪镇党委委员。2015年8月参加工作，2021年6月任黎溪镇党委委员。他在7年工作生涯中，一直扎根基层，先后负责组织、茶场管理、自然资源、城乡国土规划、道路交通、经济发展、水库移民、人力资源和社会保障、

▲集中展示英德434名好人的感人事迹的英德好人馆

（南方日报英德站供图）

医疗保障等多项工作,始终把人民福祉放在第一位,是一名忠诚担当、恪尽职守、甘于奉献的优秀基层年轻干部。他把群众利益摆在首位,想方设法解决长达10多年的土地合同纠纷,妥善解决多项历史遗留问题,获得群众的一致好评。他爱岗敬业,在疫情防控、疫苗接种、防汛救灾方面,始终把人民群众生命安全放在首位,以高度负责的担当精神,坚守岗位、靠前指挥、冲锋一线。2022年5月10日晚上,当黎溪镇防汛应急响应提升为二级应急响应的时候,他亲自到村入户布置群众转移安置工作,一直忙到凌晨3点。5月11日,他在黎溪镇松柏村开展抢险救灾时不幸遇难,年仅31岁的宝贵生命永远定格在防汛救灾路上。

潘开广,1980年2月出生,广东合地集团股份有限公司董事长,1997年开始工作,积累资金后成立广东合地集团股份有限公司,主营业务为资产运营、购物中心运营、特殊资产投融资、酒店运营及文化娱乐等,集团下辖子公司20多家、员工3000人,直接创造经济价值百亿元。他始终不忘回馈家乡,心系家乡的发展。多年来,作为英德人,他热心家乡教育、医疗、扶贫帮困、文化体育等公益慈善事业,累计对社会捐赠1000多万元;他心系家乡经济发展,回家乡投资创业,链接各方资源,引领优秀乡贤返乡创业;作为人大代表,他认真履职,贴近群众,关注民生民情民意,实地考察调研,每年提交多个提案,为家乡经济社会发展积极建言献策。

2022年清远好人

冯光兴,1975年12月出生,广东省英红华侨茶场越南归侨,英德市励剑拓展训练有限公司总经理,英红镇侨联义工。1994年入伍,曾参与1998年长江抗洪抢险、2008年汶川抗震救灾等重大军事行动,立二等功1次、三等功4次,被授予优秀干部标兵、优秀军官、优秀分队指挥员称号。2017年退役,开办英德市拓展培训基地,并协同团市委创办英德市首家少年军校,义务为中小学生开办国防教育课,推进英德市国防教育事业。义务参与社会救援行动20多场次。2018年后在英红镇侨联当义工。2020年后带领英红华侨茶场"侨联志愿者服务队",协助归侨社区抗击疫情,并主动联系侨界社团组织及海外侨胞,争取侨界抗疫物资缓解疫情前期防疫物资紧缺的困难。

付永龙,1972年4月出生,白沙供电所职工。在白沙供电所一线工作22年,是供电所的"活白沙"。2022年春节期间受寒潮影响,用电负荷大幅度增加,比往年增加40%。在大年三十晚上21:45,他刚刚在白沙上姚完成抢修,又接到白沙街#2用户的报障电话,随即又与同事赶往现场。经过3小时的抢修,22:30完成抢修送电。在整个抢修过程中,他耐心地解答用户的各种用电问题,临走时,被用户询问叫什么名字。但因为还有其他用户等待抢修,付永龙没有在意用户的追问,收拾好现场就赶往下一个抢修点。转身离开的时候,用户记下他戴的安全帽编号为"3219"并打电话表示感谢。对于用户的表扬,他说:"这些都是分内该做的事,况且在大年三十之夜,希望大家能在暖洋洋的灯光下吃上热腾腾的团圆饭"。他在2014—2020

年负责管辖新潭、双星、门洞村三个村委的抄核收工作，这几个地区窃电情况严重。在下乡进行催收工作时，他的摩托车多次被恶意损坏。即使在这种艰难的情况下，他多年来仍确保电费回收率100%；在2014—2020年期间，他参与反窃电行动几千次。

盘志威，1991年2月出生，佛山市高明区公正路达昌装饰有限公司职工。2022年2月14日下午2时左右，盘志威与李阳达在大坡头河道附近钓鱼，突然听到呼救声。经确认是河对面有一人在水里挣扎，发现情况的两人立马采取行动。盘志威不顾低温与冰冷的河水，脱掉上衣与裤子就投入河中救人，与此同时李阳达立刻拨打110报警电话。据盘志威回忆，河水水深超过两米，水流较急，所幸他水性良好，很快游到溺水者身边，才发现该名溺水者是个少女。他用手托着溺水者背部往岸边游，不料溺水者穿着的棉衣浸水后重量过大，以他一个人的力气无法拖动其行动。他临危不乱，在水里将溺水者的棉衣慢慢解开，随后顺利将其救上岸，并将自己的大衣披在被救的少女身上。赶到的警察给两人做了简单的询问记录后便带着溺水少女赶往医院，经检查，该名少女并无大碍。

陈善机，1987年11月出生，中共党员，南方电网广东清远英德供电局英红供电所所长、党支部书记。2022年5月，英德市遭遇创历史纪录的超强"龙舟水"。陈善机带领英红供电所员工在抗洪复电一线连续奋战10多个日夜，全面恢复全镇受灾的1.3万户用户用电。他在外巡线抢修时，主动解救因皮划艇漏气被困在大树上的志愿者。洪水预警刚发出，陈善机立马带领党员服务队到英红镇"两德工业园"开展防洪用电安全宣传，主动为企业纾困解难，为粤华铸造厂挽回经济损失。他坚信人民身边无小事，为用户解决问题绝不含糊，被镇上用户称为"啥用电问题都能解决的供电蓝超人"。

黄粤英，1970年11月出生，英德市志愿者协会会员。他的志愿服务时长1295时24分。2015年加入志愿者行列，成为广东救援辅助队英德分队一员；后期通过培训及考核成为讲师，参与大型赛事后勤救援工作，普及救援知识的培训及活动，曾担任"儿童平安小课堂"老师，用心设计参与式、互动式的救援知识课程，提高孩子们应对灾害的能力。黄粤英同时也是一名公益艺术教师，多次担任关爱留守儿童、壹乐园儿童服务站的艺术课程教学工作，注重儿童的想象力开发和引导，教学方法灵活、有趣，深受孩子们的喜爱。

彭国梁，1985年12月出生，英德市人民医院感染科主任助理。他始终坚守在疫情防控的第一线，工作之余还参加无偿献血活动。2021年6月，他被清远市红十字会造血干细胞管理中心告知与一名白血病患者初配相合。在医院上班的他，深知造血干细胞初配成功概率最大也只是几万分之一。他配合骨髓库工作人员完成高分检测、体检等流程。9月17日，他在中国人民解放军南部战区总医院成功捐献造血干细胞，为一名罹患白血病的患者送去新生的希望。他用自己的实际行动诠释"人道、博爱、奉献"的红十字精神，是英德市成功捐献造血干细胞的第四人，也是清远市卫生系统成功捐献第一人。

陈观霞，1981年9月出生，壹基金广东联合救灾协调人、清远市志愿者联合会副会长、英德市志愿者协会会长。2012年8月起，她积极投身公益事业，策划开展各类社会公益活动，带动感召身边群众参与志愿服务和公益事业，为弱势群体提供关怀帮助。她引进珠三角社会公益组织专业运营模式，指导志愿者协会培育孵化12支专业志愿服务队；衔接大型公益基金会参与省内灾害救助工作，2014—2022年协调救灾行动12次，累计协调发放救灾物资超过1100万元；2022年英德洪灾期间，组织开展抗洪救援志愿服务47次，链接社会救援队伍332人、76个救生艇。她于2015年获"广东省最美志愿者"称号，2016年获共青团中央、中国青年志愿者协会颁发"第十一届中国青年优秀志愿者个人奖"，2018年获"第六届广东志愿服务金奖"，2021年获评"清远市优秀党员"。

邓红梅，1976年7月出生，中共党员，白沙镇双星村党总支部副书记、村委副主任。2020年，邓红梅的家婆被查出患膀胱癌，邓红梅每天都与家婆谈心安抚她，耐心开导。术后由于特殊原因造成老人家出现肠梗阻，医院多次下达病危通知。邓红梅每天悉心照顾，按照医嘱协助老人家康复。经过两次手术，老人切除膀胱，要挂着尿袋生活，行动很是不便，身心都受到影响。邓红梅每天都精心照料护理，一大早起床做好早饭，帮换尿袋、洗脸擦身；下班回到家煎药、帮助老人喝药。对于邓红梅任劳任怨的照顾，老人甚为感动。直至2022年4月老人去世，在长达2年的反复治疗中，邓红梅一直坚持精心照顾老人。弟媳一家因工作生活所迫无法照顾侄子，邓红梅主动承担照顾侄子的重任，照顾留守侄子的生活、学习。邓红梅的母亲在2006年查出患尿毒症、冠心病，自此需长期吃药，每个星期要到医院透析3~4次。她主动承担起接送的责任，连续16年照顾患尿毒症的母亲。

郭豫龙，1998年3月出生，英德市消防救援大队英城消防站国家队消防员。参加各项灭火抢险救援2000多次，曾获总队执勤岗位练兵先进个人、清远市消防救援支队"优秀新兵"、灭火救援三等功等表彰。他始终将人民群众利益放在首位，特别是在2020年"6·7"抗洪、2021年"1·10"英红汉涛废堆垛重大火灾救援和"七一"建党100周年消防安保中表现突出。他曾连续奋战30多小时抗洪，冒着爆炸危险"三进三出"在火魔手中抢救被困群众，数次与死神擦肩，换取人民的平安。他诠释了一名党员在为人民服务中的无悔担当。他一直战斗在灭火抢险救援第一线，默默当好英德人民的"守夜人"。

张秋明，1972年8月出生，中共党员，广州铁路公安局广州公安处英德西站派出所所长。2022年7月28日6时，他在英德市北江西岸边，发现江岸上有一老人用的助行器，但环顾四周并未发现其使用者。他凭着公安工作经验和警察直觉，觉得此事蹊跷，于是迅速沿着岸边仔细查找。经寻找，他发现在距离助行器15米左右下游水边的灌木丛中有一名八旬老人漂在水中，随时有被冲走的危险。他没有多想，跳入水中将老人救上岸。落水老人被救助上岸后，渐渐恢复意识。张秋明和旁边的市民群众守护在老人身边，直到120救护车将老人接走才离开。经了解，老人因想下江边洗手，不幸滑入水中。医生表示，由于救援及时，老人经过治疗后身体已无大碍。张秋明勇救落水老人的事迹被新华社、人民日报、央视新闻、中国新闻网、人民公安报、中国警察网、广州日报、清远日报、英德发布等各大媒体刊发。

冯久周，1979年3月出生，中共党员，连江口镇林业组组长。2022年11月2日早上7时，他在晨练的时候，遇到一名老婆婆落水，赶紧把她从水里救起来，并护送她回家。老婆婆的儿子特意制作锦旗，感谢冯久周救母之恩。2022年6月，冯久周接到上级应急部门的指示到东华镇一线抗洪抢险，他第一时间听从指挥，到东华镇支援抗洪救灾。连江口镇受灾后，他积极参与抗洪救灾，转移群众30名。他在工作中发挥党员先锋模范作用，学习专业知识，经常到林业生产一线调研。在造林工作中，他亲自率领林业组人员实地勘察，从规划设计、树种选择、小班勾绘到整地、栽植、管护都一一严格把关，在造林期间，昼夜奋战在林业生产一线。

蓝茂胜，1979年11月出生，中共党员，横石水镇武装部副部长、退役军人服务站副站长。服役期间，他多次参加执行军区、集团军组织的重大军事行动，表现突出，获个人二等功和三等功各1次，被广州军区授予"优秀士官"称号，集团军授予"军事训练尖子"称号和优秀"四会"教练员称号等。参加地方工作后，他始终保持军人优良作风，时时处处表现出先锋模范作用。在贯彻落实新发展理念，推动践行乡村振兴、破解城乡二元结构、精准扶贫脱贫攻坚、农村综合改革、农村土地确权、美丽乡村建设、农村集体产权制度改革、疫情防控、复工复产等重大工作任务中，履职尽责、担当作为。

廖淑婷，1996年11月出生，沙口镇卫生院医生。在大学就读期间，她加入中华骨髓库捐献志愿者行列。2022年6月，廖淑婷留于中华骨髓库的血样与一名血液病患者配型成功。得知配型成功消息时，她毫不犹豫地同意捐献，经过严格的健康体检以及血样高配型测验，成功进入正式捐献造血干细胞流程。2022年10月，南方医科大学附属珠江医院对廖淑婷注射动员剂4天后，成功分离出182 ml人造血干细胞混悬液，成功帮助血液病患者。

罗世煌，1980年6月出生，中共党员，2002年4月参加工作，历任西牛镇花塘村计生专干、党支部书记、党总支书记、党委书记、花塘村委会第六届、第七届、第八届村委会主任；先后获优秀扶贫村支书、优秀党务工作者、优秀共产党员、优秀党总支书记称号，所在村被评为先进党代表服务站、全国民主法治示范村、"一村一品，一镇一业"专业村，先进基层党组织。任花塘村党委书记后，他以身作则开展工作，树立为民办实事、办好事、解难事的思想。

罗细妹，1977年5月出生，英德市英红中学教师。2022年9月12日，罗细妹外出办事，在英德市区光明路发现一个黑色钱包。她决定先报警，再将失物送去英德市公安局城北派出所值班室。值班民警经检查确认，钱包里的财物有身份证、银行卡、社保卡和澳门币现金4360元。值班民警很快就联系上失主。

王国荣，1974年9月出生，中共党员，大洞镇大田村党支部书记、村委会主任。2022年4月23日13时，村民黄观佛在大田村候车亭附近听到对面荒山上传来微弱的呼救声,马上向村委报告。王国荣接到通知后,立刻赶到现场。经过搜寻,发现村中75岁的盘婆婆摔倒在草丛中已无法动弹。王国荣立即将老人背下山送去清远市中医院救治,因抢救及时,老人家已脱离生命危险。2022年10月10日17时许,王国荣进山开展图斑核查时,发现有村民在山上作业时头部受伤昏迷。由于在半山腰,救护车难以到达,王国荣背起村民下山,立即送往医院救治,成功救回村民生命。

徐生亨,2008年参加工作,中共党员,英德市英城消防救援站党支部书记、政治指导员,英城消防救援站青年文明号号长。他加入消防救援队伍14年,先后参加灭火和抢险救援战斗5000多次,保护财产价值数千万元,抢救遇险群众近千人。2022年抗洪抢险中,他带领着抗洪先锋小组四天四夜持续作战,营救被困群众数百人。他先后立个人三等功、获"优秀基层党支部书记""优秀共产党员""最美英德人""英德抱火哥"等称号;带领消防救援队伍先后立"集体三等功"1次,获评全国青年文明号、广东省五四红旗团支部、广东省基层建设先进单位、清远市基层建设先进站。

张鉴刊,1969年9月出生,在英德市政法委员会工作。2022年7月10日晚上11时40分左右,他在市区月桂湖边步行回家时,听到湖里有响声,随后看到湖面上疑似有人溺水。他立即上前查看并尝试施救。由于落水者不配合,他只能一边安抚落水者,一边拨打110、120电话,跑到路边寻求路人帮忙。刚好有一男一女骑摩托车经过,知道情况后,男子立即下车与张鉴刊一起下湖救人,最终把落水者救上岸。事后得知,落水者是一位20岁出头的年轻人,因为救治及时第二天即恢复出院。张鉴刊参加工作后,一直敬业爱岗,勇于奉献、创先争优、助人为乐、见义勇为。他在黄花镇工作期间,资助1名三年级辍学学生就读至小学毕业;在"六五普法"期间,创新普法工作亮点。2019年8月,张鉴刊获"依法治省工作先进个人"称号。

2022年英德市道德模范

徐冰鸿(见义勇为道德模范),1998年5月出生,中共党员,清远支队英城消防救援站战斗员,三级消防士。他参加工作后刻苦训练,表现优秀,各项成绩突出,获广东总队"执勤岗位先进个人"、支队"优秀新兵""优秀义务兵"等称号,获清远支队年度工作嘉奖2次、专项灭火救援嘉奖1次。

张秋明(见义勇为道德模范),1972年8月出生,中共党员,广州铁路公安局广州公安处英德西车站派出所所长。2022年7月28日6时,他在英德市北江西岸边,发现江岸上有一老人用的助行器,但环顾四周并未发现其使用者。他凭着公安工作经验和警察直觉,觉得此事蹊跷,于是迅速沿着岸边仔细查找。经寻找,他发现在距离助行器15米左右下游水边的灌木丛中有一名八旬老人漂在水中,随时有被冲走的危险。他没有多想,跳进水中将老人救上岸边。落水老人被救助上岸后,渐渐恢复意识。张秋明和旁边的市民群众守护在老人身边,直到120救护车将老人接走才离开。经了解,老人因想下江边洗手,不幸滑到水中。医生表示,由于救援及时,老人经过治疗后身体已无大碍。张秋明勇救落水老人的事迹被新华社、人民日报、央视新闻、中国新闻网、人民公安报、中国警察网、广州日报、清远日报、英德发布等各大媒体刊发。

温福彦（敬业奉献道德模范），1970年6月出生，英德市人民法院西牛人民法庭庭长。他自1988年12月起扎根基层法庭33年，先后办理各类民事案件5000多件。他善于把握调解时机，凭借多年积累下来的群众工作经验，总结出"两不两要"调解法，成为当地群众心中最近最暖的贴心人。他曾被最高人民法院和国家司法部评为"全国法院指导人民调解工作先进个人"，被广东省高级人民法院评为"全省优秀法官"，2021年入选广东法院"最美基层法官"。他被英德市人民政府记个人"三等功"两次、清远市中级人民法院记个人"三等功"一次，多次被评为英德市人民法院先进个人，多年年度工作考核为优秀等次。

吴勇（敬业奉献道德模范），1982年6月出生，中共党员，英德市气象局站网管理股股长、高级工程师；曾2次获省部级业务技术表彰、21次县处级业务技术表彰；参与并完成省、市级科研项目8项、省级主要业务项目6项，如连樟村生态气象观测站建设项目、英德市X波段相控阵天气雷达建设项目等；获得实用新型专利1项，发表各类专业技术论文13篇，参与起草技术规程3篇。他在各项工作中想在前、干在前，凡事以身作则，亲力亲为，有责任、有担当，在业务工作中起到领头雁的作用，为气象预报预警、防灾减灾救灾工作及地方社会经济发展提供及时、准确、规范、高效的气象观测数据支撑。

张荣全（敬业奉献道德模范），1976年7月出生，中共党员，英德市浛洸镇中心卫生院党总支部副书记、副院长，副主任医师。他从医25年如一日，始终牢记着为人民服务工作宗旨。他尽职尽责、爱岗敬业，热爱外科事业，在理论基础学习同时，更注重临床实际操作技能的提高。2005年，浛洸镇中心卫生院在全市乡镇卫生院率先开展腹腔镜微创外科手术，作为医院学科带头人的他，在很短时间里就高质量掌握该项技术要领，并成功运用到临床工作中，开创英德市乡镇卫生院微创技术的先河。

邓红梅（孝老爱亲道德模范），1976年7月出生，白沙镇双星村党总支部副书记、村委副主任。2020年，邓红梅的家婆被查出患膀胱癌，邓红梅每天都与家婆谈心安抚她，耐心开导。术后由于特殊原因造成老人出现肠梗阻，医院多次下达病危通知。邓红梅每天悉心照顾，按照医嘱协助老人康复。经过两次手术，老人切除膀胱，要挂着尿袋生活，行动很是不便，身心都受到影响。邓红梅每天都精心照料护理，一大早起床做好早饭，帮换尿袋、洗脸擦身；下班回到家煎药、帮助老人喝药。对于邓红梅任劳任怨的照顾，老人甚为感动。直至2022年4月老人去世，在长达2年的反复治疗中，邓红梅一直坚持精心照顾老人。弟媳一家因工作生活所迫无法照顾侄子，邓红梅主动承担照顾侄子的重任，照顾留守侄子的生活、学习。邓红梅的母亲在2006年查出患尿毒症、冠心病，自此需长期吃药，每个星期要到医院透析3~4次。她主动承担起接送的责任，连续16年照顾患尿毒症的母亲。

黄丽琴（孝老爱亲道德模范），1969年12月出生，英德市人民医院副主任护师。2008年12月—2021年3月，她父亲患肿瘤多次住进医院治疗。在父亲住院期间，她寸步不离地守在老人床边照顾，从无怨言。2019年7月，她母亲患脑梗死住院，她也是用心照顾。2020年，患病多年的父亲及患脑中风的母亲，身体虚弱，需要人照顾，于是，她把父母亲接到家中照顾。2021年10月，她公公患大面积脑梗死，她每天坚持精心护理直至痊愈出院。在她公公住院期间，她婆婆也因椎间盘压缩性骨折两度住院。公婆住院期间，她既要照顾两位老人，又要照料家庭，还要坚持上班。她用自己的行动诠释着孝道真谛。

黎梅桂（孝老爱亲道德模范），1980年出生，中共党员，黄花镇迳孔村卫生站医生。他平等细心地对待每一位病人，在工作上兢兢业业，处处发挥党员的先锋模范作用，工作成绩突出，连续多年获"黄花镇优秀乡医"称号。他在生活中正直、善良、无私奉献，主动照顾年过九旬的爷爷奶奶，与乡亲邻里友善相处，发挥自己所长提供力所能及帮助。只要困难群众有需要找到他，他总是在接到请求的第一时间出现并给予帮助。

郭少星（助人为乐道德模范），1976年9月出生，英德市白石窑水电投资有限责任公司运行部机动班班长。2021年4月24日上午，白石窑水电投资有限责任公司组织员工参加英德市宝晶宫第三届慈善欢乐跑，活动期间，一名40岁左右男运动员晕倒，同伴在一旁施救，并向路人呼喊。郭少星听见呼喊声后，马上转身跑到事发点，根据晕倒运动员的身体状况判断应是急性心梗发作，当即凭借在单位学到的心肺复苏应急救护知识，对晕倒的运动员进行心肺复苏抢救，经过持续10多分钟抢救，运动员脱离生命危险。

裴龙校（助人为乐道德模范），1969年9月出生，广东中邦机械工程有限公司董事、副总经理。2020年12月17日，他带领广东狮子会越旗服务队志愿者到望埠镇龙头山社区调研考察。2021年1月31日，他动员英德水泥厂的子弟和爱心人士，筹集6.3万元，春节前在社区安装32套太阳能路灯。2021年5月20日，他再次筹集4.24万元为龙头山社区开展"狮爱灯光·点亮乡村"暨敬老助残服务，加捐19套太阳能路灯，并向10户贫困家庭敬赠关爱礼包。2022年3月31日，他带领广东狮子会越旗服务队志愿者到龙头山社区开展困难残疾人、低保户家庭探访慰问活动，为21户贫困家庭捐赠1.05万元物资。

彭国梁（助人为乐道德模范），1985年12月出生，英德市人民医院感染科主任助理。他始终坚守在疫情防控的第一线，工作之余还参加无偿献血活动。2021年6月，他被清远市红十字会造血干细胞管理中心告知与一名白血病患者初配相合。在医院上班的他，深知造血干细胞初配成功概率最大也只是几万分之一。他配合骨髓库工作人员完成高分检测、体检等流程。9月17日，他在中国人民解放军南部战区总医院成功捐献造血干细胞，为一名罹患白血病的患者送去新生的希望。他用自己的实际行动诠释"人道、博爱、奉献"的红十字精神，是英德市成功捐献造血干细胞的第四人，也是清远市卫生系统成功捐献第一人。

2022年英德市时代楷模

陈观霞，1981年9月出生，壹基金广东联合救灾协调人、清远市志愿者联合会副会长、英德市志愿者协会会长。2012年8月起，她积极投身公益事业，策划开展各类社会公益活动，带动感召身边群众参与志愿服务和公益事业，为弱势群体提供关怀帮助；引进珠三角社会公益组织专业运营模式，指导志愿者协会培育孵化12支专业志愿服务队；衔接大型公益基金会参与省内灾害救助工作，2014—2022年协调救灾行动12次，累计协调发放救灾物资超过1100万元；2022年英德洪灾期间，她组织开展抗洪救援志愿服务47次，链接社会救援队伍332人、76个救生艇。她于2015年获"广东省最美志愿者"称号，于2016年获共青团中央、中国青年志愿者协会颁发"第十一届中国青年优秀志愿者个人奖"，于2018年获"第六届广东志愿服务金奖"，于2021年获评"清远市优秀党员"。

黄奎利，1977年4月出生，连江口镇下步村党总支书记、村委会主任。他累计为家乡捐款100多万元。其中，为贫困户捐款10万元；2016年资助一位单亲家庭白血病患儿10万元手术费用，并每月定期资助患儿家庭3000元；向村里考上大学的贫困学生资助学费、生活费，资助中心小学空调14台；赞助连江口镇篮球事业约30万元，赞助《连江口历史文化》一书出版2万元；赞助皇城山公园建设凉亭18万元等。

李鼎新，1991年1月出生，中共党员，原英德市黎溪镇党委委员。2015年8月参加工作，2021年6月任黎溪镇党委委员。他在7年工作生涯中，一直扎根基层，先后负责组织、茶场管理、自然资源、城乡国土规划、道路交通、经济发展、水库移民、人力资源和社会保障、医疗保障等多项工作，始终把人民福祉放在第一位，是一名忠诚担当、恪尽职守、甘于奉献的优秀基层年轻干部。他把群众利益摆在首位，想方设法解决长达10多年的土地合同纠纷，妥善解决多项历史遗留问题，获得群众的一致好评。他爱岗敬业，在疫情防控、疫苗接种、防汛救灾方面，始终把人民群众生命安全放在首位，以高度负责的担当精神，坚守岗位、靠前指挥、冲锋一线。2022年5月10日晚上，当黎溪镇防汛应急响应提升为二级应急响应的时候，他亲自到村入户布置群众转移安置工作，一直忙到凌晨3点。5月11日，他在黎溪镇松柏村开展抢险救灾时不幸遇难，年仅31岁的宝贵生命永远定格在防汛救灾路上。

王金榜，1962年12月出生，中共党员，英德市林业科学研究所研究员，是研究所唯一参与或主持过火炬松国家级良种基地火炬松初级种子园、火炬松改良种子园、火炬松高世代种子园三个阶段工作的技术建设者。他参与培育的火炬松良种1万多公斤，可供造林20多万公顷，直接实现经济增加值20亿元以上。他从国家"六五"计划起就参与或主持过国家级、省级重点攻关项目（课题）以及省级科技创新项目（课题）的研究工作，先后发表科技论文10多篇（第一作者），参与撰写并发表的科技论文有20多篇。他参与或主持研究的项目，先后获省部级科技进步奖一等奖1次、二等奖3次，获市厅级科技进步奖特等奖，以及一等奖、二等奖各5次。他被清远市委、市政府授予"清远市第四批专业技术拔尖人才""清远市科技创新先进个人"称号，被省林业局授予"全省林业科技先进工作者"称号。

英城消防救援站，先后三次记"集体三等功"，其中英德市人民政府授予1次，广东省消防救援总队授予2次；被公安部消防局评为"铁军中队"1次，被团中央评为第20届"全国青年文明号"，被评为省级基层建设先进消防站3次，被评为冬训岗位练兵标兵中队。英城消防救援站有1人获"全国消防执勤训练优秀指挥员"，14人（次）立个人三等功；指战员280多次获省总队、清远支队表彰；11人次获清远市级最美人物和英德市级感动人物等称号。英城消防救援站始终在人民群众最需要的时候冲锋在前，主动融入地方发展大局，在守卫地方平安、助力脱贫攻坚、建设美丽乡村上彰显作为、展示担当。

2022年最美英德人

李志勇（最美城管人），1971年6月出生，英德市城市建设管理监察大队机动中队中队长。他在工作和生活中始终保持着诚挚和热情，温暖着照亮着感染着周围的人。他努力维护单位的形象和声誉，为单位建设出谋划策，主动作为，工作一丝不苟，扎实肯干。他发扬着部队优良传统，从不计较个人得失，模范遵规守纪，工作兢兢业业、勤勤恳恳，依法行政，坚持秉公执法，在平凡的工作岗位上恪尽职守，服务群众，用实际行动践行城市管理者的使命和担当，多次获群众和领导同事的认可和赞美。

张国雄（最美城管人），1971年7月出生，英德市城市建设管理监察大队城西中队网格长。他从事城管工作14年，配合完成各项工作，不怕苦、不怕脏、带头清理"六乱"等影响市容市貌行为。他有丰富的城管工作经验，做事真诚、耐心、积极主动、踏实肯干，与同事之间和谐共进，友好相处。他善良友爱、勤恳老实，在同事和群众眼中一直是老实本分、勤恳亲切的典范，大家都习惯称他为"熊大"。

蔡娟燕（最美护士），1989年3月出生，英德市浛洸镇中心卫生院护理部组长。她从事护理工作14年，一直保持着良好的心理素质、任劳任怨的专业精神，从不计较个人得失，敬岗爱业，全身心投入到护理工作中。疫情防控中她主动请战到一线抗击疫情。在2022年2—4月，医院先后4次任命她为支援采样队队长，带队到东莞、广州花都支援核酸采样工作。她在防控疫情斗争一线彰显白衣天使的责任与担当。

李秀萍（最美护士），1990年5月出生，英德市人民医院产科护士长助理。2021年以第一发明人身份申请国家实用型专利一项（一种产科用腹压装置）。同时，她不断加强助产士应急培训，提高助产士应急抢救能力。2020年3月新冠疫情期间，她到广州白云国际机场支援检疫工作；2021年，她领队支援广州花都、清远市等地核酸大排查检测任务。2022年3月她带领英德市80名核酸应急采样队队员支援东莞多个镇区核酸大排查检测。2022年4月她带领英德市60名核酸应急采样队队员支援广州花都核酸检测。

唐秀之（最美环卫工），1975年9月出生，英德市环境卫生管理处城中环卫所一线收集工人，从事清扫保洁上门收集住户生活垃圾的工作，曾获英德市环境卫生管理处"先进个人"称号。她服从分工，坚守在一线清扫工作岗位；遵守国家的法律法规、单位的各项规章制度，执行单位清扫工作程序；按照岗位责任制的规定，完成好本职工作任务，落实生活垃圾收集清扫工作，做好道路保洁。担任组长后，她带领班组成员完成清扫保洁收集住户生活垃圾的任务。

吴春玲（最美环卫工人），1976年出生，城北环卫所教育东路清扫组组长，2次获英德市环境卫生管理处"先进个人"称号。她服从分工，遵守国家法律法规，遵守单位各项规章制度，按照岗位责任制的规定，完成好本职工作任务。她岗位的工作时间是从早上4时开始，但她通常凌晨3时30分就到岗。

谭水金家庭（最美家庭），谭水金夫妇在家庭生活中以身作则、言传身教，让孩子感受到家庭的温暖的同时学会独立自主的生活。他们始终以"读万卷书，行万里路"的思想影响女儿，让她们感受到读书的重要性。在社会生活中，他们时常友爱邻里，大到团结乡亲维护公共利益，小到为孤寡老人修修补补，帮助乡亲们送小孩子上学，把助人为乐的种子散播在每个人的心田。作为普通村民家庭，却能把生产队家家户户，大事小事都装心里，想他人所想，忧他人所忧，有着颗为人民服务的心。

邓高鹏家庭（最美家庭），他们就像大多数家庭一样，没有什么轰轰烈烈的事迹，平凡而幸福，但是又相比其他家庭多了一分特殊性：双警家庭。他们有一个乖巧可爱的女儿，还有一对慈祥明理的父母。他们一家互相扶持，相爱相知，用爱支撑起"小家"，用责任和行动捍卫着"大家"；他们不忘身上的"藏蓝"，在各自的岗位上发光发热。

郭艾（最美教师），1988年6月出生，中共党员，英德中学附属实验学校副校长，语文学科讲师、高级保育员、高级人力资源管理师、高级涉外文秘、高级中学生涯指导师、美国认证正面管教学校讲师、家庭讲师，清远市积极教育工作室主持人。她先后获英德市"优秀共产党员""优秀教师""英德市优秀党务工作者""模范教育工作者"等称号，是同事、领导、学生及家长心中的"最美教师"。疫情防控期间，她身先士卒，在学生返校、创文测评、护学送学岗、留校管理等工作中勇当先锋，以校为家，发挥基层党员教师的担当精神。教学上，她以高标准严格要求自己，课前、课中、课后勤耕不辍，潜心研究教学与教科研。她发挥由她所主持的"清远市积极教育郭艾工作室"的辐射作用，以家促会家庭讲师角色坚持开展行之有效的家校合作共育工作。

张丽娟（最美教师），1983年1月出生，中共党员，英德市第七小学音乐老师，大队辅导员兼学校青年教师团支部书记。参加工作17年，她踏实肯干、积极进取、兢兢业业。她将音乐学科与少先队工作融合，带领青年团员、少先队员们创造性开展特色活动，团结引领青少年儿童听党的话、跟党走，坚定爱国爱党信念。她多次指导组织学生参加各类各级的比赛，所获成绩均名列前茅。她多次获省市级"优秀指导老师"称号；3次被评为"清远市优秀少先队辅导员"；2019年她筹备、成立首个"英德市少先队名师工作室"，担任名师工作室主持人。工作室于2021年获评为清远市第三批少先队名师工作室。她参与的少先队和音乐学科方面的课题分别在2020年、2021年成功结题，准备申报广东省教育科学规划课题。

李润芝（最美辅警），英德市公安局刑侦大队五中队四级辅警。她一直在英德市公安局刑侦大队五中队DNA实验室协助技术民警完成提取检验及各项考核工作。2022年她协助提取检验各类案事件检材1404份，受理检验各类人员样本688份，整理检验家系人员样本2807份。2021年度她参与协助技术民警利用DNA成功比中认定案犯48名，破获案件181宗；在打拐专项及失踪人员排查专项行动中，协助检验入库比对241份人员样本，帮助8个家庭实现亲人相聚和家庭团圆，成功完成"团圆行动"考核任务。

刘佳茵（最美民警），英德市公安局石灰铺派出所一级警员。她始终坚持为群众服务工作原则，努力将便民利民落到实处，帮助群众办理各类户口难题70多个，送证下乡5份，收到群众赠予的锦旗1面；她在反诈工作中创新推出"石灰铺反诈小三件"，辖区诈骗警情数有明显下降；她经常到辖区幼儿园、小学站岗，并定时到学校普及校园安全、法律等知识。2021年6月25日，她成功查获一盗窃猪仔的面包车，顺藤摸瓜找回被盗生猪50头，获得群众赠送"人民卫士罪恶克星"的锦旗1面。

吴乙明（最美退役军人），1985年7月出生，瑶族，石牯塘镇联山瑶族村党支部书记、村委会主任。他任联山瑶族村党支部书记后，履行工作职责，做好群众工作，发挥党员先锋模范作用，努力做到"五带头"。联山瑶族村在2020年9月被广东省政府评为"广东省民族团结进步模范集体"，在2020年11月被广东省民族宗教事务委员会评为"广东省少数民族特色村寨"，在2021年6月被中共清远市委评为"清远市先进基层党组织"。

罗竞云（最美退役军人），1983年11月出生，2001年12月入伍，2004年退役后从事公安工作。他长期奋战在疫情防控、防风险、保安全、护稳定第一线，其间到广东警官学院学习公安专业知识2年，先后在英德市、连山县从事辅警和民警16年，累计立三等功4次，获嘉奖1次，获评先进个人3次。其间，辅助公安机关抓获违法犯罪分子一大批，多次参与大型保卫活动和抢险救灾行动。2018年9月，到新疆喀什开展为期13个月的援疆任务期间，担任警务站站长，获公安部颁发个人三等功，获得当地群众和上级一致认可。他曾被抽调参与大型扫黑除恶行动专案组。

丘少敏（最美乡村振兴能人），1977年4月出生，英德市立农农业专业合作社联合社理事长。2021年，他带领的英德市立农农业专业合作社联合社被英德市农业农村局遴选为英德市农民合作社服务中心、英德市农业生产托管运营中心。他主持联合社工作，组建专职生产托管队伍54人，为英德市各区域提供农业生产社会化服务。联合社组织人员摸查各镇粮食和经济作物种植情况和种植面积、各镇村农机具及农机手信息，以"联合社+农服组织+个体机手"联盟模式协作体系，开展撂荒地整治工作；以联合社进行资源整合，共同开展农业生产托管服务工作。在多个合作社和众多个体农机手配合下，2021年联合社开展撂荒地整治环节服务1232亩，服务水稻耕整地等7086.06亩；完成茶叶中耕施肥、修剪生产托管4132亩，服务对象200户。协助完成2021年英德市农业生产社会化服务任务主体开展农业生产托管服务，服务面积3万多亩。统筹调配8.5万亩农业生产社会化服务面积。

张凤姬（最美乡村振兴能人），1987年8月出生，英德市农业技术推广中心农艺师。她是基层技术技能人才，把农业农村题材体现在茶艺作品上，原创茶艺作品有《幸福农业人》《传承坚守 创新丰收》；获评"广东省技术能手""清远市技术能手"；推动标准护航茶产业，参与编写6项团体标准、1项战略规划，发布专业论文4篇；开展技术研究和推广应用，获广东省农业技术推广奖二等奖2项，获清远市科技进步奖二等奖2项。她是品牌推广大使，组织多项英德红茶产业、文化宣传推广活动。

潘开广，1980年2月出生，1997年开始工作，积累资金后成立广东合地集团股份有限公司，主营业务为资产运营、购物中心运营、特殊资产投融资、酒店运营及文化娱乐等，集团下辖子公司20多家、员工3000人，直接创造经济价值百亿元。他始终不忘回馈家乡，心系家乡的发展。多年来，作为英德人，他热心家乡教育、医疗、扶贫帮困、文化体育等公益慈善事业，累计对社会捐赠1000多万元；作为优秀企业家，他心系家乡经济发展，回家乡投资创业，链接各方资源，引领优秀乡贤返乡创业，支持家乡经济建设；作为人大代表，他认真履职，贴近群众，关注民生民情民意，实地考察调研，每年提交多个提案，为家乡经济社会发展积极建言献策。

王原鹏（最美乡贤），1990年2月出生，中共党员，高级工程师、国家二级评茶技师，广东省五一劳动奖章获得者，广东省劳模和工匠人才创新工作室领衔人，英德市耕耘茶业有限公司总经理兼技术总监、广东南华工商职业学院能工巧匠兼职教授；曾获广东省茶行业（茶叶加工工）职工职业技能大赛决赛第一名、广东省技术能手等荣誉称号。他进入英德茶产业后，在种植、加工生产、审评一线，研究英德红茶适制品种的特性，完善制茶工艺，提高制茶水平。他依托广东省劳模和工匠人才创新工作室，发挥党员先锋模范作用和劳模示范引领作用，组织开展涉茶活动，总结推广经验，弘扬劳动精神、工匠精神、劳模精神，继承和发扬英德红茶传统制作技艺，传播英德红茶特色品牌，传承好英德制茶人务实求真精神，助力乡村振兴。

郭豫龙（最美消防员），1998年3月出生，2015年9月入伍，英德市消防救援大队英城消防站消防员，参加各项灭火抢险救援2000多次，曾获总队执勤岗位练兵先进个人、清远市消防救援支队"优秀新兵"、灭火救援三等功等表彰。他始终将人民群众利益放在首位，特别是在2020年6月抗洪、2021年"1·10"英红汉涛重大火灾救援和"七一"建党100周年消防安保中表现突出。他曾连续奋战30多小时抗洪，冒着爆炸危险"三进三出"，在火魔手中抢救被困群众，数次与死神擦肩，换取人民的平安。他诠释了一名党员在为人民服务中的无悔担当。他一直战斗在灭火抢险救援第一线，默默当好英德人民的"守夜人"。

张建军（最美消防员），1988年12月出生，2008年12月入伍，一级消防士，英德市消防救援大队英城消防站站长助理兼高喷车驾驶员，代理干部职责。他参与救援3000多起，抢救群众上百人；参与完成2020年6月抗洪抢险，2021年"1·10"英红汉涛重大火灾、"5·23"英德市中岩大峡谷"驴友"救援，2022年"2·23"雪山嶂"驴友"救援等急难险重灭火抢险救援任务。他表现优秀，成绩突出，曾获"个人三等功"1次、"优秀士兵"2次、"优秀士官"2次、"嘉奖"3次、"优秀党员"2次等表彰奖励。

陈春荣（最美养路工），1977年2月出生，英德市公路事务中心望埠养护所副所长，负责管养国道G358线、240线，养护里程62千米。2019年天汇徐科杯养护竞赛获三等奖。他从事养路工作18年，每天在路上挖挖补补。在夏天近40℃的高温下熬油、端油枪和规范化养护道路，越是高温越要作业，越有风雨越要上路，是养路工的模范。

郭孔尚（最美养路工），1984年9月出生，英德市公路事务中心联结道班班长，负责管养省道S526线，全长46.85千米。他管养的路段路龄较长、路况较差，附近有几个大型碎石场、河砂场，运输碎石、河砂的车辆不断，路面飘洒沙尘特别严重。同样的路段长度下，他们的工作量比别人多几倍，对于一些特殊的地段还要多次清扫。遇上节假日，为了防范安全事故的发生，他经常晚上到事故多发地去察看，连夜消除险情，保障道路通行安全。他每天干的是脏苦累的平凡工作。

黄大琼（最美医生），1983年8月出生，英德市第二人民医院内二科主任、副主任医师。2020年，英德市第二人民医院建立卒中中心，他在中山大学附属第二医院完成血管神经病学培训后，着手实施卒中针对性的治疗措施，开展静脉重组组织型纤溶酶原激活剂溶栓治疗，已开展溶栓治疗60多例。在静脉溶栓例数快速增长的前提下，他通过不断优化、质控、调高与再学习，提高静脉溶栓技术质量。

蒋勇（最美医生），1977年10月出生，英德市人民医院重症医学科主任、大内科教学主任、内科第二党支部书记。2021年6月30日23时，他得知科室收治2名可疑食用野蘑菇中毒的危重患者，立即从家中赶回科室。经详细了解，他断定患者为急性毒蕈中毒，高度可疑含剧毒的鹅膏毒肽蘑菇中毒，立即组织值班医生和护士抢救。患病老人年龄大，又有多年的高血压病，蒋勇立即针对她的心肾功能制定最低风险的个体方案。经过一夜的抢救，两位患者转危为安。他抢救危重患者十年如一日。他常说："我们的使命是治病救人，家属把患者交到你手里，是对你的信任。我们肩上有责任，要对得起这份信任。患者只要有一分希望，我们就要做到百分百的努力。能将患者抢救成功，多辛苦、多累，都是非常值得的。"

（中共英德市委宣传部）

连樟样板区城乡融合发展试验探索

【农村集体经营性建设用地入市制度建立】 2022年，英德市修改完善《英德市连樟样板区集体经营性建设用地入市暂行办法》《英德市连樟样板区农村集体经营性建设用地土地增值收益调节金征收使用管理办法（试行）》《英德市农村集体经营性建设用地使用权交易细则（试行）》等改革配套政策文件，推进集体经营建设用地入市工作。黎溪镇铁溪村福龙围组古寨2770平方米、连江口镇连樟村甜塘和马下组384.52平方米等2宗农村集体经营性建设用地正式挂牌入市，其中连江口镇连樟村甜塘和马下组384.5平方米土地顺利摘牌交易。

【进城落户农民自愿有偿转让退出农村权益制度建立】 2022年，英德市修改完善《英德市连樟样板区农村土地承包经营权自愿有偿转让退出管理办法（试行）》《英德市连樟样板区农村宅基地有偿使用、流转和退出暂行办法》等改革配套政策文件，落实一户一宅政策，盘活闲置农房和宅基地。黎溪镇铁溪村福龙围组1宗80平方米宅基地无偿退出、1宗200平方米宅基地有偿退出。黄花镇明迳社区大久岩村清拆腾空清理出旧村庄旧农房25亩宅基地，170亩林地、自留地、承包亩田地的经营权统一由村集体纳入招商发展乡村振兴项目。黄花镇平星村岩洛村74户闲置房屋和部分荒山、竹林统一由村集体纳入招商发展乡村振兴项目。黄花镇公正村棚塘村腾退农村宅基地2384平方米统一由村集体纳入招商发展乡村振兴项目。

【农村产权抵押担保权能完善】 2022年，英德市制定出台《英德市连樟样板区农村集体经营性建设用地使用权抵押贷款管理办法（试行）》《英德市农村集体资产股权管理办法（试行）》《英德市农村集体资产资源交易办法（修订）》等文件，委托建立和运营英德市连樟样板区农村资产交易中心，并建立相应服务规范流程；引导涉农金融机构对连樟样板区内连江口镇连樟村和黎溪镇恒昌村2个首批省级"一村一品"专业村完成信用村建设和评定，对连江口镇连樟村、黎溪镇恒昌村两个专业村整村授信10 626.7万元。在发放农村产权质押贷款方面，英德农商银行大站支行为下砧镇灯塔村村民邝某发放首笔金额为5万元的生态公益林补偿收益权质押贷款。

【城乡产业协同发展平台搭建】 2022年，英德市连樟样板区促进一二三产业融合发展。依托连樟村省级产业园的建设，连樟样板区内已建有茶叶加工厂3家、麻竹笋精深加工厂2家、油茶等农产品加工厂2家、新增茶园面积约1000亩，金桔、马古突等水果1500亩。城乡产业协同发展先行区已初具雏形，基本形成"一园多区"（农业种植示范区、加工物流区、农旅观光区）模式。推动文旅融合，在淡地村野渡谷民宿及大围村亚婆田白水寨酒店设立文化与旅游服务双融合中心，并申报为清远市级"两中心"融合试点。推进浈阳峡风景区、白水寨景区提质改造。实施科技创新，支持英德市雄盛农业发展有限公司和中南林业科技大学开展产学研合作，联合申报2022年清远科技计划项目——麻竹笋腌制发酵关键技术研究及产品开发，项目已通过清远市科技局实地考察，帮助企业柔性引进中南林业科技大学专家4人。其中，连樟村省级现代农业产业园项目联农带农7199户，吸纳返乡创业21人，带动周边村民560人实现家门口就业。截至2022年底，产业园范围内农民人均可支配收入21 240元（英德市18 398.9元），高于全市平均15%。浈阳峡文旅小镇建成后，实现年旅游收益900万元，项目综合销售收益1300万元，项目带动连江口镇150人务工，人均增收35 000元/年，带动连江口镇商户30户，每户增收42万元/年。

【城乡基本公共服务均等化发展体制机制建立】 2022年,英德市连樟样板区建立教职员编制"总量控制,动态管理"机制,实行"县管岗位结构,学校按岗定员"。建成连江中心小学的信息化德育综合评价管理系统;创建连江中学等2所乡村高效课堂教学改革实验校,对2018—2022年入职的农村教师进行全员培训,开展农村学生学业成绩摸底调查;开通5条校园专线,惠及360多名学生,每条线路均达到完全饱和运行状态。市人民医院与连樟样板区3个镇级卫生院签订双向转诊、卒中、创伤联合救治等协议,为样板区卫生院和连樟健康服务中心购置心电图机连接远程心电诊断中心,让基层群众在家门口就能享受县级医院同质化、标准化的心电诊断服务。建立样板区医共体人才交流机制,出台《关于选派医疗技术骨干到基层分院挂任职服务实施方案》,从县级医院选派4名医疗业务骨干到样板区卫生院挂任副院长或院长助理,提升连樟样板区医疗服务质量。在连樟样板区各镇、村(社区)部署15台"粤智助"政府服务自助机,打通连樟样板区群众政务服务最后100米,15台"粤智助"政府服务自助机提供服务事项124项。

【生态产品价值实现机制建立】 2022年,英德市连樟样板区支持、鼓励连樟样板区的企业申请办理农产品绿色认证及生态认证。样板区内的碧桂园农业控股(英德)有限公司与英德市老茶园食品有限公司已通过绿色食品认证申请。注册和规划"连樟1号"高端农业品牌建设在推进中。推动电商营销,在铁溪古镇线上运营、销售当地农特产品情况的基础上,拟将铁溪古镇作为连樟样板区品牌推介平台候选之一,统筹推动区域内农村电商发展。发展生态旅游,以"北江滨水古韵"旅游风光为主线,在南方+、英德旅游微信公众号等新媒体平台开展"北江风情生态美食游"省级乡村旅游精品线路宣传推介,推动北江旅游多业态融合发展。野渡谷民宿被评为"2021年度携程口碑榜最受欢迎民宿";浈阳峡中小学生北江文化研学综合实践基地被评为"2021年清远市市级小学生研学实践教育基地";亚婆田·白水寨假日酒店入选首批"广东省驿站乡村酒店"。2019—2022年,连樟样板区重点旅游景区(点)、酒店住宿等接待游客242.4万人次。

【农民持续增收体制机制健全】 2022年,英德市连樟样板区推动集体股份经济合作制改革。已完成139个集体经济组织股份制改革,其中黎溪镇黎新村围跨经济社、连江口镇城樟社区淡地经济社等按照章程规定和合作协议开展集体土地流转等交易收益分红工作。通过乡镇巡回招聘的方式,送岗位进村入户,促进有劳动能力和就业意愿的农村劳动力充分就业,实现就业岗位、就业服务、就业政策"三下乡"。连江口镇召开"春风行动、南粤春暖"——乡村振兴巡回线上线下招聘会,提供岗位184个。在连江口镇和连樟乡村振兴学院开发9个公益性岗位,兜底安置建档立卡贫困劳动力和就业困难人员就业。

英德市 2022 年大事记

编辑：曹 亮

1月

1日，浈阳峡风景区创办的第五届浈阳峡北江鱼干旅游美食节启动。

14日，英德市市场监督管理局颁发清远市首张实行告知承诺制办理的仅经营乙类非处方药的《药品经营许可证》，标志着英德药品经营许可改革迈上新台阶。

19日，中国共产党英德市第十四届委员会第二次全体会议在市文化艺术中心206室召开。会议酝酿通过英德市推荐提名广东省出席党的二十大代表候选人推荐人选名单。

2月

15日，广东省旅行社等级评定委员会公布广东省首批127家A级旅行社名单，其中英德观光国际旅行社有限公司榜上有名，成为广东省首批AAA旅行社，也是英德市首家省级AAA旅行社。

25日，中国共产党英德市第十四届纪律检查委员会第二次全体会议在英城召开。市委书记张杨彬、市人大常委会主任陈子匹、市政协主席廖敬华出席会议，市委常委、市纪委书记欧阳誉华主持会议。

3月

30—31日，英德市第十六届人民代表大会第二次会议在市文化艺术中心召开。会议通过《英德市人民政府工作报告》《英德市2021年国民经济和社会发展计划执行情况与2022年计划》《英德市2021年预算执行情况和2022年预算》《英德市人民代表大会常务委员会工作报告》《英德市人民法院工作报告》《英德市人民检察院工作报告》等6个报告的决议，选举卢共党、张燕辉、胡穗媚为英德市第十六届人民代表大会常务委员会委员。

4月

2日，以"凝心齐聚力，共创茶百亿"为主题，由英德市茶业行业协会主办的"2022第四届中国·英德红茶头采节"开采仪式在广东英九庄园

▲2022年4月2日，2022第四届中国·英德红茶头采节正式启动

（南方日报英德站供图）

绿色发展有限公司智能茶厂文创中心举行。

6日，英德市人民检察院驻英德市林长办生态检察联络站揭牌，英德市委书记张杨彬，英德市委副书记、市长林明晓等市领导参加揭牌仪式。

12日，2022中国茶叶区域公用品牌价值评估发布英德红茶品牌价值为37.18亿元，比2021年增加4.54亿元，高于平均品牌价值，总排名位列28位。

20日，《清远生态日记本》首发仪式暨"党报摄影日记"2021年度大奖颁奖仪式在英德市举办。《清远生态日记本》收录清远日报签约摄影师和社会作者的精选生态照片365张，其中英德占63张。

24日，广东省范围最大的森林公园——英德国家森林公园获国家林业和草原局官网发布批复入选为全国10个国家级森林公园之一。

29日，广东省人民政府公布第八批省级非物质文化遗产代表性项目名录，英德木呷狮舞作为广东传统舞蹈项目类别之一入选。

是月，《2021中国地理标志农产品品牌声誉评价报告》发布品牌声誉前百名名单。其中，英德红茶位居中国地理标志农产品品牌声誉第82位、中国地理标志农产品（茶叶）品牌声誉第32位。

是月，由广东省文化和旅游厅指导，广东省古迹保护协会举办的"广东省十年十大重要考古发现（2012—2022）"遴选活动结果公布，英德青塘遗址、英德岩山寨遗址入选。

5月

13日，英德春茶相关新闻在中央2套财经频道（CCTV-2）《正点财经》栏目播出。

18日，中国人民银行广州分行、广东省地方金融监督管理局联合决定，授予英德市望埠镇为"2021年广东省移动支付示范镇"，授予英德市连江口镇"2021年广东省移动支付精品示范镇"荣誉称号。

6月

9日，清远市文化广电旅游体育局同意奥园英德巧克力王国旅游区评定为国家AAA级旅游景区。该景区是中国文旅新地标，是国内独创融合巧克力IP、英德红茶文化、温泉、酒店及喀斯特地貌于一体的全业态全域旅游度假胜地，也是国内首个以巧克力为IP的主题度假区，涵盖巧克力乐园、茶与巧克力庄园、英德泉林水世界、英德奥园希尔顿逸林度假酒店等主题区域。

是月，英德市出现洪灾（5月21日—6月21日龙舟水期间，全市平均降雨量为1002.8毫米，较常年的372毫米偏多2.4倍）。6月12—22日，全市平均雨量为559.9毫米，市区为810.8毫米，较常年同期（123毫米）偏多5.6倍，为1960年有连续气象观测记录以来排名第一。受持续强降雨影响，英德市主要江河水位急涨且高，北江、连江同时出现超百年一遇洪水，其中北江英德（五）站于6月22日12时出现最高洪峰水位35.97米，超警戒水位9.97米，连江大湾站于22日4时出现最高洪峰水位47.85米，超警戒水位5.85米，连江洽洸站于22日17时出现最高洪峰水位39.83米，超警戒水位4.33米。

7月

10日,英德市发现本土新冠病毒感染阳性病例,英德市对此进行流行病学调查及处置。

8月

3日,英德市在连江口镇浈阳坊文旅小镇、浛洸镇徐家庄旅游度假村举行广东省技术工人疗休养基地揭牌仪式,为英德市产业园区康养项目的发展起到示范作用。

24日,英德市人民政府与中国广核电力股份有限公司签署英德天堂抽水蓄能电站项目合作开发协议。清远市委常委、常务副市长黄建平,中国广核集团公司党委副书记、总经理高立刚参加项目签约。英德市委副书记、市长林明晓,中广核电力销售有限公司总经理苏群代表双方签署协议。

31日,英德市连江口镇连樟村入选2021年全国示范性老年友好型社区拟命名名单。

9月

3日,英德泰隆银行在海螺国际大酒店举行"沃土计划"助力乡村振兴启动仪式,通过"党建＋金融"政银共建的力量,培育"三农"发展的沃土。

13日,新华社刊登英德市委书记张杨彬的署名文章《坚持和运用"一线工作法"推动地方经济社会高质量发展》。

16日,广东省举办广东乡村振兴板企业专场挂牌仪式暨粤农金融路演现代农业（果蔬）专场活动,英德市有11家企业在广东乡村振兴板正式挂牌。至此,英德市国家现代农业产业园已有3家茶叶企业进入广东乡村振兴板,其中挂牌交易企业2家,挂牌展示企业1家,挂牌茶叶类企业数量在广东省内居于前列。

26日,中国侨联研究确认国家游泳中心（水立方/冰立方）等92家机构和单位为第十批"中国华侨国际文化交流基地",其中广东英德华侨农场成为广东省入选的十家机构单位之一,也是清远及首次入选的机构单位。

29日,农业农村部通报关于2019—2021年度全国农牧渔业丰收奖获奖情况,其中英德市农业科学研究所所长杨丕生获农业技术推广贡献奖。

30日,时值中国烈士纪念日,英德市在金子山烈士纪念碑前举行烈士纪念日公祭活动。

10月

8日,广州建筑（英德）绿色建筑产业园项目开工,清远市委常委、副市长、广州对口帮扶清远指挥部总指挥严志明,英德市委副书记、市长林明晓,广州市建筑集团党委书记、董事长梁湖清,广德园党工委书记、管委会主任彭志文等领导、嘉宾出席活动。

14日,英德红茶获批筹建国家地理标志产品保护示范区,是广东省唯一获批筹建的示范区。

17日,英德市妇幼保健院城南总院运行试用。

23日,在习近平总书记亲临视察连樟村四周年之际,连樟村举办纪念活动,同时为广东英德市连樟一号品牌管理有限公司运营中心揭牌,连樟村的"连樟1号"乡村品牌运营正式启动。

11月

7日,广东省全面推行林长制工作领导小组办公室公布"2022年广东省林长绿美园"认定名单，全省11个单位入选。其中，连江口镇连樟村为清远唯一一个入选单位。

10日，农业农村部官网公布2022年中国美丽休闲乡村公示名单，英德市连江口镇连樟村入选。

23日，中国茶叶流通协会公布关于世界红茶产品质量推选结果的文件。其中，英德市上茗轩、广东德高信食品加工有限公司、广东鸿雁茶业有限公司、英德积庆里茶叶有限公司、广东英九庄园绿色产业发展有限公司选送的红茶样品获"大金奖"。

26日，英德市留学人员联谊会成立大会在市文化艺术中心召开。市委常委、统战部部长王珍子出席大会，市委统战部、市侨联有关部门负责人及40多名相关留学人员参加会议。

28日，中国茶业流通协会公布"中国茶业流通协会2022年度茶业百强县域"调查工作结果，英德再次入选。自2018年开展茶业百强县域评价后，英德市连续5年获此殊荣。

是月，稷夏智库正式发布2022年全国综合竞争力百强县（市）报告，形成全国综合竞争力百强县（市）和投资潜力百强县（市）榜单，英德市位列投资潜力百强县（市）第30名。

12月

12日，在农业农村部科技教育司指导下，农业农村部农业生态与资源保护总站联合中国农业生态环境保护协会评选出300家"国家级生态农场"单位，英九庄园是广东省第一个获此殊荣的茶企。

14日，茶叶品质气象指数保险落地英德，首批有4家茶企参保并签订投保协议，自此英德茶叶种植户将不再"靠天吃饭"。

26日，市扫黑除恶斗争领导小组办公室召开英德市扫黑除恶斗争常态化工作新闻发布会，通报英德市实现扫黑除恶斗争常态化取得的阶段性成效。

29日，英德市区石门台饮用水工程项目一期正式通水。

是日，清远举行2022年第四季度重大项目集中开工活动，主会场设在英德市国能清远电厂二期2×1000兆瓦扩建工程现场。高新区、清城、佛冈、省职教城分别设分会场，清远市委副书记、市长温文星宣布项目开工。

30日，英德市英城街道新业态新就业群体服务点（暖蜂驿站）启用仪式在英城街道城西社区党群服务中心广场举行。市委书记张杨彬，市委常委、组织部部长袁新建参加仪式。

是月，据国家文物局网站显示，经国家文物局党组会议研究决定：泥河湾等19处考古遗址公园列入国家考古遗址公园名单，琉璃河等32处考古遗址公园列入国家考古遗址公园立项名单。其中英德青塘考古遗址公园入选第四批国家考古遗址公园立项名单。

是月，中国茶叶流通协会发布"2022年度茶业助力乡村振兴示范县域"名单，全国有10个县域入选，英德市成为广东省唯一入选的示范县域。

英德概览

编辑：周 航

建置沿革

【先秦以前】 英德历史悠久，从宝晶宫古河床胶结堆积层中发现的打制石器表明，英德有人类活动的历史可追溯到10万年以前。旧石器时代晚期，一群原始先民在今英红镇云岭狮石山牛栏洞里生活。新石器时代早期，一群原始先民在今青塘镇四周的石灰岩溶洞中居住，过着采集和狩猎的生活。新石器时代晚期，这群先民从洞穴搬迁到靠近河岸的台地和山冈，开始刀耕农业和渔猎生活。

春秋时期，英德之地属百越地；战国时期，属楚地；秦时，属南海郡。

【两汉、三国、两晋时期】 公元前206年至公元前195年间，汉高祖在英德之地设置浈阳（今英德市英中、英东地区及翁源县、新丰县和佛冈县部分地区）、含洭（今英德市英西地区）2县，属南越国。东汉沿西汉旧制，浈阳、含洭2县同属荆州桂阳郡。建安二十五年（220年），省阳山县入含洭县。

三国吴甘露元年（265年），析含洭县桃乡复置阳山县；浈阳、含洭2县属荆州始兴郡。

西晋太康元年（280年），浈阳、含洭2县改属广州始兴郡。永嘉元年（307年），浈阳、含洭2县改属湘州始兴郡。东晋咸和三年（328年），浈阳、含洭2县改属荆州始兴郡。

【南北朝时期】 南朝刘宋元嘉二十九年（452年），浈阳、含洭2县改属广州始兴郡；元嘉三十年（462年），复归湘州始兴郡。刘宋泰始三年（467年），改浈阳县为贞阳县，贞阳、含洭2县仍属湘州始兴郡；泰始六年（470年），在贞阳县西60里置冈溪县。刘宋泰豫元年（472年），贞阳、含洭2县属湘州广兴郡。南齐建元元年（479年），贞阳县复名浈阳县，与含洭县同属湘州始兴郡。梁天监六年（507年），在含洭县置衡州和阳山郡，治所均在含洭县；浈阳县属衡州始兴郡，含洭县属衡州阳山郡。梁承圣二年（553年），析浈阳县地置翁源县；浈阳县属东衡州始兴郡。天嘉年间（560—566年），改衡州为西衡州，治所仍在含洭县，含洭县属西衡州阳山郡，浈阳县仍属东衡州始兴郡。

【隋、唐、五代十国时期】 隋开皇九年（589年），浈阳县属韶州；开皇十年（590年），含洭县属洭州，改浈阳县为贞阳县，改属循州；开皇十六年（596年），贞阳县一部并入曲江县；开皇十九年（599年），贞阳县改属广州；开皇二十年（600年），含洭县属广州。仁寿元年（601年），广州改称番州。大业三年（607年），含洭县属南海郡。

唐武德五年（622年），在含洭县地复置洭州，贞阳、含洭2县属之。贞观元年（627

年），贞阳县复名浈阳县，含洭县改为浛洭县，2县属广州。天宝元年（742年），浈阳、浛洭2县属南海郡。乾元元年（758年），浈阳、浛洭2县属广州。五代南汉乾亨元年（917年），升广州为兴王府，浈阳、浛洭2县属兴王府。乾亨四年（920年），在浈阳县置英州，领浈阳县。浛洭县仍属兴王府。

【两宋时期】 北宋开宝四年（971年），浛洭县改属广南东路连州；开宝五年（972年），因浛洭县名的"洭"字与宋太祖赵匡胤的"匡"字同音，改浛洭县为浛洸县；开宝六年（973年），改属英州。北宋乾兴元年（1022年），因浈阳县名的"浈"字与宋仁宗赵祯的"祯"字同音，改浈阳县为真阳县，与浛洸县同属英州。北宋宣和二年（1120年），英州被赐郡名真阳郡。南宋庆元元年（1195年），升英州为英德府，属广南东路，辖真阳、浛洸2县，自始得英德之名。

【元、明、清时期】 元至元十五年（1278年），改英德府为英德路总管府，属江西行省广东道；至元二十三年（1286年）降为散州。大德五年（1301年），复升为路，领真阳、浛洸、翁源3县。至大元年（1308年）复降为州，领真阳、浛洸、翁源3县。延祐元年（1314年），废真阳、浛洸2县并英德州，属江西行省广东道。明洪武二年（1369年），改英德州为英德县，属广东行中书省韶州府。隆庆三年（1569年），划英德县象冈、甘棠2都（今英德市青塘、白沙2镇和新丰县交界的地方）以及河源、翁源2县一部分地方设长宁县（今新丰县）。清沿明制，英德县属广东省韶州府。嘉庆十八年（1813年），分英德县大陂都高台、白石、独石、迳头4图，岩下都虎山、观音2图及清远县一部分设立佛冈厅（今佛冈县）。

【民国时期】 民国时期，英德县建置没有大的变化。民国三十八年（1949年）4月，英德县归属广东省第三行政督察区，专员公署驻英德，下辖英德、清远、佛冈、新丰、翁源5县。

【中华人民共和国时期】 1949年10月9日，英德县城解放。英德县初隶属北江临时人民行动委员会，后先后隶属北江人民行政督察专员公署、北江区行政督察专员公署、北江区专员公署、粤北行政公署、韶关专员公署、韶关专区革命委员会、韶关地区革命委员会、韶关地方行政公署、韶关市。1988年1月，清远撤县设市，英德县从韶关市划归清远市管辖。1994年1月，英德撤县设市（县级），仍属清远市。市政府驻地英城街道。

（年鉴编辑部）

自然地理

【地理位置】 英德位于南岭山脉东南部，广东省中北部，北江中游。东邻翁源县、新丰县；南连佛冈县、清城区；西北与阳山县接壤，西南接清新区；北与乳源县、曲江区相连。地理坐标：北纬23°50′31″～24°33′11″，东经112°45′15″～113°55′38″。东起青塘镇，西至黄花镇，跨度约119千米；北自波罗镇，南至黎溪镇，跨度约78千米。全市总面积5634平方千米（845.1万亩）。

【地质】 境内以变质砂岩、砂砾岩、长石、石英岩、硅质岩为主，地质构造属北江干扰带，经历加里东、华力西-印支、燕山及喜山期构造阶段，发生多次和多种性质的地壳运动。褶皱、断裂及岩浆侵入活动比较突出，地貌上形成冲积平原、河谷平原，岩层走向有北、北东，也有西北—东南走向，断层、逆断层随处可见。由于备受各期运动的影响且这些影响互相抗衡，构造极端复杂，严格控制区内地貌形态的空间分布，构成各种地貌类型的基本骨架。尤其是燕山运动时期，英德北缘和南部地区形成的两列花岗岩侵入带，含有丰富的有色金属物；在岩溶区内，由于地下水运动，发育着大量的暗河与地下溶洞。

【地貌】 周围山地环绕向南倾斜的盆地主体 从总体来看，英德地貌是一个周围山地环绕向南倾斜的盆地——英德盆地。盆地东面以滑水山山脉为界，北面是黄思脑山脉，南面为一群花岗岩和低山、丘陵地区，西面主要是一列呈西北—东南走向的山脉屏障。

弧形构造明显，岭界排列有序 山脉走向以北、北东—南，南西、东—西，西北—东南三向为主。英德地貌格局大致由这3种走向决定，其中，东部岭谷为北东向，西部岭谷为北西向，形成明显的弧形构造。

中低山广布，侵蚀强烈 境内大部分土地皆为山地，面积274.51万亩，占全市总面积的32.5%，其中海拔500～800米的低山143万亩，占总面积的16.9%。若把丘陵面积计入，丘陵、山地面积446.82万亩，占总面积的52.9%。

河流水源广，出路狭窄，形成易涝的河谷地带 境内主要河流的唯一出口，是南部低山、丘陵地区的狭窄谷地——浈阳峡（俗称盲仔峡）、大庙峡等峡谷。集雨面积3.4万平方千米，水流从狭窄的河道流出，形成易涝的河谷地带。由于河水的堆积作用，境内普遍分布着冲积平原、河流阶地等堆积地貌。

岩溶地貌发育，组合类型多样 西部、中部、东部地区发育着各种类型的岩溶地貌，有孤峰、峰丛、峰林、溶蚀洼地、山地等，岩溶地貌面积169万亩，占全市总面积的20%。

地貌类型主要有流水地貌、岩溶地貌。

流水地貌 境内主要的地貌类型，遍布于境内各地，其形态分为平原、阶地、台地、丘陵、山地5种。

平原，按其大小，分为冲积平原、河台平原、山间平地3种。面积63.09万亩，占全市总面积的7.5%。主要分布在大站、英城、浛洸、大湾、石牯塘、大镇等地，是主要的农业用地。

阶地，有河流阶地、洪积阶地、洪积冲积阶地、洪积坡积阶地。河流阶地，是境内阶地的主要类型，面积95.5万亩，占全市总面积的11.3%。阶地主要分布在东部盆地及中部两江盆地。

台地，介于阶地与丘陵之间，比高小于80米、坡度小于15°的地貌类型，分为低台地、高台地。面积26.97万亩，占全市总面积的3.2%。主要分布在东部盆地、中部盆地。

丘陵，境内的主要地貌类型之一，面积199.31万亩，占全市总面积的23.6%，分为低丘陵、高丘陵。

山地，境内的主要地貌类型之一，面积247.51万亩，占全市总面积的29.3%，分为低山、中山。

岩溶地貌 境内发育着各种形态的岩溶地貌，主要有岩溶平原、岩溶台地、岩溶丘陵、岩溶山地。

【土壤】 1982—1983年英德第二次土壤普查资料显示：英德土壤分为10个土类、15个亚类、52个土属、145个土种。土壤面积789.12万亩，占全市总面积的93.4%，其中自然土682.47万亩，占80.8%；耕作土115.64万亩，占13.7%。自然土以赤红壤、红壤、红色石灰土和黄壤为主，分别占自然土的48.7%、27%、15.8%和6.6%；耕作土以水稻土、赤红壤旱地、红色石灰土旱地（红火泥地）和潮沙泥土旱地为主，分别占耕作土的64.8%、20.1%、7.9%和6.8%。

赤红壤，境内数量最多的土壤类型，面积355.92万亩，占全市总面积的42.1%、土壤面积的45.1%。红壤面积184.06万亩，占全市总面积的21.8%、土壤面积的23.3%。水稻土，境内数量最多的耕作土壤类型，面积74.98万亩，占全市总面积的8.9%、土壤面积的9.5%，广泛分布在低山丘陵区、河谷平原区和石灰岩峰林区。

【山脉】 英德地处五岭山地南缘，是一个周围山地环绕向南倾斜的盆地。东面是滑水山山脉，北面是黄思脑山脉，南面是一群花岗岩、低山及丘陵，西面主要是一列西北—东南走向的山脉屏障。

黄思脑山脉 东西走向，长约40千米，横亘于市境北部，是境内地貌格局的骨架山脉，对境内小气候及河流水文等自然环境有明显影响。该山脉有海拔逾千米的山峰70余座，其中，船底顶1586米（境内最高峰）、十二旗1150米、上天堂1366米、叶顶山1124米、大竹坪顶1324米、梅花顶1384米、黄思脑1364米、芦古丁1092米。

滑水山山脉 北、北东—南、南西走向，长约60千米，纵贯于市境东部，为东部滃江盆地与中部地区的自然界线，境内地貌格局的骨架山脉。该山脉有海拔逾千米的山峰30余座，其中，雪山嶂1397米、君子嶂1135米、滑水山1142米、洋伞1004米。

五点梅花山脉 西北—东南走向，长约30千米。该山脉构成中部地区与西部岩溶盆地的自然界线，主要山峰有：旗山1178米、五指山1144米、郎芒山850米、北山顶979米、五点梅花906米、马路跳顶911米。

天堂山山脉 东北—西南走向，长约18千米。该山脉为南部丘陵、山地地区主要山脉，对南部降水中心的形成有一定影响，主要山峰有：鹅公脑608米、人字脑830米、莺哥头901米、天堂山790米。

浪伞脑山脉 东西走向，长约25千米。该山脉为南部丘陵、山地地区较主要的山脉之一，中部为北江"切"开处，形成大庙峡。

【河流】 河流水系除北江、滃江、连江三大过境河流外，集雨面积100平方千米以上的支流16条。

北江 古称溱水，珠江水系第二大河，有东西两源，东源浈水发源于江西信丰县石碣大茅山，西源武水发源于湖南临武县麻石坤。两水汇合于韶关市区，始称北江，以浈水为主流。自韶关市区至佛山市三水区河口长258千米，经三水区思贤滘与西江汇合，主流由东平水道经狮子洋、虎门注入南海。在境内北起沙口镇高桥村，南至清新县旧横石，纵贯境内98千米，境内以南集雨面积3.4万平方千米，其中沿江两岸直属北江水系面积1817.1平方千米，占全市总面积的32%。河面宽畅，除个别峡谷地段外，其余河面宽400米以上。河道坡度平缓，河床平均坡度0.7‰。干流沿岸除有滃江、连江汇入外，还有官田水、仙桥水、波罗坑水、黎洞水4条支流汇入。北江水系径流丰沛，汛期平均径流量115.8亿立方米，占全年径流量的74.3%。浈阳峡、大庙峡等处流道紧束。常年可通航，上通韶关，下达广州等地。

滃江　发源于翁源县船肚东，河面平均宽度80~90米，河床平均坡度1.24‰。干流自翁源县官渡下榕角附近流入境内，沿途流经青塘镇、桥头镇、东华镇鱼湾、大镇和英德华侨茶场，在狮子口与白沙水合流后，经长湖于东岸咀汇入北江干流，全长173千米，其中境内流程69千米，集雨面积1289.5平方千米。干流沿岸还有青塘水、横石水、小北江水、大镇水、白沙水、汶罗河水6条支流汇入，其中大镇水、小北江水发源于境内，其余支流分别发源于佛冈、新丰、翁源县。径流较充沛，汛期平均径流量39.5亿立方米，占全年径流量的79.3%。

连江　又名小北江，古称湟水，北江干流最大支流，发源于连州星子圩磨面石，上段称东陂水，至连州市区后称连江，经连州、阳山、英德3地于连江口汇入北江，全长262千米，全流域面积1万平方千米。干流自阳山县在境内西北部入境，境内流程80千米，河床平均坡度0.77‰，集雨面积2572.4平方千米，占全市总面积的45.7%。干流在境内经大湾镇青坑、浛洸镇张陂、西牛镇、石灰铺镇、水边镇、连江口镇，在江口咀注入北江，沿岸有波罗水、田心水、黄洞水、竹田水、青松水、水边水6条支流汇入，雨量亦较充沛，汛期平均径流量84.04亿立方米，占全年径流量的81.3%。河床较平缓，易发生洪灾。干流是沟通连州、阳山、韶关、广州等地的主要水运航道。

（英德市自然资源局）

【气候】　英德处于南亚热带向中亚热带的过渡地区，属亚热带季风气候，夏季盛行偏南的暖湿气流，冬季盛行干冷的偏北风。根据广东省气象局对自然季节的划分方法，即以5天平均气温的高低作为划分四季的指标：平均气温稳定在10℃以下，称为冬季；稳定在22℃以上，称为夏季；稳定在10~22℃之间，就是春季或秋季。英德的自然季节特色为：春季（3—4月）乍暖乍冷，多阴雨；夏季（5—9月）炎热，多雨偶旱；秋季（10—11月）清凉干爽、常旱；冬季（12月至翌年2月）少冷偶寒，云多雨细。

英德气候资源丰富，但天气和气候灾害种类也较多，且出现较频繁，主要有低温阴雨、倒春寒、高温、寒露风、霜冻、雷暴、大风、飑线、冰雹等自然灾害。

2022年，英德市天气气候表现为气温起伏波动大，高温天气突出；开汛偏早，龙舟水异常偏重，暴雨洪涝严重；后汛期台风影响小，降水显著偏少。

气温　全年（使用1981—2010年资料统计，下同）平均气温21.8℃，较常年偏高0.3℃。全年高温日数（日最高气温≥35℃）44天，较常年偏多14天，为有气象记录以来第二多（最多为2021年的45天）；年极端最高气温38.6℃（7月29日），年极端最低气温3.3℃（12月19日）。

降水　年降水量2757.0毫米，与常年相比偏多近5成，降水时段主要集中在2—8月、11月，其中2月、6月、11月超历年值。汛期（3月24日—10月30日）降水量2156.8毫米，与常年同期（1562.6毫米）相比偏多近4成。年最大月降水量出现在6月，为1219.9毫米，约占全年降水量的4成。

全年平均降水（指日降水量≥0.1毫米）天数159.9天，占全年天数的43.8%，最多年份达208天（1975年），占全年天数的57%；最少年份126天（2011年），占全年天数的34.5%。降水天数年内分配是春夏多，秋冬少。一年中6月最多，平均19.2天；11月最少，平均5.9天。

2022年6月22日14时，英城北江最高水位35.97米，超过警戒水位（26.00米）9.97米，为中华人民共和国成立后最高水位。1994年6月18日23时至19日零时，英城北江最高水位34.51米，超过警戒水位8.51米，为中华人民共和国成立后第二极值。据历史资料记载，20世纪英德最大洪水发生在1915年，英城北江最高水位37.03米；其次是1931年，英城北江最高水位35.52米。（水文站资料）

蒸发　常年平均蒸发量1658.0毫米，年平均相对湿度76%；最小相对湿度一般出现在秋冬季节，此时受冬季风控制，降水少，故湿度也小，相对湿度最小值为8%，出现在2008年3月24日。

日照　全年日照时数1786.1小时，与常年（1775.4小时）相比正常略偏多，其中偏多2成或以上的月份有3—4月、7月、9—10月；偏少2成以上的月份有1—2月、6月、8月、11月。

风力　英德处于季风区，一年中季风的转换主导着大部分风向的变化；另外，高山、丘陵、峡谷等地形影响风向。风向在各地有所差异，但主导趋势仍然是冬季以盛行偏北风为主、夏季以盛行偏南风为主。

全年平均风速1.6米/秒，常年平均风速多在1.2~2.2米/秒之间。一年中1月平均风速最大，平均风速2.1米/秒；6月、8月平均风速最小，平均风速均为1.2米/秒。受峰区、局地性热对流、台风等天气系统的影响，英德出现8级或以上大风（相当于17米/秒以上）的天数为年平均2天，年出现最多天数为5天；一年中以7月出现的概率最高，平均为0.5天。

根据风速自动记录，任意10分钟平均最大风速18米/秒，出现在1974年10月19日；瞬时最大风速29米/秒（相当于11级大风），出现在1984年7月30日。

（英德市气象局）

自然资源

【土地资源】　英德是广东省面积最大的县级行政区。2022年，全市总面积5634平方千米（845.1万亩），其中，耕地910.25平方千米，占总面积的16.16%；园地110.75平方千米，占1.97%；林地3778.56平方千米，占67.07%；其他农用地（含水库水面）234.31平方千米，占4.16%；居民点及独立工矿用地263.92平方千米，占4.68%；交通运输用地41.01平方千米，占0.73%；水利设施用地6.34平方千米，占0.11%；未利用土地155.55平方千米，占2.76%；其他土地133.52平方千米，占2.37%。

（英德市自然资源局）

【水资源】 地表水 境内的水源主要靠地表水，而地表径流形成主要因素是降水量，全市多年平均降水量1900毫米。降水量自东向西渐增，差幅约100毫米。降水过程集中在4—9月，降水量1524.2毫米，占全年降水量的80.2%，其中4—6月降水量921.7毫米，占全年降水量的48.5%。北江，市境南端以上集雨面积3.4万平方千米，多年平均径流量155.8亿立方米，其中汛期为115.8亿立方米，占全年的74.3%。滃江，集雨面积1289.5平方千米，多年平均径流量49.8亿立方米，其中汛期为39.5亿立方米，占全年的79.3%。连江，集雨面积2572.4平方千米，多年平均径流量103.4亿立方米，其中汛期为84.04亿立方米，占全年的81.3%。

英德地表水的来源，主要是由降水形成的地表径流，岩溶区地表径流比非岩溶区少，其中以溶蚀低山高丘陵、峰丛洼地类型最少，仅在雨季中才有少量地表径流产生。全市平均地表径流深1149.9毫米。受地质地貌和植被影响，径流深存在差异。南部及西北部丘陵山地，径流深大于东部的丘陵、台地及其平原地区。黎溪镇至连江口镇自南至北，径流深1300~1500毫米；波罗镇自北向南，径流深1200~1300毫米；其他地区径流深一般在1000~1100毫米。

地下水 英德岩溶区缺少地表径流，但地下水较丰富，非岩溶区地下水也有一定储量，在利用上可作地表径流的补充水源。水文地质资料证明，英德地下水大体上分为三大类型，即松散岩类孔隙水、碳酸盐岩类裂隙溶洞水、基岩裂隙水。

松散岩类孔隙水主要分布于北江、滃江、连江两岸阶地与石牯塘、横石塘、大镇等盆（谷）地中。碳酸盐岩类裂隙溶洞水主要分布在波罗、沙口、石灰铺、大湾镇青坑、浛洸镇张陂、九龙、黄花等石灰岩地区。基岩裂隙水主要分布在北部、东部和东南部等山地，其富水性变化受岩性和植被影响甚大。有关地质资料称：仅横石塘镇至英德盆地（平原丘陵地）隐伏岩溶水，开采资源就达35.05万立方米/天。有4处温泉资源，分别是望埠镇温泉、横石塘镇热水湖温泉、白沙镇会英温泉、水边镇热水温泉。

水力 境内河床落差大、水流急，全市水力资源蕴藏量约52万千瓦，可开发的约48万千瓦。农业灌溉，主要靠地表水。

（年鉴编辑部）

【森林资源】 英德市地处南亚热带向中亚热带过渡地带，地域广阔，地形复杂，北部以中、低山地貌为主，保存着大片天然阔叶林；南部山地丘陵，以人工培育和改造的阔叶林为主；东部和中部以人工针叶林松、杉树较多；西部石灰岩山区，林地生产条件较差。由于地貌、气候、土壤的复杂多样性，形成以森林为主的动植物共存的生态系统。根据2017年调查资料，有高等植物300多科980多属2200多种，其中国家一、二级保护植物桫椤、观光木、穗花杉等19种。有古树名木697株，其中一级保护古树5株、二级保护古树21株、三级保护古树669株，名木2株。

2022年，英德市林地面积592.52万亩，占英德市土地总面积的70.1%。全市森林面积581.84万亩，森林覆盖率68.84%，乔木林总蓄积量2440.96万立方米。

（英德市林业局）

【矿产资源】 英德成矿地质条件优越，矿产资源丰富。全市已发现矿产37种，主要有硫、铁、煤、锰、铅、锌、钨、锡、铜、金、稀土、石灰石、大理石、花岗岩等，储量较大的有硫铁矿8000多万吨，铁矿3000多万吨，煤矿1.3亿吨，大理石和花岗石10亿立方米，石灰岩面积80多万亩，还有铜、铅、锌、钨、锡、金、银、钼、铋、泥炭土、稀土、耐火黏土、水泥配料黏土、石英、砂矿、硅石、重晶石、萤石、英石等。

（英德市自然资源局）

【动物资源】 英德地处山区，陆生动物资源丰富，主要分布在石门台省级自然保护区，根据《广东石门台自然保护区综合科学考察报告》统计，区内发现分布的脊椎动物301种，其中两栖纲14种、爬行纲14种、哺乳纲4种、鸟纲228种。在脊椎动物中，属于国家一级保护动物的有黄腹角雉、云豹、豹、金雕、烙铁头蛇、蟒6种，属于二级保护动物的有穿山甲、小灵猫、斑林狸、领角鸮等45种。已鉴定的昆虫有456种，其中重点作为表示生态环境多样性的昆虫蝶类135种。江河鱼类及水产动物有多种名贵鱼类，如鳗鲡（白鳝）、鲥鱼（三黎鱼）、鳜鳜花（重唇鱼）、鳙鳡鱼、鳝鱼、赤眼鳟、长春鳊、三角鲂、黄颡鱼、鲶刺鳅、鳜鱼（桂花鱼）、鲈鱼。江河水生动物有螺类、贝类，名贵的龟类有鳖（水鱼）和水生保护动物鼋（一级）、山瑞（二级）。20世纪70年代中期，在长湖水库、连江口河段，分别捕获1只40余千克和1只30余千克的大鼋；1993年7月在沙口河段，又捕获1只36.5千克的大鼋。由于江河被工业废水等污染，电、毒、炸鱼情况严重，江河鱼类日益减少，有些鱼类甚至濒于绝迹。对此，政府已采取措施，并在一些河段施放鱼苗。

（英德市林业局）

旅游资源

【概况】 2004年2—7月，英德市旅游局开展全市旅游资源普查。

英德市面积5634平方千米，是广东省面积最大的县级行政区。旅游资源非常丰富，类型多样，以自然旅游资源为主，生态观光旅游资源、喀斯特地貌旅游资源、水域风光旅游资源、英石及茶文化尤为突出，湖光山色引人入胜。

英德历史悠久，文化灿烂。优越便利的北江水上交通，使英德自古就是进出广东的交通要道。中原文化和岭南文化在此交汇碰撞，并与当地的自然环境和社会经济生活融为一体，形成风格鲜明、精细雅致的石刻文化、英石文化、英茶文化等。全市现有文物保护单位51处，其中省级文物保护单位7处，分别是南山摩崖石刻、浛洸蓬莱寺塔、碧落洞摩崖石刻、功垂捍御牌坊、观音岩摩崖石刻、云岭牛栏洞洞穴遗址和沙口清溪史老墩新石器制作场遗址。1996年，英德被评为广东省第二批历史文化名城。

按照国家标准《旅游资源分类、调查与评价》（GB/T18972—2003），结合旅游资源实地考察，对英德市旅游资源进行了系统的梳理分类及等级划分。依据国家标准，英德市旅游资源包含了8个主类、15个亚类、52种基本类型。其中部分代表性资源囊括百种基本类型，资源丰富度较好，综合性强，便于开发。

地文景观类旅游资源 英德为周围山地环绕的向南倾斜的盆地，大部分土地为山地。从总体来看，盆地东面以滑水山山脉为界，北面是黄思脑山脉，南面为一群花岗岩和低山、丘陵地区，西面主要是一列呈西北、东南走向的山脉屏障。山间藏有飞瀑、峡谷、溶洞、奇石，可游可赏。地文景观以山岳型旅游地、谷地型旅游地、独峰、峰丛、峡谷段落、岩石洞与岩穴等基本类型为主，代表性资源有石门台自然保护区（包括大峡谷大草原等）、雪山嶂、天堂山、英西峰林走廊（包括荣强小桂林等）、宝晶宫、通天岩、阳岩洞等。

水域风光类旅游资源 英德水网较为密集，河、溪、湖、塘遍布，北江、滃江、连江三江交汇，也有蜿蜒秀美的黄花溪等，是游览观光串联各个旅游点的重要景观走廊。水域风光类资源以观光游憩河段、暗河河段、观光游憩湖区、悬瀑、地热与温泉等基本类型为主，代表性资源主要有浈阳峡、长湖、仙桥地下河、老虎谷暗河漂流、奇洞温泉、宝墩湖温泉、白沙温泉、仙湖温泉、水边温泉等。

生物景观类旅游资源 英德地处南亚热带向中亚热带过渡地带，地域广阔，地形复杂，北部以中、低山地貌为主，保存着大片天然阔叶林；南部为山地丘陵，以人工培育和改造的阔叶林为主；东部和中部以人工针叶林松、杉树为多；西部为石灰岩山区，林地生产条件较差。野生动物种类多、分布广。代表性资源主要有广东英德石门台国家级自然保护区、英德国家森林公园。

天象与气候景观类旅游资源 英德的天象与气候景观资源主要分布在英西峰林与大峡谷大草原，雨水较多的时期，景区内云雾缭绕，如同一幅水墨山水画。

遗址遗迹类旅游资源 英德历史悠久，早在旧石器时期已有先人居住活动。汉武帝元鼎六年（公元前111年）设浈阳、含洭县，后设英州、英德府，1996年6月被广东省人民政府命名为省级历史文化名城。遗址遗迹类资源主要有人类活动遗址、历史事件发生地、军事遗址与古战场、废弃生产地等基本资源类型，代表性资源有青塘遗址、岩山寨遗址、牛栏洞遗址、史老墩遗址、万人城遗址、太平天国军活动遗址等。青塘遗址于2019年被列入第八批全国重点文物保护单位。岩山寨遗址入选2021年第四季度"考古中国"重大项目。2022年，青塘遗址以及岩山寨遗址入选"广东省十年十大重要考古发现"。

建筑与设施类旅游资源 由于人类活动历史悠久，英德建筑与设施类旅游资源较为丰富，主要有主题乐园、康体游乐休闲度假地、宗教与祭祀活动场所、园林游憩区域、建设工程与生产地、动物与植物展示地、祭拜场馆、佛塔、塔形建筑物、城（堡）、摩崖字画、建筑小品、传统与乡土建筑、特色街巷、特色社区、书院、会馆、特色市场、陵区陵园、墓（群）、桥、水库观光游憩区段、水井等基本类型，代表性资源有奥园巧克力王国、宝墩湖、九州驿站、积庆里仙湖旅游区、浈阳峡风景区、南山、茶叶世界、金山祖庙、丰盛古寺、彭家祠、广州会馆、长湖等。

旅游商品类旅游资源　英德作物优势明显，农作物种类丰富。英德土特产具有鲜明的地理标志，土特产也是旅游商品中最受欢迎的品种之一。英德市的土特产丰富多样，较为知名的有：英德红茶、沙糖桔、英石、麻竹笋、北江及长湖河鲜、九龙豆腐、望埠腐竹、擂茶粥、无公害蔬菜等。各乡镇都有着自己独特的特产。

人文活动类旅游资源　英德人文活动类旅游资源丰富，苏东坡、包拯、海瑞、韩愈、李纲等历史上被贬到广东和海南的文人墨客，都曾经在北江上泛舟南下，流连英德，留下众多文学艺术作品。人文活动以人物、事件、地方习俗等基本类型为主。主要代表性旅游资源有米芾文化足迹、南山摩崖石刻、碧落洞摩崖石刻群、舞火麒麟、鸡公狮舞等。

（年鉴编辑部）

环境质量

【市区环境空气质量】　2022年，英德市环境空气自动监测站（考核站点）运行天数为365天，有效监测天数为357天，优良天数339天，18天轻度污染天气，无中度、重度污染天气，空气优良率为95%。六项环境空气质量指标均达到年度二级标准限值，其中$PM_{2.5}$为18微克每立方米，PM_{10}为33微克每立方米。降雨pH值的范围在5.97～7.67之间，酸雨频率为0。

【水环境】　2022年，英德市水环境质量优良率（Ⅰ～Ⅲ类）继续保持100%，全市22个集中式饮用水水源地水质均能达到Ⅱ类水质标准，市区建成区劣Ⅴ类水体比例为0，地表水国控、省控断面均达到水质考核目标要求，其中滃江大站断面的水质氨氮浓度年平均值为0.265毫克每升（采测分离数据）。

【声环境】　2022年，区域声环境监测昼间总平均值为53.5 dB(A)，达标率为100%；道路交通声环境监测昼间均值为64.5 dB(A)，达标率为100.0%。

（清远市生态环境局英德分局）

人口·语言

【人口】　2022年末，英德市户籍人口120.94万人；常住人口94.44万人。全年户籍出生人口1.29万人，出生率9.28‰，自然增长人口5496人，自然增长率2.87‰；常住人口出生率8.76‰，自然增长率0.65‰。　（年鉴编辑部）

【语言】　境内语言主要有客家话和广州话（含广州次方言）两大类。客家话分布于英东片的东华镇、白沙镇、青塘镇、桥头镇、横石水镇、沙口镇、英红镇云岭、横石塘镇、石灰铺镇、石牯塘镇、波罗镇、浛洸镇、大站镇黄岗、下砵镇、连江口镇、大洞镇、西牛镇的绝大部分村庄，以及望埠镇、大站镇、水边镇、大湾镇的部分村庄。客家话的使用人口约占全市户籍人口的64%。

广州话主要分布于英城街道及英中片、英西片的部分镇。广州次方言有附城话（源于客家话，异于客家话，也异于广州话），分布于望埠镇、英城街道、大站镇北江两岸。还有九龙话，分布于九龙镇、黄花镇。此外，黎溪镇、水边镇、大湾镇部分村庄使用广州次方言。广州话和广州次方言的使用人口约占全市户籍人口的29%。

洽洸镇的华坝、花管滩、鱼咀坝、和平组的人口原籍潮汕，内部仍使用潮州话。全市瑶族5000多人，使用瑶族语言。英红华侨茶场、英德华侨茶场、黄陂华侨茶场3个华侨茶场使用普通话。

（年鉴编辑部）

民族·宗教

【民族】 2022年，英德市境内有少数民族成分28个、人口1.06万人，其中户籍人口8145人、流动人口2477人，约占全市户籍人口的0.8%，人数较多的有壮族、瑶族、苗族、土家族。全市世居少数民族是瑶族（过山瑶），人口约1600人，主要分布在石牯塘、横石塘、沙口、东华、横石水5个镇，少数民族聚居村（组）有石牯塘镇联山瑶族村（建制村），横石塘镇石门台村的南山、枕头坳、铜锣坪、老屋场瑶族村小组，沙口镇滑水山瑶族村小组，东华镇温塘山瑶族村小组和横石水镇唐皇山瑶族村小组。

【宗教】 2022年，英德市有佛教、道教、基督教、天主教四大宗教，宗教团体有天主教爱国会、基督教三自爱国会。全市依法登记的宗教活动场所21处（寺观教堂14处、固定处所7处），其中佛教4处、道教3处、基督教13处、天主教1处，分布在英城街道、黎溪、连江口、洽洸、大湾、望埠、东华、白沙、青塘、横石水、英红、沙口、横石塘等13个镇（街道）。有已备案宗教教职人员27人，各宗教信众约9000人。

（英德市民族宗教事务局）

行政区划

【行政区划】 2022年，全市有23个镇，1个街道办事处，256个村委，43个社区，6359个村（居）民小组，其中有村民小组5586个，居民小组773个。

2022年英德市行政区划简表

街道/镇名	村（居）委会名称	村（居）民小组数
英城街道办事处	长岭、江湾、白沙、矮山坪、岩前、廊步、城南居委会、城中居委会、城北居委会、城西居委会、南山居委会	221
白沙镇	白沙、水心、车头、太平、红星、会英、石园、新潭、双星、门洞、太平居委会	179
青塘镇	青北、新青、石联、榄村、青南、榔社、建新、青塘居委会	164
桥头镇	板甫、仙蕉坑、红桥、潭坑、五石、博下、联群、亚婆石、新益、石角、桥头居委会	235
东华镇	大船顶、重新、九围、牛岗岭、雅堂、双寨、茶山、同乐、蒲岭、古滩、塘下、金洞、九朗、黄陂、光明、东水、东升、文南、鱼湾、坐下、汶潭、文策、宝洞、文田、大镇居委会、英华居委会、黄华居委会、鱼湾居委会	629
横石水镇	横岭、溪北、江古山、联雄、新星、塔岗、横石水居委会	157

续上表

街道/镇名	村（居）委会名称	村（居）民小组数
英红镇	水头、新岭、虎迳、锦田、星光、田江、红旗居委会、红桥居委会、红卫居委会、红光居委会、坑口咀居委会、云岭居委会	169
沙口镇	园山、高桥、洲西、红峰、平峰、石坑、新建、蕉园、群英、清溪、官坪、冬瓜铺、江溪、沙口居委会	266
望埠镇	古村、（山奄）山、青石、坪迳、下塘、桥新、同心、鹤坪、黄田、萌新、寿江、崩岗、莲塘、望埠居委会、望河居委会、龙头山居委会	258
大站镇	联丰、菜洲、江南、大塘、塝头、大蓝、丹洲、波罗坑、樟滩、黄岗、侧塘、大站居委会	268
黎溪镇	新村、大坪、黎明、恒昌、松柏、黎新、大埔、黎洞、铁溪、大湖、湖溪、黎溪居委会	323
连江口镇	三井、小舍、严村、下步、红溪、银坑、初溪、连樟、南坑、连江口居委会、城樟居委会	270
横石塘镇	维塘、共耕、石门台、前峰、新群、龙新、龙华、龙建、仙桥、横石塘居委会、工村社区居委会	176
石牯塘镇	三联、石下、八宝、尧西、黄洞、长江、永乐、石小、沙坪、萤火、鲤鱼、联山瑶族、石牯塘居委会	288
浛洸镇	镇南、三村、鱼水、燕石、白米庄、鱼咀、丰收、麻坜、张陂、三江、先锋、福园、新平、五星、浛州居委会、荷州居委会、光南居委会	475
下砵镇	灯塔、上砵、沙岗、新联、高洞、下砵居委会	106
大洞镇	龙潭、黄沙、麻蕉、黄塘、大田、庙坑、苗花、大洞居委会	174
西牛镇	黎沙、小湾、金竹、西联、沙坝、鲜水、石金、赤米、高道、兴塘、花塘、花田、西牛居委会	331
水边镇	热水、白坑、乌城、五角、黄竹、流寨、水边居委会	144
九龙镇	新田、泉水、金鸡、枫木、塘坑、河头、金造、宝溪、太平、新龙、龙塘、寨背、大陂、石角、乌石、团结、九龙居委会	337
石灰铺镇	光明、美光、勤丰、美村、石灰、子塘、惟东、友联、保安、独山、新联、竹田、大田、三门、石灰铺居委会	294
大湾镇	麻步、中步、上洞、长山、布心、茅塘、小联、古道、上坝、英建、蓝山、鸡蓬、瑶排、田心、塝脚、大湾居委会、青坑居委会、金湾居委会	524
波罗镇	波罗、太平坪、建棠、沿沙、东风、板水、更古、乌田、前进	111
黄花镇	放板、新民、城下、迳孔、公正、溪村、三山、平星、岩背、德岗、管塘、明迳居委会	260

注：村（居）委会名称中，除特别说明为居委会外，其余为村委会。

【行政区域界线勘定】 英德市勘定市级界线1条（清远—韶关线）4段，总长度234.14千米，埋设界桩4个，其中英德与新丰45.97千米（埋设界桩1个）、英德与翁源63.21千米（埋设界桩1个）、英德与曲江85.94千米（埋设界桩1个）、英德与乳源39.02千米（埋设界桩1个）；勘定县级界线4条，总长度309.843千米，其中英德与佛冈102.76千米（埋设界桩3个）、英德与清新108.127千米（埋设界桩4个）、英德与清城38.7千米（埋设界桩2个）、英德与阳山60.256千米（埋设界桩2个）；勘定镇级界线50条1016.6千米。

（英德市民政局）

经济社会发展

【经济社会发展概况】 2022年，英德市实现地区生产总值405.2亿元，比2021年增长1.7%；农林牧渔业总产值158.3亿元，增长12.1%；规模以上工业增加值137.7亿元，增长6.3%；一般公共预算收入29.2亿元，增长15.4%，居清远各县（市、区）第一；固定资产投资总量居清远市前列，社会消费品零售总额98.5亿元。金融机构各项存款余额541.1亿元，增长8.9%；金融机构本外币贷款余额391.3亿元，增长12.7%。

疫情防控 2022年，英德市在新型冠状病毒感染疫情期间，累计检查超市、市场等12家次。主要农副产品货源供应充足，零售价格窄幅波动。英德市物资储备仓救灾物资共储备25种9857件，总价值269.17万元，实行专人负责，专人管理。根据英德市应急管理局动用指令迅速落实疫情防控储备物资发放、采购、租赁等工作。英德市发展改革局发放、租赁、调运帐篷、应急灯、集装箱房等物资2.07万件。

工业生产 2022年，英德市实施制造业扶优计划，高技术制造业、先进制造业分别增长490.2%、23.9%。加快传统产业技改提升，62个技改项目完成技改投资9.8亿元，42家制造企业实现"生产换线""机器换人"，26家企业完成"小升规"，6家企业申报"扶优计划"，25家企业成功申报2022年广东省"专精特新"中小企业。扶持佳纳新能源、稀美新材料、粤北钢铁、万洋美妆日化等一批企业的创新升级。清远英德高新技术产业开发区新引进项目61个，新投产项目12个，新动工项目14个。实现"小升规"企业10家，新增竣工验收标准厂房30万平方米。1家企业获批专精特新"小巨人"企业。

现代服务业 2022年，英德市累计建成农村电商服务站372个，培育2家跨境电商企业。推进实施《英德市全域旅游发展专项规划》，打造多元产品，丰富消费新业态，新增AAA级景区1家，浈阳峡风景区项目入选2022年广东省高端旅游项目。9个景区（点）入选清远市第一批中小学生研学实践教育基地，"清远英德红茶体验之旅"入选第二批广东省工业旅游精品线路，"山环水润 茶香英德"茶文旅精品路线入选全国30条"春季踏青到茶乡"精品名录。

现代农业 2022年，英德市落实粮食安全党政同责，推进撂荒耕地复耕复种、高标准农田建设"两个粮安工程"，完成图斑内连片撂荒耕地复耕复种面积4.82万亩，垦造水田3517亩，新建成高标准农田6.4万亩。清远市英德市麻竹笋产业园被列入2023年广东省现代农业产业园入库重点推荐名单，英德红茶入选中国茶叶区域公用品牌"最具品牌传播力的三大品牌"。累计培育国家级农民专业合作社示范社3家，省级示范社15家，省级示范家庭农场12家。

重点改革 2022年，英德市38个重点项目完成投资71.59亿元，超年度计划37.9%，开工率100%。获批地方政府专项债券和一般债资金16.5亿元，争取中央预算内投资和重大项目前期工作经费约1.36亿元。为国能电厂二期、乡村振兴项目、红茶研发中心等一批重点项目争取用地指标1120亩。

科技创新 2022年，英德市实施创新驱动发展战略，39家企业通过高新技术认定，全市高新技术企业81家，69家企业申报并被纳入2022年度科技型中小企业库，2家企业被评为清远市标杆高新技术企业，10个产品被评为广东省名优高新技术产品。新增省级新型研发机构1家，实现全市省级新型研发机构零的突破，10家企业申报省级工程中心、15家企业申报清远市级工程中心。引进相关高校和科研院所高端科技人才120人，申报省、清远市级科技项目32项。开展知识产权保护，每万人发明专利拥有量2.52件。

土地改革 2022年，英德市修改完善集体经营性建设用地入市、农村宅基地退出、抵押贷款等改革配套政策文件10份，黄花镇下辖的3个村利用宅基地退出打造乡村振兴项目。6个点状供地乡村建设项目获批，数量居清远首位。2个省级"一村一品"专业村完成信用村建设，获整村授信1.06亿元。

交通一体化 2022年，英德市北江航道扩能升级工程白石窑枢纽船闸工程进展顺利。国道G358线英德市英城至大湾段一级公路改建工程已开工建设；省道S292线延长线一级公路新建工程累计完成投资9.44亿元。

产业共建 2022年，英德市引导产业转移，实现互利共赢。广州市白云区组织区产投集团、化妆品协会到英德市开展项目投资考察活动，拟在英德市以"白云研发＋英德基地"的抱团转移模式，共同打造白云区化妆品企业生产英德集聚区，新选址在英德高新区英红片区眼镜湖周边地块，首期用地规模在1595.06亩左右。

城市建设 2022年，英德市保护修缮历史文化名城名镇名村、历史文化街区各1个，实施5个老旧小区改造，完成170条背街内巷整治。拆除妨碍消防救援、影响市容环境的户外广告牌498个（处）。推进蓝天、碧水、净土保卫战，市区空气质量指数（AQI）优良率为95%，六项环境空气质量指标均达到二级标准。全面落实河长制湖长制，全市国省考断面、水功能区断面以及重点水库等水质均达标。推进林业生态工程建设，完成造林与生态修复10万亩。高效开展矿山治理，复绿面积14.99公顷，完成高丰围、门洞牛场、鸡场旧矿点生态修复。有序推进碳达峰碳中和，抓好"两高"存量项目整改，单位GDP能耗同比持续下降。5个集中式光伏项目投产，光伏装机容量为16.64万千瓦时。

乡村振兴 2022年，英德市纳入规划的4509个自然村持续开展农村人居环境整治与提升，新增无害化卫生户厕514户，无害化卫生户厕普及率接近100%，建成"四小园"（小菜园、小果园、小花园、小公园）1.15万个，面积48.51万平方米，推进农村污水治理，被列入省民生实事的10条自然村农村生活污水治理全部完成；累计通过清远、英德验收的整洁村1111个、示范村（美丽宜居村）2185个、特色村97个、生态村17个。全市累计达到干净整洁标准的行政村281个，达到美丽宜居标准的194个，达到特色精品标准的7个。基本建成"连樟样板区""西乡月"两个乡村振兴示范带，启动建设"茶叶世界""英西峰林"两个乡村振兴示范带。

【社会事业发展概况】 民生保障 2022年，英德市加强民生兜底保障，提高低保对象最低生活保障人均补差水平、特困供养人员基本生活标准、困境儿童（孤儿、事实无人抚养儿童）生活保障标准、残疾人"两项补贴"标准。帮助城镇失业人员实现再就业3369人，促进创业652人。发放就业创业补贴1065.34万元。解决农民、贫困户、退伍军人创业融资难问题，发放58笔创业贷款3812.5万元。依法根治农民工欠薪"顽疾"。依法处理答复12345政务热线1049条，核查处理答复全国欠薪平台线索813条，涉及1225人、1299万元。新增义务教育公办学位3510个，英城街马口八一希望小学升格为市直学校，更名为八一希望小学；组建英德市第一个义务教育公办学校教育集团——市七小教育集团，以市七小为龙头，城北小学、英城街中心小学（含教学点）、八一希望小学为成员校。加强卫生基础设施建设，市妇计中心迁建项目已投入使用，市人民医院内儿科楼建设项目已投入使用；感染科大楼主体工程已完工。英红镇卫生院新建综合业务大楼及职工周转房项目、沙口镇卫生院配套工程建设项目、黎溪镇卫生院项目工程均已完工，进入验收、结算等程序。

环境质量 2022年，英德市能源消耗总量436.2万吨标准煤，下降11.9%，单位GDP能耗1.108吨标准煤/万元，下降13.4%；全社会用电量57.3亿千瓦时，下降12.2%，其中规模以上工业用电35.3亿千瓦时，下降15%。全年参加义务植树株数188.96万株；完成造林营造林面积4672.5公顷，林业用地面积39.5万公顷；全市活立木蓄积2518.4万立方米，年末生态公益林面积13.4万公顷，森林覆盖率为68.8%，林木绿化率69.5%。根据英德市环境空气自动站监测统计数据，空气质量级别Ⅰ级（优）的天数为201天，Ⅱ级（良）的天数为142天，达标率为95%；空气污染天数为18天，其中轻度污染18天，无中度污染以上天数。

助企纾困 2022年，英德市累计新增减税降费及退税缓税缓费11.62亿元，其中增值税留抵退税税款7.86亿元。

就业形势 2022年，英德市落实就业惠企政策，发放就业创业补贴1065.34万元，举办线上线下招聘活动92场，提供岗位3.9万个次，服务各类求职人员约60万人次。帮助城镇失业人员实现再就业3369人，促进创业652人。实施"粤菜师傅""广东技工""南粤家政""乡村工匠"等工程，培训3133人次。

安全 2022年，英德市推进市域社会治理现代化，开展扫黑除恶、"全民反诈"等专项行动，突出整治毒品问题，推进安全生产、社会治安、消防安全、森林防灭火安全、综合防灾减灾救灾等工作。

【精神文明建设概况】 社会主义核心价值观主题活动 2022年，英德市组织开展"奋进新征程·建功新时代"主题宣传活动220场，开展"我们的节日"、戏曲进校园进乡村、文明旅游、文明上网等系列活动1030场，22万人次参加。打造"最美英德人"工作品牌，推选、表彰各级先进模范52人。举办"德润北江 善行英州"2022年英德市时代楷模、道德模范、最美英德人发布仪式暨现场交流活动。召开学习贯彻习近平总书记给"中国好人"李培生、胡晓春重要回信精神座谈会，开设"道德模范事迹展播""榜样力量"等专栏，用好"英德好人馆"、社会主义核心价值观主题公园等阵地，在全社会营造文明尚德的良好氛围。

系列创建活动 2022年，英德市开展文明村镇、文明家庭、文明校园、文明单位等创建活动，推动全域文明创建。截至2022年底，英德市创建省级文明村镇2个，清远市文明村镇42个，英德市文明村镇235个，文明村镇创建覆盖率100%。创建各级文明单位36个，文明校园108所，文明家庭571户。

新时代文明实践中心（全国试点）建设 2022年，英德市在新时代文明实践中心挂牌成立志愿服务促进中心，建立联席会议制度。在市、镇、村三级阵地覆盖率100%的基础上，建成东华、下矼2个省级示范所和72个省级示范站。推进323个文明实践所（站）按"九个一"标准完善建设，完成288个实践所（站）标准化，标准率89%，覆盖24个镇（街道）及299个行政村的"英德市新时代文明实践中心网络服务平台"，实现线上线下协同推进。制定文明实践每月活动清单，明确文明实践活动方案、形式、进展、时限要求、责任主体。建立"群众点单→中心派单→志愿者接单→群众评单"运转机制，依托微信公众号、实践中心小程序、"悦英德"App线上开设群众点单路径，同步印刷纸质项目清单征集群众需求。全年收集群众"点单"需求2万份，开展文明实践活动1033场。以实施"双百计划"为契机，分片区在各镇（街道）设立社工服务站，以服务对象需求为导向，盘活党群活动中心、社区公共文化服务中心等公共服务阵地资源，构建起社工、社会组织、社区"三社聚心"志愿服务体系。打造"微光行动"项目，培育孵化"益路童行""益行者"等20支"微团队"。推出"微光行动""圆梦微心愿""英州文艺大讲堂"等一批品牌项目。其中"圆梦微心愿"为全市843户特殊人群等完成微心愿。

未成年人思想道德建设 2022年3月，英德市印发《2022年英德市师德师风建设工作方案》，抓实"名校长工作室""名班主任工作室"和"名教师工作室"的"三名"工程。通过"三名"工程，发挥名优校长、名优班主任和名优教师的辐射作用，培养更多的优良德育工作者。在各学校开展"新时代好少年"学习宣传活动，选树先进典型。全市累计开展学习宣传活动160场次，受众学生17万多人。评出2022年英德市新时代好少年15人，8人获2022年"清远市新时代好少年"称号。开展线上线下"传承红色基因"系列教育活动200多场次，其中近18万师生参加清远"网上祭英烈"活动。开展戏曲、书法、传统体育进校园和中华经典诵读等中华优秀传统文化传承活动80多场，累计参与人数6000多人次。开展学雷锋志愿服务、"劳动美"社会实践、"阳光成长"心理健康教育等活动，累计700多场次，参与学生49万多人次。设立心理健康辅导站，截至12月底，校外未成年人心理健康辅导站接待面询100多人次；开展现场授课40场次，受众6350多人；接受热线电话咨询200多个，解决未成年人心理咨询事项140多件；开展线上主题班会（讲座）10场，受众

人数10万多人次；线上为未成年人解答疏导300多次。（中共英德市委宣传部）

【生态文明建设概况】 环境治理 2022年，英德市推进涉VOCs排放企业分级管控和深度治理，空气质量指数优良率95%。建设污水处理设施2565座，完成3387个农村污水治理，国省考断面水质稳定达标。

生态治理 2022年，英德市全面推行林长制，创新"三长联动"护林新模式和"一长三员"森林资源源头管理架构。完成高质量水源林人工造林1800亩、新造林抚育1000亩。连江口镇连樟村获评广东省林长绿美园，水边河碧道获评广东"最生态"碧道。完成造林与生态修复10万亩。开展矿山治理，复绿面积14.99公顷，基本完成高丰围、门洞牛场、鸡场旧矿点生态修复，完成望埠镇萌新狮子山水泥用灰岩矿治理复绿。因地制宜利用51.8万亩林地发展林下经济，经济林总产值10.7亿元。

双碳工作 2022年，英德市推进碳达峰碳中和，抓好"两高"存量项目整改，单位GDP能耗比2021年持续下降。发展新能源项目，新动工光伏项目19个，总装机容量11.6万千瓦时。累计建成新能源汽车充电桩281台，公共充电桩实现镇（街道）全覆盖。（赵巨家）

主要行政事业机构及负责人名单

【中共英德市委领导名单】

市委书记：张杨彬

市委副书记：林明晓

　　　　　蓝兴强

　　　　　张伟华（挂任）

市委常委：潘　斌

　　　　　欧阳誉华（任至2022.11）

　　　　　祝高峰（挂任）

　　　　　罗伟权

　　　　　钱金勤

　　　　　欧阳誉华（任至2022.11）

　　　　　张银生（2022.11任职）

　　　　　袁新建

　　　　　王珍子

　　　　　刘伟荣

　　　　　邵爱福（任至2022.02）

　　　　　蔡　创（2022.02任职）

【市人大常委会领导名单】

主　任：陈子匹

副主任：蓝文坚

　　　　吴秋凤（女）

　　　　卢先河

　　　　丘文彪

　　　　肖启纯

　　　　陈远忠（任至2022.01）

【市人民政府领导名单】

市　长：林明晓

副市长：钱金勤

　　　　潘　斌（2022.06任职）

　　　　袁城俊

　　　　李巧玲

　　　　江先涛

　　　　黄构恩（任至2022.12）

郭成战（任至 2022.11）

王　琼（2022.12 任职）

【英德市政协领导名单】

主　席：廖敬华

副主席：赵　辉

　　　　李慧萍

　　　　陈茂奕

　　　　梁连娣

　　　　巫定敬

　　　　林超富

【行政事业（企业）单位负责人名单】

中共英德市委宣传部

部　长：刘伟荣（市委常委兼）

市归国华侨联合会

主　席：钟有邻

市妇女联合会

主　席：王莉娟

市工商业联合会

主　席：陈武坤

市信访局

局　长：邓江浪

中共英德市纪律检查委员会

书　记：欧阳誉华（任至 2022.11）

　　　　　　　（市委常委兼）

　　　　张银生（2022.11 任职）

　　　　　　　（市委常委兼）

市委统战部

部　长：王珍子（市委常委兼）

中国民主促进会英德市总支部委员会

主　委：赵　辉

中国民主同盟英德市基层委员会

主　委：吴秋凤

市司法局

局　长：刘建勇（任至 2022.1）

　　　　陈志刚（2022.1 任职）

市总工会

主　席：丘文彪

市委组织部

部　长：袁新建（市委常委兼）

市公安局

局　长：黄构恩（任至 2022.11）

　　　　王　琼（2022.12 任职）

市人民检察院

检察长：钟兆勇

市直机关工作委员会

书　记：袁新建（市委常委兼）

市机关事务管理局

局　长：吴顺茹

市离退休干部管理局

局　长：朱志明

共青团英德市委员会

书　记：陈定佳

中共英德市委党校

校　长：袁新建（市委常委、组织部部长兼）

常务副校长：朱雀奎

市人民法院

院　长：陈树忠

市机构编制委员会办公室

主　任：朱辉鑫

市文学艺术界联合会

主　席：谭红燕

市红十字会

常务副会长：苏耀安（任至 2022.10）

　　　　　　王智鹏（2022.10 任职）

市政务服务数据管理局
　　局　　长：涂小燕
市科学技术局
　　局　　长：刘云林
市科学技术协会
　　主　　席：沈维声
中共英德市委政法委员会
　　书　　记：罗伟权
市委市政府接待办公室
　　主　　任：吴军文
市委市政府办公室
　　主　　任：陈亦康
市人大常委会办公室
　　主　　任：陈子匹
市发展和改革局
　　局　　长：方武贤
市自然资源局
　　局　　长：李书海（任至2022.1）
　　　　　　　张智锋（2022.1任职）
市审计局
　　局　　长：胡康立
市统计局
　　局　　长：王小东
国家统计局英德调查队
　　队　　长：张伟成（任至2022.5）
　　　　　　　刘翠玉（2022.7任职）
市市场监督管理局
　　局　　长：杨志斌
市应急管理局
　　局　　长：王　刚
市人民政府国有资产管理办公室
　　主　　任：张海滨
市卫生健康局
　　局　　长：邓明华
市疾病预防控制中心
　　主　　任：沈志佳

市卫生监督所
　　所　　长：王维东
市人民医院
　　党委书记：吴凡宇
　　院　　长：吴凡宇（任至2022.5）
　　　　　　　梁德坚（2022.5任职）
市中医院
　　党委书记：徐华明
　　院　　长：徐华明（任至2022.5）
　　　　　　　潘启焕（2022.5任职）
市妇幼保健院
　　院　　长：李耀斌
市慢性病防治医院
　　院　　长：罗济伦
浛洸镇中心卫生院
　　院　　长：徐国灿
东华镇中心卫生院
　　院　　长：付仲基
市文化广电旅游体育局
　　局　　长：肖贞响
英德诗社
　　社　　长：刘国珍
英德市秋光歌舞团
　　团　　长：余德瑞
国家女子足球英德训练基地
　　主　　任：许卓华
市融媒体中心
　　台　　长：曾　军
广东省广播电视股份有限公司清远英德分公司
　　总经理：黄先慧
市史志办公室
　　主　　任：郑中重

市档案馆

　　馆　长：周亚环

市人力资源和社会保障局

　　局　长：张朝胜

市社会保险基金管理局

　　局　长：林翠嵘

市民政局

　　局　长：林伟健

市退役军人事务局

　　局　长：黎东平

市残疾人联合会

　　理事长：吴小菲

市关心下一代工作委员会

　　主　任：申自能

市水利移民工作办公室

　　主　任：邹五平（任至2022.1）

　　　　　　林永中（2022.1任职）

市农业农村局

　　局　长：周兰标

市林业局

　　局　长：冯海鹏（任至2022.1）

　　　　　　李书海（2022.1任职）

市畜牧水产局

　　局　长：林永中（任至2022.1）

　　　　　　丁　彬（2022.1任职）

市农机事业管理局

　　局　长：蓝宗活

市水利局

　　局　长：邓春英（任至2022.1）

　　　　　　邹五平（2022.1任职）

市北江防护体系建设管理局

　　局　长：张　红

广东石门台国家级自然保护区管理局

　　局　长：郭国新

市气象局

　　局　长：石天辉（任至2022.1）

　　　　　　林扬海（2022.1任职）

市工业和信息化局

　　局　长：陈志刚（任至2022.1）

　　　　　　潘　虹（2022.1任职）

广东电网清远英德供电局

　　局　长：罗伟彬

市交通运输局

　　局　长：李中诏

英德市公路事务中心

　　局　长：赖永青

英德站段英德火车站

　　站　长：潘治民

清远市粤运汽车运输集团公司英德分公司

　　经　理：梅洪标

广东省北江航道局英德航标与测绘所

　　所　长：王雄卫

英德海事处

　　处　长：许海林

邮政英德分公司

　　局　长：朱南兴

电信英德分公司

　　总经理：陈敏雄（任至2022.12）

　　　　　　王　林（2022.12任职）

移动英德分公司

　　总经理：汤敏锋

市教育局

　　局　长：张新民

英德中学

　　书记、校长：罗彬明（任至2022.10）

　　书　记：杨堂伟（2022.10任职）

校　　长：朱育琼（2022.10 任职）

市第一中学

校　　长：刘锦华

书　　记：刘锦华（任至 2022.10）

　　　　　巫昌雄（2022.10 任职）

市第二中学

书记、校长：朱玉强（任至 2022.10）

　　书　　记：许向明（2022.10 任职）

　　校　　长：卢元托（2022.10 任职）

市田家炳中学

书记、校长：许向明（任至 2022.10）

　　书　　记：林建繁（2022.10 任职）

　　校　　长：李苍彬（2022.10 任职）

英西中学

书记、校长：黄志辉（任至 2022.10）

　　书　　记：林宏志（2022.10 任职）

　　校　　长：李汉强（2022.10 任职）

英德市英东中学

书记、校长：巫昌雄（任至 2022.10）

　　书　　记：徐立桥（2022.10 任职）

　　校　　长：林才艺（2022.10 任职）

广州大学附属中学英德实验学校

书记、校长：王群雄

市职业技术学校

校　　长：华金授（2022.4 任职）

　　书　　记：邓北平（任至 2022.10）

　　　　　　　罗彬明（2022.10 任职）

英德实验中学

书记、校长：贺利辉

英德市清涟小学

书　　记：谢碧玉（2022.1 任职）

校　　长：邓雅秋

粤海实验学校

书记、校长：谢岳升（任至 2022.8）

校　　长：熊士辉（2022.9 任职）

英德华粤艺术学校

书记、校长：罗　敏

英德华粤中英文学校

书记、校长：梁　浪

英德市实验小学

书记、校长：刘美香

英德华粤幼儿园

园　　长：张翠琼

市城市管理和综合执法局

局　　长：蔡　兵

市住房和城乡建设局

局　　长：邓志毅（任至 2022.8）

　　　　　刘海涛（2022.11 任职）

市房产管理中心

主　　任：张良喜

市代建项目管理中心

主　　任：刘海涛（任至 2022.11）

　　　　　冯学文（2022.11 任职）

市城市建设管理监察大队

大队长：李满健

清远市生态环境局英德分局

局　　长：朱少武

市柏顺自来水有限公司

常务董事长、总经理：马少挺

市园林局

局　　长：包志雄

市路灯管理所

所　　长：张桂雄（任至 2022.5）

　　　　　林昌照（2022.5 任职）

市环境卫生管理处

主　　任：白云山

市广业环保有限公司
    西城污水处理厂厂长：朱光辈
    浛洸污水处理厂厂长：朱光辈
    大站污水处理厂厂长：巫宗国
    东华污水处理厂厂长：何家平

市市场事务中心
    主　任：钟平任

市供销合作社
    主　任：付尚波
    董　事（副总经理）：胡龙华（主持全面工作）

市烟草专卖局（分公司）
    局　长：肖六一

广东省盐业集团清远有限公司英德分公司
    经　理：吴华维

市财政局
    局　长：罗亚生

市公共资源交易中心
    主　任：张海滨

市税务局
    局　长：潘志伟

中国人民银行英德市支行
    行　长：钟海强

中国工商银行股份有限公司英德支行
    行　长：陈　军

中国农业银行英德市支行
    行　长：黄展明（任至2022.7）
          卢伟峰（2022.7任职）

中国建设银行股份有限公司英德支行
    行　长：林　劲

中国银行股份有限公司清远英德支行
    行　长：莫春莲

广东英德农村商业银行股份有限公司
    党委书记：吴志敏
    总行行长：朱国柱

中国邮政储蓄银行股份有限公司英德市支行
    行　长：刘清洪

顺德农商银行英德支行
    行　长：周焯铭

广东英德泰隆村镇银行
    行　长：吴灵波

中国人民财产保险股份有限公司英德支公司
    总经理：罗方毅

广东省英德监狱
    监狱长：刘　杨
    政　委：刘　冲

广东粤电长湖发电有限责任公司
    总经理：陆卫丹

清远市英德林场
    场　长：李裕和

清远市金鸡林场
    场　长：唐文锋

台泥（英德）水泥有限公司
    总经理：蒋政道

广清经济特别合作区广德（英德）产业园管理委员会
    党工委书记、管委会主任：赵必荣

清远英德高新技术产业开发区管理委员会
    党组书记：袁城俊

【镇（街道）党（工）委、政府（办事处）主要负责人名单】

英城街道
    党工委书记：郭成战（任至2022.3）
            杨子文（2022.3任职）
    主　任：曾伟强（任至2022.3）
           曾祥伟（2022.4任职）

白沙镇
    党委书记：杨玉彪

镇　　长：吴小兵

青塘镇

　　党委书记：杨振华

　　镇　　长：刘良杰

桥头镇

　　党委书记：杨子文（任至 2022.3）

　　　　　　　林树雄（2022.3 任职）

　　镇　　长：陈参选

东华镇

　　党委书记：陈　斌

　　镇　　长：罗日志

横石水镇

　　党委书记：邓小俭

　　镇　　长：范方赠

英红镇

　　党委书记：黄锦桥

　　镇　　长：谭文欢

沙口镇

　　党委书记：刘伟荣（任至 2022.4）

　　　　　　　曾伟强（2022.4 任职）

　　镇　　长：邓国清（任至 2022.5）

　　　　　　　李永辉（2022.8 任职）

望埠镇

　　党委书记：林秀丽

　　镇　　长：温泳滨

大站镇

　　党委书记：吴锦全

　　镇　　长：周　波

黎溪镇

　　党委书记：郭伟雄

　　镇　　长：胡英杰

连江口镇

　　党委书记：丘琅彪

　　镇　　长：陈　光（任至 2022.5）

　　　　　　　范兰辉（2022.5 任职）

横石塘镇

　　党委书记：林丽梅

　　镇　　长：李　龙

石牯塘镇

　　党委书记：刘学明

　　镇　　长：罗秀金

浛洸镇

　　党委书记：赖习兴

　　镇　　长：郑远锋

下砧镇

　　党委书记：许　平

　　镇　　长：黄光威

大洞镇

　　党委书记：赖优学

　　镇　　长：吴国亮

西牛镇

　　党委书记：罗亚生

　　镇　　长：刘少波

水边镇

　　党委书记：周名华

　　镇　　长：邓伟志

九龙镇

　　党委书记：陈　合

　　镇　　长：姜万河

石灰铺镇

　　党委书记：黄国勇

　　镇　　长：伍国健

大湾镇

　　党委书记：陈　斌

　　镇　　长：梁永忠（任至 2022.4）

　　　　　　　陈　光（2022.5 任职）

波罗镇

　　党委书记：欧继添

　　镇　　长：朱少怀

黄花镇

　　党委书记：张知锋（任至 2022.4）

　　　　　　　梁永忠（2022.5 任职）

　　镇　　长：黄永汉

党务政务

编辑：黄丽华

中共英德市委员会

中共英德市委员会综述

【概况】 2022年，中共英德市委员会（以下简称"英德市委"）以习近平新时代中国特色社会主义思想为指导，按照"疫情要防住、经济要稳住、发展要安全"的重要要求，统筹疫情防控和经济社会发展，统筹发展和安全，突出"讲政治、拼经济、惠民生"，把"项目为王"理念贯穿发展全过程，推动英德高质量发展取得新成效、迈上新台阶，实现市委工作良好开局。

【政治建设】 2022年，英德市以最高标准、最严要求、最实作风完成党的二十大召开前安全稳定各项工作，在安定祥和稳定中迎接党的二十大胜利召开，全面系统开展学习宣传贯彻党的二十大精神系列活动。执行省委坚决落实"两个维护"十项制度机制，贯彻落实民主集中制，召开市委常委会39次，研究议题276个。坚持运用"三铁手段"，全力惩治贪污腐败，持续保持打击各类违纪违法行为的高压态势。

【经济发展】 2022年，英德市实现地区生产总值405.2亿元，比2021年增长1.7%，增速在清远各县（市、区）排名第一；实现地方一般公共预算收入29.2亿元，增长15.4%，增速在清远各县（市、区）排名第一；实现规模以上工业增加值137.7亿元，增长6.3%；实现社会消费品零售总额98.5亿元。落实"项目为王"理念，坚持把招商引资作为"一把手"工程，落实招商工作联席会议机制，新引进项目92个，亿元以上项目18个，新增动工项目38个，新增竣工项目32个，"小升规"入库企业26家。

【改革】 2022年，英德市坚持深化改革，释放经济发展新动能，推动75项年度改革任务顺利进行，创新开展并完成市土地开发储备局、市投资审核中心体制改革，谋划部署市、镇两级财政体制改革。推进营商环境综合改革，推动招商引资项目"跑腿"服务机制落到实处，推进首接负责制、否决报告制、限时办结制等优化政务营商环境"三项制度"，在2021年度清远市广清营商环境一体化百分制考核中，英德市名列各县（市、区）第一。实施创新驱动发展战略，推进39家企业通过高新技术企业认定，实现省级新型研发机构建设零的突破。

【乡村振兴】 2022年，英德市坚持以打造英德红茶、西牛麻竹笋两大百亿农业产业为突破口，打造更多粤港澳大湾区"菜篮子""米袋子""茶罐子"，实现农林牧渔业总产值158.3亿元，比2021年增长12.1%。麻竹笋农业产业园被列入省级现代农业产业园入库重点推荐名单。指导全市 4509 个自然村全面完成"三清三拆三整治",4473 个自然村达到省干净整洁村标准,连江口镇连樟村被评为 2022 年"广东省林长绿美园"和"中国休闲美丽乡村"。实施防返贫综合保险方案和乡村振兴"十镇百企千村"行动方案,将 326 户边缘户 1288 人纳入台账进行监测,坚决守住不发生规模性返贫底线。全市粮食播种面积 58.5 万亩,产量 19.23 万吨,完成全年目标任务。累计建成高标准农田 126.4 万亩,在清远市 2021 年度高标准农田建设评价中排名第二。推进耕地保护,完成图斑内连片 15 亩撂荒耕地复耕复种面积 4.8 万亩,完成 2022 年复耕复种任务。

【生态环境保护】 2022 年,英德市坚持"花小钱办大事"原则推进生态修复,办结完成中央环保督查 59 宗交办案件,高标准完成 648.8 亩废旧矿山和养牛场、养鸡场、高丰围 3 个矿点的生态修复工作。打击整治盗采稀土矿行为,依法对犯罪分子提起刑事附带民事公益诉讼,实现生态公益诉讼零的突破。创新林长工作机制,推动森林资源保护规范化、法治化。打好蓝天、碧水、净土保卫战,全市空气质量指数(AQI)优良率 95%,22 个集中式饮用水水源地水质均能达到Ⅱ类水质标准,英德水边河碧道成为清远市唯一入选的广东"最生态"碧道。全市 4509 个自然村中,4508 个自然村完成污水收集管道建设,完成率 99.98%。全市有 AAAA 级景区 4 个、AAA 级景区 6 个,连续 6 届入选"广东省县(市)域旅游综合竞争力'十强'"。

【民生事业】 2022 年,英德市民生事业支出 71.99 亿元,占一般公共预算支出的 85.8%。市区石门台饮用水工程项目(一期)于 2022 年底正式通水,实现重大民生工程从动工到建成仅用 8 个月的历史性突破。推动国道 G358 线英城至大湾段改建工程和省道 S292 延长线新建工程加快建设。英德市第九小学于 2022 年 9 月建成开学,比原计划提早一年,推进八一希望小学等一批教育基础设施新建扩建工程,新增公办学位 4230 个。盘活教育资源,启动英德市职业技术学校整体迁建至东华镇东华中学旧址,并在市职校旧址建设九年一贯制公办学校,提供"双赢方案"解决历史遗留问题和增加市区公办学位 4500 个。实施健康英德建设,完善一批医疗卫生基础设施,英德市在清远市紧密型县域医疗卫生共同体绩效评价考核中排名第二,创建为全国基层中医药工作先进单位,蝉联"广东省卫生城市"。青塘遗址、岩山寨遗址被省文旅厅列入"广东省十年十大重要考古发现",青塘考古遗址公园入选国家考古遗址公园立项名单。

【抗洪抢险】 2022 年 6 月,英德市成功抗击超三百年一遇特大洪水,转移群众 14.2 万人,实现北江大堤不垮堤、不决堤、不漫堤和"零伤亡"的胜利。按照"水退、人到、地净、三通(通水、通电、通信)"原则,第一时间统筹各方救援力量 24 小时轮岗抢修塌方道路、水利工程、行洪河道、通信工程和电力等基础设施,完成"5 路 11 桥"等一批重大水毁基础设施的应急抢通和修复重建工作。协调第三方对全市水淹房屋和地质灾害点进行科学鉴定,评估房屋 2334 间,守

党务政务

▲2022年6月,英德发生特大洪灾。图为洪灾过后,工作人员快速抢修被洪水损毁的电路 （南方日报英德站供图）

住不发生灾后次生灾害的底线。开展灾后排涝清淤防疫,实现大灾之后无大疫。实现4925名高三考生100%参加夏季高考,2.35万名初三考生100%参加中考。

【疫情防控】 2022年,英德市发生三起新型冠状病毒感染,市委、市政府坚持"快"字当头、"以快制快",采取最迅速、最严格、最果断的硬措施在最短的时间内"围住、捞干、扑灭",打赢"07·10""10·28""11·27"等本土疫情。抓实常态化疫情防控工作,创新对全市22个高速公路服务区808名工作人员分门别类建立台账,纳入重点人员闭环管理,在每个高速公路出入口设置核酸检测点,提供"落地检"服务,形成常态化疫情防控"英德打法",相关工作经验得到省政府领导表扬并在全清远市推广。完成上级下达接种任务,全人群全程接种率为89.1%,其中60—79岁人群全程接种率为91.6%,80岁以上人群全程接种率为70.7%。 （吴念颖）

市委重要会议

【中国共产党英德市第十四届委员会第二次全体会议】 2022年1月19日,中国共产党英德市第十四届委员会第二次全体会议在市文化艺术中心206室召开。出席会议的有十四届市委委员、候补委员,有关同志列席会议。由袁新建作关于英德市推荐提名广东省出席党的二十大代表候选人推荐人选工作的说明;会议通过英德市推荐提名广东省出席党的二十大代表候选人推荐人选名单。

【市委常委会（扩大）会议】 2022年,英德市召开29次市委常委会（扩大）会议,主要有:

1月14日,市委十四届第八次常委会（扩大）会议在市文化艺术中心203室召开,市委常委参加会议,列席会议的有:人大常委会主任、市政协主席,人大常委会副主任、副市长、市政协副主席,市委办公室副主任,市人大常委会办公室主任、市政府办公室主任,市政协办公室主任和议题相关单位主要负责人。会议内容:传达学习清远市委常委会（扩大）会议精神（研究部署疫情防控、安全生产、防灾减灾、"三铁"工程、省运会筹备等工作）,研究英德市贯彻落实意见。

1月20日,市委十四届第十次常委会（扩大）会议在市文化艺术中心203室召开,市委常委参加会议,列席会议的有:市人大常委会主任,市政协主席,市人大常委会副主任,副市长,市人民法院院长,市人民检察院检察长，市委办公室副主任，市人大常委会办公室主任，市政府办公室主任，市政协办公室主任和议题相关单位主要负责人。会议内容：传达学习习近平总书记在中共中央政治局党史学习教育专题民主生活会上的重要讲话精神及省委常委会会议精神，研究英德市贯彻落实意见；通报2021年度全市落实全面从严治党主体责任情况；听取2021年全市安全生产工作情况汇报；听取2021年全市贯彻落实中央八项规定精神情况汇报；听取2021年全市全面依法治市工作情况汇报；听取2021年全市法治政府建设工作情况汇报；通报落实清远、英德两级"十大行动方案"任务进展情况；听取2021年国家城乡融合发展试验区英德市连樟样板区规划建设和试验改革工作情况汇报；听取2021年东岸新城开发建设工作情况汇报；审议《英德市2021年度绩效考核方案》（送审稿）；审议《中共英德市委常委会关于"三重一大"事项集体决策制度》（送审稿）；研究盘活2021年部分本级财政资金及资金分配有关事项；研究2022年春节期间安排财政资金支付工程款项有关事项等议题。

1月28日，市委十四届第12次常委会（扩大）会议在市文化艺术中心206室召开，市委常委参加会议，列席会议的有：市人大常委会主任，市政协主席，市委党的建设工作领导小组，清远市委组织部有关负责同志，各镇（街道）党（工）委书记、组织委员，部分市党代表、市人大代表、市政协委员、基层党员干部，市委组织部有关负责同志。会议内容：传达学习省委常委会（扩大）会议听取地级以上市党委书记和省直党（工）委书记抓基层党建工作述职会议精神，听取各镇（街道）党（工）委书记和市直机关工委、市"两新"组织党工委书记抓基层党建工作述职并进行评议，分析存在问题，研究部署2022年基层党建工作。

2月9日，市委十四届第13次常委会（扩大）会议在市文化艺术中心203室召开，市委常委参加会议，列席会议的有：市人大常委会主任，市政协主席，市人大常委会副主任、副市长、市政协副主席，市人民法院院长，市人民检察院检察长，市委办公室副主任，市人大常委会办公室主任、市政府办公室主任，市政协办公室主任和议题相关单位主要负责人。会议内容：传达学习习近平总书记在省部级主要领导干部学习贯彻党的十九届六中全会精神专题研讨班开班式上的重要讲话精神及省委常委会会议精神，研究英德市贯彻落实意见；审议《英德市2021年度乡村振兴战略镇（街）实绩考核方案》（送审稿）；研究英德市党委系统市级议事协调机构清理规范有关事项；研究英德市乡村振兴帮扶干部2021年度考核等次有关事项；通报英德市委领导班子2021年度党史学习教育专题民主生活会召开情况等议题。

2月24日，市委十四届第16次常委会（扩大）会议在市文化艺术中心203室召开，市委常委参加会议，列席会议的有：市人大常委会主任，市政协主席，副市长，市人民法院院长，市人民检察院检察长，市委办公室副主任，市人大常委会办公室主任、市政府办公室主任，市政协办公室主任和议题相关单位主要负责人。会议内容：传达学习习近平总书记在十九届中央政治局第三十五次集体学习时的重要讲话及省委常委会会议精神，研究英德市贯彻落实意见；传达学习习近平总书记在十九届中央纪委六次全会上的重要讲话精神和中央纪委全会精神、十二届省纪委七次全会精神及八届清远市纪委二次全会精神，研究英德市贯彻落实意见；传达学习《关于更加有效发挥统计监督职能作用的意见》，听取2021年全市经济运行情况汇报；审议《英德市农村发展党员违规违纪问题处理办法（试行）》（送审稿）；审议《2022年英德市委理论学习中心组理论学习计划安排》（送审稿）；审议《十四届英德市纪委二次全会工作报告》（送审稿）和《十四届英德市纪委二次全会工作方案》（稿）等议题。

3月9日，市委十四届第17次常委（扩大）会议在市文化艺术中心203室召开，市委常委参加会议，列席会议的有：市人大常委会主任，市政协主席，副市长，市人民法院院长，市人民检察院检察长，市委办公室副主任，市人大常委会办公室主任、市政府办公室主任，市政协办公室主任和议题相关单位主要负责人。会议内容：传达学习习近平总书记在中央党校（国家行政学院）中青年干部培训班开班式上的重要讲话精神，研究英德市贯彻落实意见；传达学习《中共中央 国务院关于做好2022年全面推进乡村振兴重点工作的意见》，研究英德市贯彻落实意见；听取近期全市企业安全生产工作情况汇报；听取全市道路交通安全工作情况汇报；审议《英德市2022年度十件民生实事》（送审稿）；研究安排全市第一次全国自然灾害综合风险普查工作经费有关事项；研究市十六届人大二次会议、市政协十三届二次会议日程安排有关事项；审议《中共英德市委2022年度政党协商计划》（送审稿）；传达学习全国、省和清远市统战部长会议精神，研究英德市贯彻落实意见；通报清远市监察委员会监察建议书等议题。

3月22日，市委十四届第18次常委（扩大）会议在市文化艺术中心203室召开，市委常委参加会议，列席会议的有：市人大常委会主任，市政协主席，副市长，市人民法院院长，市人民检察院检察长，市委办公室副主任，市人大常委会办公室主任、市政府办公室主任，市政协办公室主任和议题相关单位主要负责人。会议内容：传达学习习近平总书记重要讲话精神暨全国两会精神及省、清远市有关传达贯彻干部大会精神，研究英德市贯彻落实意见；传达学习李希同志在扎实推进文化强省建设大会上的讲话，研究英德市贯彻落实意见；听取2022年第一季度全市实施乡村振兴战略工作情况汇报；听取2022年第一季度国家城乡融合发展试验区连樟样板区规划建设和试验改革工作情况汇报；审议《英德市2022年主要经济指标预测情况表》（送审稿）；审议市十六届人大二次会议、市政协十三届二次会议有关材料；审议《英德市2022年重点建设项目计划表》（送审稿）和《英德市2022年重点建设前期预备项目计划表》（送审稿）；研究建设市区石门台饮用水工程项目有关事项；研究将全市22个镇（街道）生活垃圾转运至清远市进行无害化处理有关事项；听取市委党校2021年工作情况汇报及2022年工作安排；审议《市委常委会2022年工作要点》（送审稿）；通报《关于2021年度市委常委会传达学习贯彻政治要件落实情况的报告》；传达学习全国、全省、清远市组织部长会议精神，研究英德市贯彻落实意见；传达学习省、清远巡察相关工作会议精神，研究英德市贯彻落实意见等议题。

4月7日，市委十四届第21次常委会（扩大）会议在市文化艺术中心203室召开，市委常委参加会议，列席会议的有：市人大常委会主任，市政协主席，人大常委会副主任、副市长、市政协副主席，市人民法院院长，市人民检察院检察长，市委办公室副主任，市人大常委会办公室主任、市政府办公室主任，市政协办公室主任和议题相关单位主要负责人。会议内容：传达学习习近平总书记重要指示精神和李克强总理批示精神及全国安全生产电视电话会议精神，听取2022年第一季度全市安全生产工作情况汇报；传达学习《关于进一步加强对镇（街）党政主要领导打通"最后一公里"的六条措施》及聂公佐在相关部署会议上的讲话精神，研究英德市贯彻落实意见；传达学习中共中央办公厅《关于加强巡视整改和成果运用的意见》，研究英德市贯彻落实意见；传达学习中共中央保密委员会有关文件精神，研究英德市贯彻落实意见；审议《2022年英德市委常委会会议议题计划安排》（送审稿）等议题。

4月28日，市委十四届第24次常委会（扩大）会议在市文化艺术中心203室召开，市委常委参加会议，列席会议的有：市人大常委会主任，市政协主席，市人大常委会副主任、副市长、市政协副主席，市人民法院院长，市人民检察院检察长，市委办公室副主任，市人大常委会办公室主任、市政府办公室主任，市政协办公室主任和议题相关单位主要负责人。会议内容：传达学习习近平总书记在海南考察时的重要讲话精神及省委常委会会议精神，研究英德市贯彻落实意见；传达学习习近平总书记在北京冬奥会、冬残奥会总结表彰大会上的讲话及省委常委会会议精神，研究英德市贯彻落实意见；听取狠抓平安英德建设三项攻坚任务"最后一公里"有关工作情况汇报，部署"五一"前后疫情防控、安全生产、信访维稳等重点工作；听取2022年第一季度全市经济运行情况汇报；审议《英德市关于市管非实职领导干部集中调配管理十条措施（试行）》（送审稿）；审议《市人大常委会2022年工作要点及监督工作计划》（送审稿）；研究2022年英德市民兵有关工作；研究市国有资产经营管理有限责任公司2022年发行公司债券资金使用计划有关事项；研究调整市区石门台饮用水工程项目（一期）总承包（EPC）项目控制价有关事项；研究设立中共英德市土地开发储备局党组有关事项；研究英德市科级实职干部2021年度考核等次有关事项等议题。

5月11日，市委十四届第26次常委会（扩大）会议在市文化艺术中心203室召开，市委常委参加会议，列席会议的有：市人大常委会主任、市政协主席，市人大常委会副主任、副市长、市人民法院院长、市人民检察院检察长，市委办公室副主任，市人大常委会办公室主任、市政府办公室主任，市政协办公室主任和议题相关单位主要负责人。会议内容：传达学习习近平总书记重要文章《坚持把解决好"三农"问题作为全党工作重中之重举全党全社会之力推动乡村振兴》及省有关文件精神，研究英德市贯彻落实意见；传达学习习近平总书记在中央政治局会议上的重要讲话精神及省委常委会会议精神，研究英德市贯彻落实意见；传达学习习近平总书记对湖南长沙居民自建房倒塌事故的重要指示和李克强总理的批示精神及省委常委会会议精神，研究英德市贯彻落实意见；传达学习习近平总书记对加强党内法规制度建设的重要指示精神和全省党内法规工作会议精神，研究英德市贯彻落实意见；审议《市政协党组（常委会）2022年工作要点》（送审稿）；审议《十四届市委第一轮巡察综合情况报告》（送审稿）等议题。

5月31日，市委十四届第29次常委会（扩大）会议在市文化艺术中心203室召开，市委常委参加会议，列席会议的有：市人大常委会主任，市政协主席，市人大常委会副主任、副市长、市政协副主席、市人民法院院长，市人民检察院检察长，市委办公室副主任，市人大常委会办公室主任、市政府办公室主任，市政协办公室主任和议题相关单位主要负责人。会议内容：传达学习近平总书记在庆祝中国共产主义青年团成立100周年大会上的重要讲话精神及省委常委会会议精神，研究英德市贯彻落实意见；传达学习《关于加强新时代离退休干部党的建设工作的意见》精神，研究英德市贯彻落实意见；传达学习李希同志在全省科技创新大会上的讲话精神，研究英德市贯彻落实意见；传达学习《广东省市县党政领导干部安全生产重点职责工作清单》，通报《英德市市委、市政府领导班子成员安全生产工作职责清单》；传达学习省文明城市创建形势分析电视电话会议和清远市文明委成员单位第一次（扩大）会议精神，通报省创文测评情况，听取英德市当前创建全国文明城市工作情况汇报，研究部署下一阶段创建全国文明城市工作；听取2022年上半年全市落实意识形态工作责任制情况汇报；听取2022年全市春季粮食安全生产工作情况汇报；听取2022年第一季度全市城市生活垃圾分类工作情况汇报；审议《英德市人民政府2022年度重大行政决策事项目录》（送审稿）；研究推荐追授李鼎新同志"广东省优秀共产党员"称号有关事项。

6月10日，市委十四届第30次常委会（扩大）会议在市文化艺术中心203室召开，市委常委参加会议，列席会议的有：市人大常委会主任，市政协主席，市人大常委会副主任、副市长、市人民法院院长，市人民检察院检察长，市委办公室副主任，市人大常委会办公室主任、市政府办公室主任，市政协办公室主任和议题相关单位主要负责人。会议内容：传达学习习近平总书记在中国人民大学考察时的重要讲话及省委常委会会议精神，研究英德市贯彻落实意见；传达学习习近平总书记致首届大国工匠创新交流大会的贺信及省委常委会会议精神，研究英德市贯彻落实意见；传达学习省委调研组调研清远有关精神，研究英德市贯彻落实意见等议题。

6月23日，市委常委会（扩大）会议在市应急指挥中心召开，市委常委参加会议，列席会议的有：市人大常委会主任，市政协主席，市人大常委会副主任、副市长、市政协副主席，市委办公室副主任，市人大常委会办公室主任、市政府办公室主任，市政协办公室主任。会议内容：研究部署全市防汛救灾复产工作。

6月29日，市委十四届第31次常委会（扩大）会议在市文化艺术中心203室召开，市委常委参加会议，列席会议的有：市人大常委会主任，市政协主席，市人大常委会副主任、副市长、市政协副主席，市人民法院院长，市人民检察院检察长，市委办公室副主任，市人大常委会办公室主任、市政府办公室主任，市政协办公室主任和议题相关单位主要负责人。会议内容：传达学习习近平总书记在四川考察时的重要讲话及省委常委会会议精神，研究英德市贯彻落实意见；传达学习习近平总书记在中共中央政治局第三十九次集体学习时的重要讲话及省委常委会会议精神，研究英德市贯彻落实意见；传达学习习近平总书记在中共中央政治局会议和中共中央政治局第四十次集体学习时的重要讲话及省委常委会会议精神，研究英德市贯彻落实意见；传达学习《信访工作条例》，研究英德市贯彻落实意见；听取全市防汛救灾复工复产工作情况汇报，研究部署下一步工作；审议《英德市2022年干部教育培训计划》（送审稿）；审议市委涉计划生育党内规范性文件清理结果及相关文件；听取全市2021年度违法用地及新增农村乱占耕地建房问题整治工作情况汇报；听取2022年上半年全市河长制湖长制工作情况汇报；听取市区石门台饮用水工程项目进展情况汇报；听取2022年上半年全市贯彻落实党风廉政建设责任制工作情况汇报；传达学习清远市巡察指导督导动员培训会议精神，研究英德市贯彻落实意见等议题。

8月3日，市委十四届第33次常委会（扩大）会议在市文化艺术中心203室召开，市委常委参加会议，列席会议的有：市人大常委会主任，市政协主席，市人大常委会副主任、副市长、市政协副主席，市人民法院院长、市人民检察院检察长，市委办公室副主任，市人大常委会办公室主任、市政府办公室主任，市政协办公室主任和议题相关单位主要负责人。会议内容：听取英德市"07·10"疫情处置工作问题情况汇报；传达学习习近平总书记在湖北武汉考察时的重要讲话及省委常委会会议精神，研究英德市贯彻落实意见；传达学习习近平总书记出席庆祝香港回归祖国25周年活动重要讲话、李希书记在全省传达学习贯彻习近平总书记重要讲话精神干部大会上的讲话和省委常委会会议精神，研究英德市贯彻落实意见；传达学习清远市对台工作会议精神，研究英德市贯彻落实意见；听取2022年上半年全市经济运行情况汇报；听取有关镇、市直单位2021年度绩效考核经验介绍和表态发言；研究2022年度垦造水田项目招投标有关事项；研究市看守所改造工程项目总投资调整有关事项；研究追加英德市各学段公用经费本级财政预算有关事项；审议2021年新增债券资金调整方案和2022年新增债券额度分配方案有关事项；传达学习中央、省、清远市外事工作有关会议精神，研究英德市贯彻落实意见，审议《英德市2022年对外工作要点》（送审稿）；研究市疾病预防控制局设置有关事项；研究市委农村工作办公室更名有关事项；审议《英德市2022年巡察工作要点》

（送审稿）。

8月18日，市委十四届第34次常委会（扩大）会议在市文化艺术中心203室召开，市委常委参加会议，列席会议的有：市人大常委会主任，市政协主席，市人大常委会副主任、副市长、市政协副主席、市人民法院院长、市人民检察院检察长，市委办公室副主任、市人大常委会办公室主任、市政府办公室主任，市政协办公室主任和议题相关单位主要负责人。会议内容：传达学习习近平总书记在省部级主要领导干部"学习习近平总书记重要讲话精神，迎接党的二十大"专题研讨班上的重要讲话及省委常委会会议精神，研究英德市贯彻落实意见；传达学习习近平总书记在新疆考察时的重要讲话及省委常委会会议精神，研究英德市贯彻落实意见；传达学习习近平总书记在党外人士座谈会上的重要讲话、中央统战工作会议及省委常委会会议精神，研究英德市贯彻落实意见；传达学习省委主要领导调研清远时的讲话精神，研究英德市贯彻落实意见；传达学习省委领导调研清远时的讲话精神，研究英德市贯彻落实意见；传达学习省、清远市有关国家安全会议精神，研究英德市贯彻落实意见；听取2022年上半年全市信访维稳工作情况汇报；听取清远、英德两级"十大行动方案"工作情况汇报；听取2022年上半年全市安全生产工作情况汇报；听取2022年上半年全市"扫黄打非"工作情况汇报；听取2022年上半年全市禁毒工作情况汇报；听取2022年全市未成年人思想道德建设工作情况汇报；听取2022年上半年全市实施乡村振兴战略工作情况汇报；听取2022年上半年市公安局党委工作情况汇报；审议上级救灾资金和社会捐赠资金分配方案；审议2022年第二批新增债券资金用途调整方案；研究调整浛洸镇贵坑水库等5宗水库除险加固工程建设规模有关事项等议题。

9月6日，市委十四届第35次常委会（扩大）会议在市文化艺术中心203室召开，市委常委参加会议，列席会议的有：市人大常委会主任，市政协主席，市人大常委会副主任、副市长、市政协副主席、市人民法院院长、市人民检察院检察长，市委办公室副主任，市人大常委会办公室主任、市政府办公室主任，市政协办公室主任和议题相关单位主要负责人。会议内容：传达学习习近平总书记在庆祝香港回归25周年大会暨香港特别行政区第六届政府就职典礼上的重要讲话及省、清远市有关会议精神；传达学习习近平总书记在辽宁考察时的重要讲话及省委常委会会议精神，研究英德市贯彻落实意见；深入学习贯彻习近平总书记关于"疫情要防住、经济要稳住、发展要安全"重要指示精神，认真落实省委、省政府和清远市委、市政府工作部署，听取英德市近期重点工作有关情况汇报；传达学习习近平总书记在中央审计委员会第五次会议上的重要讲话和会议精神以及《关于进一步发挥改革效能有力推进纪检监察监督巡视巡察监督与审计监督贯通协同高效的指导意见》精神，传达学习清远市委审计委员会会议精神，听取英德市2021至2022审计年度经济责任审计工作情况报告，审议《英德市2022年下半年审计项目计划》（送审稿）；传达学习《党委（党组）书记抓基层党建工作述职评议考核办法（试行）》，通报清远市对英德市2021年度绩效考核结果，审议《英德市2021年度绩效考核反馈问题整改清单》（送审稿）、《中共英德市委党的建设工作领导小组2022年工作要点》（送审稿）；听取2022年上半年全市城市生活垃圾分类工作情况汇报；研究盘活2022年部分本级财政资金有关事项；研究安排资金解决职业年金投资运营后利息有关事项等议题。

9月21日，市委十四届第36次常委会（扩大）会议在市文化艺术中心203室召开，市委常委参加会议，列席会议的有：市人大常委会主任，市政协主席，市人大常委会副主任，副市长，市政协副主席，市人民法院院长、市人民检察院检察长，市委办公室副主任，市人大常委会办公室主任、市政府办公室主任，市政协办公室主任和议题相关单位主要负责人。会议内容：传达学习习近平总书记在省部级主要领导干部"学习习近平总书记重要讲话精神，迎接党的二十大"专题研讨班上的重要讲话精神及省有关会议精神；传达学习习近平总书记《论"三农"工作》精神及省委常委会会议精神，听取全市"三农"工作情况汇报；深入学习贯彻习近平总书记关于"疫情要防住、经济要稳住、发展要安全"重要指示精神，认真落实省委、省政府和清远市委、市政府工作部署，听取英德市近期重点工作有关情况汇报；传达学习《中共清远市委关于认真学习宣传贯彻〈习近平谈治国理政〉第四卷的通知》精神，审议《中共英德市委关于认真学习宣传贯彻〈习近平谈治国理政〉第四卷的通知》（送审稿）；听取全市生态环境保护和中央生态环境保护督察整改工作情况汇报；听取2022年英德市新时代文明实践中心建设工作情况汇报；审议第六届广东省"人民满意的公务员"和"人民满意的公务员集体"拟推荐对象；通报《清远市委巡察办对英德市委巡察工作开展指导督导情况的反馈意见》，审议《英德市关于落实清远市委巡察指导督导情况反馈意见的整改方案》（送审稿）等议题。

10月11日，市委十四届第38次常委会（扩大）会议在市文化艺术中心203室召开，市委常委参加会议，列席会议的有：市人大常委会主任，市政协主席，市人大常委会副主任，副市长，市政协副主席，市人民法院院长，市人民检察院检察长，市委办公室副主任，市人大常委会办公室主任、市政府办公室主任，市政协办公室主任和议题相关单位主要负责人。会议内容：传达学习习近平总书记在9月9日中央政治局会议上的重要讲话精神及省委常委会会议精神；传达学习习近平总书记在参观"奋进新时代"主题成就展时的重要指示精神及省委常委会会议精神；专题学习《习近平谈治国理政》第四卷；深入学习贯彻习近平总书记关于"疫情要防住、经济要稳住、发展要安全"重要指示要求，认真落实省委、省政府和清远市委、市政府工作部署，听取英德市近期重点工作有关情况汇报；传达学习中央全面深化改革委员会第二十六、第二十七次会议精神和省委、清远市委全面深化改革委员会会议精神，听取全市乡村振兴工作汇报；听取2022年前三季度全市优化营商环境工作情况汇报；听取2022年全市创建全国文明城市工作情况汇报；研究解除桥头镇横石水河桥头段河道清淤工程项目《拍卖标的处置合同》有关事项；审议《2023年部门预算编制标准》（送审稿）；审议成立中共英德市委党校校务委员会有关事项等议题。

10月27日，市委十四届第39次常委会（扩大）会议在市文化艺术中心203室召开，市委常委参加会议，列席会议的有：市人大常委会主任，市政协主席，市人大常委会副主任，副市长，市政协副主席，市人民法院院长、市人民检察院检察长，市委办公室副主任，市人大常委会办公室主任、市政府办公室主任，市政协办公室主任和议题相关单位主要负责人。会议内容：专题学习《习近平外交思想学习纲要》；传达学习习近平总书记在中央审计委员会上的重要讲话精神，李希同志在省委审计委员会上讲话精神，审议《英德市人民政府关于英德市2021年度本级预算执行和其他财政收支的审计工作报告》（送审稿）、《英德市2020年度本级预算执行和其他财政收支审计工作报告反映问题整改情况报告》（送审稿）；传达学习省、清远市疫情防控有关工作会议精神，听取全市疫情防控工作情况汇报；听取2022年全市粮食安全生产工作情况汇报；听取全市2021年度、2022年1—9月土地卫片违法用地及新增农村乱占耕地建房问题整治工作情况汇报；听取2022年全市工业园区规划建设及招商引资工作情况汇报；听取省委拨付专项资金支持英德市灾后重建工作进展情况汇报；研究英德市职业技术学校迁建选址有关事项；研究安排资金解决国道G358线英德市英城至大湾段一级公路改建工程项目建设用地报批征地补偿款及养老保障费有关事项；研究安排资金解决英德市25间乡镇卫生院和市慢性病防治医院退休人员住房改革补贴等待遇有关事项；研究追加安排核酸检测经费有关事项；审议增设市委巡察组及其领导职数配备有关事项等议题。

11月1日，市委十四届第40次常委会（扩大）会议在市文化艺术中心203室召开，市委常委参加会议，列席会议的有：市人大常委会主任，市政协主席，市人大常委会副主任，副市长，市政协副主席，市人民法院院长，市人民检察院检察长，市委办公室副主任，市人大常委会办公室主任、市政府办公室主任，市政协办公室主任和议题相关单位主要负责人。会议内容：传达学习党的二十大精神和习近平总书记在中央政治局会议、中央政治局集体学习时的重要讲话精神，《中共中央关于认真学习宣传贯彻党的二十大精神的决定》精神，省委常委会会议精神，全省传达贯彻党的二十大精神大会精神及清远市传达贯彻党的二十大精神大会精神，研究英德市贯彻落实意见；传达学习习近平总书记在陕西延安和河南安阳考察时的重要讲话精神；传达学习习近平总书记在瞻仰延安革命纪念地时的重要讲话精神；深入学习贯彻习近平总书记关于"疫情要防住、经济要稳住、发展要安全"重要指示要求，认真落实省委、省政府和清远市委、市政府工作部署，听取英德市近期重点工作有关情况汇报；听取英德市第二轮中央生态环境保护督察整改工作情况汇报；审议《中共英德市委关于认真学习宣传贯彻党的二十大精神的通知》（送审稿）、《英德市学习宣传贯彻党的二十大精神总体工作方案》（送审稿）。

11月16日,市委十四届第41次常委会(扩大)会议在市文化艺术中心203室召开,市委常委参加会议,列席会议的有:市人大常委会主任,市政协主席,市人大常委会副主任,副市长,市政协副主席,市人民法院院长、市人民检察院检察长、市委办公室副主任、市人大常委会办公室主任、市政府办公室主任、市政协办公室主任和议题相关单位主要负责人。会议内容:传达学习习近平总书记在二十届中央政治局第一次集体学习时的重要讲话精神,研究英德市贯彻落实意见;传达学习习近平总书记在中共中央政治局常委会会议上的重要讲话精神,国家、省、清远市疫情防控有关工作会议精神,以及《关于进一步优化新冠肺炎疫情防控措施科学精准做好防控工作的通知》精神,研究英德市贯彻落实意见,听取全市疫情防控工作情况汇报;专题学习《习近平关于社会主义精神文明建设论述摘编》;传达学习习近平总书记在出席军队领导干部会议和视察军委联合作战指挥中心时的重要讲话精神,研究英德市贯彻落实意见,听取2022年党管武装工作情况汇报;传达学习党的二十大报告"坚持全面依法治国,推进法治中国建设"专章精神;传达学习《中国共产党政治协商工作条例》精神及省委常委会会议精神,研究英德市贯彻落实意见;听取2022年全市落实意识形态工作责任制情况汇报;听取2022年全市教育工作情况汇报;听取2022年全市卫生健康工作情况汇报;听取2022年全市食品药品安全监管工作情况汇报;审议《英德市优化政务营商环境三项制度(试行)》(送审稿);研究实施英德人民大桥拆除工程有关事项;研究安排卫生健康项目本级财政配套资金有关事项;审议《关于贯彻落实省委人大工作会议重点任务分工方案》(送审稿);审议《十四届市委第二轮巡察综合情况报告》(送审稿)等议题。

11月23日,市委十四届第42次常委会(扩大)会议在市文化艺术中心203室召开,市委常委参加会议,列席会议的有:市人大常委会主任,市政协主席,市人大常委会副主任,副市长,市政协副主席,市委办公室副主任,市人大常委会办公室主任、市政府办公室主任,市政协办公室主任和议题相关单位主要负责人。会议内容:传达学习《习近平谈治国理政》第四卷第五章"统筹疫情防控和经济社会发展",省疫情防控有关会议精神及王伟中同志到清远市调研检查疫情防控工作指示精神,研究英德市贯彻落实意见;听取2022年全市河长制湖长制工作情况汇报;审议《英德市报送清远市"十大行动方案"2023年任务清单》(送审稿);传达《中共清远市委办公室关于对乡镇(街道)党政正职开展专题党性政德教育的通知》精神,审议《英德市镇(街)党政正职专题党性政德教育工作方案》(送审稿)等议题。

12月7日,市委十四届第43次常委会(扩大)会议在市文化艺术中心203室召开,市委常委参加会议,列席会议的有:市人大常委会主任,市政协主席,市人大常委会副主任,副市长,市政协副主席,市人民法院院长,市人民检察院检察长,市委办公室副主任,市人大常委会办公室主任、市政府办公室主任,市政协办公室主任和议题相关单位主要负责人。会议内容:传达学习习近平总书记对河南安阳市凯信达商贸有限公司火灾事故作出的重要指示精神及省委常委会会议、清远市委常委会会议精神，研究英德市贯彻落实意见；传达学习习近平总书记关于国防和军队改革的重要指示精神，听取2022年全市全面深化改革工作情况汇报，审议国防动员体制改革有关文件；传达学习省、清远市疫情防控有关工作会议精神，听取全市疫情防控工作情况汇报；传达《国家矿山安全监察局广东局监察英德市矿山安全生产工作反馈意见》，听取全市非煤矿山安全生产工作情况汇报，研究部署下一步工作；听取2022年市总工会、团市委、市妇联工作情况汇报；听取2022年前三季度全市城市生活垃圾分类工作情况汇报；听取2022年全市乡村振兴工作情况汇报；听取2022年全市禁毒工作情况汇报；听取2022年全市林长制工作情况汇报；研究组建市非公经济组织党委和市社会组织党委有关事项；研究将市公路事务中心公路养护经费纳入财政预算有关事项；研究发放绩效奖金年度考核奖有关事项；研究关于召开中国共产党英德市第十四届代表大会第二次会议有关事项；审议《中共英德市委常委会2022年工作总结》（送审稿）等议题。

12月15日，市委十四届第44次常委会（扩大）会议在市文化艺术中心203室召开，市委常委参加会议，列席会议的有：市人大常委会主任，市政协主席，市人大常委会副主任，副市长，市政协副主席，市人民法院院长、市人民检察院检察长、市委办公室副主任、市人大常委会办公室主任、市政府办公室主任、市政协办公室主任和议题相关单位主要负责人。会议内容：传达学习习近平总书记在中共中央政治局会议上的重要讲话精神，研究英德市贯彻落实意见，听取2022年英德市贯彻落实党风廉政建设责任制工作情况汇报；传达学习习近平总书记关于全面加强知识产权保护工作的重要指示精神和《知识产权强国建设纲要（2021—2035年）》，研究英德市贯彻落实意见；传达学习中国共产党广东省第十三届委员会第二次全体会议精神，研究英德市贯彻落实意见；传达学习省、清远市疫情防控有关工作会议精神，听取全市疫情防控工作情况汇报；听取2022年市人大常委会、市政府、市政协、市人民法院、市人民检察院党组工作情况汇报；听取2022年全市平安建设暨综治工作及全市推进市域社会治理现代化试点工作情况汇报；听取2022年国家城乡融合发展试验区连樟样板区规划建设和试验改革工作情况汇报；听取2022年全市审计工作情况汇报；传达学习清远市有关专题会议精神，研究英德市贯彻落实意见，听取2022年全市深入推进绿美广东生态建设工作情况汇报；听取2022年全市保障农民工工资支付工作情况汇报；听取全市自然资源领域卫片执法、耕地保护等重点工作情况汇报；听取2022年市公安局党委工作情况汇报；审议设立中共英德市投资审核中心党组有关事项；审议确定2022年市四套班子及清远市管干部年度考核初评结果建议有关事项。　　（吴念颖）

综合协调服务

【概况】 2022年，中共英德市委办公室（以下简称"市委办"）围绕市委中心工作和服务英德发展大局，高标准严要求起草市委重要文稿，推出精品文稿，为市委决策提供有效参考，起草审核领导讲话、市委报告、工作汇报、典型发言等综合材料近800篇。其中，《坚持和运用"一线工作法"推动英德高质量发展》在新华社等多家媒体刊登，《守护绿水青山 增进民生福祉》刊登在国家林业和林草局宣传中心主办的国家级综合期刊《绿色中国》。牵头制定《英德市优化政务营商环境三项制度（试行）》，暨首接负责制、否决报告制、限时办结制，为优化政务营商环境提供制度保障。

【督查督办】 2022年，市委"大督查"办公室分批、分期建立跟岗代训制度，12名（含续期2人）基层干部被抽调至市委"大督查"办公室参与市委重点督查工作。全年根据市委工作部署开展督查事项900多项，编发督查通报19期。

【史志档案管理】 2022年，市委办推进全市馆藏档案数字化工作，同步推进增量档案数字化、电子化工作。推行机关档案管理"三合一"制度（指在实践中形成的，以档案分类方案、归档范围和保管期限表三者合一的方式规范、指导档案形成与收集、整理与归纳、鉴定与销毁等工作的一项基本档案制度），明确分三年在全市机关全面实行"三合一"制度。指导市档案馆持续优化馆藏结构，有序开展档案接收，规范档案接收管理。完成连江口镇连樟村档案工作服务农村基层社会综合治理试点工作，并通过省市验收。加强档案开放利用服务质量，优化预约查档服务。指导档案馆按季度编印《英德市大事记》，完成《英德革命斗争回忆资料汇编》编辑工作，形成《个人所得税》等5个文件汇编，并督促档案馆认真做好数码照片接收工作。围绕"喜迎二十大，档案颂辉煌"主题，开展户外档案宣传和制作视频节目等形式多样的宣传活动。

【保密】 2022年，英德市开展保密宣传教育月活动，通过将保密宣传片转发至机关单位，采取形式多样的活动加强《保密法》普法宣传，让保密观念深入人心，在全市营造良好的保密工作氛围。组织中小学教师参与保密教育优秀课例评选，英德市选送的4个优秀课例有2个获清远市评比一等奖、2个获优秀奖。开展"送课上门"活动，派人为市委组织部、市国调队、市政数局等6个单位开展保密业务知识培训，350名机关单位工作人员接受保密教育。开展保密技术服务保障工作，为10多场重要会议和重要活动提供移动通信

▲2022年1月7日，2021年度中共英德市委督查工作会议在市文化艺术中心召开
（南方日报英德站供图）

信号干扰服务，确保相关会议及活动的保密安全。配合教育部门做好高考、成人高考、高中学业水平考试服务保障工作。加强各类试卷保密室的工作指导，确保全市相关考试安全保密。

【值班值守】 2022年，市委、市政府总值班室编发《突发事件信息专报》23期，发送市委、市政府主要领导一周工作安排51期，收集报送镇（街道）党政主要领导一周工作日志51期，办理市四套班子领导成员及各镇（街道）、市直单位主要负责同志请假和外出报备126件次。

【办文】 2022年，市委办审核各类发文材料382份，收办各级来文3422份，以市委（及其办公室）或市委市政府（及其办公室）名义发文119份。做好精简文件工作，完成当年发文数量与上年相比只减不增的文件精简任务。完成涉计划生育党的规范性文件清理工作，宣布35份市委涉计划生育党的规范性文件失效。落实重大请示事项报告制度等党内法规执规工作，全年以市委名义向清远市委及清远市有关部门报送各类请示、报告57份。

【办会】 2022年，市委办组织协调全市性会议或政务活动98场，各类电视电话会议27场，各种小型协调会23场。市委办协调接待各类考察调研26次，其中协调接待正厅级以上领导到英德考察调研活动11次。

【政务信息】 2022年，市委办向上级报送信息87篇，其中《英德市"三个三"工作法持续深化农村基层党建示范创建助推乡村振兴取得实效》被省委办公厅信息研究室采用。全年政务信息被省采用得分居清远市各县（市、区）第二，被清远采用得分居各县（市、区）第三。

【市委深化改革】 2022年，中共英德市委全面深化改革委员会办公室协调组织召开市委深改委会议4次，审议通过《英德市连樟样板区集体经营性建设用地入市暂行办法（修订）》等11份改革配套文件。印发《关于落实2022年全面深化改革工作有关事项的通知》《2022年英德市全面深化改革重点任务工作》《英德市优化政务营商环境三项制度》等文件，建立年度任务工作台账，明确改革事项清单，形成任务层层分解，推进10大领域75项改革任务。编发改革工作简报8期，其中《广东英德聚焦"人、地、钱"三要素，着力破解乡村振兴发展难题》被省委改革办刊发并报送中央改革办，实现在省委改革办刊发信息零的突破，《英德市西牛镇创新运用"六动"工作法 推动乡村治理走深走实》被清远市委改革办采用。

【综合调研】 2022年，市委办先后围绕营商环境建设、教育高质量发展、公务用车管理、粮食安全等社会热题，以及配合清远市委政研室、清远市委改革办对社会发展事项进行调研，并针对历史遗留的"中梗阻"问题专项性提出对策，形成《优化营商环境专题调研报告》《关于推进中心城区义务教育学校（小学）规划布局的建议》《关于英德万洋众创城项目的调研报告》等课题调研材料，其中《关于英德市粮食安全的调研报告》《关于建设美丽乡村风貌带的建议》在《清远调研》刊发。 （吴念颖）

组　　织

【概况】 2022年，全市基层党组织1820个，其中基层党委138个（镇党委23个、行政村党委69个、市直机关党委41个、国有企业党委1个、"两新"组织党委4个），党总支268个[其中行政村（社区）党总支221个]、党支部1414个[其中行政村（社区）党支部9个]。另有党工委3个（市委"两新"工委1个、街道党工委1个、市直机关工委1个），临时党工委1个[广清经济特别合作区广德（英德）产业园临时党工委]。基层党组织中，行政村（社区）有基层党组织948个，占全市党组织的52.1%；国有经济党组织33个，占全市党组织的1.8%；机关、事业单位党组织655个，占全市党组织的35.99%；"两新"党组织184个，占全市党组织的10.1%。

中共英德市直属机关工作委员会（以下简称"市直工委"）辖机关、企事业单位党委42个，党总支部46个，党支部432个，有党员10 955名。全年批准成立临时党支部17个（其中纪委巡察相关12个、疫情防控相关5个），发展党员111人。

截至2022年底，全市党员总数4.4万人，其中女性党员1.14万人，少数民族党员182人，农村党员2.41万人，35岁及以下党员8759人，大专及以上文化程度党员1.71万人，在岗职工党员1.18万人。全市2022年发展党员550人，其中女性党员239人，占43.5%；35岁及以下414人，占75.3%；大专及以上学历403人，占73.3%；在岗职工党员298人，占54.2%。

【抗洪抗疫"两支队伍"管理】 2022年，市委组织部统筹抓好党员突击队和党员志愿服务队两支队伍管理，落实"双报到"制度，开展"树旗帜、亮身份"活动，统一订制党旗、"党员先锋岗"竖牌台牌、横幅、袖章，印发有关号召全市各级党组织和广大党员干部积极投身防汛救灾及疫情防控的倡议书以及相关工作通知。2022年全市组建党员志愿服务队943个、党员突击队914个，党员志愿服务队队员2.06万名，开展服务17.87万次，发挥党员在一线的先锋模范作用。全年市委组织部印发9份下沉工作文件推动机关党员常态化下沉镇（街道）支援疫情防控、安全生产、森林防火、抗洪抢险等工作，以全员实战"大练兵"强化"两支队伍"的战斗力。全年调度机关人员4.48万人次下沉一线，其中党员2.09万人次。在英德市出现本土疫情、洪水灾害

▲2022年6月22日上午，市委组织部组建新增党员突击队，在北江开展抗洪任务
（市委组织部供图）

等急难险重问题期间,通过设立党员责任堤、党员先锋岗,推行党员联系户制度,全市村(社区)598支党员突击队、党员志愿服务队6983名农村党员发挥"两支队伍"战时作用,守护人民群众生命财产安全。全市有11名村(社区)"两委"干部被清远市委、市政府通报表扬,有47名村(社区)"两委"干部被英德市委、市政府通报表扬。面对多轮疫情,市委组织部推动村(社区)党组织结合开展"学习宣传二十大 党群连心访万家"联系服务群众活动,以全覆盖入户走访的方式摸清户情民情社情,建设1347个基层治理网格,组建"网格员+信息员"队伍,组织1443名网格员、近3万名信息员即时上报疫情防控信息,将疫情防控从"村村防"变为"格格防",在全省新阶段疫情防控工作中更好发挥基层党组织和党员作用电视电话会议上交流分享相关经验做法。

【李鼎新事迹】 2022年5月11日上午,英德市遭遇强降雨,黎溪镇辖区出现多处不同程度险情,严重威胁人民群众生命财产安全。英德市黎溪镇原党委委员李鼎新连续两天到防汛一线,在抢险救援过程中突遇河水上涨,他年仅31岁的宝贵生命被永远定格在防汛救灾路上。2022年7月,李鼎新被中共广东省委追授"广东省优秀共产党员"称号,被共青团广东省委员会、广东省青年联合会追授"广东青年五四奖章";2022年8月,被中共中央、国务院追授全国"人民满意的公务员"称号。

【党组织联建共建行动】 2022年10月,市委组织部印发《英德市以"双建"促基层党建引领基层治理效能提升行动方案(试行)》,压实各领域基层党组织联建共建主体责任,建立日常工作机制,指导开展乡村振兴驻镇帮扶党建共建、全市优化营商环境、重点产业和乡村振兴产业项目布局、职校与企业合作、"两新"组织有效覆盖5个方面的联建共建工作,共同推动党组织建设与基层治理深度融合,全覆盖299个行政村(社区)党组织和179个"两新"组织党支部,解决164个行政村(社区)党组织常年无市直单位党组织联建共建的情况,提升党建引领基层治理效能。

【"学习宣传二十大 党群连心访万家"活动】 2022年11月,市委组织部印发《英德市开展"学习宣传二十大 党群连心访万家"联系服务群众活动方案》,成立领导小组和

▲2022年11月25日,市委组织部组织党员干部到浛洸镇三村开展"学习宣传二十大 党群连心访万家"联系服务群众活动 (市委组织部供图)

工作专班，组建299个联系服务群众团队，完成人口121.1万（户数33.12万）的录入工作。30天内党员干部到村（社区）参与联系服务群众活动近1.1万人次、实地走访群众24.6万户、累计办理民生实事368件，推动"我为群众办实事"常态化、长效化。

【市直机关党务】 2022年10月，市直机关工委印发《市直机关"奋进新征程 建功新时代 以模范机关创建实际成效迎接党的二十大胜利召开"主题活动工作方案》，指导各单位清单式推进6个方面19项工作任务。其中，《清远英德："三聚焦三提升"（聚焦主体责任，提升组织力；聚焦模范打造，提升引领力；聚焦支部建设，提升服务力）推动机关党建工作走在前作表率》在人民日报、中新网广东频道刊登宣传。指导教育系统党委顺利完成68个中小学校、1个特殊教育学校、3个幼儿园的改革工作，强化医共体总医院党委的管理责任，指导国资系统党委探索企业内部联建帮带的新模式。做好机关党组织换届工作，2022年市直机关新成立党组织24个，其中机关党委3个、党总支3个、党支部18个；完成换届选举党组织328个，其中党总支35个、党支部293个；批准补选党组织85个，其中机关党委26个、党总支2个、党支部57个；撤销党组织18个，其中党总支2个、党支部16个；调整党组织隶属关系5个。抓好机关党员违法违纪问题处置，2022年度讨论同意立案2人，讨论违法违纪处理意见38人。开展2022年"行风热线"，围绕市委中心工作，从乡村振兴、安全生产等群众关心关注角度出发，选择6个上线单位（市自然资源局、市水利局、市退役军人事务局、市应急管理局、市医疗保障局、市农机事业管理局），通过实时直播方式为群众答疑解惑。

【模范机关创建】 2022年11月，市委组织部通过总结第一批机关党建示范点经验，继续坚持"标准高、措施实、氛围浓、效果好"十二字标准，着重在数字政府、基层治理、乡村振兴、职业教育等重点领域，培育出第二批11个机关党建示范点。如，英德市城市管理和综合执法局机关党委通过构建"党建＋数字城管"网格化管理服务体系切实服务好市委中心工作，制定《英德市城市管理和综合执法局"党建＋数字城管"网格化管理服务体系考核方案》，每月对下属各单位党组织负责的各类城市管理问题进行考核，将党建工作和业务工作深度融合，促进市容市貌、环境卫生、园林绿化等方面工作提质提效。截至2022年底，数字城管平台处置率达98%，结案率达97.7%，推进城市管理工作提档升级，以党建引领城市管理工作取得实质性成效。

【党建促乡村振兴】 2022年2月，市委组织部印发《英德市抓党建促乡村振兴示范县创建行动方案》，细化明确33项重点任务和139项具体举措。对标清远市"一江一路"抓党建促乡村振兴示范带创建工作，遍访北江沿岸抓党建促乡村振兴示范带的"5镇7村"，推进示范带动镇（街道）党建品牌创建，高标准打造北江沿岸抓党建促乡村振兴示范带。深化"连樟经验"辐射带动作用，提炼以"四强、四破解、三育、三感恩"为主要内容的党建引领乡村振兴的"连樟经验"。结合党的二十大精神，推出"砥砺奋进新征程 乡村书记话振兴"系列访谈，讲好抓党建促乡村振兴"英德故事"。

【"我为群众办实事"实践活动】 2022年，市委组织部以"党委统筹＋支部引领＋党员带头＋群众参与"的模式，引导农村党员在联系服务群众上下功夫，全市299个村（社区）党组织累计办理民生实事和微实事8000多件，提升基层党组织服务能力。建立起街道"大工委"、社区"大党委"决策、联席会商制度。3月起，在英城街道全面启动需求清单、资源清单以及服务清单等"三张清单"模式，整合"党组织＋党员＋社工＋志愿者"力量，开展机关企事业单位党员"双报到"，与各领域党组织结对共建开展疫情防控、政策宣传、社区义诊和法律援助等项目式服务。

【软弱涣散村（社区）党组织排查整顿】 2022年，市委组织部开展软弱涣散村（社区）党组织排查，确定14个软弱涣散村（社区）党组织（英城街道白沙村、望埠镇下塘村、沙口镇新建村、英红镇水头村、下砭镇高洞村、东华镇黄陂村、青塘镇青北村、石灰铺镇惟东村、浛洸镇福园村、波罗镇乌田村、大湾镇长山村、大洞镇庙坑村、九龙镇团结村、黄花镇公正村），并开展集中整顿，落实"四个一"[1名市领导班子成员联村（社区），1名乡镇（街道）领导班子成员包村（社区），1名第一书记驻村（社区），1个县以上机关单位结对]整顿措施，细化制定软弱涣散村（社区）党组织整顿验收核查程序，建立"一季度一走访、一季度一审查"工作机制，实地走访调研各软弱涣散党组织的整顿工作开展情况。集中整顿满一年后，经实地走访、核查台账、民主评议等环节，14个软弱涣散村（社区）党组织已全部完成考核验收摘帽。

【镇（街道）党务干部队伍"优才培育计划"】 2022年，市委组织部启动镇（街道）党务干部队伍"优才培育计划"，8月17日，在英德市委党校集中培训24个镇（街道）党（工）委的党群副书记、组织委员和党建办主任72人，设置《中国共产党农村基层组织工作条例》解读、发展党员工作规范操作、抓党建促乡村振兴工作等课程内容，增强镇（街道）党务干部队伍的政治素质、党建业务水平和综合工作能力。

【村（社区）"两委"干部管理培养】 2022年，市委组织部实施村（社区）"两委"干部"全员轮训、小班培训、学历提升"工作，举办村（社区）党组织书记全员培训班6期、小班制培训班2期以及"两委"干部全员轮训班5期，实现对村（社区）"两委"干部全员轮训。动员112名村（社区）"两委"干部及后备干部就读大专学历提升班。严把选人用人入口关，及时配齐配强"两委"干部，以"基层推荐、镇街初审、县级联审"的方式联审村（社区）"两委"干部候选人81名，部务会审核村（社区）党组织书记人选8名。加强村（社区）干部特别是"一肩挑"人员的管理监督，督导镇（街道）建立村（社区）干部特别是"一肩挑"人员个人重大事项报告制度。推动镇（街道）领导班子成员与村（社区）"两委"干部进行导师结对帮带，开展村（社区）"两委"干部到镇（街道）相关部门跟班学习、跨村交流。

深化"青苗培育"工程，村（社区）党组织全覆盖落实储备党组织书记后备干部598名、"两委"后备干部1687名。

【乡镇"五小"场所和周转房建设】 2022年，市委组织部调研全市23个乡镇，重点对省级认定的16个边远乡镇"五小"场所（小餐馆、小美容美发店、小旅店招待所、小超市、小休闲娱乐场所）和周转房进行实地考察调研，出台实施方案，组建市级工作领导小组，及时下达资金保障，组织召开市镇两级工作协调会协调解决工作推进过程中存在的问题，截至2022年底，完成11个边远乡镇"五小"场所和周转房装修和改造。

【"两新"组织领域基层党建】 2022年12月，英德市新成立市非公党委和市社会组织党委，理顺"两新"组织党建工作管理体制和组织架构。排查整顿优化党支部10个，推动全市180个"两新"组织党组织与镇（街道）村（社区）、机关、企事业单位党组织结对共建。新组建"两新"党组织17个。其中，非公企业9个，社会组织8个。

发展党员46名，其中本科以上学历18人，研究生学历3人，专业技术人员1名，35岁以下29人。抓好新经济组织、新社会组织、新就业群体的党建工作，组建电商行业党组织1个，货运车行业党组织1个，外卖配送行业党组织1个。建成并启用英城街道新业态新就业群体服务点3个，为外卖骑手、快递小哥、网约车司机等新业态新就业群体打造一个舒心、贴心、暖心的"临时小家"和"避风港湾"，推动新业态新就业群体从"治理对象"到"治理力量"的有效转化。

【"两新"组织党建示范点打造】 2022年，市委组织部采取以赛促建、以奖代补的形式，通过现场评审、路演比赛、组织验收，打造出"润燃先锋""党群连心产业振兴"等党建品牌亮点。11月，海螺酒店党支部、茶协党支部参加清远市非公经济领域党组织创建党建品牌路演比赛分别获一等奖和二等奖的好成绩。

【科级领导班子和干部队伍建设】 2022年，市委组织部正

式实施《英德市"十四五"时期科级领导班子和干部队伍建设若干举措》5方面主要任务和20条举措，对"十四五"时期全市科级领导班子和干部队伍建设的目标任务和工作举措进行细分。协调市委统战部、团市委、妇联等单位对照全市"十四五"时期20条举措分类制定出台党外干部、年轻干部、女干部队伍建设等贯彻落实子方案，优化科级领导班子和干部队伍结构。

【近距离考察识别干部】 2022年，市委常委、组织部部长袁新建带队到市直单位近距离开展干部工作调研，分别与每一名中层正职以上干部进行个别谈话，了解干部工作表现、能力素质、个人意愿等情况，掌握一批表现优秀的市直单位领导班子副职和中层干部。3月，制定落实《中共英德市委组织部关于加强在"最后一公里"考察识别干部的若干举措（试行）》和《中共英德市委组织部在攻坚任务"最后一公里"中下沉一线考察识别干部工作方案》，围绕市委"十大行动方案"、疫情防控、安全生产、信访维稳等重点工作任务，深入基层一

线、重点项目，近距离嵌入式考察了解干部。通过调研掌握一批优秀班子成员、中层干部、年轻干部、女干部和党外干部。

【干部培养锻炼】 2022年，市委组织部安排领导干部参与疫情防控、抗洪抢险、乡村振兴、石门台饮用水工程等市委、市政府重点攻坚任务，在斗争一线培养锻炼干部。安排20名选调生到村一级蹲点历练；12名优秀年轻干部到清远市直各单位跟班历练；24名领导干部参与石门台饮用水工程；43名领导干部参与国道G358线改建工程；35名领导干部参与省道S292延长线新建工程。

【市管非实职领导干部管理】 2022年5月，市委组织部制定出台《英德市实施市管非实职领导干部集中调配管理工作方案（试行）》，根据职级领导干部的能力特点、专业特长和身体状况等情况，集中调配33名市管非实职领导干部参与疫情防控、安全生产、重点项目建设等市委、市政府中心工作，协助开展工作指导和督查等任务，推动职级领导干部管理使用制度化、常态化。

【公务员招录】 2022年，英德市立足工作需要，围绕全市急需紧缺专业和乡村振兴战略中本地紧缺专业，科学制定合适的招录计划。完成全市2022年考试录用公务员职位设置、笔试、资格审核、面试、政审考察、公示、录用等环节，录用162名公务员。做好2023年公务员招录计划，拟招录公务员273名，其中乡镇161人，市直机关37人，公检法系统50人，优秀大学生选调生25人。

【公务员登记自查整改】 2022年，市委组织部开展2010年以来公务员（参公人员）身份变换但未进行登记的人员补登记工作。统一政策口径、统一工作标准、统一操作程序，核查干部档案、梳理其工作经历和公务员（参公人员）身份转换次数，完成3699人次公务员登记自查工作，完成全市261名公务员补登记工作。

【公务员管理】 2022年，英德市公务员管理局办理公务员调动162人，其中，市内调动69人、调出市外28人、市外调入45人、系统内调动20人。审核公务员登记410人（其中，试用期满公务员转正登记357人、转变身份53人）。股长任免事项审批337人。完成非市管干部晋升职级工作92人（其中公安74人）、完成辞职程序2人、取消录用1人、行政执法类职级任免18人。公务员年度考核连续三年确定为优秀等次的记三等功118人。

【工资规范管理】 2022年，英德市公务员管理局落实工资待遇，做好公务员新录用、调动、退休、去世、晋升、撤职、学历变动、工龄认定、清远市管干部工资报批等日常业务，完成日常工资发放、工资统计和工资标准调整工作。完成2022年年终一次性奖金、2022年绩效奖金、2022年应休未休年休假补贴、2022年乡镇工作补贴、2022年住房改革补贴等津贴补贴奖金发放，2022年遗属补助标准调整等重点工作。根据上级要求，配市专班开展工资津贴补贴全面自查清理工作，确保严格执行国家规定的各项工资福利政策，不另立名目、扩大范围、提高标准发放各项待遇。配合专班完成各项数据的报送，配合研究制定全市规范方案并已获审批、研究制定全市绩效奖金（含基础绩效奖和年度考核奖）发放标准方案并获审批完成核发。

【"人民满意的公务员"和"人民满意的公务员集体"推荐活动】 2022年，市委组织部在全市范围内开展"人民满意的公务员"和"人民满意的公务员集体"推荐活动，推荐出2名全国"人民满意的公务员"（英德市卫生健康局李汉池和原黎溪镇党委委员李鼎新）和1个广东省"人民满意的公务员集体"（英红镇党委）推荐对象，其中原黎溪镇党委委员李鼎新被中共中央、国务院授予全国"人民满意的公务员"称号。

【人才政策体系优化】 2022年1月，市委人才工作领导小组印发《英德市"英才计划"事业单位紧缺专业型人才引进培养实施办法》《英德市人才服务卡使用管理办法》等重要文件，完善全市人才工作政策体系；7月，印发《英德市"英才计划"事业单位紧缺专业型人才引进培养实施办法》《英德市人才服务卡使用管理办法》等重要文件，完善全市人才工作政策体系。截至2022年底，累计引育清远市高精尖缺人才96人、高职称人才1263人、高学历人才594人、高技能人才335人。

【人才工程项目】 2022年1月，广东清远金正大农业研究院有限公司被认定为省级新型研发机构，实现全市省级新型研发机构零的突破。7月，"英德市制造业技能'工匠'培育孵化工程"入选清远市"起航计划"，获得200万元资金支持。2022年"创新清远"科技奖励获一等奖1项、二等奖4项，科技成果获奖数位居清远市8个县（市、区）第一。推动企业和高校开展产学研合作，联合申报省、清远市级科技项目32项，2个产学研合作项目被列为清远市重大科技专项。通过产学研合作，柔性引进相关高校和科研院所高端科技人才超120人。

【"雁归计划"】 2022年，市委组织部通过"五大行动""四大活动"创造性落实清远市委乡村振兴人才集聚工程"雁归计划"，梳理20条政策形成《英德市大学生"雁归计划"政策汇编》，创新举办线上直播报告会、网络招聘"直播带岗"、归雁迎新春等活动197场，实地走访大学生6500人、掌握意向回清大学生超1700人、吸引515名英德籍大学生返乡就业创业，投身英德工业发展和乡村振兴，工作经验在省委办公厅内刊《每

▲2022年8月22日，英德市举办大学生人才服务基层暨"大学生进英德"活动
（市委组织部供图）

日汇报》刊载。

【人才服务体系】 2022年，英德市建成1个博士后工作站、2个博士后创新实践基地、8个广东省博士工作站、1个省级返乡创业孵化基地。建强广东工匠学院英德茶产业学院，开设"茶艺与茶文化""电子商务"2022年秋季大专班。采取"1+24+N"模式建设乡村振兴人才驿站，在清远市率先制定《英德市镇级乡村振兴人才驿站建设工作指引》和有关工作制度，推动24个镇级乡村振兴人才驿站建设，得到省、市考核组的充分认可。组建"英德市人才服务联盟"，建立由房地产、餐饮娱乐、休闲旅游等企业组成的人才专属折扣商家联盟，为人才提供更优质实惠的服务。（左　瀚）

宣　传

【概况】 2022年，中共英德市委宣传部（以下简称"市委宣传部"）坚持学习宣传贯彻党的二十大精神工作主线，围绕"举旗帜、聚民心、育新人、兴文化、展形象"职责使命，落实市委和上级宣传部门工作部署安排，为英德经济社会高质量发展提供思想舆论支持和精神力量。

【党的二十大精神学习宣传贯彻】 2022年，市委宣传部开展党的二十大精神领学促学活动，市四套班子带头到所在党组织、挂点联系单位领学督学，全市各级领导干部开展领学促学活动540多场次，全市各级各单位开展党的二十大精神党委（党组）理论学习中心组专题辅导报告暨集中学习研讨活动130多场。印发《党的二十大精神宣传工作方案》《关于迅速营造学习宣传贯彻党的二十大精神浓厚宣传舆论氛围的通知》等一系列文件，全市各级、各单位制作宣传画560多幅、悬挂宣传标语380多条、出动宣传车500多辆次，利用460多个LED显示屏滚动播放宣传标语。做好石门台饮水工程、"工业立市"、民生实事等项目主题策划宣传，推出《贯彻落实党的二十大精神·凝智聚力工业强市再出发》《贯彻落实党的二十大精神·石门甘泉润英州》等主题新闻宣传活动，传播英德贯彻落实党的二十大精神的好声音、好故事、好典型。印发《英德市学习宣传贯彻党的二十大精神的宣讲工作方案》，创新举办党的二十大精神网络宣讲会暨基层宣讲培训会，组建英德市级党的二十大精神理论骨干宣讲团等10个宣讲团，各镇（街道）组建24个镇级宣讲团，录制党的二十大精神宣讲音视频10期，开展基层专题宣讲活动1100多场。

【理论学习】 2022年，市委宣传部印发2022年党委（党组）理论学习中心组学习计划、重点内容安排等系列指导文件，完善和规范市委理论学习中心组具体办法和学习流程。开展市委理论学习中心组专题学习会17次，编印《理论学习资料》21期，制作理论微讲堂13期，全市各级各单位开展理论学习中心组专题学习2200多场次。建强用好"线上+线下"2个宣传阵地，利用市融媒体中心宣传平台和全市自媒体，统筹用好新时代文明实践中心（所、站）和"大榕树下的小讲堂""社区微讲堂"等平台，组织党的二十大精神、《习近平谈治国理政》第四卷、省第十三次党代会精神等基层宣讲1800多场次。组织理论骨干录制推出《习近平谈治国理政》第四卷、党的二十大精神宣讲音视频20多期。组织向"学习强国"平台供稿1029篇，被全国学习平台采用3篇，被广东学习平台采用237篇。

【乡村新闻官】 2022年，市委宣传部擦亮"乡村新闻官"品牌，推动市融媒体中心与乡村新闻官深度融合，在"悦英德"App开通乡村新闻官频道，组织市融媒体中心专业记者与乡村新闻官开展结对帮扶培训，举办英德市2022年度乡村新闻官"乡村振兴·英德行"网络播报大赛，制作推出"三传一助"播报视频1400多篇。

【舆论宣传】 2022年，市委宣传部接待国家级、省级等媒体50多批次，被主流媒体采用新闻稿件（含视频新闻）2100多篇，其中国家级媒体采用稿件200多篇（条）。做好市区石门台饮水工程、打造百亿红茶产业等大型主题新闻报道。防汛期间，引导媒体正面发声、正面宣传，累计在各级各类媒体平台发布相关内容1.06万篇，宣传全国"人民满意的公务员"李鼎新、获一等功和一级嘉奖的大站派出所赵腾发等5名同志的先进典型事迹。在抗洪和疫情防控工作中，组织媒体采写报道，在"悦英德"App设立《战疫情 党旗红》《党旗飘飘》等专栏，宣传基层党组织和党员干部一线抗洪、抗疫典型事迹。传播英德好声音，提升英德知名度和美誉度，主动联系中央电视台编导，推荐英德红茶、特色民俗、特色美食等相关新闻素材，开展多形式、多平台的媒体宣传推介。其中，央视科教频道《味道》栏目、央视农业农村频道《田间示范秀》栏目、央视农业农村频道《三农群英汇》栏目、央视科教频道《探索·发现》栏目等到英德市拍摄宣传；中新社、广东广播电视台到英德市拍摄乡村振兴典型人物事迹、《足迹：牢记总书记嘱托，广东在行动》，提升英德知名度。市融媒体中心累计生产、播出各类新闻信息和专栏节目1.9万条，摄制专题片（汇报片）70部，执行直播13场，播出广播自办节目4万多分钟，开设《宣传阐释习近平新时代中国特色社会主义思想》等10多个专栏，刊播、转载各类新闻信息、公益广告等超过38万次。

（王志标）

机构编制

【概况】 截至2022年12月31日，全市有机关事业单位377个，其中机关49个、事业单位328个。省下达英德市机关（含党委、人大、政府、政协、群团、民主党派及政法系统）的行政编制2886人；行政执法专项编制605人；全市事业单位有事业编制15 028人。

【党政机构职能体系】 2022年，中共英德市委机构编制委员会（以下简称"市委编办"）抓好完善机构职能体系工作任务，推动机构职能优化协调高效。2月28日，调整市农业农村局内设股室，将市农业农村局"扶贫规划与老区建设股"更名为"综合与督查股"，"扶贫开发指导股"更名为"扶贫工作指导股（老区建设股）"，调整优化扶贫工作机构设置。7月29日，市安委办实体化运行，并于11月印发《英德市党政部门及驻英有关单位安全生产工作职责》，厘清各有关部门（单位）安全生产工作职责分工。10月21日，印发《英德市残疾人联合会机关职能配置、内设机构和人员编制规定》，明确市残联机关职能配置。11月2日，增设市委第五巡察组。

【英德市投资审核中心改革】
2022年6月，市委编办调整市财政局投资审核中心的管理关系，由原来的市财政局管理调整为市政府直属管理，并变更单位名称；10月19日，印发《英德市投资审核中心机构编制方案》，理顺英德市项目投资审核体制机制。

【事业单位结构调整】 2022年3月9日，英德市设立市经济发展研究中心；增设市消防事务中心。5月13日，增设市第九小学；7月26日，将英城街道马口八一希望小学由村级小学调整为独立的市直学校，并更名为市八一希望小学，增加市区公办学位。7月，调整整合市水利工程管理事务中心、市河湖管理事务中心、市供排水处理中心3个市水利局所属事业单位，解决水利工程建设和后续管理职责过于分散问题。

【机构编制资源优化配置】
8月，市委编办与多部门联合印发《英德市教育系统事业单位工作人员调配办法（试行）》及《英德市卫健系统事业单位工作人员调配办法（试行）》，提高教育和卫健系统编制使用效能。

【行政和事业人员用编计划】
2022年，市委编办科学确定2023年机关事业单位人员招录聘用编计划，其中市直单位及乡镇机关（含参公单位）招录公务员用编计划293人，事业单位招聘工作人员用编计划290人（其中卫生系统262人）。

【机构编制规范化管理】
2022年4月25日，市委编办印发《英德市机构编制事项申请办事指南》，明确机构编制事项办理流程、申请材料和报送要求。12月，将机构编制配套法规制度及相关办事指南编印为《机构编制工作手册》，同时派发《清远市机构编制监督检查宣传手册》至各单位，推进机构编制管理工作制度化、精准化、规范化。

【实名制系统数据管理】 2022年，市委编办发挥实名制系统在机构编制管理的基础性作用，及时更新全市行政单位和事业单位编制变化情况、人员变动情况、机构调整情况。全年办理人员增加132人次、人员减少535人次、人员调动203人次，调整机构编制职能事项122项。

【事业单位登记管理】 2022年，市委编办办理事业单位法人设立登记41家、变更登记90项、注销登记1家、证书补领2家、发布证书遗失声明2家。

【事业单位法人年度报告】
2022年1月19日，市委编办印发《关于做好2021年度事业单位法人年度报告工作的通知》，如期完成全市255家事业法人年度报告公示工作，公示率100%。

【机关、群团统一社会信用代码赋码发证】 2022年，市委编办为机关、群团变更负责人32家、变更地址1家、证书换领12家。

【事业单位法人公示信息抽查】 2022年10月10日，市委编办印发《中共英德市委机构编制委员会办公室关于开展2022年事业单位法人公示信息抽查工作的通知》，从全市核准登记的事业单位法人中按2%的比例随机抽取5家单位，通过书面审查、实地核查、网络监测的方式对事业单位法人登记事项及年度报告等公示信息开展抽查。

【事业单位信用体系建设】 2022年，市委编办依托广东事业单位登记管理网、清远公共信用信息管理系统等平台，及时将事业单位登记事项、行政许可事项相关信息向社会公众公开，加强事业单位法人监督管理，推动事业单位规范服务，诚信履职。全年公开事业单位登记事项136项，行政许可事项132项。

【政务和公益机构域名注册和网上名称管理】 2022年，市委编办做好党政机关和事业单位网上名称管理，为全市301家单位进行域名注册续费，域名覆盖率100%。（陈思羽）

党　　校

【概况】 2022年，中共英德市委党校（简称"市委党校"）与市委组织部、市人社局等部门联合举办市直机关发展对象培训班、公务员初任培训班、大中专毕业生岗前培训班、公务员全员培训暨"十个一批"干部专业化培训班、市直（驻英德）机关党组织书记培训班等43期，培训人数8942人。10月，市委十四届第38次常委会（扩大）会议研究同意成立中共英德市委党校校务委员会。

2022年，市委党校常态化落实党政领导干部到党校讲课制度，市四套班子成员、市法检两长、各镇（街道）党政主要负责同志、市直（驻英德）各单位主要负责同志等45人到党校授课。

【党校宣讲】 2022年，市委党校开展宣讲24场，受众993人，其中，"党的二十大精神"主题宣传5场，受众403人。12月，市委党校录制有关党的二十大精神微党课7个。

【党校科研】 2022年，市委党校在《高等教育前沿》发表题为《我国县域教育高质量发展问题研究》国家级论文1篇；发表省级论文7篇；1个市级课题顺利结题，并获优秀。11月，2021年度清远市委党校系统哲学社会科学规划课题"乡村休闲旅游资源开发利用问题研究——以英德市为例"结项，并获优秀。

【镇（街道）党校建设】 2022年，市委党校根据《关于调整挂点联系镇（街）党校人员安排的通知》，开展调研和业务指导工作24次，选派骨干教师到镇（街道）党校开展教学活动9次；4月，市委党校会同市委组织部联合印发《英德市镇（街）党校2022年教学培训指引》，指导镇（街道）党校开展教学培训工作，全年全市镇（街道）党校举办各类培训班597期次，培训人数8.75万人次。

【市直机关发展对象培训班】 2022年6月13日—8月12日，市委党校举办2期市直机关发展对象培训班，培训为期3天，111人参加培训。培训对象为拟在2022年度吸收入党的发展对象。培训内容为以专题教学形式学习《中国共产党章程》、中国共产党历史、如何做一名合格党员、入党文书写作等内容。

【公务员初任培训班】 2022年7月19—30日，市委党校举办1期2022年英德市公务员初任培训班，培训为期12

天，118人参加培训。培训对象为2021年新招录的公务员和参公管理人员。培训内容包括：习近平新时代中国特色社会主义思想、党的十九届六中全会精神、习近平总书记"七一"重要讲话精神、习近平总书记在庆祝中国共青团成立100周年大会上的重要讲话精神、中国共产党广东省第十三次代表大会的主要精神、"四史"教育、宪法和法律、职业道德、保密工作、公务礼仪、乡村振兴、意识形态和心理调适等。

【大中专毕业生岗前培训班】 2022年8月15—19日，市委党校举办1期大中专毕业生岗前培训班，培训为期5天，334人参加培训。培训对象为2021年英德市事业单位新招聘的大中专毕业生，培训内容主要包括：中国共产党英德市第十四届代表大会精神、马克思主义中国化的三次历史飞跃、公文写作、人事管理制度、英德风情风貌文化等。

【市直机关转正1年内的正式党员培训班】 2022年8月18日，市委党校举办1期市直机关转正1年内的正式党员培训班，培训为期1天，119人参加培训。培训对象为2022年度市直机关转正1年内的正式党员。培训内容主要包括：《修身齐小家、共筑中国梦——涵养好家教、培育好家风、建设好家庭》《不忘初心跟党走，牢记使命铸忠魂》《风雨同舟患难与共——中央红军长征关键人物之莫雄》《中国共产党人的精神谱系——焦裕禄精神》等。

【公务员全员培训暨"十个一批"干部专业化培训】 2022年8月22日—10月28日，市委党校举办18期公务员全员培训暨"十个一批"干部专业化培训，培训为期5天，4801人参加培训。培训对象为英德市行政机关公务员、参照公务员法管理的事业单位除后勤服务人员以外的工作人员。培训内容主要包括：习近平新时代中国特色社会主义思想、党的十九届六中全会精神专题、中国共产党广东省第十三次代表大会、中国共产党英德市第十四届代表大会精神解读、党史学习教育等。"十个一批"干部专业化培训设置党建工作、乡村振兴、社会治理、文化保护、生态环保、行政执法、应急管理、规划建设、调解纠纷、舆情应对等十个专题。

【村（社区）"两委"干部小班制培训班】 2022年8月22日—9月2日，市委党校举办4期村（社区）"两委"干部小班制培训班，培训为期3天，159人参加培训。培训对象为除村（社区）党组织书记外的全部"两委"干部。培训内容主要包括：《中国共产党农村基层组织工作条例》解读、《不忘初心跟党走，牢记使命铸忠魂》《习近平论"三农"工作》、农村基层党建应知应会党务知识等。

【市直机关预备党员培训班】 2022年8月31日，市委党校举办1期市直机关预备党员培训班，培训为期1天，275人参加培训。培训对象为2022年度市直机关预备党员，培训内容主要包括：英德党史、《以实际行动诠释对党忠诚》《风雨同舟患难与共——中央红军长征关键人物之莫雄》等。

【乡村振兴驻镇帮镇扶村工作队员培训班】 2022年9月28—30日，市委党校举办1期乡村振兴驻镇帮镇扶村工作队员培训班，培训为期3天，104人参加培训。培训对象为各镇（街道）乡村振兴驻镇帮镇扶村工作队员，培训内容主要包括：《习近平新时代中国特色社会主义思想解读：高质量发展下探索共同富裕英德路径》《乡村振兴面临困境及其解决对策建议》《发展茶产业，助力乡村振兴》《政策解读：防返贫动态监测和帮扶》等。

【市直（驻英德）机关党组织书记培训班】 2022年10月10—11日，市委党校举办1期市直（驻英德）机关党组织书记培训班，培训为期2天，455人参加培训。培训对象为市直（驻英德）机关党组织书记，培训内容主要包括：《如何当好机关党组织书记》《风雨同舟患难与共——中央红军长征关键人物之莫雄》《习近平谈治国理政》第四卷解读、新时代基层党组织规范化建设等。

【市直（驻英德）机关党组织委员培训班】 2022年10月13—14日，市委党校举办1期市直（驻英德）机关党组织委员培训班，培训为期2天，433人参加培训。培训对象为市直（驻英德）机关党委、党（总）支部组织委员，培训主要内容包括：《习近平谈治国理政》第四卷解读、机关党组织党务工作讲解、新时代基层党组织规范化建设等。

【2022年英德市新任副科级领导干部培训班】 2022年11月7—11日，市委党校举办1期2022年英德市新任副科级领导干部培训班，培训为期5天，80人参加培训。培训对象为2020年、2021年未参加培训的新任副科级领导干部，培训主要内容包括：党的二十大精神、党史学习教育和党性教育、保密知识、营商环境、领导决策与艺术、乡村振兴、提升政治能力、抓群众工作能力、突发公共卫生事件应急能力等。

【中青年干部培训班】 2022年11月7日—12月7日，市委党校举办1期中青年干部培训班，培训为期30天，71人参加培训。培训对象为各镇（街道）、各单位优秀青年干部，培训主要内容包括：党的二十大精神、习近平新时代中国特色社会主义思想、党史学习教育、领导决策能力与领导

▲2022年10月10日，市直（驻英德）机关党组织书记培训班在市委党校举行　　　　　　　　　　　　　　　　（市委党校供图）

决断艺术、信访维稳、贯彻落实中央人大工作会议精神、国防意识、地方政府债务管理、项目落地用地指引、乡村振兴、履职担当责任意识与执行力提升、知识产权保护、依法统计、突发公共卫生事件应急能力、优化营商环境、提高群众工作能力基层实例模拟等。

【2022年新录用公务员初任培训班】 2022年11月17—21日，市委党校举办1期2022年新录用公务员初任培训班，培训为期5天，157人参加培训。培训对象为2022年新录用公务员及参照公务员法管理的机关（单位）工作人员。培训内容主要包括：习近平新时代中国特色社会主义思想，党的二十大精神，习近平总书记关于总体国家安全观的重要论述，习近平总书记关于全面从严治党、加强作风建设的重要论述，习近平总书记关于新时代党的组织路线和好干部标准的重要论述，保密知识等。

【村（社区）党组织书记全员培训班】 2022年11月21日—12月2日，市委党校举办2期村（社区）党组织书记全员培训班，培训为期5天，297人参加培训。培训对象为全市村（社区）党组织书记、村（居）委员会主任，培训主要内容包括：党的二十大精神、乡村振兴、新时期基层干部如何提升群众工作方法和化解基层矛盾的能力等。

【村（社区）"两委"干部全员轮训班】 2022年11月22日—12月7日，市委党校举办5期村（社区）党组织书记全员培训班，培训为期2天，1067人参加培训。培训对象为除村（社区）党组织书记外的"两委"干部，培训主要内容包括：党的二十大精神、习近平新时代中国特色社会主义思想、乡村振兴等。

【2022年"两新"组织党组织书记全员培训班】 2022年12月12—14日，市委党校举办2022年"两新"组织党组织书记全员培训班，培训为期3天，226人参加培训。培训对象为全市"两新"组织党组织书记、党建指导员、党务工作者，培训主要内容包括：党的二十大精神、"两新"组织党组织党务工作讲解、英德市营商环境有关政策解读、如何做好"两新"组织党建工作等。

【英德市统战成员培训班】 2022年12月13—14日，市委党校举办1期2022年英德市统战成员培训班，培训为期2天，135人参加培训。培训对象为市委统一战线工作领导小组成员单位，市委统战部、市工商联、市侨联、市科协分管领导，镇（街道）统战委员，民盟、民进、知联会、新阶联班子成员。培训内容主要包括：党的二十大精神、习近平新时代中国特色社会主义思想、《中国共产党统一战线工作条例》解读等。 （陈旭君）

老干部服务

【概况】 2022年底，英德市有离退休干部7617人，其中离休干部48人（市属40人、接管省属8人），退休干部7569人；享受厅级待遇3人、处级干部223人、科级干部1785人、科级以下干部5606人。全市有在册离退休干部党员3940人，已成立离退休干部党支部74个。

【老干部政治待遇落实】 2022年，市委老干部局通过

"线上+线下"方式,采取集中宣讲、专题辅导、支部学习、座谈讨论、送学上门等形式,组织全市离退休干部学习党的十九届六中全会精神、党的二十大精神、《关于新时代离退休干部党的建设工作的意见》、习近平总书记系列重要讲话精神和指示批示精神。组织离退休干部收听收看党的二十大和省第十三次党代会;组织离退休干部代表参加英德市第十六届人民代表大会第二次会议、政治协商会议第十二届英德市委员会第六次会议。

【老干部生活待遇落实】2022年,市委老干部局推进"家门口老干部(老年)大学"建设,为老干部征订报纸、杂志2400份;按要求为全市2060名科级(含当年去世)以上老干部发放春节慰问金395.4万元、"三节"慰问金174.6万元(春节慰问金标准:科级1750元、处级3200元、厅级3900元;"三节"慰问金标准:科级800元、处级退休和离休干部1200元、厅级1900元);为省属离休老干部报销医药费64万元;做好2022年全市41名离休干部党员党内扶助关爱申报工作;落实为全市符合提高副厅局级医疗待遇条件的离休干部提高医疗待遇。

【老干部走访慰问】2022年,市委老干部局印发《关于春节期间做好慰问离退休干部工作的通知》《关于在2022年中秋、国庆、重阳节期间开展慰问离退休干部活动的通知》,要求各单位在春节和"三节"期间认真做好离退休干部走访慰问工作。实行"四访四慰问",即重大节日必走访慰问、生日必走访慰问、生病住院必走访慰问,病故后必走访慰问家属。全年走访慰问离退休干部或离退休干部及遗属161人次,其中探望生病老干部17人次、协助处理后事9人次、生日慰问93人次、日常走访慰问45人次;把全市离休党员列入市党内关怀慰问范围,每人每年发放1500元慰问金,形成全市离休党员党内关怀机制;各单位分层分级开展形式多样的慰问老党员、老干部活动。

【老干部活动阵地建设】2022年,英德市老干部大学综合楼完成建设,设置放映厅、会议室、棋牌室、书画室等功能室,可同时容纳1500人活动;打造市直离退休干部党支部共享式活动基地,为市直离退休干部党员打造集学习、教育、活动于一体的综合性党建活动阵地。全市24个镇(街道)老干部(老年)大学为当地老干部(老年)群体学习和党建活动增添新平台,构建市、镇(街道)、社区三级老年教育网络,完善多层次文化养老体系,扩大老年教育覆盖面,推动老干部(老年)学校向镇(街道)延伸。

【离退休党支部达标创优】2022年12月,市委老干部局制定《英德市离退休干部党支部达标创优实施方案》,围绕"六有"(有基本计划、有基本组织、有基本队伍、有基本制度、有基本活动和有基本保障)标准,推进"四强"("领头雁"骨干能力强、党支部建设工作强、正能量发挥作用强、特色化工作品牌强)落地;实施项目化管理,做好清单化提升,用规范化和标准化建设补齐离退休干部党支部短板。全市离退休干部党组织有83个,其中离退休干部党支部74个、临时离退休干部党支部9个，83个离退休干部党支部达到达标创优标准。

【老干部志愿服务活动】2022年4月，市委老干部局引导离退休干部成立英德市银龄志愿服务队，注册的志愿服务队员30人，325人次参与乡村振兴、环境保护、基层治理、抗洪救灾、疫情防控等工作；同时，邀请离退休干部进学校讲党史，开展红色教育；组织退休医生为群众免费义诊；离退休干部带头并号召发动捐款；组织开展"老带新传帮带"，促青年干部健康成长；组织离退休干部走进企业车间、项目现场、田间地头，为经济社会发展、重点项目建设、生态环境保护等问题献良策、开良方等。

【优秀老干部表彰和老干大学业务培训活动】2022年6月30日，市委老干部局在市老干部大学二楼会议室表彰通报全市20名优秀老干部，同时举办乡镇老干（老年）大学业务培训班，发挥老干部模范及"领头雁"作用。

【老干部工作宣传】2022年，市委老干部局在疫情防控、乡村振兴、精准服务、抗灾复产等工作中，挖掘离退休干部先进事迹和工作亮点，向各级媒体推送优秀作品，其中1篇被"南方+"、"广东老干部"微信公众号采用；30篇被"清远老干部"、《鹤年》《清远+》、"英德组织工作"采用；48篇在"英德老干"发布。（陆奕武）

接 待

【概况】2022年，中共英德市委、市人民政府接待办公室（以下简称"市接待办"）接待到英德的宾客437批5209人次，其中，客商51批，专项活动16批，一般公务接待370批；接待中央及外省26批444人次，省委、省政府部门110批1720人次，清远市委、市政府及各部门218批2373人次，兄弟县市32批297人次；部级16人、厅级209人、处级542人。

【主要接待】2022年1月，市接待办完成广东省委常委、统战部部长黄宁生，广东省委常委叶贞琴等省、部级领导到英德市连樟村调研相关工作的接待工作。3月，完成广东省政协党组成员、副主席邓海光一行到英德市开展茶叶产业化调研的接待工作。6月，完成中央政治局委员、广东省委书记李希，广东省委副书记、省长王伟中等国、部级领导到英德市连樟村调研的接待工作。8月，完成广东省委常委、宣传部部长陈建文一行到英德市连樟村调研的接待工作。10月，完成广东省老促会会长陈开枝到英德市调研的接待工作；完成广东省老年大学协会到英德市调研的接待工作。11月，完成广东省副省长陈良贤到英德市调研入粤货车疫情防控、物流保通保畅工作的接待工作。（邓丽琴）

信 访

【概况】2022年，英德市信访局（市信访局）接到群众来信、来访、网访、来电案件2728宗，已办结2709宗。其中接到群众来信343件，网访1293件；群众走访1092宗。2022年收到上级转交办信访案件（含国家、省、清远市交办）1356宗，已办结1343宗；群众复查案件35宗，已办结35宗。清远市领导批示件23宗，已办结23宗。英德市领导批示件55宗，已办结55宗。

【领导干部接访约访活动】
2022年，英德市坚持领导干部接访约访，印发《2022年英德市领导接（约）访、下访安排表》，市党政领导每月至少一次在人民来访接待场所接（约）访、下访群众，全年有30名市党政领导参加接（约）访活动，接访信访案件55宗149人次，已全部办结。

【重复信访、信访积案专项集中治理】 2022年，国家交办治理重复信访、化解信访积案109宗，经国家信访局审核化解109宗，化解率100%。

【纳入国家满意度评价案件】
2022年，英德市纳入国家满意度评价案件443件，已办结439件、在办理中4件。信访部门已评价237件，超期未评价119件，其中，满意178件、基本满意26件、不满意33件，满意率86.1%。责任单位已评价226件，超期未评价125件，其中，满意43件、基本满意18件、不满意40件。

【《信访工作条例》宣传】
2022年5月16日，英德市在月桂湖广场举行《信访工作条例》宣传月活动启动仪式，活动现场设立咨询台、悬挂宣传标语、摆放展板、发放宣传单张和宣传品，向群众宣传《信访工作条例》《民法典》等相关条例规定，并就诉访分离、依法逐级上访、依法分类处理信访诉求、依法打击缠访闹访等信访制度改革措施向群众解释，为群众答疑，引导群众自觉树立"依法信访、依法维权、理性表达利益诉求"的理念。全年市信访局发出《信访工作条例》条例读本1.5万份，宣传单1.8万份，环保袋3000个，纸巾50箱。 （唐　克）

统　战

【概况】 2022年，中共英德市委统一战线工作部（以下简称"市委统战部"）开展"讲担当、重担当""达标创优""支部共建""创建学习型机关""创建廉洁型机关""创建效能型机关""全市镇（街道）统战委员座谈会""五星级党员""百企大走访、大调研""日月年"等10项活动。召开全市统战工作会议，市委统战工作领导小组会议，举办4期"同心讲堂"活动，组织全市统战系统干部专题学习习近平总书记关于加强和改进统一战线工作的重要思想、中央统战工作会议精神、党的二十大精神。2022年选定5个调研课题开展调研并形成调研报告，其中《新时代香港同乡社团规范化建设探索——以香港

▲2022年5月16日，《信访工作条例》宣传月启动仪式在月桂湖广场举行
（市信访局供图）

英德同乡联会为例》获2022年统战工作清远市实践创新成果三等奖，《广东英德市华侨茶场全面融入乡村振兴战略路径研究》获2022年清远市统战理论政策研究创新成果二等奖。

【大统战工作格局构建】2022年，市委统战部按照清远市委统战部工作部署要求，并按照《英德市构建大统战工作格局实施方案》《英德市构建大统战工作格局试点示范点创建实施方案》，打造"同心助侨·共享幸福"、"同心"志愿者服务队、"同心"讲堂等"同心＋"工作品牌。全市学习宣传贯彻《中国共产党统一战线工作条例》、中央民族工作会议、全国宗教工作会议、中央统战工作会议和两个《条例》，自觉履行"两个责任"，做到"四个纳入"，建立健全市委统一战线工作领导小组、侨务工作联席会议、市统一战线宣传工作协调小组等体制机制，以上率下履行好统战工作主体责任。制定并抓好落实《2022年英德市统战宣传信息采用情况考核方案》。引导各界人士、各党派成员，积极主动参与疫情防控、抗洪抢险等活动，鼓励捐资捐物约1119万元，完善"党委统一领导，统战部牵头协调、有关方面各负其责"的大统战工作格局，推动英德高质量发展。

【多党合作】2022年，市委统战部牵头拟定《中共英德市2022年政党协商计划》，及时调整政府工作部门民主党派、工商联合无党派人士对口联系名单，开展对口协商活动27次。牵头开展2022年度"党委出题、党派调研、政府采纳、部门落实"参政议政专题调研，开展调研课题5个。引导党外代表人士参政议政，在"两会"期间撰写提案44件、调研报告6篇。发挥民主党派、无党派人士人才荟萃、联系广泛优势，开展抗洪救灾、疫情防控、扶贫慰问、义诊等服务活动13场，捐赠金额29.1万元。全年组织党外人士学习23场，培训党外干部564人；将36名年轻的党外干部纳入后备干部数据库；提拔3名党外干部担任医院、学校正职，2名党外干部担任学校领导副职。开展市党政党员

▲2022年3月16日，英德海外联谊会、市工商联（总商会）、市红十字会在英德市商会大厦联合举办英德市各界支援香港抗疫捐赠仪式，筹得抗疫善款及物资价值68万多元
（市委统战部供图）

干部落实与党外人士联系交友活动31次，推进落实统战部领导班子联系党外干部"日月年"制度。发挥市知联会"蓄水池"作用，吸收新会员14名。发挥新阶联平台作用，开展走访会员企业活动，收集反馈问题和建议14条，参加"抗洪救灾""爱心助学"等公益活动，捐款37.28万元。

【民族宗教】 2022年，市委统战部组织开展"中华民族一家亲、同心共筑中国梦""喜迎二十大，团结一家亲"等主题的民族团结进步宣传教育活动9场。争取中央、清远市少数民族发展资金224万元，推动完成石牯塘镇联山瑶族村特色村寨保护和建设工程（二期）项目，助力民族村乡村振兴发展。做好少数民族服务管理工作，妥善处置2起外来少数民族人员意外死亡事故后续工作，协助解决10名流动少数民族经商务工人员子女转学入学问题。落实中考、高考少数民族考生照顾政策和少数民族聚居区大学生资助审核工作，保障少数民族合法权益。提升宗教工作法治化水平，推动宗教工作纳入"网格化＋信息化""网格员＋信息员"基层社会治理体系，持续开展平安宗教场所创建活动，维护宗教领域安全稳定。落实宗教界代表人士联系制度，指导宗教界加强思想建设，坚持宗教中国化方向。开展"宗教政策法规学习月"活动，指导宗教界学习宣传《互联网宗教信息服务管理办法》等新配套宗教政策法规，依法依规开展宗教活动，提升全市宗教工作法治化水平。

【英德市统战成员培训班】 2022年12月13—14日，市委统战部联合英德市社会主义学院在线上举办2022年英德市统战成员培训班、党外中青年干部培训班和港澳代表人士国情培训班，在线学习党的二十大精神，全市各镇（街道）统战委员、市委统一战线工作领导小组成员单位分管领导，民盟、民进、知联会、新阶联班子成员，党外中青年后备干部及港澳代表人士140多人参加培训。

【非公有制经济】 2022年，市委统战部围绕市委"讲政治、拼经济、惠民生"工作目标，出台"六个制度"（《英德市共建良好营商环境大统战工作格局实施方案》《英德市2022年统一战线共建良好营商环境专题宣传工作方案》《2022年英德市民营企业与党政部门沟通洽谈工作方案》《市委统战部非公有制经济工作领域2022年入园进企走访活动工作方案》《英德市营商环境观察员工作制度》《中共英德市委统一战线工作领导小组关于调整领导干部联系非公有制重点企业和代表人士、商会组织工作的通知》）助力优化营商环境，召开12场次政企沟通洽谈会和2场商协会交流座谈会，提交沟通协调问题92个、解决问题89个。围绕优化营商环境，在南方日报英德记者站等媒体刊播新闻报道22条、内容70条（次），拍摄专题宣传片1条。组织非公有制人士开展学习活动5次，培训非公经济人士240多人次。引导非公经济人士履行社会职责。发动各商（协）会、民营经济人士捐款捐物1500万元，支持英德疫情防控、抗击洪涝灾害和灾后重建工作。

【台、港、澳】 2022年，市委统战部支持港澳同乡社团开展"同心抗疫"行动，筹备资金、物资价值 67.95 万元。组织在英德台港澳同胞开展交流联谊活动 18 场，接待台湾青年岭南行 2 批、90 人。走访台港澳企业 101 家次，协助解决台泥（英德）公司林地指标审批手续等有关问题 2 宗。全年累计支持社团建设经费 28 万元，指导香港英德同乡联谊会完成换届工作。推进平台股规范化建设，推进清台经贸文化交流中心及吴光亮小学庭院改造项目建设并完工，吴光亮故居成功挂牌"清远市台港澳青少年交流合作基地"。

【侨务】 2022 年，市委统战部擦亮"同心助侨·共享幸福"社会服务品牌，完善英德市侨务工作联席会议制度，召开 3 次联席会议，推进华侨茶场不动产权证登记发证工作，截至 2022 年底，办理不动产权证登记发证 134 户。2022 年英德华侨农场被确认为"中国华侨国际文化交流基地"。成立英德市留学人员联谊会，首批会员 58 人。协调相关部门为华侨茶场 1300 多户 4000 多人建设供水设施解决生活用水问题。协助 4 名"无户籍"归侨侨眷解决入户问题。宣传《广东省华侨权益保护条例》及《广东省归侨侨眷权益保护实施办法》，保护华侨正当权益和归侨侨眷合法权益。开展华侨茶场"深调研"工作，形成《广东英德华侨茶场全面融入乡村振兴战略路径研究》调研报告，并获清远市统战理论政策研究创新成果二等奖。（王观妹）

英德市人民代表大会

【概况】 2022 年，英德市有县级人民代表大会 1 个，镇人民代表大会 23 个。有各级人大代表 2126 人，其中清远市人大代表 75 人、英德市人大代表 369 人、镇级人大代表 1682 人。英德市第十六届人民代表大会下设三个专门委员会，分别为教科文卫委员会、财政经济委员会和社会建设委员会。英德市第十六届人大常委会组成人员 39 人，其中主任 1 人、副主任 5 人、委员 33 人。英德市第十六届人大常委会设有办公室以及监察和司法、选举联络人事任免、财政经济、农村、教科文卫、华侨民族宗教、环境与资源保护等 7 个工作委员会，下设机关所属事业单位市人大代表信息服务中心。2022 年，市人大常委会组织召开市人代会 1 次、常委会会议 9 次、主任会议 22 次、常委会党组会议 18 次，听取和审议专项工作报告（议案）29 项，开展代表小组活动和代表视察 234 场次，任免国家机关工作人员 93 人次，举行新任职国家机关工作人员向宪法宣誓仪式 3 场，开展执法检查 1 项，作出重大事项决议决定 1 项。市十六届人大一次、二次会议期间和闭会期间，代表提出议案建议 162 件，全部获得答复。市人大常委会机关被清远市人大评为"2020—2021 年度清远市人大新闻宣传工作先进单位"。

人大重要会议

【市委人大工作会议】 2022 年 2 月 25 日，市委召开人大工作会议。主要任务是深入学习贯彻习近平总书记关于坚持和完善人民代表大会制度的重要思想，全面落实中央、省委、清远市委人大工作会议精神，研究部署当前和今后一个时期全市人大工作，奋力开创英德人大工作新局面。市委书记张杨彬就做好新时代英德人大工作，提出三点意见：统一思想、提高认识，进一步增强做好新时代人大工作的政治自觉、思想自觉和行动自觉；围绕中心、服务大局，进一步推动新时代人大工作高质量发展；凝心聚力、强化保障，进一步加强和改进党对新时代人大工作的全面领导。

【市十六届人民代表大会第二次会议】 2022年3月30—31日，英德市第十六届人民代表大会第二次会议在市文化艺术中心召开。市长林明晓、市人大常委会主任陈子匹、市人民法院代院长陈树忠、市人民检察院检察长钟兆勇分别向大会作工作报告。大会听取英德市人民政府工作报告；审查英德市2021年国民经济和社会发展计划执行情况与2022年国民经济和社会发展计划执行情况草案的报告（书面）；审查英德市2021年预算执行情况和2022年预算草案的报告（书面）；听取英德市人民代表大会常务委员会工作报告；听取英德市人民法院工作报告；听取英德市人民检察院工作报告；会议表决通过《英德市人民政府工作报告》《英德市2021年国民经济和社会发展计划执行情况与2022年计划》《英德市2021年预算执行情况和2022年预算》《英德市人民代表大会常务委员会工作报告》《英德市人民法院工作报告》《英德市人民检察院工作报告》等6个报告的决议。依法选举卢共党、张燕辉、胡穗媚为英德市第十六届人民代表大会常务委员会委员。

【人大常委会会议】 2022年，市人大常委会举行会议9次，分别为：

1月21日，举行市十六届人大常委会第二次会议，市人大常委会主任陈子匹，副主任蓝文坚、吴秋凤、肖启纯、卢先河、丘文彪，委员黄志星等36人出席会议。市长林明晓，

▲2022年3月30—31日，英德市第十六届人民代表大会第二次会议在市文化艺术中心召开　　　　　　　　　　（市人大常委会供图）

副市长祝高峰，市纪委监察委主任欧阳誉华，市公安局局长黄构恩，市人民法院院长陈树忠，市人民检察院检察长钟兆勇，市财政局总会计师张金球以及市人大机关各委室非常委会组成人员的正副主任、市人大英城街道工委主任、各镇人大主席列席会议。会议听取和审议英德市人民政府《关于提请审议2021年地方政府新增债券转贷支出预算的议案》；听取和审议英德市人民政府《关于提请审议2021年预算调整方案的议案》；书面听取英德市人民政府《关于2020年国有资产管理情况的综合报告》《关于2021年法治政府建设情况的报告》；决定免去吴小菲的英德市人大常委会选举联络人事任免工作委员会主任职务；免去饶学韶的英德市人大常委会监察和司法工作委员会主任职务；免去陆东锋的英德市人大常委会办公室副主任职务；免去胡穗英的英德市人大常委会环境与资源保护工作委员会副主任职务；决定任命祝高峰为英德市人民政府副市长；决定任命黄构恩为英德市公安局局长；任命卢共党为英德市人大常委会环境与资源保护工作委员会主任；任命胡穗媚为英德市人大常委会选举联络人事任免工作委员会主任；任命陆东锋为英德市人大常委会华侨民族宗教工作委员会副主任；任命陈亦康为英德市人民政府办公室主任；任命杨志斌为英德市市场监督管理局局长；任命邓峰为英德市财政局局长；任命邓志毅为英德市住房和城乡建设局局长；任命肖贞响为英德市文化广电旅游体育局局长；任命刘云林为英德市科学技术局局长；任命林伟建为英德市民政局局长；任命李中诏为英德市交通运输局局长；任命涂小燕为英德市政务服务数据管理局局长；任命黎东平为英德市退役军人事务局局长；任命胡康立为英德市审计局局长；任命邓江浪为英德市信访局局长；任命邓明华为英德市卫生健康局局长；任命王刚为英德市应急管理局局长；任命方武贤为英德市发展和改革局局长；任命邓志坚为英德市医疗保障局局长；任命张朝胜为英德市人力资源和社会保障局局长；任命王小东为英德市统计局局长；任命周兰标为英德市农业农村局局长；任命任大伟为英德市民族宗教事务局局长；任命李书海为英德市林业局局长；任命陈志刚为英德市司法局局长；任命邹五平为英德市水利局局长；任命张新民为英德市教育局局长；任命潘虹为英德市工业和信息化局局长；任命蔡兵为英德市城市管理和综合执法局局长；任命江大湛为英德市监察委员会副主任；任命杨秋菊为英德市人民法院立案庭（诉讼服务中心）副庭长；任命马晓银为英德市人民法院综合审判庭副庭长；任命王敏为英德市人民法院审判员、刑事审判庭副庭长；任命谭卫洪为英德市人民法院审判员；决定接受陈远忠辞去英德市第十六届人大常委会副主任职务；接受饶学韶辞去英德市第十六届人民代表大会社会建设委员会副主任委员、英德市第十六届人民代表大会常务委员会委员职务。

3月21日，举行市十六届人大常委会第三次会议，市人大常委会主任陈子匹，副主任蓝文坚、吴秋凤、肖启纯、卢先河、丘文彪，委员黄志星等35人出席会议。副市长郭成战，市人民法院院长陈树忠，市人民检察院检察长钟兆勇，市监察委员会副主任江大湛，市府办副主任蓝志坚，市发改局局长方武贤，市财政局局长邓峰，市自然资源局局长张智锋，市水利局局长邹五平，市林业局局长李书海，市国资中心主任张海滨，清远市生态环境局英德分局副局长许神球，市人大机关各委室非常委会组成人员的正、副主任，英城街道人大工委主任邓新苗，英红镇人大主席余燕科以及横石塘镇人大主席唐国德列席会议。会议审查和批准市人民政府《关于提请审议建设市区石门台饮用水工程项目（一期）的议案》；任命蓝文坚为英德市第十六届人大常委会代表资格审查委员会主任委员；任命黄志星为英德市第十六届人大常委会代表资格审查委员会副主任委员；任命何可造为英德市第十六届人大常委会代表资格审查委员会委员；任命王莉娟为英德市第十六届人大常委会代表资格审查委员会委员；任命赖文坚为英德市第十六届人大常委会代表资格审查委员会委员；任命涂伟东为英德市第十六届人大常委会代表资格审查委员会委员；任命龙竞为英德市第十六届人大常委会代表资格审查委员会委员。

3月21日，举行市十六届人大常委会第四次会议，市人大常委会主任陈子匹，副主任蓝文坚、吴秋凤、肖启纯、卢先河、丘文彪，委员黄志星等35人出席会议。副市长郭成战，市人民法院院长陈树忠，市人民检察院检察长钟兆勇，市监察委员会副主任江大湛，市府办副主任蓝志坚，市人大机关各委室非常委会组成人员的正、副主任以及英城街道人大工委主任邓新苗列席会议。会议审议通过市十六届人大常委会代表资格审查委员会《关于增（补）选英德市十六届人大代表资格审查情况的报告（草案）》。

3月25日，举行市十六届人大常委会第五次会议，市人大常委会主任陈子匹，副主任蓝文坚、吴秋凤、肖启纯、卢先河、丘文彪，委员黄志星等34人出席会议。副市长李巧玲，市财政局局长邓峰，市发改局局长方武贤，市人民法院副院长陈先敬，市人民检察院检察长邱晓榕，市监察委员会委员陈国球以及市府办党组成员赖小红列席会议。会议审议决定关于接受潘光听辞去英德市第十六届人民代表大会代表职务的请求；审议通过市人大常委会代表资格审查委员会《关于英德市第十六届人民代表大会代表变动情况的报告（草案）》；审议通过市人大常委会《关于召开英德市第十六届人民代表大会第二次会议的决定（草案）》；审议通过市人大常委会《关于列席和邀请列席英德市第十六届人民代表大会第二次会议人员的决定（草案）》；讨论《英德市人民代表大会常务委员会工作报告》；审查英德市2021年预算执行情况和2022年预算草案的报告（书面）；审查英德市2021年国民经济和社会发展计划执行情况与2022年计划草案的报告（书面）；听取《英德市第十六届人民代表大会财政经济委员会工作报告》（书面）；听取《英德市第十六届人民代表大会教科文卫委员会工作报告》（书面）；听取《英德市第十六届人民代表大会社会建设委员会工作报告》（书面）；审议《英德市第十六届人民代表大会第二次会议选举办法（草案）》；审议《英德市第十六届人民代表大会第二次会议民生实事项目表决办法（草案）》；审议英德市第十六届人民代表大会第二次会议的大会议程、大会日程、主席团会议日程，主席团和秘书长、主席团常务主席、执行主席分组、副秘书长、监票人、计票人、议案审查委员会成员名单，代表团（列席人员）编排等有关文件（草案）。

6月20日，举行市十六届人大常委会第六次会议，市人大常委会主任陈子匹，副主任蓝文坚、吴秋凤、卢先河、丘文彪，委员黄志星等37人出席会议。市监察委员会监委主任欧阳誉华，副市长李巧玲，市人民法院院长陈树忠，市人民检察院检察长钟兆勇，市府办副主任颜家洛，人大英城街道工委主任邓新苗，市农业农村副局长李奕业以及市自然资源副局长刘庆毅列席会议。会议讨论《英德市人民代表大会常务委员会议事规则（修正草案）》；听取和审议市人民政府《关于英德市巩固脱贫攻坚成果与乡村振兴有效衔接工作情况报告》；听取市人民政府《关于2021年度土地利用计划执行和土地违法查处情况的报告》；听取市人大常委会监察和司法工委《关于2021年度规范性文件备案审查工作情况的报告》；听取和审议市人民法院《未成年人权益保护工作情况报告》；听取市人民政府《关于英德市2020年度本级预算执行和其他财政收支审计工作报告反映问题整改情况的报告》（书面）；决定免去田军明的英德市监察委员会委员职务；免去陈世兴的英德市人民法院副院长职务；免去陈世兴的英德市人民法院审判委员会委员职务；免去黄永生的英德市人民法院综合审判庭庭长职务；免去黄远梅的英德市人民法院民事审判庭庭长职务；免去陈朝会的英德市人民法院审判员职务；免去林锐的英德市人民法院人民陪审员职务；免去何昊的英德市人民法院人民陪审员职务；免去张桂丽的英德市人民法院人民陪审员职务；免去林翠婷的英德市人民法院人民陪审员职务；免去李柱寿的英德市人民法院人民陪审员职务；决定任命潘斌为英德市人民政府副市长；任命邓绍彩为英德市人大常委会办公室副主任；任命巫肖玲为英德市监察委员会委员；任命黄永生为英德市人民法院民事审判庭庭长；任命陈志和为英德市人民法院综合审判庭庭长。

8月10日，举行市十六届人大常委会第七次会议，市人大常委会主任陈子匹，副主任蓝文坚、吴秋凤、肖启纯、卢先河、丘文彪，委员黄志星等39人出席会议。市委常委、副市长潘斌，市人民法院院长陈树忠，市人民检察院检察长钟兆勇，市监委副主任张帮东，人大英城街道工委主任邓新苗，市府办副主任颜家洛，市发改局局长方武贤，市教育局局长张新民，市自然资源局局长张智锋，市住建局副局长杨霄飞以及市财政局总会计师张金球列席会议。会议审议通过《英德市人民代表大会常务委员会议事规则（修订草案）》；听取市人民政府《关于市区学位均衡供给和市区学校规划建设工作情况的报告》；听取和审议《关于英德市人民检察院开展行政检察工作情况的报告》；听取和审议市人民政府《关于提请审议英德市2022年上半年财政预算执行情况报告的议案》；听取市人民政府《关于英德市2022年上半年国民经济和社会发展计划执行情况的报告》（书面）；听取市人民政府《关于2021年英德市政府债务情况的报告》（书面）；听取市人民政府《关于隐性债务清零工作情况的专题报告》（书面）；听取市人民政府关于《英德市农业机械购置补贴工作情况报告》（书面）；决定免去邓志毅的英德市住房和城乡建设局局长职务；免去邱晓榕的英德市人民检察院副检察长职务；免去黄炳金的英德市人民检察院副检察长职务。

11月3日，举行市十六届人大常委会第八次会议，市人大常委会主任陈子匹，副主任蓝文坚、吴秋凤、肖启纯、卢先河，委员黄志星等35人出席会议。市委常委、副市长潘斌，市人民法院院长陈树忠，市人民检察院检察长钟兆勇，市监委副主任欧阳誉华，人大英城街道工委主任邓新苗，市审计局局长胡康立，市城市管理和综合执法局局长蔡兵，市财政局副局长刘学军，市乡村振兴局常务副局长罗艳云，清远市生态环境局英德分局副局长许神球以及市府办党组成员赖小红列席会议。会议听取和审议市人民政府《关于英德市乡村治理工作情况的报告》；听取市人民政府《关于落实市人大常委会对〈关于英德市巩固拓展脱贫攻坚成果与乡村振兴有效衔接工作情况报告〉审议意见的报告》（书面）；听取市人民政府《关于英德市宗教事务管理工作情况的报告》（书面）；听取市人民政府《关于"全民禁毒工作"实施情况的报告》（书面）；听取市监察委员会《关于落实市人大常委会关于扶贫领域腐败和作风问题专项治理工作情况报告审议意见的情况报告》（书面）；听取和审议市人民政府《关于2021年度环境状况和环境保护目标完成情况的报告》；听取和审查市人民政府《关于英德市2021年本级决算的报告》；听取和审议市人民政府《关于英德市2021年度本级预算执行和其他财政收支审计工作的报告》；审议通过《英德市人民代表大会常务委员会专题询问暂行办法（修正草案）》；审议通过《英德市人民代表大会常务委员会任免国家机关工作人员职务的办法（修正草案）》；审议通过《英德市人大常委会对市人民政府工作部门开展"三问一评"工作评议实施方案（草案）》；会议决定免去郭成战的英德市人民政府副市长职务；免去陆东锋的英德市人大常委会华侨民族宗教工作委员会副主任职务；免去贺顺的英德市监察委员会委员职务；免去吴伟坚的英德市人民法院审判委员会委员职务；免去李广瑶的英德市人民法院民事审判庭副庭长职务；免去杨伟雄的英德市人民法院浛洸人民法庭副庭长职务；免去陈继承的英德市人民法院审判员职务；免去邱晓榕的英德市人民检察院检察委员会委员职务；免去邱晓榕的英德市人民检察院检察员职务；免去黄炳金的英德市人民检察院检察委员会委员职务；免去王小琴的英德市人民检察院检察委员会委员职务；决定任命谢笑为英德市人大常委会监察和司法工作委员会主任；任命刘海涛为英德市住房和城乡建设局局长；任命郑彩娟为英德市人民法院民事审判庭副庭长；任命杨伟雄为英德市人民法院综合审判庭副庭长；任命黄大东为英德市人民检察院检察委员会委员；任命麦静为英德市人民检察院检察委员会委员；决定接受张智锋、李永辉辞去英德市第十六届人民代表大会代表职务；决定接受陆东锋辞去英德市第十六届人民代表大会常务委员会委员职务。

11月21日，举行市十六届人大常委会第九次会议，市人大常委会主任陈子匹，副主任蓝文坚、吴秋凤、卢先河，丘文彪等28人出席会议。市委常委、市监委主任欧阳誉华，副市长、市公安局局长黄构恩，市人民法院院长陈树忠，市人民检察院检察长钟兆勇，市人大监察和司法工委主任谢笑，人大英城街道工委主任邓新苗、市府办党组成员张志彬列席会议。会议听取和评议市人民法院3名法官（杨秋菊、邓祠微、马晓银）和市人民检察院2名检察官（钟伟、郭星华）的履职情况报告；审议决定关于接受梁思、李琴辞去清远市第八届人民代表大会代表职务的请求。

12月15日，举行市十六届人大常委会第十次会议，市人大常委会副主任蓝文坚、委员黄志星等21人出席会议。市委常委、副市长潘斌，市委常委、市监委主任人选张银生，市人民法院副院长陈先敬，市人民检察院副检察长许文生，市府办副主任颜家洺，市交通局局长李中诏，市政数局局长涂小燕，市民政局局长林伟建，市农业农村局局长周兰标，市水利局总工程师张兴全，市国资中心副主任马亲顺，市公路事务中心副主任林伟胜，市供电局副总经理郑正威以及市疾控中心后勤计财室主任范桂安列席会议。会议听取市人民政府《2022年英德市普法与依法治理工作情况汇报》（书面）；听取市人民政府《关于2021年国有资产管理情况的综合报告》（书面）；听取和审议市人民政府《关于英德市2021年企业国有资产管理情况的报告》；听取和审议市人民政府《关于英德市十六届人大一次、二次会议代表建议办理情况报告》；听取和测评市人民政府2022年"十件民生实事"办理工作情况；决定接受欧阳誉华辞去英德市监察委员会主任职务；决定接受罗亚生辞去英德市第十六届人民代表大会代表职务；决定免去黄构恩的英德市人民政府副市长职务和英德市公安局局长职务；免去邓峰的英德市财政局局长职务；免去方武贤的英德市发展和改革局局长职务；决定任命张银生为英德市监察委员会副主任；任命王琼为英德市人民政府副市长和英德市公安局局长；任命罗亚生为英德市财政局局长；任命何路清为英德市人民法院审判员；决定张银生代理英德市监察委员会主任。

【镇（街道）人大主席（主任）座谈会】 2022年9月16日，英德市召开题为"发挥代表作用，展现人大担当"的镇街人大主席（主任）座谈会，全面交流总结换届以来全市各级人大代表依法履职、发挥作用的情况。2022年，市、镇两级人大开展专题询问50场次，听取工作汇报121次，开展视察活动234场次、4424人次代表参加，开展专题调研149场次、2141人次代表参加，召开议事会376场次、6904人次代表参加，组织代表开展志愿服务活动254场次、5598人次代表参加，通过"随手拍"推动为选民群众办好事实事352件。浛洸镇中心联络站、石灰铺镇社区片区联络站、连江口镇连樟片区联络站被清远市人大常委会评为"最美人大代表联络站"。

人大重要活动和主要工作

【人大监督】 2022年，市人大常委会听取和审议市人民政府《关于提请审议2021年地方政府新增债券转贷支出预算的议案》、市人民法院《未成年人权益保护工作情况报告》、市人民检察院《关于英德市人民检察院开展行政检察工作情况的报告》等11项议案报告。审查和批准市人民政府《关于提请审议建设市区石门台饮用水工程项目（一期）的议案》。审查市人民政府《英德市2021年预算执行情况和2022年预算草案的报告》《英德市2021年国民经济和社会发展计划执行情况与2022年计划草案的报告》《关于英德市2021年本级决算的报告》等3项报告。听取市人民政府《关于2020年国有资产管理情况的综合报告》、市监察委员会《关于落实市人大常委会关于扶贫领域腐败和作风问题专项治理工作情况报告审议意见的情况报告》等15项报告，依法监督"一府一委两院"关于国有资产管理、法治政府建设、土地利用计划执行和土地违法查处、市区学位均衡供给和市区学校规划建设、政府债务管理、农业机械购置补贴、宗教事务管理、全民禁毒、扶贫领域腐败和作风问题专项治理等工作的开展。

【人大执法检查】 2022年，市人大常委会配合上级人大组织开展执法检查，重点配合清远市人大常委会组织对《广东省防汛防旱防风条例》在英德市的实施情况开展执法检查。

【规范性文件备案】 2022年，市人大常委会对市政府上报的《英德市人民政府关于印发英德市城镇排水管理办法的通知》等7份规范性文件、市人民检察院上报的《关于印发〈涉未成年人公共利益（负面）清单（第一版）〉的通知》等7份规范性文件进行备案审查，形成完整的备案审查报告，并及时反馈报备单位，敦促报备方修改完善后再予以备案。

【人大专题调研】 2022年，市人大常委会根据《英德市人大常委会2022年监督工作计划》安排，成立由常委会领导蓝文坚、吴秋凤、肖启纯、卢先河、丘文彪担任组长的5个调研组。9月19—30日，调研市政府为民办"十件民生实事"工作，调研组以实地调研、召开座谈会、个别抽查等形式开展工作。11月14日上午，听取市政府办、市民政局、市交通运输局、市水利局、市农业农村局、市政务数据局、市国资服务中心、市公路事务中心、市疾病预防控制中心、市供电局10个相关牵头承办单位汇报民生实事工作进展情况。

在对英德市2022年十件民生实事办理情况的专题调研中，市政府十件民生实事都有一定的进展，但受到资金、政策、时间、用地指标等因素的影响，全面完成压力较大。建议：市政府继续谋划好2023年的民生工作，严格筛选标准，强化调研论证，充分考虑规划、征地拆迁、招投标、群众意愿等因素，提高候选项目成熟度、可行性，使项目实施更有效落地。负责单位要广泛征求群众的意见建议，利用媒体、走访调查、座谈了解等线上线下渠道，倾听民声，了解民意，将群众呼声最高、反映最大、要求最急的事项纳入政府承办范围，提高民生针对性，保证候选项目的普惠性、公益性和社会效益；政府各责任部门单位要高度重视，厘清职能职责，紧盯项目推进，落实有效举措，确保各项民生实事项目落地见效，真正把民生实事项目好事办实、实事办好，向全市人民交上一份满意的答卷。

【英德市头号民生工程"护航"】 2022年,市人大常委会坚持监督与支持并举"护航"英德市头号民生工程。成立英德市石门台饮用水工程规划建设项目全过程人民民主监督工作小组,通过全过程人民民主监督打造党委满意、群众满意的示范"民心工程",做到"民有所呼、我有所应",丰富全过程人民民主的英德实践和英德方式。12月29日,英德市市区石门台饮用水工程项目一期建成正式通水。

【人事任免】 2022年,市人大常委会修正完善《英德市人民代表大会常务委员会任免国家机关工作人员职务的办法》,规范任前法律知识考试、任前承诺发言、投票表决、颁发任命书、向宪法宣誓等程序,依法任免国家机关负责人和工作人员93人次,举行向宪法宣誓仪式3场55人。

【人大代表建议办理】 2022年,市人大常委会对162件代表建议建立"分管主任领衔督办、委室对口督办、邀请代表现场督办"工作机制,推行"一建议一团队"包干全程督办模式,确保件件有着落、事事有行动。人大代表朱文辉提出《关于升级改造永乐村乌石头陂的建议》办理成果,被清远人大推荐至省人大评选十大优秀案例。

【人大代表"以人民为中心"网格式联系服务群众】 2022年,市人大常委会建立人大代表"以人民为中心"联系服务群众"四级网格"工作体制,规范网格图、工作流程图等11项工作,全市2127名四级人大代表全部编入网格,形成以24个镇(街道)人大代表中心联络站为主、93个片区联络站为辅的代表联系群众阵地建设网格式管理、区域化联络格局,搭建好代表履职平台,拓宽代表密切联系群众的渠道。

【最美人大代表联络站创建】 2022年,市人大常委会按照省人大常委会、清远市人大常委会"三化"建设标准,全市建成人大代表中心联络站24个、片区联络站93个、联络点210个,构建"中心站+站+点"网格化体系,打通人大代表联系服务群众"最后一公里"。浛洸镇中心联络站、石灰铺镇社区片区联络站、连江口镇连樟片区联络站被清远市人大常委会被评为"最美人大代表联络站"。

【"三问一评"跟踪监督机制】 2022年,市人大常委会针对市政府工作部门制定"三问一评"跟踪监督工作机制,拟定《英德市人大常委会对市人民政府工作部门开展"三问一评"工作评议实施方案》,并获市委批准,于2023年开始实施。围绕市政府各部门的全年工作、所承担的市政府重点工作和所承办的代表建议,开展年初问计划、年中问进度、年底问结果,在年末对工作落实情况进行满意度测评,实现链条式监督、全过程闭合运作。

【人大新闻宣传】 2022年,市人大常委会配合省、清远市人大办好《人民之声》《广东人大》《清远人大》《清远市人大常委会公报》等刊物,发挥"英德人大"微信公众号的平台作用,及时做好信息发布推送,广泛宣传人大工作动态和人民代表大会制度。市人大机关、各镇(街道)人大新闻宣传的投稿数量明显增加,被"清远人大"微信公众号采稿的数量位居清远市各县(市、区）第一名，被省人大微信公众号采稿的数量位于全省前列。市人大常委会办公室被评为"清远市人大新闻宣传工作先进单位"。

【人大代表活动】 2022年，市人大常委会继续深化"十大行动，'清'你同行"活动，推进"人大代表网格化联系服务群众"工作，推行代表"随手拍"活动，促进代表闭会期间履职制度化、规范化、常态化。制定方案，推进2022年度"更好发挥人大代表作用"主题活动，促使主题活动影响更加突出、效果更加明显。全年市、镇两级人大开展专题询问50场次，开展听取工作汇报121次，开展视察活动234场次、4424人次代表参加，开展专题调研149场次、2141人次代表参加，召开议事会376场次、6904人次代表参加，组织代表开展志愿服务活动254场次、5598人次代表参加，通过"随手拍"推动为选民群众办好事实事352件。

12月17—19日，清远市第八届人民代表大会第二次会议在清远国际会展中心召开，清远市人大代表英德团54名代表参加。会议依法选举31名清远市出席广东省第十四届人民代表大会代表，表决通过《清远市人民代表大会议事规则》。

【人大代表约见市长活动】2022年12月27日，英德市人大常委会组织开展2022年度人大代表约见市长活动，围绕石门台饮用水"一号民生工程"、国道G358线英城至大湾段一级公路改建工程等十件民生实事及人民群众关心关注英德红茶、麻竹笋两大百亿农业产业，教育、医疗卫生健康、交通出行安全等热点难点问题，通过"一对一问询、面对面交流"的方式，推动2022年英德市民生实事落地见效。（黄志星 邓绍彩 龙 竞 姚 勋 林元勋 陆国防）

英德市人民政府

市政府重要会议

【市政府常务会议】 2022年，市政府召开常务会议16次，研究讨论议题282个，主要有：

1月18日，十六届第三次市政府常务会议在市文化艺术中心203室召开。市政府班子成员、党组成员出席会议，列席会议的有：市人大常委会、市政协有关班子成员，市政府办公室副主任，有关议题列席单位主要负责同志。会议主要内容有：听取英德市2021年安全生产工作情况汇报暨专题研究部署2022年第一季度安全生产工作；听取英德市推进落实行政复议体制改革实施工作情况汇报；听取英德市2021年行政诉讼案件败诉和行政机关负责人出庭应诉工作情况汇报；审议《英德市城镇排水管理办法》；研究英德市社会治安视频监控系统二期建设项目维保有关问题等13个议题。

2月23日，十六届第四次市政府常务会议在市文化艺术中心203室召开。市政府班子成员、党组成员出席会议，列席会议的有：市人大常委会、市政协有关班子成员，市政府办公室副主任，有关议题列席单位主要负责同志。会议主要内容有：听取2021年英德市红茶国家级现代农业产业园建设及全市乡村振兴工作情况汇报；传达学习上级有关统计工作文件精神暨听取英德市2021年经济运行分析情况汇报；听取英德市反诈工作情况汇报；甄选2022年十件民生实事项目；审议《英德市化工行业安全发展规划2022—2026年》；审议《英德市道路智能停车系统建设管理方案》；审议《英德市乡村振兴驻镇帮镇扶村资金使用监管细则》等21个议题。

3月17日，十六届第五次市政府常务会议在市文化艺术中心203室召开。市政府班子成员、党组成员出席会议，列席会议的有：市人大常委会、市政协有关班子成员，市政府办公室副主任，有关议题列席单位主要负责同志。会议主要内容有：传达学习《知识产权强国建设纲要（2021—2035年）》暨听取英德市知识产权工作情况汇报；听取英德市2022年第一季度消防工作情况汇报；听取英德市城市生活垃圾分类工作情况汇报；听取英德高新区工作情况汇报；审议2022年《政府工作报告》；审议《英德市2022年财政预算（草案）》；审议《英德市2022年国民经济和社会发展主要指标计划表》；审议《英德市2021年国民经济和社会发展计划执行情况与2022年计划草案的报告》；审议《英德市2022年重点建设项目计划表（草案）》和《英德市2022年重点建设前期预备项目计划表（草案）》等21个议题。

3月28日，十六届第六次市政府常务会议在市文化艺术中心203室召开。

4月26日，十六届第七次市政府常务会议在市文化艺术中心203室召开。市政府班子成员、党组成员出席会议，列席会议的有：市人大常委会、市政协有关班子成员，市政府办公室副主任，有关议题列席单位主要负责同志。会议主要内容有：听取英德市2022年创建全国文明城市工作汇报；听取英德市交通工作情况汇报；听取英德市县域医共体建设工作情况汇报；听取英德市2022年第一季度卫片执法检查和土地管理相关工作情况汇报；听取英德市2022年第一季度经济运行分析情况汇报；审议《英德市人民政府2022年度重大行政决策事项目录》；审议《英德市人民政府2022年度行政规范性文件制定计划》等26个议题。

5月24日，十六届第八次市政府常务会议在市文化艺术中心203室召开。市政府班子成员、党组成员出席会议，列席会议的有：市人大常委会、市政协有关班子成员，市政府办公室副主任，有关议题列席单位主要负责同志。会议主要内容有：听取英德市"数字政府"建设工作情况汇报；听取英德市优化营商环境工作情况汇报；听取英德市全民禁毒工作情况汇报；听取英德市卫生健康工作情况汇报；研究英德市自主择业军队转业干部医疗待遇有关问题；研究调整英德市校园专线运营费用有关问题；研究安排市政府旧址新建公办小学项目建设进度款有关问题；审议《英德市中心城区道路智能停车收费标准制定方案》等15个议题。

6月28日，十六届第九次市政府常务会议在市文化艺术中心203室召开。市政府班子成员、党组成员出席会议，列席会议的有：市人大常委会、市政协有关班子成员，市政府办公室副主任，有关议题列席单位主要负责同志。会议主要内容有：听取英德市2022年上半年全面推行河长制、湖长制工作情况汇报；听取英德市现代农业产业园建设及全市乡村振兴战略实施情况汇报；听取英德市2022年1—5月医保工作情况汇报；研究提升财政统筹保障能力有关问题；研究调整西城污水处理厂用地权属主体和管理事项有关问题；审议《英德市人民政府 清远国能诚创新能源有限公司战略合作框架协议》等27个议题。

7月25日，十六届第十次市政府常务会议在市文化艺术中心203室召开。市政府班子成员、党组成员出席会议，列席会议的有：市人大常委会、市政协有关班子成员，市政府办公室副主任，有关议题列席单位主要负责同志。会议主要内容有：听取英德市基础教育高质量发展工作情况汇报；听取英德市2022年上半年安全生产工作情况汇报暨专题研究部署第三季度安全生产工作；听取关于英德市防汛救灾工作复盘情况汇报；听取关于英德市2022年上半年经济运行分析情况汇报；审议《英德市畜禽养殖发展规划（2021—2035年）》；研究2022年度垦造水田项目建设有关问题；研究垦造水田指标调配交易有关问题等20个议题。

8月5日，十六届第十一次市政府常务会议在市文化艺术中心203室召开。市政府班子成员、党组成员出席会议，列席会议的有：市人大常委会、市政协有关班子成员，市政府办公室副主任，有关议题列席单位主要负责同志。会议主要内容有：听取英德市打击侵犯知识产权和制售假冒伪劣商品工作情况汇报；听取英德市质量强市工作情况汇报；审议《英德市2022年上半年国民经济和社会发展计划执行情况报告》；审议《清远英德天堂抽水蓄能电站项目合作开发协议》；研究调整浛洸镇贵坑水库等5宗水库除险加固工程项目建设规模有关问题；研究安排"一标三实"标准地址信息采集工作经费有关问题；审议《英德市妇女发展规划（2021—2030年）》和《英德市儿童发展规划（2021—2030年）》等11个议题。

8月26日，十六届第十二次市政府常务会议在市文化艺术中心203室召开。市政府班子成员、党组成员出席会议，列席会议的有：市人大常委会、市政协有关班子成员，市政府办公室副主任，有关议题列席单位主要负责同志。会议主要内容有：听取英德市未成年人思想道德建设工作情况汇报；听取英德市生态环境保护工作情况汇报；听取英德市全面推行林长制工作情况汇报；审议《英德市省道、县道国土空间规划（2021—2035）》；审议《英德市镇级及以下集中式饮用水水源保护区调整划分方案》；审议《英德市征收土地青苗及地上附着物补偿办法》；研究盘活2022年部分本级财政资金有关问题等17个议题。

9月23日，十六届第十三次市政府常务会议在市文化艺术中心203室召开。市政府班子成员、党组成员出席会议，列席会议的有：市人大常委会、市政协有关班子成员，市政府办公室副主任，有关议题列席单位主要负责同志。会议主要内容有：听取英德市实施乡村振兴战略工作情况汇报；听取英德市卫片执法检查和土地管理工作情况汇报；听取英德市城市生活垃圾分类工作情况汇报；审议《英德市党政部门及驻英有关单位安全生产工作职责》；审议《2023年部门预算编制标准》；研究2022年"龙舟水"期间应急抢险及公路养护工程等灾后重建工程项目按抢险救灾类项目实施有关问题；审议《英德市县域农村生活污水处理专项规划》等20个议题。

10月21日，十六届第十四次市政府常务会议在市文化艺术中心203室召开。市政府班子成员、党组成员出席会议，列席会议的有：市人大常委会、市政协有关班子成员，市政府办公室副主任，有关议题列席单位主要负责同志。会议主要内容有：听取英德市2022年前三季度文化旅游体育工作情况汇报；听取英德市食品药品安全工作情况汇报；听取英德市2022年前三季度消防工作情况汇报；听取英德市2022年第三季度安全生产工作情况汇报暨专题研究部署第四季度安全生产工作；听取英德市优化营商环境工作情况汇报；审议《英德市综合交通运输"十四五"发展规划》；审议《英德市历史文化名城保护规划（2020—2035年）》和《广东省历史文化名镇英德市浛洸镇保护规划（2021—2035年）修编》；研究英德市职业技术学校迁建选址有关问题等21个议题。

11月10日，十六届第十五次市政府常务会议在市文化艺术中心203室召开。市政府班子成员、党组成员出席会议，列席会议的有：市人大常委会、市政协有关班子成员，市政府办公室副主任，有关议题列席单位主要负责同志。会议主要内容有：听取英德市2022年普法工作情况汇报；听取英德市全民禁毒工作情况汇报；传达学习上级有关统计工作文件精神暨听取英德市2022年前三季度经济运行分析情况汇报；听取英德市2022年重点项目建设工作情况汇报；审议《英德市优化政务营商环境三项制度（试行）》；审议《英德市突发事件总体应急预案》；审议《英德市生态环境保护"十四五"规划》等19个议题。

11月24日，十六届第十六次市政府常务会议在市文化艺术中心203室召开。市政府班子成员、党组成员出席会议，列席会议的有：市人大常委会、市政协有关班子成员，市政府办公室副主任，有关议题列席单位主要负责同志。会议主要内容有：传达学习《广东省实施〈中华人民共和国消防法〉办法》等文件精神暨研究部署英德市消防工作；审议《英德市关于举报违法采运河砂行为的奖励办法》；审议《英德市畜禽养殖污染防治规划（2021—2025）》；审议《英德市2022年"广东扶贫济困日"活动捐赠善款使用实施方案》；研究追加安排疫情防控物资采购经费有关问题；研究将公路养护经费纳入部门预算有关问题等15个议题。

12月6日，十六届第十七次市政府常务会议在市文化艺术中心203室召开。市政府班子成员、党组成员出席会议，列席会议的有：市人大常委会、市政协有关班子成员，市政府办公室副主任，有关议题列席单位主要负责同志。会议主要内容有：听取英德市保障农民工工资支付工作情况汇报；听取英德市城市生活垃圾分类工作情况汇报；传达国家矿山安全监察局广东局到英德市开展矿山安全生产调研监察反馈意见暨听取全市非煤矿山安全工作情况汇报及研究部署相关工作；审议《英德市公安机关警务辅助人员管理办法》及配套实施细则；研究安排2023年新冠疫情防控经费有关问题等10个议题。

12月29日，十六届第十八次市政府常务会议在市文化艺术中心203室召开。市政府班子成员、党组成员出席会议，列席会议的有：市人大常委会、市政协有关班子成员，市政府办公室副主任，有关议题列席单位主要负责同志。会议主要内容有：听取2022年政务公开工作情况汇报；听取2022年国家城乡融合发展试验区连樟样板区规划建设和试验改革工作情况汇报；听取英德市粮食储备工作情况汇报；听取英德市政府系统2022年党风廉政建设工作情况汇报；听取英德市2022年法治政府建设和行政规范性文件合法性审核工作情况汇报；审议《市委宣传部、市司法局关于开展法治宣传教育的第八个五年规划》；审议《英德市2020年集体建设用地和农用地基准地价体系建设项目成果》；审议《英德市教育发展"十四五"规划》等24个议题。

【2022年英德市征兵工作会议】 2022年1月13日，在市文化艺术中心206室召开，出席人员有市委副书记、市长林明晓，市人武部部长、市征兵办公室主任蔡创，市征兵办领导小组成员单位负责同志，各镇（街道）政府（办事处）主要负责同志、武装部部长、派出所所长。会议总结英德市2021年征兵工作情况，部署2022年征兵工作任务，表彰先进工作单位和个人，九龙镇征兵办作经验介绍，最后市长林明晓作讲话。会议强调，征兵工作事关国防和军队质量建设，事关国家安全统一和领土完整。各镇（街道）、各部门要以对国防和军队高度负责的态度，把征兵工作作为"讲政治、拼经济、惠民生"的具体行动，强化责任担当、认真安排部署、精心组织实施，严格抓好征兵工作组织协调、宣传发动、体格检查、政治考核等环节工作，确保按照时间节点圆满完成春季征兵任务。

【英德市土地储备有关工作会议】 2022年3月23日，在市文化艺术中心203室召开，出席人员有市领导林明晓、钱金勤、袁城俊，市直（驻英德）有关单位主要负责同志，相关镇（街道）政府（办事处）主要负责同志。会议听取市土地储备局到清新区、佛冈县学习土地储备工作先进经验有关情况的汇报以及下一步工作计划，参会单位就土地储备有关工作进行讨论与研究，市领导钱金勤、袁城俊提出意见建议，市长林明晓作总结讲话。会议强调，土地不仅是项目落地建设的基础要素，更是做好城市管理、推进经济高质量发展的有力支撑。各镇（街道）、各相关部门要提高政治站位，深刻认识做好土地开发储备出让工作对于规范土地市场运行、促进土地资源高效配置和合理利用的重要意义，坚持政府主导、统筹改革、规划先行的原则，严格按照土地征收、储备、报批、出让程序开展工作，确保各项工作稳妥有序推进，为全市经济社会发展和城市建设提供有力的用地保障。

【2022年英德市政府全体成员（扩大）会议暨党风廉政工作会议】 2022年4月1日，在市文化艺术中心206室召开，出席人员有市政府领导班子成员、市政府党组成员，市府办副主任，市直（驻英德）有关单位主要负责同志，各镇（街道）政府（办事处）主要负责同志，市委、市人大、市政协负责同志，市纪委监委主要负责同志，市人大办、市政协办、市武装部、市法院、市检察院负责同志。会议听取有关部门汇报2022年重点工作，市领导就分管领域进行工作部署，常务副市长钱金勤通报2021年英德市政府党风廉政工作情况并部署2022年工作，市纪委监委主要负责同志发

表讲话，最后市长林明晓作总结发言。会议强调，面对复杂的外部环境，要坚定信心、保持定力，各项工作取得不错的成绩，但也要清醒地看到，2022年稳增长的压力仍然很大。各部门各镇（街道）要充分认清形势，进一步坚持目标导向、问题导向、结果导向，集中精力完成2022年经济工作各项目标任务以及8项重点工作，统筹好发展和安全，确保经济持续向好。领导干部要率先垂范，带头守好作风"警戒线"，坚决抵制违规发放补贴等行为，深入贯彻落实中央八项规定及其实施细则精神，不断提升基层党风廉政建设工作水平。

【2022年英德市重点项目建设、专项债支出进度和驻镇帮镇扶村项目建设工作推进会】 2022年4月18日，在市文化艺术中心203室召开，出席人员有市领导林明晓、蓝兴强、钱金勤、李巧玲，市直（驻英德）有关单位主要负责同志，相关镇（街道）政府（办事处）主要负责同志。会议听取英德市重点项目建设、专项债支出进度和驻镇帮镇扶村项目有关建设情况，各参会单位就相关问题作表态，市领导蓝兴强、钱金勤、李巧玲提出意见建议，市长林明晓作总结讲话。会议强调，各镇（街道）、各相关部门要从讲政治的高度，深刻认识当前抓好重点项目、专项债项目和乡村振兴项目建设的重要意义，牢固树立"项目为王"理念和全市"一盘棋"意识，齐心协力加快项目建设进度和资金支出进度，为英德高质量发展注入更多新的动能。

【英德市违法用地问题整治工作推进会议】 2022年5月19日，在市文化艺术中心203室召开，出席人员有市领导林明晓、袁城俊，市直（驻英德）有关单位主要负责同志，相关镇（街道）政府（办事处）主要负责同志，市自然资源局主要负责同志、分管负责同志及有关业务股室负责同志。会议听取英德市2021年土地卫片违法用地暨新增农村乱占耕地建房问题情况并部署下一阶段工作，相关镇（街道）就违法用地问题整治工作进行汇报，市长林明晓作总结讲话。会议强调，违法用地问题整治工作事关全市经济社会发展大局，事关耕地保护红线和粮食安全，任务艰巨、责任重大，各镇（街道）、各有关单位一定要将思想和行动高度统一到市委、市政府的部署和要求上来，主动作为、协同攻坚，确保违法、违规用地整治到位，为英德市经济社会高质量发展提供强有力的保障。

【全市道路交通安全"百日攻坚（第六轮）"行动工作推进会】 2022年6月1日，在市文化艺术中心106室召开，出席人员有市领导林明晓、黄构恩，市直（驻英德）有关单位主要负责同志，市委宣传部、市公安局分管负责同志，各镇（街道）道路交通安全工作联席会议第一召集人，公安交警大队中队长以上负责同志，市道安办工作专班人员。会议总结"百日攻坚（第五轮）"行动工作情况并部署"百日攻坚（第六轮）"行动，市长林明晓作总结讲话。会议强调，道路交通安全事关千家万户，事关平安大局！要以人民安全为宗旨，上下一心，真抓实干、积极推动百日攻坚行动顺利开展，全面筑牢道路交通安全的防护墙，为老百姓安全出行保驾护航，为推动英德经济社会高质量发展、党的二十大胜利召开营造安全稳定的社会环境。

【英德市粮食生产暨复工复产进度督导会】 2022年7月29日，在市文化艺术中心203室召开，出席人员有市领导林明晓、蓝兴强、潘斌、钱金勤、李巧玲、郭成战，市直（驻英德）有关单位主要负责同志，各镇（街道）党（工）委主要负责同志。会议传达清远市粮食生产工作电视电话调度会议精神，通报当前全市粮食生产工作情况并部署下一步工作，听取了有关单位汇报复工复产有关情况，市长林明晓作总结讲话。会议强调，各镇（街道）、各部门要认清当前粮食安全面临的新形势、新任务，始终绷紧保障粮食安全这根弦，按照清远市要求，严格落实面积、产量、指标任务，守好自己的"责任田"，全力扎牢"米袋子"，为保障粮食安全作出应有贡献。

【英德市防汛救灾复盘工作座谈会】 2022年8月2日，在市应急指挥中心（人社大楼二楼）召开，出席人员有市领导林明晓、蓝兴强、钱金勤、罗伟权、刘伟荣、蔡创、肖启纯、黄构恩、袁城俊、郭成战，市防汛防旱防风指挥部成员单位负责同志。会议听取防汛救灾复盘工作有关情况汇报，有关市领导发言，市长林明晓作总结讲话。会议强调，防汛救灾是一场整体战、系统战，做好防汛救灾复盘、后汛期防御工作意义重大、责任重大，要主动扛起沉甸甸的政治责任，牢固树立一盘棋思想，认真梳理复盘查摆出来的问题，建立台账，狠抓整改，以实际行动保障人民群众生命财产安全。

【市区石门台饮用水工程（一期）推进会】 2022年10月18日，在市区石门台饮用水工程项目指挥部736室召开，出席人员有市领导林明晓、蓝文坚，市直（驻英德）有关单位负责同志，参建单位负责人。会议听取市区石门台饮用水工程推进情况汇报，市直（驻英德）有关单位结合工作实际和职能提出相关意见，市长林明晓、市人大副主任蓝文坚分别作讲话。会议强调，市区石门台饮用水工程是一件关系广大人民群众生产生活、关系子孙后代的大事，是一项社会关注、群众期盼的重大民生工程，也是市委、市政府对英德人民作出的庄严承诺。各单位要牢固树立"一盘棋"思想，进一步增强责任意识，理清工作思路，在确保安全和工程质量的基础上，倒排工期，挂图作战，全力以赴做好各项工作任务，齐心协力加快推进项目进度，确保工程项目早日建成投用。

【英德市经济形势研判会议】 2022年11月2日，在市行政中心综合楼951会议室召开，出席人员有市委副书记、市长林明晓以及参与政府工作分工的市委常委、副市长，市直（驻英德）有关单位主要负责同志。会议听取2022年1—9月经济运行情况及各项指标预测情况、固定资产投资和重点项目建设情况，常务副市长钱金勤部署全年度经济运行目标任务，参会单位进行充分交流并作表态发言，市长林明晓作总结讲话。会议强调，各镇（街道）、各部门要学深悟透党的二十大精神，聚焦重点企业和项目，紧盯目标任务，落实好国家、省、清远市稳经济"一揽子"政策措施，攻坚克难、加压奋进，全力抓好经济工作，巩固拓展经济发展

"稳"的基础，不断加力提速推进各项工作，力争各项工作取得最好结果。

【英德市安全生产和消防安全工作会议】 2022年11月28日，在市文化艺术中心106室召开，出席人员有市委副书记、市长林明晓，市委宣传部、市委统战部、市公安局分管负责同志，市直（驻英德）有关单位主要负责同志，各镇（街道）党委或政府主要负责同志和政府分管负责同志，镇（街道）应急办、消防办（中心）主任。会议强调，各镇（街道）、各部门要深入学习贯彻习近平总书记重要指示精神，坚持系统思维，高效统筹疫情防控和经济社会发展，统筹好发展和安全，全面开展风险隐患大排查大整治，大力抓好森林防灭火和防灾减灾，把安全生产各项工作落细落实落到位，坚决防范遏制重特大事故发生。

【市人大代表约见市长座谈会】 2022年12月27日，在市文化艺术中心203室召开，出席人员有市人大常委会班子成员及各办委主要负责同志，市人大代表，市长、分管市政府工作的常委、副市长，市政府有关部门及有关单位主要负责人。会议围绕市政府2022年十件民生实事的进展情况和人民群众普遍关心的教育、医疗卫生健康、交通出行安全及英德红茶、麻竹笋两大百亿产业等问题进行面对面交流，市长林明晓以及相关领导回答有关问题并作表态发言。会议强调，民事不可缓，民生大于天。市政府会本着对党负责、对历史负责、对人民负责的态度，坚持问题导向和目标导向，加快补齐民生领域的短板，以更大的决心和力气推动民生工作落地见效。
（陈志伟）

市政府重要政事与决策

【英德市重污染天气应急预案（修订）】 2022年1月25日，市政府印发《英德市重污染天气应急预案（修订）》，建立健全重污染天气应对机制，提高重污染天气防范预警和应对能力，最大限度控制和减缓重污染天气造成的危害，保障公众身体健康，维护环境安全和社会谐稳定。

【英德市城镇排水管理办法】 2022年2月10日，市政府印发《英德市城镇排水管理办法》，加强城镇排水管理，保障排水设施安全运行，防治城镇水污染及内涝灾害，保障公民生命、财产安全和公共安全，保护生态环境，促进经济和社会的科学发展。

【英德市危险化学品禁止、限制和控制目录（试行）】 2022年3月21日，市政府印发《英德市危险化学品禁止、限制和控制目录（试行）》，进一步明确危险化学品禁止、限制和控制目录。

【英德市化工行业安全发展规划（2022—2026）】 2022年4月14日，市政府办公室印发《英德市化工行业安全发展规划（2022—2026）》，指导和保障本地区规划期内化工行业的安全发展。

【英德市乡镇渡口渡船运行管理实施方案（暂行）】 2022年4月29日，市政府办公室印发《英德市乡镇渡口渡船运行管理实施方案（暂行）》，保障渡口渡船运行安全和确保渡工的稳定性，全面提升农村客（渡）运安全和服务水平。

【英德市人民政府2022年度行政规范性文件制定计划】 2022年5月18日，市政府办公室印发《英德市人民政府2022年度行政规范性文件制定计划》，公布2022年度行政规范性文件制定计划。

【英德市人民政府2022年度重大行政决策事项目录】 2022年6月17日，市政府办公室印发《英德市人民政府2022年度重大行政决策事项目录》，公布2022年度8项重大行政决策事项。

【英德市应急管理"十四五"规划】 2022年8月12日，市政府印发《英德市应急管理"十四五"规划》，指导和保障"十四五"时期英德市应急管理事业改革发展。

【《英德市妇女发展规划（2021—2030年）》《英德市儿童发展规划（2021—2030年）》】 2022年8月19日，市政府印发《英德市妇女发展规划（2021—2030年）》《英德市儿童发展规划（2021—2030年）》，指导和保障英德市妇女、儿童事业发展。

【英德市畜禽养殖发展规划（2021—2035年）】 2022年9月16日，市政府办公室印发《英德市畜禽养殖发展规划（2021—2035年）》，指导和保障英德市畜禽养殖产业现代化发展。

【英德市气象灾害应急预案】 2022年9月28日，市政府办公室印发《英德市气象灾害应急预案》，强化气象灾害监测预报预警能力，加强气象灾害风险科学防控，提升气象灾害防御法治化水平，完善党委领导、政府主导、统一指挥、上下联动、规范协同的气象灾害应急管理体系。

【广东省英德市地质灾害防治"十四五"规划】 2022年10月18日，市政府印发《英德市地质灾害防治"十四五"规划》，指导和保障"十四五"期间英德市地质灾害防治管理规范化、科学化发展。

【英德市县域农村生活污水治理专项规划（2020—2025年）】 2022年10月24日，市政府办公室印发《英德市县域农村生活污水治理专项规划（2020—2025年）》，指导和保障农村生活污水处理设施建设改造和运维管理。

【英德市创新驱动发展专项资金管理暂行办法】 2022年11月16日，市政府办公室印发《英德市创新驱动发展专项资金管理暂行办法》，加快实施创新驱动发展战略，规范英德市创新驱动发展专项资金管理，优化专项资金配置，提高财政资金的使用效益。

【英德市畜禽养殖污染防治规划（2021—2025）】 2022年11月30日，市政府办公室印发《英德市畜禽养殖污染防治规划（2021—2025）》，推进畜禽养殖污染防治工作，优化养殖结构，推动实现畜禽养殖业高效、快速、优质发展。

【英德市生态环境保护"十四五"规划】 2022年12月5日，市政府办公室印发《英德市生态环境保护"十四五"规划》，科学谋划、系统部署"十四五"期间英德市生态环境保护工作的主攻方向、目标任务、重大工程。

【英德市综合交通运输"十四五"发展规划】 2022年12

月5日，市政府印发《英德市综合交通运输"十四五"发展规划》，系统谋划"十四五"期间英德市综合交通运输发展目标、重点任务及保障措施等工作内容。（陈志伟）

政务服务

【概况】 2022年，英德市政务服务数据管理局（以下简称"市政务服务数据管理局"）重点推进"放管服"改革；做好政务服务管理；推动"数字政府"改革建设；提高12345政务服务热线工单办结率和满意率；推进公共资源交易标准化建设。

2022年市政务服务中心进驻审批服务部门25个，设立服务窗口97个，受理各类办件15.95万件，已办结15.95万件。

【民生实事建设】 2022年，英德市完成一体化政务服务平台升级建设并投入使用。全市一体化在线政务服务平台进驻部门总数358个，可签发电子证照77种，累计签发250个，通过省电子证照库共享支持200个电子证照免证调用，支持3487个事项提供免证办服务，支持200个材料免提交；通过打通省电子印章平台实现市、镇、村152个电子印章的调用。完善政务服务大厅标志标识设置，规范政务服务标准，更新服务大厅标志标识，印制各入驻大厅单位的高频事项办事指南，组织大厅管理员、导办员及窗口工作人员参加政务礼仪、适残化手语等培训，提升窗口工作人员服务水平，制定系列窗口工作人员考评办法，选出优秀工作人员或党员通报表扬，完成政务大厅适老化、适残化专区的改造，完善升级无障碍设施、服务；在24镇（街道）、299个村（社区）党群服务中心及广德园区部署350台"粤智助"政府服务一体机，实现市、镇、村三级全覆盖，打通政务服务"最后一百米"，全年全市"粤智助"产生业务41.42万笔，服务群众16.78万人次。

【"放管服"改革】 2022年，市政务服务数据管理局推动县级政务服务事项下放镇（街道）实施，《英德市县级政务服务事项调整由乡镇街道实施目录（第一批）》经十六届第五次市政府常务会议审议通过，有6个部门，35项事项委托到镇（街道）实施；建立"容缺受理"工作制度。1月印发《英德市政务服务大厅行政审批容缺受理制度》，覆盖全市26个部门的308个事项，有效期5年；推动政务服务"一网通办"。全市36个部门，供气供电供水3个单位，24个镇（街道）和299个村（社区）均已进驻广东政务服务网；全市1064项依申

▲2022年2月15日，英德市加快推进"粤智助"政府服务自助机推广应用工作会议在市文化艺术中心召开
（市政务服务数据管理局供图）

请类事项和602项公共服务事项都可以网上申办或查询；除涉密事项外，行政许可类事项网办率100%；在广东政务服务网上线67项"一件事"特色主题服务。

【政务服务管理】 2022年，市政务服务数据管理局在政务服务大厅调整优化住建、交通等窗口布局，企业开办专区受理1751件业务，为1313个企业发放开业礼包（营业执照和2枚免费印章），工程建设项目审批专窗受理1155件业务；增加税务窗口数量和税务业务可办事项，提高政务服务中心的可办理事项数；新增便民自助免费复印服务，免费为群众复印19.65万张，按每张1元计算，已为企业和群众节省资金19.65万元。英德市一体化在线政务服务平台产生红黄牌49张，已办理49张，整改率100%。

【"数字政府"建设】 2022年，市政务服务数据管理局推动"数字政府"改革建设工作，成立英德市推进"一网统管"试点建设工作领导小组和工作专班，编制和印发《英德市"一网统管"实施方案》，与数广清远、英德移动、英德电信、英德联通公司签订战略合作协议。截至2022年底，已按照省域"一网统管"试点建设任务，完成英德市"政务服务"和"应急减灾"专题建设，并通过英德"粤治慧"平台与省级平台对接；推进数据资源"一网共享"。42个部门和24个镇（街道）完成数据资源编目挂接918个，232个数据集通过"开放广东"平台向公众开放；做好"粤省事""粤康码""粤政易""粤商通"等"粤"系列平台的推广及技术支持工作，全市"粤商通"App市场主体用户数6.38万户，注册率87.1%，排在清远各县（市、区）前列；全年市政府办公互联网、政务外网和电子政务云平台等网络信息系统全年无重大网络信息安全事故发生，累计开展中心机房突发停电中断网络服务应急演练1次；修复系统漏洞2.5万个（次），其中高风险漏洞2.29万个（次）、中低风险漏洞2150个（次），查杀病毒木马16.5万个（次），拦截Web漏洞攻击14.9万次，阻断僵尸网络扩散256.2万次，拒绝网站非法访问39.1万次。

【政务服务便民热线管理】 2022年，英德市12345政务服务便民热线平台系统有102个成员单位，成员单位涵盖全市所有市直单位和24个镇（街道）以及驻英德单位。全年热线平台收到清远市热线中心转派热线工单4.01万单，已回复处理4万单，其中时限内回复处理4万单，时限内已受理待办结工单168单，工单按时回复率100%，工单处理结果满意率98.7%。

【公共资源交易】 2022年，英德市公共资源交易业务总量2202宗，完成交易2005宗，流挂197宗，交易金额27.8亿元，节约财政资金0.99亿元，实现资产溢价0.33亿元。（卢　亮）

机关事务管理

【概况】 2022年，英德市机关事务管理局重点做好英德市行政中心日常管理和政府机关饭堂经营管理工作；规范物资采购及"三公"经费管理；做好会议会务后勤保障工作；完善公务员用车管理工作；做好行政中心安全秩序管理。执行政府采购法律法规，规范关于采购项目报送的相关事项，全年会议经费比2021年下降36.5%，公务用车运行维护费下降1.5%，公务接待费下降13.1%。全年市机关事务管理局承接会议服务1899场次，其中市行政服务中心841场次、市文化艺术中心1058场次。成功劝导上访群众46批，疏散上访群众385人次，上访群众比2021年下降7批次。

【行政中心后勤管理】 2022年，市机关事务管理局利用节假日维修及改造行政中心基础建设，完成玻璃连廊、饭堂天花等部位防水补漏，新调配办公室的改造、翻新，地下车库雨棚、电动车雨棚翻新处理等工程72项。研究印发《关于市行政中心加强节约用电工作的通知》，明确行政中心公共区域照明的开关时间，同时市政府综合楼电梯实行分层运行模式，提高市行政中心综合楼电梯运行效率，降低能耗，保障电梯运行安全。发挥人防加技防作用，强化市行政中心集中办公区疫情防控工作，严格单位办公场所出入管理，做好办公场所的清洁消毒工作，确保机关工作正常平稳运转。

【办公用房管理】 2022年，市机关事务管理局转发《英德市人民政府办公室关于印发英德市党政机关办公用房权属统一登记工作方案的通知》，牵头收集党政机关办公用房权属情况。3月18日，市机关事务管理局联合市财政局和市不动产中心召开专题会议，梳理全市党政机关办公用房基本情况、办公用房权属统一登记中存在的困难问题；4月13日，印发《关于推进英德市党政机关办公用房权属统一登记工作的补充通知》，截至12月31日，收集到58个党政机关、210处土地或房屋权属信息；收集22个镇（街道）、177处土地或房屋权属。3月23日—4月5日，市机关事务管理局配合市纪委组织开展全市党政机关（含下属事业单位）、国有企业办公用房使用情况自查自纠工作。对存在违规使用办公用房的单位，立即派人员到现场指导整改落实，确保如期完成整改工作。按照《关于做好全国党政机关办公用房信息统计报告工作的通知》要求，按时完成全市2022年党政机关办公用房信息统计报告及上报工作。

【公务用车管理】 2022年，市机关事务管理局办结全市公务用车配备业务26单，新配备公务用车52辆（机要通信用车3辆、综合保障业务用车5辆、应急用车6辆、特种专业用车22辆、执法执勤用车15辆），其中新能源汽车20辆，新能源车占38.5%。落实《英德市公务用车综合服务平台管理制度》，抓牢司机安全意识教育，实行定点维修、定点加油、定点保险、定期保养，确保行车安全。平台管理车辆41辆，全年平台车辆出车5460辆次，行驶里程84.29万公里。车辆维修费用35.75万元，下降0.7%；用油费用59.46万元，下降2.5%；护理及其他费用42.07万元，下降0.07%。

【机关饭堂管理】 2022年，市机关事务管理局推动第二饭堂新旧承包商交接，按程序报废一批使用时间长、损坏严重的饭堂资产，重新配置厨房用具，协助新承包商如期开业。2021年12月15日，调整市政府机关饭堂财政补贴（中、晚餐）标准，2个机关饭堂财政补贴（未含固定经费）比2021年上升0.3%。 （张润华）

政协英德市委员会

政协综述

【概况】 2022年,政协第十三届英德市委员会(以下简称"市政协")召开常委会会议3次(另一次因疫情防控延期召开),召开政协全体委员会议1次,政协委员围绕市委、市政府的中心工作,围绕发展重点、社会热点和工作难点,开展专题调研视察活动,提出有分析、有具体建议的提案68件(含并案),供市委、市政府及有关部门决策参考。

政协重要会议

【市政协全体委员会议】 2022年3月28—30日,政协第十三届英德市委员会第二次会议在市文化艺术中心召开。市政协党组书记、主席廖敬华,市政协党组副书记王珍子,市政协党组副书记、副主席陈茂奕,赵辉、李慧萍、巫定敬、林超富、蓝冬松及政协委员273人参加会议,市委、市人大常委会、市政府主要领导应邀出席会议。会议听取和审议市政协第十三届委员会常务委员会工作报告;进行大会议政发言。会议期间,委员列席市人大十六届二次会议,听取和审议市政府工作报告。通报政协第十三届英德市委员会第二次会议提案征集情况;通过政协第十三届英德市委员会第二次会议决议。中共英德市委书记张杨彬参加闭幕式并作讲话。

【市政协常务委员会会议】 政协第十三届英德市委员会常务委员会第一次会议 2022年3月28日,政协第十三届英德市委员会第一次常委会会议在市文化艺术中心召开。市政协党组书记、主席廖敬华,市政协党组副书记王珍子,市政协党组副书记、副主席陈茂奕,副主席赵辉、巫定敬、李慧萍、林超富、蓝冬松及政协常委54人参加会议。会议由政协党组书记、主席廖敬华主持。会议传达学习中央经济工作会议精神;传达学习习近平总书记重要讲话精神及全国政协十三届五次会议精神;协商通过市政协十三届二次会议议程、日程;审议通过政协十三届二次会议常委会工作报告(草案);审议通过市政协十三届二次会议主席团成员名单,大会秘书长、副秘书长名单,主席团成员分组名单(草案);协商通过市政协十三届二次会议特邀人员名单(草案);通过关于成立市政协十三届二次会议临时党支部的说明;审议通过市政协委员调整有关事项,同意陈子平、宋慧琴、娄伟民、杨俊峰、

▲2022年3月28—30日,政协第十三届英德市委员会第二次会议在市文化艺术中心召开

(市政协供图)

林贤发、丁江浩等6名委员辞职；审议通过英德市政协委员履职量化综合评价办法。

政协第十三届英德市委员会常务委员会第二次会议 2022年5月18日，政协第十三届英德市委员会第二次常委会会议在市文化艺术中心召开。市政协党组书记、主席廖敬华，市政协党组副书记王珍子，市政协党组副书记、副主席陈茂奕，副主席赵辉、巫定敬、李慧萍、林超富、蓝冬松及政协常委44人参加会议。会议由政协党组书记、主席廖敬华主持。会议学习习近平总书记关于加强和改进人民政协工作的重要思想和中央政协工作会议精神；与会常委参加全国政协视频培训班；协商通过市政协党组（常委会）2022年工作要点；根据市委组织部有关文件精神，协商通过市政协机关人事调整事项，审议同意马世航同志因退休辞去常委、委员职务，免去其市政协提案委员会主任职务。

政协第十三届英德市委员会常务委员会第三次会议 2022年9月27—28日，政协第十三届英德市委员会第三次常委会会议召开。市政协党组书记、主席廖敬华，政协党组副书记、副主席陈茂奕，副主席赵辉、巫定敬、李慧萍、林超富、蓝冬松及政协常委50人参加会议。会议由政协党组书记、主席廖敬华主持。9月27日下午，与会常委视察英德市区石门台饮水工程建设（一期）项目，听取该工程推进情况介绍。28日上午，会议在市文化艺术中心会议室召开，市政协党组书记、主席廖敬华主持会议。会议学习习近平总书记出席庆祝香港回归祖国25周年活动重要讲话精神，以及《中国共产党政治协商工作条例》。会上，市政协常委陈燕梅交流学习心得体会。英德市委常委、副市长祝高峰参加会议，通报英德市2022年上半年经济社会发展情况及政协提案办理情况。市政协党组成员、秘书长邵石柱汇报专题调研成果，会议围绕"构建畅通高效的物流通道，助力'两大百亿产业'提质增效"开展专题协商议政。

政协重要活动和主要工作

【政协提案】 2022年5月18日，在政协第十三届英德市委员会第二次会议上，全体政协委员围绕市委、市政府的中心工作和人民群众普遍关心的热点难点问题，以关注民生，认真履职为突破口，开展调查研究，积极建言献策，提出有情况、有分析、有建议的提案79件，其中集体提案6件。

【政协协商议政、民主监督】 2022年，市政协围绕市委、市政府重点工作部署，开展协商议政，在服务英德高质量发展中发挥好专门协商机构作用。政协委员提交《推进数字农业建设，打造对接"双区"优质农产品基地》等42件议政材料。其中，委员提出的106条意见建议被有关部门采纳。做好专题调研协商，由主席会议成员带领6个专题调研组到工业园区、各镇（街道）开展36次专题调研，组织开展"推动工业经济高质量发展"等专题议政建言；围绕提高食品安全监管水平、改善农村人居生活环境等民生实事开展视察调研，开展"优化营商环境，建设创业型城市""推进共建共治共享社会治理"等专题协商，提出意见建议89条。坚持把视察作为民主监督的重要抓手，围绕重点项目建设、文明城市创建、普法宣传、交通安全管理、环境整治等工作，协调开展56人次的专项视察监督活动，提出意见建议132条，促进相关工作落实。选派推荐委员参加政府工作报告座谈会、担任检察院案件听证员，以及参与教育、环保等方面的活动。据统计，政协委员参加市检察院案件听证会60多人次，参加市环保局、市委办、市教育局、市司法局等部门的类似活动22人次。

【文史资料】 2022年，市政协组织文史委员开展乡野调查，开展文史专题会议、学习、调研等活动。挖掘、整理英德的水陆古驿道、古村落（古祠堂）、过山瑶、英石，中小河流域治理等史料。编辑出版《英德故事》等文史专辑。组织专家学者在浛洸镇召开米芾文化研讨会；组织文史专家参加松岗围、鱼咀村保护发展规划专家论证会；在英红镇召开2022年英德政协文史工作会议；到阳山县、佛冈县、清新区及英德英城、石牯塘、桥头等镇调研刺绣文化，撰写关于振兴清远刺绣文化的调研报告；开展《激活非遗文化产业，助力英德乡村振兴发展》专题调研；参加在封开县召开的"第六届广府文化论坛"；调研东江纵队英德红色资源，为韶关市政协举办的"弘扬东纵精神，凝聚奋进力量"研讨会撰写论文，形成《挖掘东江纵队英德红色资源，助推以红色村落旅游为主线的文旅产业发展》调研报告。

【政协联络活动】 2022年，市政协配合省、清远市政协及周边县（市、区）政协到英德开展调研、交流活动。加强同民主党派、工商联、人民团体、无党派人士和各界人士的合作共事。加强粤港澳联谊交流，帮助港资企业抓好新冠疫情防控和复工复产工作；引导港澳委员爱国爱港，融入粤港澳大湾区建设。加强与社会组织、社会新阶层代表人士的联系，支持和推进政协工作向基层延伸。针对推进乡村振兴战略实施的重点和难点，研究制约英德现代农业发展的短板问题，引导各镇（街道）持续推进农业供给侧改革，做强、做大"英德红茶""麻竹笋"等特色农业品牌，组织政协委员开展"百企扶百村"的扶贫济困、捐资助学等社会公益活动。2022年"6·30"广东扶贫济困日活动中，全市政协委员捐款300多万元。

（廖故乡）

中共英德市纪律检查委员会 英德市监察委员会

【概况】 2022年，中共英德市纪律检查委员会、英德市监察委员会（以下简称"市纪委监委"）接收群众信访举报536件；处置线索571件；立案206件，结案175件；给予党纪政务处分169人，移送司法机关审查起诉6人。重视案件查办"后半篇文章"，针对查办案件发现案发单位存在的共性问题和制度漏洞，向相关单位发出纪检监察建议书20份。制定《英德市关于进一步加强和规范聘员教育监督管理工作实施方案》，在全市聘员范围内开展自查自纠教育整顿和一系列警示教育活动。开展《纪法漫漫谈》系列宣传，制作原创廉政漫画29幅。拍摄英德市首部廉洁文化微电影《传承》，在清远市廉洁文化微电影微视频征集活动中被评为一等奖。利用线下现场旁听、线上直播收看方式，组织2332名党员干部和公职人员参加公开庭审旁听活动。全年有5篇信息被中央级媒体采用，22篇信息被省级媒体采用。

【全市纪委监委机关党史学习教育总结会议】 2022年1月20日下午，市纪委监委召开全市纪委监委机关党史学习教育总结会议，总结市纪委监委机关开展党史学习教育工作成效，巩固拓展学习教育成果，部署推进党史学习教育常态化、长效化工作。市委常委、市纪委书记、市监委主任欧阳誉华出席会议并作讲话。

【十九届中央纪委六次全会精神专题学习】 2022年2月14日下午，市纪委监委召开理论学习中心组学习会议，专题学习十九届中央纪委六次全会精神。市委常委、市纪委书记、市监委主任欧阳誉华主持会议并作讲话。会议传达学习习近平总书记在十九届中央纪委六次全会上的重要讲话精神，以及十九届中央纪委六次全会、十二届省纪委七次全会精神。

【市纪委十四届二次全会】 2022年2月25日上午，中国共产党英德市第十四届纪律检查委员会第二次全体会议在市艺术文化中心召开。市委书记张杨彬、市人大常委会主任陈子匹、市政协主席廖敬华出席会议，市委常委、市纪委书记欧阳誉华主持会议。会议学习贯彻十九届中央纪委六次全会和十二届省纪委七次全会、八届清远市纪委二次全会精神，回顾总结2021年全市各级党组织和纪检监察机关推进全面从严治党工作，安排部署2022年纪检监察工作任务。会议以电视电话会议形式召开至各镇（街道）。市委、市人大常委会、市政府、市政协领导同志，市人民法院、市人民检察院主要负责同志，市纪委委员，市委巡察组组长，市直（驻英德）单位主要负责同志，各镇纪委书记、镇（街道）专职纪委副书记在市主会场参加会议。

【习近平总书记在庆祝中国共产主义青年团成立100周年大会上的重要讲话精神专题学习】 2022年5月12日，市纪委监委召开理论学习中心组学习会议，专题学习习近平总书记在庆祝

▲2022年2月25日，中国共产党英德市第十四届纪律检查委员会第二次全体会议在市文化艺术中心召开　　　　　　　　　　（高　毅　摄）

中国共产主义青年团成立100周年大会上的重要讲话精神。市委常委、市纪委书记、市监委主任欧阳誉华主持会议并作讲话。市纪委常委、市监委委员，市纪委监委机关各室、各派驻机构负责人、青年干部代表，市委巡察机构负责人，各镇（街道）纪委书记参加会议。

【党的二十大精神传达贯彻落实大会】 2022年11月3日上午，市纪委监委召开传达贯彻落实党的二十大精神大会。市委常委、市纪委书记、市监委主任欧阳誉华主持会议并作讲话。会议传达学习党的二十大精神。市纪委监委领导班子成员，各镇（街道）纪委书记、专职副书记，市纪委监委机关各室、各派驻机构中层以上干部和市委巡察机构中层以上干部参加会议。

【第一届特约监察员聘请会议】 2022年11月22日，市监察委员会召开第一届特约监察员聘请会议，15名特约监察员受聘上岗。会议宣读英德市监察委员会《关于聘请第一届特约监察员的决定》，为15名特约监察员颁发聘书。市纪委监委领导班子成员，市纪委监委机关各室、各派驻机构负责人，市委巡察机构负责人，各镇（街道）纪委书记参加会议。

【政治监督】 2022年，市纪委监委开展疫情防控监督，检查重点场所235个，发现并督促整改问题396个，堵塞疫情防控工作漏洞。针对清远市"6·22"特大洪灾，开展灾后重建和复工复产监督检查2轮，发现并督促整改问题35个。贯彻《关于规范清远市各级党组织党内谈话工作的通知》，开展党内提醒谈话125人次、警诫谈话49人次，各镇（街道）、各单位一把手开展日常谈话1211人次，任前谈话229人次，开展节前警示教育2批次。围绕"全面从严治党""党建引领乡村振兴""感恩奋进新生活"等主题，摄制学习党的二十大精神感想感悟微视频。

【日常监督】 2022年，市纪委监委联合市委组织部对镇（街道）党政正职开展专题党性政德教育，锤炼基层领导干部党性，解决镇（街道）党政正职在落实上级工作部署、推动工程项目、严格资金管理中存在的突出和共性问题。全市纪检监察机关运用"四种形态"（党内关系要正常化，批评和自我批评要经常开展，让咬耳扯袖、红脸出汗成为常态；党纪轻处分和组织处理要成为大多数；对严重违纪的重处分、作出重大职务调整应当是少数；严重违纪涉嫌违法立案审查的只能是极少数）批评教育和处理393人次，其中运用"第一种形态"以教育帮助为主谈话函询、提醒批评222人次；运用"第二种形态"给予轻处分、组织调整109人次；运用"第三种形态"给予重处分、职务调整19人次；运用"第四种形态"处理严重违纪违法、触犯刑律43人次。

【"四风"纠治】 2022年，市纪委监委在全市办公室系统会议上解读中央八项规定精神，增强执行中央八项规定精神的思想自律性和行动自觉性。及时研究"四风"（形式主义、官僚主义、享乐主义、奢靡之风）隐形变异和翻新升级的新表现、新规律，针对性开展明察暗访和专项检查，查处违反中央八项规定精神问题11起27人。在春节、中秋等重要节日前夕开展监督检查33批次，发现并督促问题整改13个，营造节日期间风清气正氛围。严肃会风会纪，开展会风监督45次，发现问题21个，责令21人作出情况说明。3月，印发《英德市进一步严明政治纪律和政治规矩开展"圈子文化"专项整治工作方案》，3—6月，在全市各级党政机关、国有企事业单位开展为期3个月的"圈子文化"问题专项整治，重点整治利用"小圈子"明争暗斗、争权夺势等10类"圈子文化"问题。

【群众身边腐败和作风问题专项整治】 2022年，市纪委监委制定《市纪委监委2022年深入整治群众身边腐败和作风问题的工作方案》，推进医保基金、营商环境等6项突出问题重点整治，督促行业主管部门开展深化农村人居环境、违法倾倒和填埋垃圾等14项专项整治，排查群众身边腐败和作风问题线索57条，给予党纪处分11人。推进粮食购销领域腐败问题专项整治，督促完成整改问题48个。向群众推广"微监督"平台，引导群众参与农村"三务""三资"（党务、村务、财务；资金、资产、资源）监督，全市"微监督"平台总点击量1.69亿多次。在全市24个镇（街道）开展信访举报"双提升"宣传活动，编印派发宣传册5万份，制作宣传展板30个、宣传海报350份、宣传视频1条。

【巡察】 2022年，市纪委监委围绕政治巡察定位，开展十四届市委第一轮、第二轮和东华镇村（社区）常规巡察，完成16个单位党组织、116个村（社区）党组织的常规巡察，发现问题350个，向各被巡察单位提出反馈意见70条，向有关职能部门提出建议25条，发现问题线索35条。对24个镇（街道）和8个市直单位开展镇（街道）综合行政执法专项巡察。8月，制定《英德市巡察整改和成果运用责任清单》，细化有关职能部门133项具体责任。抓好立行立改，向被巡察单位反馈并督促整改立行立改问题5个。开展未巡先改，11月，制定《巡察镇（街）发现的普遍问题清单》《巡察市直单位发现的普遍性问题清单》，推动巡察发现共性问题前置整改。12月，拟制《中共英德市委巡察工作制度汇编》，纳入《中共英德市委巡察工作流程》《中共英德市委巡察阶段听汇报工作制度》《巡察报告问题底稿管理规定》等33项制度，推动巡察工作制度化、规范化。

【纪检监察队伍建设】 2022年3月，市纪委监委制定《英德市纪委监委理论学习中心组"1+2"学习实施方案》，以理论学习中心组学习为依托，围绕《中国共产党纪律检查委员会工作条例》和《中华人民共和国监察法实施条例》等党纪法规开展业务理论学习，开展市纪委监委理论学习中心组学习11期，传达学习习近平总书记重要讲话精神以及上级纪委监委相关文件38份。分批选派13名镇纪检监察干部、8名机关干部到省和清远市纪委监委跟班学习。3月，制定《英德市监察委员会特约监察员工作办法》，聘请15名特约监察员，推动监察机关依法接受民主监督、社会监督、舆论监督。11月，制定《英德市纪委监委机关聘用人员管理制度（试行）》，规范纪检监察机关聘用人员管理。

（张婷婷）

民主党派和工商联

编辑：周 航

民主党派

中国民主同盟英德市基层委员会

【概况】 2022年，中国民主同盟英德市基层委员会（以下简称"民盟英德市基层委员会"）有盟员83人，其中女盟员26名，占盟员总数的31.3%；退休盟员13名，占盟员总数的15.7%；盟员学历都在大专以上，其中本科学历以上72人，占盟员总数的86.8%；高级职称26人，占盟员总数的31.33%；中级职称36人，占盟员总数43.4%。盟员界别分布为：教育界37人、医卫届16人、政府14人、科技界9人、新闻界1人、司法界1人、财经界1人、私企3人、党派1人。民盟英德市基层委员会有委员9人，其中主任委员1人、副主任委员4人、委员4人，基层委员会下设4个支部，配备行政编制专职人员1人。2022年，民盟英德市基层委员会有清远市政协委员3名；英德市十六届人大常委会副主任1名、英德市人大代表3名（其中常委3名）；政协英德市十三届委员会副主席1名、政协委员16名（其中常委5名）。2022年3月，民盟英德市基层委员会获得民盟清远市委会授予的"组织建设工作先进集体""参政议政工作先进集体"和"社会服务工作先进集体"称号。

【民盟自身建设】 2022年，民盟英德市基层委员会组织盟员参加中共清远市委统战部在清远市委党校举办的党外干部培训班3人次，参加中共英德市委统战部举办的各类学习班68人次。全年发展4位新盟员。5月12日，民盟英德市基层委员会主委吴秋凤带领班子成员到盟员所在单位望埠镇政府、沙口镇政府、沙口中心卫生院、中医院等单位走访，与单位领导座谈沟通。民盟英德市基层委员会与市民政局、市退役军人事务局、市人社局、市应急管理局、市卫健局、市医保局等开展对口协商活动8次，通过座谈会、大型活动（会议）、实地调研、行政执法检查工作等多种方式开展协商。组织盟员到鱼湾镇苏维埃政府旧址、东华镇黄陂八百秀才茶园参观学习，了解茶叶加工、茶文化发展和知青历史。2022年，盟员黄欢论文《新高考背景下高中地理课堂教学的改革》在国家级教育类学术期刊《教学与研究》刊登。

【民盟参政议政】 2022年，民盟英德市基层委员会在英德市政协十三届二次会议上提交题为《全面落实"双减"政策，促进义务教育提质增效》（撰稿人何海云、申端中）的议政发言，并在《南方日报》刊登。全年向英德市政协提交提案26件。承接中共英德市委"党委出题、党派调研、政府采纳、部门落实"参政议政专题调研课题，撰写调研报告《加强基层普法依法治理 助推乡村振兴发展》（撰稿人刘诺霖）；承接民盟清远市委专题调研课，撰写《维护国家安全，做好基层统战工作》（撰稿人蓝倩妮）、《关于加强慢性病防控，助推健康清远建设的建议》（撰稿人曾雪芹、何海云）；完成清远民盟征文《坚定初心，为国育才》（撰稿人黄欢）。民盟英德市基层委员会开展调研活动10次。民盟20多人次参加中共英德市委、市政府、政协、纪委、检察院、法院等有关部门召开的征求意见会、听证会、座谈会，围绕市政府工作报告等提出意见和建议。

【民盟社会服务】 2022年，民盟英德市基层委员会组织盟员参与抗疫志愿服务93人次。6月25日，民盟英德市基层委员会组织盟员志愿服务队到英红镇英红博物馆进行洪灾后的清扫。2月28日，英德民盟为香港抗疫捐款2100元；6月28日，为抗灾捐款捐物约12万元；6月30日，"6·30"广东扶贫济困日捐款3.1万元。民盟英德市基层委员会到学校、社区、镇政府、英德监狱开展新冠疫情防控和健康知识讲座9场，累计1436人参加。民盟英德市基层委员会开展义诊送药活动5次，义诊、咨询480多人次，测量血压、血糖、针灸、推拿按摩、艾灸1100多人次，发放健康宣传册1200多份。利用"预防出生缺陷日""中国心肺复苏周""中国心梗救治日"等节日开展出生缺陷、心肺复苏＋心脏除颤、心梗防治知识普及和宣传教育活动，活动完成咨询服务280多人次，免费测血压、血糖320人次，发放心血管宣传材料300余份。发放《新生儿疾病筛预防查》《预防出生缺陷》《心肺复苏＋心脏除颤防治知识》《心脑血管疾病防治知识》等宣传资料580多份。（曾雪芹）

中国民主促进会英德市总支部委员会

【概况】 2022年，中国民主促进会英德市总支部委员会（以下简称"民进英德市总支部"）下设4个支部：文教支部、教育支部、医卫支部、综合支部。有会员69人，平均年龄51岁，女会员27人，占会员总数39.13%。有清远市人大代表1人，英德市人大代表2人（其中常委1人）；清远市政协委员3人（其中常委1人）、英德市政协副主席1人、英德市政协委员18人（其中常委4人）。

【民进参政议政】 2022年3月29日，在英德市政协十三届二次会议上，民进英德市总支部提交提案6件，会员林玲代表民进作题为《深挖英德特色文化 提升城市文化品位》的大会议政发言。刘云林提交的《关于推进农业新"三品一标"建设助推乡村振兴的建议》、曾奕明提交的《关于保障和改善残疾人民生的提案》被列为重点督办提案。赵辉提交的《关于推进绿色工业高质量发展，提升制造业整体水平的提案》、黄大线提交的《关于加快推进城西片区中小学校建设的建议》、刘云林提交的《关于推进农业新"三品一标"建设，助推乡村振兴的建议》获评优秀提案。赵辉、刘云林被清远市政协评为2022年度优秀政协委员。张彩虹、王康飞等7位会员被英德市政协评为2022年度优秀政协委员。2022年，完成"党委出题、党派调研、政府采纳、部门落实"专题调研《英德市镇街综合行政执法体制改革实践与思考》。

【民进社会服务】 2022年3月3日，民进英德市总支部联合英德市检察院第五检察部，到英德市田家炳中学为女生开展"妇女儿童合法权益法治教育活动"。5月23日，民进英德市总支部在英西中学举办"中国民主促进会英德市总支部委员会社会服务实践基地"挂牌仪式，当天捐助学生5人1万元。6月，英德市洪灾期间，民进英德市总支部开展抗洪救灾捐款活动；民进清远市基层委员会主委陈丽霞、英德总支主委赵辉到英红镇，送上筹集的善款3.8万元，以及价值3.3万元的饮用水、食品等物资。9月25日，民进英德市总支部组织医卫支部到社会服务基地英德市连樟村卫生站开展义诊活动。联系英西中学校友、清远市政协常委黄伟明向英西中学捐赠学生椅500张、向英东中学捐赠200张、向英红小学捐赠100张。 （罗晓芬）

英德市工商业联合会

【概况】 2022年，英德市工商业联合会（以下简称"英德工商联"）有会员902人，其中团体会员25个（镇级商会24个、协会1个），有1个协会和16个镇级商会成立党支部；担任工商联执委以上有80人，其中常委33人、主席1人、兼职副主席11人、专职常务副主席1人、专职副主席2人，主席由英德市永昌投资开发有限公司总经理马少挺担任；总商会会长1人，兼职副会长8人，专职常务副会长1人，专职副会长2人，会长由英德市永昌投资开发有限公司总经理马少挺担任。英德工商联推进基层商会建设，12月成立英城商会，实现镇（街道）商会全覆盖。

【非公企业沟通联系】 2022年2月8日，市委书记张杨彬，市委副书记、市长林明晓到英德工商联开展团拜和调研工作，召开英德市商协会新春企业家座谈会，英德各异地商会、各镇级商会、英德市安全生产协会、湖湘经济文化促进会等商（协）会代表40多人参加座谈。2月18日，英德工商联组织召开英德市工商联商协会2021年工作总结暨2022年工作部署会议。8月26日，英德市召开英德市工商联（总商会）第十二届执行委员会第二次全体会议，增补12名执委；执委会议后，举办2022年英德市民营经济代表人士培训班，学习《中国共产党统一战线工作条例》、中央统战工作会议主要精神、习近平总书记在庆祝香港回归祖国25周年大会暨香港特别行政区第六届政府就职典礼上的讲话精神、广东省第十三次党代会主要精神。

【非公企业服务】 2022年2月，英德工商联参与制定《英德市共建良好营商环境大统战工作格局实施方案》《2022年英德市民营企业与党政部门沟通洽谈工作方案》等服务民营企业工作方案，设立"同心·政企沟通洽谈室"，召开17场次政企沟通洽谈会，收集问题98个，沟通协调处理问题92个。开展英德市镇级商会办公用房情况调查工作，在3月7日、24日市工商联"同心·政企沟通洽谈室"举办两次镇级商会工作交流座谈会。英德工商联与英德税务局启动2022年助力小微市场主体发展"春雨润苗"行动，与司法部门开展法治宣传进企业活动。走

民主党派和工商联

▲2022年2月8日，英德市商协会新春企业家座谈会在英德工商联会议室举行
（英德工商联供图）

访企业80家（次）。引导英德市各商会主动申报2022年度全国、广东省、清远市"四好"（政治引领好、队伍建设好、服务发展好、自律规范好）商会，推动镇级商会"四好"商会建设，11月，桥头商会被评为2021—2022年度全国"四好"商会。

【工商联乡村振兴】 2022年，英德工商联动员34家民营企业参与"十镇百企千村"行动，签订结对帮扶协议书并开展帮扶工作。2022年"6·30"广东扶贫济困日发动各地商（协）会、民营企业及非公经济人士爱心捐款148.65万元。

【工商联志愿服务】 2022年6月，英德工商联与英德海外联谊会、英德市红十字会共同举办"英德香港一家亲，同心协力齐抗疫"捐赠活动，捐款51万元。2月，英德市工商联开展"'温暖棉服，守护环卫'点亮英德环卫工人冬季棉衣'微心愿'"活动，发动执委企业捐赠御寒环卫服154套（价值2.93万元）。6月，英德洪灾期间，英德工商联发动全市各商协会爱心企业和爱心人士向英德市捐献抗洪救灾、灾后重建资金及物资1500多万元，出动铲车、洒水车等车辆60多辆，动员志愿服务者300多人，帮助群众1万多人。 （赖瑞玲）

▲2022年8月5日，英德工商联与英德市委统战部"英爱同行 情暖英州"2022年英德市统战系统抗洪救灾答谢会在英德市商会大厦举行
（英德工商联供图）

群团组织

编辑：周　航

英德市总工会

【概况】 2022年，英德市有基层工会和行业（联合）工会组织732家，涵盖2807家经济组织，其中新建基层工会29家，有会员7.36万人，其中农民工会员2.48万人，新发展会员3567人，2022年有30个工会进行民主换届。

【工会慰问】 2022年6月26日，英德市总工会（以下简称"市总工会"）到广东中天创展球铁有限公司、英德卓佳玩具有限公司、月亮（英德）纸品有限公司、时代（英德）皮具制品有限公司、英德市实益长丰纺织有限公司等企业，为100多名受灾影响较大、经济损失较多的职工送上急需的慰问物资。7月5—7日，市总工会向部分一线职工（农民工）和新就业形态劳动者开展"送健康体检"活动，有1800名职工参加。7月21日，市总工会到市人民医院、市妇幼保健院、市中医院、浛洸镇中心卫生院开展"防疫有你　关爱有我"慰问活动，为英德市到各地支援防疫抗疫的108名医务人员送上价值2万多元的慰问品。7月28日，市总工会到英德市匠心新材料股份有限公司工会和广东东森个人防护装备有限公司工会，慰问因6月、7月"龙舟水"灾情受影响的职工代表。8月26日，受清远市总工会委托，市总工会到英德市龙山水泥有限公司开展"送清凉"活动。9月6日，市总工会到沙口镇新建村开展"情暖中秋　关爱在行动"走访慰问活动。

【工会活动】 2022年3月24日，市总工会开展"圈子文化"专项整治活动。4月11—22日，市总工会举办英德市职工庆"五一"劳动节线上趣味运动会。4月21日，市总工会到沙口镇新建村开展以"垃圾分类新时尚，农村文明新风尚"为主题的农村人居环境整治志愿服务行动。6月10日，市总工会组织英德市茶业行业协会工会联合会、英德市电子商务行业工会的40名职工代表开展2022年英德市茶行业与电子商务行业互学交流活动。8月31日，市总工会分别在英德市睿展安全技术服

▲2022年3月16日，英德市电子商务行业工会委员会会议在英德市消费扶贫馆举行
（市总工会供图）

务有限公司和英德市道路货物运输协会开展新业态劳动者集中入会暨"粤工惠"平台推广活动。

【劳模宣传交流活动】 2022年5月19日,市总工会以"喜迎二十大·建功新时代"为主题,组织20名先进模范人物举办2022年英德市各级先进模范代表交流活动;8月,通过视频形式,举办"喜迎二十大 建功新时代"劳模线上主题宣讲会。

【技能培训】 2022年,市总工会组织3家企业、219名员工备案开展新型学徒制;争取乡村振兴专项资金60万元,支持开展茶产业特色人才培训计划,开展培训班10个、培训266人次;指导市职业技术学校完成5个职业院校职业技能等级认定工种的审批;监督、指导市职业技术学校完成727人技能等级评价工作,并对接清远市技师学院共同开展培训班,有电工、汽车维修工、中式烹调师、中式面点师和保育师培训。

【工会荣誉】 2022年,广东华电清远能源有限公司、英德海螺水泥有限责任公司分别获广东省"五一"劳动奖状;王原鹏创新工作室被评为"广东省劳模和工匠人才创新工作室";张扬娣、谢健煌劳模创新工作室被评为"清远市劳模创新工作室";市总工会上报的《整合各方力量,统筹推进新业态建会入会工作》案例,入选《广东省新就业形态劳动者建会入会创新案例》,是清远地区唯一入选的案例;浈阳坊文旅小镇、徐家庄旅游度假村入选全省首批广东省技术工人疗养基地;市总工会在"粤工惠"平台举办的"学'四史',赢电影票"线上活动获广东省总工会评为"2022年粤工惠平台优秀运营案例"。广东华电清远能源有限公司程军、广东省英德市人民医院黄世英分别荣获广东省"五一"劳动奖章。

（陈 亿）

共青团英德市委员会

【概况】 2022年,全市有共青团员2.7万人,团支部1252个。共青团英德市委员会（以下简称"团市委"）直属团组织52个,其中镇23个、街道1个、机关企事业单位26个、全市村（居）委、社区均建立团组织。

【青少年思想道德建设】 2022年,党的二十大召开后,团市委制定详细工作方案和任务清单,以"学习二十大、永远跟党走、奋进新征程"为主题,依托团代表联络站、青年之家,组织全市各基层团（队）组织、团代表委员、青年团员、少先队员约2.3万人学习宣传党的二十大精神。组织开展儿童画、手抄报征集展示、征文、少年儿童科技创新大赛等教育实践活动。

【团工作新平台】 2022年,全市推出网上主题团课8期、队课6期,30万人次参与学习,开展"国旗下成长"系列仪式教育活动,开展实地学习、参观寻访活动85场次。开展"奋斗的青春最美丽""青春心向党·建功新时代"等主题活动600多场,覆盖青少年群体5.3万人次。录制《星光熠熠 青春可期》《青春路上》《少年》专题视频并在各主流媒体平台发布,阅读量累计突破3万多人次。《三个聚焦推动全市共青团统战事业发展加速度》等19篇通讯材料被学习强国、人民日报客户端、半月谈网、中国共青团杂志等省级以上主流媒体刊登、转载。

【青年发展体制机制】 2022年，全市新吸收1109名学生团员、74名社会领域青年团员，新建27家"两新"团组织，273名少先队员推优入团，150名团员推优入党。从教育系统、乡镇选配3名优秀人才挂职团市委副书记；选派23名优秀大学毕业生兼任乡镇团委副书记。

【团市委助力乡村振兴】 2022年，团市委推出"青创贷"农村青年创业小额贴息贷款项目，累计发放贷款25笔，金额500万多元。举办6场"归雁返乡"大学生就业创业线上交流报告会。鼓励青年创新创业，出台多条政策扶持举措，助推"美丽乡村"转化成"美丽经济"，石牯塘镇"链嘉乡"桑芽菜项目获省创青春创业大赛"青农优品"组第二名，获省2022年"领头雁"广东大学生乡村创业帮扶计划资助。团市委开发驻镇帮扶工作队服务岗等10大类岗位，面向全国招募派遣146名服务乡村振兴行动志愿者到全市23个镇工作，助力乡村振兴。"志愿黎溪"志愿助力乡村振兴行动入围2022年"益苗计划"志愿服务资助和扶持项目。

【团市委志愿服务】 2022年，团市委建成青年突击队162支3329人，全市有实名注册志愿者10.98万人、注册团体800个、累计服务时长199.9万小时，参与省运会等大型赛事服务，以及环境保护、邻里互助、敬老助残等服务。组织全市各界青年参与"6·22"百年一遇特大洪灾的巡堤查险、应急救援、秩序维护、灾后重建等志愿服务。组建158支青年突击队，招募来自社会各行业志愿者8600多人次，组织常态化助力核酸检测等疫情防控志愿服务832场，发动志愿者2.8万人次，服务时长约9.8万小时。参加"7·10""10·28"疫情防控应急处置，协调青年商会等组织捐赠疫情防控物资超180万元，组织慰问活动150批次。

【党建带团建】 2022年，团市委推动团（队）建纳入党建

▲2022年8月1—2日，2022年广东大学生志愿服务山区计划广东高校毕业生志愿服务乡村振兴行动（英德市）培训在英德市花园酒店进行

（团市委供图）

工作部署和年度考核。落实青年工作联席会议机制，召开专题会议研究青年工作。将党的青年工作理论纳入市委党校课程。落实县域共青团基层组织改革，成立工作领导小组，召开部署会议并对标对表，逐条逐项研究。10月，制定《英德市县域共青团基层组织改革实施方案》，推进各项改革。按照"一课双推三公示四考察五部曲"入团规范，严格入团标准和程序，依托中学共青团、少先队"名师工作室"，组织各类培训10场，300人次参加。建立中学团干部职业成长发展体系。

（曾彩云）

英德市妇女联合会

【概况】 2022年，英德市有镇村妇联组织323个，有妇联执委5085人，其中镇级600人、村级4485人。英德市妇女联合会（以下简称"市妇联"）下辖不定级公益一类事业单位市妇女儿童活动中心。英德市妇女儿童工作委员会（以下简称"市妇儿工委"）办公室设在市妇联。

2022年，英德市人民政府审议通过并发布《英德市妇女发展规划（2021—2030年）》和《英德市儿童发展规划（2021—2030年）》。

【英德市妇女第十三次代表大会】 2022年12月27日，英德市妇女第十三次代表大会在市文化艺术中心206室召开，157名妇女代表参加。市妇联党组书记、主席王莉娟代表市妇联第十二届执行委员会作以"深刻把握'两个确立' 坚决做到'两个维护' 踔厉奋进新征程 笃行致远续华章"为主题的工作报告，总结五年以来全市妇女工作，对今后五年妇女工作作出安排部署。大会选举产生39名英德市妇女联合会第十三届执行委员会委员，并选举产生英德市妇女联合会第十三届妇联主席、副主席、常委。王莉娟当选英德市妇女联合会第十三届妇联主席，张玉丽、邹凌当选副主席，刘小丹、张静怡当选挂职副主席，阙海容、朱韶敏、赵菁当选兼职副主席。

【庆祝"三八"国际妇女节座谈会】 2022年3月8日，市妇联举办以"强国复兴有我 巾帼喜迎二十大"为主题的英德市庆祝"三八"国际妇女节座谈会，组织各行各业、各条战线的优秀巾帼代表28人，以听、说、看、走等多种形式相融合的模式开展座谈会，市委常委、组织部部长袁新建出席座谈会并致辞。通过茶艺表演、巾帼温暖时刻、巾帼代表交流分享、议题讨论等环节，与会代表们就如何在强国复兴道路上体现自身价值、充分发挥"半边天"力量畅所欲言，各抒己见，展现出英德市女性在建功新时代中昂扬向上的精神风貌和无惧困难、勇往直前的巾帼风采。

【巾帼大宣讲】 2022年，市妇联组建5支巾帼志愿宣讲队，以"跟党奋进新征程 巾帼建功新时代"为主题，通过进机关、进校园、进基层、进社区等形式开展巾帼大宣讲、大学习等群众性宣传教育活动，把思想引领贯穿于妇联开展的各项活动中，开展巾帼大宣讲418场，参与群众1.6万多人次。

【广东省妇女创业小额担保贷款贴息项目】 2022年，市妇联推动落实妇女创业小额担保贷款贴息项目，通过户外宣传、业务培训、实地调研等多种形式开展创业担保贷款宣传工作，为4名妇女发放贷款60万元，累计贴息5万元，辐射带动40多名妇女创业就业。

【妇女议事会】 2022年，市妇联发挥各村（社区）妇女议事会作用，开展以妇女群众为主要议事群体的议事活动，引导和带动妇女群众依法合理表达诉求、参与公共事务管理，开展议事会601次，参加6713人次，收集问题550个，解决问题486个。

【妇女维权与信息服务】 2022年，市妇联以广东省妇女维权与信息服务站（英德站）、舒心驿站为阵地开展维权与信息服务工作。广东省妇女维权与信息服务站（英德站）开展户外普法宣传服务15次，家庭教育课15次，民生座谈会4场，小组活动3次；接来访148宗，来电135宗，来信17宗，帮助妇女群众解答有关法律方面的疑惑，帮助有矛盾纠纷的家庭进行家事调解，为有心理疏导需要的群众提供免费心理咨询服务以消除他们的消极情绪。舒心驿站开展心理咨询个案120宗、心理讲座9场、户外心理健康宣传活动23场，参与1.05万多人次，发放资料3.3万多份。

【妇联普法】 2022年，市妇联利用"三八""六一""12·4"等重要节点开展法治宣传。妇联系统开展《宪法》《反对家庭暴力法》《妇女权益保障法》《未成年人保护法》《家庭教育促进法》、男女平等基本国策、禁毒、反诈、扫黄打非、扫黑除恶等普法宣传活动324场，参与8.7万多人，发放资料15万多份。

【妇女儿童帮扶关爱】 2022年，市妇联开展关爱困境妇女儿童帮扶帮教活动，慰问单亲特困母亲、重大疾病致贫特困母亲300户，发放慰问金9万元。发放防疫包900个，惠及家庭900个。慰问农村"两癌"（宫颈癌和乳腺癌）贫困母亲3人，发放救助金3万元。开展"爱心父母大联盟""小红花计划"女童助学行动，助学女童39人、4.98万元。开展2022年清远市"康乃馨计划"关爱困难女性行动，帮扶困难女性39人、1.95万元。联合女企业家协会资助2万元，帮助1名孤儿建房、资助1名受灾单亲特困母亲1.1万元。

【家庭文明建设】 2022年5月13日，市妇联成立家庭教育指导服务中心，为未成年人及家长提供家庭教育指导服务。开展创建"家越美 粤幸

▲2022年8月12日，英德市妇联到九龙镇金造村开展"传承弘扬好家教好家风"亲子研学活动

（市妇联供图）

福"示范市工作，打造"乡村美、乡风美、乡情美、乡域美"美丽家园建设的"英德模式"；开展寻找"最美家庭"活动，举办文明家庭创建、家庭教育活动279场，参与8.5万人，发放家庭文明建设资料9万份；推荐评选清远市"最美家庭"4户，全市各镇（街道）评选"文明家庭"109户、"最美家庭"44户、星级文明户412户；打造建设家风家训长廊、家教家风主题教育公园、家教家风实践基地、"传承弘扬好家教好家风"亲子研学路线。

【"美丽庭院"创建活动】 2022年8月，市妇联、市农业农村局联合开展寻找清远市"美丽庭院"活动，制定《英德市"美丽庭院"创建行动实施方案》。12月，连江口镇连樟村和九龙镇河头村被评为清远市"美丽庭院"示范村，1户入选清远市"美丽庭院"示范户、11户入选清远市"美丽庭院"户。

【巾帼行动】 2022年，广东省南粤交通连英高速公路管理处望埠收费站获"2022年广东省巾帼文明岗"称号。英德市西牛镇宝塔路大西牛创业园获"2022年广东省巾帼创业基地""清远市巾帼助农创业英德基地"称号；英德市波罗镇乌田村仙桥种植基地获"2022年清远市巾帼创业创新基地"称号，获基地建设费用1万元。英德市大湾镇大湾社区妇联主席、"两委"委员刘敬梅获"2022年广东省三八红旗手"称号。 （陆桂英）

英德市文学艺术界联合会

【概况】 2022年，英德市文学艺术界联合会（以下简称"市文联"）属下有英德市作家协会、英德市戏剧协会、英德市音乐协会、英德市舞蹈协会、英德市摄影家协会、英德市美术协会、英德市书法协会、英德市民间文艺家协会、英德市朗诵协会、英德市星河合唱团等10个协会（团）。其中，英德市音乐协会下设2个二级分会，分别是客家山歌学会和钢琴学会；英德市书法协会下设硬笔书法艺术委员会。截至2022年底，各协会（团）有会员1149人。

2022年9月28日，市文联在市文化艺术中心召开2021年度表彰大会，表彰优秀文艺集体8个、优秀文艺工作者23名、优秀文艺骨干20名、《英州文艺讲堂》优秀讲师36名以及"英德文艺"公众号优秀编辑18名。

【文艺活动】 2022年，市文联组织会员举办弘扬劳模、安全生产、珍惜粮食、防洪抗汛、"喜迎二十大""我们的节日"、诚信、征兵、高考等专

▲2022年10月24日，"走进书法世界 感悟文字魅力"书法进校园活动在英德市第三小学举办
（市文联供图）

题书法作品线上展15期，线上音乐会1期，"'艺'起战疫，共克时艰"主题文艺作品线上展17期（书法类5期，美术类2期，客家山歌网上演唱会4期，抗疫歌曲2期，抗疫诗词2期，抗疫文学作品、抗疫朗诵作品各1期）。开展论书雅集创作交流活动6期，书法艺术培训交流活动1期；举办英德市群众性宣传教育系列活动"强国复兴有我 童心筑梦芳华"2022年舞悦艺术培训中心春季文艺展演2场。

【党的二十大精神学习宣传贯彻系列活动】 2022年，党的二十大召开后，市文联结合各协会特色，开展学习宣传贯彻活动，开展线上活动7场（线上书法展3场，线上演唱会3场，线上音乐会1场）、线下活动3场。其中，11月5日，在英红镇举办宣传贯彻党的二十大精神，唱响英德文艺新篇章——2022年英德市客家山歌表演唱活动；11月7日，硬笔书法进新时代文明实践中心活动在市新时代文明实践中心举行；11月18日，"学习宣传贯彻党的二十大精神绘就高质量发展的'英德画卷'"2022年英德市书画摄影民间工艺展览活动启动，征集书法、美术以及民间工艺作品100多幅（件），并通过直播探馆、VR全景展览、网络展览以及在英德市文化馆现场展览等形式进行展览。

【情暖童心公益活动】 2022年3月，2022年文艺作品"义卖·义卖·筹善款助圆梦"情暖童心公益活动启动，有121名爱心艺术家参与创作486幅书法、美术、英石盆景、刺绣、摄影等文艺作品。经评审，297幅作品在"悦英德"App"悦商城"上架义卖，其中卖出作品265幅，184名爱心人士（组织）参与认购认捐，筹得善款38.28万元。

【英州文艺讲堂】 2022年，市文联建立与文艺培训机构、茶文化企业等的良性合作模式，把"英州文艺讲堂"延伸到最基层。2022年开设音乐、书法、美术、舞蹈、快板、黄糍制作等艺术门类的公益课程，为1000多人次提供免费培训，提升艺术素养，服务艺术传承发展。

【文艺进校园】 2022年，市文联组织书法协会硬笔书法委员会分别到市城北小学、市第三小学、市第四小学开展硬笔书法培训活动，培训人员200人。（陈丽君）

英德市归国华侨联合会

【概况】 2022年，英德市归国华侨联合会（以下简称"市侨联"）内设1个综合办公室、2个团体协会（英德市侨友联谊会、英德市留学人员联谊会）；有市镇两级"侨胞之家"活动阵地2个。11月，成立清远县（市、区）首个留学人员联谊会，首批会员有58人。9月，成功申报英德华侨农场（英红华侨茶场、英德华侨茶场、黄陂华侨茶场）成为第十批"中国华侨国际文化交流基地"。2023年1月，英德市"侨胞之家"获2021—2022年度全国侨联系统"侨胞之家"典型选树单位。

【英德市侨联七届六次全体委员会议召开】 2022年7月25日，英德市侨联七届六次全体委员会议在英德市"侨胞之家"活动室召开。会议审议通过市侨联第七届委员会工作报告和有关人事任免事项：选举归侨苏世友为市侨联第七届委员会挂职副主席（驻会工作）、侨眷黄源为市侨联第七届委员会兼职副主席，增补冯光兴等5人为市侨联第七届委员会委员，免去市侨联常务委员、委员6人。

【侨界代表人士专题学习】

2022年8月31日，市侨联联合市委统战部（侨务局）在英德市"侨胞之家"活动室举办英德市侨界代表人士专题学习会议，市委统战部副部长黄先红、市侨务局负责同志李水娣、市侨联主席钟有邻和侨界代表人士等15人参加学习会。专题学习习近平总书记在中央统战工作会议上的重要讲话精神和习近平总书记出席庆祝香港回归祖国25周年活动的重要讲话精神。

【侨界青年大学生联谊活动】

2022年8月6日，市侨联在英红镇举办"侨心永向党 筑梦新时代"归国华侨文化沙龙暨大学生联谊会。清远市侨联副主席沈春晖出席活动并致辞，清远市越柬老归侨侨眷联谊会会长沈英海、英德市侨联主席钟有邻，英红镇有关领导、侨联委员代表、侨企代表、茶场（社区）有关干部及侨界青年大学生代表40多人参加活动。活动举行侨界青年志愿服务队授旗仪式，由英德市侨联挂职副主席苏世友向英德市侨界青年志愿服务队队长冯光兴授予队旗。

【英德市留学人员联谊会成立】

2022年11月26日，英德市留学人员联谊会成立大会暨第一届第一次会员大会在市文化艺术中心106会议室召开。英德市留学人员联谊会是清远县（市、区）首个留学人员联谊会，由市侨联领导，是以在英德工作或生活的、具有海外留学经历和与英德有紧密联系的留学人员为主体自愿组成的，具有统战性、知识性、联谊性、服务性特点和优势的社会团体。联谊会主要为英德留学人员搭建创新、创业、就业交流平台；密切与留学人员及其眷属的联系，促进英德与海外经济、科技、文化、教育、体育、卫生等领域的合作与交流，开展咨询、培训和考察活动，组织和推动留学人员为英德发展献策出力。联谊会实行会员制（理事制），首批会员58名主要来自教育文旅行业以及年轻一代民营企业家、新的社会阶层人士等领域，硕士及以上学历36人，平均年龄31岁，具有高学历、年轻化特点。第一届理事会有理事17人，其中会长1人、副会长8人、秘书长1人、副秘书长1人。第一届理事会会长徐汉城，常务副会长钟珮琪，副会长朱晓缙、陈业海、巫丽君、张财增、张皓昇、杨

▲2022年8月6日，英德市归国华侨文化沙龙暨大学生联谊活动在英红镇举行
（市侨联供图）

薇、黄颖，秘书长巫丽君；聘请陈卫宁、陈维靖、许靖华、钟耀文担任名誉会长。

【侨联扶贫救助】 2022年，市侨联春节期间走访慰问贫困归侨侨眷家庭200多户，发放慰问金及慰问品11万元。全年发放慰问金121.3万元，有307户家庭获得救助补助。协调有关职能部门，推动解决无户籍归侨侨眷历史遗留问题，帮助归侨侨眷陈慧茹、陈荣财等4人办理户籍。协助侨房办证登记134宗，公示中56宗。3个华侨茶场均配备侨联专职副主席。7月28日，市侨联举办"强国复兴有我 侨心永向党"侨法知识竞赛活动，发放宣传资料200份，解答侨法咨询50多人次。11月23日，市侨联配合市委统战部开展"同心助侨·共享幸福"义诊暨涉侨法规政策宣传活动，服务群众200多人，发放侨法宣传资料500多份，免费派发药品价值2万元。

【聚侨力 惠侨民】 2022年6月，英德市遭遇特大洪灾，市侨联收到捐赠现金、物资合计价值45.8万元。牵线香港联业合力堂慈善基金会为英红镇卫生院捐助价值29.8万元救护车。向归侨侨眷分发由霍宗杰先生捐赠、经广东省侨心慈善基金会赠送的棉衣250件。市侨联将侨场人居环境整治、公共服务设施建设等内容纳入英德市乡村振兴战略发展总体规划和"十四五"规划，促成华侨茶场社区村庄录入省美丽乡村建设信息系统。为华侨茶场争取"美丽乡村"等利农政策支持，完善华侨农场归侨社区基础设施，推进美丽侨村建设，打造生态宜居美丽新侨场。

【侨联联谊拓展】 2022年市侨联以英德市、镇"侨胞之家"、英红博物馆和英德3个华侨茶场等为平台开展对外联谊文化交流活动。接待清远市侨商、清远市侨青会、清远市越柬老联谊会、山西省晋城市侨联、挪威广东商会及地球村服务中心创始人兼秘书长、广东省跨境电商协会一带一路项目部部长孙春华一行等12批次。

【侨文化建设】 2022年，市侨联分别为英德市侨友联谊会、黄朝山越南风情舞蹈队争取建设资金3.5万元。推荐归侨冯光兴为2022年第一季度"清远好人"。9月，成功申报英德华侨农场（英红华侨茶场、英德华侨茶场、黄陂华侨茶场）成为第十批"中国华侨国际文化交流基地"。推进英华博物馆建设，2月23日，邀请广东侨馆原馆长王明慧等到英华茶场现场指导推进英华博物馆筹建工作和英华"侨胞之家"建设，已征集华侨文物700多件。争取上级资金5万元用于建设英华侨胞之家，筹集10万元重建英红"侨胞之家"并增设侨文化广场。

【侨企服务】 2022年，市侨联开展侨资企业走访调研，指导侨资企业灾后复工复产。接待侨商、侨团到英德考察交流12批次，帮助侨资企业协调有关单位和部门解决问题4个，先后解决农业侨企融资生产和通过海外侨团助力俄乌冲突中欧姆公司驻乌员工安全撤离回国等问题。协调有关职能部门，推动侨商投资项目英德市英红茶创意产业园落地落实，并推荐其参加中国侨商投资

（广东）大会，此项目被确定为清远地区唯一参加中国侨商投资（广东）大会现场签约的项目。　　（黄瑜婷）

英德市科学技术协会

【概况】　2022年，英德市科学技术协会（以下简称"市科协"）组织英德市市属学会、科普教育基地、企事业单位、学校、医院、社区等基层科普组织，发动开展科普工作，提供交流、学习、互动、推广平台，调动和团结社会力量参与公众科学素质建设。打造科普活动新品牌。

【科普宣传活动】　2022年6月，市科协在石牯塘镇三联村桑蚕基地举办"科学普及送知识，科技助农惠百姓"助力乡村振兴种桑养蚕技术讲座活动，蚕农50多人参加。继续维护科普中国农村e站2个，提高农村科普信息化服务能力。5月，市科协开展"弘扬时代新风科普信息化行动"，通过"广东科普"微信公众号、微博和广东省文化科技卫生三下乡服务平台，组织乡村e站、校园e站，协助省科协开展全民科技素质大赛线上线下活动，宣传普及科学知识，提升科普宣传覆盖面和影响力。6月，市科协以"拥抱新时代，弘扬主旋律"为主题，开展弘扬时代新风科学传播行动，组织号召广东省科普领域的杰出代表，向公众传播正能量。全年举办大型现场咨询宣传活动和食品安全专题讲座2次，悬挂宣传横幅，制作宣传展板，发放宣传材料500多份，宣传、咨询、服务群众1000多人。

【科普服务公共平台】　2022年，市科协组织英德市市属学会、科普教育基地、企事业单位、学校、医院、社区等基层科普组织，创新科普工作机制，发动开展科普工作，提供交流、学习、互动、推广的平台，调动和团结社会力量参与公众科学素质建设。通过英德市茶叶科普教育基地的系列科普活动和多渠道、全媒体的广泛传播，吸引更多公众和社会力量关注和参与科普工作。2022年在青少年宫举办青少年创新大赛

【学术交流】　2022年5月30日是第六个"全国科技工作者日"，主题是"创新争先，自立自强"。5月30日，英德市委常委王珍子带领英德市科学技术协会负责同志到英德高新区开展"全国科技工作者日"调研活动。调研组与10多家企业科技代表开展座谈。　　（何永雄）

英德市残疾人联合会

【概况】　2022年，英德市有镇（街道）残联24个、残疾人专门协会5个、村级残疾人协会组织299个，托养中心1间、康复机构3间、社区康园中心24间。

2022年，英德市残疾人联合会（以下简称"市残联"）做好残疾人"两项补贴"、城乡医保、养老保险信息核查。春节期间开展贫困残疾人家庭慰问活动，送上慰问品和慰问金折合20万元。

【残疾人就业创业】　2022年，市残联做好"南粤扶残助学工程"助学金申请、审核、发放工作，为12名残疾大学生申请助学金13.5万元。完成2022年全市残疾人就业和职业培训状况实名制录入、就业年龄段残疾人未就业状况调查及信息录入

等，组织312名残疾人进行职业培训。开展残疾人按比例就业年审宣传，年审残疾人就业用人单位187家，就业残疾人数已确认审核514人。开展残疾人技能培训促就业，在英德市残疾人托养中心举办7期计算机办公软件应用、云客服等实用知识培训班，惠及有就业需求的150名残疾人。扶持残疾人就业创业，为4名自主创业的残疾人申报2022年清远市残疾人自主创业项目，获创业补助4万元；通过摸底调查全市自主创业残疾人，为166名符合条件的自主创业残疾人每人发放扶持金1500元，发放24.9万元；选拔推荐8名残疾人选手参加第七届全省残疾人职业技能竞赛；推荐4家企业参加"众创杯"创业大赛，其中英德市毅诚公益服务中心和英德市浛洸镇社区康园中心2家企业进入清远决赛，英德市毅诚公益服务中心进入广东省决赛。

【残疾人康复】 2022年，市残联为1133名残疾人适配辅助器具，为24名肢残者安装假肢，为198名0—17岁肢体残疾儿童装配矫形器；为5名听力障碍儿童实施每人1.5万元的人工耳蜗手术补助申请项目；为34名肢体残疾儿童和96名孤独症儿童提供机构康复服务；为33名0—6岁儿童提供康复转介服务；为5名残疾儿童发放异地康复补助。市残联投入131.6万元，为有康复需求的4738名残疾人提供精准康复服务。采取个别上门或集中服务的方式，为残疾人提供辅具适配、康复训练、服药指导和支持性服务等个性化基本康复服务，精准康复服务率100%。投入经费391.31万元，收训0—6岁残疾儿童130人，其中公益一类康复中心脑瘫儿童34人，非公益一类蓝海豚儿童康复中心70人、向日葵儿童孤独症儿童26人。完成重点干预项目孕产妇产前筛查诊断57人，0—6岁儿童残疾筛查诊断107人，高风险无创产前基因筛查45人，残疾评定3611人。落实《残疾预防和残疾人康复条例》和《国家残疾预防行动计划》，收集、分析和研究残疾预防基础信息。在全市开展残疾监测系统工作，明确专人负责监测系统的使用、管理并能熟练、规范操作。从第四季度起，依据监测系统有关数据通报各镇（街道）残疾报告情况。投入68万元，委托市慢性病防治医院为全市核定符合精准康复条件的3532名精神障碍患者提供康复治疗、训练及支持性服务。10月10日，市残联与市卫健局联合举办以"营造良好环境，共助心理健康"为主题的系列宣传活动，促进和提高群众残疾预防意识、心理健康和精神卫生素养水平。投入180万元，推进305户残疾人家庭无障碍改造项目。

【残疾人文体】 2022年，市残联在全国助残日、全国爱眼日等节日，开展扶残助残活动。发掘残疾人文艺特长，组织残疾人参加各级残联举办的各类文体活动。在省残联举办的第十一届盲人诗歌散文朗诵暨第七届盲人诗歌散文创作大赛中，英德市选送的参赛作品《黑暗的世界，孤独的我》获三等奖。在2022年全省残疾人声乐独唱大赛中，英德市黄佐添的《跟你走》获美声唱法三等奖，李香娣的《唱支山歌给党听》获民族唱法三等奖。在全国第十一届残疾人运动会暨第八届特殊奥林匹克运动会中，英德籍残疾人运动员郭孔志、梁文雄、谭怡琳代表广东队获3金1铜的好成绩。英德市有38名残疾人运动员参加广东省第九届残疾运动会，取得24金、14银、13铜的成绩。

【残疾人证办理】 2022年，全市新增办理残疾人证2327本，办理到期换证715本。市残联上门为24个镇（街道）的群众办理残疾人证1166本，其中重度残疾人和智力、精神类残疾人占80%。8月18—19日，市残联举办2期动态更新培训班，培训调查人员50人，完成2.92万名持证残疾人基础信息核查，入户率96.3%，全部采用移动终端录入。

【社区康园中心建设】 2022年，市残联推进社区康园中心（日间照料中心）规范化建设。创建广东省"四星级"社区康园中心1个、"三星级"社区康园中心6个、"二星级"社区康园中心13个、"一星级"社区康园中心4个。（钟秋琼）

英德市红十字会

【概况】 2022年，英德市红十字会（以下简称"市红十字会"）接收社会款物捐赠总值150.52万元，发放款物150.52万元；造血干细胞成功捐献2人；开展初级卫生救护培训9期，培训人数521人。

【红十字"5·8"博爱周活动】 2022年5月，市红十字会利用"5·8"世界红十字75周年纪念日宣传"人道、博爱、奉献"的红十字精神，宣传卫生救护培训知识，宣传无偿献血、造血干细胞捐献及遗体器官捐献等。市红十字会组织开展"5·8"公益众筹活动，筹款1.04万元，获清远市红十字会"清远市救在身边"项目捐款二等奖。组织开展"99公益日"众筹活动，参与4050人次，筹款9.82万元，获清远市红十字会"博爱清远救在身边"项目公众筹款一等奖。

【博爱送万家活动】 2022年春节期间，广东省红十字会在英红镇锦田村红十字博爱家园开展2022年红十字会博爱送万家活动。共为27户困难群众发放爱心物资，深入3户困难群众家中慰问。每户发放1袋米、1桶食用油、1张棉被和1个爱心礼盒，价值8844元。市红十字会组织到横石塘镇、石灰铺镇、九龙镇金造村红十字博爱家园、黎溪镇人民政府和英城街道困难群众家中开展"博爱送万家"活动，为138户困难群众发放物资，价值4.11万元。英红镇锦田村和九龙镇金造村红十字博爱家园向困难群众发放博爱家园生计金2万元。

【重症"地贫儿"专项救助行动】 2022年10月，市红十字会调查摸底重症"地贫儿"，为符合申报条件的重症"地贫儿"发放"生命燃料卡"57.5万元。重症"地贫儿"持卡到定点医院接受免费基本治疗。

【初级卫生救护培训】 2022年，市红十字会开展9期应急救护员培训，有521人参加。12月，市红十字会在市滨江公园、人民公园、月桂湖公园及九龙镇石角博爱卫生站设置红十字宣传栏，为九龙镇金造村、英红镇锦田村更换宣传栏。

【造血干细胞捐赠】 2022年，市红十字会宣传推进无偿献血、造血干细胞捐献、遗体器官（组织）捐献工作。全年有2人成功捐献造血干细胞。市红十字会协助上级红十字会申报小天使基金白血病患者5人。

【杏林公益金救助】 2022年，市红十字会与市中医院合作开展"英州杏林公益金"救助工作，英州杏林公益金支出4.95万元，帮助46名在市中医院住院的困难患者。

【抗洪救灾】 2022年6月，英德市遭遇百年一遇洪涝灾害，市红十字会依法接受企业和个人捐赠。截至7月26日17时，市红十字会接受社会捐赠抗洪救灾款物1000.2万元。其中，接受捐款132笔、100.63万元；接受捐赠物资131笔、价值899.58万元（其中31笔价值不详，无法计算其总价）。发放救灾款物902.68万元，其中捐款3.1万元按照省、清远市红十字会捐赠资金要求，购置一批抗洪救灾物资并发放到灾区，捐赠物资全部发放并在英德市人民政府网页公示。（李阳演）

▲2022年1月7日，2022年"广东省红十字会博爱送万家"活动在英红镇锦田村红十字博爱家园举行

（市红十字会供图）

法治·军事

编辑：胡瑞芬

政法与综治

【概况】 2022年，中共英德市委政法委员会（以下简称"市委政法委"）开展"扫黑除恶"斗争、市域社会治理试点工作、政法队伍建设等工作。10月，英德市公安局获"2020—2021年度平安广东建设先进集体"称号，市委政法委郑伟获"2020—2021年度平安广东建设先进个人"称号。

【社会矛盾化解】 2022年，市委政法委坚持和发展新时代"枫桥经验"，开展基层矛盾纠纷排查化解专项行动，推进维护政治安全9个专项行动，排查化解风险隐患，发挥维稳（信访）工作专班、第三方调解组织的作用优势，处置化解一批基层矛盾纠纷。化解矛盾纠纷178宗，排查出的矛盾纠纷主要集中在涉房地产、涉劳资纠纷、涉农涉土、涉征地拆迁以及涉法律诉讼纠纷等方面，协调解决一批问题楼盘，盘活因资金链断裂造成烂尾的金鑫城、望龙城项目，基本化解仙湖廷、瑜丰雅居楼盘矛盾纠纷；排查处置涉疫情矛盾纠纷28宗，均已第一时间妥善处置。完成全国"两会"、七一暨香港回归祖国25周年、党的二十大等重大活动期间的维稳安保工作任务。

【扫黑除恶斗争】 2022年，市委政法委聚焦"打财断血"，涉黑恶案件财产处置工作专班开展执行涉案财产，所得收入按"收支两条线"规定缴入地方国库。九大类涉黑恶刑事案件立案81宗，破案44宗，刑事拘留105人，逮捕26人；涉稀土刑事案件立案21宗，破案10宗，侦破积案2宗，打掉一个长期盘踞在英德青塘镇、白沙镇一带实施非法盗采稀土矿的违法犯罪团伙，抓获犯罪嫌疑人55人，刑事拘留54人，逮捕33人，起诉25人，取保候审18人，涉案价值约一千多万元；抓获"铁网8"涉黑恶在逃人员4名；市人民检察院提起公诉涉黑案件1件4人，其中1人为涉黑组织漏犯；市法院办理涉黑恶案件1件，审结2件。实现行业乱象全链条打击整治。发挥全媒体矩阵传播作用，到学校、街道（社区）、乡镇村组宣传发动扫黑除恶斗争，集中推出一批典型报道、重大案件报道和政策解读报道。

【反邪教】 2022年，市委政法委通过电视广播、电子显示屏、反邪教警示教育挂图等，在全市范围内开展反邪教宣传。建立新媒体反邪教矩阵，到校园、宗教场所、企业开展反邪教警示教育宣传。转发中国反邪教网信息472条，制作电子屏宣传标语200多条，制作反邪教宣传栏26块，开展反邪教普法宣讲、宣传咨询等活动211

▲2022年8月19日，市委政法委开展反邪教宣传进社区活动
（苏宇阳 摄）

场（次），派发反邪教宣传小册和海报2.15万多份，印制派发有反邪教宣传内容的各类礼品一批。

【社会综合治理】 2022年，市委政法委推行"网格化＋信息化""网格员＋信息员"模式，全市上传网格事件7.23万宗，办结7.23万宗，办结率99.96%。协助推动"1＋24＋N"矫治教育体系建设及各级春风工作场所的设立和实体化运行。推进社会心理服务站（室）建设，组建英德市社会心理服务指导工作队，建立市、镇（街道）、村（社区）三级社会心理服务站（室），全年开展心理咨询627次，心理危机干预108个，心理健康宣传教育677次。落实严重精神障碍患者救治救助工作，推进精神分裂症患者长效针剂使用，核实监护补助和送治经费905.12万元，为严重精神障碍患者监护人购买监护责任补偿保险6492人73.2万元。专项整治铁路沿线影响铁路运输安全的彩钢瓦、铁皮屋、树木竹林等，确保英德市铁路运行安全。推进校园周边环境整治工作，3月，印发《2022年英德市中小学校周边社会治安环境整治行动工作方案》的通知。

【政法队伍教育整顿】 2022年，英德市委政法队伍教育整顿工作领导小组开展政法队伍全员政治轮训，政法各单位开展警示教育大会17次，开展典型案例剖析活动12次，集体观看廉洁教育视频21次。政法单位各组织干警填报肃清流毒影响自查表1000多份，对重点岗位和重点人员进行谈心谈话129人次，以集中传达肃清流毒影响有关精神及召开警示教育工作会议48次。政法各单位组织开展"我为群众办实事"实践活动5319次。（李文海）

公　安

【概况】 2022年，英德市公安局（以下简称"市公安局"）内设43个副科级建制单位，其中综合管理机构4个、执法勤务机构10个、监管场所2个、派出所27个。

【公安系统思想建设】 2022年，市公安局组织开展"红旗党支部"创建活动，推动全市符合条件的27个派出所建立党支部。

【打击破案】 2022年，市公安局开展"清风""春风""两升两降"、打击盗窃燃油和盗采稀土矿、夏季社会治安打击整治"百日行动"等专项行动。破刑事案件1180宗，比2021年上升15.4%，刑拘677人、逮捕278人、移送起诉960人、抓获在逃人员117人。常态化开展"扫黑除恶"专项斗争，破案44宗，刑拘

133人、逮捕27人、打掉涉恶犯罪团伙2个。推进防范打击电信网络诈骗工作，打掉电诈窝点5个，破案149宗，抓获142人，刑拘25人，惩戒"两卡"人员264人。开展电话、上门预警6.25万人次，成功止付涉案账号8872个，冻结资金2462万多元，避免群众经济损失61.3万多元，帮助止付涉诈资金4.6亿元，成功劝返英德市滞留境外涉诈重点人员回国59人。整治各类社会治安顽疾，破涉黄刑事案件21宗，刑拘56人，受理行政案件60宗，行拘195人，罚款85人；破涉赌刑事案件15宗，刑拘33人，受理行政案件80宗，行拘210人，罚款248人。破获涉毒刑事案件39宗，刑拘25人，逮捕16人，起诉33人，查处涉毒嫌疑人134人，强制隔离戒毒11人，社区戒毒25人，社区康复9人，缴获各类毒品137.45克。打击整治食药环违法犯罪活动，破涉食药环刑事案件27宗，刑拘128人，逮捕47人。破获涉稀土矿刑事案件10宗，刑拘92人，逮捕33人，起诉28人。开展"清火""猎火""昆仑""打击破坏古树名木违法犯罪活动"等各类专项打击整治行动，破涉林刑事案件23宗，抓获犯罪嫌疑人26人。推进未成年人矫治教育工作，协助推动"1+24+N"矫治教育体系建设及各级春风工作场所的设立和实体化运行，以点带面促动形成问题未成年人矫治教育工作合力和综治格局，从源头上遏制未成年人违法犯罪，教育、感化一批问题未成年人。截至2022年底，涉未成年人关联警情比2021年下降46.2%。

【社会治安】 2022年，市公安局按照"指挥一张图、管控一张网、任务一张表、勤务一套机制"部署要求，打造社会治安巡防管控现代警务机制。组建机关轮值勤务队、专职巡逻队、猛龙突击队、铁骑队等巡防力量，实行"轮值勤务队＋派出所＋巡警"闭环巡逻模式，落实"1、3、5分钟"快速处突响应机制，刑事、治安和交通3类主要警情同步下降，其中刑事警情比2021年下降24.3%；治安警情比2021年下降28.5%；交通警情比2021年下降4.4%。全市建立最小应急单元893个，覆盖24个镇（街道）。全市192家治安保卫重点单位均建设最小应急单元，覆盖率100%。检查涉危险化学品企业347家次，发现并整改安全隐患1处；清查收缴社会面非法枪爆物品，检查物流寄递民房、闲置厂房、重点单位等2142家次，接收群众上缴各类枪支37支，

▲2022年7月29日，英德市在东华镇举行全市公安机关夏季治安打击"百日行动"暨交通安全文明镇创建活动启动仪式　　（市公安局供图）

收缴各类子弹 2245 发，销毁废旧炮弹及手榴弹 48 枚，烟花爆竹 3611 箱，建立刀具销售单位台账 234 份，巡查刀具销售单位 458 个，发现安全风险隐患并落实整改 209 处，收缴管制刀具 3 把。推进"一标三实"信息采集和"粤居码"推广应用。全市核实建筑房屋 35.62 万栋，核实率 89.2%，开展无户口人员清零工作，摸排有固定住所的中国籍无户口人员 470 人，已入户 440 人，入户完成率 93.6%；抓好流动人口入所倒查率提升工作，开展户籍档案电子档案加工工作，完成电子化加工上传 404.58 万张。发扬"枫桥经验"，推进派出所调解室建设，结合"百万警进千万家"活动和"五大要素"风险隐患排查行动，全市派出所全部设置调解室，累计投入矛盾纠纷调解警力 1.03 万人次，成功化解 806 起。推进全市视频监控系统建设，安装一类点治安视频监控 1478 个，范围覆盖全市 24 个镇（街道）；完成"天翼看家""和家园"等公共安全视频二、三类视频点前端摄像点建设 1720 个，覆盖率 90%；接入 28 家医院（卫生院）46 个设备终端。

【道路交通管理】 2022 年，市公安局查处各类交通违法行为 19.07 万起，其中酒醉驾 1739 起。发生简易程序道路交通 1 人，与 2021 年同期对比事故宗数下降 2.9%、死亡人数下降 12.9%、受伤人数下降 8.9%。

2018—2022 年交通事故统计表

年份	事故宗数/宗	7 天内死亡人数/人	受伤人数/人	直接经济损失/元
2018	1075	123	1332	1 075 900
2019	1101	128	1307	831 850
2020	965	140	1099	647 250
2021	761	125	814	545 050
2022	712	110	765	789 800

（林志明）

【疫情防控】 2022 年，市公安局落实疫情防控措施，先后完成"07·10""10·28"等英德本土疫情防控。接收省公安厅下发 CAT 数据并梳理分发至各镇（街道）"三人小组"落地核查推送数据 50.56 万条，核查反馈率 100%。抓好公安监所疫情防控工作。

【公安队伍建设】 2022 年，市公安局提拔任用 27 名股级干部、14 名副科级干部。优化警力配置，交流调整民警 81 人次。全年民辅警获清远市委、市政府及以上个人一等功 1 人、个人二等功 2 人、个人三等功 4 人，获全省"最美基层民警" 1 人、2021 年度全省公安国保情报能手 1 人、援疆工作队先进个人 1 人，获清远市委、市政府及以上个人嘉奖 11 人、一级嘉奖 4 人、三级嘉奖 7 人，获清远市委、市政府及以上集体荣誉称号 3 个。

【公安宣传】 2022 年，市公安局以抗击疫情、反诈、"清风 2022""百日行动"等中心工作为重点，策划制作系列专题报道。与英德广播电台合作，制作播出 54 期《平安访谈》电台节目；发挥微信公众号、微博、法治号、抖音等新媒体平台作用，运营"公安新媒体"微信群。编发公安简报、警务动态3015篇，在各级新闻媒体宣传报道636条，在"平安英德"新浪微博发布博文1541条，在"英德公安"微信公众平台推出图文消息1098条，多次被学习强国平台、省公安厅、清远市公安局转发采用。邀请广东警官学院、《南粤警视》《南方法制报》等单位的学者及媒体工作者到市公安局开展业务培训，培养通讯员拍摄、写作与舆情应对能力，指导基层公安机关做好各种涉警舆情处置工作，提升舆情应对处置能力和水平。

【放管服改革】 2022年，市公安局推进"互联网＋公安行政管理"，推进改革惠民工作。办理一站式户口迁移和省外迁入2158人，审批项目变更1119份、非转农139份、登补录139份、收养入户254人，向外单位提供信息查询4005人次，办理第二代身份证7.5万张、居住证5782张、临时证9567张。全市流动人口登记信息3.22万条，登记出租屋8122间。受理各类出入境证件业务2606人次，答复办证人员现场咨询、后台电话咨询4325次，清理港澳单程申请积压数据68条。受理各类车驾管业务23.83万笔，办理车辆入户3.41万辆、车辆年检9.8万辆。

【森林生态安全】 2022年，森林警察大队加强森林资源保护，采取"预防为主，防治结合"的方针，开展林木、林地、野生动植物资源保护和森林防火等工作。严厉打击破坏森林资源违法犯罪行为，加强与相关部门的协作配合，坚决维护森林生态安全。开展宣传教育活动，提高公众生态安全意识的认识意识，引导群众共同参与森林生态保护。全年受理涉林警情52起，立涉林刑事案件32宗（撤销2宗），不予立案19起，移交林业行政执法部门1宗，实际立案30宗，侦破39宗（包括积案），破案率130%，立案率比2021年下降58%。抓获犯罪嫌疑人46人，其中刑事拘留8人、监视居住2人、逮捕2人，移送起诉29宗36人，其中盗伐林木案1宗、滥伐林木案20宗、失火案3宗、非法占用农用地案3宗、非法狩猎案3宗。

（林志明）

检 察

【概况】 2022年，英德市人民检察院（以下简称"市检察院"）批捕各类犯罪282人、起诉819人。常态化开展扫黑除恶斗争，起诉涉黑恶犯罪4人；起诉邪教犯罪30人；起诉故意杀人等严重侵犯公民权益的犯罪255人；起诉多发性侵财犯罪160人；起诉贪污、受贿、滥用职权等职务犯罪11人。

【机关党建】 2022年，市检察院落实《中国共产党政法工作条例》及省委实施办法，按照重大事项请示报告制度的要求，向市委请示报告重大事项16次。打造8个支部品牌，其中《党徽闪耀，守护花开》党建品牌获评2022年度广东省检察机关党建业务深度融合最佳案例。

【营商环境优化】 2022年，市检察院起诉破坏社会主义市场经济犯罪64人。与市司法局、市税务局等六部门联合印发《英德市涉案企业合规第三方监督机制实施办法》等四项规定，办理企业合规案件4

件。打击侵犯知识产权和制售假冒伪劣商品违法犯罪活动，起诉涉嫌生产、销售伪劣商品类犯罪10人。

【金融风险防范化解】 2022年，市检察院成立经济犯罪案件办案组，依法惩处集资诈骗、洗钱、骗取贷款等犯罪23人，同步开展追赃挽损工作，挽回经济损失1134.4万元。推动落实最高检"三号检察建议"，坚持上游犯罪和洗钱犯罪一体打击，保障金融的"稳"和"进"。

【生态环境检察】 2022年，市检察院批捕涉破坏生态环境犯罪39人，起诉94人。督促清理固体废物7万多吨，清理北江流域漂浮物2580亩、保护古树名木84棵。建立"林长＋检察长"协作机制，成立驻"林长办"生态检察联络站，开展涉林、涉水以及非法采矿等系列专项监督行动，起诉犯罪89人。

【经济犯罪打击】 2022年，市检察院打击电信网络诈骗、涉养老诈骗、帮助信息网络犯罪活动等涉众型经济犯罪，追赃挽损2579万元，对因养老诈骗陷入生活困境的老年人发放司法救助金2万元。办理的养老诈骗典型案例获"广东检察"微信公众号专题报道。

【控告申诉检察】 2022年，市检察院受理群众来信来访143件次，院领导接待来访群众23件次。开展"我为群众办实事"88次。参与乡村振兴司法救助工作，司法救助32人，发放救助金32.5万元。开展检察听证513件次，其中上门听证的经验做法获《法治日报》《检察日报》等媒体报道。2月，被最高人民检察院授予"全国文明接待室"荣誉称号。

【未成年人检察】 2022年，市检察院批捕侵害未成年人犯罪41人，起诉43人。建立涉罪未成年人"临界预防"备案审查监督机制，惩戒、管束、精准帮教未成年人55人。对监护不当的监护人制发督促

▲2022年4月6日上午，市检察院与市林长办联合举行英德市人民检察院驻市林长办生态检察联络站揭牌仪式

（市检察院供图）

监护令 36 份。梳理未成年人公共利益清单 110 项，专项监督校园周边、旅馆业、游戏娱乐场所等。办理的 1 件未成年人综合司法保护类案件入选最高检备选指导性案例。5月，在英城街中心小学成立广东省首个"少年检察官学校"，派出 22 名检察官担任法治副校长，为英德市中小学师生、家长进行线上、线下普法巡讲 140 场次。

【刑事检察】 2022 年，市检察院紧盯有案不立、不当立案等问题，监督立案 29 件 31 人，监督立案率 90.6%；监督撤案 37 件 38 人，监督撤案率 100%；纠正漏捕 7 人、漏诉 44 人。加强刑事案件审判监督，向法院提起抗诉 5 件 9 人，支持抗诉率、抗诉采纳率两项指标清远市排名第一，提出抗诉率指标清远市排名第二；发出审判监督类《纠正违法通知书》9 份，采纳率 100%，刑事审判活动违法监督采纳率清远市排名第一。深化看守所、社区矫正、财产刑执行等执法监督，依托"派驻＋巡回"检察模式，针对刑事执行违规违法等情形提出监督意见 907 份，纠正社区矫正对象脱管、漏管 47 人。

【民事检察】 2022 年，市检察院受理民事检察案件 176 件，比 2021 年上升 240%。维护农民工、残疾人、未成年人等的合法权益，办理民事支持起诉 23 件，帮助 24 名农民工追回欠薪 37 万多元。开展民事虚假诉讼监督，办理虚假诉讼案件 5 件。

【行政检察】 2022 年，市检察院常态化开展行政争议实质性化解，办理行政检察监督案件 194 件，向有关单位发出检察建议 146 份。在英红镇设置"行政检察办公室"，"零距离"倾听群众诉求，打通法律监督和畅通检察机关联系服务群众的"最后一公里"。实质性化解行政争议 8 件，为人民群众解决"冒名婚姻登记""冒名公司登记"等操心事、烦心事、揪心事。

【公益诉讼检察】 2022，市检察院开展"公益诉讼守护美好生活"专项监督活动，以生态环境和自然资源、食品药品安全领域为重点，开展安全生产、个人信息保护、无障碍环境建设等领域案件监督。办理行政公益诉讼案件 144 件，发出的诉前磋商或检察建议均被行政机关采纳，督促挽回国有财产损失 535 万元，督促有关部门强化监督管理散装食品和"消"字号产品，完善市辖区内 30 多条道路和多处公共建筑无障碍设施，有效监管江湾饮用水水源一级保护区。提起刑事附带民事公益诉讼案件 6 件，依法追究生态修复责任，起诉索赔生态环境损害等费用 7739 万多元。

【社会治理】 2022 年，市检察院运用"调研报告＋检察建议"模式，撰写 34 份专项调研报告并向市委、市政府或上级检察院报告，依托调研报告针对性地提出检察建议 355 份。开展"网格＋检察"工作机制试点工作，排查问题 1000 多条，办理相关案件 14 件。《法融网格零距离普法项目》获评广东省国家机关"谁执法谁普法"优秀普法项目。

【检察队伍建设】 2022 年，市检察院实施"大雁启航"人才培育计划，落实领导干部上讲台、检察官教检察官、青年干警"双导师"等制度，培训

5000多人次。与最高检政治部、广东省检、清远市检开展四级青年干警联学活动。选派14人次干警到省、市两级检察院以案代训提升技能。6人获评广东省检察机关先进个人、业务标兵、优秀公诉人。主笔的一项最高检理论应用研究课题完成结项。

【检察作风建设】 2022年，市检察院开展"强政治 转作风"百日专项活动，推进党风廉政建设，落实中央八项规定精神及其实施细则，执行新时代政法干警"十个严禁"，执行防止干预司法"三个规定"，主动记录报告有关事项46件，排除对司法活动的不当干扰。开展专项检务督察12次。

【社会监督】 2022年，市检察院开展"人大代表+检察官+N"协同机制试点工作，在英德市人民检察院联系人大代表工作室参与调解55次。邀请人大代表视察工作及参加听证等检察活动1224人次。2名检察官接受人大履职评议，均被评议为满意等次。向市政协、各民主党派、工商联和无党派人士通报检察工作并听取其意见，办理政协委员提案。走访联络代表委员，邀请人民监督员监督检察办案活动22件次，邀请政协委员参与座谈及听证等检察活动548人次。公开程序性信息1114条、法律文书39份。做好检察新闻宣传，在"两微一端"（微博、微信及新闻客户端）、抖音等新媒体平台发布信息1757条，52篇稿件获省级以上媒体平台采用。开展"保护少年的你·新时代检察宣传周"等活动。

（房洁莹）

法　　院

【概况】 2022年，英德市人民法院（以下简称"市法院"）受理各类案件1.71万件，结案1.49万件，比2021年分别上升6.4%和7.4%，法官人均结案392件。

【刑事审判】 2022年，市法院审结刑事案件507件，判处罪犯860多人。审结故意伤害、"两抢一盗"等案件185件。完善纪法衔接机制，审结职务犯罪案件10件10人。常态化开展扫黑除恶，审结涉黑恶类案件2件28人，财产刑金额数844万元。依法妥善审理涉邪教组织犯罪案件4件20人。

【民商事审判】 2022年，市法院依法审结各类合同纠纷案件1700件，审结金融、民间借贷纠纷类案件2663件。审理项目建设引发的涉土地使用权、征收补偿等案件67

▲2022年5月24—26日，市法院对周某元等20人非法采矿案件进行公开开庭审理

（市法院供图）

件，审结农村土地"三权分置"、种养殖业等案件42件。审结破坏生态环境犯罪案件19件57人，其中破坏生态环境资源刑事附带民事公益诉讼案件4件24人。

【民生司法保障】 2022年，市法院坚持"房住不炒"定位，审结涉房屋买卖、物业等纠纷案件721件。审结各类侵权案件468件。保护妇女儿童等群体的合法权益，审结家事案件986件。审结涉劳动争议等案件424件。依法为困难当事人减免诉讼费9.4万元，发放司法救助金10万元。

【案件执行】 2022年，市法院开展"根治欠薪""打财断血"专项行动，办结各类执行案件7374件，执行到位金额3.4亿元。加大失信惩戒力度，发布失信被执行人名单2282人次，限制被执行人高消费2971人次。加大财产处置力度，网拍次数983次，网拍成交金额7306.5万元。

【治理效能】 2022年，市法院以打造连樟巡回法庭样板为契机，构建"巡回法庭＋村（居）委员会"矛盾化解格

局，开展巡回审判活动48次。针对办案中发现的行业监管漏洞、治安隐患等，向相关职能部门发出司法建议11份。健全一站式多元解纷机制，建成"'人大代表＋法官＋N'调解工作室""交通事故调解工作室"等调解平台，调解疑难案件176件，办理司法确认案件94件，促进"访调诉"无缝对接。落实"谁执法谁普法"普法责任，在市级以上媒体发布典型案例63篇，开展普法"六进"（进学校、进社区、进机关、进乡村、进企业、进单位）活动39场，提升群众法治意识。

【司法体制改革】 2022年，市法院强化审判权制约监督，落实类案强制检索，定期抽查裁判文书质量、庭审规范性。成立速裁团队，86%的民商事案件通过简易、小额程序快速解决。落实认罪认罚从宽制度，贯彻宽严相济、坦白从宽刑事政策，适用认罪认罚案件434件669人。

【社会监督】 2022年，市法院办理代表委员关注案件1件，邀请代表委员、社会公众视察法院、旁听案件庭审、

参与见证执行等活动3场8人次，邀请检察长列席审委会4次，人民陪审员参审案件1041件，公布裁判文书3759份，庭审直播5064场，有效公开审判流程信息案件8564件，确保公众的知情权和监督权。 （包翠婷）

司法行政

【概况】 2022年，英德市有人民调解委员会334个，其中镇（街道）人民调解委员会24个、村（社区）人民调解委员会299个，自然村（村民小组）调解小组4253个，专业性行业性人民调解委员会5个、个人调解室1个、驻所调解室2个、信访调解室1个、交通事故调解工作室1个，调解员1835人；律师事务所10家，执业律师135人，其中社会律师88人、岗位公职律师46人、公职律师1人；下属公证处1家，其中事业编制在职5人（其中2人是公证员）、职工1人。

【依法治市】 2022年，英德市司法局（以下简称"市司法局"）履行"一统筹，四统一"工作职责，落实法治英德建设

各项任务。11月，印发英德市《关于贯彻落实〈法治广东建设规划（2021—2025年）〉的实施方案》和《关于贯彻落实〈广东省法治社会建设实施纲要（2021—2025年）〉的实施方案》。

【依法行政】 2022年，市司法局审核市政府规范性文件10件、部门规范性文件4件，重大行政决策事项15项。聘请9名法律顾问参与行政规范性文件制定、重大行政决策事项研讨的工作，推动法治政府建设。办理征求意见类428件，其中办理市政府来文请示提供法律意见类185件。

【行政执法监督】 2022年6月，英德市印发《英德市安全生产领域"四不两直"联合执法检查实施方案》，建立英德市安全生产领域"四不两直"制度化、常态化综合执法机制。推进行政执法"两平台"建设，完善行政执法程序，推行行政执法"三项制度"。全市执法单位通过省执法公示平台公示行政执法结果信息4.9万条，各执法主体100%完成2022年度行政执法数据公示。研判24个镇（街道）综合行政执法工作共性问题，举办乡镇街道综合行政执法业务线上培训班，围绕下放的行政执法事权，编写《英德市乡镇综合执法工作手册》，为乡镇综合行政执法办案人员提供培训和指导。

【行政复议和行政应诉】 2022年，市司法局落实行政复议体制改革各项措施，落实败诉行政案件和行政机关负责人出庭应诉年度报告制度。实施月报制度，健全市领导出庭应诉工作机制，提升行政机关负责人出庭应诉率，倒逼依法行政。全年办理行政复议申请135宗，行政诉讼案件404宗，行政机关负责人出庭应诉率（以一审开庭数为基数计算）100%。

【普法依法治理】 2022年，市司法局开展法治宣传教育工作，全市开展普法宣传进机关146场次，进农村（社区）1230场次，进学校122场次，进企业51场次；悬挂普法宣传横幅561条，播放普法宣传标语3148条，更新普法宣传栏243个，发放普法宣传海报、手册、宣传单7.4万份，通过微信公众号、政府门户网站等发布普法宣传信息9077条。开展民主法治示范创建活动，完成九龙镇河头村创建全国民主法治示范村申报工作。石牯塘镇联山瑶族村、大湾镇英建村、望埠镇古村成功创建为2022年广东省"民主法治示范村（社区）"。

【公共法律服务】 2022年，英德市公共法律服务中心提供咨询158件，办事服务1014件；镇（街道）工作站提供咨询355件，办事服务690件，办理12348服务工单14宗。将清远英德高新区公共法律服务工作室升级建设成公共法律服务工作站，建立一园区一律师事务所工作机制。全市村（社区）法律顾问提供法律服务5422次，其中法治宣传1216件、法律咨询3905件、出具法律专业意见133件、人民调解13件、法律援助16件、其他法律服务139件。推进"法援惠民生 助力农民工"品牌建设，开展10场涉及农民工权益的法律服务活动。受理法律援助申请823宗（刑事462宗，民事361宗），为受援人挽回经济损失4154.7万元。

【公证】 2022年，英德市公

证处落实一次性告知制度、办证公开制度、特事特办制度、上门公证制度,对申请办理公证的老、弱、病、残等弱势群体当事人,开展上门公证服务活动,上门服务办理23宗。办理各类公证业务1187件,业务总收入44.57万元。

【社区矫正和安置帮教】 2022年,市司法局推进"智慧矫正中心"建设,全市24个司法所均完成远程视频督察系统建设并投入运行。建设完成"智慧矫正中心"3大功能区,并向省司法厅申报验收。截至2022年底,在册社区矫正对象519人,开展调查评估201宗,对违反社区矫正监督管理规定的社区矫正对象给予训诫决定43人次,给予警告决定19人次,撤销缓刑2人次,无发生脱管、漏管情形。健全刑满释放人员信息台账,做好生活困难或患有精神疾病的刑释人员的帮扶,引导刑满释放人员知法、懂法、守法、用法。衔接安置帮教对象992人,实现衔接率、安置率、帮教率3个100%目标。

【人民调解】 2022年3月,市司法局制定并印发《英德市司法局2022年基层矛盾纠纷大排查大化解专项行动实施方案》。建立健全英德市知识产权多元解纷机制和协同保护机制,在清远英德高新产业技术开发区设立知识产权人民调解委员会驻高新区调解室,打造"一站式"知识产权协同保护平台。全市受理人民调解案件1431件,成功调解1420件,调解成功率99.23%,开展矛盾纠纷排查1.06万次,排查发现矛盾纠纷972件,预防纠纷975件。 （陆鹦鹉）

人民防空

【概况】 2022年,英德市人民防空办公室(以下简称"市人防办")做好人防结建工程审批、易地建设费征收管理、人防宣传教育等工作。

【防空警报试鸣活动】 2022年12月13日10时,市人防办结合国防教育日,开展"南京大屠杀死难者国家公祭日"

▲2022年6月22日,市司法局干部职工在北江(英德段)西岸防洪堤上装沙袋用于巩固防洪堤坝

（市司法局供图）

防空警报试鸣活动,增强市民危机意识和爱国情怀。

(吴嘉荣)

广东省英德监狱

【概况】 2022年,广东省英德监狱(以下简称"英德监狱")获评省属监狱班子考核优秀等次,实现第25个监管安全年和第26个生产安全年。

【疫情防控】 2022年,英德监狱坚持"人、物、环境"同防,建立31项闭环管理机制,健全"1个预案＋1个指引＋40个子方案"的应急预案体系,动态调整执勤模式,成功防御英德两轮本土疫情,实现阶段性"零感染、零输入",从"防"到"治"平稳有序转段工作目标。

【监管安全】 2022年,英德监狱围绕"忠诚保平安,护航二十大"维稳安保"一条主线",开展"三警"联合应急处突演练,推进"平安＋规范""常态＋重点"活动,综合运用"排、包、化、攻、押、督"六字工作法开展高危罪犯排查管控。民警直接管理工作获"五个好"评价,形成机制长效、治理精细、管控智能、风险预警、保障标准的"大安全"格局。

【教育改造】 2022年,英德监狱围绕践行改造宗旨,完善"评估—管理—矫正—监测"一体化改造新模式,引入"云课堂"实施计算机、花卉种植、物流管理等职业技术培训,完成"向善文化园"建设,推行"一监区一品牌"文化育人,率先建成狱内听证室,建成刑释衔接便民工作站,落实"平安改造促稳定"及"平安＋质量"专项教育,创新"认罪悔罪赎罪"专题教育。

(广东省英德监狱)

▲2022年9月20日,英德监狱举行党的二十大安保维稳誓师暨三警联合应急处突演练活动

(英德监狱供图)

经济管理与监督

编辑：周 航

发展计划管理

【概况】 2022年，英德市发展和改革局（以下简称"市发改局"）审批政府投资项目、企业投资项目729项，总投资额563.71亿元。其中，社会民生项目346项，投资额238.9亿元；文教卫生项目97项，投资额68.78亿元；现代产业项目13项，投资额147.41亿元；道路交通项目77项，投资额19.03亿元；水资源项目136项，投资额29.84亿元；能源项目60项，投资额59.75亿元。成功申报地方政府专项债券16亿元，分配到英德市石门台河水库工程项目等25个项目。

【疫情防控】 2022年，市发改局在新型冠状病毒感染疫情期间，累计检查超市、市场等12家次，出动36人次。主要农副产品货源供应充足，零售价格窄幅波动。全市物资储备仓救灾物资储备25种、9857件，总价值269.17万元，实行专人负责、专人管理。发放、租赁、调运帐篷、应急灯、集装箱房等物资2.07万件。

【编制规划】 2022年3月，市发改局起草《英德市2021年国民经济和社会发展执行情况与2022年计划草案的报告》，监测经济运行情况，研究主要经济指标，及时向市委、市政府提出对策措施和建设性建议。

【重点项目建设】 2022年，市发改局会同英德市委大督查办公室定期督查全市重点项目，协调推动重点项目建设。6月，印发《关于印发2022年英德市重点建设项目计划及市四套班子领导分工联系分解表的通知》，明确英德市四套班子领导、牵头单位、联络员的责任分工，为重点项目建设开通绿色通道，优先协助业主单位解决相关问题。2022年重点建设项目38项（含省、清远市重点项目），总投资376.9亿元，年度计划投资51.93亿元，完成投资71.04亿元，占年度计划的136.80%。其中列入清远市重点项目22个（含省重点项目6个），总投资350.42亿元，年度计划投资42.35亿元，完成投资61.13亿元，占年度计划的144.3%。列入英德市重点项目16个，总投资26.48亿元，年度计划投资9.57亿元。完成投资9.9亿元，占年度计划的103.45%。

【价格收费管理】 2022年，市发改局调整英德市污水处理收费标准；制定英德市中心城区道路智能停车收费标准；批复同意英德市体育馆停车场收费标准的申请；完成超过政府定价英德市住宅小区前期物业服务收费备案4宗、商品房价格备案42宗；在英德市人民政府门户网站公布调整更新行政事业性收费目录清单与经营服务性收费目录清单；解决英德市龙鑫旋窑水泥有限责任公司用电加价电费追缴问题，金额70多万元，防范国有资产流失；增加农贸市场、超市、药店的巡视跟监测的次数，及时掌握市场供应及价格变动情况；做好全市市场价格监测预警及农产品成本调查及价格监测工作；向11.11万困难群众发放价格临时补贴334万元。

【价格认证和鉴证】 2022年，市发改局办理各类价格认定业务578件，认定金额3060万元，实现案件零复核。

【粮食与物资储备管理】 2022年，市发改局完成英德市本级储备粮轮换销售任务1.13万吨。开展粮食行业安全生产检查17次，检查粮食和物资储备企业32家次，出动检查人员68人次，排查各类安全生产隐患41处，未发生安全生产和安全储粮事故。开展食品安全周、"安全生产月"和"安全生产南粤行"、世界粮食日和粮食安全等系列宣传活动，印发主题宣传资料3000多份。完成英德市物资储备仓工程建设项目主体工程建设。

【能源管理】 2022年，市发改局开展全市成品油销售企业、充电桩经营企业、西气东输管道输送的安全检查工作，检查加油站115家次、充电基础设施3次、天然气长输管道5次。配合公安、交警等部门打击黑油站（点）43个，转运罚没成品油54.82吨，查扣车辆33辆。截至2022年底，全市建设新能源汽车充电桩（含高速服务区充电站）289台493枪，总功率约3万千瓦，总投资约8千万元。落实能耗"双控"要求，遏制"两高"项目盲目发展，督促用能企业落实能源消耗在线监测平台、能源状况利用报告上报工作。发展光伏发电，优化电网建设，加快抽水蓄能等调节性电源建设，逐步提高清洁能源比重。2022年，全市能源消费436.01吨标准煤，单位GDP能耗环比增速下降13.4%。6月，围绕节能宣传周主题"绿色低碳、节能先行"开展活动，开展节约型机关、绿色学校、绿色出行、绿色建筑等绿色生活创建行动及生活垃圾分类等重点工作。

【营商环境建设】 2022年，英德市人民政府营商环境专班工作组将联席会议专责小组拓展到18个。印发《英德市2022年加快广清营商环境一体化责任清单》，市发改局牵头推进商事制度、投资审批、工程建设、财税金融、科技人才、行政管理等重点改革工作。完善企业投资管理体制，落实招商引资联席会议制度和"跑腿"服务机制，召开24次项目工作推进会、项目协调会，梳理招商引资项目187个，新引进项目93个。推进"互联网＋政务服务"，企业开办网办率95%，推进工程建设项目审批制度改革实行并联审批，发改部门6个高频审批事项全覆盖。梳理监管事项目录清单889项，实施清单总数873条。

【连樟样板区城乡融合发展试验探索】 2022年，市发改局修改完善《英德市连樟样板区集体经营性建设用地入市暂行办法》《英德市连樟样板区农村集体经营性建设用地土地增值收益调节金征收使用管理办法（试行）》《英德市农村集体经营性建设用地使用权交易细则（试行）》等改革配套政策文件，推进集体经营建设用地入市工作。黎溪镇铁溪村福龙围组古寨2770平方米、连江口镇连樟村甜塘和马下组384.52平方米农村集体经营性建设用地正式挂牌入市，其中连江口镇连樟村甜塘和马下组384.52平方米土地顺利摘牌交易。

2022年，市发改局修改完善《英德市连樟样板区农村土地承包经营权自愿有偿转让退出管理办法（试行）》《英德市连樟样板区农村宅基地有偿使用、流转和退出暂行办法》等改革配套政策文件，落实一户一宅政策，盘活闲置农房和宅基地。黎溪镇铁溪村福龙围组1宗80平方米宅基地无偿退出、1宗200平方米宅基地有偿退出。黄花镇明迳社区大久岩村清拆腾空清理出旧村庄旧农房25亩宅基地，170亩林地、自留地、承包亩田地的经营权统一由村集体招商发展乡村振兴项目，黄花镇平星村委岩洛村大久岩村岩洛村74户闲置房屋和部分荒山、竹林统一由村集体招商发展乡村振兴项目，黄花镇公正村棚塘村腾退农村宅基地2384平方米统一由村集体招商发展乡村振兴项目。

2022年，英德市制定出台《英德市连樟样板区农村集体经营性建设用地使用权抵押贷款管理办法（试行）》《英德市农村集体资产股权管理办法（试行）》《英德市农村集体资产资源交易办法（修订）》等文件，委托建立和运营英德市连樟样板区农村资产交易中心，并建立相应服务规范流程。涉农金融机构为连江口镇连樟村、黎溪镇恒昌村两个专业村整村授信10 626.7万元。英德农商银行大站支行为下砵镇灯塔村村民邝某发放首笔5万元生态公益林补偿收益权质押贷款。

截至2022年底，连樟样板区内建有茶叶加工厂3家、麻竹笋精深加工厂2家、油茶等农产品加工厂2家，新增茶园面积1000亩，金桔、马古突等水果1500亩。在淡地村野渡谷民宿及大围村亚婆田白水寨酒店设立文化与旅游服务双融合中心，并申报为清远市级"两中心"融合试点。支持英德市雄盛农业发展有限公司和中南林业科技大学开展产学研合作，联合申报2022年清远科技计划项目——麻竹笋腌制发酵关键技术研究及产品开发，帮助企业柔性引进中南林业科技大学专家4人。连樟村省级现代农业产业园项目联农带农7199户，吸纳返乡创业21人，带动周边村民实现家门口就业560人。2022年底，产业园范围内农民人均可支配收入2.12万元（英德市1.84万元）。浈阳峡文旅小镇实现年旅游收益约900万元，项目综合销售收益1300万元，带动连江口镇150人务工，人均增收3.5万元/年；带动连江口镇商户30户，每户增收42万元/年。

2022年，英德市建立教职员编制"总量控制，动态管理"机制，实行"县管岗位结构，学校按岗定员"。建成连江中心小学的信息化德育综合评价管理系统；创建连江中学等2所乡村高效课堂教学改革实验校，培训2019—2022年入职的农村教师，开展农村学生学业成绩摸底调查；开通5条校园专线，惠及360多名学生。英德市人民医院与连樟样板区3个镇级卫生院签订双向转诊、卒中、创伤联合救治等协议，为样板区卫生院和连樟健康服务中心购置心电图机连接远程心电诊断中心，让基层群众在家门口享受县级医院同质化、标准化的心电诊断服务。建立样板区医共体人才交流机制，出台《关于选派医疗技术骨干到基层分院挂任职服务实施方案》，从县级医院选派4名医疗业务骨干到样板区卫生院挂任副院长或院长助理。在连樟样板区各镇、村（社区）部署15台"粤智助"政府服务自助机，进驻服务事项124项，打通连樟样板区群众政务服务最后一百米。

2022年，英德市支持、鼓励连樟样板区的企业申请办理农产品绿色认证及生态认证。样板区内的碧桂园农业控股（英德）有限公司与英德市老茶园食品有限公司已通过绿色食品认证申请。注册和规划"连樟1号"高端农业品牌建设在推进中。野渡谷民宿被评为"2021年度携程口碑榜最受欢迎民宿"；浈阳峡中小学生北江文化研学综合实践基地被评为"2021年清远市市级小学生研学实践教育基地"；亚婆田·白水寨假日酒店入选首批"广东省驿站乡村酒店"。完成139个集体经济组织股份制改革，其中黎溪镇黎新村围跨经济社、连江口镇城樟社区淡地经济社等按照章程规定和合作协议开展集体土地流转等交易收益分红工作。通过乡镇巡回招聘方式，送岗位进村入户，实现就业岗位、就业服务、就业政策"三下乡"。连江口镇召开"春风行动、南粤春暖"——乡村振兴巡回线上线下招聘会，提供岗位184个。在连江口镇和连樟乡村振兴学院开发9个公益性岗位，兜底安置建档立卡贫困劳动力和就业困难人员就业。

【广州市白云区对口帮扶英德】

2022年，广州市白云区对口帮扶英德工作队（以下简称"工作队"）统筹广清指挥部和白云区对口帮扶资金3700万元，其中争取广清指挥部帮扶资金2700万元，白云区对口帮扶英德市资金1000万元。年初征集广清指挥部帮扶项目59个，申请项目帮扶资金1.7亿元；征集白云区帮扶项目66个，申请帮扶资金8084万元。筛选出2022年广清指挥部帮扶项目7个；白云区对口帮扶项目12个。截至2022年底，2021年广清指挥部帮扶项目4个，已经完成4个。白云区2020年和2021年帮扶项目34个，完成建设32个，在建2个；2022年帮扶项目12个，完成3个，在建9个；白云区爱心企业捐建项目18个，完成18个。

2022年，广清指挥部和白云区投入对口帮扶资金1144万元，帮扶援建英红镇中心小学教学楼、大站镇中心小学运动场等8个学校项目，改善英德市乡村教育办学条件。英德市24所中小学校与白云区18所中小学校结对。白云区教育局、英德市教育局、广大附中英德实验学校、清远职业技术学院、英德市职业技术学校共同成立帮扶工作领导小组，协调推进帮扶工作。白云区教育研究院选派一名教研员到英德市教师发展中心挂任副主任、教研员；英德市选派19名教师到广州白云区对口帮扶学校开展1学期的"跟岗学习"；选派3名校长参加广州市教育局组织的优秀骨干校长高端研修；遴选50名校长参加"2022年广州大学结对帮扶英德市中小学校长（中学组）培训"，遴选100名初中数学教研员、教研组长和骨干教师参加"广州大学结对帮扶英德市初中数学骨干教师培训"。广州市白云区城投集团、建筑业联合会向英德市乡镇学校捐赠104台教师办公电脑，总价值43.68万元。

2022年，投入英德市妇幼保健院、英红镇卫生院、市人民医院帮扶资金1425万元，主要用于专科建设、医疗设备购置、医务人员培训等。广东省人民医院、广州市中医院等结对帮扶医院均派出医疗专家进驻被帮扶医院开展医疗帮扶，开展公益义诊、科普讲座、手术示范、教学查房等。英德市派出医疗技术人才到广州各相关医院进修32人。广东省人民医院选派8位下沉式帮扶专家驻英德市人民医院开展帮扶工作。广州医科大学附属中医医院到英德市中医院开展帮扶工作，组织开展2场义诊活动；开展医疗卫生业务培训11次，培训373人次；开展教学查房190人次；手术示范45人次；开展新技术3项，分别为解毒方中药熏洗治疗、美多芭药物负荷试验、复杂冠脉病介入。英德市妇幼保健院挂牌成立广东省生殖医院英德分院，并与广东省生殖医院不孕不育科签订多点执业，聘请专家到英德市妇幼保健院多点执业长期坐诊，接诊1082人次；继续与广东省妇幼保健院乳腺科建立乳腺专科联盟，聘请省妇幼专家到英德市妇幼保健院多点执业，到英德市妇幼保健院坐诊20次、接诊680人，进行CNB穿刺14人、微创手术306人、乳腺癌手术9人、化疗5人、带教30次；继续与广东省妇幼保健院新生儿科开展多点执业，聘请专家参与教学查房14次；开展产前诊断新技术，聘请专家到英德市妇幼保健院多点执业，签约至今，到英德市妇幼保健院坐诊8次，开展羊水穿刺45例，绒毛穿刺12例。省二院结对帮扶浛洸镇中心卫生院，每月均派出专家到浛洸镇中心卫生院妇科、男科门诊坐诊，帮扶打造不孕不育专科，帮助60多名女士；开展技术帮教，派出50多人次专家，开展手术示范、病例讨论、专题讲座、技术培训；建立互联网远程会诊协作，建立远程心电合作，提高中心卫生院的心电图诊断技术。中山大学附属第三医院与英红镇卫生院建立广清皮肤专科联盟。选派皮肤科专家教授到英红镇卫生院坐诊，以传统皮肤病为基础，逐步把皮肤科建设成辐射至周边乡镇群众的皮肤治疗中心，弥补英德市皮肤诊疗专科空白。

白云区和英德市人社局深化帮扶合作，形成"网络＋逢8＋巡回＋点对点"就业服务品牌，联合举办10场乡村振兴巡回招聘会，招聘会线下参加企业387家次，提供就业岗位6200多个，入场3.3万人次，现场与企业达成就业意向612人。组织英德市人才网、英德市招聘网实行24小时招工服务"不打烊"，并联合举办2022年职校、技校毕业生线上专场招聘会，同步进行线上直播带岗招聘活动，广州市来利食品有限公司、广州云启人力资源有限公司等4家广州市知名企业及奥园（英德）文化旅游有限公司、广东广康生化科技股份有限公司等45家英德市本土企业参加，提供招聘岗位223个，招聘需求人数1924人，线上浏览量1.06万人次，直播带岗累计观看浏览量3.67万人次，初步达成就业意向42人。佳美达、卓佳两家玩具有限公司在云南省武定县开展"点对点"招工服务，每年招聘1000多名云南籍人员到英德务工。依托连樟村"粤菜师傅"省级培训基地，采取"固定＋流动"的教学模式，开展特色"茶菜"培训17期，培训人数530人次；白云区工作队投入10万元帮扶工作经费，助力茶菜开发，开发30道"茶菜"系列菜品并举办发布会，印制《英德特色茶菜》小册子作培训教材使用，"英德特色茶香菜"被列入广东省"广府风味菜烹饪"专项能力考试的自选模块。开展职业技能培训1455人次，其中粤菜师傅类培训15期499人次；南粤家政类培训330人次；农村电商类培训236人次；其他技能培训390人。完成技能提升补贴性培训3160次，发放补贴资金316.05万元。投入5.83万元，组织英德市茶行业协会线上线下开展"全民饮茶日广东·英德区域活动"，打造英德红茶公益品牌，促进地区农业产业发展、乡村振兴、农民致富。

2022年，工作队主导或协助英德市新引进产业项目92个，计划总投资133.04亿元，其中投资额亿元以上项目18个。新动工项目11个，计划总投资额16.81亿元；新投产项目31个，计划总投资额22.59亿元。英德高新区完成规上工业总产值218.16亿元，比2021年下降8.4%。广德园完成规模以上工业总产值31.24亿元，增长64.1%；完成规模以上工业增加值18.99亿元，增长59.7%，并获"2022年广东省营商环境实践评选年度经济功能区优秀奖"。

2022年，工作队印制《英德市惠企政策汇编》，建立"跑腿"服务机制，组建囊括各有关审批部门业务骨干的跑腿服务团，涉及19个部门，包括19个分管负责同志、31个跑腿服务员，负责为企业代办本行业部门的相关手续。实行项目专班式跟进服务，采取清单式管理、责任化推进机制，定期跟踪推进。　　（陈晓娴）

自然资源

【概况】　2022年，英德市自然资源局（以下简称"市自然资源局"）组织开展自然资源领域的对外交流合作负责自然资源领域的安全生产监督管理工作。统一领导和管理英德市林业局。设12个职能股（室），下辖不动产登记中心、地质环境监测站、森林资源调查队、城乡规划编制研究中心、测绘地理信息中心5个直属事业单位，在全市24个镇（街道）分别设24个自然资源所。

【国土空间规划】　2022年，市自然资源局完成《英德市国土空间总体规划（2020—2035年）》编制并形成初步成果；完成"三区三线"全国统一划定工作，划定永久基本农田78.11万亩，城镇开发边界17.67万亩，生态保护红线212.65万亩。完成市区大城南、月桂湖2个片区控制性详细规划编制，中心城区和东岸新城片区控制性详细规划编制（修编）待批复，长岭片区控制性详细规划编制稳步推进；英红、桥头等11个镇的控制性详细规划成果已获批复，东华、石牯塘2个镇的控制性详细规划待批复，推进其余9个镇的控制性详细规划编制工作。

【土地要素保障】　2022年，市自然资源局完成土地利用总体规划调整方案40个，解决用地规模3329.91亩；取得省和清远市批准16个批次建设用地，面积1027.2亩；上报国畅茶叶等16个项目用地批次，面积510.50亩。完成《英德市2022年度土地征收成片开发方案》编制。全市出让城镇住宅用地（含兼容商业）65宗、工业用地42宗、商务金融用地4宗、公用设施用地5宗、公路用地1宗、铁路用地1宗，出让面积1397.16亩，出让价款5.1亿元。

【耕地保护】　2022年，市自然资源局完成2020年、2021

年垦造水田项目建设11个，通过市级验收面积3153亩；通过县级验收项目1个面积363亩，2823亩在施工建设中。落实2021年上半年耕地卫片图斑整改141.68亩，落实2022年耕地拟流出图斑整改662.31亩，落实2022年（农业）执法卫片整改40.57亩。完成《英德市2022年度耕地"进出平衡"总体方案》编制，拟开垦耕地（耕地转入）750.25亩。完成设施农业用地上图入库备案1288宗。开展耕地保护法规宣传60多次，悬挂横幅300多幅，派发宣传海报、宣传折页等宣传资料6万多份。

【第三次全国国土调查】 2022年4月，国家统一启用全国第三次国土调查数据成果，英德市正式启用英德市全国第三次国土调查数据成果。10月，市自然资源局联合英德市统计局公布英德市全国第三次国土调查主要数据公报。

【节约集约利用土地】 2022年，市自然资源局开展批而未供处置任务，超额完成2009年至2018年批而未供土地省考核任务；完成清远市下达2019—2021年批准的批而未供土地处置率不低于44%，英德市处置率为49.8%。超额完成省下达英德市2022年新增闲置土地1974亩处置任务，处置率为102.02%。完成闲置土地"增存挂钩"2022年省考核任务148.64亩，省任务处置率为96.9%。完成2022年国务院大督查，指出英德市存量闲置土地处置310.13亩，省任务处置率为124.5%。

【自然资源领域改革】 2022年，市自然资源局推进农村集体经营性建设用地入市改革任务。《英德市连樟样板区集体经营性建设用地入市暂行办法》《英德市连樟样板区农村集体经营性建设用地土地增值收益调节金征收使用管理办法（试行）》《英德市农村集体经营性建设用地使用权交易细则（试行）》和《英德市连樟样板区农村集体经营性建设用地使用权抵押贷款管理办法（试行）》等文件，经市全面深化改革农村综合改革专项小组工作会议讨论通过后，3月报经市委全面深化改革委员会第八次会议审议通过，有效期延长至2022年12月31日。2022年3月6日，连樟样板区统筹办印发正式执行件，为连樟样板区集体经营性建设用地入市交易案例提供政策保障。

【不动产登记】 2022年，市自然资源局组织开展不动产登记领域"我为群众办实事"实践活动。累计完成黄陂、英华、英红3个华侨茶场共242户房屋确权登记发证工作。完成城北中裕金鑫城小区房产首次登记1182套，其中办理不动产转移登记921套。实现抵押登记0.5个工作日内、一般登记1个工作日内办结的目标。全面实行"一窗受理"，全市累计颁发不动产权属证书5.06万本、不动产登记证明3.13万份。全年通过"广东政务服务网"虚拟窗口完成登记发证2.41万宗，占全年颁证总量的47.6%。推进"房地一体"农村宅基地和集体建设用地调查确权登记发证，累计完成农村宅基地房地测量宗地数31.03万宗，权属调查宗地30.43万宗，公示28.99万宗。农村集体建设用地房地测量宗地数7480宗，权属调查宗地7480宗，公示7480宗，公示279个行政村。

完成 253 个行政村数据库建库工作。

【地质灾害防治】 2022年，英德市在册地质灾害隐患点56处，涉及19个镇（街道）、1954人，潜在经济损失约6233万元。市自然资源局出动巡查人员5670人次，开展全覆盖零遗漏拉网式大排查8次、防范极端天气可能引发地质灾害巡排查63次，转移受地质灾害威胁群众652人，其中连江口镇南坑村高洲铺组地质灾害灾情点成功避险，避免47人伤亡，排查发现风险、隐患点34处，全部采取应急处置措施。开展突发地质灾害疏散撤离应急演练、科普知识培训和宣传活动7场。印发《广东省英德市地质灾害防治"十四五"规划》《英德市2022年度地质灾害防治方案》。推进省、市地质灾害防治三年行动2022年隐患点综合治理，完成2022年综合治理任务9处，完成率100%。

【矿产资源管理】 2022年，市自然资源局成功挂牌出让采矿权5宗，实现采矿权出让收益28.41亿元，为财政创收8.52亿元。实地核查7个矿业权公示信息，1个矿山企业继续被列入异常名录，采矿权、探矿权信息公示率100%；收报核查2021年度矿山储量年报18份；依法对4个采矿证到期的矿山下达停采通知书，依法关闭16家不具备安全生产条件、资源枯竭及采矿许可过期等情况的非煤矿山企业。

【自然资源执法监察】 2022年，市自然资源局开展非法采矿巡查次数216次，出动巡查人员810人次、出动车辆220辆次，夜间出动15次，暂扣钩机46台，打击查处非法开采案件46宗，其中查处盗采稀土矿案件25宗、持证矿山超层越界违法开采案件2宗，移送公安侦查15宗。打击整治稀土专项违法图斑107个。全市稀土重点镇累计出动巡查人员1.6万人次、累计巡查5252次，其中夜间巡查236次，摧毁收尾矿池1158个、草酸池952个，清理水管10万米、电线2.75米，填埋矿井649个，收缴稀土矿691包、草酸313包、硫铵肥2782包，抓捕嫌疑人24名。开展土地卫片执法检查，完成2022年度非农化新增违法用地整改面积1484.5亩，涉及耕地282.55亩。

【国土空间生态修复】 2022年，市自然资源局完成2022年度矿山石场治理复绿任务，复绿面积14.99公顷，完成率241%。完成东华镇高丰围、白沙镇门洞村牛场鸡场3个历史遗留矿山生态修复项目，面积28.27公顷。完成3个绿色矿山的建设达标及验收评审工作。（康丽容）

审 计

【概况】 2022年，英德市审计局（以下简称"市审计局"）组织开展各类审计项目15个，专项审计调查1个，审计查出主要问题金额4.55亿元，其中违规金额3135万元、管理不规范金额4.24亿元；发现非金额计量问题37个；审计发现侵害人民群众利益金额67万元；审计期间整改金额8301万元；审计处理处罚金额6545万元，其中应上缴财政金额3095万元、应减少财政拨款或补贴金额2万元、应归还原渠道资金1739万元、应调账处理金额1709万元；移送处理事项6件，其中移送纪检监察机关3件、有关部门3件，移送处理金额1889万元。提出审计建议98条，被采纳审计建议98条。

【财政预算审计】 2022年，市审计局开展英德市2021年度本级预算执行和其他财政收支审计，对56个一级预算单位进行全覆盖审计。完成审计项目5个，查出有关违法违规问题67个，涉及问题金额1.48亿元，其中移送纪检及主管部门问题4个，追回上缴或追回各级财政资金9851.07万元。

【经济责任审计】 2022年，市审计局完成8个单位12名党政领导干部（其中任中审计4人）经济责任审计，包括乡镇党委书记4人、镇长4人、政府工作部门领导1人、事业单位领导3人，其中对横石塘镇、石牯塘镇、大湾镇、英红镇党委书记、镇长同步进行经济责任审计，对横石塘镇党委书记、镇长进行自然资源资产离任审计。审计查出主要问题金额5.2亿元，其中违规金额834万元，损失浪费金额551万元，管理不规范金额5.06亿元；侵害人民群众利益问题金额8万元；发现非金额计量问题35个；审计处理处罚金额1503万元，其中应上交财政401万元；移送处理事项8件，其中纪检监察机关4件、财政部门4件，移送处理金额2097万元。针对被审计单位财政财务收支及资产管理方面存在的问题和薄弱环节提出整改建议28条，被审计单位采纳审计意见28条。参考审计结果得到肯定或使用的被审计领导干部12人。（张　宇）

统　　计

【概况】 2022年，英德市统计局（以下简称"市统计局"）履行统计信息、咨询、监督职能，做好各项经济指标监测；组织开展基本单位名录库更新维护；抓好新建企业及规模以下转规模以上企业跟踪服务，开展年度企业规模以下转规模以上工作。截至2022年底，全市有"四上"企业（规模以上工业企业、限额以上批发零售住宿餐饮企业、资质以内的建筑业企业和房地产开发企业、规模以上服务业企业）518家，其中工业205家、建筑业21家、房地产业115家、批零贸易业97家、住宿餐饮业22家、重点服务业58家。全年新增"四上"企业54家，其中工业27家（含规下转规上）、房地产业4家、重点服务业2家、批零贸易业13家、住宿餐饮3家。

【统计服务】 2022年，市统计局向市委、市政府及社会各界提供《统计分析》8期，编印《统计监测月报》12期，完成《英德统计年鉴2022》编制印刷。

【统计专项调查】 2022年，市统计局组织开展英德市2022年度人口变动抽样调查，10月25日完成15个镇（街道）、25个样本点、176个普查小区、1.01万个建筑物、1.73万个住房单元的核查，最后通过正式入户调查，正式登记户数1007户，登记人口4181人、现住人口2888人、户籍外出人口1293人、出生人口36人、死亡人口26人。

【统计法治】 2022年，市统计局开展以《中华人民共和国统计法》《中华人民共和国统计法实施条例》为主要内容的统计普法宣传活动；采用重点检查和随机抽样相结合的方式开展统计执法检查40家，其中开展双随机统计执法3家，联合市场监管局开展双随机统计执法检查1家，责令改正4家。开展统计法治宣传，开展送法进企业、进乡镇、进社区、进村居等活动140多次，发放各类统计法律法规宣传资料4000多份。（余有娣）

▲2022年4月14日，市统计局以"依法依规做统计，求真务实谋发展"为主题的法治宣传活动在月桂湖广场举行 （市统计局供图）

国家统计局英德调查队

【概况】 2022年，国家统计局英德调查队（以下简称"英德调查队"）在2022年广东国家调查队系统年度考核中获评优秀等次。

【统计法治宣传】 2022年，英德调查队对所有检查单位（企业）开展统计法治宣传教育，结合住户大样本轮换开展工作，在市政府政务服务大厅、户外广告大屏连续一个月滚动播放大样本轮换及统计法治宣传视频，在"英德发布""悦英德""英德小虫网"等官方微信公众号开展集中普法宣传活动；利用第十三届中国统计开放日，在凤凰城、天宝山庄、碧峰华府开展统计宣传活动。

【统计执法检查】 2022年7—9月，英德调查队抽取住户、劳动力、农产量和主要畜禽监测调查等专业开展统计执法检查。对未达到立案标准的企业，将问题反馈给相关单位（企业），要求加强调查方案的学习和执行；对立案企业，给予警告处分，并约谈负责人和统计人员，要求开展整改。对数据差错率较高的某企业进行立案警告，要求限期整改。

【示范点建设】 2022年，英德调查队在横石塘镇新群村、连江口镇下步村和石灰铺镇子塘村分别建立农民工监测调查、农产量调查、主要畜禽抽样调查示范点，按照标准化和规范化建立台账和活动室。

（廖立征）

市场监督管理

【概况】 2022年，英德市有市场主体6.7万户，比2021年增长9.4%。登记在用特种设备7436台套。全市专利授权量989件，增长11.8%，有效注册商标9152件，增长11%。抽检食品、药品、工业产品等3913批次，查处各类违法案件644宗。

【注册登记】 2022年，英德市市场监督管理局（以下简称"市市场监管局"）推进商事制度改革，统一规范各类市场主体登记管理，实施涉企经营许可事项全覆盖清单管理，完善企业开办服务专区设置，推进"以全程网上办理为主，实体窗口办理为辅,终端自助办理为补充"的企业开办服务体系,完善简易注销登记机制。全市新增商事主体1.23万户,比2021年增长13.8%,新增注册资本总额99.25亿元,下降45.7%。企业开办(不含农民专业合作社)网办率95%,办理企业简易注销登记454宗。印发《英德市市场监督管理局精准帮扶市场主体助力扎实稳住经济若干措施》,推出精准帮扶市场主体17条措施。办理股权出质设立登记129宗、融资13亿元,引导83家个体工商户转型升级为企业。

【信用监管】 "双随机、一公开"监管 2022年,市市场监管局开展本部门双随机和跨部门联合双随机检查任务21个,抽查市场主体2318户次。牵头推进英德市市场监管领域部门联合"双随机、一公开"监管工作,制定《英德市2022年度双随机抽查工作计划》,全市各部门开展本部门双随机抽查检查4051户次,相关单位开展跨部门联合双随机抽查检查201户次、完成跨部门联合双随机抽查任务21个。

企业年报公示监管 2022年,市市场监管局引导市场主体按时报送年报,截至2022年6月底,年报企业9850户,年报率97.5%,位列清远市第四。将未按时报送年报的256户企业、394户农民专业合作社列入经营异常名录,将1.79万户个体工商户标记为经营异常状态,并向社会公示。

信用约束惩戒 2022年,市市场监管局建立经营异常名录、严重违法失信名单,将名单中的企业列为重点监管对象,限制其办理市场监督管理登记、变更、备案等业务。截至2022年底,被列入经营异常名录企业347家,被列入严重违法失信企业名单1户,信用修复移出经营异常名录的企业95户、农民专业合作社109户,恢复正常状态的个体户5976户,移出严重失信企业名录的企业14户。协助相关部门联合惩戒失信或有违法违规行为的企业或个人,协助法院、公安等部门查封工商登记或冻结股权业务642宗。

【特种设备安全监察】 2022年,市市场监管局组织开展日常、重大节日特种设备安全监督检查,开展特种设备超期未检、电梯质量安全提升、"黑气瓶"整治巩固提升等各类特种设备专项整治行动。检查特种设备使用管理单位463家次,发出《特种设备监察指令书》170份,立案25宗。推进新特种设备电子监管系统运用,使用新电子监管系统办理业务630笔,使用新电子监管系统开展安全监察379家次。推进气瓶安全改革,建立并完善远程视频监控、气瓶二维码扫描充装联锁控制系统,完成液化石油气充装单位视频监控10家、气瓶赋码53万多个。核发特种设备使用登记810宗,特种设备2075台(套),完成特种设备使用登记信息变更106宗,特种设备施工告知404宗,压力管道使用登记26宗。

【质量监督管理】 "质量强市"战略 2022年,市市场监管局完善"1+1+N"质量基础设施服务模式,推动质量基础设施"一站式"服务平台系统建设,推行质量、环境、职业健康安全等管理体系认证,推动实施低碳、电子商务、新能源、信息安全等领域认证认可制度,推进首席质量官制度,全市120家企业获认证证书277张,累计111名企业质量管理人员取得广东省首席质量官任职培训证书，发动7家企业申报标准制定立项。开展重点工业产品生产企业证后监管和产品质量风险监测，检查各类生产经营企业200家次，查处生产领域产品质量案件8宗，签订企业质量诚信承诺书29份。

地理标志产品保护 2022年，市市场监管局引导发动企业申请使用地理标志专用标志，全市8家企业申请获批使用地理标志专用标志，累计77家企业使用地理标志专用标志，用标企业数位居清远市第一位。英德红茶成功获国家知识产权局批准开展英德红茶国家地理标志产品保护示范区建设。检查71个茶叶类地理标志合法使用人印制、使用专用标志情况。印发《英德市市场监督管理局关于开展2022年度茶叶类、麻竹类地理标志保护专项行动的通知》，部署开展春茶地理标志保护工作，立案查处地理标志案件2件。

质量月活动 2022年9月，市市场监管局以"推动质量变革创新 促进质量强国建设"为主题开展"质量月"系列活动。开展宣传活动进社区活动，设置主题宣传展板及诚信经营展板、邀请工程师讲解电梯应急救援知识及开展电梯安全知识宣传、现场知识问答活动；引导企业开展"质量月"诚信教育系列活动，动员和指导35家支柱产业、重点工业品的生产企业以及重信用守合同的企业开展英德市诚信教育系列活动，参与企业员工1000多人。

【**标准化监督管理**】 2022年，市市场监管局推进实施企业标准声明公开制度，指导82家企业在"企业产品标准信息公共服务平台"公开执行国家标准、行业标准、地方标准及企业产品标准共212项。发挥先进标准引领作用，推动更多企业参与标准制订修订、试点示范，提高产品核心竞争力。发动广东佳纳能源科技有限公司、广东广晟稀有金属光电新材料有限公司、英德瀛泽化工科技有限公司、英德市仕曼奇化学工业有限公司、英德市佐桐化学品有限公司等企业参与9个国家标准的制修订工作；引导、协助碧乡农业（英德）有限公司进行《大棚草莓生产技术规程》清远市地方标准制订立项申报，并获市地方标准立项；组织开展预制菜全产业链标准化试点的申报工作，成功向清远市申报"鲟龙粹预制菜全产业链标准化试点"。广东广晟稀有金属光电新材料有限公司等4家企业10个标准化项目获清远市实施标准化战略专项资金资助16.95万元。广东佳纳能源科技有限公司主导的标准化项目获广东省实施标准化战略专项资金资助4.25万元。

【**网络市场行为规范**】 2022年，市市场监管局开展网络市场交易行为排查，对发现有野生动物、长江野生鱼、电子烟等敏感字眼的相关商品信息责令删除并整改，排查平台108个，抽查电商平台内经营者432户次；督促电商平台自查自纠、做好亮照亮证工作，约谈即送网、微社区等电商平台2家次；做好国家市场监督管理总局网络交易监测信息分发系统、"智慧网监"App应用和广东省电子商务经营行为监督平台主体建库工作。

【**知识产权保护**】 2022年，市市场监管局完善体制机制，建立英德市知识产权战略实施联席会议制度，统筹协调全市知识产权工作。11月，英德市知识产权纠纷人民调解委员会驻高新区调解工作室挂牌成立，初步建立起以英德市知识产权纠纷人民调解委员、清远市知识产权维权援助中心英德市电子商务产业园服务工作站为主的知识产权多元化解机制，为当事人解决知识产权纠纷提供更多途径和专业化服务。新增专利授权989件，比2021年增长11.8%；广东佳纳能源科技有限公司1项专利获第二十三届中国专利奖。6家国家知识产权优势企业通过复审，14家企业获资助94.64万元；引导2家高新企业质押专利获银行贷款，8家企业的8个商标及9件专利进行商标被侵权损失保险、专利被侵权损失保险投保。印发《2022年英德市打击侵犯知识产权和制售假冒伪劣商品工作方案》，加大打击侵权假冒工作力度，严格规范专利申请行为，责成11家企业、25人（个人）主动撤回68件非正常专利申请。开展"蓝天"行动、知识产权"双随机、一公开"抽查工作，抽查商标代理机构、电商平台各1家。

【广告市场监督管理】 2022年，市市场监管局开展违法违规商业营销宣传行为专项整治行动，发放《英德市市场监督管理局关于严格规范商业营销宣传行为的提醒书》，做好广告监测和上级转办的广告线索核实工作，监测广告1852条次，立案查处广告案件38宗；开展广告业统计年报工作。

【计量监督管理】 2022年，市市场监管局推广使用"广东省计量强制检定管理平台"，指导使用单位注册备案约检。组织开展集贸市场和基层医疗卫生单位在用的计量器具免费强制检定，检定计量器具2867台件，免收检定费用42.18万元。开展集贸市场、眼镜店、加油站、液化气充装站等民生领域计量器具以及能源计量专项检查，检查相关经营单位253家；组织开展2022年度资质认定检验检测机构双随机监督抽查，抽查检验检测机构13家。组织开展2022年世界计量日系列宣传活动，张贴海报40份，印发计量文化卡片和宣传单1200张，检查企业50家，举办计量业务知识培训班1期。

【价格监督管理】 2022年，市市场监管局选取城中所作为监测点，开展药品等民生产品价格监测，重点监测一次性医用口罩、板蓝根颗粒等10种药械和米面蔬菜肉蛋等18种日常农副产品的价格。组织开展涉企收费、民办学校收费、核酸检测服务价格、陵园服务价格专项检查，联合住建、房管等部门开展房地产中

▲执法人员向消费者代表展示假冒伪劣商品并讲解消费知识（市市场监管局供图）

介专项检查,检查相关经营单位10家次,责令改正1家次。打击哄抬物价、不明码标价等价格违法行为,查办价格违法案件2宗。

【疫情防控】 2022年,市市场监管局落实疫情防控常态化措施,管理农贸市场、冷链食品生产经营单位、药店等重点场所,推进重点人群核酸检测扩面工作,发挥药店药房"哨点"作用。采集从业人员、环境、产品标本1.04万份,检查相关经营户2449户次,排查风险隐患98个,登记购买发热、咳嗽药品信息55.6万条。

【市场秩序维护】 2022年,市市场监管局开展制止滥用行政权力排除限制竞争执法专项行动,审查部门规范性文件34份,政府采购、招标公告21份。打击不正当竞争、虚假广告、侵犯知识产权、制售假冒伪劣商品等危害人民群众身体健康和财产安全的违法违规行为,查办各类案件644宗。

【消费维权】 2022年,市市场监管局受理消费投诉、举报、咨询3959件,比2021年增长32.6%。调解成功1157件,为消费者挽回经济损失244.18万元,立案查处49宗。培育"在线纠纷解决"企业2家,指导24家"放心消费承诺"单位、12家"线下无理由退货承诺店"做好消费维权工作。发布投诉举报分析报告4份,发布消费警示信息8条。以"共促消费公平,共建放心消费"为主题,开展"3·15"国际消费者权益日系列宣传活动,通过英德电视台、"南方+""英德发布"等媒体发布一批2021—2022年英德市消费维权典型案例,举办销毁假冒伪劣商品活动,集中销毁执法办案工作查处没收的问题商品15个品类99个品牌,1.98万件,联合中国移动、烟草专卖局等举办消费者权益日现场宣传咨询活动2场。

【获认证企业名单统计】 2022年,英德市企业初次获质量管理体系认证(ISO9001)50家;获汽车行业质量管理体系认证4家;获环境管理体系认证46家;获中国职业健康安全管理体系认证38家;获企业知识产权管理体系认证3家;获无形资产和土地服务1家;获建设施工行业质量管理体系认证2家;获在收费或合同基础上的生产服务2家;获企业社会责任管理体系认证1家;获所有未列明的其他管理体系认证16家。详见下表。

2022年英德市获认证企业名单统计表

序号	获证组织名称	认证项目
1	英德市纳杰影业文化投资有限公司	质量管理体系认证(ISO9001)
2	广东莉来雅生物科技有限公司	环境管理体系认证
3	英德市纳杰影业文化投资有限公司	中国职业健康安全管理体系认证
4	英德市纳杰影业文化投资有限公司	环境管理体系认证
5	英德市纳杰影业文化投资有限公司	在收费或合同基础上的生产服务
6	英德市纳杰影业文化投资有限公司	无形资产和土地服务

续上表

序号	获证组织名称	认证项目
7	广东优亿美化妆品有限公司	所有未列明的其他管理体系认证
8	广东优亿美化妆品有限公司	所有未列明的其他管理体系认证
9	英德市益标电子科技有限公司	质量管理体系认证（ISO9001）
10	英德宏庆电子有限公司	环境管理体系认证
11	英德宏庆电子有限公司	中国职业健康安全管理体系认证
12	英德宏庆电子有限公司	质量管理体系认证（ISO9001）
13	英德欧姆智能机械有限公司	企业知识产权管理体系认证
14	英德海螺塑料包装有限责任公司	环境管理体系认证
15	英德海螺塑料包装有限责任公司	中国职业健康安全管理体系认证
16	英德市众诚混凝土有限公司	环境管理体系认证
17	广东鑫龙盛环保科技有限公司	环境管理体系认证
18	广东鑫龙盛环保科技有限公司	中国职业健康安全管理体系认证
19	广东鑫龙盛环保科技有限公司	质量管理体系认证（ISO9001）
20	英德市众诚混凝土有限公司	中国职业健康安全管理体系认证
21	英德市众诚混凝土有限公司	质量管理体系认证（ISO9001）
22	广东通达电梯部件有限公司	质量管理体系认证（ISO9001）
23	清远市创艺清洁服务有限公司	环境管理体系认证
24	英德市圣德混凝土有限公司	中国职业健康安全管理体系认证
25	英德市圣德混凝土有限公司	质量管理体系认证（ISO9001）
26	英德市圣德混凝土有限公司	环境管理体系认证
27	清远市创艺清洁服务有限公司	中国职业健康安全管理体系认证
28	清远市创艺清洁服务有限公司	质量管理体系认证（ISO9001）
29	英德市美畦农业有限公司	环境管理体系认证
30	英德市美畦农业有限公司	中国职业健康安全管理体系认证
31	英德市美畦农业有限公司	质量管理体系认证（ISO9001）
32	英德市伟胜再生资源回收有限公司	环境管理体系认证
33	英德市伟胜再生资源回收有限公司	中国职业健康安全管理体系认证
34	广东粤华钢铁集团有限公司	中国职业健康安全管理体系认证
35	英德市伟胜再生资源回收有限公司	质量管理体系认证（ISO9001）
36	广东粤华钢铁集团有限公司	质量管理体系认证（ISO9001）

续上表

序号	获证组织名称	认证项目
37	广东粤华钢铁集团有限公司	环境管理体系认证
38	广东懂颜包装有限公司	质量管理体系认证（ISO9001）
39	英德市东顺精细化工实业有限公司	中国职业健康安全管理体系认证
40	英德市东顺精细化工实业有限公司	质量管理体系认证（ISO9001）
41	英德市东顺精细化工实业有限公司	环境管理体系认证
42	广东懂颜包装有限公司	环境管理体系认证
43	英德市延广化学科技有限公司	环境管理体系认证
44	英德市延广化学科技有限公司	质量管理体系认证（ISO9001）
45	英德市延广化学科技有限公司	中国职业健康安全管理体系认证
46	广东长鹿新材料科技有限公司	质量管理体系认证（ISO9001）
47	腾龙新型建材（英德）有限公司	质量管理体系认证（ISO9001）
48	广东长鹿新材料科技有限公司	环境管理体系认证
49	广东长鹿新材料科技有限公司	中国职业健康安全管理体系认证
50	广东宏昌新材料科技有限公司	环境管理体系认证
51	广东万豪塑业有限公司	质量管理体系认证（ISO9001）
52	广东宏昌新材料科技有限公司	中国职业健康安全管理体系认证
53	广东宏昌新材料科技有限公司	质量管理体系认证（ISO9001）
54	英德市启航智能科技有限公司	环境管理体系认证
55	英德市启航智能科技有限公司	质量管理体系认证（ISO9001）
56	英德市启航智能科技有限公司	中国职业健康安全管理体系认证
57	英德市极丰染织有限公司	环境管理体系认证
58	英德市极丰染织有限公司	质量管理体系认证（ISO9001）
59	英德市东联包装材料有限公司	质量管理体系认证（ISO9001）
60	英德市梅林化工实业有限公司	质量管理体系认证（ISO9001）
61	广东长鹿新材料科技有限公司	企业知识产权管理体系认证
62	广东埃力生科技股份有限公司	环境管理体系认证
63	广东东日建设工程有限公司	中国职业健康安全管理体系认证
64	广东东日建设工程有限公司	建设施工行业质量管理体系认证
65	广东东日建设工程有限公司	环境管理体系认证
66	广东埃力生科技股份有限公司	中国职业健康安全管理体系认证
67	广东卫斯理化工科技有限公司	所有未列明的其他管理体系认证
68	广东卫斯理化工科技有限公司	所有未列明的其他管理体系认证

续上表

续上表

序号	获证组织名称	认证项目
69	英德市友鹏建材有限公司	环境管理体系认证
70	英德市友鹏建材有限公司	中国职业健康安全管理体系认证
71	英德市友鹏建材有限公司	质量管理体系认证（ISO9001）
72	英德市羽田化工有限公司	质量管理体系认证（ISO9001）
73	英德市羽田化工有限公司	环境管理体系认证
74	英德市福德餐饮管理有限公司	中国职业健康安全管理体系认证
75	英德市福德餐饮管理有限公司	质量管理体系认证（ISO9001）
76	英德市福德餐饮管理有限公司	环境管理体系认证
77	英德市蔚蓝环保科技有限公司	环境管理体系认证
78	英德市蔚蓝环保科技有限公司	质量管理体系认证（ISO9001）
79	英德市蔚蓝环保科技有限公司	中国职业健康安全管理体系认证
80	清远市惠后生物科技有限公司	所有未列明的其他管理体系认证
81	英德市佳亿金属工艺品有限公司	质量管理体系认证（ISO9001）
82	广东尚好妆品有限公司	所有未列明的其他管理体系认证
83	广东尚好妆品有限公司	所有未列明的其他管理体系认证
84	英德市东顺精细化工实业有限公司	汽车行业质量管理体系认证
85	广东卫斯理化工科技有限公司	环境管理体系认证
86	英德市乾圆文化发展有限公司	质量管理体系认证（ISO9001）
87	英德市乾圆文化发展有限公司	中国职业健康安全管理体系认证
88	英德市乾圆文化发展有限公司	环境管理体系认证
89	清远学乐云数据科技有限公司	环境管理体系认证
90	清远学乐云数据科技有限公司	质量管理体系认证（ISO9001）
91	清远学乐云数据科技有限公司	中国职业健康安全管理体系认证
92	广东利丹美生物科技有限公司	所有未列明的其他管理体系认证
93	广东利丹美生物科技有限公司	所有未列明的其他管理体系认证
94	北新禹王防水科技（广东）有限公司	企业知识产权管理体系认证
95	广东省广裕集团英德工贸实业有限公司	在收费或合同基础上的生产服务
96	广东省广裕集团英德工贸实业有限公司	所有未列明的其他管理体系认证
97	英德市鸿特空调设备有限公司	环境管理体系认证
98	英德市鸿特空调设备有限公司	中国职业健康安全管理体系认证
99	英德市鸿特空调设备有限公司	质量管理体系认证（ISO9001）
100	英德恒一物业管理有限公司	质量管理体系认证（ISO9001）

续上表

序号	获证组织名称	认证项目
101	英德恒一物业管理有限公司	环境管理体系认证
102	英德恒一物业管理有限公司	中国职业健康安全管理体系认证
103	广东省俊嘉包装制品有限公司	质量管理体系认证（ISO9001）
104	广东华睿工程监理有限公司	建设施工行业质量管理体系认证
105	广东还珠容器有限公司	环境管理体系认证
106	广东还珠容器有限公司	中国职业健康安全管理体系认证
107	广东还珠容器有限公司	质量管理体系认证（ISO9001）
108	广东华睿工程监理有限公司	环境管理体系认证
109	广东华睿工程监理有限公司	质量管理体系认证（ISO9001）
110	广东华睿工程监理有限公司	中国职业健康安全管理体系认证
111	英德市鸿源混凝土有限公司	质量管理体系认证（ISO9001）
112	上海电气科城（英德）建筑科技有限公司	环境管理体系认证
113	上海电气科城（英德）建筑科技有限公司	中国职业健康安全管理体系认证
114	上海电气科城（英德）建筑科技有限公司	质量管理体系认证（ISO9001）
115	杭加（广东）建筑节能新材料有限公司	环境管理体系认证
116	杭加（广东）建筑节能新材料有限公司	质量管理体系认证（ISO9001）
117	杭加（广东）建筑节能新材料有限公司	中国职业健康安全管理体系认证
118	英德君泓兰花股份有限公司	环境管理体系认证
119	英德君泓兰花股份有限公司	质量管理体系认证（ISO9001）
120	英德市天安食品配送有限公司	环境管理体系认证
121	英德市天安食品配送有限公司	质量管理体系认证（ISO9001）
122	英德市天安食品配送有限公司	中国职业健康安全管理体系认证
123	广东恒裕生物科技有限公司	质量管理体系认证（ISO9001）
124	广东立方体环保混凝土科技有限公司	环境管理体系认证
125	英德市美林极限运动用品有限公司	质量管理体系认证（ISO9001）
126	广东立方体环保混凝土科技有限公司	中国职业健康安全管理体系认证
127	广东立方体环保混凝土科技有限公司	质量管理体系认证（ISO9001）
128	广东澳飞扬实业有限公司	环境管理体系认证
129	广东澳飞扬实业有限公司	中国职业健康安全管理体系认证
130	广东澳飞扬实业有限公司	质量管理体系认证（ISO9001）
131	广东戴卡旭汽车零部件有限公司	汽车行业质量管理体系认证
132	英德市科恒新能源科技有限公司	汽车行业质量管理体系认证

续上表

序号	获证组织名称	认证项目
133	广东锐涂精细化工有限公司	中国职业健康安全管理体系认证
134	英德生宏兴业建材有限公司	质量管理体系认证（ISO9001）
135	清远慧谷新材料技术有限公司	环境管理体系认证
136	清远慧谷新材料技术有限公司	中国职业健康安全管理体系认证
137	清远慧谷新材料技术有限公司	质量管理体系认证（ISO9001）
138	广东优尚化妆品有限公司	所有未列明的其他管理体系认证
139	广东优尚化妆品有限公司	所有未列明的其他管理体系认证
140	广东雅琳化妆品有限公司	所有未列明的其他管理体系认证
141	广东雅琳化妆品有限公司	所有未列明的其他管理体系认证
142	英德龙山水泥有限责任公司	环境管理体系认证
143	英德龙山水泥有限责任公司	中国职业健康安全管理体系认证
144	英德市云超聚合材料有限公司	中国职业健康安全管理体系认证
145	英德市云超聚合材料有限公司	环境管理体系认证
146	英德市湾区新能源科技有限公司	环境管理体系认证
147	英德市佐桐化学品有限公司	中国职业健康安全管理体系认证
148	英德市佐桐化学品有限公司	质量管理体系认证（ISO9001）
149	英德市佐桐化学品有限公司	环境管理体系认证
150	广东久利化妆品有限公司	环境管理体系认证
151	广东久利化妆品有限公司	企业社会责任管理体系认证
152	英德市诚鑫混凝土有限公司	环境管理体系认证
153	英德市诚鑫混凝土有限公司	中国职业健康安全管理体系认证
154	英德市诚鑫混凝土有限公司	质量管理体系认证（ISO9001）
155	广东金高丽新材料有限公司	汽车行业质量管理体系认证
156	同进（英德）纺织品有限公司	环境管理体系认证
157	同进（英德）纺织品有限公司	质量管理体系认证（ISO9001）
158	英德市通德混凝土有限公司	环境管理体系认证
159	英德市通德混凝土有限公司	中国职业健康安全管理体系认证
160	英德市通德混凝土有限公司	质量管理体系认证（ISO9001）
161	广东有机宝生物科技股份有限公司	质量管理体系认证（ISO9001）
162	广东杰锐新材料有限公司	所有未列明的其他管理体系认证
163	世扬包装科技（广东）有限公司	所有未列明的其他管理体系认证

（苏　洁）

食品安全监督管理

【概况】 2022年，英德市食品药品安全与高质量发展委员会办公室（以下简称"市食药安办"）组织各成员单位开展各类食品安全监管等专项行动，出动检查人员2.35万人次，检查食品生产经营主体2.1万家次，立案查处食品类行政案件248宗、食品类刑事案件1宗，刑事拘留10人、逮捕6人，扣押涉案走私冻品18吨，捣毁私宰窝点2个，没收私宰生猪产品750公斤。全年全市食品安全形势总体稳中向好，未发生系统性、区域性食品安全事故。

2022年9月，市市场监管局提请英德市人民政府印发《英德市人民政府办公室关于将英德市食品安全委员会更名为英德市食品药品安全与高质量发展委员会的通知》。

【食品安全"两个责任"】 2022年，市食药安办建立分层分级包保工作机制，印发《贯彻落实食品安全"两个责任"工作实施方案》，成立以市长为组长的落实食品安全属地管理责任和企业食品安全主体责任工作领导小组，确定各级党政领导干部作为包保干部，落实"三清单一承诺"。

【食品监督抽检】 2022年，市食药安办建立覆盖英德市食品生产经营主体、快筛快检和定量检测有机结合的食品安全抽检体系和风险管理体系，制定《2022年英德市落实食品抽检工作实施方案》。完成食品监督抽检4236批次，合格率97.2%。

【食品快筛快检】 2022年，市市场监管局落实英德市18家农贸市场食用农产品快检工作。英德市18家农贸市场完成食用农产品快筛快检6.04万批次，合格率99.5%，处理不合格食用农产品204.19公斤。

【农贸市场升级改造】 2022年，市市场监管局提请英德市人民政府印发《2022年英德市推进农贸市场升级改造实施方案》，成立英德市农贸市场升级改造工作领导小组，推进全市农贸市场升级改造或转型经营。完成广英市场、青塘市场、仙泉市场升级改造等省民生实事项目，以及鱼湾市场、白沙农贸市场和白沙太平市场升级改造等清远市民生实事项目。

【餐饮环节质量安全】 2022年，市市场监管局推进"互联网＋明厨亮灶"工作，实时在线监控接入平台的293家学校（含幼儿园）食堂的贮存、加工、烹调场所和关键环节，线上巡查99家次，落实整改问题6个。推进全市大中型餐饮酒店、旅游景区的餐厅等餐饮服务单位"互联网＋"工作。做好中考考点学校食堂量化分级提升工作，2022年新增4家中考考点A级学校食堂，全市中考考点A级食堂占全市中考考点的60%。开展3次"查餐厅"直播活动。

【食品安全消费投诉】 2022年，市食药安办处理食品类投诉举报772件，核查处置率100%，"诉转案"11件。

【农产品安全源头管理】 2022年，市食药安办推进食用农产品"治违禁 控药残 促提升"专项行动，完成11个重点治理品种定量抽样检测1412批次。召开英德市农产品质量安全"百日攻坚"专项整治行动专题会，企业签订"不安全、不上市"承诺书。推进农产品质量安全追溯，动态监管蔬菜、水果、畜禽、禽蛋、养殖水产品等5大类食用农产品主体600多家，为390家生产经营主体发出食用农产品合格证10.37万张。新增"三品一标"认证农产品5个。做好动物产地检疫和屠宰检疫工作，实施产地检疫生猪209.7万头、仔猪27.31万头、牛1700头、家禽4788.85万只；屠宰检疫合格生猪19.77万头，牛1800头。检出不合格生猪357头、动物产品53吨，全部依法进行无害化处理。加强生猪"瘦肉精"检测和专项整治，抽取养殖、收购贩运和屠宰环节生猪2.16万份、肉牛200份尿样进行"瘦肉精"检测，结果均为阴性。

【食品风险监测】 2022年，市食药安办推动24个镇（街道）卫生院成立卫生监督协管站，负责监测辖区食品安全风险，监测区域覆盖率100%。开展食源性疾病监测，将英德市人民医院、英德市中医院、英德市妇计中心和26个镇（街道）卫生院列为食源性疾病监测医院。

【集中式供水安全保障】 2022年洪灾期间，市食药安办加强集中式供水单位供水情况以及水质净化检查，督促供水单位落实相关措施，及时排除隐患。经检查，英德市16家集中式供水单位水质净化消毒设施正常运转，供水管理人员持有效健康合格证明上岗，能出具水质监测合格报告。

【科技创新】 2022年，市食药安办将食品安全关键技术攻关研究和科技成果转化纳入2023年英德市科技计划项目的支持范围，组织全市2家企业涉及食品安全领域的两个科技项目申报2023年英德市科技计划。通过英德市本级财政资金立项支持英德创美农业发展有限公司"提高英红九号夏暑季红茶品质创新工艺技术研究"，扶持资金11万元。组织英德市5家企业6个涉及食品安全领域科技计划项目被清远市立项，获扶持资金540万元。组织全市15家涉农企业与省内外10家高校和科研院所开展产学研合作，联合申报省、市级科技项目21项。

【食品安全应急】 2022年，市食药安办建立健全食品安全事故应急处置机制，组织开展涉事食品应急处置，处置进口冷链食品涉阳事件1起。6月，组织开展进口冷链食品新冠疫情处置桌面应急演练，按照"及时发现、快速处置、精准管控、人物同防"原则，提升成员单位协调联动落实进口冷链食品新冠疫情应对能力。

【食品安全培训】 2022年，市食药安办组织开展食用农产品承诺达标合格证追溯应用、食品监督抽检、食品安全突发事故应急处置、校园食品安全、乡镇街道综合行政执法、新冠疫苗接种等食品药品现场培训12场次，受训2600多人。"食安快线"App平台参训19.22万人次。

【食品安全宣传】 2022年，市食药安办围绕"共创食安新发展 共享美好新生活"主题，开展食品安全宣传周活动。线上发挥"一端两台三微"全媒体传播矩阵，制作、转发、播出食品安全相关内容，"南方+"、《英德新闻》栏目、英德发布、文明英德、悦英德App等平台播放食品安全相关新闻报道144条、各类公益广告 1.91 万次、消费预警 6 条。将"食品安全"宣传纳入乡村新闻官每月播报主题，推出乡村新闻官"食品安全"主题播报 69 篇次，点击阅读量 5100 人次；线下开展食品安全宣传活动，组织开展相关活动 185 场次，派发宣传资料 2.56 万份，现场接受群众咨询 1850 多人，处理食品安全投诉举报 15 件。

【疫情防控】 市食药安办开展涉进口冷链食品及从业人员风险隐患排查整改，组织开展疫情防控常态化督查检查，督促做好重点场所、重点人群、重点产品管控，落实进口冷链食品"三强化三覆盖""新五查""冷库通"应用、爱国卫生运动等工作，排查冷链食品经营者 471 户次，发现并督促完成问题整改 79 个；采集从业人员、产品、环境样本 1.11 万份，核酸检测结果均为阴性；宣传发动农贸市场、餐饮企业、零售药店等重点场所从业人员核酸检测和疫苗接种，其中涉进口冷链食品从业人员 100%完成全剂次的疫苗接种；召开疫情防控工作会议 37 次，开展应急演练 1 次。

（朱光云）

药品、医疗器械、化妆品安全监督管理

【概况】 2022 年，市市场监管局检查生产经营使用单位 2324 家次，抽检药品、医疗器械、化妆品 127 批次，查处各类违法案件 105 宗。截至 2022 年底，全市有药品、医疗器械、化妆品生产经营使用单位 3226 家。

【药品、医疗器械监管】 2022 年，市市场监管局出动检查人员 4521 人次，检查药品批发企业 4 家、药品零售企业 425 家、医疗机构 487 家，医疗器械生产企业 6 家、医疗器械经营企业 397 家、医疗器械使用单位 305 家。抽检药品、医疗器械 134 批次，完成全年任务 129%。其中，药品抽检 127 批次、不合格 4 批、合格率 96.9%；医疗器械抽检 7 批次，不合格 1 批。

【化妆品监管】 2022 年，市市场监管局制定《2022 年英德市化妆品经营环节监督检查计划》等，不定期组织开展化妆品生产经营企业安全监管抽检环节。重点检查化妆品生产企业及批发零售、主流商场、美容美发经营场所、化妆品专营店、母婴用品店（儿童化妆品）等重点领域，出动执法人员 1251 次，检查化妆品经营使用企业 521 家次、生产厂家 52 家，开展监督性抽检 33 批次，完成全年任务 258.8%，不合格 3 批，合格率 90.9%。查处化妆品违法经营案件 2 宗。

【疫苗安全管理】 2022 年，市市场监管局开展全市使用疫苗单位全覆盖检查，重点检查进货渠道是否合法；票据是否齐全；记录是否真实完整、可追溯；入库和出库发货时是否扫码，并及时将追溯信息上传到广东省疫苗流通和接种管理信息系统；疫苗储存、运输的冷链设备设施是否完备，运行是否良好，接种单位和人员资质是否齐全，接种环节是否严格执行"三查七对"等规范操作。落实"四个最严"要求，确保疫苗安全事件零发生。

【疫情防控】 2022 年，市市场监管局根据《广东省零售药店哨点监测工作规范指引》，在常态化防疫期间，要求药店对进店顾客开展"三查验"（全程佩戴口罩、测量体温、查看健康码），体温和健康码正常者方可进入，发现顾客体温超过37.3℃的，指引其前往医疗机构发热门诊就诊，发现健康码为非绿码的，指引到就近核酸检测点采样，并及时向当地"三人小组"和市场监管部门报告"非绿码"人员信息。检查药品零售企业1232家次，限期责令改正120家次，停业整顿44家次，报送医保部门取消定点医保2家次，累计收集体温超过37.3℃或健康码为"非绿码"人员信息182条。从业人员核酸检测率100%。

【药械化不良反应报告】 2022年，市市场监管局加强药械化不良反应/事件监测工作，全市收到ADR报告1087份，完成年任务量144.4%；收到MDR报告473份，完成全年任务量114.3%；收到ACR报告139份，完成全年任务量211%。（巫必雄）

国有资产监督管理

【概况】 2022年，英德市国有资产服务中心（以下简称"国资中心"）属下企业有英德市建筑安装工程公司、英德市第一建筑安装工程公司、英德市浈阳机动车检测有限公司等46家，其中正常运作企业35家、非正常运作企业11家，总资产83.08亿元，总负债52.16亿元，所有者权益30.92亿元。

2022年，新增英德南岭甘泉饮用水有限责任公司和英德市建筑工程检测站有限公司2家属下企业。

【重点工作任务】 2022年，十六届七次市政府常务会议审议通过《英德市国有企业改革三年实施方案（2021—2023）》和《英德市关停企业整合实施方案》；市区石门台饮用水工程一期于12月29日建成通水；4月28日，举行英德市麻竹笋预制菜产业发展项目合作协议签约仪式。道路智能停车系统建设项目完成首期3000个车位建设，2022年底试运营；城乡一体化建设项目基本完成。2022年累计融资6.58亿元，其中，国资公司分别在2022年3月及10月成功发行公司债3亿元和2亿元，向国开行申请授信3亿元，已发放贷款1亿元；另外向厦门国际银行申请授信6000万元，已发放贷款5800万元；依法成立英德南岭甘泉饮用水有限责任公司，接管英德市建筑工程检测站有限公司；公开处置砂石弃渣16宗，上缴财政非税收入4362.8万元；委托市公共资

▲2022年4月28日，英德市麻竹笋预制菜产业发展项目合作协议签约仪式在市文化艺术中心举行

（市国资中心供图）

源交易中心完成13宗资产的公开招租。

【信访维稳】 2022年，国资中心接到英德市信访局交办的信访案件22宗，按时调处办结22宗；12345热线投诉174宗，办结174宗，系统内发生到省进京等越级上访案件1宗。 （黄 欢）

英德市代建项目管理中心

【概况】 2022年，英德市代建项目管理中心（以下简称"市代建中心"）受英德市政府委托行使项目法人职责，承担政府投资建设的非经营性重点工程项目建设管理和施工组织工作，参与工程项目竣工验收，组织资产移交。

【代建项目情况】 2022年，市代建中心代建项目20宗，涉及投资额9.16亿元，完成投资6.24亿元。已完成项目前期规划13宗，总投资6.88亿元；完成项目竣工验收4宗，总投资0.96亿元；进度在90%以上的项目2宗，总投资1.99亿元；在推进中的项目8宗，总投资4.47亿元。

【合同管理】 2022年，市代建中心办理项目公开招标和政府采购12宗，其中政府采购5宗。完成32宗项目设计、监理、施工等各类合同及补充协议110多份。

【造价管理】 2022年，市代建中心完成项目概算送审、预算送审、结算送审、概算定案审核、结算定案审核等工作43宗次，累计送审金额7.26亿元。

【施工安全生产监管】 2022年，市代建中心组织开展节后复工复产检查、防风防汛安全检查、安全生产大检查等工作，出动人员400人次，检查在建项目166宗次，全年无安全生产事故发生。

【民生项目】 2022年，市代建中心代建的重点民生项目2宗，其中英德市政府旧址新建公办幼儿园项目，总占地面积4815.97平方米，总建筑面积8347.02平方米，总投资3126万元，新增学位450个，2022年12月完成并交付使用；英德市政府旧址新建公办小学项目，总占地面积3.6万平方米，总建筑面积3.91万平方米，总投资1.9万元，新增学位2970个，2022年8月完成教学楼A栋建设任务并交付使用。

（邓燕清）

▲英德市政府旧址新建公办幼儿园项目　　　　（市代建中心供图）

农业·水利·气象

编辑：胡瑞芬

农 业

农业综述

【概况】 2022年，英德市有耕地147万亩，其中水田85万亩、旱地62万亩，建成高标准农田126.4万亩。全市农林牧渔总产值158.3亿元，比2021年增长12.1%。农村居民人均可支配收入21 230元，比2021年增长5.5%。全市粮食生产面积58.51万亩，总产量19.23吨。农作物播种总面积126.7万亩。

2022年4月1日，英德市农业技术推广中心在2021年全国测土配方施肥数据采集工作考评中，被评为"全国优秀县级单位"；获广东省农业技术推广奖三等奖（英德市茶叶有机肥替代化肥技术示范与推广）；获中国茶叶流通协会"2022年度茶业助力乡村振兴示范县域"称号。

【两大百亿产业】 2022年，英德市推进英德红茶、西牛麻竹笋两大百亿产业和清远鸡、丝苗米等特色农业产业的"2＋2"农业产业体系建设。截至2022年底，全市茶园面积17.46万亩，全年干茶产量1.4万吨，综合产值60亿元。有茶企556家，其中省级重点农业龙头企业13家、清远市级以上重点农业龙头企业21家、茶叶类农民专业合作社163家，具有SC认证资质茶企107家，带动从业人员15万人。全市有茶叶类省级现代农业产业园2个，国家农业产业强镇1个，"一村一品、一镇一业"专业镇2个、专业村16个。有广东省生态茶园40家，其中高级生态茶园6家、初级生态茶园34家。打造西牛麻竹笋百亿农业产业，使麻竹笋种植在以西牛镇为中心的周边镇扩展，出口的麻竹笋产品占日本市场份额的80%。全市麻竹笋种植面积65万亩，麻竹笋鲜笋产量105万吨，总产值40亿元。有笋农加工和收购集中加工点400个，专业合作社76个，规模加工厂71个，其中，有11家企业获SC认证。清远市级和英德市级麻竹笋类重点农业龙头企业分别有5家和2家。核心产区西牛镇麻竹笋种植面积20万亩，鲜笋年产量25万吨，干笋年产量2500吨，年总产值10亿元，全镇有从事麻竹笋行业人口5700多户、2万多人，占全镇常住人口三分之二。

【粮食生产】 2022年，英德市有粮食生产"一村一品、一镇一业"专业村47个。全市实际粮食播种面积58.51万亩，产量19.23万吨；其中水稻面积48.48万亩，产量16.93万吨。全市丝苗米常年种植面积30万亩，种植品种较为成熟的有象牙香占、恒丰优金丝苗、华航香银针等，平均亩产400公斤左右，产量1.2亿公斤，综合产值8亿元。全市标准化种植面积8万亩，从业人员1.8万人，丝苗米产业带动农户人均年增收2.1万元。年加工优质丝苗大米0.8万吨，有经营主体134家，自动化、智能化加工线5条，日加工能力320吨。

【养殖】 2022年，全市存栏清远鸡1787万羽，出栏4658万羽，鸡肉产量6.9万多吨。有清远鸡养殖合作公司9个，主要集中在东华、桥头、浛洸、石灰铺、英红、沙口等镇，产业直接带动农户3000多户，间接带动农户3.8万人。有种鸡场4个，其中原种场1个、祖代场2个、父母代场1个，全市基础种鸡存栏保持在50万羽以上。英德市饲养肉鸽品种以白卡奴鸽为主，截至2022年底，全市种鸽存栏151万对，肉鸽出栏1885万羽，产值2亿元。有肉鸽规模养殖企业40多家，德辉鸽业已注册"五谷鸽"品牌商标，中冠已注册"一品鸽""山野色"品牌商标。全市桑叶种植面积5.26万亩，蚕种产量2亿张，蚕茧产量9856吨，蚕茧销售额3.92亿元。有各类蚕桑农业经营主体1.04万个，带动农户2.83万户。主要分布于浛洸、石牯塘、大湾、西牛、横石塘等镇。甘蔗种植面积6万亩，年产量41万吨。主要分布在英西的浛洸、大湾等镇及英东的桥头、青塘、东华、横石水等镇。全市水产养殖面积4672公顷，受6月洪灾影响，渔业产量产值有所下降，渔业总产量2.76万吨，渔业总产值3.7亿元。水产普查养殖企业（场）1353家，其中英德市锦源农牧产品发展有限公司、英德市盈信农业有限公司、英德市锦悦农业生态有限公司等为英德市特色水产养殖龙头企业。全年畜牧业肉类总产量20.7万吨、渔业总产量3.2万吨，牧渔业生产总值71.86亿元。其中，生猪存栏116万头、出栏185万头，家禽存栏1864万羽。

【经济作物种植】 2022年，全市种植黑皮冬瓜3.6万亩，年产量12.8万吨，带动全市种植农户5万多户。主要分布在大站、望埠、沙口以及石灰铺、石牯塘、横石塘、浛洸、大湾等镇，其产品主要销往上海、天津、湖南、湖北、山东、黑龙江、山西、港澳等地。全市柑橘种植面积6万亩，其中挂果面积4万亩，年产量4万吨，产值约1亿元，主要种类为沙糖桔、年桔、沃柑、茂谷柑、爱媛38、金秋沙糖桔、沙田柚、三红蜜柚、柠檬、脐橙等。沙糖桔受黄龙病影响，种植面积和产量有所减少。甘蔗种植4.5万亩，主要为糖蔗和果蔗，年产量34.45万吨，主要分布在横石水、浛洸、桥头、青塘、东华、大湾等镇。

【农业产业化发展水平】 截至2022年底，英德市有农民专业合作社1515家，其中国家级示范社3家、省级示范社15家、清远市级示范社47家、英德市（县级）示范社37家；有成员1.59万户，直接带动非成员农户2.9万多户，间接带动农户5万户。英德市为省级家庭农场示范县，全市家庭农场2019家，带动农民2万户，其中省级示范农场12家、市级示范农场50家、县级示范农场276家。农业龙头企业139家，其中省级农业龙头企业19家、清远市级65家、英德市（县级）74家；龙头企业带农益农8万多户。有"三品一标"农产品75个，其中无公害产品认证11个、绿色食品认证10个、有机产品认证54个；"粤字号"区域公用品牌2个，产品品牌37个，国家地理标志保护产品3个。英德红茶是国家地理标志产品，获国家地理标志证明商标，入选《中欧地理标志协定》首批"100＋100"互认互保产品清单，是"中国优秀茶叶区域公用品牌""全国名特优新农产品",获"巴拿马世界博览会金奖",并被国际茶叶委员会授予"世界高香红茶"荣誉称号。2022年,英德红茶品牌价值37.18亿元,入选"最具品牌传播力的三大品牌"。英德红茶国家地理标志产品保护示范区入选2022年国家地理标志产品保护示范区筹建名单。横石塘镇茶叶"三品一标"基地入选农业农村部公布的第一批100个全国种植业"三品一标"基地。英德市永和农业发展有限公司被评为全国农作物病虫害绿色防控技术示范推广基地。2022年英德市农产品加工产能88万吨,其中麻竹笋加工产能80万吨、茶叶加工产能2万吨、畜禽业加工产能3万吨、其他产业产能3万吨。全市有9个区域性红茶加工服务中心,单个服务中心每小时处理茶青1500斤,建成国内首个实现数字精准控制和标准化、自动化生产的加工技术工程中心,引进智能茶叶加工生产线2条。建成智慧农业云平台1个;建成益农信息社376个,建立英德市县级益农信息社运营中心。有2个镇被认定为广东省休闲农业与乡村旅游示范镇,6个农业旅游景区被认定为广东省休闲农业与乡村旅游示范点。有广东农业公园3个、清远市农业公园8个。连江口镇连樟村入选2022年中国休闲美丽乡村名单。英德市有4个茶园教育基地入选清远市中小学生研学教育基地;2条茶旅路线入选全国茶乡旅游精品线路名单;3条茶旅游线路被广东省农业农村厅评为"推荐茶旅游线路"。

【美丽乡村建设】 2022年,英德市优化乡村生态环境,推进农村厕所、垃圾、污水"三大革命",落实农村人居环境整治提升。完成农村户厕改造18.01万户,农村无害化卫生厕所普及率100%,全市建有垃圾收集点6360个,生活垃圾无害化处理率100%,74.1%的自然村完成生活污水治理,建成污水处理设施2710座。推进"五级梯度"美丽乡村创建,全市达到省干净整洁村标准的自然村4473个,占比99.2%;纳入规划整治的281个行政村中,达到干净整洁标准的有263个,达到美丽宜居标准的有187个,达到特色精品标准的有4个。通过清远、英德验收的整洁村1111个、示范村(美丽宜居村)2185个、特色村97个、生态村17个。全市规划建设6条乡村振兴示范带,其中"连樟样板区""西乡月"两条乡村振兴示范带基本建成,加快推进"茶叶世界""英西峰林"两条乡村振兴示范带建设。九龙镇河头村入选中国美丽乡村、第二批全国乡村旅游重点村、全省"五强村"。连江口镇连樟村入选"广东十大美丽乡村",横石塘镇龙华村入选"广东特色名村"。(张涓涓 张丽娟)

种 植 业

【概况】 2022年,英德市种植粮食作物58.51万亩,其中谷物54.9万亩、豆类1.5万亩、薯类2.1万亩;种植经济作物68.74亩,其中甘蔗4.45万亩、油料作物16.04万亩;蔬菜累计种植43.89万亩。开展冬种粮食生产,组织各镇(街道)探索冬种粮食种植模式。全市冬种粮食种植面积2651亩,其中冬小麦2006亩、马铃薯628亩。完成撂荒耕地复耕复种计划任务面积4.82万亩。

【灾后复产】 2022年洪灾,英德市通过政策性水稻种植保险理赔674.17万元。整合调度资金,调拨省级应急储备水稻种子[恒丰优金丝苗（杂交稻）和美巴香占（常规稻）]发放到种植户手中，并安排种植户播种。开展灾后救灾复产指导，组织技术人员灾后到田间地头为农户后续复产提供技术指导，解决农户灾后生产难题。

【红火蚁防控】 2022年3月，英德市调整重大病虫害疫情防控指挥部，制定《英德市红火蚁防控三年行动方案（2021—2023年）》，3月和10月分别下发《关于开展2022年全市红火蚁春季统一防控行动的通知》和《关于开展2022年全市红火蚁秋季统一防控行动的通知》，投入79.85吨防控药剂，防治面积17.58万亩，红火蚁发生面积2.97万亩；开展红火蚁基层防控班培训，培训300多人。

【"一村一品、一镇一业"项目建设】 2022年，英德市组织相关专业人员验收2020年"一村一品、一镇一业"入库建设的25个项目。项目涉及水稻、茶叶、蔬菜、水果、畜禽养殖等产业。验收通过项目23个，未通过项目2个。

【绿色农业】 2022年，英德市整合各种资源，建立完善农膜应用回收利用体系；推广秸秆综合利用技术，累计农膜回收率88.7%，农作物种植覆膜面积9.08万亩，农膜使用1311.18吨、回收1162.75吨，全生物可降解农膜134.67吨，主要覆盖作物种类是花生、蔬菜水果、秧苗、野菜、茄子。秸秆综合利用率90.6%，主要利用秸秆作物是水稻、花生、玉米、甘蔗等作物，秸秆可收集量21.55万吨，还田面积68.32万亩、直接还田18.77吨、离田利用7500吨。　　（向绪有）

畜 牧 业

【概况】 2022年，英德市生猪存栏116.7万头，出栏193万头；家禽存栏1976万羽，年出栏5296万羽，其中鸡存栏1787万羽、出栏4658万羽；种鸽存栏151万对，肉鸽出栏1882万羽；牛总存栏2.57万头，年出栏5520头，其中奶牛存栏4700头，全年奶产量2.32万吨；肉羊总存栏2.56万只，出栏1.38万只。畜牧业肉类总产量26.28万吨，牧渔业总产值71.9亿元。

【清远鸡产业发展】 2022年，英德市推进2021年清远鸡产业集群项目建设，做好2022年清远鸡产业集群项目实施工作。建成3个集先进设施设备应用、绿色环保、标准管理为一体的现代化清远鸡养殖场。全年清远鸡出栏4658万羽，完成清远市下达年出栏4614万羽的任务目标。

▲2022年英德市主导品种展示　　　　　　　　（市农业农村局供图）

【生猪产业转型升级】 2022年,英德市推动生猪产业转型升级,推进生猪养殖场标准化示范创建,成功创建生猪标准化示范基地10家。落实生猪生产扶持项目,其中实施生猪良种补贴养殖场(户)6家,补贴良种母猪数2万多头,补贴资金75万元;创建生猪标准化示范场12家,奖补资金105万元。

【奶业生产能力提升项目】 2022年,英德市被确定为奶业生产能力提升整县推进项目实施主体,争取到中央项目资金1935万元,主要用于推动英德市发展草畜配套、适度规模养殖,促进奶业一二三产业融合发展。

【生猪屠宰标准化建设】 2022年,英德市推动生猪屠宰省级标准化创建,指导英德市安诚食品有限公司走马坪肉联厂从资质到人员、建设布局和环境卫生、屠宰设施设备、屠宰工艺、检验检疫、质量控制、产品出厂及产品贮运等方面进行升级改造。全市2间肉联厂(大站、东华)已获评为省级生猪屠宰标准化企业。

【动物强制集中免疫】 2022年,英德市开展动物春秋季强制集中免疫注射工作,24个镇(街道)注射猪口蹄疫苗58.6万毫升、牛口蹄疫苗20万毫升、禽流感疫苗510万毫升、羊小反刍兽疫苗5万头份;注射指导性疫苗狂犬病疫苗9600头份;开展动物防疫"先打后补"(即强制免疫补助政策实施机制)工作。全年未发生牲畜口蹄疫、高致病性禽流感等重大动物疫情。

【动物疫病监测】 2022年,英德市采集畜禽血清3190份,其中牛血清780份、羊血清436份、猪血清666份、犬血清80份、鸡血清1038份、鸭血清40份、鹅血清50份、鸽血清100份;牛小脑10份、OP液275份、棉拭子1089份。所采集样品分别送检和自检,分别进行相应的口蹄疫、布鲁氏菌病、禽流感、鸡新城疫、耕牛血吸虫、牛海绵状脑病、小反刍兽疫等动物疫病抗体或病原检测,检测结果显示免疫抗体合格率均达到农业农村部要求70%以上的标准,病原学检测结果均符合要求。

【非洲猪瘟防控】 2022年,英德市坚持落实非洲猪瘟排查制度,建立疫情分片包村包场排查机制,做好非洲猪瘟采样检测和强化屠宰环节风险管控等工作,排查工作出动2.03万人次,排查养猪场(户)2.02万个次、生猪屠宰场(厂)1095个次、猪只861.70万头次,未发现不明原因死亡猪只或可疑病例。

【畜禽产地和屠宰检疫】 2022年,英德市在畜禽养殖、收购贩运和屠宰环节抽取尿液样本生猪2.35万多份、肉牛220份进行"瘦肉精"检测,结果均为阴性;实施产地检疫商品猪232.81万头、仔猪31.59万头、牛2200头、禽类5237.43万羽,屠宰检疫合格生猪22.13万头、牛2000头,检出不合格生猪375头、动物产品60吨,全部依法进行无害化处理。

【动物卫生监督巡查】 2022年,英德市出动监管巡查人员490多人次,车辆110多辆次,巡查畜禽产品养殖基地210多个(次),快速检测畜产品样品130多批次,检测结果均为阴性。监督养殖环节无害化处理的病死猪194头。检查中没有发现违法经营病死动物及动物产品等违法行为，巡查人员对经营者进行法律法规宣传教育，发放宣传资料1500多份。

【畜禽养殖废弃物资源化利用】 2022年，英德市规模化养殖场备案1143户，其中完成粪污资源化利用配套设施建设的规模场1132户，配套率99%。截至2022年底，畜禽养殖粪污综合利用率87.2%，两项指标均超上级考核目标。

【养殖业政策性保险措施】 2022年，英德市在全市范围内养殖企业（场、户）推广养殖业政策性保险，全市参保能繁母猪3.94万头、育肥猪129.69万头、仔猪130.47万头、奶牛4200头、山羊200只、肉鸡2423.55万羽，各种畜禽养殖保险总保费1.31亿元，各级财政补助资金9827万元，理赔给养殖企业（场、户）资金4747.76万元。

【行业安全生产】 2022年，英德市开展牧渔产品风险抽样420批次、监督抽样163批次，没有发现违规使用投入品情况；重点排查3间肉联厂、6家兽药饲料生产企业和沼气设施等有限空间安全隐患；开展产地检疫和屠宰检疫，检出病害猪345头和不合格动物产品50吨，全部依法进行无害化处理。

【畜牧业受灾情况】 2022年6月中旬，英德市遭遇超百年一遇的特大洪涝灾害，全市受灾牲畜1.17万头，受灾家禽144.58万只，受灾栏舍面积14.45万平方米，畜牧业经济损失1.6亿元。受灾养殖户全部复工复产。

（袁芳芳）

水 产 业

【概况】 2022年，英德市水产养殖面积4672公顷，与2021年持平，其中池塘养殖3331公顷，产量22 659吨；山塘养殖516公顷，产量2059吨；水库养殖825公顷，产量2361吨；稻田养殖45公顷，产量50吨。江河捕捞量440吨，比2021年增长10%。鱼苗生产场所21家83公顷，孵化鱼苗7.55亿尾，种苗培育9800万尾，投放鱼种3220吨。英德市渔业总产量2.76万吨，比2021年下降13%，渔业总产值3.7亿元，比2021年下降11.5%。

【水产养殖】 2022年，英德市水产养殖业以"四大家鱼"（青鱼、草鱼、鲢鱼、鳙鱼）为主导，"四大家鱼"产量14 723吨，产值1.77亿元。鳜鱼、鲈鱼、黄颡鱼、鲂鱼、虹鳟等优质鱼类及大鲵、鲟鱼、棘胸蛙、龟、鳖、锦鲤等中高端特色水产品养殖发展稳定，鳜鱼养殖鱼塘3000多亩，产量1333吨；淡水虹鳟养殖池1000平方米，存池20吨，成鱼销往广州市、深圳市等地；娃娃鱼总产量33吨，其中娃娃鱼苗3万尾，成鱼2万尾40吨，商品鱼1000尾2.5吨；蛙类产量87吨，棘胸蛙产量11吨，蛙类产值520万元；甲鱼养殖面积430亩181吨，甲鱼主要销往广州等地；龟类总产量93吨，其中龟存栏2万只，种龟3450只；虾总产量157吨，产值628万元。

【水产品质量监管】 2022年，英德市监督检查渔药经营管理和规模场"三鱼两药"（"三鱼"指鳜鱼、乌鳢和多宝；"两药"指孔雀石绿、硝基呋喃类），实施水产品监督和例行抽样监测86批次，专项监测水产品中磺胺类、氟喹诺酮类，没有发现违规用药现象。与水产养殖场签订水产品质量安全责任书50份，巡查生产经营企业及镇（街道）农业技术综合服务中心56家，出动巡查人员168人次，没有发现不合格现象。派发渔业安全生产和法律法规等宣传资料1000多份，检疫鱼苗36万尾，发放动物检疫合格证明11张，调查死鱼及污染事件10宗。

【省级水产健康养殖和生态养殖示范区创建】 2022年，英德市申报创建省级水产健康养殖和生态养殖示范区。12月30日，根据《关于公布省级水产健康养殖和生态养殖示范区名单（2022年）的通知》，英德市获"广东省水产健康养殖和生态养殖示范区"称号，英德市盈信农业有限公司获"广东省水产健康养殖和生态养殖示范区"称号。

【渔业绿色循环发展试点项目】 2022年，根据广东省农业农村厅《关于同意惠州等市渔业绿色循环发展试点名单的函》，英德市获批为2022年度渔业绿色循环发展试点县，获集中连片内陆养殖池塘标准化改造和尾水治理中央专项资金1000万元。全市申报企业中符合申报条件的水产养殖场21个，申报改造面积3472亩，项目在推进中。

【渔业灾情】 2022年6月中旬，英德市遭遇超百年一遇的特大洪涝灾害，英德渔业受灾严重。受灾鱼塘4.2万亩，损失产量1.41万吨，损毁塘基1.93万米，渔业总经济损失2.39亿元。通过各方支援和养殖户生产自救，受灾水产养殖户全部复工复产。（袁芳芳）

渔政管理

【概况】 2022年，英德市开展打击"电、毒、炸"鱼等违法捕捞活动，巡航243航次，其中出动水上执法船171船次、陆上巡航72车次，出动执法人员986人次。立案查处渔政案件6宗，其中1宗是违反禁渔区规定捕捞案件、5宗是使用电鱼方式非法捕捞案件，移送公安机关追究刑事责任2宗，追究刑事责任6人，罚款金额0.9万元。清理灯光诱捕网302张，清理虾笼335条、1575米，没收涉渔"三无"船舶7艘。协助阳山县农业农村局在大湾镇与阳山县青莲镇连江交界水域查获电鱼非法捕捞案1宗，抓获违法人员2名，查扣涉渔"三无"船舶1艘、电鱼工具一套。3月1日，举行集中销毁2021年没收的涉渔"三无"船舶及非法捕捞工具现场会。

【增殖放流活动】 2022年8月27日，英德市在市区滨江公园开展增殖放流活动，放流草鱼、鲢鱼、鳙鱼、鲮鱼等经济鱼类鱼苗80万尾。

【禁渔期】 2022年3月1日—6月30日为珠江禁渔期，英德市通过各种途径宣传禁渔政策，保护英德市渔业资源和水生生态环境。英德市农业农村局完成2022年禁渔补贴发放，发放禁渔补贴238.04万元，惠及渔船542艘、渔民1082人。

【水产品质量安全】 2022年，英德市农业农村局巡查英德市驯养养殖二级水生保护动物，检查大鲵、斑鳠、保护龟类等的养殖场地、养殖规模、养殖品种等是否符合相关法规要求，同时联合英德市畜牧水产局开展多次水产品养殖场抽检样品执法行动。未发现不合格现象。

【渔船管理】 2022年，英德市完成全市542艘渔船年审、签证工作，当场审检、当场办结，合格率100%。

【渔业安全生产管理】 2022年，英德市农业农村局完善责任机制，构建"三员两检"的渔业安全管理体系。开展渔业安全生产知识宣传、安全意识教育和渔民安全技能培训工作，全市10个镇、1084名渔民参加。 （赵志军）

乡村振兴

【概况】 2022年，英德市推动脱贫攻坚与乡村振兴有效衔接，健全防返贫监测机制和动态帮扶机制，做好防返贫监测工作，建立防返贫监测台账、边缘贫困户台账。全市有监测对象234户895人，其中脱贫不稳定户54户219人，突发严重困难户6户18人，边缘易致贫户174户658人。完善长效扶贫资产管理工作机制，2016—2021年形成扶贫资产1164个，涉及资金7亿元，完成全市扶贫资产确权工作。制定防返贫综合保险方案，为建档立卡脱贫户购买为期一年的"防返贫险"保险，给脱贫户与边缘户购买包括农业种养、医疗、意外死亡、教育等方面的综合保险。推进乡村振兴驻镇帮镇扶村工作，驻镇帮镇扶村工作队全部到位并完成工作交接。英德市印发《英德市巩固拓展脱贫攻坚成果和乡村振兴项目库建设实施办法》和《英德市乡村振兴驻镇帮镇扶村资金使用监管细则》，做好乡村振兴驻镇帮镇扶村项目入库和资金使用监管工作。在全面调研、掌握实情的基础上，各镇和相关驻镇帮镇扶村工作队根据实际情况，科学分析、精心谋划乡村振兴项目，编制项目实施方案。2022年全市到位乡村振兴驻镇帮镇扶村资金6.05亿元，安排乡村振兴项目304个。

【扶贫济困】 2022年6月30日，英德市农业农村局牵头开展英德市"广东扶贫济困日"活动，全市募集认捐善款2000万元。表彰认定2021年度爱心企业、社会组织、个人，其中5家爱心企业符合广东扶贫济困红棉杯铜杯资格，56家企业达到英德市扶贫济困红棉杯申报资格。通过企业推荐（自荐）、评审、公示和认定等程序，经市乡村振兴局认定的企业35家，英德市红棉杯金奖获得者8个、银奖获得者21个、铜奖获得者6个。

【乡村振兴新闻发布会】 2022年10月12日，英德市召开"乡村振兴 砥砺前行"新闻发布会，通报英德市全面推进乡村振兴战略工作情况。《南方日报》《清远日报》、英德市融媒体中心等媒体参加。 （陈洁敏）

茶　　业

【概况】 2022年，全市茶园面积17.46万亩，干茶产量1.4万吨，综合产值60亿元。有茶叶企业556家，其中省级重点农业龙头企业13家，清远市级以上重点农业龙头企业22家，新型经营主体茶叶专业合作社茶叶类农民专业合作社163家，具有SC认证资质茶企107家，带动从业人员15万人。有茶叶类省级现代农业产业园2个，国家农业产业强镇1个，"一村一品、一镇一业"专业镇2个、专业村16个。有广东省生态茶园40家，其中高级生态茶园6家，初级生态茶园34家。有10家企业获HACCP体系认证，其中7家同时具备出口备案证明。

【两大百亿产业政策】 2022年1月，清远市委、市政府提出打造五大百亿产值农业产业的主体部署。10月和12月，清远市、英德市分别印发《英德红茶产业发展规划》和《推进英德红茶创百亿产业实施方案（2023—2025）》。2月，英德市成立英德市推进两大百亿产业高质量发展工作领导小组。

【红茶品牌影响力】 2022年，英德红茶品牌价值37.18亿元，入选"最具品牌传播力的三大品牌"；4月，英德红茶被评为巴拿马世界博览会金奖；英德市入选"2022年度茶业百强县域""2022年度茶业助力乡村振兴示范县域""红茶重点产区"，3家茶企入选"茶业百强茶企"。4月，举办2022第四届中国·英德红茶头采节活动。

【茶叶产业发展】 2022年，英德市新增9家广东省生态茶园，生态茶园累计达40家。7月，积庆里红茶谷被评为全国农作物病虫害绿色防控技术示范推广基地；12月，英九庄园入选"2022年度国家级生态农场"，成为全省第一家获国家级生态农场认定的茶叶企业。12月，"英红九号提质增效关键技术创新与产业化应用"项目获"创新清远"科技进步奖一等奖。

【茶旅融合】 2022年2月，英德市积庆里红茶谷、T三有机茶园、英九庄园、红旗茶厂4个茶园入选清远市中小学生研学教育基地。5月，"山环水润 茶香英德"茶文化精品旅游线路入选"春季踏青到茶园"全国茶乡旅游精品线路名单（全国30条）。

【英德红茶地理标志】 2022年11月，英德市转让续展英德红茶地理标志证明商标，10月，英德红茶国家地理标志产品保护示范区入选2022年国家地理标志产品保护示范区筹建名单。

【英德红茶国家产业园】 2022年，英德市创建英德红茶国家产业园，推进清远市红茶优势产区省级产业园建设，启动镇域产业园建设，推进农业产业强镇、"一村一品 一镇一业"等产业发展项目平台建设，形成国家、省、县、镇、村等多层级产业平台布局。以英德红茶为主导产业的英德市现代农业产业园被农业农村部、财政部认定为第五批国家现代农业产业园。

【茶叶产业保障】 2022年，英德市与相关金融机构签订合作框架协议，为英德红茶产业整体授信累计60亿元。3家英德茶企进入广东乡村振兴板挂牌交易、展示。6个茶叶项目成功申请乡村振兴用地指标，3个茶叶项目成功申请乡村用地规模。实施2022年英德市茶产业特色人才培训方案，培训337人次。杨文杰入围2022年第五届全国农业行业职业技能大赛茶叶加工赛决赛。

【英德多个品牌获第二届世界红茶产品质量推选活动"大金奖"】 2022年11月23日，中国茶叶流通协会公布"世界红茶产品质量推选结果"的文件。其中，来自英德多家茶企的多个品牌获第二届世界红茶产品质量推选活动"大金奖"。第二届世界红茶产品质量推选于2022年9月至11月分别在中国福建省福安市、印度加尔各答、斯里兰卡科伦坡等地举行，有全球1031家企业的1334个红茶样品参加，推选出大金奖106个、金奖244个、银奖352个。英德红茶产品在活动中获54个奖项，其中大金奖5个（全省仅6个）、金奖28个、银奖21个。其中，英德市上茗轩、广东德高信食品加工有限公司、广东鸿雁茶业有限公司、英德积庆里茶叶有限公司、广东英九庄园绿色产业发展有限公司选送的红茶样品获大金奖。英德英玖红茶业有限公司、英德市龙润农业发展有限公司、英德市老一队茶业有限公司等多家茶企选送的红茶样品获得金奖。

【英德红茶获广东首批"粤地优品——广东高品质地理标志"称号】 2022年12月17日，广东商标协会开展首批"粤地优品——广东高品质地理标志"评价活动，从法律、社会、文化、经济、环境5个维度对广东省地理标志进行评价，全省有12个地理标志产品入选，英德红茶榜上有名。英德红茶作为国家地理标志产品，入选首批"中欧100＋100"地理标志互认保护产品公示清单。

【2022第四届中国·英德红茶头采节】 2022年4月2日，"2022第四届中国·英德红茶头采节"开采仪式在广东英九庄园绿色发展有限公司智能茶厂文创中心举行。活动以"凝心齐聚力，共创茶百亿"为主题，由英德市茶业行业协会主办。受疫情影响，英德红茶头采节从"线下欢聚"搬到"云端庆典"。整场活动从"产业""文化""科技"三大层面展开，以英德红茶拍卖会、茶文化与音乐文化融合、第17届巴拿马世界博览会金奖红茶颁奖仪式等亮点环节作为主要内容，搭配央视频移动网、新华社现场云、中国网＋、网易新闻、悦英德等平台直播，全面展示英德深厚的茶文化底蕴，助推英德打造百亿茶叶产业。活动现场，英德市农业农村局（英德市乡村振兴局）、英德市市场监督管理局、英德市茶业行业协会及广东英德农村商业银行股份有限公司四方代表签订战略合作框架协议。广东英德农村商业银行股份有限公司向英德茶行业整体授信50亿元。活动当天，5个直播平台总观看量155万。（张凤姬）

农机管理

【概况】 2022年，英德市水稻年播种面积50.99万多亩，全市农机总动力32.56万千瓦，比2021年增长4.9%；水稻机耕33.83千公顷，机插秧9.76千公顷，机直播0.08千公顷，机收33.69千公顷；水稻耕、种、收机械化率分别为99.5%、28.7%、99.1%，比2021年分别增长0.2%、24.2%、0.02%，综合机械化水平78.2%。

【农机设备基本情况】 2022年，英德市主要农机保有量：手扶拖拉机6575台，大、中型拖拉机470台，配套作业农机具4092台（套）；各类联合收割机504台，插秧机210台，微耕机、耕整机1.66万台套。

2020—2022年英德市农业机械拥有量

年份	农业机械装备动力/万千瓦	机耕作业面积/万亩	收获机械装备动力/万千瓦	联合收割机拥有量/台	水田旋耕机/台	小型拖拉机/台	大中型拖拉机/台
2020	30.547	105.74	1.33	486	14 217	6912	387
2021	31.029	105.75	1.38	493	14 326	6914	420
2022	32.559	115.07	1.35	504	14 418	6575	470

【农机购置补贴】 2022年，中央下拨英德市农机购置补贴资金200万元，全市办理农机购置补贴5批，结算资金288.63万元（含2021年结转资金），农机购机补贴申请694份、558户，机具台数891台（套），其中耕整地机械275台、田间管理机械63台、收获机20台、果菜茶和粮油初加工机械56台、动力（包括农用）机械30台、农产品初加工机械24台、水产机械382台、种植施肥机械9台。带动社会投入资金900多万元。补贴机具覆盖水稻和其他农作物生产耕、种、收、植保、节水灌溉，以及畜牧水产养殖、农产品初加工、谷物干燥等农业生产领域。

【农业生产社会化服务】 2022年，英德市获农业生产社会服务项目建设项目资金325万元，主要补助水稻、茶叶、甘蔗在农业生产托管服务中的关键环节和薄弱环节。9月，制定《英德市2022年农业生产社会化服务项目实施方案》，选出英德市东华兴民农机专业合作社、英德市利民农机专业合作社、英德市望埠镇新天地农机专业合作社、英德市立农农业专业合作社联合社、英德市粤合农业专业合作社联合社等5家农业生产社会化服务项目实施主体和英德市立农农业专业合作社联合社作为农业生产托管运营中心。全年完成农业生产托管服务2.6万亩，带动农业生产托管面积17万多亩，服务小农户500多户，其中水稻完成托管服务1.1万多亩，甘蔗完成托管服务5000多亩，茶叶完成托管服务1万多亩。

【农机示范推广】 2022年3月14日，英德市农机事业管理局（以下简称"市农机局"）承办"2022年清远市春季农业生产、农机闹春耕暨英德市丝苗米产业推进现场会"活动；4月21日，在西牛镇赤米村举办水稻生产机械化技术培训班暨现场演示会；4月26日，在浛洸镇鱼咀村举办水稻生产机械化技术培训班；5月13日，在英红镇虎迳村举行水稻生产机械化技术培训班；7月21日，在英红镇水头村举办2022年灾后复产、夏季"双抢"——机械化秸秆还田技术推广活动；9月20日，在市农民合作社服务中心举办2022年农机质量与投诉调查培训班；9月23日，在九龙镇金鸡村举办农用无人飞机操作技术培训班；10月13日，在西牛镇西联村举办智慧农机推广培训班；11月2日，在东华镇塘下村举办2022年广东省"省市联动"（清远市英德市）水稻机收减损技术培训班。通过举办现场演示会和培训班，培训各类人员1400多人次。

【拖拉机驾驶员培训】 2022年，市农机局监督英发拖拉机驾驶员培训有限公司培训学员4期，培训合格拖拉机驾驶操作人员190人次。

【智慧农机和稻谷机械化烘干项目建设】 2022年，英德市举办智慧农机平台培训10期，培训530多人次，智慧农机平台监测2022年水稻农机社会化服务作业面积2.8万多亩，完成智慧农机项目建设。2022年争取的2021年节能环保型水稻机械化烘干中心项目全部建设成功，全市新增稻谷机械化烘干设备能力240吨。

【农机安全生产】 2022年，英德市完成《关于开展变型拖拉机强制报废注销专项清理的通知》1800张，公告注销变型拖拉机138台，10月底完成清零行动。开展"平安农机"示范镇村创建活动，创建黎溪镇恒昌村、西牛镇西联村、横石水镇溪北村3个"平安农机"示范村，创建连江口镇"平安农机"示范镇。开展安全日咨询活动和农机安全生产知识座谈活动，派发农机安全宣传资料500多份，300人参加活动。开展拖拉机专项整治行动34次，派出工作人员267人次，排查拖拉机135台（次），查处违法农用车辆29台，安全宣传教育661人，发放各类宣传资料1000多份。开展"送检下乡"服务活动34场次，完成送检拖拉机和联合收割机304台，派发宣传资料500多份。

【农机业务管理】 2022年，英德市办理农机注册登记277台套，年检553台，转移登记10台；办理初次申领业务和转入、换证、补证、吊销等465人次；办理非道路移动机器管理系统业务51台，办理跨区作业证20台次。（胡建国）

农业科技

【概况】 2022年，英德市农业农村局下属的市农业技术推广中心、市农业科学研究所及24个镇（街道）农业技术综合服务中心组成农业（种植业）推广体系。主要负责全市农业新品种、新技术的引进、试验、示范和推广、培训等工作。

【农业技术推广与培训】 2022年，英德市选出农业主导品种35个、主推技术32项，开展技术推广和指导培训活动15场。实施2022年英德市高素质农民培育项目，培育高素质农民247名。组织开展各类农村实用人才培训52场，培训农业从业人员2939人次。组织申报农业农村人才活动项目，全市79人被省农业农村厅认定为广东省乡土专家，2人被评为2021年度清远市乡村振兴农村实用人才，1人被授予2019—2021年度全国农牧渔业丰收奖农业技术推广贡献奖，英德市茶叶有机肥替代化肥技术示范与推广项目被评为2021年度广东省农业技术推广奖三等奖。

【农作物新品种试验示范】 2022年，英德市农业科学研究所开展农作物新品种试验示范，完成试验17组188个品种，其中水稻6组74个新品种、玉米9组108个新品种、大豆2组6个新品种。

【品种引进】 2022年，英德市根据主推品种技术指引，结合农业实际需求，从省农科院、仲恺农业工程学院、汕头农科所引进43个优良品种并在田间种植展示，包括25个水稻品种、3个鲜食玉米品种、12个花生品种、3个大豆品种。

【农业技术培训】 2022年，英德市农业科学研究所根据英德市农业实际需求，结合田间示范，开展良种良法培训1期，培训内容包括粮食生产、病虫害防治等，培训农技人员、种植大户50人次。

【良种良法宣传及农业技术指导】 2022年，英德市农业科学研究所在中心镇及重点镇开展"科技服务月"农业科技下乡活动。推介农业科技新成果和广东省农业主推新技术、新品种及配套种植技术，帮助指导农户抓好生产耕作，解决农业生产中的实际问题，向群众发放农业种养技术资料1万多份，发放宣传小册子及传单4000份。派出农业技术人员到田间指导主要粮食作物生产，累计派出36人次。

（吕秀茹　邝作祥）

林　业

【概况】 2022年，英德市林业用地面积592.52万亩，占英德市国土总面积的70.1%，其中有林地面积479.96万亩，森林覆盖率68.8%，森林蓄积量2514万立方米，林木年生长量115.23万立方米，森林资源年消耗量73.19万立方米。

【植树造林】 2022年3月12日，英德市在望埠镇望河社区高梁村开展英德市直机关义务植树活动，种植铁冬青、贞楠、阴香、山杜英等，种植面积28亩。

2022年，英德市高质量水源林营建项目投资预算金额267万元，工程造林地点在黄花镇、沙口镇，造林建设任务1800亩，造林类型分为人工造林1022.3亩、套种补植632.5亩、更新改造78亩、营造生物防火林带67.2亩。造林选用任豆、枫香、黄连木、杉木、木荷、朴树、山杜英、铁冬青、秋枫、乐昌含笑10个树种，随机混交种植。其中，防火林带全部种植木荷。

2022年，高质量水源林新造林抚育项目投资预算金额30万元，抚育地点在横石水铁溪北村，总面积1000亩，采用割灌除草、松土扩穴、追肥、培土、补植等技术措施，抚育树种为枫香、山杜英、木荷、樟树、杉木等，项目抚育一年一次。

【森林防火】 2022年，英德市政府与各成员单位，英德市林业局（以下简称"市林业局"）与各镇（街道）、下属事业单位，镇（街道）与村、村与组签订层级责任书；镇（街道）与林木、林地、森林经营主体单位签订森林防火责任书。印制《关于清明扫墓安全用火通告》《英德市人民政府森林防火禁火令》《致全市人民森林防火一封公开信》《致全市公职人员清明倡导书》《致全市学生及家长清明扫墓安全用火公开信》《森林防火手册》《森林防火条例》等58万份；组织开展森林防火与安全生产各类宣传活动29场（次），到各镇（街道）中小学开展森林防火"大手牵小手"宣传活动。制作《严防森林火灾》森林防火宣传微视频，并在电视台、英德发布、悦英德等平台发布；张贴发放森林防火宣传资料58万份，悬挂森林防火宣传横额、标语8000条。在春节、清明节、中秋节等重大节假日期间，开展山上林边神坛社庙森林火灾隐患排查清理活动，排查神坛社庙1077个（次），发现存在隐患数量839个（次），全部完成清理。8—9月，在沙口镇洲西村恒河基地举办护林员综合业务（技能）培训班，提高护林员队伍综合业务（技能）素质。清明节期间，全市设立森林防火临时检查点772个、集中燃放点221个，出动值勤人员1.55万人次，派发森林防火宣传资料9.4万份（张）。

【森林资源保护与管理】 2022年，市林业局实行林地定额年度预报、月份预报制度。截至2022年底，开展使用林地审核11个批次，审核使用林地申请91宗（含临时用地），审核面积750.37公顷。执行木材限额采伐和凭证采伐制度，接收审理林木采伐申请3270宗，实际受理符合林木采伐申请条件3206宗，开展采伐行政审批8次，核发《广东省林木采伐许可证》6298份，核发采伐证蓄积量73.19万立方米，出材量53.56万立方米。国家林业和草原局移交英德市2022年度森林督查图斑1066个，总面积6110.86公顷。通过开展外业核查和内业分析，1066个督查图斑中涉及203宗破坏森林资源案件，其中林地案件43宗、林木案件160宗，相关图斑移交给各镇（街道）查处。

【林业病虫害防治】 2022年，英德市林业有害生物防治工作重点是松材线虫病的防控，据2022年秋季松材线虫病普查结果，全市有病枯死树5.39万株，面积16.45万亩。开展秋季监测调查，掌握疫情发展态势，投入资金610万元进行松材线虫病防控，完成英德市松材线虫病疫情防控2022年实施方案编制、实施松材线虫病枯死树清理绩效承包项目、开展大洞镇疫点拔除工作等。投入资金110万元，在4月底完成4万亩直升机喷药防治松材线虫病工作。投入资金11万元，完成林业有害生物防控药品物资购置项目，防控薇甘菊、红火蚁等林业有害生物。发动林农对符合条件的松林申请除治性采伐，审批采伐小班面积约0.92万亩。印制派发宣传单张6万张，举办各类宣传活动5场次，受众约7万人次。

【林业行政执法】 2022年，市林业局林业行政综合执法大队有执法人员12人、执法辅助人员3人，负责林业行政执法和为基层乡镇提供技术指导的相关工作。市林业局执法大队开展"年度森林督查违法线索图斑查处工作""中央环保督察暨毁林专项行动督查工作""英德市打击整治非法盗采矿产资源行为专项行动""清风行动""猎火行动"等各类专项打击整治行动，办理林业行政案件33宗，依法处理21人、单位12个，罚没285万元。组织镇（街道）执法队伍开展林业执法培训，5月16日组织参加广东省林业局政策法规处《林业行政执法基础》视频讲座，9月23日举办2022年度英德市涉林执法人员培训会（第一期）。不定期对各镇（街道）开展执法指导，提升林业执法能力，各镇（街道）完成2022年度森林督查图斑案件以及打击毁林专项行动破坏森林资源案件查处工作。截至2022年底，市林业局出动执法车辆300多车次，执法人员1100多人次，指导各镇（街道）开展执法案件办理和普法宣传450多次。

【林长制】 2022年1月，英德市印发《英德市全面推行林长制工作方案》《英德市全面推行林长制工作领导小组工作规则（试行）》《七项配套制度（试行）》《英德市"一长三员"监督管理制度（试行）》等文件，成立林长办工作专班，配置7名专职工作人员，在重要区域设置林长公示牌和宣传牌333个。投入财政资金500多万元用于全面推行林长制工作，保障林长制工作制度上墙和智慧林长系统建设。组织召开市林长制领导小组会议1次、市级林长会议

3次、林长办会议5次、培训会议2次，发布林长令3份。各级林长累计开展巡查工作9065次。9月，联合新闻媒体开设《林长话英德》系列专访栏目。落实"林长＋校长"协作机制，组织开展"校园小林长"活动12次。结合"森林防火暨保护野生动物""爱鸟周""广东省森林文化周"等活动，通过英德发布、英德电视台、英德电台等媒体宣传森林防火、野生动物保护、森林资源保护等工作32次。12月，推行"林长＋警长＋检察长"的"三长联动"护林新模式，2022年度森林督查违法图斑数量比2021年下降60%，涉林刑事案件数量比2021年下降40%，森林火灾数量比2021年下降73.9%。在连江口镇连樟村率先建立镇、村两级产业林长责任体系，推动林下绿色经济产业发展，11月成功入选"广东省林长绿美园"。2022年发表新闻稿49篇、简报71篇，其中9月在《中国绿色时报》刊登《英德市全面推行林长制 打造美丽广东样板》，在《绿色中国杂志》刊登《"三长联动"为林长制贡献"英德方案"》，介绍英德市林长制工作经验和做法。（梁振锐）

清远市金鸡林场

【概况】 清远市金鸡林场（以下简称"金鸡林场"）隶属清远市林业局，位于九龙镇，总经营面积3.07万亩。2022年，金鸡林场完成清远市林业局下达的各项生产和工作任务。

【营林生产】 2022年，金鸡林场人工造林1409亩，中幼林抚育1.06万亩、中幼林施肥8497亩、维修防火线64公里。

【林木采伐】 2022年，金鸡林场申报林木采伐办证面积402亩，采伐蓄积5632立方米，以网上竞价活立转让方式落实木材采伐5632立方米。

【森林资源管护】 2022年，金鸡林场按照"属地管理"和"守土有责"的原则，逐级签订森林防火责任书，划分责任片区，包干落实巡山巡护。实施设卡防护和领导带班值守，宣传森林资源管护法律法规和火源管控，制止在林区内造新坟、采石采土、捕猎野生动物和盗伐林木等行为，全年未发生森林火警。（丘炳才 彭元财）

清远市英德林场

【概况】 2022年，清远市英德林场总经营面积20.06万亩（国有部分面积14.1万亩，联营部分林地面积5.96万亩），林业用地面积19.26万亩，商品林面积10.57万亩，生态林面积8.49万亩；森林活立木蓄积量79.16万立方米，森林覆盖率77.1%。

【林业生产】 2022年，清远市英德林场完成高质量水源林新造林3100亩，完成中央森林抚育1.57万亩，完成高质量水源林抚育2650亩，完成其他专项资金抚育7780亩，完成造林包含的抚育2.92万亩，完成维修防火线62.25公里，清除松材线虫病疫木林地面积3077.3亩。完成木材进仓总量1.99万立方米，木材总销售量1.99万立方米。（陈雄锋）

水 利

【概况】 2022年，英德市争取上级及英德市级水利资金9.88亿元，其中中央、省、市资金1.84亿元，英德市级地方财政投资8.05亿元，年度完成投资9.88亿元。

【洪灾应对】 2022年6月，英德市水利局（以下简称"市水利局"）面对百年一遇洪灾，临时连夜加固北江江湾段防洪河堤，确保市区平安度过洪峰；完成市第二中学、恒福山湖峰境、金子山大道三耀公司路段、城北市场至人民医院等32个内涝点抽排工作，消除因内涝威胁人民生命财产的安全隐患；落实英德市217宗水库、326宗电站、31宗堤围、193宗山塘防汛责任人职责，全市未出现因灾死亡事件。投入资金7000多万元，开展灾后重建工作，修复水毁工程358宗。

【河湖长制】 2021年12月28日，市水利局创新建立河湖长自然递补机制，印发《英德市河湖长体系动态调整机制》，明确河湖长设立规则，优化河湖长信息更新、公告的方式和程序，以及河长公示牌管护的责任，确保不因领导干部调整而出现河湖长责任"真空"。全年市级河长带头开展巡河73次，全市各级河湖长开展巡河活动2.68万次，发现问题481个、整改落实481个，整改率100%。

【河湖"清四乱"】 2022年，广东省河长办通过"智慧河长"平台下发英德市卫星遥感，发现河湖"四乱"问题36宗。截至2022年底，市水利局完成36宗河湖"四乱"问题整改。水利部、省水利厅、清远市开展明查暗访发现英德市13个河流管护问题，市水利局通过沿岸巡查、打捞清理等方式清理辖区河湖存在的生活垃圾、水面漂浮物，全部完成整改。

【妨碍河道行洪突出问题排查整治】 2022年4月19日，市水利局贯彻落实省、市2022年第1号总河长令，结合英德市实际，同步发布英德市第1总河长令《关于全力推进妨碍河道行洪突出问题排查整治和加强河长制湖长制工作动员令》，对妨碍河道行洪排查整治和河湖岸线管理保护工作进行再动员、再部署。开展妨碍河道行洪突出问题复核整治。按照要求排查191个疑似违法侵占河湖的遥感事件图斑，确认属于碍洪问题6宗。8月，6宗妨碍河道行洪问题已通过省北江局现场验收，全部完成销号。

【河道管理范围划定】 2022年，英德市推进流域面积50平方千米以下河流的管理范围划定工作。全年总划定长度418千米，59条河流。

【城镇生活污水处理设施建设】 2022年，英德市有13个城镇污水治理项目，总投资2.3亿元，落实省级补助资金300万元，发行专项债券2.3亿元，12个项目完工，在建项目1个，完成74%；启动西城污水处理厂提标改造工程，采用设计规模为6万吨/天的建设方案，投资估算1.04亿元，项目于2022年12月初进场施工。

【城市排水和污水收集工程】 2022年，市水利局启动8宗城市排水设施建设项目，总投资1.93亿元，所有项目均已入场施工，施工完成77%。

【农村集中供水工程建设】 2022年，英德市实施15宗农村供水保障工程，总投资1.55亿元，主要建设内容为供水工程升级改造、管网延伸、安装一体化净水设备及消毒设备等，已完成年度任务。

【分散式饮用水水源保护区划分】 2022年7月，经市政府批复，英德市分散式饮用水水源地保护范围592个，其中湖库型水源地保护范围6个、河流型水源地保护范围586个，保护范围总面积1.4万公顷，涉及全市23个镇。已安排390万元涉农资金，完成214个水源地保护范围实施围蔽、桩界、标示牌等保护措施。

【黑臭水体治理】 2022年，市水利局开展市区污水管道改造工程，立项总投资7379万元，开展英德市仙水东湖整治工程、英德市茶园路污水管道改造工程、英德市区排水排污检测清淤建设项目3宗治理项目，英德市仙水东湖整治工程、英德市茶园路污水管道改造工程2宗项目已完工待竣工验收，英德市区排水排污检测清淤建设项目施工总进度完成77%。

【小流域整治工程建设】 2022年，英德市实施下砧镇塘埔坑及其支流苦竹坑整治工程、西牛镇赤米坑生态清洁小流域治理工程等13宗小流域及农村水系整治工程，河道治理长度92.34千米，新建护岸长度72.95千米，总投资2.69亿元，项目全部开工建设。

【水库除险加固工程】 2022年，英德市峡颈、贵坑、黄基坑、钟塘、将军大塘、扬村、白石水库7宗病险小型水库除险加固项目被列入2022年度广东省、清远市和英德市三级"十件民生实事"及清远市、英德市两级市委2022年度"十大行动方案"任务清单。6月，英德峡颈等7宗水库全部完成初步设计审批；9月13日，全部正式动工建设；12月15日，

▲建设后的水边河碧道

（河长办供图）

主体工程全部完工。

【水利工程质量监督】 2022年，英德市新开工建设水利工程81宗，工程类别包括病险水库除险加固、供水、河道治理、农村水系综合整治、水毁修复工程等，工程质量监督率100%。9—12月，监督抽检英德市在建的水利工程质量，抽检27宗工程，检测数量324组，检测合格率100%。

【执法监督管理】 2022年，英德市打击滥采乱挖河砂工作，巡查河道长度2.43万多千米，出动执法人员3490多人次，出动执法车辆1108辆次、船舶72艘次，查获各类船舶30艘、简易抽砂机8台、各类车辆21辆、铲车3台、挖掘机2台，清缴河砂2460多立方米，清理非法采砂管道、竹排多批。立案查处无河砂合法来源证明装运河砂案9宗、无河道采砂许可证采砂案4宗，其中涉嫌犯罪且达到两法衔接标准依法移交公安机关立案侦查2宗。查处超许可取水案5宗、未经批准擅自取水案2宗。行政执法罚款61.75万元。查获无人认领的非法采运河砂作业器械依法公开拍卖所得292.3万元，没收违法所得2.5万元。

（吴文康）

气　象

【概况】 2022年，广东省英德市气象局（以下简称"市气象局"）发布各类决策服务产品174份；发布各类各级预警信号181次；发送决策气象服务短信465条，近260万人次；启动恶劣天气一线带班15次；启动各类各级重大气象灾害应急响应（内部）10次，启动气象灾害（高温）应急响应1次；微博发布3035条，阅读量497万人次；微信推送363条，阅读量22万人次。推进"三农"专项服务工作，开展"直通式"气象服务373次、服务75万人次。

【气候】 2022年，英德市天气气候表现为气温起伏波动大，高温天气突出；开汛偏早，龙舟水异常偏重，暴雨洪涝严重；后汛期台风影响小，降水显著偏少。

气温　年平均气温21.8℃，较常年偏高0.3℃。全年高温日数（日最高气温≥35℃）44天，较常年偏多14天，为有气象记录以来第二多（最多为2021年的45天）；年极端最高气温38.6℃（7月29日），年极端最低气温3.3℃（12月19日）。

降水　年降雨量为2757.0毫米，与常年相比偏多50%，降雨时段主要集中在2—8月、11月，其中2月、6月、11月超历年值。汛期期间（3月24日—10月30日）降雨量2156.8毫米，与常年同期（1562.6毫米）相比偏多40%。年最大月降雨量出现在6月，为1219.9毫米，约占全年降雨量的40%。

日照　年日照时数为1786.1小时，与常年（1775.4小时）相比正常略偏多，其中偏多20%或以上的月份有3—4月、7月、9—10月；偏少20%以上的月份有1—2月、6月、8月、11月。

【主要气候事件】 强降水、强对流天气　2022年3月22—25日，英德市出现首场强对流天气过程，较常年偏晚，全市出现暴雨局部大暴雨降水过程，并伴有雷雨大风、短时强降水等强对流天气。22日02时—25日20时，过程累计平均雨量135.8毫米，最大累计雨量出现在黄花德岗184.7毫米，沙口冬瓜铺录得最大阵风14.3米/秒（7级）。汛期降水持续时间长，前汛期（4—6月）雨日（≥0.1毫米）58天，后汛期（7—10月）雨日（≥0.1毫米）32天。英德市2022年龙舟水期间（5月21日—6月21日），全市累计平均雨量1002.8毫米（最大出现在连江口1391.6毫米）。其中，英德国家基本站为1280.5毫米，较常年同期偏多2.4倍，打破历史纪录，6月雨量、上半年总雨量均打破历史纪录；6月21日，英德国家基本站录得单日最大雨量292.9毫米，打破英德站有气象记录以来单日最大纪录。受6月13—21日粤北和珠江三角洲北部市县出现的区域性暴雨过程，以及周边省份多日持续强降水导致江河底水高、上游来水大等因素共同影响，英德市洪涝灾害严重，北江流域发生超百年一遇的特大洪水，潖江、连江也出现少见的洪水。英德市城区北江水位35.95米，超警戒水位9.95米。7月2日夜间—7日，受台风"暹芭"影响，英德市出现继2013年超强台风"尤特"之后的最强台风降水，过程全市平均面雨量332毫米，有42个站点（占84%）250毫米以上，最大雨量535毫米出现在黎溪镇，市区为250毫米；强降水过程导致辖区内北江、连江、潖江出现不同程度超警戒水位。

高温 2022年，全年高温日数（日最高气温≥35℃）44天，较常年偏多14天，为有气象记录以来第二多（最多为2021年的45天）。其中，7—9月受强盛的副热带高压影响，高温天数41天，打破同期历史极值，森林火险长时间持续红色等级。

低温霜冻 2022年12月16—19日，受强冷空气影响，天气由阴雨寒冷转晴冷，气温明显下降，过程日平均气温下降4~6℃，其中19日早晨受晴空辐射影响，全市大部地区最低气温-2~4℃，极端最低气温出现在波罗前进村-3.7℃，伴有霜（冰）冻；北风加大至4级，阵风6~8级，最大出现在英红丰盛茶园19米/秒（8级）。

干旱 2022年7月中旬—10月，全市降水显著偏少，温度异常偏高。据统计，7月8日—10月31日，全市平均雨量为231.0毫米，较常年同期偏少60%，为有连续气象记录以来历年同期第四少；平均气温28.2℃，同比偏高1.1℃，打破历史同期纪录。9月中旬—10月，没有出现明显降水过程，其中9月雨量偏少70%、10月雨量偏少90%，达到中度到重度气象干旱。

【茶叶科技服务调研】 2022年2月23日，清远市气象局、英德市气象局联合中国科学院华南植物园、广东省农业科学院茶叶研究所省农村科技特派团队等到大洞镇开展茶叶科技服务调研，实地调研茶园种植管理和茶树生长情况，提出要结合气象预报科学施肥，做好低温、干旱预防保护等优化栽培管理措施，提高茶叶产量和品质。建议推广应用气象指数农业保险，减缓和分散极端天气带来的气候风险。

【茶叶气象服务】 2022年，市气象局在英德红茶头春采摘时段，联合广东省农业科学院茶叶研究所发布茶叶专题气象服务产品3期，对茶叶采摘、茶树引种、茶叶产量及品质、病虫害预报、茶园管理等方面开展产前—产中—产后全链条、全覆盖的直通式茶叶气象服务。

【英德市气象灾害防御重点单位名单】 2022年11月2日,英德市人民政府办公室印发《英德市人民政府办公室关于公布英德市气象灾害防御重点单位(第三批)的通知》,公布46家气象灾害防御重点单位,要求各气象灾害防御重点单位根据《广东省气象灾害防御重点单位气象安全管理办法》的有关规定,采取有效措施,做好气象灾害防御工作;各镇(街道)、各有关部门应加强对气象灾害防御重点单位的指导和监督检查。

【英德市气象灾害应急预案】 2022年9月28日,英德市人民政府办公室印发《英德市气象灾害应急预案》,同时废止2017年印发的《英德市气象灾害应急预案》。该预案根据英德市应急组织体系和职责的变化,明确市气象灾害应急指挥部成员单位及职责分工;建立健全主要联动部门气象灾害应急响应措施和联动机制,提升全市应对气象灾害的综合防御和处置能力,提高应急预案的完整性、针对性、衔接性、可操作性,最大限度预防和减轻气象灾害造成的人员伤亡和财产损失,为全市防灾减灾救灾和经济社会发展提供保障。

【"龙舟水"过程气象保障服务】 2022年,英德市出现极端性"龙舟水"过程,比2021年偏多,为2021年的2.4倍,是有气象记录以来第一多。6月2—21日,连续20天有站点出现暴雨以上降水,有7天平均雨量50毫米以上;6月13—21日,连续出现大范围强降雨,15个镇(街道)雨量超过500毫米。其间辖区内北江、连江、滃江出现超警戒水位;22日14时,英德城区北江出现洪峰水位35.97米,超警戒水位9.97米,为1951年以来历史最高值。持续强降雨导致山洪、道路塌方、农田受浸、内涝等灾害,24个镇(街道)不同程度受灾,沿江的镇(街道)受灾严重。市气象局提高精细化预报预警能力,做好预报预警服务,提前5天发布过程趋势展望;提前2—3天发布(重大)气象信息快报,给出强降水天气过程风雨预测、风险预估及防御建议;提前1天预报精细到面雨量、主要降雨落区、主要影响时段,为应急、三防成员单位提供决策依据;提前3—6小时加密发布短临预报和强降水预测;提前1小时发布分街镇预警及风险提示,滚动更新移动路径、影响时间、最大雨强、最大风速等风情雨情信息;重点区域加密30分钟、15分钟报告雨情,并发布短时临近天气预报。6月2—22日,发布重大气象快报11份,各类预警信号57次,决策短信148条94.2万人次,气象雨情通报143份,充分发挥气象预警信息"消息树"作用。"龙舟水"期间发布微信推文32篇,总阅读量近2.5万;发布微博336条,总阅读量56.7万。落实在建工地、旅游景区Ⅱ级、Ⅰ级应急响应期间停课、停工、停业、停游机制;针对锦潭水库、上空水库等中小型水库泄洪,向市水利局提供上游雨量1小时、3小时、6小时、12小时的雨情实时通报与预测。

(吴艳霏)

工 业

编辑：张 锋

工业综述

【概况】 2022年，英德市完成规下转规上工业企业26家，有规模以上工业企业229家。实现规模工业总产值464.92亿元，比2021年减少8.5%；实现规模工业增加值137.7亿元，比2021年增长6.3%。全年全市完成工业投资87.13亿元，比2021年增长93.9%；完成工业技术改造投资9.8亿元，比2021年减少15.8%。实施技改企业42家、技改备案项目62个。

（英德市工业和信息化局）

工业园区建设

【概况】 2022年，清远英德高新技术产业开发区和广清经济特别合作区广德（英德）产业园集聚区新签项目75个，计划总投资额47.53亿元，新增动工项目13个、投（试）产项目41个。

（英德市工业和信息化局）

【清远英德高新技术产业开发区】 概况 2022年，清远英德高新技术产业开发区（以下简称"英德高新区"）完成规上工业总产值272.45亿元；规上工业增加值54.35亿元，比2021年增长17.5%；工业固定资产投资额18.53亿元，比2021年增长18.6%；全口径税收（含留抵退税）8.97亿元，比2021年增长11.2%；新引进项目61个（其中亿元项目7个），计划总投资额35.43亿元。截至2022年底，英德高新区有投试产企业152家（含规上工业企业116家），初步形成以新材料、新能源、机械装备制造为主导，美妆为重点培育的"3+1"现代产业体系。

重点项目建设 2022年，英德高新区完成8个重点项目的年度建设任务（其中省级3个，清远市级2个，英德市级3个）。推动万洋（东华）项目开工面积83万平方米，竣工交付75万平方米，入驻企业95家，交付企业40家，已试产企业17家，已动工装修企业23家；推动东鸿、思敏等10家企业上规；推动华电天然气分布式能源站项目等14个项目动工建设；推动广晟新材异地搬迁升级改造项目一期等12个项目投试产。华电清远华侨工业园天然气分

▲高新区内的万洋众创城　　　　　　　　　　　（英德高新区供图）

布式能源站历时13年自主研发的首台国产F级50兆瓦重型燃气轮机实现点火成功。

安全生产 2022年，英德高新区完善安全生产责任制，研究制定《清远英德高新技术产业开发区管理委员会安全生产责任制》等制度文件；根据化工园区安全整治提升"十有两禁"要求，启动化工园区总体规划及产业规划，已通过国务院安委会办公室2022年化工园区风险等级专家组现场复核检查。落实《高新区2022年度安全生产监督检查计划》等工作计划，检查企业610家次，派出检查人员1607人次，消除安全隐患765条；建成英德高新区安全生产警示教育基地。（清远英德高新技术产业开发区管理委员会）

【广清经济特别合作区广德（英德）产业园】 **概况** 2022年，广清经济特别合作区广德（英德）产业园（以下简称"广德园"）累计引进项目263个，计划总投资约543亿元，主要涵盖汽车零部件、新型建材、生物科技（日化）和新材料等行业，其中筹建项目124个、在建项目39个、投试产企业76个。截至2022年底，园区完成规模以上工业总产值38.07亿元，比2021年增长61.4%；完成规模以上工业增加值22.62亿元，比2021年增长58%；实现全口径税收1.95亿元。

基础设施建设情况 2022年，广德园在建及完工工程包括中南片区市政工程、电力工程、绿化工程、供水工程等，完成投资约1.55亿元。截至2022年底，园区已建道路总长度42.2千米，自建供水管总长度33.05千米，已铺排水管网长度102.97千米，已建天然气管道长度30千米，已建通信管道总长度15.2千米，完成永久用电配电线路迁移工程11.77千米（含10千瓦、110千瓦）。园区污水处理厂日均污水处理量为2万立方米。（沈能鹏）

水泥产业

【概况】 英德水泥工业始于1958年，至2022年已有64年历史。其发展经历4个阶段：1990年以前以湿法窑为主的起步阶段；1990—1995年以立窑为主的快速发展阶段；1996—2002年的相对停滞阶段；2003年后的新型干法旋窑水泥熟料快速发展阶段。2022年，全市规模以上水泥企业水泥产量1804.2万吨，比2021年减少6.5%；熟料产量1880.4万吨，比2021年减少9.3%。主要水泥企业及生产线如下：台泥（英德）水泥有限公司拥有2条日产5500吨和2条日产6000吨新型干法旋窑水泥熟料生产线、英德海螺水泥有限责任公司拥有4条日产5000吨新型干法旋窑水泥熟料生产线、英德龙山水泥有限责任公司拥有3条日产5000吨新型干法旋窑水泥熟料生产线、英德市宝江水泥材料有限公司拥有1条日产2500吨新型干法旋窑水泥熟料生产线、广东新南华水泥有限公司拥有1条日产2000吨新型干法旋窑水泥熟料生产线、英德市英马水泥有限公司拥有1条日产600吨带五级旋风预热器干法回转窑水泥熟料生产线。

（英德市工业和信息化局）

【台泥（英德）水泥有限公司】 2022年，台泥（英德）水泥有限公司生产熟料621万吨，比2021年减少11%；水泥产量688万吨，比2021年减少1%；总产值28.3亿元，比2021年减少18.6%；销售收入22亿元，比2021年减少27%；税前利润1.6亿元，比2021年减少85%；纳税总额2.53亿元，比2021年减少58%。

配合国家实现"碳中和"目标与战略，落实《广东省关于全面推进绿色清洁生产工作的意见》的有关要求，采取节能降耗措施，推进重点技改项目，通过开发利用替代原燃料、优化生产制程、提高能源使用效率、减少温室气体排放，发展循环经济、低碳经济。公司制定2025年较2020年碳排放强度降低5.4%、年减少100万吨CO_2排放总量的"双控"目标，促进水泥工业向绿色功能产业转变。

实现数字化转型，打造技术和人才高地，在ERP生产管理系统、EMS能源管理系统、PDA巡检系统、无人值守智能发运系统等的基础上，继续实现数字化矿山开采，以及设备管理和状态监测等智能化系统的使用，同时加强科技项目研发和项目经费投入，促进实用型专利的申报与成果转化，持续为高新技术企业发展赋能。

[台泥（英德）水泥有限公司]

水　电

【概况】　2022年，英德市有水电站326座，其中小水电站324座，总装机容量27.63万千瓦，上网电量6.13亿千瓦；中型水电站2座，分别为广东粤电长湖发电有限责任公司装机容量12.6万千瓦、上网电量1.62亿千瓦时，英德市白石窑水电站装机容量9.2万千瓦、发电量2.28亿千瓦时。

（英德市水利局）

【广东粤电长湖发电有限责任公司】　广东粤电长湖发电有限责任公司（以下简称"长湖发电公司"）为广东省粤电集团有限公司下属水力发电公司，其前身为广东省长湖水电厂，于1969年动工兴建，两台轴流转桨式水轮发电机组分别于1973年3月28日和1974年6月7日投产发电，装机容量2×36兆瓦，2003年2号机组扩容至40兆瓦，2013年1号机组扩容至42兆瓦，电站有装机容量82兆瓦（42兆瓦＋40兆瓦）。广东粤电长源发电有限责任公司（以下简称"长源发电公司"），成立于2010年6月29日，2017年9月4日投入商业运行。长源发电公司与长湖发电公司按"两块牌子，一套人马"模式管理。

2022年，长湖发电公司完成发电量2.23亿千瓦时，长源发电公司完成发电量1.07亿千瓦时，公司实现连续安全生产3536天。（广东粤电长湖发电有限责任公司）

电力供应

【概况】　2022年，广东电网有限责任公司清远英德供电局（以下简称"英德供电局"）完成售电量48.52亿千瓦时，最高负荷86.24万千瓦，电网连续安全稳定运行超过15年。中压客户平均停电时间5.94小时，比2021年减少41%；低压客户平均停电时间5.61小时，比2021年减少35.5%。完成固定资产投资1.25亿元，完成率100.1%。

【电网管理】　2022年，英德供电局建立无人机飞巡队伍排查设备安全隐患，治理树樟黑点线路隐患，联合市发改局开展用户资产隐患排查。英德供电局中压客户平均停电时间5.94小时，比2021年减少41%，低压客户平均停电时间5.61小时，比2021年减少35.5%。联合政府部门组织多次保护性施工行动，完成500千伏国华清远电厂送出工程，新建铁塔188

基；完成110千伏华侨园分布式能源站接入系统工程（能源站至桥头站线路）新建铁塔28基；完成500千伏粤北电力外送通道增容改造工程14个放线场民事协调工作。全年完成农网升级改造项目投产170个，新增配变容量2.47万千伏安，改造（新建）中压线路60.69千米、低压线路246.82千米，其中完成投产重过载、低电压台区改造项目91个。推广"协同"自愈模式的试点应用，投入环网馈线组17组、线路试点"主站—就地"主后备自愈模式31回，解决乡村线路因通信信号弱引起的主站自愈策略无法触发的问题。全年9次成功通过就地自愈功能实现非故障段3分钟复电，累计减少停电户数1.53万户。

【电力服务】 2022年，英德供电局新增并网容量88.26兆瓦，实现新能源电力100%消纳，项目100%完成并网，并网容量居全清远第一。完成可量化规上电能替代项目13个，电量1241万千瓦时，位列清远第二。推动充电基础设施建设纳入"英德十大民生实事"，建成充电站14个，安装充电枪33支，实现英德地区乡镇公共充电桩全覆盖。完成2022年度乡村振兴配网项目和全年低电压台区改造项目投产112个，完成率100%，新建中低压线路360千米，新增配变容量1万千伏安，户均配变容量2.64千伏安。投入7.89万元建设帮扶点光伏发电项目。优化电力营商环境，推行"三零""三省"服务（针对小微企业等低压用电客户，实现用电"零上门、零审批、零投资"；面向工业企业和10千伏及以上高压用电客户，让用电客户"省心、省力、省钱"），业扩服务时限达标率99.3%，高于目标值2.3%。深化"互联网+"办电，互联网业务办理比例99.9%。在洪灾期间为9家大企业办理"极速暂停"服务，节省企业资金约280万元。实行"当天提出、当天办理、当天恢复"复电机制，助力粤华等45家受灾企业复工复产。完成"基础+"延伸服务赢单110宗，位居清远市第二；赢单金额7295.11万元，位居清远市第一。通过压缩办电时间，延伸投资界面，为全市846家小微企业节约办电成本775.5万元。

【电力安全管理】 2022年，英德供电局开展安全生产大检查，发现并整改安全隐患问题204项，整改率100%。政企联动开展"安全隐患专项治理百日行动"，落实涉电公共安全隐患常态化排查治理机制，发现并整治隐患1892处。发挥"三千精神"，上门发放各类安全用电宣传资料3万多份。开展全市低压漏电保护器排查安装工作，为特殊群体免费上门安装漏电保护器。累计排查42.17万户，其中涉及低保、五保户等特殊群体1.39万户，全市漏电保护器总体安装率100%。

【抗洪抗疫用电保障】 2022年6月，英德发生特大洪水，英德供电局落实"水退、人到、电通"工作要求，紧急调集2900万元物资，申请调配支援队伍3800多人，坚持"人等事、物等事"工作原则，成功应对超百年一遇特大洪水对英德电网造成的破坏。全面恢复受两轮洪水影响的3857个台区、恢复居民用电25.2万户，恢复用户数在全清远占比超过50%。疫情期间，英德供电局做好全市466个核酸检测点和6家防疫隔离酒店保供电工作。利用封控区内抢修人员及物资，建立应急抢修队伍，保障封控区正常用电。

（邓德毅）

交通运输业和邮政业

编辑：周 航

公路运输业

【交通重点工程建设】 北江航道扩能升级白石窑枢纽船闸工程　主要工程为整治千吨级航道，新建白石窑枢纽二线船闸，重建白石窑枢纽一线船闸。截至2022年底，北江航道扩能升级工程白石窑枢纽船闸工程完成投资2.38亿元，占年度总投资144.9%；累计完成投资19.34亿元，占总投资103.4%。已完成一线船闸机电设备安装，船闸附属工程、引航道护坡、引航道开挖与疏浚等工程在施工中。

"四好农村路"建设　2022年，英德市完成"四好农村路"通建制村公路单车道改双车道及路网联结工程67千米。

国省道建设　2022年6月16日，举行国道G358线英德市英城至大湾段一级公路改建工程动工仪式，全长53.34千米，总投资14.5亿元。9月，河江渡大桥全面开工建设。省道S292线延长线一级公路新建工程项目全长14.04千米，总投资12亿元，于2017年4月动工建设，路基、桥涵工程全面完工，完成路面工程量75%。国道G106线白沙镇太平桥危桥改造工程，项目全长105.4米，于2021年9月动工建设，2022年9月30日完工通车。英德市省道S382线连江口镇塘旺桥危桥改造工程于2022年6月动工建设，已完成项目主体工程。

国省道养护　2022年，英

▲2022年6月16日，举行国道G358线英德市英城至大湾段一级公路改建工程开工仪式　　　　（市交通运输局供图）

德市国、省道日常养护投入资金5403.32万元，整修路肩5.25万平方米，清理水毁塌方约12.78万立方米，清理、灌注裂缝335千米，修补路面9830平方米，检查清理桥涵1760座（次），修剪管养路树108千米，补种百米桩360件，扶正补种示警桩125件。10月，完成"5路12桥"百年一遇水毁公路桥梁应急抢通修复重建工程；实施国、省道隐患治理整改工程，整治长度19.2千米。实施英德市公路事务中心2022年"小国评"预防性养护工程项目，完成预防养护7.35千米，路面挖补修复2500平方米，桥隧小型维修6座，路面灌缝54.98千米。实施国道G240线大站镇波罗坑旧桥危旧桥、沙口镇国道G240线谢屋桥、沙口镇省道S292线城头子桥危旧桥加固工程，项目计划于2023年完工。开展2022年度英德市农村公路路面技术状况（PQI）自动化检测评定工作，检测里程2174千米，整体评定为良。

【交通安全监督】 安全生产责任制 2022年，英德市交通运输局落实安全生产党政领导"一岗双责"，按照"谁主管，谁负责""谁审批，谁负责"原则，把安全生产责任落实与行政许可、行政执法等工作相结合，层层签订安全生产（消防安全）责任书（承诺书）。交通运输行业未发生道路、水路交通、职工伤亡、急（恶）性中毒、火灾爆炸等责任事故；未因公路、航道的管理不善、安全设施不良造成事故。

安全生产隐患排查整治 2022年，英德市交通运输局开展"安全生产专项整治三年行动""系统防范化解道路交通安全风险""百日攻坚"（共4轮）、"大排查大整治"等各项专项行动，督促企业落实安全生产主体责任；有针对性组织开展机动车维修行业整治，道路客运市场专项整治，超限超载治理，公路国、省道干线路面整治，农村公路示范路创建等活动。推进道路运输、水路运输、在建工程等重点领域的安全整治工作。

安全生产宣传教育与应急管理 2022年，英德市交通运输局组织开展"安全生产月""安全生产英德行""路政宣传月""道路交通安全'七进'宣传"等各类安全生产宣传活动，开展专题宣传活动共32场次，派发宣传资料3000余份；组织交通运输行业单位开展"一线三排""春运安全"、普法教育等各类安全生产教育培训，开展主题安全监督、执法等教育培训6场次，培训人数约500人次。完善英德市道路交通运输应急体系，指导英德市道路运输企业建立应急预案，并按要求开展应急演练；落实重大节假日、特别防护期等重点时段的值班值守制度。

安全生产事故的应急救援与调查处理 2022年，英德市交通运输局按规定承担安全生产事故上报工作；组织或参与交通运输行业安全生产事故的调查处理及指导各种突发事件交通保障工作。

【春运】 2022年春运，全市客运总发2.61万班次（运送旅客26.89万人次）；铁路到站列车1234班次（运送旅客14.88万人次）；投放客渡船10艘（346客位）；全市未发生3人以上较大道路交通事故，未发生长时间、大范围交通拥堵。

【运输行业管理】 2022年，

英德市交通运输局审验道路运输车辆8701辆,其中审验营运旅客运输车辆218辆、货运车辆8396辆、危运车辆23辆、包车64辆。

驾驶员培训行业管理 2022年,英德市有机动车驾驶员培训机构25家,教练员1583人,教练车1547辆;各类驾驶员培训机构培训学员结业合格4.32万人次。英德市交通运输局打击驾培企业无证无照经营、超越许可范围乱设点招生、违规擅自挂靠教练车、未经许可擅自新增教练车、违规异地教学、利用报废车辆/社会车辆进行教学和恶意竞争等扰乱道路运输市场秩序的行为。

维修行业管理 2022年,全市有机动车维修业户1005家,其中汽车维修业户一类0家、二类48家、三类957家,摩托车维修业户288家。英德市交通运输局组织开展专项整治行动,加强备案管理,对维修行业开展全面检查和整顿,重点检查整顿维修行业安全状况、未公示汽车维修收费标准、使用假冒伪劣产品、未建立维修台账、"三小"场所经营等现象。

客货运行业管理 2022年,全市有客运企业10家,其中城市公交企业2家、出租车企业2家,客运车辆421辆,客运站场2家。普通货物运输企业288家、个体运输户3895户,普货车辆8396辆;危险货物运输企业1家,危货车辆23辆。英德市交通运输局监管客货运行业,督促道路运输企业落实实名购票、验票上车制度;鼓励企业逐步增加新能源公交车辆,主动引导新能源公交车辆充实公交行业,同时完善充电桩等配套设施建设;提高公交服务水平,调整优化公交网络,落实老年人及优抚对象优惠乘车政策;提升客运车辆车容车貌,在车身张贴或悬挂文明标语,提高司乘人员、站场管理人员等相关人员的服务质量;加大对危运企业的安全生产检查,严把危运车辆技术关;利用智能视频监控报警技术等科技手段强化安全监管,融合智慧系统监管,加强"两客一危"车辆和重型货车司机的安全监管和保护,提升道路交通运输行业安全生产水平。

【**交通综合执法**】 2022年,英德市交通运输局组织执法人员开展交通综合行政执法。设立24小时投诉、举报电话,打击各类交通运输违章违法行为。全年出动执法人员1.43万人次,执法车辆4134辆次,查处道路交通违法案件900宗,其中非法营运案件65宗、客运公交违法案件60宗、货运车辆违法案件147宗、驾培行业违法案件99宗、维修行业违法案件220宗、从业人员违法案件10宗、水路运输违法案件5宗、公路路政违法案件73宗、货运源头违法案件160宗、企业违法案件61宗。

【**治超非现场执法设施应用**】 2022年,英德市有4个治超非现场执法监测点,分别位于沙口镇新建村、望埠镇同心村、石牯塘镇八宝村、大站镇银英公路旧收费站。该系统于2022年1月完成与省治超平台对接并正式启用。全年审核超限车辆数据1045条,发出协查通知书500份,实施非现场执法行政处罚案件65宗。

【**车辆超限超载**】 2022年,英德市交通运输局检测车辆31.54万辆次,查处超限超载车辆624辆次,卸载货物8530吨,强制恢复车辆原状819辆。

【交通运输行政执法】 2022年，英德市交通运输局公示行政许可284条、行政检查51条、行政处罚898条、行政强制69条；法制审核行政执法案件967宗；行政执法全过程记录案件69宗。

（阮桂强　童阳华　史立新　祝剑亦　吴雪平）

汽车站简介

【清远市粤运汽车运输有限公司英德分公司】 2022年6月1日起，清远市粤运汽车运输有限公司英德分公司（以下简称"英德汽车站"）按照公司工作部署完成"三定"工作，将党群综合办、财务管理办合并为党群财务办，将安全技术办、经营管理办、修理厂合并为安全经营办。结合经营需求，完成冗员清理工作。

2022年，英德汽车站完成客运量27.88万人次；车辆总行驶里程224.9万千米，百万车千米安全三项指数为零，未发生工伤、火灾事故和机件事故。落实"三个100%"（即100%测温、100%查验健康码、100%佩戴口罩），引导进站乘客扫粤康码进站，加强车辆、站场保洁消毒工作。4月20日，英德汽车客运站搬迁至英德大站汽车客运站运营。在英德汽车客运站原址设置招呼站，方便旅客买票候车乘车。根据经营情况，报废经营年限较长和车况较差的车辆，投入座位较少的车辆进行运营，及时退出亏损班车线路的经营，降低运营成本。　（邓小明）

【城西汽车客运站】 2022年，城西汽车客运站（以下简称"客运站"）经营客运班车线路24条，有营运车辆128辆，其中长途车辆2辆、乡镇区间车辆126辆，客运班车主要发往广州、东莞、深圳、惠州、佛山等各大城市以及英德市境内各乡镇，客运站日均发送旅客近800人次，日设计最大发班能力270班，日最大旅客发送量3000人次，全年完成客运量23.11万人次；车辆总行驶里程1084.92万亿千米。

（张　鹏）

公路管理和建设

【概况】 2022年，英德市公路事务中心管养公里里程6210.29千米，其中国、省、县道1176.18千米，乡道2410.43千米，村道2623.68千米。按行政等级划分，其中3条（段）国道235.08千米、9条（段）省道552.28千米、8条（段）县道388.83千米、乡村道5034.11千米。按照技术等级划分，其中一级公路138.21千米、二级公路765.60千米、三级公路595.97千米、四级公路4710.50千米，水泥混凝土路面达到99.2%。全市公路桥梁总数972座，共38 449.87延米，其中特大桥2座、大桥50座、中桥160座、小桥760座。

【公路建设】 2022年6月16日，国道G358线英德市英城至大湾段一级公路改建工程举办动工仪式，全长53.34千米，总投资14.5亿元。9月，浛洸镇河江渡大桥全面开工建设。省道S292线延长线一级公路新建工程，全长14.04千米，总投资12亿元，于2017年4月动工建设，路基、桥涵工程全面完工，完成路面工程量75%。英德市"四好农村路"建设工程完成通建制村"单改双"及路网联结工程67千米，完成危旧桥改造3座，完成投资1亿元。国道G106线白沙镇太平桥危桥改造工程，项目全长

105.4米，2021年9月动工建设，2022年9月30日完工通车。省道S382线连江口镇塘旺桥危桥改造工程，2022年6月动工建设，已完成项目主体工程。

【公路养护】 2022年，英德市公路事务中心按照公路养护标准，日常养护投入资金5403.32万元，整修路肩5.25万平方米，清理水毁塌方约12.78万立方米，清理、灌注裂缝335千米，修补路面9830平方米，检查清理桥涵1760座（次），修剪管养路树108千米，补种百米桩360件，扶正补种示警桩125件。10月，完成"5路12桥"水毁公路桥梁应急抢通修复重建工程。实施国、省道隐患治理整改工程，整治长度19.2千米。实施英德市公路事务中心2022年"小国评"预防性养护工程项目，完成预防养护7.35千米，路面挖补修复2500平方米，桥隧小型维修6座，路面灌缝54.98千米。实施国道G240线大站镇波罗坑旧桥危旧桥、沙口镇国道G240线谢屋桥、沙口镇省道S292线城头子桥危旧桥加固工程，项目计划于2023年完工。开展2022年度英德市农村公路路面技术状况（PQI）自动化检测评定工作，检测里程2174千米，整体评定为良。

【路政管理】 2022年，英德市路政巡查天数245天，出动执法人员740人次，累计巡查里程2.53万千米。查处损坏路产案件108宗，结案108宗，收取赔偿费32.74万元；依法处理各类养护所、道班上报以及路政巡查的路政违法和损坏路产案件106宗；封闭有安全隐患路口23个，拆除公路标志184块、横额20条。

【公路安全】 2022年，英德市投资80万元，整治事故多发路段和严重安全隐患路段，完成隐患突出路口1处、干线事故多发路段1处、国道G240线望埠镇平安村口建设任务4处的整治；投资1200万元，完成国道G240线交通安全严管路段创建整治工程；

▲2022年9月，英德市连江口镇连樟村大汾桥建成通车

（市交通运输局供图）

投资100万元，完成第六轮"百日攻坚"行动。（谭可青）

铁路运输业

【概况】 英德境内铁路有英德站和武广铁路客运专线英德西站。英德站位于京广铁路南段，隶属中国铁路广州局集团有限公司广州车务段管辖，境内京广铁路线为复线。

【英德站】 2015年6月成立英德站区，管辖连江口站、英德站、河头站、冬瓜铺站、沙口站5个班组站，线路全长84.5千米，英德站技术性质为中间站，等级为四等站。英德站办理客运、货运业务，冬瓜铺站、河头站办理货运业务。

英德站2022年主要指标完成情况统计表

项目	单位	完成量
旅客发送量	万人	7.5
货物发送量	万吨	8
装车数	辆	125
卸车数	辆	1430
运输收入	万元	310

（胡 月）

水路运输业

【概况】 北江是珠江水系的第二大支流，是粤北地区通往珠三角入海口的唯一水运通道，北江黄金水运通道的建设对粤北地区加强与沿海城市及港澳地区的经济交往有着十分重要的意义。英德位于北江中游，面积5634.3平方千米，是广东省国土面积最大县级行政区域，现有户籍人口120.9万。北江自北向南贯穿英德，全长达107千米，北江最大支流连江（俗称小北江）在英德境内全长82千米。

【水路运输市场】 2022年，英德市有水路货物运输企业32家，分别是水运总公司（及其下属河头、西牛2家水运公司）、联航、远航、兴达、西航、英航、祥源、万友、北江、鸿航、兴旺、茂盛顺达、慧生源、城航、荣信、诚信、粤航、永顺、新航、宏达、海航、金舟、东启、华涛汇通、华宇、得信、港泰和晋航船务有限公司；水路客运企业2家，分别是英德市绿水箐山船舶客运有限公司和英德市乡村船舶客运公司。全市水运企业拥有钢质散货运输船舶434艘，总载货量为67.23万吨；客运船舶3艘、299客位。

【港口码头】 2022年，英德市有港口码头5座，分别为台泥码头、龙山码头、海螺码头、明珠码头和联航码头（不包括墟渡、横水渡及乱建、乱设小型码头），有21个泊位，最大靠泊能力1000吨，年吞吐能力2000万吨。其中明珠码头有1个泊位，靠泊能力为1000吨；联航码头有1个泊位，靠泊能力1000吨；龙山码头有7个泊位，靠泊能力均为500吨；海螺码头有6个泊位，靠泊能力均为1000吨；台泥码头有6个泊位，靠泊能力均为500吨。根据《清远港总体规划》，英德港区规划岸线总长2.16万米，其中货运码头岸线规划长1.63万米、客运码头岸线规划长5320米，具体岸线有黎溪客运旅游码头岸线、丰盛古寺旅游码头岸线、连江口作业区岸线、浈阳坊旅游码头岸线、月亮湾旅游码头岸线、大樟沙滩旅游码头岸线、浈阳峡文化旅游区码头岸线、宝晶宫旅游码头岸线、英城作业区（散杂）岸线、英城作业区（外贸）岸线、英城作业区（大蓝）岸线、英城作业区（大站）岸线、英德市公务岸线、旅游码头岸线、河头作业区岸线、海螺作业区岸线、台泥作业区岸线、英红坑口咀岸线、英红龙头影岸线、英红石尾塘岸线、沙口清溪岸线、沙口鸡咀山岸线、沙口冬瓜铺岸线、沙口江溪岸线、大湾镇岸线、西牛镇岸线、浛洸镇岸线。

【港口与船舶污染物防治】2022年，全市接收、转运和处理船舶的生活垃圾、生活污水和含油污水7947艘次，累计接收船舶生活污水2841.5立方米，转运处理2846.4立方米；接收船舶含油污水17.22立方米，转运处理9.64立方米；接收船舶生活垃圾2.73万公斤，转运处理2.73万公斤。

【北江航道（英德段）】河流 北江是珠江水系第二大支流，是广东省粤北地区沟通珠江三角洲及粤港澳大湾区的唯一水运通道，其主源浈江发源于江西省信丰县，在韶关市与武江汇合后始称北江，由北向南流经韶关、英德、清远、三水等市（区），在佛山三水河口与西江干流、东平水道连接进入珠江三角洲河网地区，干流全长468千米（广东境内458千米，英德境内107千米），主要支流有连江、武江、绥江等。

航道 北江干流主要通航河段为韶关至佛山三水河口258千米（英德境内107千米），航道标准Ⅴ级，2015年以来，北江英德段航道维护尺度为1.3米×40米×260米（水深×宽度×弯曲半径，下同），通航300吨级船舶。

【连江航道（英德段）】河流 连江是北江最大支流，是广东省乃至全国第一条实现全线渠化的河流，发源于连州市，由北向南流经连州、阳山、英德等县市，在英德连江口汇入北江，干流全长275千米（清远境内275千米，英德境内82千米），主要支流有青莲水、波罗河、水边河等。

航道 连江干流主要通航河段为清远连州至英德连江口181千米（英德境内82千米），自下游至上游布置有12座梯级航运枢纽，其中英德境内有西牛、架桥石、黄茅峡、蓑衣滩等4座梯级航运枢纽，航道标准Ⅵ级，2015年以来，连江英德段航道维护尺度为1.2米×30米×180米，通航100吨级船舶。（赖艺峰 陈 靖）

航道管理

【概况】2022年，英德航标与测绘所管辖航道分北江、连江及翁江航道，维护航道全长194千米，其中北江航道107千米、连江航道82千米、翁江航道5千米。英德航运主要集中在北江干流及连江支流。英德航标与测绘所负责辖区内的航道管理，下辖英德航道站、连江口航道站、黄茅峡航道站、蓑衣滩船闸管理站、黄茅峡船闸管理站、架桥石船闸管理站、白石窑二线船闸管理站、机修班组；辖区内另有西牛航运枢纽。

【航道维护管理】2022年，英德航标与测绘所维护航道里程194千米，航道维护水深年保证率100%。在日常维护中注意水情变化，经常勘测浅滩航道水深，做好水情记录，对航道出现的变化进行及时调整和增设水标，做到安全、合理助航。

【航标维护管理】2022年，英德航标与测绘所维护设标里程189千米，设标310座（一线航标207座、代管航标103座），累计维护航标11.32万座天（一线航标维护工程量7.56万座天,代管航标维护工程量3.76万座天），航标维护正常率100%。执行航标维护管理保养制度和航标技术标准。按规定出航巡查标志，未出现超期巡航查标现象。加强原始资料规范化记录，做好出航巡查、上标养护、太阳能电池检测、航标保养等原始资料的记录；做好洪水后复标工作，加强桥涵标检查监管工作。发函联系辖区未设桥涵标或设置后无维护的业主单位，督促桥梁业主按规范设置桥涵标、恢复损坏标志和落实维护责任。

【船闸维护管理】 2022年，英德航标与测绘所管辖4座船闸累计开闸次数：上行1989次，下行1989次，合计3978次；上行通过量352.54万吨，下行通过量247.39万吨，总通过量599.93万吨；通过船舶数：上行3309艘次，下行3333艘次，合计6642艘次。无人为或机械事故造成封航，机械完好率100%，通航时间保证率100%。

【船舶维护管理】 2022年，英德航标与测绘所有船舶6艘。实现定岗配员，船员落实岗位责任制，遵守各项制度及操作规程，定期检查船上消防、救生设备，坚持按照船舶三级保养标准做好"管、用、养、修"工作。达到"三清、四无、四不漏"标准，按时完成船舶排修和航修任务，保持船容整洁和良好的技术状态，船舶完好率100%，优秀率100%。

【航道巡查】 2022年，英德航标与测绘所航道巡查里程194千米（北江航道107千米、连江航道82千米、潖江航道5千米），累计开展全线巡查67次，累计巡查航道4362千米（其中：Ⅰ～Ⅲ级航道3600千米；Ⅳ～Ⅶ级航道762千米），累计航道巡查人次140人次，航道巡查总体情况正常。

【涉航项目技术核查】 2022年，英德航标与测绘所开展涉航项目技术核查工作，开展技术核查106次，累计参加技术核查人数212人次；进行技术核查的施工作业项目10项，技术核查总体情况正常。 （吴庆亮）

水上交通安全监督管理

【概况】 英德海事辖区通航水域包括，北江上游长江坝与韶关交界处至下游飞来峡船闸底第一个航标交界处，以及小北江由上游大湾至连江口港口对开与大北江交汇处的水域。两江通航水域全长195千米，作业码头5座，桥梁16座（大北江9座、小北江7座），船闸6个（大北江2个、小北江4个）。截至2022年底，英德海事辖区有船舶修造厂1间，辖区在营运渡口8座、在职渡工18人、在用渡船11艘，旅游码头2座（浈阳坊、升平），旅游船舶9艘（浈阳坊4艘、升平5艘）。中华人民共和国清远英德海事处（以下简称"英德海事处"）管辖范围包含英德市全部和清城区部分水域，其中飞来峡船闸、升平码头、飞来岛渡口属于清城区行政区域管辖范围。

【水上交通安全管理】 2022年，英德海事处开展涉客船舶专项治理，做好水上交通安全知识进渡口活动3次，联合交通部门走访辖区涉砂码头4次，推动英德市政府主导拆解"三无"砂石船及相关采砂工作艇72艘次，全年载运危险货物进港船舶2916艘次，抽查828艘次，抽查率28.4%，查处未按规定申报船舶15艘次。完成辖区67艘400总吨以下船舶防污改造工作。开展商渔船防碰撞安全治理，联合英德市农业农村局执法、宣传、走访16次，驱逐和处置碍航捕捞渔船19次，配合英德市农业农村局扣押"三无"涉渔船舶2艘次。协助推动《英德市乡镇渡口渡船运行管理实施方案（暂行）》出台，使英德市渡口管理模式从"渡口承包制"转为"船员聘任制"。参加英德市2022年防汛应急演练和渡口渡船应急演练。通过智慧监管检查船舶1887艘次，发现进出港报告中船员任职异常178艘次，查处违章98宗，比2021年增长200%。

2022年，英德辖区进出港船舶7.52万艘次，货物吞吐量1786万吨，进出港船舶艘次比2021年增长21.7%，货物吞吐量下降15.99%。英德海事处累计开展巡航执法198次，出动执法人员833人次，巡航时间705小时，巡航里程1.03万海里；立案处罚141宗；未发生列入统计的水上交通事故。（英德海事处）

邮 政 业

【概况】 2022年，中国邮政集团有限公司广东省英德市分公司（以下简称"邮政英德市分公司"）设有邮政储蓄营业网点13个、纯邮务类业务营业网点7个、邮政代办点8个。主要经营业务有国内（国际）函件、国内（国际）包裹、机要通信、报刊发行、集邮业务、邮政储蓄、代理保险和速递物流等业务。

【邮政业务发展】 2022年，邮政英德市分公司代理金融日均余额规模40.07亿元，比2021年增长15.7%。寄递业务以普服为根，推进邮政传统业务创新发展，主抓新年贺岁季项目、文创业务、新媒体业务和主题邮局赋能建设等。

【邮政改革创新】 2022年，邮政英德市分公司服务乡村振兴战略，成功打造全国三级物流体系示范点，以"物流网络规划、运营能力建设、营销服务扩展、农村电商支持"为指引，建成"1个县级寄递共配中心＋7个镇级寄递共配中心＋256个村站点"县镇村三级节点，打破行政区划优化农村投递网，实现农村投递线路汽车化新增15条，"快递进村"建制村覆盖率100%，网点中73%的邮件进口提速1.5—2小时、81%的邮件出口截邮推迟。

【邮政能力建设】 2022年，邮政英德市分公司建立"优秀人才库"，甄选"优秀年轻干部""优秀生产主管"和"优秀大学生"进入"优秀人才库"重点培养。分层分类培训优秀人才、管理人员、网点（揽投部）负责人、营销人员。代理金融、特快、快包、函件、报刊和分销6个专业实现业务超收927万元。市区邮件处理中心配备自动或机械辅助分拣设备，处理能力约为每小时5000件，自动化设备收容率持续控制在5%以内；7个乡镇中心支局覆盖周边网点，建设乡镇农产品供配中心。市趟邮路优化由5条环形邮路调整为8条盘驳邮路，邮路串点数减少，邮路里程减少54千米，邮路时限提速2小时，进出口时限得到提速。成立市区直投专职揽投队伍，直投比例提升10%。2022年，普遍服务类和包裹快递类重点指标达标，未发生重大质量事故，机要通信保密安全，全年安全生产零事故。

（赖春林）

信 息 业

编辑：胡瑞芬

无线电管理

【概况】 2022年，全市新增无线电台（站）设备1059（套），其中包含4G基站543个，5G基站516个。

【无线电信号监测】 2022年，英德市工业和信息化局（以下简称"市工信局"）开展无线电日常监听监测工作，做好日常监测和干扰查处，实行24小时全频段20～3000兆赫频率循环扫描监测，协调导航台、融媒体、海事等部门，保障民航、广播电视、公安、三防、水上和各大电信运营商等重点业务无线电频率正常使用，监测电磁环境，搜索不明信号，甄别非法无线电信号，排查处理无线电干扰源，维护空中电波秩序。

【无线电安保】 2022年，市工信局做好年度重要考试无线电安全保障工作。制定无线电安全保障工作预案，利用无线电监测设备监测全市高考两个考点（英德中学和市第一中学）电磁环境，防止利用无线电设备考试作弊行为，完成各类考试无线电安全保障工作。加强广东省第十六届运动会英德市两个赛场（体育馆和女足基地）的无线电监测车巡查密度和监测力度，确保比赛期间无线电通信畅通。

【"黑广播"排查打击】 2022年，市工信局结合"扫黄打非"工作，拉网巡查"黑广播"，与公安局、宣传部、市场监管局等单位建立联合工作机制，在英德境内进行不定时、不定点巡查监测，未发现"黑广播"。

（英德市工业和信息化局）

电 信

【概况】 2022年，中国电信股份有限公司英德分公司（以下简称"电信英德分公司"）设有2个目标交换局，104个综合接入网点，32个营业网点，为全市30万客户提供固定电话、移动通信、互联网接入及应用、数据通信等综合信息服务。

【电信市场经营】 2022年，电信英德分公司推进划小承包3.0向纵深发展，围绕移动、宽带双基业务拓展农村市场，推动数字乡村项目建设。农村安防摄像枪规模过万，通过终端直降补贴，打造有活力的渠道生态圈。配合公安机关做好反诈工作，截至2022年底，业务收入比2021年增长6.3%。

【电信网络建设维护】 2022年，电信英德分公司新建7000个电信新光宽带端口，完成新增电信无线宏基站建设209个，其中5G站点121个，4G站点88个，提前完成5G站点建设任务。农村区域建设开通微型基站151个，解决农村区域信号弱覆盖问题。在6月特大洪灾期间，英德电信成立抗洪指挥部，调度各专业应急队伍参加通信保障工作，配合政府做好抗洪救灾以及群众撤离工作，调拨100多台卫星电话给当地政府应急指挥救灾及紧急转移受灾群众，调配6台卫星应急车到英德多地保障手机信号。抽调12台大型移动应急发电车到受灾严重的镇区、村委发电，洪灾期间每天指挥调度60多支抢修队伍200多人次投入通信抢修工作。配合政府做好疫情防控、应急通信保障，2022年完成无线应急保障6次，派出车辆51辆次、人员130人次，完成英德"6·21"特大洪水期间防汛物资运送、机房发电保障、重要场景应急基站架设开通等工作。7月，完成英德英城及九龙镇新冠疫情管控期间抗疫通信保障工作；10月，完成英德大湾蓝山村火灾现场救援应急通信保障。组织开展应急通信保障演练，增强通信保障应急能力，完成疫情防控期间当地政府重要会议、全国两会、二十大、中考高考等通信保障。

【电信基础管理】 2022年，电信英德分公司按照中国电信"云网融合的安全的科技公司"新定位，构建完善以"大就要有大的样子"为核心的企业文化理念体系。整治垃圾短信，执行客户信息安全管理和网络信息安全管理机制，响应开展创建平安英德建设工作，全年没有发生重大安全事故、内部案件、群体性事件和新闻事件。 （赵光强）

移　　动

【概况】 2022年，中国移动通信集团广东有限公司英德分公司（以下简称"移动英德分公司"）下设综合部、政企客户中心、家集客装维站3个部门，有6个分局，180间星级社会渠道，为全市66万多用户提供移动通信、互联网接入及应用、固定电话等通信服务。

【移动网络建设】 2022年，移动英德分公司累计建成1000个5G站点，市区、乡镇中心、行政村均实现5G网络覆盖。开展传输、无线、家集客"三大"攻坚行动，接入光路规范率提升10%，无线退服率从年初0.8%下降至0.4%，弱光占比压降至0.4%，全年降幅0.8%。10月18日，利用应急装备、无人机布放光缆、KA卫星包等连续4天保障蓝山山火救援网络顺通。

【移动业务发展】 2022年，移动英德分公司助推"数智英德"建设，为英德市经济转型升级提供新动能。为青塘镇稀土矿盗采治理工作提供技防服务，依托"千里眼"视频基础能力叠加AI人工智能分析，助力青塘镇人民政府推进"平安前哨"建设。全面提供智慧触达人工智能呼叫服务，结合疫情防控、知识宣传、服务互动，为11个镇（街道）、12个单位提供智慧触达人工智能呼叫、互动服务。为30家医疗机构及220多家村医提供网络服务问题，为妇幼保健院新建院提供自助机便民服务，以人工智能语音互动为医院解决热线服务问题，更好地开展医疗咨询服务，提高各大医院医疗服务效率。响应国家提速降费政策，给予全市中小微企业的企业宽带、互联网专线10%优惠服务。

【网络保障服务】 2022年6月洪灾期间，移动英德分公司在全省各地调配6台应急发电车、4台应急通信车、1套KA卫星包、15部卫星电话、1套无人机基站、1条冲锋舟、63支支援保障队伍开展抗洪救灾工作，期间英德移动的总体网络保持稳定。疫情期间，派出志愿者120多人次，为英德24个镇（街道）530多个核酸检测点提供网络保障服务。利用大数据平台推出"核酸采集点人流分布查询"服务，方便市民实时掌握检测采样点人流量的情况，避免人群聚集和长时间等候。

【企业管理】 2022年，移动英德分公司投入近800万元助力平安英德建设，助力英德市建立完善的安全风险监控系统。落实市委、市政府关于"治乱补短、全民反诈"的工作部署，通过从教育、制度、技术、管理、监督、惩处等方面着手，落实打击防范电信网络诈骗犯罪各项工作，组建反诈宣讲队开展反诈宣传237场次。

（刘 琴）

信息化建设

【概况】 2022年，英德市电信英德分公司、移动英德分公司、联通英德分公司三大电信运营企业投入资金1.64亿元，新建4G基站543个、5G基站516个，新增光纤通达自然村274个。累计建成4G基站6546个，实现行政村一级全覆盖，除偏远山村外，基本满足城乡移动通信需求。累计建成5G基站1442个，覆盖主要城区、部分乡镇、工业园区和农村热点区域，5G网络由重点覆盖向规模覆盖有序过渡。实现20户以上自然村光纤网络全通达，光纤网络通达的自然村5052个，实现全市自然村一级光纤网络通达率95.6%。

【企业信息化发展】 2022年8月3日，英德市工业和信息化局在市文化艺术中心举办"数智英德CIM+工业互联网水泥/混凝土产业发展"交流会；9月23日，联合清远市工业和信息化局在东华镇政府举办英德化工新材料行业"工业互联网+安全生产"交流活动。通过举办数字化转型相关活动，向英德市工业企业宣讲工业互联网和数字化转型相关政策、知识，引导工业企业实施上云上平台项目，探索推动英德市传统产业实现数字化转型的路径。

（英德市工业和信息化局）

【"数字政府"建设】 2022年，市政务服务数据管理局推动"数字政府"改革建设工作，成立英德市推进"一网统管"试点建设工作领导小组和工作专班，编制和印发《英德市"一网统管"实施方案》，与数广清远、英德移动、英德电信、英德联通公司签订战略合作协议。截至2022年底，已按照省域"一网统管"试点建设任务，完成英德市"政务服务"和"应急减灾"专题建设，并通过英德"粤治慧"平台与省级平台对接，推进数据资源"一网共享"。42个部门和24个镇（街道）完成数据资源编目挂接918个，232个数据集通过"开放广东"平台向公众开放；做好"粤省事""粤康码""粤政易""粤商通"等"粤"系列平台的推广及技术支持工作，全市"粤商通"App市场主体用户数6.38万户，注册率87.1%，排在清远各县（市、区）前列；全年市政府办公互联网、政务外网和电子政务云平台等网络信息系统全年无重大网络信息安全事故发生，累计开展中心机房突发停电中断网络服务应急演练1次；修复系统漏洞2.5万个（次），其中高风险漏洞2.29万个（次），中低风险漏洞2150个（次），查杀病毒木马16.5万个（次），拦截WEB漏洞攻击14.9万次，阻断僵尸网络扩散256.2万次，拒绝网站非法访问39.1万次。

（卢 亮）

城建·环保

编辑：胡瑞芬

城管执法

【概况】 2022年，英德市城市管理和综合执法局（以下简称"市城管局"）管理监督有关城市市政、城市园林绿化、城乡环境卫生、城市照明、城市桥梁、城市道路及其配套设施、城镇燃气、城市管理综合执法方面等工作。

【市政设施建设】 2022年，市城管局投入1324万元，完成浈阳湖、仙水湖周边环境综合治理项目建设。投入69万元，完成英州大道南转盘处环境整治工程。投入60万元，完成金子山大道与和平北路交汇处人行道改造工程。推进龙山公园西侧挡土墙改造及山顶阁楼维修加固工程、龙山公园南侧山体滑坡建设工程和市区智能停车位项目。推进"断头路"建设，投入394万元，完成凤凰东路延伸段（凤凰路至北江三号路）建设。

【净化绿化亮化】 2022年，市城管局持续开展夜间市政道路及人行道清洗。完成位于英德市迎宾大道金竹园村的市区大型生活垃圾压缩转运站建设。推进中心城区绿地精细化、规范化日常养护管理，建成绿化覆盖面积1229.88万平方米，绿地面积1120.08万平方米，公园绿地面积296.65万平方米，绿化覆盖率36.99%，绿地率36.1%，城市人均公园绿地14.88平方米。投入400多万元，修复路灯2553盏次，修复损毁的路灯杆283座，更换雷击和老化路灯三遥控制终端7台及大量程互感器7套，实现路灯完好率96%以上、亮灯率98%以上、重复处理率小于5%以及定期维护率100%的目标。结合"智慧城市"的大数据云技术优势，采用"智慧城市"云管理平台实时监控路灯情况，并通过大数据进行运行状况和事故分析。

【城乡人居环境】 2022年，市城管局推进美丽圩镇攻坚行动，英德市23个镇成功创建清远市宜居圩镇，浛洸镇、大洞镇、九龙镇、英红镇成功创建清远市示范圩镇，完成美丽圩镇创建任务。开展校园及农贸市场周边环境卫生整治，出动人员1.3万人次，清查市场3500个次、汽车站400多次，巡查广场公园1650个次，清理占道经营商铺1.7万档次、流动摊档1.8万档次。

【城市生活垃圾分类】 2022年，市城管局铺开英德市区的生活垃圾分类示范创建工作，市区开展垃圾分类的公共机构数量占所有公共机构数量比例100%，示范片区内实现生活垃圾分类覆盖率94%以上；同步开展乡镇垃圾分类工作，浛洸镇、波罗镇、水边镇、大洞镇从驻镇帮扶资金列支30万元专款用于开展生活垃圾分类宣传及设施购置。针对仙泉花园的生活垃圾分类管理责任落实整改不到位的情况作出行政处罚并已结案，是英德市内首例关于生活垃圾分类管理工作的执法案件。

【城管领域营商环境优化】 2022年，市城管局推进"互联网+政务服务"一体化便捷服务，自查和完善涉及的广东省政务服务事项管理系统中的36项行政审批事项；对"英德市一体化在线政务服务平台"事项进行认领和数据录入工作；开展"双公示""双随机一公开""十个一"等业务系统数据录入和核对，按照相关要求达到全覆盖。

【燃气服务监管】 2022年，市城管局组织开展英德市燃气安全"百日行动"交叉检查，抽查检查燃气企业、供应点、使用燃气的餐饮场所，出动人员143人次，检查学校、餐饮等行业、燃气企业43家次，排查安全隐患38个，完成整改38个；组织开展英德市城镇燃气安全整治"百日行动"，各镇（街道）执法检查1107次，排查隐患544个，发出整改通知书268份,完成整改隐患513个。开展燃气安全宣传"五进"（进农村、进社区、进家庭、进学校、进企业）活动，到英德市实验小学、月桂湖广场、碧峰华府南广场、燃气企业等开展宣传活动，采取设置咨询台、拉横幅、派发燃气安全知识小册子等方式宣传，累计派发宣传册3000多份。

【城市管理数字化平台】 2022年，市城管局完成英德市数字城管平台系统上云工作。推进城市管理数字化平台升级，完成数字城管平台系统升级。截至2022年底，英德市数字化城市管理业务平台立案2.44万件，应处置2.44万件，处置2.41万件，处置率98.8%，结案率98.5%。

【城市管理整治】 2022年，市城管局开展市中心城区油烟污染专项整治工作，英德市区有626间餐饮店铺按要求安装油烟净化设备，占97.7%。查处未作密闭运输以及撒漏、带泥上路造成道路污染及扬尘污染的车辆，巡查监督管理市区范围内的露天焚烧工作，查处违规车辆52辆，实施行政处罚52宗，处理露天焚烧236处。对照《清远市城市市容和环境卫生管理条例》，处罚违规行为，截至2022年底，规范市区占道经营商铺1.7万多档次，清理整顿流动摊1.8万多档次,实施行政处罚3256宗。

【户外广告招牌规范】 2022年，市城管局开展市区户外违章广告招牌清理整治行动，出动人员1635人次，出动吊车大型机械设备57台次，拆除妨碍消防救援、影响市容环境的户外广告招牌498个（处），面积6125.36平方米。印发实施《英德市关于实施〈清远市户外广告设施和招牌设置管理办法〉的工作方案》，摸排市区所有广告招牌，建立工作台进行备案登记，登记广告招牌7990个，面积10.27万平方米，登记大型户外广告86个，LED电子屏92个；成立广告招牌专项小组，规范设置户外广告、招牌办理流程，制定常态化申报审批机制,受理42间商铺申请的招牌备案。

【一般程序行政执法】 2022年，市城管局立案一般程序行政处罚16宗，结案16宗，其中未经批准挖掘城市道路7宗（包括未经审批挖掘市政绿化带2宗）、挖掘城市道路损坏燃气设施1宗、损坏市政照明设施1宗、未在城市道路施工现场设置明显标

志和安全防围设施1宗、未按规定开展垃圾分类工作1宗、无证占用城市道路3宗、随意倾倒垃圾2宗。（冯　欣）

城乡建设

【概况】　2022年，英德市住房和城乡建设局（以下简称"市住建局"）推进宜居城乡建设、住房保障、农村危房改造工作，规范房地产市场和建筑市场，抓好安全生产和质量管理、人民防空和信访维稳等工作。

【宜居城乡建设】　2022年，市住建局开展涉及老旧小区改造，投入534.19万元，项目有金盛小区、三角地小区、白石窑生活区、和平中路电信宿舍和英州大道电信宿舍5个，涉及363幢楼738户，建筑面积14.57万平方米，全部完成改造。指导完成浛洸镇五婆城、张氏宗祠、新科楼3处历史建筑的修缮保护。推进英德市浛洸镇和平路历史文化街区保护规划编制和广东省英德市历史名城保护规划编制工作。

【保障性住房建设】　2022年，市住建局做好住房保障对象家庭的资格审核工作，完成323户新增住房保障申请家庭的入户、审核工作。为514户住房保障家庭发放住房补贴139.2万元。

【农村危房改造】　2022年，市住建局完成农村危房改造任务267户；完成2022年削坡建房整治工作任务423户。摸底排查全市农村房屋，录入14.65万户房屋信息，其中经专业机构安全评估鉴定为C、D级危房1339户，全部完成整治。

【房地产业管理】　2022年，市住建局在英德市范围内首次推行"粤安居"清远市存量房自主签约平台，实行商品房电子网签备案服务，使用清远市房屋交易和产权管理信息平台对商品房预售款进行监管及审批。开展房地产市场秩序专项整治，完善事中事后监管体系，健全房地产市场监管机制，房地产领域违法违规行为明显减少。完成房地产报建项目17宗，建筑面积53.53万平方米。商品房预售许可开发项目33宗，批准商品房4621套，面积93.51万平方米。全市商品房销售面积70.84万平方米，商品房销售金额36.85亿元。

【物业管理】　2022年，市住建局建立物业服务诚信管理体系，利用诚信加减分手段监管物业服务企业。根据《2021年英德市物业管理专项整治工作方案》，加强全市物业服务小区安全生产管理，开展物业小区消防安全培训和消防安全工作专项检查，排查物业小区75个，拆除违法建筑3处，排查防盗网3.96万个，拆除没有设置逃生窗防盗网661个，排查违规停放、充电电动车1276辆，清理违规停放、充电电动车1201辆。加强物业专项维修资金管理工作。

【建筑市场管理】　2022年，市住建局开展房屋市政工程项目钢筋建材质量专项检查及建材打假专项行动，实行工人工资实名制管理，采取诚信扣分方式督促落实制度不严的企业。完成大中型建设工程项目初步设计专家论证19宗。完成工程报建94宗，建筑面积100.19万平方米，工程造价30.07亿元；办理工程竣工验收备案146宗，建筑面积277.08万平方米。

【建筑工程招投标管理】 2022年，市住建局规范建筑市场交易行为，收到建筑工程招标情况书面报告48宗，发出监管提醒函11份。

【建筑施工质量安全监管】 2022年，市住建局开展建筑起重设备实体、工程质量安全大检查；检查督促施工工地、物业小区、公租房小区的安全生产；开展重点节假日期间安全专项检查、房屋市政工程钢筋专项检查、建筑起重机械设备实体专项检查、建设工程综合执法大检查。检查在建工程项目528宗，发出专项检查整改通知书、限期整改通知书484份。检查全市在建工程项目建筑起重设备155台，责令存在安全隐患的施工单位停机限期整改。

【消防审验】 2022年，市住建局做好消防设计审查、验收和备案工作，建设工程消防设计审查47宗，消防验收56宗，其他建设工程消防验收备案93宗。

【"打非治违"整治】 2022年，市住建局规范建筑市场管理，查处未办理施工许可证擅自施工的违法行为，受理非法违法建设行为案件30宗，涉案金额6901.97万元，处罚金额96.96万元，全部上缴财政。

【灾后房屋评估】 2022年6月，市住建局成立专项工作组，配合省、市房屋安全评估专家组，对24个镇（街道）开展灾后房屋安全评估工作。

（吴嘉荣）

城防工程

【概况】 2022年，英德市北江防护体系建设管理局（以下简称"市北防局"）在管工程有城区西岸防护体系工程、北江东岸城区大站防护工程、城区西岸北堤防护工程、波罗坑防洪堤和江边咀防洪堤。在建工程有英德市东岸南片区、北片区排涝站升级改造。

【防洪度汛】 2022年，英德市防御北江超警戒水位洪水4次，"6·7"洪水洪峰水位26.21米，超警戒水位0.21米；"6·14"洪水洪峰水位31.4米，超警戒水位5.4米；"6·22"洪水洪峰水位35.97米，超警戒水位9.97米；"7·6"洪水洪峰水位32.25米，超警戒水位6.25米。洪水期间市北防局6座泵站总抽排内涝水8556.9万立方米。城区西岸防护区、大站防护区、北堤防护区以五十年一遇的防洪设计标准抵挡北江超百年一遇的洪水。"6·22"洪水洪峰水位超过波罗坑防洪堤堤顶约1.5米，北江洪水漫过防洪堤进入波罗坑防护区，造成192米防洪堤垮塌，没有造成人员

▲2022年6月22日，北江最高洪水情况　　　　　　（市北防局供图）

的伤亡。2022年城区防洪减灾效益为23亿元。

【工程维修保养】 2022年，市北防局完成城区在管防洪排涝工程防洪堤4宗42千米、6座排涝泵站、25座穿堤涵（闸）的维护养护，消除各类安全隐患，完成维修养护投资约380万元。治理各所防护工程动物危害（白蚁、红火蚁和鼠患），各防护工程均运行正常。

【何公坑新排涝站】 2022年3月，何公坑新排涝站成功创建省级标准化规范化管理达标泵站，装机容量7000千瓦，排涝流量55立方米/秒。

【英德市东岸南片区排涝站升级改造工程】 2022年，英德市东岸南片区排涝站升级改造工程总投资1.68亿元，主要建设泵站、水闸各1座，泵站装机4×1000千瓦；水闸设3孔，单孔5米×4米；调蓄湖面积9万平方米。截至2022年底，完成投资4100万元，泵站主厂房浇筑至32米高程。

【英德市东岸北片区排涝站升级改造工程】 2022年，英德市东岸北片区排涝站升级改造工程总投资8538万元，主要建设泵站、水闸各1座，泵站装机4×800千瓦；水闸设2孔，单孔5米×4米。截至2022年底，完成投资2500万元，完成泵站厂房建设、出水箱涵、防洪闸钢筋砼浇筑、防洪闸出口消力池、防洪闸4扇闸门安装。

（李嘉丽）

房产管理

【概况】 2022年，英德市房产管理中心（以下简称"市房管中心"）管理全市政府直管公房安全维护、房屋租赁，做好全市住房货币补贴资金、住房资金管理，组织实施国有土地上房屋征收与补偿安置工作；协助行政主管部门做好保障性住房管理、房地产中介服务机构管理、存量房（二手房）房产交易收件工作。

【市区国有土地上房屋征收】 2022年6月，英德市房屋征收办公室与英德市磷肥厂生活区改造项目最后一户拆迁户签订房屋征收协议，完成该项目房屋征收拆迁工作。

【市重点工程项目房屋拆迁】 2022年，市房管中心协助广德园区、沙口镇神华国华电厂项目、沙口园山小学、省道S292线公路项目、大站镇杨万里大道工程、水边镇热水湖项目、桥头镇高压线项目、横石塘镇石门台饮水工程等工程项目，完成117宗2.9万平方米房屋丈量工作。

【住房改革资金管理】 2022年，市房管中心为异地工作的干部职工出具福利分房和房补情况证明99份。

【公房管理】 2022年，市房管中心邀请市消防大队到单位和公租房小区为干部职工、租户开展消防设施器材使用、消防安全基础知识、火场逃生自救等培训，培训人数500多人，发放安全宣传资料500多份。组织人员到管辖公租房和公房小区开展安全隐患大排查47次。完成公房维修175宗，投入公房维修费用155.68万元。洪水期间出动人员160人次，安全转移受灾租户16人，投入抗洪救灾物资7.23万元。委托市公共资源交易中心进行网上竞价的非住宅类公房192宗，面积2.02万平方米；公房租赁874.54万元，因新型冠状病毒感染疫情按政策免收商铺租金140.07万元。市房管中心可收取非税收入1014.61万元,比2021年增收84.67万元,增长9.2%。

【中介服务管理】 2022年,市房管中心会同市住房和城乡建设局、市市场监督管理局相关股室组成联合检查小组,实地检查市区13家房地产中介机构,发出《整改通知书》7份,收到整改报告7份,7家中介机构均按要求进行整改。为134家房地产中介机构办理诚信登记备案,规范英德市房地产中介机构业务工作。 (华发康)

城市管理

【概况】 2022年,英德市城市建设管理监察大队(以下简称"市城监大队")受市城市管理和综合执法局委托,在英城街道、大站镇范围内实施市政工程设施、公用事业、市容环境卫生、园林绿化方面的监察,在受委托范围内以委托行政机关的名义实施行政处罚。

【城管执法】 2022年,市城监大队推进农贸市场、校园周边的占道经营、出店经营、占道摆放等城市管理工作,出动队员5.27万人次,出动车辆2.75万辆次,派发宣传单张2074份,清查市场5006个次,巡查校园2396个次,清理占道经营6.57万档次,清理乱摆乱卖7.47万档次,清理乱拉挂1856宗,整治流动卖家禽6762档次,整治当街宰杀活禽950宗,清理乱张贴1106处,配合交警规范车辆9070辆,发出责令整改通知书2.36万份,实施行政处罚3252宗16.33万元。会同公安、市场监管和英城街道办

▲2022年5月9日,市城监大队联合公安、市场监管和英城街道办等部门在市百花市场联合执法,劝导市民把摩托车停放到划定区域

(袁吉兴 摄)

等部门成立联合执法队，每周2次对英城、大站主要商业街道开展综合整治，全年出动执法人员1836人次，治理多处多年的"脏乱差"顽疾。会同市生态环境局、市公安局、市交通运输局等部门开展市区扬尘治理工作，出动执法人员4329人次，出动车辆922辆次，通过口头警告、书面告知方式责令整改各类扬尘污染问题648宗次，检查在建工地出入口、码头、搅拌站1257个次，检查金子山大道、英州大道、马山公路等路段4382条次，现场查处涉嫌未作密闭运输以及撒漏、带泥上路造成污染道路车辆52辆，处理52辆。全年收到12345热线、政府信箱、数字城管、电话投诉等各类投诉案件1663宗，全部调解完成，调解率100%。

【安全生产】 2022年，市城监大队开展清远市"拆违、破网、开窗、治电"消防安全专项整治行动，拆除不符合设置标准的广告牌、雨棚及其他违章建筑，出动人员3000人次，车辆1000辆次，发放责令整改通知书405份、限期拆除通知书439份；拆除户外广告541个，面积6682.36平方米；清理残旧破损广告招牌1096个，面积1.32万平方米；清理广告横幅63条。

【圩镇整治】 2022年，市城监大队出动工作人员179人次，组织和指导西牛、浛洸、英城、东华、黎溪、连江口、石牯塘等镇开展镇容镇貌专项整治行动，整治镇区农贸市场，清理占道经营2200多档次，清理乱拉挂200多处，拆除违章建筑物近3000平方米，拆除违章广告牌、乱搭建（遮阳伞、雨棚）500多处，配合交警规范乱停放车辆400多辆，清理乱堆乱放300多处，清理卫生死角30处，清理乱张贴200多处。

（刘柏林 罗小娟）

环境保护

【概况】 2022年，清远市生态环境局英德分局（以下简称"生态环境局英德分局"）办理建设项目环评审批46件，完成环评登记表备案管理工作51件；开展预约主动上门服务园区、企业活动。

【生态环境监察】 2022年，生态环境局英德分局采取日常检查和双随机抽查相结合的方式监管环境，出动执法人员3534人次，日常检查排污企业1198家次，双随机抽查排污单位和建设项目256家次，发出整改文书84份，立案查处环境违法行为19宗，下达处罚决定书19份（含2宗上年立案案件），罚款金额242.14万元，催告履行6宗，组织听证4宗，移送公安机关8宗，督促排污企业整改一批环境问题。开展危险废物执法检查75次，出动执法人员230人次，查处4宗非法倾倒或非法处置危险废物案件；委托第三方公司日常巡查和监管英德市重点污染源在线监控企业，检查企业216家次，出动执法人员720人次，向存在环境问题的企业下达整改通知书，督促企业及时整改；开展排污许可清单式执法专项行动，制发《清远市生态环境局英德分局2022年排污许可清单式执法检查实施方案》，非现场检查26家，现场检查6家。完成42家企业清洁生产审核报告初审。开展VOCs治理工作，完成上级下达的VOCs减排任务，并上报国家减排系统208.08吨；督促全市6家工业炉窑企业继续开展治理工作，上级核查定级5家为B级工业炉窑，剩余1家未完成整改，暂未定级。

【水环境质量】 2022年，英德市水环境质量优良率（Ⅰ～Ⅲ类）保持100%，全市22个集中式饮用水水源地水质均达到Ⅱ类水质标准，市区建成区劣Ⅴ类水体断面比例为0，地表水国控、省控断面均达到水质考核目标要求，其中滃江大站断面的水质氨氮浓度年平均值为0.265毫克/升（采测分离数据）。

【空气环境质量】 2022年，英德市环境空气自动监测站（考核站点）运行天数365天，有效监测天数357天，优良天数339天，轻度污染天数18天，无中度、重度污染天气，空气优良率95%。6项环境空气质量指标均达到年度二级标准限值，其中$PM_{2.5}$为18微克每立方米，PM_{10}为33微克每立方米。降雨的pH值范围在5.97～7.67之间，酸雨频率为0。

【声环境质量】 2022年，英德市区域声环境监测昼间总平均值53.5 dB(A)，达标率100%；道路交通声环境监测昼间均值64.5 dB(A)，达标率100%。

【工业和农业源减排】 2022年，生态环境局英德分局推进相关行业开展主要污染物总量减排工作，完成15家VOCs重点企业（第二批）分级管控、8家VOCs企业和5家工业炉窑深度治理；督促沙口镇完成3家禁养区养殖场清理整治。

【生态环境保护宣传】 2022年，生态环境局英德分局以"5·22"国际生物多样性日、"六·五"世界环境日、全国低碳日等为契机，结合环保志愿者活动，到各镇（街道）、乡村、校园、企业等，宣传普及政策方针、法律法规和环保知识等。结合"十个一批"组织英德市领导干部参加生态环境保护法律知识培训，组织开展生态环境法治宣传教育活动。创建省级、市级环境教育基地，广东云水谣环境教育基地、英德市艺青英石园环境教育基地成功纳入"清远市环境教育基地"，广东英九庄园绿色产业发展有限公司成功纳入"广东省环境教育基地"。

【污染防治】 2022年，英德市生态环境保护委员会完成清远市2021年度环境保护责任

▲2022年6月5日，清远市生态环境局英德分局组织志愿者在城西社区碧峰华府小区开展"共建清洁美丽世界"2022年"六·五"世界环境日宣传教育活动
（生态环境局英德分局供图）

暨污染防治攻坚战考核工作，英德市在清远市8个县（市区）考核中取得优秀等次。3月25日召开生态环境保护委员会第一次会议。

【大气污染防治】 2022年，英德市委托第三方机构开展全天候不间断大气污染巡查工作，巡查发现扬尘污染及餐饮油烟问题577个，整改572个，整改率99.1%；开展不良天气应急管控；开展机动车尾气上路抽检、用车大户入户、非道路移动机械检查工作，全市9家机动车检测站完成一次常规检查。英德市环境空气质量预警预报系统正常运行使用，实现空气环境质量监测指标的分钟、小时及日均值的即时查询和对未来三天内环境空气质量的预测预报。

【农村环境整治】 2022年，生态环境局英德分局推进农村环境整治，编制《英德市县域农村生活污水治理专项规划》《英德市农村生活污水处理设施运维管理实施方案》；不定期开展污水处理设施抽查；完成纳入"民生实事"10个自然村的农村生活污水治理任务和2个黑臭水体整治工作、15个行政村农村环境综合整治任务；全市4509个自然村中，4508个已完成污水收集管网建设，完成率99.98%，3341个自然村完成农村生活污水治理，完成率74.1%。开展英德市2022年度20吨及以上农村生活污水处理设施出水水质监测工作，完成835座农村生活污水处理设施出水水质采样分析工作任务。

【土壤污染防治】 2022年，生态环境局英德分局会同市农业农村局印发《英德市2022年度受污染耕地安全利用工作方案》，安全利用措施到位率和管控（风险管控）措施到位率100%，受污染耕地安全利用率为94.8%；落实土壤污染重点监管单位管理工作，完成18家土壤污染隐患排查及6家土壤和地下水自行监测；推进英德濛江流域稀土矿区地下水污染修复试点项目。

【固定污染源排污许可管理】 2022年，生态环境局英德分局核发排污许可证250份，注销排污许可证11份，复核已核发排污许可证单位的执行质量，按证管理，督促排污单位落实有关主体责任，按时按质提交执行报告。

【环境保护与生态建设规划】 2022年，生态环境局英德分局组织编制《英德市生态环境保护十四五规划》《英德市畜禽养殖污染防治规划》；组织实施英德市新一轮集中式饮用水水源保护区划分调整，新划定浛洸镇岩石、西牛镇七里峡、石灰铺镇大田白洋水、连江口镇连樟村、下砯镇横水、沙口镇滑水山和小江山7个饮用水水源保护区，优化调整大湾镇猪牯墩饮用水水源保护区。

【"三线一单"成果运用】 2022年，生态环境局英德分局始终把《清远市"三线一单"生态环境分区管控方案》（简称"三线一单"）要求作为项目选址、规划编制的重要依据，对符合调整要求的管控单元进行动态更新调整，提高"三线一单"成果的操作性和战略性。2022年累计核查项目229个，并出具相关准入意见。

【生态环境监测】 2022年，

生态环境局英德分局印发《英德市2022年生态环境监测方案》，做好水、气、声环境质量监测，获得生态环境质量监测有效数据2.16万个；做好污染源执法监测工作，获得污染源执法监测有效数据586个；做好环境事故、污染纠纷等调查监测，获得环境调查监测有效数据4982个；完成VOCs排放重点企业专项监督性监测、城镇污水处理设施进出水监测、农村环境质量、新冠疫情应急等专项监测任务；完成15家重点排污企业自行监测帮扶；做好水、气生态环境自动监测站的基础保障工作。

【生态环境信访】 2022年，生态环境局英德分局受理答复环境投诉案件683宗，无因超期处理或不处理而被发红、黄牌的情况。 （陈振杰）

广东石门台国家级自然保护区

【概况】 广东石门台国家级自然保护区（以下简称"石门台自然保护区"）位于英德市北部，东西横跨沙口、英红、横石塘、石牯塘、波罗5镇，东西长43.66千米，南北宽15.48千米，总面积335.55平方千米。保护区内有高等植物2820种，其中国家重点保护植物66种，包括伯乐树、广东含笑、丹霞梧桐、华南五针松、桫椤、金毛狗等。有脊椎动物487种，其中国家重点保护野生动物60种，包括国家一级重点保护动物黄腹角雉、黄胸鹀、穿山甲、小灵猫4种，国家二级重点保护动物斑林狸、豹猫、白鹇、画眉、英德睑虎、蒲氏睑虎、角原矛头蝮、虎纹蛙等56种。石门台自然保护区是华南地区重要的动植物新种模式标本采集地，模式标本采自该地区正式发表的新种，包括广东含笑、石门台白丝草、石门台半蒴苣苔等植物，以及英德睑虎、蒲氏睑虎、中华湍蛙、粤琴蛙、石门台角蟾、英德角蟾、石门台掌突蟾等动物。

【生态公益岗位设立】 2022年，石门台自然保护区投入资金57万元，设立生态公益岗位34个，招聘一批熟悉保护区山情、民情的当地社区群众担任兼职护林员，参与自然保护区资源管理工作。

【林长制工作】 2022年，石门台自然保护区推行林长制工作。完善森林防火太阳能宣传监控语音杆、保护区入口标志等基础设施建设，运用多种形式开展宣传，在辖区重点区域悬挂横幅25条，在检查哨卡及群众聚集区派发宣传单1000多张、明信片120张，在保护区主要路口设置林长制相关宣传牌23块。

【森林资源智能化管护】 2022年，石门台自然保护区制定网格化巡护方案，结合"粤林监测""护林员""护林通"等智能巡护App开展巡山护林工作。投入资金165万元，建设无人化空中自动巡护系1项、无人智能机巢2座，购置四旋翼无人机2架。

【红外相机网格化监测】 2022年，石门台自然保护区开展红外相机网格化监测工作，购置红外相机500台，划分公里网格433个，布设红外相机近400台。根据辖区资源和人员情况制定红外相机安装布设方案，规范红外相机安装维护及数据采集分析，全年拍摄物种70多种，其中新增拍摄黄腹角雉、小灵猫、藏酋猴、斑林狸、仙八色鸫等10多种国家重点保护动物。

【基础设施建设】 2022年,石门台自然保护区基础设施建设项目竣工,项目投资2000万元,完成保护工程(含界桩界碑安装、野外巡护设备购置、巡护道路新建维护等)、科研监测工程(含红外相机采购、固定样地与固定样线建设、信息化系统建设等)、宣传与教育工程(含宣传标识、文创产品、实体与电子沙盘设计制作、动植物标本制作等)、锦潭管理站基础设施工程(新建锦潭管理站,含配套附属设施设备),完善石门台自然保护区基础设施。

【南岭国家公园项目建设】 2022年,石门台自然保护区投入国家公园专项资金480万元,开展野生动物声学智能感知与动态监测试点建设、睑虎种群与生态调查及其综合保育、松材线虫防控等专项调查监测。配合开展南岭国家公园辐射联动项目。

【新物种】 2022年6月,石门台自然保护区动物新种"石门台掌突蟾"发表见刊,这是保护区成立后发表的第10个新物种;7月,以"石门台"命名的植物新种——石门台半蒴苣苔在国际植物分类学期刊 *Nordic Journal of Botany* 发表。

▲2022年9月29日,石门台自然保护区联合清远市教育局在锦潭管理站、锦潭科普宣教园开展青少年自然教育研学实践活动。 (石门台自然保护区供图)

【专业知识业务培训】 2022年5月,石门台自然保护区举办松材线虫病防控专业知识培训班,72人参加培训,培训内容涵盖松材线虫基础知识、防控现状、防治技术等。6月,举办安全生产与森林防火培训班,重点学习新《安全生产法》和国务院安委会"十五条硬措施"等内容,50人参加培训。

【自然教育活动】 2022年3月,石门台自然保护区结合"世界野生动植物日"和"爱鸟周",以室内科普讲座与室外宣教展示相结合的形式,在辖区沙口中学及石牯塘中学开展主题为"关注重点物种保护 推进绿美广东建设"及"爱鸟护鸟 绿美广东"的野生动植物保护主题宣传活动。9月,联合清远市教育局在锦潭管理站、锦潭科普宣教园开展2场以"关爱野生动植物 保护生物多样性"为主题的青少年自然教育研学实践活动,采取室内宣教与室外自然观察相结合的形式开展,讲解生物多样性保护相关知识,英德市优秀学生代表约100人参加。

(刘丽娟)

城市生活污水处理

【概况】 2022年,英德市广业环保有限公司(以下简称"英德广业")负责市中心城镇生活污水处理,下辖西城污水处理厂、浛洸污水处理厂、大站污水处理厂、东华污水处理厂，各污水处理厂出水各项指标达到《城镇污水处理厂污染物排放标准》（GB18918—2002）一级B标准。

【西城污水处理厂】 2022年，西城污水处理厂污水处理量1963.03万吨，全年化学需氧量（chemical oxygen demand, COD）削减量1511.6吨。

【浛洸污水处理厂】 2022年，浛洸污水处理厂污水处理量282.58万吨，全年COD削减量123.86吨。

【大站污水处理厂】 2022年，大站污水处理厂污水处理量214.61万吨，全年COD削减量109.98吨。

【东华污水处理厂】 2022年，东华污水处理厂污水处理量170.31万吨，全年COD削减量192.14吨。 （席 斌）

城市供水

【概况】 2022年，由英德市柏顺自来水有限公司负责市区、大站、英红镇及周边村生活饮用水的生产和销售及供水管道的维修提供服务。该公司是集自来水生产、销售和服务于一体的民营控股企业。

【供水基础设施建设】 2022年，英德市城区有主供水管网473.91千米，新装供水管（含村村通DN80管以上）131.85千米，新增用水户5681户，供水销售1965.3万立方米。新增峰光路、茶趣路DN400市政供水管道，新增环秀中路至金子山大道DN300市政供水管道，新增金子山大道至新港湾DN300市政供水管道，水质符合《生活饮用水卫生标准》（GB5749—2006），供水压力符合国家、省、市（县）的压力标准。

【水源地建设】 2022年，云山水厂建成水源2个，主水源为石门台水源（秀才山东水库取水口），备用水源为北江河水源（江湾取水口）。英红水厂水源为石门台水源（秀才山东水库取水口）。

【水厂建设】 2022年，常规水厂有市区云山水厂1座，日供水能力11万吨；英红镇英红水厂1座，日供水能力5万吨。出厂水均符合国家《生活饮用水卫生标准》（GB5749—2006）要求。 （林泽强）

城市绿化

【概况】 2022年，英德市建成市区绿化覆盖面积1229.88万平方米，绿地面积1120.08万平方米，公园绿地面积296.65万平方米，绿化覆盖率36.99%，绿地率36.1%，城市人均公园绿地14.88平方米。

【绿化建设（改造）】 2022年，英德市园林局（以下简称"市园林局"）开展市区迎宾大道北等3条道路路口时令花卉后期管护工作。投入资金79.2万元，完成"七一"建党节、"十一"国庆节和2023年春节节点时花更换。开展市区绿化补种、整治提升工作，投入230万多元，种植乔木1.13万株、灌木4440多株、地被2.57万平方米。

【绿化养护】 2022年，市园林局整治市区存在交通安全隐患、影响景观效果的绿化树木，市区各街道、公园修枝（枯枝）整形2975株，修剪草坪13.8万平方米，修剪灌木72.9万株，修剪球类植物7.1万株，淋水浇灌3754车。处理通过数字城管系统、电话、12345政府服务热线等渠道反映的市区公共绿化工作问题申诉投诉案件150多单，结案率100%。

【绿化日常养护管理】 2022年，市园林局坚持"种养并重、管养并抓"原则，实施绿化日常养护管理岗位责任包干负责制，扩大社会化对外发包管理比例，每年节约市财政经费350多万元。 （谢碧清）

城市亮化

【概况】 2022年，英德市路灯管理所（以下简称"市路灯所"）做好全市路灯管理、维护、维修工作，注重节能降耗，强化生产管理，落实安全生产责任制，实现安全生产"零事故"管理目标。

【亮化管理】 2022年，市路灯所开展安全生产及消防工作会议15次，领导小组安全生产专项检查18次，出动人员400多人次、车辆100多辆次。投入资金400多万元，修复路灯2553盏次，紧急处理交通事故事件23起，修复交通事故损毁的路灯杆51座，检修泡水路灯杆232座，维修更换老化路灯电缆电线9886米，更换雷击和老化路灯三遥控制终端7台及互感器7套，维护路灯专用变压器270台次，维修维护控制箱268台次，确保路灯设备正常亮灯运行。实现路灯完好率96%以上、亮灯率98%以上、重复处理率小于5%以及定期维护率100%目标。推进高压智能开关分步实施改造、人民广场路灯改造、银英路抢险修复等15项工程。及时处理12345投诉、电话投诉和来信来访投诉，全年处理各种投诉358件，满意度100%。发挥"智慧城市"的大数据云技术优势，实现管理数据化科学化，改变传统管理模式，采用"智慧城市"云管理平台实时监控路灯情况，并通过大数据进行运行状况和事故分析。 （赖海英）

城市卫生

【概况】 2022年，英德市环境卫生管理处（以下简称"市环卫处"）承担辖区内的道路清扫保洁、垃圾收集、垃圾运输、公厕保洁工作，做好城市垃圾收集及处理的技术工作、承担垃圾填埋场的运营监督管理；代征收辖区卫生清洁服务费和城市生活垃圾处理费。市环卫处每天检查垃圾运输车辆，严防运输车辆沿途撒漏、污水滴漏；检查乡镇垃圾转运，严防非生活垃圾转载上车，发现违规行为从严处理。

2022年，城北环卫所获"清远市环卫工作先进集体"称号，刘淑群、熊北妹、肖立三被评为"2022年优秀城市美容师"，谢桂英被评为"2022年最美环卫工人"，何正合、廖伟毅获评"2022年环卫工作特别奉献奖"。

【公厕建设】 2022年4月，英德市完成仙泉花园公厕建设并免费开放使用，城北博物馆南侧公厕完善水电设施后投入使用。

【龙山庄垃圾压缩中转站升级改造】 2022年4月，英德市完成龙山庄垃圾压缩中转站升级改造工程项目。

【"创文创卫"】 2022年，市环卫处开展创建全国文明城市和国家卫生城市工作，重点清理市区（含大站镇）城中村、内街背巷、老旧小区、集贸市场等卫生死角和大宗废旧物品，清理卫生死角1134处，整治环境卫生脏乱差1.76万处，清洗街道垃圾桶点1.93万次。每天（雨天除外）晚上6点至凌晨1点，组织人员冲洗市区主次干道及道路两侧人行道、路边角及路沿石上的灰尘和污渍。每天晚上6点至10点，加大夜间生活垃圾收集清运频率。每天早、午、晚分三轮安排洒水车及雾炮车对市区主要街道进行洒水冲洗、喷雾降尘。及时维修、更换公厕内破损设施，确保供水、照明等设施正常使用。每天出动路面养护车对市区（含大站镇）垃圾桶、果皮箱进行日常保洁。聘请第三方公司清理市区"牛皮癣"小广告。

【洪灾后清淤】 2022年，市环卫处在洪灾退水后，组织人员和车辆清理市区受浸道路路面淤泥、垃圾杂物等，安排水车冲洗。6—7月，先后4次对滨江公园（东岸、西岸）、湿地公园开展清淤清洗工作，出动人员4600多人次，铲车6辆、洒水车10辆、抑尘车5辆、路面清洗车5辆、抽水机等机械设备1批。

【垃圾分类】 2022年，市环卫处重新张贴市区（含大站镇）标识模糊的垃圾桶分类标识1600张，更换破损的四分类果皮箱内胆和60升PP果皮箱（二分类）外壳；在公共区域设置宣传栏，张贴海报、投放指引及相关制度，定期组织志愿者开展公益宣传活动，鼓励倡导市民参与垃圾分类工作；在城北设1个可回收物及有害垃圾临时贮存点，便于不同类别垃圾的分类存放管理；完善垃圾分类台账及相关资料。

【环卫质量考核】 2022年，市环卫处检查考核市区（含大站镇）环境卫生保洁工作（包括清扫保洁、垃圾运输、

▲2022年7月9日，洪灾后对滨江公园进行清淤清洗　　　　　　　　　　　　　　　　　　　　（市环卫处供图）

压缩站管理、公厕管理、街道洒水、喷雾降尘、牛皮癣清理、湖面垃圾清理、建筑垃圾清理等）的质量，现场记录检查发现的问题并通知整改，跟踪落实整改情况，确保整改到位。全年卫生检查股发出整改任务卡1807张，落实整改1764张，未整改或整改效果不理想43张。

【清洁卫生服务费和生活垃圾处理费征收】 2022年，市环卫处加强清洁卫生服务费和生活垃圾处理费收缴工作，截至2022年底，收取金额1257.27万元。

【大型生活垃圾压缩转运站建设】 2022年，市环卫处配合市城市管理和综合执法局推进市区大型生活垃圾压缩转运站建设，在城西金竹园旧垃圾填埋场（已封场）北侧空地建设中心城区大型生活垃圾压缩站，占地面积10.5亩，项目处理规模近期270吨/日，远期350吨/日，项目采用BOT模式建设运营，服务范围为市中心城区（含英城、大站、英红、望埠四镇），负责收集压缩处理中心城区的生活垃圾。10月，完成建设及设备安装调试，购置全密封垃圾运输车辆，开始试运营；12月27日，中心城区大型生活垃圾压缩转运站正式启动使用，中心城区生活垃圾全部转运至清运中田新能源有限公司作无害化焚烧处理，中心城区的生活垃圾达到全程压缩、密封转运标准。

【老虎岩垃圾填埋场运营监督管理】 2022年，市环卫处监督管理老虎岩垃圾填埋场的运营；检查垃圾填埋场安全；会同广东中能检测技术有限公司检测填埋场污水处理排放、大气、地下水、地表水、场区及周边气体，由清远市忠恒环保科技有限公司监督管理填埋场运营。截至2022年12月26日，填埋场处理生活垃圾23.53万吨（市区7.89万吨、乡镇15.64万吨），市区生活垃圾无害化处理率100%。6月26日开始，部分生活垃圾转运至清远市天堂山焚烧处理，截至2022年底，焚烧生活垃圾3.52万吨（市区、乡镇）。12月27日起，填埋场全面停止生活垃圾进场，全市24个镇（街道）生活垃圾全部转运至清远市天堂山进行无害化焚烧处理。

【环保督察整改】 截至2022年3月底，老虎岩垃圾填埋场2021年环保督察积存1.9万吨渗滤液清零。地下水部分指标异常，4月中旬完成老虎岩填埋场地下水异常检测钻井及取样检测，5月份出具调查报告，调查区域地下水污染成因为区域地下水背景因素造成铁、锰超标，受区域人类活动影响总大肠菌群、细菌总数超标，地下水超标原因调查工作已完成。12月27日英德市老虎岩垃圾填埋场停止垃圾进场填埋处理，填埋场垃圾堆体进行削坡降坡平整，全垃圾堆场膜覆盖，完善雨污分流管道疏通，按计划处理积存渗滤液。2022年英德洪涝灾害进场的巨量垃圾，经垃圾沉降导致约3500吨渗滤液排出坝体导向调节池，为堆进老虎岩填埋场渗滤液处理，将调节池降至最低液位，11月新增一套渗滤液处理设备（11月5日正式产水），设备水量为600吨/天，出水量为320吨/天。设备安装后，全厂所有渗滤液处理设备理论产水量为750~800吨/天。　　（丘彩虹）

贸 易

编辑：胡瑞芬

经 贸

【概况】 2022年，英德市实现规模工业总产值464.92亿元，比2021年下降8.5%；实现规模以上工业增加值137.7亿元，比2021年增长6.3%。全市42家企业实施技改项目62个，完成工业技改投资9.8亿元，比2021年下降15.8%。全市实施智能化改造企业9家，开展"机器换人"企业3家，新增机器人98台。开展绿色技改项目16个，推进绿色工业加快发展，计划总投资8.95亿元，投入资金4.98亿元，完成投资进度55.6%。社消零总额98.5亿元，比2021年下降0.3%，其中限上14.1亿元，比2021年下降3.8%，限下84.4亿元，比2021年增长0.3%。

【招商引资】 2022年4月，英德市招商引资工作领导小组正式出台"跑腿"服务机制，组建起囊括19个职能部门的"跑腿"服务团，选取19位部门分管负责人和31位部门业务骨干，通过分散与集中相结合的办公方式，为企业经营发展和项目落地建设提供"跑腿"服务。2022年新引进项目92个，计划总投资额133亿元，新增动工项目38个，新增竣工项目32个。

【对外贸易】 2022年，英德市新增合同外资9宗，比2021年增长28.6%，合同外资金额2083万元；实际利用外资额3465万元人民币，比2021年下降74.2%。全市完成外贸进出口总额83.29亿元，比2021年增长11.1%；其中外贸出口额45.66亿元，比2021年增长3.6%，外贸进口额37.63亿元，比2021年增长21.9%。

【电子商务产业园】 2022年，英德市工业和信息化局（以下简称"市工信局"）建设英德市电子商务产业园（以下简称"电商园"），完善"一馆一基地八中心"功能，电商园参观人员7批227人。实施英德市电子商务专项扶持资金项目，项目安排扶持资金总额100万元，扶持电商园、创业园及现代流通产业园运营企业业绩奖励；支持农产品深加工企业；支持乡村旅游企业；支持村级服务站点通过电商销售英德农特产品；支持乡村振兴消费扶贫馆运营；支持公益性电商宣传平台运营。英德市广东大西牛农业科技股份有限公司、英德市菜篮子农业开发有限公司、广东英九庄园绿色产业发展有限公司等13家电商企业和服务站点成功申报扶持资金合计65.5万元。举办电子商务培训班，开展电子商务基础、操作及能力提升培训，培训学员1251人次。

（英德市工业和信息化局）

市场建设与管理

【概况】 2022年，英德市市场事务中心（以下简称"市市场中心"）在镇（街道）设置7个派驻机构：市区城南市场服务站、市区城北市场服务站、市区城西市场服务站、市区仙泉市场服务站、白沙市场服务站、望埠市场服务站和沙口市场服务站。截至2022年底，全市各市场运营稳健，经营收入约1560万元。

【安全食品建设】 2022年，市市场中心按照食品安全的要求，执行环境食品卫生管理制度，推进农贸市场食品安全规范化、标准化工作，落实食用农产品安全检测及报送工作。执行活禽零售市场"1110"（一日一清洁，一周一消毒，一月一休市，过夜零存栏）制度。

【市场建设】 2022年，市市场中心整治城北、城南、城西及仙泉等市区农贸市场的经营环境，推进"门前三包"综合整治工作，改变经营陋习，科学规划市场摆卖。完成列入省政府考核的民生实事农贸市场升级改造的工作任务（市市场中心管理的仙泉农贸市场）和列入清远市农贸市场综合治理行动三年计划（市市场中心管理的白沙农贸市场、花果山农贸市场、农贸鱼湾市场）。与英德农商行协同发力，翻新改造铺位灯牌，提升城北农贸市场全方位"颜值"、点亮文明、优化服务。全年投入约100万元用于维修、改造各农贸市场基础设施。

【市场管理】 2022年，市市场中心倡导诚信经营，健全市场经营户准入制度和市场档位投标制度，提供精准服务和后勤保障，理顺市市场事务中心的管家角色。 （黄鸿杨）

供销合作

【概况】 2022年，英德市供销合作社（以下简称"市供销社"）以公共型农业社会化服务体系试点改革推进"联农扩面，服务提质，运行高效"的供销社综合改革，服务乡村振兴。

【安全生产】 2022年，市供销社做好供销社系统安全生产工作，落实"一企业一监管工作台账"和"一线三排"工作机制；开展隐患大排查大整治行动。2022年全系统组织开展安全隐患排查270多次，排查出一般性安全隐患22处，按期落实隐患整改22处。

【为农服务】 2022年，市供销社以生产、供销、信用"三位一体"综合合作为主线，采取"订单种植包销"和耕、种、管、储、销"五位一体"全程农业社会化服务模式，推进乡村振兴和两大百亿产业。截至2022年底，已新建运营11家村级供销社，带动服务农户数3892户，带动农民种植各类农产品面积3900多亩，服务农田面积3.29万亩次。围绕产前、产中、产后生产全过程服务，引导农户开展集约化、标准化、品牌化生产。采取"农机＋农资＋技术＋专业合作社"模式，通过开展农机集配耕作、无人机施肥和病虫害统防统治以及农资连锁配送、农技下乡等服务，为社员及农户提供一站式农业生产服务。截至2022年底，新领办农民专业合作社15家，以"订单种植包销"方式带动服务农户2510户，带动销售各类农产品663.8万元，合作社基地带动农民就业750人，年助农增收每户3500多元。升级改造县域农资农技配送中心，新增大型物流配送车辆，增强配送能力。组建专业化水平较高的农技服务队，采取进镇入村到田间服务的方式，提升农技服务

实效。　　　　　（卢艳芳）

粮食物资储备

【概况】 2022年，英德市粮食和物资储备有限公司（以下简称"粮食物资储备公司"）落实英德市本级储备粮轮换销售和补库任务1.13万吨（折合原粮1.28万吨），其中轮换销售稻谷2840吨、小麦5500吨、成品粮大米3000吨；轮换补库稻谷2340吨、小麦6000吨、成品粮大米3000吨。10月完成轮换销售和补库任务。

【储备油轮换】 2022年，英德市本级储备油在原储备规模的基础上新增储备规模45吨。英德市本级储备油实行一年两次轮换计划，其中5月轮换销售130吨、轮换补库175吨，10月轮换销售和补库175吨。

【粮食物资仓储建设】 2022年，粮食物资储备公司自筹60多万元资金补漏维修储粮仓房天面，购置输送机、真菌毒素快速检测仪、脂肪酸测定仪等粮食出入库设备和检验设备，自主研发成品粮整堆通风降温装置并投入使用，解决成品粮积温难题，确保储粮安全。

【应急物资管理】 2022年9月，粮食物资储备公司成立"物资储备管理部"，具体落实英德市应急物资日常管理任务。发放配送应急物资价值562万元，其中租赁配送集装箱房165个，发放配送帐篷2311顶、防寒物资1.17万件、防汛物资6520件。采购应急物资280万元，品类20种、物资6580件。

【粮食物资储备安全生产】 2022年，粮食物资储备公司制定"一线三排"责任落实、通报督办、考核奖惩制度，细化安全储粮、安全生产管理责任。举办一期粮食出入库装卸作业安全生产培训班，培训46人次。开展春、秋两季粮油普查活动，普查发现安全储粮问题11个、安全生产隐患14个，完成问题和隐患整改25个。实现全年安全生产平稳无事故目标。　　　　　（罗莎莎）

烟草专卖

【概况】 2022年，广东省英德市烟草专卖局、广东烟草清远市有限公司英德市分公司［以下简称"英德市烟草专卖局（分公司）"］负责英德市烟草专卖执法及卷烟批发。专卖局与分公司合署办公，实行两个牌子一套人马管理模式。下设城区稽查中队、浛洸稽查中队、大镇稽查中队。另设英德市公安局、英德市烟草专卖局打击涉烟违法犯罪活动联合执法办公室。

【卷烟经营】 2022年，英德市烟草专卖局（分公司）成立青年创客团队，通过创建IP视频系列栏目、拍摄视频等，指导零售客户转型升级，集中解答客户最为关心的热点、痛点问题。2022年全市卷烟销量3.1万箱，同比基本持平；单箱结构3.73万元，同比增长4.75%。

【专卖管理】 2022年，英德市烟草专卖局（分公司）查处各类卷烟违法案件77宗，其中15万元以上的大要案5宗，查获"假、私、非"烟651.60万支，案值241.19万元。开展中小学周边零售户的存量清理。查处对治理违规大户态度暧昧、纵容大户、利益交换等违规问题。结合实际案例开展警示教育。开展纪律教育学习，促使专卖人员筑牢纪律防线，提高"三线思维"认识。

（江党生）

食盐专营

【概况】 2022年,广东省盐业集团清远有限公司英德分公司(以下简称"盐业英德分公司")主要专营"粤盐"品牌旗下系列产品,是以国有所有制为主体的专营企业,负责英德市各类盐产品供应,维护英德市食盐市场的稳定。

【食盐储备】 2022年,盐业英德分公司负责英德市的企业储备,储备量是正常1个月的销量,储备仓库设在英德市大站镇天佑北路盐业英德分公司仓库内。

【食盐销售】 2022年,盐业英德分公司销售各类盐产品6018吨,其中销售小包装食盐2524吨,有基础盐、中端盐和高端盐13个品种;销售食品加工用盐3353吨。

【社会公益】 2022年,盐业英德分公司组织参加各种盐业政策法规宣传活动,发挥政府和各职能部门共同维护食盐专营的作用,组织和参与各种社会活动"3·15国际消费者权益日",通过"5·15消除缺乏病日"宣传平台宣传"碘盐"和"9·15减盐周"科普科学减盐对预防高血压的重要作用,通过提倡高品质用盐,倡导粤盐,提高消费者对中高端海盐产品的认知。

(吴华维)

石油销售

【概况】 2022年,英德市有成品油经营企业89家,零售成品油30.66万吨,其中汽油13.39万吨、柴油17.27万吨。

【石油销售管理】 2022年,英德市发展和改革局开展2021年度全市成品油经营企业年检工作,85家成品油经营企业参加年检(含1家成品油批发经营企业),其中通过年检的成品油经营企业80家,免检的成品油经营企业3家,分别为中国石化销售股份有限公司广东清远英德新城中心加油站、中国石化销售股份有限公司广东清远英德青塘加油站、中国石化销售股份有限公司广东清远英德狮前加油站;未参加年检的成品油经营企业1家,为中国石化销售股份有限公司广东清远英德市区城北加油站(已注销)。开展打击"黑油站"成品油市场综合整治行动,配合有关镇(街道)、公安、交通、应急等部门开展打击非法销售、储存、运输成品油专项行动,捣毁非法销售、储油窝点43个,转运罚没成品油54.82吨,查扣车辆33辆。

(胡可理)

水泥产业能源消耗情况

【概况】 2022年,英德市规模以上水泥行业能源消耗总量为220.35万吨标准煤(等价值),比2021年下降11.5%,占全市规上工业企业能源消费总量的68.6%,其中英德海螺水泥有限责任公司能源消耗总量为82.5万吨标准煤(等价值)、台泥(英德)水泥有限公司能源消耗总量为70.5万吨标准煤(等价值)、英德龙山水泥有限责任公司能源消耗总量为54.9万吨标准煤(等价值),分别占全市规上工业企业能源消费总量的25.7%、21.9%、17.1%。

(胡可理)

旅 游 业

编辑：胡瑞芬

旅游业综述

【概况】 2022年，英德市以打造"全国休闲旅游目的地"为目标，发展以温泉资源、北江资源、文化资源为载体的休闲度假游，连续四年入选"全国县域旅游发展潜力百佳县"，连续六届被评为"广东省县域旅游竞争力十强"。6月，奥园（英德）巧克力王国被评定为国家AAA级旅游景区。"清远英德红茶体验之旅"入选"第二批广东省工业旅游精品线路"。

【旅游接待与收入】 2022年，英德市开放的旅游景区（点）20多家，其中国家AAAA级景区4家、AAA级景区6家；四星级酒店2家；旅行社14家、旅行社分公司2家。全市接待旅游人数217.8万人次，其中一日游99.86万人次、过夜游117.94万人次，比2021年减少26.1%；总收入20.43亿元，比2021年减少22.4%。

【旅游宣传与节庆活动】 2022年，英德市文化广电旅游体育局（以下简称"市文广旅体局"）在《南方日报》《广州日报》等报刊推介英德旅游，利用微信公众号、抖音等新媒体开展旅游宣传推介。协助广东电视台《全民叹世界》等旅游栏目组到全市特色旅游景区、民宿、帐篷营地等，制作英德市专题宣传片，展示大美英德形象。组织洭阳峡、奥园和英九庄园等旅游企业参加广东旅博会，组织英红农夫生态科技茶叶有限公司参加第十八届深圳文化博会。指导旅游景区举办"北江鱼干旅游美食节""北江放生旅游文化节""荷花旅游文化节"等旅游主题节庆活动，打造具英德特色的旅游节庆品牌。

【旅游行业管理】 2022年，市文广旅体局完成重要时间节点会议部署，与企业签订旅游安全责任书。重大节假日及汛期、台风期等重要时期开展督促检查，排查各类安全隐患，整改存在安全隐患的旅游企业，协助创建平安景区、满意景区。4月27日，召开英德市推进旅游重点项目暨2022年"五一"安全工作会议，部署五一安全生产工作；9月26日，组织景区、星级饭店开展疫情防控和安全生产工作会议。2022年度，出动人员1475人次，检查企业493家次，检查发现一般隐患36处，全部整改完成。全年全市旅游行业未发生安全责任事故。

旅游资源开发和景区（点）建设

【资源开发和景区（点）建设】 2022年，市文广旅体局推进旅游开发，推动旅游产业融合发展，探索全域旅游发展特色路径。

重点项目建设 2022年，白沙观音鼎温泉度假村开发项目"又见山居"、英德市水边温泉度假及沿江旅游资源开发项目、英德市英红农夫度假区（扩建）项目、英德东华红茶小镇以及英德仙湖温泉旅游度假区项目5个生态旅游项目纳入清远市重点建设项目，年度计划投资总额4.3亿元，截至2022年底，完成投资4.6亿元，完成年度投资计划106.98%。

景区提档升级　2022年6月，奥园（英德）巧克力王国升级为国家AAA级旅游景区。

旅游景区（点）简介

【宝晶宫生态旅游度假区】　国家AAAA级旅游景区，位于英德市南郊，广东省首批省级风景名胜区，被评为广东省最受欢迎的自驾游十佳景区，称为"广东的山水桂林""岭南第一洞天"。该景区是集湖泊、溶洞、酒店、温泉、天宫玻璃桥、飞龙蹦极、天鹅湖滑索、天山滑道、研学拓展基地等项目为一体的综合休闲、旅游度假区。

【洞天仙境生态旅游度假区】　国家AAAA级旅游景区，位于九龙镇，是英西峰林走廊的主要景点，素有"华南第一天坑"之称。景区以其独特的喀斯特地貌、沟壑险峻的地理特征为依托，是一个集"天坑奇观、度假住宿、汤泉养生、休闲娱乐、特色美食、野外拓展"的原生态综合型旅游景区。

【九龙峰林晓镇】　国家AAAA级旅游景区，位于九龙镇。中国美丽乡村百佳范例，广东AAA级农业公园、广东省环境教育基地，地处英西峰林核心段，是一个集农业公园、乡村酒店、特色民宿、花卉观赏、休闲观光、养生度假、科普教育、户外拓展等为一体的大型综合性生态农业度假区。

【积庆里仙湖旅游区】　国家AAAA级旅游景区，位于横石塘镇。打造有国际漫城休闲康养社区及温泉小镇、积庆里万亩茶园等休闲游玩项目。景区有珍稀温矿泉、森林湖泊、喀斯特地貌等自然资源，是集温泉养生、游览观光等生态农耕为一体的综合性旅游度假胜地。

【九州驿站·天门沟】　国家AAA级旅游景区，位于石牯塘镇八宝山（古称"尧山"）。海拔垂直落差1078米，主要分为驿务区、驿客区、汤泉区和游览区四大功能区域。游玩项目包括：树上汤泉、树屋村、驿站农庄、天体营、文化长廊、天门沟景区九站一廊等。

【茶叶世界】　国家AAA级旅游景区，位于英红镇广东省农科院茶叶研究所英德基地内，园内有茶树620亩。在茶叶世界内可以与大自然亲近，感受茶文化，具有欣赏价值、历史价值和游憩价值。

【仙桥地下河】　国家AAA级旅游景区，位于横石塘镇仙桥村，景区地质形成于2.5亿年前，享有"华南第一美洞"之美誉，由"两暗一明"而贯穿，全长13千米，有全亚洲最长的地下河，是华南地区唯一一个全程游船的溶洞类景区。

【浈阳峡风景区】　国家AAA级旅游景区，位于连江口镇。该景区是集生态文化旅游、滨水休闲度假、艺术产业、游艇产业、户外运动、农耕文化、养生养老等主题于一体的大型综合性流域型度假目的地。有广东十大海上丝绸之路文化地理坐标、中国特色小镇、最佳生态度假目的地、广东省重点旅游项目等美称。

【徐家庄生态旅游景区】　国家AAA级旅游景区，位于浛洸镇，占地面积5000多亩，已开发养生木屋别墅、千亩花海、水上游船、观光小火车、竞技卡丁车、大型儿童乐园、山顶观光区、可容纳上千人用餐的特色餐厅。以"精"为追求，不求最大，但求有趣的设计风格。

【奥园英德巧克力王国】 国家AAA级旅游景区，位于英红镇，以英红茶文化为载体，整合巧克力、体育等特色产业及周边资源，建有巧克力乐园、英红小镇、英德泉林水世界、英德奥园希尔顿逸林酒店四大主题区域，打造成华南地区首屈一指的全系旅游度假新范本。

【宝墩湖·湖山温泉度假村】 位于望埠镇，绕千亩原生湖，建有128幢东南亚风格别墅，私家花园直通数千米泳道。

【德高信T三有机茶园】 位于黄花镇，地处有"南天第一峰林风光"之称的英西峰林核心景区内，是集有机茶种植、生产加工、茶文化体验、节水灌溉示范区、田园农业旅游与科普教育于一体的新型旅游形态。

【英西峰林·九重天】 位于英西峰林十里画廊精华段——黄花镇岩口村老虎谷漂流景区内，观光栈道穿洞而过，全长1500多米，天然溪流自然穿洞而过，洞内有石水母、女王头像、雪莲飞瀑、九指神龟、十八罗汉、天外飞石等奇特形态的英石、钟乳石。

【英西峰林·老虎谷溶洞漂流】 位于黄花镇英西峰林走廊内。漂流河道蜿蜒曲折，长5.5千米，落差位68处，最高落差38米，其中穿越岩洞长1000多米，洞内遍布千姿百态的钟乳石，色彩秀丽，摄人心魄。

【彭家祠】 又称"小布达拉宫"，位于黄花镇明迳坑坝村的螺山。彭家祠古堡始建于清代中叶，既是当地彭氏族人为抵御土匪滋扰而建的防御型堡垒，又是宗族祠堂，乡间称之为"寨山古堡"。保存有完好的墙壁雕刻、古老窗花和清咸丰年间的明义知方赐匾。2019年被列为省级文物保护单位、广东第五批古村落。

【云水谣生态旅游度假区】 位于英红镇水头水联村，在广东省最大的森林生态系统——石门台国家级自然保护区边界区域内。建有巨人森林、帐篷露营地、云水书院、农耕文化实践地、百亩四季花海、宝印山、山水泳池。依山傍水，山谷相依，自然村落溪流围绕，构成独特的田园山水风光。

【东华红茶小镇】 位于东华镇，占地面积9000多亩，主要种植英德红茶。有英红九号等树种40多种，是英德红茶科技创新示范基地、广东省英德红茶良种良法推广示范区、华南农业大学教学实践基地及产学研综合应用平台、英德制茶工艺师实训基地。

【中华英石园】 位于望埠镇省道S347线公路旁，是一个以英石文化为主题的生态观光旅游胜地。园区占地近500亩，展览英（奇）石4500多件。景区内的石头酒店以英石为主题，酒店内奇石满园，茶园满山，一步一景。

【英州红茶趣园】 位于石灰铺镇，以茶文化为旅游主题，设有大型"悬空"茶壶。景区内青山相依、茶园万顷。以一望无垠、万顷碧浪起伏的生态茶园作观光旅游区。2020年2月被评为"广东省休闲农业与乡村旅游示范点"。

【大樟沙滩度假村】 位于连江口镇大樟村，是北江河岸天然河岸沙滩、天然河滨浴场、生态湿地公园、湖泊岛。景区内娱乐项目有：河滨浴场、游艇会、原生态露营、烧烤野炊、沙滩足球、房车基地、篝火晚会、沙滩排球、沙滩摩托等。

【亚婆田·白水寨生态旅游度假区】 位于黎溪镇大围村，占地面积3000多亩，风景独具特色，原生态得到保护。景区内有66米高的白水寨大瀑布、天上田园——亚婆田大草原露营基地、汤泉客房和汤泉别墅、研学实践教育基地等，是一个集生态休闲、农业休闲、养生休闲功能于一体的旅游度假区。

【铁溪小镇】 核心区域位于黎溪镇东面群山之中，峡谷下形成飞来峡最长、最美的库湾。铁溪小镇有保留最为完整的"椿墙屋"古屋，有民宿、瀑布、湖泊、茶园、田园、果园、古道。

【英西峰林走廊】 位于黄花、九龙两镇之间。内有1000多座呈线型排列的石灰岩质山峰，大大小小的河流溪涧穿绕其间。整个景区绵延20多千米，是广东省发现游程最长、景点最多的峰林游廊，被誉为"南天第一峰林风光"。

【南山】 属开发中的旅游资源点。位于市区南郊北江西岸，与文峰古塔隔江相望，构成英德八景之一的"塔影南山"。地势险要，风光秀美，由18座山峰组成，最高峰鸣弦峰海拔189米。山上一年四季森木参天、野花竞放、林深洞幽，汉朝就设有供人游赏的亭台建筑，到唐宋时期亭台寺阁50多座。1978年南山摩崖石刻被列为广东省第一批重点文物保护单位，为广东三大石刻之一，是省内摩崖石刻最丰富的地方，现存111方。2017年南山旅游文化风景区项目正式签约，由深圳市鹏城易达旅游投资发展有限公司投资开发建设，按规划分三期建设，项目建设内容包括南山摩崖石刻、南山十八峰、客运索道、玻璃栈道、灯塔、人工瀑布、景区内旅游配套设施等；水上及文娱体验馆、北江旅游码头、摩天轮、烟雨楼、商业街、特色酒店项目等。

【长湖】 属未开发旅游资源点。位于大站镇黄岗，区域内属典型的亚热带季风气候。为20世纪70年代建设长湖水电站时将瀚江拦截后形成的高峡平湖，常年气候温和，雨量充沛，优良的气候条件孕育大片的森林，空气清新；长湖湖面宽度为数十米至两百米之间，延绵25千米，故名"长湖"。前后两段构成两种不同的景观：湖面一平如镜，青山绿水；两岸峭壁悬崖，高耸入云。

【英九庄园】 位于英红镇，是现代化茶产业科技园区，全园面积3000亩，地处北江上游，依山傍水，景色秀丽，生态环境优越，景区四时有不谢之花、八节有长青之草；建成智慧生态茶园、中央智能茶厂、游客接待中心茶文化展厅、非遗传承区、科普实验室、书画院、野炊区、拓展区、农耕区、徒步区、特色餐厅等。

【红旗茶厂】 国家工业遗产，位于英红镇秀才山下，建于1958年，是全国最早、规模最大的大叶茶制造厂，国家红碎茶二套标准样制定单位，中国现代红茶工艺的摇篮，全厂占地面积53亩，厂内完整保留传统的瓦屋建筑与红茶技艺生产线。 （肖小冬）

财政·税务·金融

编辑：张 锋

财 政

【概况】 2022年，英德市财政局坚持稳中求进工作总基调，推动财政政策提升效能，注重精准、可持续，保障基本民生和重点项目支出，保持预算平衡和全市财政运行平稳，预算执行情况总体较好，保障全市经济社会平稳健康发展。全市一般公共预算收入完成29.16亿元，比2021年增长15.4%。其中税收收入13.36亿元，比2021年下降27.9%；非税收入15.8亿元，比2021年增长134.8%。全市一般公共预算支出完成83.94亿元，比2021年增长3.1%。

2022年度英德市一般公共预算收支总表 （单位：万元）

预算科目	决算数	预算科目	决算数
（1）税收收入	133 573	(1) 一般公共服务支出	51 316
增值税	39 198	(2) 外交支出	
企业所得税	24 064	(3) 国防支出	1261
个人所得税	4000	(4) 公共安全支出	36 526
资源税	8586	(5) 教育支出	206 305
城市维护建设税	10 439	(6) 科学技术支出	3408
房产税	10 047	(7) 文化旅游体育与传媒支出	16 084
印花税	4277	(8) 社会保障和就业支出	149 960
城镇土地使用税	3545	(9) 卫生健康支出	112 270
土地增值税	10 088	(10) 节能环保支出	2080
车船税	2991	(11) 城乡社区支出	15 433
耕地占用税	2341	(12) 农林水支出	148 109
契税	12 410	(13) 交通运输支出	27 362
烟叶税		(14) 资源勘探工业信息等支出	2327
环境保护税	1416	(15) 商业服务业等支出	1033
其他税收收入	171	(16) 金融支出	
（2）非税收入	158 017	(17) 援助其他地区支出	
专项收入	9188	(18) 自然资源海洋气象等支出	5054
行政事业性收费收入	7639	(19) 住房保障支出	38 913
罚没收入	10 296	(20) 粮油物资储备支出	1379
国有资本经营收入		(21) 灾害防治及应急管理支出	12 669
国有资源（资产）有偿使用收入	124 737	(22) 其他支出	220
其他收入	6157	(23) 债务付息支出	7681
		其中：地方政府一般债券付息支出	7681
		(24) 债务发行费用支出	21
本年收入合计	291 590	本年支出合计	839 411

【民生事业支出】 2022年，全市十项民生类支出71.99亿元，占一般公共预算支出85.8%。全市一般公共预算卫生健康支出11.23亿元，疫情防控支出1.04亿元，教育支出20.63亿元，社会保障和就业支出14.99亿元，文化旅游体育与传媒支出1.61亿元。

【重点领域改革】 2022年，英德市财政局实施预算编制执行监督管理改革，盘活各类存量资源，完善结转结余资金收回使用机制。深化政府采购制度改革，优化营商环境。创新公积金便民服务，推动公积金业务"零纸质流转"和"不见面审批"，推动非税收入收缴全流程电子化。

【"数字财政"建设】 2022

年，英德市财政局推进"数字财政"系统应用，推动系统建设及系统应用。加强"数字财政"系统到人到企功能运用，强化系统预警管理，提升支出的规范性和精准性。

【财政管理效能】 2022年，英德市财政局继续推进预算绩效管理，坚持绩效优先，立足改进求突破，推动财政管理工作日益提质增效和更可持续。财政部公布的2021年县级财政管理绩效综合评价结果中显示，英德市居全国的第64名。

【住房公积金管理】 2022年，全市住房公积金归集额9.46亿元，比2021年增长5.9%，全年办理住房公积金贷款3.85亿元。（陈国航）

英德市公共资源交易中心

【概况】 2022年，英德市公共资源交易中心（以下简称"中心"）各项业务总量2202宗，完成交易2005宗，流挂197宗，合计交易金额27.8亿元，节约财政资金9889万元，实现资产溢价3270万元。其中建设工程项目招投标业务量128宗，成交118宗，流挂10宗，中标交易金额17.42亿元，节约财政资金9705万元；政府采购业务量13宗，其中成交11宗，流挂2宗，成交金额1.76亿元，节约财政资金184万元；土地使用权出让业务114宗，其中成交102宗，流挂12宗，成交金额4.15亿元，实现资产溢价122万元；国有产权综合交易业务346宗，其中成交173宗，流挂173宗，成交金额4.47亿元，实现资产溢价3148万元，网上中介超市完成交易业务1601宗。

【交易平台建设】 2022年，中心推进电子化招投标，升级和完善电子交易系统，工程建设项目全部采用全流程电子化招标，从招标文件获取、开评标、异议、投诉、中标通知书发放、档案归档、合同公开以及履约信息公开等，电子化率100%。开展电子保函工作为企业减负，全年中心办结工程招投标项目中使用电子保函有805家，使用银行转账有165家，电子保函使用率83%。中心主动协调产权交易平台中发现的问题，协助部分竞标人及时取回保证金。（林慧瑶）

税　　务

【概况】 2022年，国家税务总局英德市税务局（以下简称"英德市税务局"）负责英德市各项税收、社会保险费和有关非税收入征收管理。发挥税收职能作用，推行"非接触式"税费服务工作，结合走访调研、召开税企座谈会等方式，问需献策，精准帮助各类市场经营主体。

【减税降费】 2022年，英德市税务局部署实施新的组合式税费支持政策，做到退稳退准退好。制作《留抵退税审核要点》，严把事前、事中、事后全链条风险防控，拦截、缴回金额3920万元。全年累计新增减税降费及退税缓税缓费11.62亿元，其中增值税留抵退税税款7.86亿元。

【税收征管】 2022年，英德市税费收入101.54亿元，比2021年增长18.54亿元、增长22.3%。其中，组织国内税收收入41.34亿元，比2021年下降29.4%；组织费金收入60.2亿元，比2021年增长146.2%。英德市税务局实施"团队管事"

▲税务干部到旅游企业开展税费政策宣传，推动税费红利"落到地"

（南方日报英德站供图）

税收征管模式，以"团队化＋专业化"税源管理为基础，推动税费事项前移、集约处理，确保事项流转"加速达"；推行纳税人分类分级管理，建强风险应对和复杂事项两个团队，发挥好"团队尖兵"效应，提级处理复杂涉税事项，力求中高风险事项"专业审"；聚焦房地产开发经营、农产品、汽车销售等重点行业开展风险分析应对，完成77户次风险任务应对工作；加强企业所得税后续管理，调增应纳税所得额4.59亿元，查补税款及滞纳金9600万元；推进成品油行业数字化管理，加强与发改、市场监管、统计等部门信息共享和联合执法，成品油行业营业收入比2021年增长147.9%，增值税入库比2021年增长210.9%。

【纳税服务】 2022年，英德市税务局通过组建税企微信群、视频直播、制定政策汇编等"线上线下"多种方式，常态化开展优惠政策宣传，优化纳税服务；打造"五位一体"复合型纳税服务运营中心，提升"集约运营"服务质效；打造"税务＋N"便民服务圈，推进V—Tax远程"面对面服务"走进76个党群服务中心，自助办税终端进驻工业园区、社保局、车管所，助力4大类41项税费业务上线银行柜台，打通办税缴费服务的"最后一公里"；在政务服务中心增设至5个税务窗口，推动窗口由以房产交易为主向除特殊事项外其他业务通办的办税服务点转变；推广"银税互动"服务，全年122户守信企业通过"银税互动"产品获得1.69亿元贷款。

【依法治税】 2022年，英德市税务局在清远地区率先建立县级第三方涉税信息交换与共享机制，制定《英德市涉税信息交换与共享实施办法（试行）》，搭建由24个成员单位组成的协税共治大数据平台，推动涉税信息交换共享常态化、高效化，形成协税护税强大合力。与市人民检察院建立"税务＋检察"常态化沟通协作机制，签订《检税沟

▲2022年4月1日，英德市税务局采用网络直播方式"云"启动第31个全国税收宣传月

（南方日报英德站供图）

通协作框架协议》，加强税务行政执法与行政检察的业务协作联动，共同打击非法占用耕地等违法行为。2022年，通过强化与检察院的沟通协作完成耕地占用税及滞纳金入库496.36万元，比2021年增长234.9%。（黄满清）

金　融

【概况】　2022年，英德市银行业金融机构有中国人民银行英德市支行、中国农业发展银行英德市支行、中国工商银行股份有限公司英德支行、中国农业银行股份有限公司英德市支行、中国银行股份有限公司清远英德支行、中国建设银行股份有限公司英德支行、中国邮政储蓄银行英德市支行、广东英德农村商业银行股份有限公司、广发银行股份有限公司清远英德支行、广东顺德农村商业银行股份有限公司英德支行、泰隆村镇银行、广州农商银行英德市支行，网点数82个，从业人员1172人。（张成东）

中国人民银行英德市支行

【概况】　截至2022年底，全辖区各项存款本外币余额541.1亿元，比年初余额增加44.32亿元，比2021年增长8.9%；各项贷款余额391.31亿元，比年初余额增加44.21亿元，比2021年增长12.7%，存贷比72.3%。全年受理企业个人征信系统查询，其中受理个人查询3.66万笔，企业472笔，发生异议处理1笔；未发生投诉。

【助企助农】　2022年，辖区金融机构向连樟样板区发放贷款12.47亿元，产业园区融资贷款29.55亿元；引导法人银行发放再贷款4.05亿元，其中，支农再贷款2.55亿元，支小再贷款1.5亿元；全市涉农金融机构发放脱贫小额贷款5200万元，惠及1067户贫困人口。

【国库会计核算】　2022年，英德支库完成一般预算收入入库68.11亿元，其中英德支库66.59亿元，合作区支库1.52亿元。2022年度，浛洸镇和九龙镇被中国人民银行广州分行授予"移动支付示范镇"荣誉称号。

【金融生态环境建设】　2022年，中国人民银行英德市支行组织金融机构开展征信宣传、金融消费者权益保护、反假人民币、反洗钱宣传、国债恢复发行40周年宣传、国库知识下乡、移动支付、账户结算、外汇业务等金融知识普及活动。组织开展"信用记录关爱日""金融知识进社区""治乱补短 全民反诈""维护金融消费安全、共建和谐环境""金融知识进小区""金融知识进学校"跨境人民币结算业务、个人外汇业务宣传等各类形式的金融知识宣传活动40次。

【外汇管理情况】　2022年，英德货物贸易企业进口货物1801笔6.23亿美元，比2021年增长13.1%；收汇4384笔7.67亿美元，比2021年增长7.7%；出口货物1.67万笔8.16亿美元，比2021年增长9.3%；付汇725笔6.41亿美元，比2021年增长44%。（张成东）

中国工商银行股份有限公司英德支行

【概况】　中国工商银行股份有限公司英德支行（以下简称"工行英德支行"）隶属于中国工商银行股份有限公司清远分行管理的一级支行，下辖

6个营业网点：支行营业室、富强支行、东风支行、英城支行、长湖支行、广德园支行；外设6个离行式自助柜员机便民服务普惠点。截至2022年底，工行英德支行各项存款余额突破72亿元，表内外各项信贷资产余额突破32亿元。

【业务发展】 2022年3月28日，位于英红镇广德产业园区内的广德园支行正式开业。10月13日，英德浛洸、东华两个"兴农通"普惠金融服务点揭牌投入运营。

【电信反诈】 2022年，工行英德支行开展扫黑除恶专项斗争和打击治理电信网络诈骗活动，防范化解金融安全风险。辖内网点全面排查可疑异常账户，加强银行结算账户业务监控与履职管理，防范不法分子利用银行账户从事违法犯罪活动以及电信网络诈骗，严防账户存续期间的使用风险，打击非法买卖"两卡"（银行卡、电话卡）违法犯罪活动，助力斩断非法买卖"两卡"黑灰产业链条，保障客户资金安全，实现保持涉案涉诈账户环比下降和同业排名中保持较后的工作目标。

（刘逸翃）

中国农业银行股份有限公司英德市支行

【概况】 中国农业银行股份有限公司英德市支行（以下简称"农行英德支行"）位于市区峰光路2号，是中国农业银行清远分行辖属一级支行，内设综合/风险管理部、运营财会部、公司业务部和个人金融部，下辖营业网点9个（市区4个、乡镇5个），是英德市四大商业银行中物理网点最多的金融机构。除物理网点外，自助银行服务覆盖各乡镇县城区域，金穗惠农通自助服务点遍及英德大部分行政村。

【经营业绩】 2022年，农行英德支行本外币各项存款余额67.97亿元，比2021年增长7.29亿元，其中，个人存款余额51.22亿元，比2021年增长6.52亿万元；对公存款余额16.75亿元，比2021年增长7797万元。本外币各项贷款余额61.99亿元，比2021年增长13.51亿元，其中，法人贷款余额23.31亿元，比2021年增长8.43亿万元；个人贷款余额36.68亿元，比2021年增长3.09亿元。实现拨备前利润1.37亿元，实现净利润1.03亿元。

【乡村振兴助力】 2022年，农行英德支行落实《清远市整村授信"双百工程"行动方案》的各项工作要求，支持乡村振兴的各项金融产品，重点支持当地的特色产业，推进信用村培育和创建。6月，农行英德支行获人行清远市中心支行发文通报表扬为"清远市整村授信'双百工程'突出贡献单位"。农行英德支行以"惠农e贷"作为拳头产品，做好省级"一村一品"专业村、农业龙头企业、专业大户、小额农户等经营主体的综合金融服务，重点支持当地红茶、油茶、麻竹笋等特色产业。截至2022年底，农行英德支行惠农e贷余额为6.13亿元，比2021年增长1.04亿元，解决农户"融资难"难题；推动普惠金融增量、扩面，大普惠贷款比2021年增长1.96亿元；发挥金融助理驻镇帮镇扶村的作用，探索工作队加村集体加金融投入的合作模式，推广乡村振兴各项产品。

【内部管理】 2022年，农行英德支行坚持"从严治行"宗旨，推进"合规教育年"活动，组织召开"合规教育年"活动暨警示教育大会、合规理念大讨论、"线上警示案例展"案例学习、《员工行为守则》系列课程学习等，提高员工法治合规意识和全面合规理念，守住不发生业内案件及重大风险事件的底线。用活用实"三线一网格"系统，落实家访谈心、重点关注人员管理、员工行为风险分析例会、网格案防专项排查等规定动作，并在全辖内开展突击检查工作，重点抽查是否存在代客保管卡折单证，支付工具等违规行为。树立"平安兴行"理念，做好安全隐患大排查活动和整改工作，每季度定期开展安全保卫工作检查，及时反馈检查存在问题并抓好问题整改工作，确保全年安全无事故发生，获省行评为"三化三达标"单位。按季度定期召开存续期管理例会，不定期对辖内网点的防疫工作落实情况进行监督检查，要求存在问题的网点立即组织整改，确保同类问题不再发生。（张清端）

中国建设银行股份有限公司英德支行

【概况】 中国建设银行股份有限公司英德支行（以下简称"建行英德支行"）内设综合部、中小企业经营中心、个人贷款中心、支行营业部、英城分理处、祥云支行、月桂湖支行，综合部、中小企业经营中心，有离行式自助银行网点7个。

【业务发展】 2022年，建行英德支行为英德市大中型企业授信78.2亿元，大中型企业贷款余额12.9亿元，比2021年增长5.5亿元。有一般性存款余额42.2亿元，比2021年增长6.5亿元，四行（中国工商银行、中国农业银行、中国银行、中国建设银行）新增占较25.4%，四行新增排名第三，余额排名第三。各项贷款余额36.7亿元，较年初新增8亿元，四行新增占比30.2%，四行新增排名第二，余额排名第二。存贷款当地四行占比均有所提升。建行英德支行涉农贷款余额，比2021年增长5.98亿元。建行英德支行利用粤兴贷，向当地的优质企业发放小额信用贷款，向建行清远市分行申请"粤兴贷特色客群—英德红茶"的准入，将"粤兴贷"打造成乡村振兴扶持企业的品牌产品。中国建设银行股份有限公司英德支行被中国建设银行广东省分行评为"2022年度乡村振兴先进县域支行"。

【普惠金融业务】 2022年，建行英德支行产品创新，推出包括个体工商户经营快贷、商叶云贷、商户云贷、个人房抵贷、个人助业贷等普惠金融线上产品，让企业主足不出户完成融资。截至2022年底，英德支行普惠金融口径的贷款余额约为4.5亿元，比2021年增长1.5亿元，服务普惠客户近1000户，比2021年增长372户。

【数字化经营】 2022年，建行英德支行通过英德市粤安居平台搭建，配合推进清远市"数字住房（粤安居）"一体化平台搭建，为英德市房地产开发项目提供备案申请、销售、商品房交易、预售资金监管等服务。

【内控管理】 2022年，建行英德支行按照"合规平安年"各项工作要求，推进"合规平安年"工作，防范风险。根据国家法律法规和金融业、中国建设银行规章制度的规定，定期组织员工学习反诈、反洗钱、安全保卫、会计核算等有关制度，每周定期进行警示教育、案例分析、反诈和廉洁合规知识等学习，会对员工进行谈心、家访，与员工签订安全保卫责任书、反赌禁赌责任书、廉洁合规从业承诺书等，做好员工排查工作，加强全体员工防范意识，不参与"黄赌毒"等各类不良活动，提升全体员工廉洁、合规、保密意识，提高防范金融风险能力，保证各项业务健康发展，实现2022年安全运营。 （吴重玖）

广东英德农村商业银行股份有限公司

【概况】 广东英德农村商业银行股份有限公司（以下简称"英德农商银行"）于2019年8月13日正式挂牌开业，前身为英德市农村信用合作联社。2022年末，辖内设有1个总行营业部、12个支行、35个分理处共48个营业网点，物理网点及自助设备实现全市镇（街道）100%覆盖。截至2022年底，英德农商银行各项资产276.41亿元，各项存款余额232.51亿元、当地市场占有率43.3%；各项贷款余额146亿元、当地市场占有率37.4%。存款总量、贷款总量、服务网点数量、银行卡发卡量、存量客户数、涉农贷、小微贷七项核心指标全市第一。全年实现经营利润4.03亿元，缴纳各项税费1.2亿元，获得"英德市2022年度十大纳税企业"称号。践行勤劳金融和为民服务的理念，打造服务型金融网点，让群众享受周到的金融服务，百花分理处更是获得中国金融工会2022年全国"金融先锋号"称号。

【英德农商银行责任担当】 2022年，英德农商银行完成党建"三级共建"在英德地区100%全覆盖，特派员派驻100%全覆盖，并组织开展入村反诈宣传、抗洪救灾、助力疫情防控等党建共建活动121次，坚定不移服务乡村振兴战略。组织辖内干部职工参加英德大规模核酸检测一线工作，2022年度共组织干部职工参与防疫工作94场次。响应英德市"蓝丝带公益助考"活动，以派车护航、志愿服务、助学困难高考学子等多种实际行动助力高考学子圆梦。英德农商银行加强灾后复工复产金融服务工作。印发《英德农商银行金融支持灾后重建九大举措》，对受灾情影响的客户实施"一户一策"，提供绿色金融通道，推出"洪灾复产贷"专属信贷产品，提供3.9%的优惠贷款利率，安排超5亿元信贷资金用于支持受灾客户和企业灾后重建。组织辖内200多名干部职工参与英德市区及各乡镇抗洪救灾和灾后复工复产，保障各营业网点有序复工，慰问、业务扶持帮助英德受灾群众渡过困难。

【英德农商银行好德金融】 2022年，英德农商银行投入资金开展扶贫工作，了解脱贫户的基本生产、生活和金融服务需求信息，推进金融精准扶贫服务工作，帮助贫困村镇进行美丽乡村、饮水工程、道路建设等，提升贫困地区生活水平。截至2022年底，英德农商银行面向建档立卡贫困户累计发放小额扶贫贷款936笔，合计金额4203万元。英德农商银行支持创业就业，农户生产经营贷款的投放，推广农村青年创业贷款、妇女创业贷款等"悦农＋创业"系列产品和服务，助力培育农业大户、家庭农场和新型职业农民，支持创业项目623个，创造就业岗位 2974 个，间接带动 4416 人实现就业。英德农商银行加大减免服务费用力度。2022 年，累计为受疫情、洪灾影响的借款人承担抵押登记费、评估费、保险费等 72.79 万元，柜面支付业务累计让利金额 21.82 万元，惠及客户数超 5.2 万户。并用货币政策让惠小微企业，2022 年累计对中小微企业、个体工商户等办理延期还本 1.23 亿元，持续降低各类贷款的基础利率，新发放普惠型小微企业贷款年化利率 4.9%，在去年利率下降的基础上再减少 0.3%。

【英德农商银行"三农"金融】

2022 年，英德农商银行坚持服务"三农"的宗旨不动摇，搭建城乡金融服务平台，为当地企业、个体户勤劳致富提供系统的金融解决方案，使金融服务更有温度，让客户生活更加美好，赋能经济高质量发展。英德农商银行涉农贷款 106.24 亿元，比 2021 年增长 9.5 亿元，普惠型涉农小微企业法人贷款、农村集体经济组织贷款、农民业合作社贷款余额 48.36 亿元，比 2021 年增长 9.12 亿元，增速 23.2%，高于各项贷款增速 12.4%，完成涉农贷款"两个高于"任务。英德农商银行以农村金融（普惠）户户通构建农村金融脉络。持续开展户户通工作，提升普惠金融服务的覆盖率。全年完成信息建档数 79.79 万户，信息建档覆盖率 100%，授信客户数 32.55 万户，授信覆盖率 100%。在 210 个行政村开展整村授信工作，合计为 22.86 万户农户授信约 69.1 亿元。布放 314 台粤智助政务机，实现行政村一级政务服务和金融服务自助办理全覆盖。

英德农商银行与英德市农业农村局、英德市麻竹产业协会正式签订发展战略合作协议，为麻竹行业企业及农户整体授信 20 亿元。与英德市农业农村局、英德市市场监督管理局、英德市茶业行业协会四方签订《打造英德红茶百亿产值全面推动茶产业发展战略合作框架协议书》，为茶农、茶企整体授信 50 亿元打响"清"字号农产品产业品牌。英德农商银行以连樟样板区规划建设为核心，结合政"党建＋金融"融合模式，加强涉农、扶贫领域信贷投放，支持样板区有条件的镇村创新开展"整村授信"金融服务模式，累计向连樟样板区发放贷款余额 9.43 亿元，比 2021 年增长 26.9%。

▲2022 年 4 月 2 日，英德农商银行与英德市农业农村局、英德市市场监督管理局、英德市茶业行业协会四方签订《打造英德红茶百亿产值全面推动茶产业发展战略合作框架协议书》，向茶农、茶企整体授信 50 亿元　　（英德农商银行供图）

【英德农商银行小微金融】

2022 年，英德农商银行聚焦重点领域，助力实体经济及制造业高质量发展。落实小微企业增量扩面政策、延本付息政策，推出支持实体经济纾困15个措施、支持灾后重建九大举措。2022年，累计对小微企业、个体工商户等办理延期还本1.23亿元。持续加大受宏观环境影响的实体经济支持力度。截至2022年底，批发和零售业，交通运输、仓储和邮政业，住宿和餐饮业贷款余额分别比2021年增长40.5%、34.9%、178.3%；小微企业贷款余额比2021年增长19.9%；小微企业贷款户数比2021年增长112.5%。用信贷力量助力制造业当家。截至2022年底，支持制造业贷款余额10.70亿元，比2021年增长49.8%；制造业信用类贷款余额比2021年增长93%；制造业有余额贷款户数比2021年增长76.3%。做好金融服务创新。将企业的应收账款、注册商标专用权、发明专利权等可以转让的权利进行质押，支持企业创新发展。截至2022年底，应收账款质押贷款余额4.24亿元，比2021年增长16.05%；知识产权质押贷款余额490万元，实现从无到有的蜕变。

【英德农商银行平安金融】2022年，英德农商银行开展各类金融知识宣传，提升金融安全意识，开展反诈宣传。联合英德市反诈中心、中国人民银行英德市支行前往英德市合地广场等商圈开展防范电信诈骗主题宣传活动；联合人民银行英德市支行一同走进英德人民广播电台FM99.9MHz《我是客家人》栏目直播间，与栏目主播共同向电台听众开展反洗钱、存款保险宣传月特色宣传活动。联合英德市反诈中心及人行英德市支行到英德市职业技术学校开展"保护个人金融信息 安全用卡远离犯罪"及反诈系列宣传活动，切实维护广大学生的合法权益，保障学生的人身财产安全。

6月17日，清远市金融消费权益保护联合会举行2021年度"优秀会员单位""金融知识宣传教育先进单位"表彰活动，英德农商银行被评为"优秀会员单位"。英德农商银行制作《RAP说唱：识"非"记》《金融消保之路，为您保驾护航》《防范非法集资》等原创视频，用创新方式进行有效宣传，并获得奖项。《RAP说唱：识"非"记》原创视频获得由中国银行保险报主办，处置非法集资部际联席会议办公室指导的2022年"守住钱袋子·护好幸福家"防范非法集资短视频征集大赛优秀奖；《金融消保之路，为您保驾护航》原创视频获得由广东银保监局指导、南方都市报承办的"最美金融消保人"风采展示活动银奖；《防范非法集资》原创视频获得由清远市金融工作局主办、1988文创基地承办的清远市"防范非法集资"原创优秀视频奖。

【英德农商银行科技金融】2022年，英德农商银行发展"科技金融"事业，打造规范化星级服务，通过业务与科技融合，进一步提升金融服务水平。英德农商银行设有营业网点48个，其中营业部1个、支行12个、分理处35个，物理网点实现全市24个镇（街道）100%覆盖；布放柜员机119台，POS机891台，其中在政府、学校、商业中心、工厂等地方布放离行式柜员机10台，为各乡镇偏远地区安装助农取款机，为当地村民提供家门口就能办24小时的存取、转账和查询等金融服务，打通普惠金融服务的"最后一米"。英德农商行在全市256个行政村全覆盖投放314台"粤智助"政府服务自助机，实现行政村一级政务服务和金融服务自助办理全覆盖，推动农村基层群众办事"就近办、网上办、一次办成"；上线智慧柜台上线政务服务功能。英德农商银行辖内共有55台智慧柜台上线政务服务功能，涉及治安、残联、民政、人社、税务、自然资源等多项政务服务。截至2022年底，英德农商银行拓展悦农e付收银台商户为1.09万户，云闪付存量有效交易用户数为7.68万户，网上银行存量为9.46万户，短信通存量为41.22万户，客户端手机银行存量为38.32万户，电子银行交易替代率为97.7%。英德农商银行为加快英德市移动便民工程建设，加快移动支付普惠金融进程，持续优化城乡移动支付环境，提升便民支付服务水平，并积极推动移动支付示范镇建设，成功打造浛洸、九龙移动支付示范镇，并通过人民银行广州分行、省地方金融监督管理局的验收，获得"移动支付示范镇"荣誉称号。

（温嘉威）

中国邮政储蓄银行股份有限公司英德市支行

【概况】 中国邮政储蓄银行股份有限公司英德市支行（以下简称"邮政储蓄银行英德市支行"）内设综合管理部、风险合规部和综合业务部。下辖15个金融网点，其中自营网点2个、邮政代理网点13个。2022年，邮政储蓄银行英德市支行累计实现业务总收入8265.15万元，比2021年增长11.9%；累计实现税前利润4747.12万元，比2021年减少0.7%，全年收入利润率57.4%。

【金融业务管理】 2022年，邮政储蓄银行英德市支行个人储蓄存款余额8.32亿元（不含邮政代理），净增2200万元，比2021年增长2.7%。公司业务存款结余3.42亿元，比2021年减少4.48亿元，比2021年减少56.7%。贷款结余24.65亿元，比2021年增长14.5%，其中经营性贷款结余5.20亿元，消费类贷款结余17.07亿元，小企业贷款结余2.38亿元。截至2022年底，普惠金融结余691户、结余金额4.22亿元，比2021年增加101户、比2021年增长金额1.05亿元。创业担保贷款累计发放2009户、金额4.1亿元，新增投放190户、3990万元。

【农村信用体系建设】 2022年，邮政储蓄银行英德市支行开展信用村和信用户信息录入，推进农户信用建档评级、主动授信工作，打造农户信息大数据平台，推进农村信用体系建设。截至2022年底，已建成信用村266个，信用户4823户，用户贷款净增1445万元。

【不良资产清理】 2022年，邮政储蓄银行英德市支行采取多种清收措施，压降逾期和不良贷款。截至2022年底，邮政储蓄银行英德市支行不良资产金额结余1395.26万元，较年初下降138万元；不良率0.6%，较年初下降0.1%，不良金额和不良率实现"双降"。

【内控管理】 2022年，邮政储蓄银行英德市支行坚持基础教育、责任教育、警示教育"三种教育"常态化，强化员工责任意识，提升员工合规意识。按月召开风险排查会、按季度召开邮银联席会议和风控会，及时查找和堵塞存在风险隐患。通过网点阵地宣传、进社区、进公园、进学校、进单位、进农村等渠道，开展"金融知识普及"系列金融宣传教育活动。全年邮政储蓄银行英德市支行没有发生案件或风险事件，没有发生造成银行声誉损害并引起监管部门关注的其他事件，没有受到外部监管机构的行政处罚。（徐小中）

广东英德泰隆村镇银行

【概况】 广东英德泰隆村镇银行（以下简称"英德泰隆村行"）是浙江泰隆商业银行在英德市发起设立的农村法人金融机构，内设综合管理部、财务运营部、市场管理部和风险合规部，下辖3个支行，分别是营业部、浛洸支行和东华支行。

【经营业绩】 2022年，英德泰隆村行存款总额5.91亿元，贷款余额7.46亿元；发放涉农贷款6.3亿元，占比84.5%；发放小微企业贷款（含个体工商户和小微企业主）4.78亿元，占比64.1%。贷款户数2551笔，户均贷款29.25万元；个人经营性贷款6.08亿元，占比81.5%；个人消费性贷款1644.9万元，占比2.2%；企业贷款6.25亿元，占比8.4%。

【助力乡村振兴】 2022年9月3日，英德泰隆村行在英德市海螺大酒店会议室举行"沃土计划"助力乡村振兴启动仪式，通过建设"共建村"，振兴乡村产业。英德市乡村振兴局及英德泰隆村行共同为英城街道城西居委、大站镇联丰村、浛洸镇丰收村、沙口镇青溪水村等30多个共建村代表颁发"乡村振兴发展顾问"证书。在英德市海螺大酒店会议室，人民银行英德市支行、英德市公安局、英德泰隆村行以及横石水镇溪北村代表共同为"农村金融反诈宣传服务站"揭牌。9月17日，"沃土计划助力乡村振兴 共创英德百亿级产业"发展合作签约仪式在英德泰隆村行举行。英德市农业农村局（乡村振兴局）、英德市茶业行业协会以及英德市麻竹产业协会出席活动。英德泰隆村行与英德市农业农村局共同签订"党建＋金融"政银共建合作框架协议。现场为市茶业行业协会授信10亿元、市麻竹产业协会授信8亿元。英德泰隆村行自主开发特色产品"香茗易贷""笋好贷"，为英德辖区内茶业产业、麻竹产业的发展提供服务。

【警银联防反诈驿站】 2022年12月8日，英德市首个"警银联防反诈驿站"在英德泰隆村行揭牌成立，营造"全民反诈 你我同行"氛围。（广东英德泰隆村镇银行有限责任公司）

广东顺德农村商业银行股份有限公司英德支行

【概况】 广东顺德农村商业银行股份有限公司英德支行（以下简称"顺德农商行英德

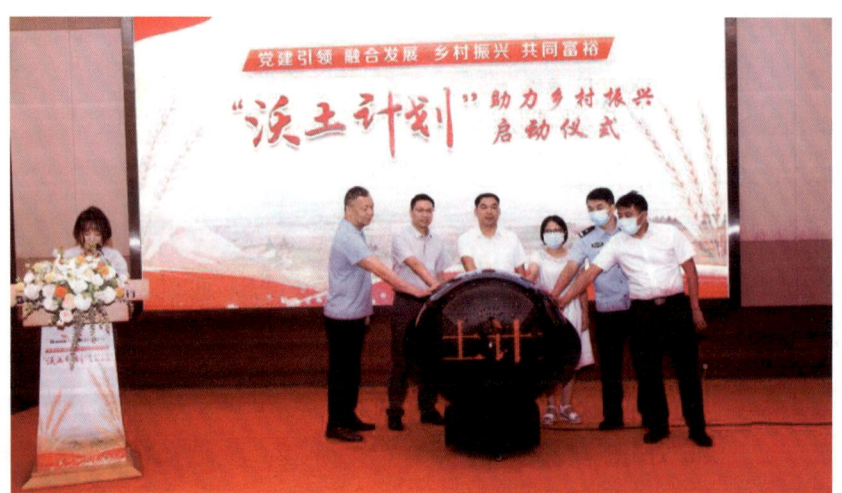
▲2022年9月3日，广东英德泰隆村镇银行在英德市海螺大酒店举行"沃土计划"助力乡村振兴启动仪式　　　　　　（英德泰隆村行供图）

支行")是顺德农商银行辖属异地分支机构，下设5个部门（综合部、信贷管理部、运营及风险管理部、零售业务部、公司业务部），3个营业网点（支行营业部、英红分理处、浛洸分理处）。截至2022年底，顺德农商行英德支行本外币各项存款余额19.87亿元，比2021年增加2.83亿元；各项贷款余额38.23亿元，比2021年增加3.54亿元，其中单位贷款余额21.96亿元；国际业务实绩1.65亿美元。

【经营管理】 2022年，顺德农商行英德支行调整经营架构，加速零售业务发展，实施多项减费让利活动，落实延期还本付息政策，推出业主分、购车分期、经营E贷等产品；对接三大园区招商引资项目，为企业量身制定稳营贷、优企贷、顺赢专精特新贷等系列公司业务金融产品组合，并配套提供结算、票据、外汇等综合服务。

【内控管理】 2022年，顺德农商行英德支行制定《员工廉洁从业告知函》，并组织员工签订各项行内外承诺书与责任书；开展各项业务检查、各项案防演练、警示教育、案件形式分析、扫黑除恶发治、防范非法集资等学习活动；定期或不定期开展员工谈心谈话、家访和员工行为排查工作，促进员工廉洁自律，严守行业规范，确保各项业务持续健康发展。 （李金有）

中国人民财产保险股份有限公司英德支公司

【概况】 中国人民财产保险股份有限公司英德支公司（以下简称"人保财险英德支公司"）是中国人民财产保险股份有限公司清远市分公司在英德市设立的区县级支公司，下设经理室、综合部、理赔分部（清远分公司派驻），内设团队12个，下辖浛洸营业部、望河营业部、东华营销服务部、英红营销服务部、连江口营销服务部、大站浈阳东路营销服务部。2022年，支公司全险种保费收入增速39.2%，提供各类风险保障金额1713.9亿元，支付各类赔款1.81亿元。

【农业风险保障】 2022年，人保财险英德支公司围绕"扩面、提标、增品"要求，扩大农业风险业务规模，为11.73万户次投保户提供农业风险保障40.8亿元，其中为种植业提供风险保障4.76亿元，为林木业提供1400万元的风险保障，为养殖业提供35.9亿元风险保障，全年支付农业保险赔款1.23亿元。

【保险业务】 2022年，人保财险英德支公司为全市1.26万原建档立卡人群提供风险保障金额1.5亿元，防止因灾、因病、因意外、因子女升学教育等方面的支出致贫返贫情况发生，全年赔付支出382.8万元，1243人次受惠。为英德市154家企业提供安责险风险保障金额24.76亿元。为90家施工企业，151个建筑项目提供1.36亿元的农民工工资支付保障。2022年特大洪水灾害期间，人保财险英德支公司成立大灾理赔"党员突击队"，启动理赔"大会战"，利用"粤农保+遥感+测绘"科技手段推动农作物实现快速定损，支付英德市农业保险大灾赔款超5600万元（其中在洪水未完全退去时，极速支付预付赔款2500万元）。
（中国人民财产保险股份有限公司英德支公司）

教育·科技

编辑：胡瑞芬

教育综述

【概况】 2022年，英德市有各级各类学校497所，在校学生20.88万人，其中幼儿园241所，在园幼儿4万人；小学213所（完全小学71所、教学点142个），在校小学生10.3万人；初中33所（九年一贯制学校8所、独立初中25所），在校初中生4.18万人；高中7所（独立高中3所、完全中学4所），在校高中生1.72万人；职业技术学校2所，在校中职学生6670人；特殊教育学校1所，在校学生200人。全市有教职工1.62万人。

2022年，全市教育经费投入20.63亿元，比2021年增长2%。义务教育学生免费14.48万人，其中小学生10.3万人、初中生4.18万人；义务教育阶段学校公用经费投入2亿元，其中小学1.19亿元、中学8142.8万元；农村义务教育阶段学校住宿生伙食补助988.2万元（每人每学期500元，其中小学生享受人次1.27万人次、初中生享受人次7021人次）；义务教育农村家庭经济困难学生生活补助金973.5万元，扶助学生2.58万人次。

【德育】 2022年，英德市教育局（以下简称"市教育局"）组织开展"扣好人生第一粒扣子""中华经典诵读"心理健康主题教育等各类主题教育活动2100多场次。举办"市长杯"小学生校园足球联赛，有30多所学校400多名学生参加比赛；5名学生入选2022年广东青少年校园足球夏令营选拔省最佳阵容。

【教学质量】 2022年，市教育局在春季学期和秋季学期分别召开高考备考工作推进会、中考备考工作推进会、小学高质量发展推进会。坚持"教学评一致性"模式的课堂教学改革。全年有85项各级课题立项开题，23人获清远市中小学教学基本功大赛一等奖，15人获二等奖。广州十六中教育集团与英德市连江中学签订帮扶协议，开展驻点帮扶，打造乡镇学校教育发展新标杆，推动教育均衡发展。

【校园安全】 2022年，市教育局落实核酸检测、疫苗接种、扫码登记等各项疫情防控要求。落实放假前教师外出提前报批，学生外出提前报备，外出风险提前告知"三个提前"，确保外出人员管理到位。市教育局干部开展多轮蹲点式下沉式督查，守住不发生校园疫情底线。公办学校校园100%安装建筑防坠安全防护装置。公布易溺水隐患点486个，开展"万名教师进万家大走访"活动，开展防溺水安全专题教育活动350多次。全市有82间心理咨询室，开展心理咨询活动900多人次。落实试餐、陪餐制度，全市校园食堂"互联网＋明厨亮灶"建设率100%。开展学生欺凌防治教育活动150多场次，发送致家长的一封信 11.12 万多件。抓平安中考、平安高考工作，克服疫情和洪灾的影响，确保 5364 名高考考生、2.35 万名中考考生顺利参考。

【教师队伍建设】 2022 年 3 月，印发《2022 年英德市师德师风建设工作方案》，成立师德师风建设工作领导小组，将师德师风建设工作责任到人、规划到位。落实从业查询制度，查询 1.6 万名在职工作人员违法犯罪记录，依法依规解聘不符合法律规定的老师及从业人员。完善教师补充配置机制，公开选调 17 名中小学专职教研员，按学段配齐配强所有学科（含学前教育、特殊教育、心理健康教育等专门教育）专职教研员。公开招聘新教师 233 名（含公费定向培养毕业生 59 名）、银龄教师 4 名，优先安排到乡镇学校任教。分别与白云区教育局、广州大学、清远市职业技术学院签订结对帮扶协议，227 名教师参与支教、跟岗学习和各类培训；来自广州大学和韶关学院的 46 名大学生到英德市学校跟岗学习，缓解老龄化和学科结构性缺额等问题。

【"双减"】 2022 年，市教育局抓好作业减负的增效点、培训机构专项治理的突破点、课后服务的提升点，解决学生作业负担重、非学科类培训机构监管真空、家长辅导作业难等问题。秋季学期，英德市 108 所义务教育学校中，有 69 所已开展课后服务托管工作，占 63.9%，其中 40 所学校开设素质拓展类课后服务，占 58%。学科类校外培训机构压减率 85.7%，开展培训机构存缴风险保证金的新监管模式，全市学科类校外培训机构已全部落实资金监管。 （朱欢健）

基础教育

【学前教育】 2022 年，市教育局推进学前教育"5080"工程[公办在园幼儿占比要达到 50%，普惠性幼儿园（指公办幼儿园和普惠性民办幼儿园）在园幼儿占比要达到 80%]，新建利民实验幼儿园、石灰铺镇冬瓜铺幼儿园，新增公办幼儿学位 720 个。富域城、碧桂园云璟、龙湾、仁兴城市花园、三之三鸿达花园幼儿园、碧峰华府中英文幼儿园、国熙广英花园幼儿园 7 所市区民办幼儿园转为普惠性民办幼儿园。全市幼儿园 241 所，其中公办 72 所、民办 169 所，广东省规范化幼儿园 206 所，普惠性幼儿园 123 所，幼儿园在园人数 4 万人，学前三年毛入园率 101.84%。

【义务教育】 2022 年，英德市第九小学开学投入使用，黄花镇中心小学新建教学楼项目投入使用，推进八一希望小学等一批改扩建项目，新增义

▲2022 年 9 月 1 日，市九小顺利开学，图为首批学生在崭新的教室学习

（市教育局供图）

▲2022年9月1日，市利民实验幼儿园揭牌仪式　　（市教育局供图）

务教育公办学位3510个；英城街马口八一希望小学升为市直学校，更名为八一希望小学；组建英德市第一个义务教育公办学校教育集团——市七小教育集团，以市七小为龙头，城北小学、英城街中心小学（含教学点）、八一希望小学为成员。

【高中教育】　2022年，市教育局与深圳教育教学研究院、广州大学等科研院所、高校、社会专业团体合作，推动普通高中优质特色发展，主动适应新高考综合改革。启动普通高中优质特色发展，完善各学校特色优质发展的办学定位，推进清远市级卓越高中、特色高中的创建及评选。2022年，高中阶段毛入学率99.7%，高考本科上线2386人，专科及以上上线5223人。

【特殊教育】　2022年，市教育局成立局特殊教育指导中心、残疾人教育专家委员会，建立特殊教育工作联席会议制度，形成政府主导、部门协调、各方参与的特殊教育工作格局。完善残疾学生随班就读、送教上门服务体系，1100名残疾学生在普通学校随班就读。采取送教进社区、进儿童福利机构、进家庭或者远程教育等方式实施义务教育，完善送教上门制度，为252名重度残疾学生提供规范、有效的送教服务。全年特殊教育学校——市智通学校有特殊学生200人。　　（朱欢健）

高中学校简介

【英德市英德中学】　2022学年，学校有78个教学班，在校学生3656人，在职教职工306人。12月，英德中学被评为广东省"校园篮球推广学校"。

2022年4月，学校信息组组织学生会参加第四届广东省青少年航空航天科普嘉年华活动（清远站），获固定翼绕杆竞速赛一等奖2个、二等奖2个，花春艳、苏芝枚、邓江华、李官星获"优秀指导老师"称号。5月，英德中学学生排球队参加广东省第十六届运动会排球测试赛获第二名，林道法获"优秀教练员"称号。7月，多名学生参加第十九届"叶圣陶杯"作文竞赛获总决赛奖项，1人获一等奖、1人获二等奖、4人获三等奖。学校有33个校本课题立项，5个清远市级课题立项。与田家炳中学、英东中学、连江中学开展教学科研活动，共享教学资源。有5名教师的论文在省级及以上刊物发表。

2022年高考，1198人参加考试，普通物理考生1008人，特控线上线191人，上线18.95%,普通本科上线822人，上线率81.6%；普通历史考生161人，特控线上线17人，上线率10.6%,普通本科上线144人，上线率89.4%；体育考生11人，普通本科上线7人，上线率63.6%；音乐考生6人，普通本科上线6人，上线率100%；美术考生10人，普通本科上线9人，上线率90%；传媒考生1人，单考本科上线1人，上线率100%；舞蹈考生1人，普通本科上线1人，上线率100%。2022年度特控线上线人数208人，上线率17.4%，本科上线人数989人，上线率82.6%。　　（范华雄）

【英德市第一中学】　2022年，英德市第一中学有教学班98个，在校学生5283人，在岗教职工411人，是清远市规模最大的高中学校。杨文星、张恺被评为2021—2022年度"广东省优秀共青团员"。

2022年，学校推进"教学评一致性"第三阶段教改，落实"课堂教学十条刚性标准"；新立项省级课题1个、市级课题1个、县级课题3个，新结题市级课题2个、县级课题4个；新成立清远市、英德市名教师工作室3间；教师张丛菊获"清远市优秀思想政治教师"称号，教师匡乐华获"清远市优秀教育工作者"称号，教师曾文华获"清远市教坛标兵"称号。

2022年，学校学生获各级各类奖项124人次。其中获广东省第七届中小学生艺术展演活动绘画类一等奖、摄影类三等奖各1人；获第四届广东省青少年航空航天科普嘉年华活动（清远站）中学男子组二等奖4人；获广东省"扣好人生第一粒扣子"征文比赛一等奖2人；获清远市中小学科技劳动教育实践活动（高中组）魔方机器人三等奖4人；获清远市学生信息素养提升之创意智造现场活动（高中组）二等奖2人；获清远市"社会主义核心价值观"演讲比赛一等奖1人；获清远市中小学生"强国复兴有我"演讲比赛一等奖1人；获清远市"劳动美"手抄报比赛一等奖1人；2022年广东省"省长杯"青少年校园足球联赛（高中、中职组）全省总决赛男子、女子均获第六名。

2022年高考，1695人参加考试，本科上线654人，上线率38.6%；大专及以上上线1691人，上线率99.8%；日语类上线117人；艺体类双上线——音乐类28人、舞蹈类4人、体育类26人、美术类50人、编导类5人，其中美术类上线人数创学校历史最好成绩。　　（谢小琼）

【英德市第二中学】　2022学年，学校有在编教职工283人，其中专任教师280人，职工3人；有教学班73个，学生3858人，设有美术、音乐、传媒、书法、体育等特色班级19个。

2022年，学校有清远市罗

▲2022年6月22日，英德市第一中学党员先锋队支援抗洪抢险
（英德市第一中学供图）

建平思政名师工作室1间；省级课题1个，为冼秀魏主持的《核心素养下山区高中新授课有效教学模式研究》；市级课题2个，分别为李阳春主持的《粤北山区普通高中小组合作学习的探究》、张利君主持的《基于学科素养的思想政治课情境式教学研究》；县级课题7个。新立项县级课题3个、校级课题6个。陈健平在2022年第四届广东省中小学心理健康教师专业能力大赛总决赛中，获省级二等奖。

2022年，学校组织师生参加各类评选、比赛活动，莫桂英、杨惠玲获初中生物学七年级书面作业设计二等奖；殷琳琳获广东省中学生物教学微课评选三等奖；李慧英获广东省中学生物教学论文评选三等奖；学生参加各类体艺类比赛获县级以上奖励90多人次。

2022年高考，958人参加考试，本科上线186人，大专及以上上线958人。2022年中考，375人参加考试，62人上国家级示范性普通高中分数线。（夏利军）

【英德市田家炳中学】 2022学年，学校有35个教学班，在校学生1776人，教职工138人。

2022年，学校通过"党建＋管理、党建＋教学、党建＋德育、党建＋体艺"的一体化联动模式，创建"发挥党员先锋模范作用，助力高考再创辉煌"支部品牌活动。7月，学校党总支在英德市教育系统党建工作推进会上作经验介绍。

2022年高考，613人参加考试，本科上线51人，比2021年增长88%，创历史新高，超额完成市教育局下达的理想指标；大专及以上上线590人。（吴文勋）

【英德市英东中学】 2022学年，党校有教学班46个，在校学生2339人，其中高中21个班、学生1075人，初中25个班、学生1264人；在编教职工153人，专任教师151人，高级教师4人。

2022年，学校秉承"传承红色文化，弘扬担当精神"办学理念，创新高中办学模式，在抓好传统体艺教学同时，开设音乐、美术、体育、国防和传媒教育特色课程，初一级和高一级各开设1个国防班。

2022年高考，280人参加考试，本科上线12人，大专及以上上线280人，上线率100%。2022年中考，375人参加考试，48人上国家级示范性普通高中分数线。（黄永强）

【广州大学附属中学英德实验学校】 创办于2020年8月，是一所按广州大学附属中学的办学理念、模式、标准建设的，既传承广附书香正脉、又具现代化理念的高起点、高规格、高品质的公办完全中学，由英德市人民政府与广州大学附属中学教育集团合作共建。2022学年，学校有12个高中教学班、30个初中教学班，其中3个国防班、4个少军班；在校学生2460人，其中高中生882人，初中生1578人。

2022年，学校成立清远市名教师工作室1间，英德市名教师工作室1间，获清远市、英德市级荣誉教师11人次。课题立项3个、结题2个。教师参加学科类比赛获国家级奖1人次，省级奖4人次、市级奖62人次，其中清远市教师基本功比赛一等奖4人次、县级奖27人次；学生参加比赛获国家级奖3人次、省级奖16人次、

市级48人次。（邓观朗）

【英德市英西中学】 2022学年，学校有教学班45个，在校学生2226人，在职在编教职工197人。

2022年5月26日，学校劳动教育基地"文澜知行园"开园。6月，学校学生合唱团参加清远市第四届美育节中学甲组合唱比赛获二等奖；8月，学校被清远市教育局评为清远市中小学劳动教育特色学校；同月，学校在2022年清远市"青少年科技行"线上科学夏令营活动中获优秀组织奖，学生曾文静获征文比赛一等奖，曾文静等5位同学获项目设计比赛二、三等奖，教师阮金锡获优秀辅导教师奖；10月，学校被评为清远市中小学劳动教育示范学校；学生钱程、吴紫欣在"清远市中小学课文朗读大会线上活动"中分别获一等奖、三等奖，教师杨丹玲被评为优秀指导老师。钟建珊在2022年清远市义务教育阶段初中化学九年级书面作业设计评选活动中获一等奖；阮金锡在2022年清远市普通高中2020级学生通用技术学科毕业设计作品展示活动中获优秀辅导教师奖；李炳艺在2022年清远市普通高中2020级学生通用技术学科毕业设计作品展示活动中获优秀辅导教师奖。

2022年高考，678人参加考试，本科上线63人，大专上线615人，上线率100%。

（巫夏霖）

成人教育

【概况】 2022年，市教育局依托英德市职业技术学校成立"英德市社区学院"，依托镇（街道）文化站成立"社区教育学校"，依托村（居委）成立"社区教育学习站"，构建"市社区学院—镇（街道）社区教育学校—村（社区）社区教育学习站"的三级社区教育体系。全市有成人文化技术学校（社区教育学校）24所。全市成人学历教育本专科在校生1287人，其中国家开放大学885人，远程网络教育402人。（朱欢健）

职业教育

【概况】 2022年，英德市推进职业教育"扩容、提质、强服务"，深化产教融合。英德市职业技术学校（以下简称"市职校"）推进"广东省高水平中职学校"创建，完成建设任务191个，完成率90%；市职校幼儿保育、汽车运用与维修、计算机应用、中餐烹饪、茶叶生产与加工等12个专业与高职院校达成三二分段协议。开展"粤菜师傅"专项培训345人、"茶艺师"专项培训75人，开展SYB创业培训、特种工复审培训、特种工新证培训、电商人才培训及安全管理员培训5个专项培训1457人。华粤艺校校企合作实现4个专业对接高新行企，1个专业助力乡村振兴电商行业，4个专业服务地方经济发展的局面。2022年，全市有2名学生被本科学校录取，实现零的突破。全市有公办中等职业技术学校1所（英德市职业技术学校），民办职业技术学校1所（英德华粤艺术学校），有教职工464人，在校学生6670人（不含外输）。（朱欢健）

【英德市职业技术学校】 2022年，学校有教职工363人，专任教师301人，专任专业教师228人，"双师型"教师203人，在校学生5087人（其中中职类学生4953人，技工类学生134人）。毕业生1212人，参加高职高考、自主招生升学考试升入高职院校564人（本科院校4人，大专院校560人），就业人数1186人，直接就业1123人，就业率95%，对口就业率90%。2021年4月，学校获批为"广东省高水平中职学校"建设单位，2022年通过中期验收。

学校是集中等职业教育、成人学历继续教育、职业培训于一体的综合性国家级重点中职学校。是全国职工教育培训示范点、广播电视大学全国统一考试考点、广东省职业教育实训中心、淘宝大学CETC项目合作院校、清远市农村劳动力转移培训基地、英德市"粤菜师傅"培训基地、英德市"检校共建"示范单位、英德市人民检察院未成年人关爱基地。

2022年，学校开设16个专业：机电技术应用、数控技术应用、电子商务、汽车运用与维修、新能源汽车运用与维修、计算机应用、计算机网络技术、会计事务、旅游服务与管理、物流服务与管理、畜禽生产与技术、中餐烹饪、中西面点、幼儿保育、茶叶生产与加工、模具制造技术。其中机电技术应用和畜禽生产与技术专业是省重点建设专业，幼儿保育、计算机应用、汽车运用与维修和会计事务专业是清远市重点建设专业。有电子商务和畜禽生产与技术两个双精准建设专业，有电子商务和畜禽生产与技术两个高水平建设群。

2022年，通过校企合作，学校以畜牧兽医专业为例，构建与行业、企业共同参与的"多元"育人评价机制，开展现代学徒制试点。全年建立100多个校外实习基地，学生参加顶岗实习1656人。

2022年，学校有9个"1+X"证书考证项目，完成446个学生考证工作。毕业学生中，取得职业资格证书的毕业生有1022人，占毕业生总数的87%。

2022年研究中的课题有省级课题4个、市级7个、县级6个、校级5个，其中顺利结题课题有省级课题1个、市级1个、县级4个。师生参加各种技能竞赛获国家级三等奖1名，获省级一等奖7名、二等奖11名、三等奖71名，获市级一等奖10名、二等奖42名、三等奖44名、优秀奖53名。

（王宗军）

社会力量办学

【概况】 2022年4月，市教育局印发《英德市规范民办义务教育发展实施方案》，完成粤海实验学校"公参民"专项治理工作，英德市新纪元实验学校（筹设）举办者已提交转型办民办普通高中学校（校名拟申请为清远市新纪元外国语学校）申请。全市有民办幼儿园169所，在园幼儿3.01万人，民办中小学8所（含中等职业学校1所、独立初中2所、有九年一贯制学校2所、小学3所），学生1.02万人。 （朱欢健）

【英德市粤海实验学校】 2022年，学校有9个教学班，在校学生230人，教职工42人。学校开展军事化管理，提高学生的服从意识及自律能力。

学校打造以"感恩教育""生命教育""养成教育""责任教育"四大板块为主的德育体系。学校以文化教育为主，以传统武术为特色，小班制教学，打造一所以文化教育、国学、传统武术、准军事化管理为主的综合型特色学校。武术教练及学生

代表多次参加市级、省级和全国武术竞赛,20多人次获各种武术奖项。 （蒋　坤）

【英德市实验中学】 2022年,学校有教学班42个,在校学生2218人,教职工173人。学校立足区域文化,开设多元特色校本课程,包括心理教育、醒狮舞龙、形体与武术、科创编程、生活教育等特色课程。

2022年,学校通过青蓝工程,让骨干教师手把手教学,促进新教师专业技能发展。学校定期邀请教育界专家和一线名师到学校为全体教师进行各项培训,提升教师综合素养。截至2022年底,学校教师在国家级比赛中获奖4人、省级比赛获奖19人次、清远市级比赛中获奖41人次、英德市级比赛中获奖145人次。

2022年中考,703人参加考试,688人上国家级示范性普通高中分数线,人均总分690.04分。（英德市实验中学）

【英德市清涟小学】 2022学年,英德市清涟小学有36个教学班,在校学生1321人,教职工129人。

2022年,学校教研教学实行教师和学生双向培养。重视教师队伍建设,注重多元师资培养,引进教育专家育师,校内开展青蓝工程、教师基本技能大赛、教师书法班等一系列育师活动。通过学校的莲韵课程:"语文+生活教育""语文+体育""数学+科创""英语+生活教育"等融合课,让学科素养在课堂中落地;学校特色课程生活教育课、科创课、心品课,让学生掌握生活技能、劳动技能,关注学生身心健康发展,学生在玩中学、学中玩。

2022年,学生胡夏彤获"广东省优秀少先队员"称号;学生曾嘉徵获2022年清远市"音你而美"学生网络音乐比赛一等奖;教师张妍获清远市第三十届中小学教师教学基本功比赛音乐学科全市总决赛一等奖;数学、音乐、美术学科获"英德市第28届中小学教师教学能力大赛"总决赛小学组一等奖;学校获清远市第二届创意机器人团体赛一等奖。 （谢绍敏）

英德华粤教育集团

【概况】 2022年,英德华粤教育集团在校学生7116人,教职工749人。有英德华粤艺术学校、英德华粤中英文学校、英德市实验小学、英德华粤幼儿园有限责任公司、清远市华粤光明学校、英德华粤教育管理研究院6个单位。

2022年,集团自费引进家长网校,为集团教职工、学生家长免费提供家庭教育学习平台,推进实现家校共同育人。集团完善各学校半军事化管理工作,以国防教育和军事训练改变师生精气神,培养师生政治素质、思想素质、作风素质和一定的军事素质。

2022年教师节,集团表彰奖励教职工199人,其中优秀管理者25人、优秀教师65人、优秀班主任51人、优秀生活教师20人、优秀员工38人。表彰奖励6月抗洪抢险378人,慰问受灾教职工50人,表彰奖励7月抗疫志愿者391人。 （饶小梅）

【英德华粤艺术学校】 2022学年,学校有教职工148人,在校生1717人。开设有幼儿保育、工业机器人技术应用、计算机(大数据)、电子商务、工艺美术、城市轨道交通运营服务、航空服务、运动训练8个专业。

2022年，学校获批开设"运动训练"新专业（足球、篮球方向），恢复计算机（大数据）专业并于秋季学期开始招生。建有校内实训基地12个、校外实习基地22个，与学前教育、智能制造、城市轨道、航空、电子商务、家居装饰等行业、企业开展合作办学。5个专业成功对接高职院校三二分段贯通培养：幼儿保育专业对接广东江门幼儿师范高等专科学校、电子商务专业对接清远职业技术学院、工艺美术专业对接广州城建职业学院、运动训练专业对接广州体育职业技术学院、城市轨道交通运营服务专业对接广东交通职业学院。

2022年，学校针对2021级、2022级高考班学生实施语文（作文）、数学和英语的试行走班分层教学改革。4月，承办召开清远市中职教育专题研讨会（英德会场）。5月，开展主题为"技能，让生活更美好"的"职业教育活动周"系列活动，举行学校第二届学生专业技能大赛。6月，党员先锋队参与学校、英德市区抗洪志愿活动。7—8月，学校教师带领62名学生志愿者参加广东省运会志愿者服务。7月和10月，党员先锋队组织教职工志愿者137人次服务城西居委会群众，协助医护人员开展8轮核酸检测。8月，新生开展一周军事国防教育。同月，开展新生入学幸福文化课堂及家校共育亲子活动，举办"传承中华优秀传统文化，爱国尽孝经典音乐盛会"。9月，拍摄《我和我的祖国》歌曲视频，为祖国73周年华诞献礼"中国红"。9月28日，举行孔子诞辰2573周年纪念活动。学校开展中华优秀传统文化进校园，每周一师生共学、分享经典《弟子规》。

2022年，学生姚思芸获国家奖学金。何梓、黄安锴2人获广东省职业院校技能大赛学生专业技能竞赛建筑装饰技能竞赛三等奖。学校获县级荣誉13人。教师获省级荣誉2人、清远市级荣誉48人、县级荣誉13人。学校获评广东省第四批"绿色学校"、广东省第三批中华优秀文化传承学校、清远市职业教育与成人教育学会"先进集体"和英德市优秀志愿服务集体。

2022年，学校在广东省教育厅办学满意度调查中，在校学生课堂育人满意度97.8%；思想政治课教学满意度97.4%；公共基础课（不含思想政治课）教学满意度97.7%；专业课教学满意度97.97%。教职工满意度100%。用人单位满意度100%。家长满意度97.9%。

2022年，222人参加春季高考，51人上本科线，222人上大专线。高考总平均分高出专科线122分。巢佳新以391分被广东白云学院计算机科学与技术学院录取。（邝秀娟）

【英德华粤中英文学校】 2022年，学校有教学班42个，学生2094人，教职工218人。

2022年，学校教育实现网络班班通，实施智能化教学互动。实施"挑战21天"习惯养成教育系列。开展"三名"（观名片、读名著、唱名曲）工程活动。实行"三为"（七年级实施"为生"教育、八年级实施"为人"教育、九年级实施"为才"教育），"三生"（生命、生存、生活），"三自"（自主管理、自主教育、自主发展）教育。学校融入国防教育课程，实行准军事化管理。组织开展"智慧课堂"教学竞赛活动，定期开展体育、信息科教师教学基本功比赛活动。

2022年，学校教师与学生参加各级各类比赛获奖129人次。2022学年，学校奖励优秀学生547人次，发放奖金283万多元。2022年中考，703人参加考试，605人上国家级示范性普通高中分数线。（李小艳）

【英德市实验小学】 2022年，学校有教学班54个，学生2008人。学校获批为英德市两新党组织示范单位，成功申报"三名"工程工作室（英德市刘美香名校长工作室、英德市韦旭珍名师工作室、英德市姜思铭名班主任工作室）。

2022年，学校承办"清远市2022年广东省义务教育质量监测学科（心理健康）视导"活动；协办"明德迎风尚，筑梦向未来"2022年英德市社会主义核心价值观演讲比赛；组织少先队大队委到英德市青少年宫参加以"学史增信担使命，百年华诞立新功"为主题的党史、团史、队史知识的学习活动。

2022年，学校在第十二届粤港澳国际青少年艺术风采大赛中，4名学生获一等奖；在广东省第九届小学语文教师专业素养展示活动中，1名教师获一等奖；在广东省2022年"诵读中国"经典诵读大赛中，学生与教师参赛作品均获一等奖；在清远市义务教育阶段小学书面作业设计评选活动中，学校教师分别获一、二、三等奖；在英德市"山花朵朵开，妙笔绘家乡"小学组绘画、创意设计作品大赛中，11人获一等奖；在英德市"市长杯"校园足球联赛总决赛获亚军；在英德市社会主义核心价值观故事演讲比赛中，学生与教师均获特等奖；在广东省第七届中小学生汉字书写大会清远市网络决赛中，30名学生分别获一、二、三等奖。（刘宪杰）

【英德华粤幼儿园】 创建于2004年，是广东省规范化幼儿园。2022年9月经英德市市场监督管理局批准登记为英德华粤幼儿园有限责任公司。2022学年，幼儿园有9个教学班，在园幼儿294人，在职教职工37人。

2022年，幼儿园春季开展户外社会实践活动、阅读季活动、六一周活动、毕业系列周活动。秋季开展开学系列周活动、中秋系列周活动、体育节活动，开展毕业生回访活动，成立家长学校暨第七届家长委员会。（吴生念）

科学技术

【概况】 2022年，全市有国家高新技术企业81家，省级

▲2022年3月29日—4月8日，英德市华粤中英文学校组织开展体育、信息学科教师教学基本功比赛活动　　　　　（华粤中英文学校供图）

重点实验室1家，省级新型研发机构1家，省级工程中心25家，清远市级工程中心63家，规模以上工业企业设立研发机构的比例为28.3%。

2022年，英德市科学技术局（以下简称"市科技局"）组织推荐全市8项科技成果申报2022年"创新清远"科技奖励，获一等奖1项、二等奖4项，获奖数量位居清远市8个县（市、区）第一。

2022年发布的英德市2021年全社会研究与试验发展经费（R&D）投入强度首次突破1%，达到1.2%，比2021年提高0.48%，跃居清远市各县（市、区）前列，科技创新能力水平迈上新台阶。

【科技项目】 2022年，全市有29个科技项目获广东省、清远市、英德市扶持资金1924万元，其中有21个科技项目获广东省、清远市级科技项目立项，并获扶持资金1825万元。广东美亨新材料科技有限公司、广东英九庄园绿色产业发展有限公司2个科技项目获2022年度清远市重大科技专项立项扶持，获扶持资金600万元。有24个事项获《清远市加快科技创新发展的若干政策》奖励资金327.5万元。有53个事项获英德市创新驱动发展专项资金，奖励资金269万元。

【高新技术企业和科技型中小企业】 2022年，市科技局组织40家企业申报高新技术企业认定；有10个产品通过广东省名优高新技术产品认定；有69家企业被列入科技型中小企业库。全市有39家企业通过国家高新技术企业认定，有效期内的国家高新技术企业81家；有2家企业被评为清远市标杆高新技术企业，获奖补资金100万元。

【科技创新平台建设】 2022年，市科技局组织10家企业申报广东省工程中心认定；组织15家企业申报清远市工程中心认定，其中12家通过认定。"广东清远金正大农业研究院有限公司"被认定为省级新型研发机构，实现省级新型研发机构零的突破。

【产学研合作和科技创新人才队伍建设】 2022年，市科技局促成28家企业与省内外21家高校开展产学研合作，联合申报省级、清远市级科技项目32项，通过产学研合作柔性引进相关高校和科研院所高端科技人才120人。

【孵化育成体系建设】 2022年，清远英德高新技术开发区申报的《英德市高新区特色产业集群培育研究》项目获立项，获扶持资金400万元。

【科普宣传】 2022年，市科技局开展科技知识宣讲培训11场，发放各类宣传资料2000多份。推进科普基地和中小学科学馆（室）建设，新增广东省科普基地1个、清远市中小学科学馆1个。举办"全国科技活动周"活动，围绕"奇妙科技·精彩少年"未成年人思想道德建设工作品牌建设，通过线下＋线上的方式开展走进校园、走进社区、走进家庭和科学小实验直播云课堂等一系列的活动，1.5万人次参加。　　（陈中岳）

文化·体育·传媒

编辑：张　锋

文化综述

【概况】 2022年，英德市开展图书馆文化馆总分馆制建设，截至2022年底，完成24个镇级分馆、72个村级服务点建设，达到图书馆文化馆总分馆制建设全覆盖。完成104处县级以上文物保护标志和说明牌及已公布的297处不可移动文物安全责任公示牌安装工作。4月，青塘遗址、岩山寨遗址被省文旅厅列入"广东省十年十大重要考古发现"；12月，广东青塘考古遗址公园入选第四批国家考古遗址公园立项名单。完成市体育馆升级改造、女足基地足球场升级改造及棒垒球场地建设，其中女足基地棒垒球场成为清远唯一符合棒垒球比赛要求的场地。市游泳场（馆）竣工并移交国资公司管理。

【文化活动】 2022年，英德市承办广东省公共文化服务"三百工程"演出2场、清远市戏曲进农村55场、清远市戏曲进校园3场，举办城乡广场文化活动演出、英德市戏曲进农村进校园活动各1场，举办创文惠民活动92场。1月，开展"惠民春联送万家"活动，举办第九届少儿春节联欢晚会、英德顺德白云区美术书法作品巡展、"艺海寻梦"陈秉钧美术摄影作品展；2月，举办"我们的节日·元宵——虎气满满庆元宵"主题活动；4月，在石牯塘镇永乐村滨江村开展"人民的非遗 人民共享"

▲2022年1月19日，英德市举行第九届少儿春节联欢晚会　　　　　　　　　　　　　　　　　　　　（市文广旅体局供图）

英德市非遗展览进乡村活动；5月，在广东省文化馆的指导下开展"文化馆宣传服务月"活动，举办文艺作品"义卖·义卖·筹善款助圆梦"情暖童心公益活动；6月，"英德市非物质文化遗产保护中心"挂牌，举办"纯真的童年，七彩的梦"六一儿童节绘画·书法·陶艺作品展、"肩上云霞"六一儿童节拓云肩活动、"手巧心'扇'·情有独'粽'"端午民俗传承活动、英石假山景展；8月，举办"一曲霓裳传玉笛"中秋音乐戏剧主题艺术线上展、"书画颂党恩 喜迎二十大"英德书法艺术研究会书画作品展；9月，举办"健康人生 绿色无毒"美术书法摄影作品展。（李堂柚）

群众文化

【概况】 2022年，市图书馆先后开展"阅途——书与远方"展览、"弘扬中华传统美德，传承良好家风家训"中华名人·家风家训展；线上开展"家的信仰"清明节宗祠文化展、"辞海中的书法艺术"巡展、《劳动者的艺术——中国民间艺术展》微信展等展览9个，2.51万人次观展；开展各类讲座培训29场，参训人员1305人次；开展阅读推广活动52场次，包括我们的节日系列活动、社会主义核心价值观系列活动、"快乐阅读"公益暑期夏令营、"我是小小图书管理员"活动等，8000人次参与。市文化馆举办各艺术门类免费开放公益培训班30班次，展览12个。市博物馆先后与省流动博物联合举办《学廉洁成语 讲传统故事》《福虎添翼——佛山石湾陶塑虎年生肖文化展》《追求与探索——文化名人的历史印记》等展览；联合英德市文化馆、英石文化研究会等与佛山南海区博物馆、禅城区博物馆联合举办"千年奇石 熠熠生辉"广东英石雅集展览活动，展出英石精品35件、英石盆景工艺55件。

【文化成就】 2022年，舞蹈《弃笔从戎》在2021年度广东省群众文艺作品评选中获三等奖。在2021年度清远市群众文艺作品评选活动中，英德市有10项文艺作品获奖，其中舞蹈《弃笔从戎》获舞蹈类一等奖、《您·是我的信仰》获舞蹈类三等奖，独唱《三月桃花开》《百姓心中那面旗》《城南忘事》获音乐类二等奖，小品《网红》、小戏剧《上村小溪的情与爱》、相声《以茶代酒》、对口快板《光盘不能一阵风》获小品小戏类二等奖；群口快板《建设文明靠大家》获小品小戏类三等奖，英德市文化馆获优秀组织奖。2022年清远市第七届村歌嘹亮大赛中，英德市文化馆选送的原创歌曲女声独唱《共同富裕好梦圆》获银奖、最佳作词奖、最佳作曲奖、最佳演唱奖；男声独唱《滨江 滨江》获铜奖；《我家乡的九斗麻》获最佳作词奖。英德市文化馆选送的少儿舞蹈《小小纸船》、组合唱《我家住在连樟村》在清远市第七届艺术百花·少儿艺术花会中获创作类银奖，陶艺作品《宇宙探索》获手工艺类金奖，雕塑作品组件《艰苦岁月》获手工艺类银奖，儿童美术《一起向未来》获美术类铜奖，书法《梅花万树报新春》获书法类铜奖，陶艺作品组件《狮王争霸》获手工艺类铜奖。

英德诗社

【概况】 2022年，英德诗社主办刊物《鸣弦诗词》（季刊）出版4期（总150—153期），每期4000本。截至2022年底，社员人数1028人，与英德诗社有联系的诗词组织有137个，诗友1973人。6月15日，完成《白石窑诗韵》发行工作。8月，英德诗社成立《鸣弦诗词》编委会。11月，增聘周国伟为英德诗社名誉社长。

【诗词六进】 2022年3月2日，13名英德市个体医生协会成员（医生）加入英德诗社，成为社员。3月25日，《白石窑诗韵》定稿研讨会在白石窑电厂会议室召开。6月29日，《白石窑诗韵》发行暨中华诗词之乡建设先进单位表彰大会在英德市白石窑电厂厂区多媒体室举行。9月23日，英德诗社组织英德市政协、推进英德市"中华诗词之乡"建设工作领导小组成员等到英德市极丰染织有限公司采风，并在悦英德App、英德诗社自媒体号、英德诗社公众号发布推文。10月11日，英德诗社组织诗员到东华镇清远华侨工业园服务中心、英德市极丰染织有限公司商讨出版《清华园诗韵》相关事宜。

【诗社作业】 2022年，英德诗社在微信群由诗社骨干按月轮流布置作业，由诗社常务副社长、《鸣弦诗词》主编陈克明、执行主编陈孟谋、黎桂珍为指导老师，社员、诗友完成合格作业1000多首（阕）。完成《"英德故事"富哥话英德之英德茶岩顶》《书画颂党恩，喜迎二十大》等专题诗词100多首（阕）。 （王桂媚）

英德市秋光歌舞团

【概况】 2022年，英德市秋光歌舞团（以下简称"秋光歌舞团"）组织文艺演出活动12场次。

【演出活动】 2022年8月10日，秋光歌舞团联合红舞队在大站镇江南村委举办乡村振兴文艺演出。8月30日，联合银龄志愿者队在大站敬老院举办慰问老人文艺演出。9月21日，联合志愿者艺术团在波罗镇政府举办乡村振兴文艺演出。9月28日，联合红舞队在英红镇坑口咀举办庆祝国庆节文艺演出。10月2日，联合沙口镇政府举办庆祝国庆节文艺演出。10月18日，联合银龄志愿者队在西牛镇政府举办乡村振兴文艺演出。10月30日，联合志愿者艺术团在连江口镇政府举办乡村振兴文艺演出。11月4日，联合红舞队在英城街道岩前村委举办乡村振兴文艺演出。11月12日，联合银龄志愿者艺术团在西牛镇石下村委举办乡村振兴文艺演出。12月15日，联合红舞队在浛洸镇政府举办乡村振兴文艺演出。12月28日，联合志愿者艺术团在石灰铺镇勤丰村举办乡村振兴文艺演出。12月29日，联合红舞队在英德市公安局门前举办文艺演出。 （余德瑞 张名仰）

文体市场

【概况】 截至2022年12月，英德市有持证经营网吧11家，其中市区4家、乡镇7家；有持证经营游艺娱乐场所16家，其中市区3家、乡镇13家；有持证经营歌舞娱乐场所31家，其中市区14家、乡镇17家。

【文体市场管理】 2022年，全市办理文体市场行政许可12宗，其中，歌舞娱乐场所3宗、游艺娱乐场所3宗、营业性演出2宗、网吧1宗、高危体育项目3宗。组织开展"元旦""春节""清明""五一"

"端午节""国庆"等重要节假日疫情防控和安全生产排查治理；开展安全生产法律法规及安全常识的日常宣传教育。3月，召开英德市景区景点疫情防控及安全生产工作会议，传达关于全国"两会"、冬残奥会期间安全防范工作会议精神并作相关工作部署；3月，市文广旅体局、市公安局网警大队、市消防大队联合组织辖区内文化娱乐场所，召开疫情防控和安全生产专题工作会议，开展疫情防控、网络安全管理、消防安全培训。4月，召开英德市推进旅游重点项目暨2022年"五一"安全工作会议，部署五一安全生产工作。8月，市文广旅体局在新濠天地（KTV）召开英德市文化娱乐场所消防安全试点达标创建活动动员会。全年出动人员1475人次，检查企业493家次，检查发现一般隐患36处，全部整改完成。

【文体市场综合执法】 2022年，英德市开展元旦春节期间文化和旅游市场专项执法检查，文化新闻出版市场专项检查，全国"两会"期间版权、出版物及网络市场联合专项整治行动，"扫黄打非·护苗"行动，打击整治养老诈骗专项行动，暑期文化和旅游市场集中执法检查，全市歌舞娱乐场所联合专项检查行动，重要节假日期间文化和旅游市场执法检查等行动；协助市"扫黄打非"办、市版权局开展2022年英德市"4·26"版权宣传周暨"绿书签行动"系列启动仪式活动。全年出动执法人员1238人次，检查出版物经营单位113家次、印刷厂22家次、网吧45家次、歌舞娱乐场所132家次、游艺娱乐场所33家次、旅行社（含旅行分社和旅行社服务网点）25家次、电影院7家次、景区48家次、民宿36家次。办理案件13宗，罚款金额6.07万元，查处无证经营KTV 12家次，处理投诉18次。其中办理出版物案件7宗，包括无证经营出版物1宗、销售非法出版物2宗、著作权案件4宗；办理游艺娱乐场所违规接纳未成年人案件1宗；查处游艺娱乐场所擅自实质性变更游戏游艺设备内容案件1宗；查处歌舞娱乐场所违规接纳未成年人案件1宗；查处歌舞娱乐场所超时经营违规案件2宗；查处高危险性体育项目（游泳池）在经营期间低于规定数量的社会体育指导人员和救助人员（救生员）案件1宗。 （李堂柚）

群众体育

【概况】 2022年，英德市举办社会体育指导员培训5期，培训人员319人次。通过举办各种线上线下群众体育比赛，指导体育单项协会、学校及各机关企事业单位开展体育活动，促进全民健身，提高全民体质。

【群众体育活动】 2022年6月，英德市举办2022年英德市"市长杯"暨壹基金足球项目小学组校园足球联赛总决赛；8月，举办全民健身日系列活动；10月，举办线上群众足球技能比赛。

竞技体育

【概况】 2022年7月31日—8月30日，英德市承接广东省第十六届运动会击剑、女子足球、棒球、垒球等项目的比赛任务，有14个地市代表队2262名运动员、333名裁判员和技术代表参加比赛。其中，7月31—8月17日，承办广东省第十六届运动会"中国体育彩票"竞技体育组棒球（甲、乙组）比赛；8月21—30日，承办广东省第十六届运动会"中国体育彩票"竞技体育组垒球比赛；8月18—26日，承办广东省第十六届运动会"中国体育彩票"竞技体育组击剑比赛；8月8—15日，承办广东省第十六届运动会"中国体育彩票"竞技体育组足球（女子乙B、U14组）比赛；8月9—17日，承办广东省第十六届运动会"中国体育彩票"竞技体育组足球（女子丁组）比赛；8月19—29日，承办广东省第十六届运动会"中国体育彩票"竞技体育组足球（女子丙组）比赛；8月20—30日，承办广东省第十六届运动会"中国体育彩票"竞技体育组足球（女子甲组·U17）比赛。

2022年8月，英德市女子足球队代表清远市参加广东省第十六届运动会"中国体育彩票"竞技体育组足球（女子丙组）比赛获足球女子丙组第八名、足球女子乙B组第七名；12月，英德市一中男子足球队参加2022年广东省"省长杯"青少年校园足球联赛（高中、中职组）全省总决赛获第六名；英德市一中女子足球队参加2022年广东省"省长杯"青少年校园足球联赛（高中、中职组）全省总决赛获第六名；7—11月，丘尚玉、陈淑贤、刘智文参加广东省第十六届运动会"中国体育彩票"竞技体育组柔道比赛分别获女子柔道57公斤级、女子举重49公斤级、男子举重81公斤级第一名；8月，黄坚苹、陈敏怡参加广东省第十六届运动会"中国体育彩票"竞技体育组手球比赛获女子手球第二名。

（李堂柚）

国家女子足球英德训练基地

【概况】 2022年，国家女子足球英德训练基地（以下简称"女足基地"）举办2021年的省棒球锦标赛（乙组）和省棒球锦标赛（甲组）比赛，承办广东省第十六届运动会女子足球、棒球和垒球项目赛事。

【赛事活动】 2022年1月2—3日，2021年广东省棒球项目晋升一级及二级裁判员考核培训班在女足基地棒球场举办。1月2—7日，2021年的省棒球锦标赛（乙组）在女足基地举办；5月19—25日，2021年的省棒球锦标赛（甲组）在女足基地举办；7—8月，女足基地承办广东省第十六届运动会女子足球、棒球和垒球项目赛事，承办省运会女子足球四个组别38支参赛队伍、棒球项目两个组别16支参赛队伍、垒球项目两个组别12支参赛队伍的比赛。

【校园足球】 2022年，女足基地利用自身资源支持校园足球发展，提供比赛、训练、培训等服务。单位教练员利用周末及节假日时间到英德市第一中学担任教练指导球员训练，协助学生队员进行日常训练，备战广东省中学生运动会足球比赛、"市长杯"等足球赛事；配合英德市文化广电旅游体育局工作安排，提供足球场地支持英城街中学足球队周末训练工作；向学校捐赠足球运动器材，将升级改造闲置的足球门赠给望埠镇第二小学。

【女足基地升级改造】 2022年，女足基地推进升级改造项目（二期）建设。新建一幢1.2万平方米体训综合楼，改造面积1800平方米的风雨运动馆，改造面积4000平方米的200米运动场，东区运动场改造面积1.5万平方米（含标准天然足球场1块），建设运动场周边配套设施改造及室外配套工程等。项目总投资7800万元，建设资金已申请到地方政府专项债券资金约6600万元，委托市代建中心采用工程总承包（EPC）模式实施，4月施工，前期优先完善赛事配套设施建设。　　　（刘桂花）

融媒体

【概况】　2022年，英德市融媒体中心（以下简称"市融媒体中心"）旗下平台累计生产、播出各类新闻信息和专栏节目1.9万多条，摄制专题片（汇报片）70部，内容涵盖党的二十大、抗洪救灾、疫情防控、反腐败正风肃纪、乡村振兴、文明实践、民生实事、公安司法等领域。执行直播13场，播出广播自办节目4万多分钟，播出电视剧（电影）2900集（部）。矩阵平台刊播、转载各类新闻信息、标语、短视频、公益广告等累计38万频次。

【党的二十大报道】　2022年，市融媒体中心成立党的二十大宣传报道小组，推出"喜迎二十大"特别报道、《学习贯彻二十大精神·专访》《学习贯彻二十大精神·时评》《学习贯彻二十大精神·英德在行动》《二十大报告一起学》等12个专栏，累计在市融媒体中心旗下矩阵平台的"头条首页"刊发二十大相关报道490多篇。宣传报道展示党的十八大以来，英德各行业、各领域在党的领导下取得的重大变革、重点突破、重大成就；展示英德市上下学习贯彻党的二十大精神生动局面，激励、鼓舞广大干部群众接续奋斗、勇毅前行，为实现英德高质量发展凝聚力量。

【融媒体中心宣传】　2022年，市融媒体中心开设《宣传阐释习近平新时代中国特色社会主义思想》《奋进新征程建功新时代》《讲政治、拼经济、惠民生》《坚决打通工作落实"最后一公里"》《乡村振兴》《创文在行动 英德在变化》《党旗飘扬，先锋引领》《汛情快报》等36个专栏，推出有高度、有温度、有影响的专栏新闻166条。累计刊播防汛救灾、疫情防控播新闻信息1000多篇，其中《背、托、拉……英德消防紧急转移凤凰小区群众》在英德发布抖音号、悦英德视频号分别有超1600万和307万浏览播放量；《张杨彬：困难是暂时的，市委市政府和你们在一起，我们能战胜这场洪水！》在英德发布抖音号有10万以上阅读量。

▲2022年6月28日，英德市融媒体中心开设《平安访谈——@英德街坊，这些养老诈骗及技巧，一定要让长辈们知道！》节目　　（市融媒体中心供图）

【节目调整】 2022年,市融媒体中心优化调整部分广播节目,新增一档对播节目《心花路放》和一档碎片式节目《居家孖宝》;创新播出形式,通过抖音直播传统节目,增加电台粉丝量;持续办好《平安访谈》《行风热线》等品牌栏目,提高广播影响力。电台全年累计播出原创板块栏目13个,播出原创节目时长4万多分钟。 (市融媒体中心)

有线广播电视网络

【概况】 2022年,广东省广播电视网络股份有限公司清远英德分公司(以下简称"广东广电网络英德分公司")设有综合部、规划建设部、市场营销部、网络运维部及工会5个部门,下设市区2站及9个中心站。截至2022年底,英德全市缴费主机用户6.23万台;高清互动用户3.2万台、宽带用户3.36万台、网关用户1.97万台、广电5G用户942户。全年经营总收入4419.62万元,全年净利润1万元,首次实现扭亏为盈。

【有线广播电视网络安全播出】 2022年,广东广电网络英德分公司成立迎接党的二十大安全播出、网络安全领导小组及办公室,落实日常维护检修工作,核心设备和重要设备与第三方签订维保代维合同,加强合同落实监管。加强对机房设备设施的巡检,按照省、市公司的管理程序和要求做好日常维保工作,确保设备的正常运行。加强演练,提升队伍的业务能力和应急反应能力。制定《迎接党的二十大安全播出、网络安全应急预案》。加强安全自查和大检查,加强网络隐患排查,落实整改措施。

【有线广播电视网络抗洪救灾复工复产】 2022年6月19日,英德市突遇特大洪灾,全市24各镇(街道)不同程度受灾,广播电视设施受损严重,多个镇站营业厅无法正常营业,损失300多万元,因灾受影响用户3.5万户。灾情发生后,广东广电网络英德分公司马上启动应急预案,成立防汛救灾工作小组,确保人员和机房设备的安全。抢通主干网络信号,分公司要求在确保人员安全的情况下尽可能保障传输,做到"电通到哪信号就通到哪",先后复通大站、连江口、黎溪、浛洸、大湾、九龙、西牛、英红站的主干光缆的传输,6月24日,24个镇(街道)信号全面恢复,县市联网传输正常。

【智慧广电平安英德治安视频监控传输系统项目】 2022年,广东广电网络英德分公司推进智慧广电平安视频监控传输服务系统项目建设,截至2022年底,全市有浛洸镇、九龙镇、英红镇等12个镇签订合同(合同期3或5年),建设不同功能的摄像枪2162支、鹰眼4个、高清液晶大屏20块,签约合同总金额1241.47万元。 (华小洪)

史志工作

【概况】 2022年,英德市史志办公室(以下简称"市史志办")开展革命遗址普查工作,并协助有关部门做好党史教育基地的资料更新工作。为《广东年鉴》提供英德部分文字资料850字、为《清远年鉴》提供英德部分文字资料1.08万字、彩页2页。12月,《英德年鉴·2022》由华南理工大学出版社公开出版发行。

【党史】 2022年，市史志办协助市委宣传部开展石灰铺镇的粤赣先遣支队突击大队和英西武工队旧址修缮工作，多次到现场作指导，并审核布展稿件资料；参加市委宣传部组织的党的二十大精神宣讲团活动，做好二十大精神宣讲工作；加强革命遗址普查，各有关镇报送遗址材料34个，其中东华镇26个、青塘镇1个、连江口镇1个、沙口镇3个、英红镇2个、横石塘镇1个。不定期为全市5个党史教育基地更新资料。

【《英德年鉴·2022》编纂出版】 2022年2月，市史志办启动《英德年鉴·2022》编纂工作，发出《关于做好〈英德年鉴·2022〉组稿工作的通知》；3—11月，市史志办组织编辑部成员开展年鉴编辑工作；12月，《英德年鉴·2022》由华南理工大学出版社公开出版发行，印刷800本。年鉴分彩页和正文两大部分，其中彩页部分设大事要闻，正文部分设年度关注、特载、专辑、大事记、英德概况等26个类目，下有183个分目、61个子分目、1382个条目，文字部分以条目为表现内容的基本形式，全书90.3万字。《英德年鉴·2022》围绕英德市委、市政府中心工作，服务英德市发展大局，按照"大事突出、要事不漏、新事不丢、琐事不记"的记事原则，突出亮点和特色，全面、系统、翔实地记述2022年英德市的自然、政治、经济、文化、社会等方面的基本面貌和发展情况，为社会各界和海内外人士了解英德、认识英德、研究英德提供基本的资料。

【镇志申报编修】 2022年，市史志办指导《中国名镇志·浛洸镇志》《九龙镇志》申报编修工作。《中国名镇志·浛洸镇志》完成初稿审核，在报广东省地方志办公室审核中。《九龙镇志》完成篇目的设计，在撰稿中。

【《清远名村系列丛书》编纂出版】 2022年，市史志办根据清远市史志办《关于征集〈清远名村系列丛书〉有关资料的通知》文件精神，2022年起逐年开展"清远名村系列丛书"4册的编纂、出版工作，2022年编纂出版《清远历史文化村》，2023年编纂出版《清远红色文化村》，2024年编纂出版《清远美丽乡村》，2025年编纂出版《清远特色产业村》。截至2022年底，已确定17个历史文化村，完成初稿。

【方志驿站建设】 2022年，市史志办开展方志驿站建设，在横石塘镇龙华村党史教育基地建设方志驿站，摆放有关省、清远、英德有关地方志书籍、地情书刊和地情信息书籍等34本。8月，方志驿站挂牌。

（张　锋）

档案工作

【概况】 2022年，英德市档案馆（以下简称"市档案馆"）馆藏纸质档案35.64万卷16.37万件，其中文书档案7.12万卷12.36万件、专业档案28.52万卷4.01万件；寄存档案3925卷28.15万件；馆藏图书资料9901册（本）；馆藏照片档案5022张，光盘190张，实物档案1125件。馆藏应数字化纸质档案数字化总量18.67万卷，占馆藏应数字化纸质档案总量的59.6%，达到平安清远建设档案馆馆藏应数字化纸质档案数字化量50%以上的要求，超额完成省档案局要求馆藏应数字化纸质档案量占比超80%（以2010年为基数）任务，占比312%。

【档案接收】 2022年，市档案馆实施档案移交进馆质量检查前置和照片档案按季度移交措施，举办线上档案和档案资料移交进馆培训班，开展档案资源调研工作。全年接收纸质档案5.31万卷1.84万件，其中接收疫情防控档案996件；收集图书资料115本（册）；收集整理照片档案1115张；接收实物档案10件。启动联山瑶族村过山瑶方言建档采集录制工作，完成口述历史档案《英德古村落那些事》录制工作，规划制定名人档案收集征集工作方案并按方案推进工作。

【档案安全保密管理】 2022年，市档案馆落实档案安全管理制度，以"二十防"标准定期开展库房安全巡查、档案安全保密检查和设备设施安全检查。组织档案和档案信息安全保密、消防安全培训各1次，组织防汛（水）、消防、数据灭失应急预案演练。按要求做好档案信息数据异质备份工作，定期开展档案信息化设备设施和档案数字化数据安全评估。实施馆藏档案实体安全监测。实施档案信息保密管理制度，没有出现泄密事件。

【档案利用】 2022年，市档案馆实行预约、来信、来函等便民查档服务，档案馆利用场所环境优化建设，做好政府公开信息和档案信息查询服务，全年接待来馆咨询和利用档案人员5572人次，查阅档案2.28万卷（件）次，利用档案资料47本（册/份），提供档案、资料复印件11.3万页。完成1996—1998年档案开放鉴定工作任务。落实档案数字资源共享工作，向市民政局、市退役军人事务局等单位提供数字化档案信息资源29.1GB。按季度编印当年《英德市大事记》，完成《英德革命斗争回忆资料汇编（下）》编辑工作，续编专题汇编5个。规范开展《档案馆指南》修编工作，指导各宗号单位开展《全宗指南》和全宗卷资料编撰工作。完成补充和完善展厅（室）布展工作任务，开展新一轮展厅布展资料收集工作。

【档案信息化建设】 2022年，市档案馆完成馆藏纸质档案数字化4.37万卷42.06万页，接收档案数字化副本557卷2.99万页。完成数字化电子目录（包含接收）20.45万条著录工作。完成新进馆照片档案数字化加工工作。举办数字档案馆建设培训班，开展数字档案馆建设调研工作。

【档案宣传教育】 2022年，市档案馆发挥档案馆爱国主义教育基地和英德市少先队校外实践教育营地（基地）功能作用，举办"喜迎二十大 争做好队员""2022年大学生走进英德——英德籍大学生返乡公益活动之英德发展"活动，接待党员24批次、接待中小学生2013人次。围绕"喜迎二十大·档案颂辉煌"国际档案日宣传主题，开展系列宣传活动。定期在微信公众号发布档案宣传信息，更新查阅大厅LED档案宣传内容。

（周亚环 林仙营 赖建子）

医疗卫生

编辑：阮关凤

卫生健康

【概况】 2022年，全市医疗机构总诊疗530.4万人次，比2021年上升10.8万人次、上升率2.03%；住院15.6万人次，下降0.6万人次、下降率3.8%。全市采血4985人次，采血量123.24万毫升。

2022年11月，浛洸镇中心卫生院通过二级甲等综合医院复审。12月26—28日，东华镇中心卫生院开展二级甲等综合医院评审工作，通过二级甲等综合医院评审。县域内住院率90.8%，位列全省第8，从2016年起连续六年达到85%以上，县域医共体达到紧密型标准，在清远市2021年度紧密型县域医疗卫生共同体绩效评价中位列全市第2；12月，通过2021年度省级健康县（市、区）技术评估，确认为"广东省健康县（市、区）"；6月，在2021年度全省47家中心卫生院综合评估情况的通报中，东华镇中心卫生院位列全省第3；在2021年清远市"优质服务基层行"活动中，浛洸镇中心卫生院达到推荐标准，九龙镇卫生院、连江口镇卫生院、大湾镇卫生院、望埠镇卫生院达到基本标准；2023年3月，被广东省精神卫生中心评为"2022年度广东严重精神障碍管理治疗工作先进县（市、区）"。

英德市2022年卫生事业主要指标统计

指　　标	2022年
医院（家）	10
综合医院	5
中医院	1
专科医院	2
专业机构	2
卫生院（家）	25
中心卫生院	2
卫生院	23
医疗机构床位（张）	4652
卫生技术人员（人）	5955

【新冠疫情常态化防控】 2022年，英德市卫生健康局（以下简称"市卫健局"）分片区组建12支流调队伍142人，全市单日单管最大核酸检测量1.66万管。全人群累计接种新冠疫苗227.44万剂次，全程接种覆盖率89.1%；60—79岁人群全程接种率98.1%；80岁以上人群全程接种率92.8%；60—79岁人群加强免疫接种率92.5%；80岁以上人群加强免疫接种率67%。处置"7·10""10·28""11·27"本地疫情，累计派出采样医务人员1.26万人次，累计采样339.17万人次。派出1914名医务人员支援惠州、东莞、广州、深圳及清远市其他县（市、区）处置疫情。接收本土集中隔离人员1.1万多人，支援广州市和清远市其他县（市、区）等涉疫人员转移隔离任务，接收外地隔离人员1894人（广州1582人、阳山87人、佛冈125人、清新100人）。疫情防控转段后，发热门诊（诊室）应开尽开，实施分级分类分片区诊疗；组建专家组实地巡诊会诊；购置救护车8辆，调配4名基层急诊科医生到市人民医院急诊科；调配紧缺药品，发放给各级各类医疗机构，使就诊病人"有药可用、用得对药"；调配呼吸机6台、心电监护3台到市人

民医院和市中医院，采购无创呼吸机7台；组建市妇幼保健院城南院区临时综合科，分流入院治疗的新冠感染患者。

【卫生基础设施建设】 2022年，市妇幼保健院迁建项目、市人民医院内儿科楼建设项目投入使用；市人民医院感染科大楼主体工程完工。英红镇卫生院新建综合业务大楼及职工周转房项目、沙口镇卫生院配套工程建设项目、黎溪镇卫生院项目工程均已完工，进入验收、结算等程序。

【医疗服务】 2022年，市卫健局做优做细医疗服务。在2021年三级公立医院和公立中医医院绩效考核中，市人民医院和市中医院绩效考核等级均为B级，市中医院排名全国第379位，市人民医院排名全国第827位。2021年12月，市人民医院获评为全国"2021年第二批综合防治卒中中心单位"，建设可转换传染病床35张和ICU病床6张。

【医共体建设】 2022年，市卫健局在医共体英东片区开展试点医共体双向转诊和分级诊疗模式。累计完成医共体内上转3533人次，下转5075人次，上转县外上级医院患者936人次。建立健全医共体内部人员流动和双向交流机制，选派24名优秀医疗人才到基层卫生院挂职副院长或科室负责人，从基层医疗机构选派7名院领导或医技人员到二级医院任院长助理或科室副主任跟班学习。实行医共体总医院统一聘任制度，医共体总医院聘任分院负责人34人，其中聘任正院长7名、副院长21名、解聘6人。

【公共卫生服务】 2022年，全市居民健康建档84.98万份，建档率90.3%。计划完成城乡妇女"两癌"免费检查8521例，截至2022年底，完成宫颈癌免费检查8542人，完成乳腺癌免费检查8542人。适龄女生乳头瘤病毒（HPV）疫苗接种人数6848人，第一针接种人数6732人。组织多部门联合新冠疫情防控应急演练2次；指导辖区大型会场、重点场所疫情防控工作或应急保障54次；开展隔离医学观察场所工作人员疫情防控工作培训11次；核实处理预警信息507条，核实处理率100%；处置传染性疾病突发公共卫生事件相关信息32起，调查处置未达突发公共卫生事件相关信息级别疫情54起，食源性疾病聚集性事件4起。推进消除艾滋病、乙肝、梅毒母婴传播试点项目和出生缺陷综合防控、残疾预防干预等工作。

【中医药服务】 2022年，市中医院有全国基层名老中医专家传承工作室1个，创建清远市名医工作室1个。全市25个基层卫生院全部设置中医馆，提供基本医疗、预防保健、中医适宜技术等一体化中医药服务。村卫生站配备艾条、拔罐、刮痧板、神灯（tdp治疗仪）、诊疗床等中医诊疗设备。全市25间乡镇卫生院总诊疗量达235万人次，中医诊疗量达88万人次，中医诊疗量占比37.5%。村卫生站370间，能够提供中医药服务的村卫生站341间，占比92.2%。

【卫生信息化建设】 2022年，市卫健局完成28家医疗机构的"医疗分册"数据整合工作，基本实现居民健康档案的检查检验、电子病历共享、调阅、动态更新。制定医共体信息化建设方案，申报国债资金解决医疗卫生信息化滞后问题，完成英德市医疗卫生共同体信息化建设项目立项。

【卫生人才队伍建设】 2022年，市卫健局采用"县招县管镇用"、自主招聘和简化紧缺人才引进程序等方式招聘编制医务人员203人，医院自主招聘合同制医务人员410人，招聘引进高层次人才11人。通过省卫健委"组团式"紧密型帮扶工作，广东省人民医院派出5名专家（第三批）到英德市人民医院，广州医科大学附属中医院派出3名专家到英德市中医院，清远市人民医院派出10名帮扶专家到东华镇中心卫生院驻点，做好"传、帮、带"工作。

【行业综合监管】 2022年，市卫健局查处职业卫生、公共场所卫生、医疗卫生等各类违法行为44宗，罚没金额116万元，结案率100%，案件处理零上访、零投诉。联合市慢性病防治医院（市职业病防治所）完成346家用人单位2.53万人的职业健康体检，其中岗前体检6628人，在岗期间体检1.79万人，离岗体检796人，发现职业禁忌证1250人，疑似职业病9人（疑似职业性尘肺2人、疑似职业性噪声聋7人），全部疑似职业病通过国家平台进行网络直报，重点职业病监测报送信息1.81万人。开展国家职业病危害项目系统申报，国家职业病危害项目申报系统显示，自2019年至2022年12月31日，全市共350家用人单位进行初次申报（其中2022年新增54家初次申报），均通过审核。监督检查用人单位136家，下达卫生监督意见书112份，立案7宗，罚款金额29万元，消除职业健康监督执法"零办案"情况。派出检查人员220人次，检查医疗机构70家次。落实医疗纠纷"第三者调解机制"建设和医疗责任保险制度，为全市公立医疗机构购买医疗责任保险，广东和谐医患纠纷人民调解委员会接全市医疗纠纷报案36宗，正式受理27宗，经调解结案20宗（其中签订调解协议9宗、签订和解协议3宗、患方放弃索赔7宗、调转诉1宗），进入调解程序7宗、排期中待调解11宗，为患方家属争取合理赔偿款51.1万元，结案率74%。

【计划生育利益导向机制】 2022年，市卫健局落实计生奖励优惠政策，发放五大奖励扶助金1756.84万元，为全市农村独生女、农村纯二女家庭8874人购买城乡居民医保，为3821户纯二女家庭、145户独生子女死亡、伤残家庭购买计划生育家庭安康保险，群众应享受各项计划生育优惠政策、资金兑现率100%。联合人寿保险公司开展银龄安康活动，政府支出131万元为全市60岁以上老人购买人身意外保险。2022年全市户籍人口124.38万人，出生1.15万人，一孩4409人、二孩4162人、三孩及以上2967人，出生率9.28‰，总和生育率1.24，男女性别比116.19。

【生育优质服务】 2022年，市卫健局构建"三孩"政策配套措施体系，开展孕前优生检查普法普治，实现婚前检查、孕前优生检查"一站式"服务。全市5647名新人参加婚前检查，免费领取叶酸9581人次，为8838对夫妇提供产前地中海贫血初筛服务，为7828名孕妇提供产前唐氏综合征筛查服务。

（郑彤璟）

疾病预防控制

【概况】 2022年，英德市法定报告传染病网络直报系统运转正常，审核传染病报告卡1.82万例，删除重卡807例，其中法定传染病1.62万例（742例已订正为其他疾病）。无报告甲类传染病；乙类传染病2888例，死亡32例；丙类传染病1.34万例，无死亡病例；其他传染病1929例。开展新冠疫情防控、沙口钉螺螺情应急处置工作、艾滋病防治、疟疾监测、碘缺乏病监测、血吸虫监测和慢性非传染性疾病防控、免疫规划、生活饮用水监测、学校卫生监测等工作。

【突发公共卫生事件处置】 2022年，英德市疾病预防控制中心（以下简称"市疾控中心"）开展"7·10""10·28""11·27"新冠病毒感染本地病例处置工作。6月，组织专业技术人员对洪灾后重点传染病疫情进行风险评估和提出防控工作建议，开展灾后消杀；派出228人次到受灾镇（街道），培训848人次，发放宣传资料1万多份；指导消毒受污染水源6878个，外环境消毒214.9万平方米；做好灾后生活饮用水监测，采集水样299份送中心实验室检测，检测8740项次；派出21人次开展灾后蚊媒密度监测，4人次指导临时安置点消杀及配合开展爱国卫生运动；派出28人次开展灾后钉螺整治区域的查螺监测和附近村民宣传教育工作，开展漂浮物打捞监测一次，累计查螺2.56万平方米；累计发放宣传礼品500多份、发放宣传折页1000多张。全市未接到因洪灾引起的传染病疫情报告。处理水质舆情事件2起，调查处理"6·12"英德市城区生活用水出现严重质量问题水质舆情事件；"10·26"稀美资源（广东）有限公司排放污水造成井水、自来水污染，饮用水不能饮用舆情事件。

【新冠疫情防控】 2022年，英德市累计报告初筛阳性个案4.73万例；累计报告新冠病毒感染病例270例，其中阳性检测（无症状感染者）221例、确诊病例49例（轻型47例、普通型2例）。累计追踪到密切接触者4186名、次密接者2945名。收到多地新冠疫情协查函件或流调任务1766份（推送协查2542人次），累计处置英德本地疫情、排查推送人员及疫情事件相关人员1.07万人，重点场所区域排查25.86万人。对集中隔离场所、污水处理厂、医疗废物处置公司，以及医疗机构、农贸市场、监管场所、娱乐场所等十二类重点场所工作人员及环境物品开展新冠病毒常态化监测1.08万份，其中人员2881人、污水和环境7895份，检测结果均为阴性。组织开展疫情防控应急演练3次，参与演练279人次；联合市卫生健康局组织流调溯源队员80多人开展桌面演练及技术培训班1期；开展医疗机构疫情防控工作培训3次，培训254人次。流调骨干队员40多人分别参与广东省、清远市流调溯源视频培训各1期。开展隔离酒店专班工作人员及相关单位培训16次，培训790人次。派出97人次到重点场所开展疫情防控督导、工作指导评估或应急保障等工作。派出33人次支援西藏、广州、清城、阳山等市县疫情处置工作。

【新冠病毒疫苗接种】 截至2022年12月31日，英德市累计收到上级下拨新冠病毒疫苗234.17万剂次，累计接种227.44万剂次。全市全人群第一针接种率91.3%，全程接种率89.1%。其中3—17岁人群第一针接种率105%，全程接种率101.7%；18—59岁人群第一针接种率92.5%，全程接种率91.2%；60—79岁人群第一针接种率94.9%，全程接种率91.6%；80岁及以上人群第一针接种率为81.1%，全程接种率70.6%。54.66万人完成新冠疫苗加强免疫，加强免疫接种完成率90.3%。

【钉螺疫情处置】 2022年，市疾控中心开展螺区灭螺后效果监测、扩散风险监测、国家点监测、省点监测、省评估、交叉查螺、"6·18"特大洪灾钉螺应急监测环境520次，查螺环境面积228.61万平方米，实查面积90.94万平方米，均未查获钉螺。在沙口镇细埗大坑、四寮组竹桥坑开展水下诱螺监测2707.42米，未诱获钉螺。在沙口镇梁屋大坑下段沉螺池开展漂浮物钉螺监测，完成查螺监测9次，打捞漂浮物94千克，未查获活钉螺。监测往返血吸虫病现疫区流动人口210人，血清学检查结果均为阴性；采集新鲜牛粪100份，进行血吸虫虫卵和毛蚴孵化检查，未发现血吸虫毛蚴。对沙口镇原流行村6岁以上常住居民采用血清学方法筛查血吸虫病305人，完成率101.7%（305/300）。指导沙口镇政府对原有螺环境开展巩固性灭螺114环境次，用药物1197千克，灭螺面积45万平方米；协同清远市、韶关市、曲江区开展2次现场巡查工作。

【疫情信息处置】 2022年，市疾控中心核实处理预警信息507条，核实处理率100%；报告传染性疾病突发公共卫生事件相关信息32起；调查处置未达突发公共卫生事件相关信息级别疫情54起。审核全市食源性疾病病例监测报告卡，审核病例183例，识别疑似聚集性病例30起，其中4起接到开展流行病学调查指令开展现场调查工作，26起开展电话调查，核实为食源性聚集性疾病29起，排除食源性疾病1起。

【免疫规划】 2022年，市疾控中心组织落实好全市免疫规划工作，冷链系统运作正常，疫苗均达国家要求（详见下表）。

1岁组免疫规划疫苗接种率 （单位：%）

年份	BCG（卡介苗）	PV3（脊灰疫苗第3剂）	DTaP3（百白破疫苗第3剂）	MMR1（麻腮风疫苗第1剂）	HepB3（乙肝疫苗第3剂）	JE1（乙脑疫苗）
2022	99.70	99.74	99.74	99.84	99.80	99.72

2—6岁组免疫规划疫苗接种率 （单位：%）

| 年份 | 2岁组 | | | | | 3岁组 | 4岁组 | 6岁组 | |
	MPSV-A2（A群流脑多糖疫苗第2剂）	HepA（甲肝疫苗）	MV2（含麻疹成分疫苗第2剂）	DTaP4（百白破疫苗第4剂）	JE2（乙脑疫苗）	MPSV-AC1（AC群流脑多糖疫苗第1剂）	PV4（脊灰疫苗第4剂）	DT（白破疫苗）	MPSV-AC2（AC群流脑多糖疫苗第2剂）
2022	99.80	99.76	99.80	99.78	99.77	99.71	99.86	99.75	99.72

【预防接种异常反应监测】 2022年，英德市报告疑似预防接种异常反应（AEFI）个案90例，经核实调查，55例属预防接种一般反应、12例属预防接种异常反应、23例属偶合症，及时调查处理率100%。其中报告接种新冠疫苗后发生的AEFI个案42例，

经核实调查，21例属预防接种一般反应、6例属预防接种异常反应、15例属偶合症，及时调查处理率100%。

【疫苗可预防传染病监测】
2022年，市疾控中心开展脊髓灰质炎、麻疹/风疹、疫苗可预防细菌性疾病和乙型脑炎等传染病监测工作。按现就诊地和录入日期报告AFP监测病例10例；按照报告地区浏览和录入日期报告疑似麻疹/风疹病例49例，经调查和实验室检测均为排除病例；对既往未检测HBsAg，或结果不详的乙肝病例开展抗-HBcIgM 1∶1000检测，送检51例，经中心实验室检测，其中21例为阳性，30例为阴性；未报告流行性脑膜炎、百日咳和乙型脑炎病例。

【麻腮风疫苗查漏补种及评估】
2022年5月16—23日，市疾控中心到东华等5个镇开展儿童免疫规划疫苗接种率调查及适龄儿童麻腮风疫苗查漏补种评估，全市摸排在册的麻腮风疫苗查漏补对象7.19万人，其中需补种1526人次，已完成补种1464人次，补种率95.9%。

【艾滋病防治】 2022年，市疾控中心落实HIV/AIDS病例管理，报告HIV/AIDS新发病例134例，死亡56例。随访居住在英德市的HIV/AIDS病例，新发病例首次随访应随访134人，已随访134人，首次随访率100%；HIV/AIDS病例应随访880人，已随访853人，随访率96.9%。全市累计报告现住址为英德市的艾滋病病毒感染者/艾滋病病例1389例（确诊艾滋病病例530例），其中存活艾滋病病毒感染者/艾滋病病例880例，累计死亡509例。全年HIV检测17.11万人次数，确证阳性数127人。艾滋病吸毒人群哨点监测完成调查问卷426人，采集血标本426份，HIV抗体阳性（既往）4人，梅毒抗体阳性14人，HCV抗体阳性87人。开展监管场所羁押人员HIV监测和干预工作，采集血标本416人，确证阳性1人。艾滋病自愿咨询检测378人，6人HIV抗体确证阳性；CD4＋T淋巴细胞检测201人次，转介HIV/AIDS病例142人接受抗HIV病毒治疗。完成扩大检测5.38万人次，其中公共场所服务人员扩大检测626人次，老年人扩大检测4.56万人次，婚前检测7490人次，扩大检测结果筛查阳性人数52人，确证阳性数24人。完成公安临时抓捕卖淫嫖娼人员HIV检测184人（卖淫人员109人，嫖娼人员75人），HIV抗体阳性0人，梅毒抗体阳性10人，HCV抗体阳性1人。

【禽类市场外环境监测】 2022年，市疾控中心采集禽类粪便、污水、笼具涂抹、宰杀台面涂抹等标本40份，检测显示A型通用阳性19份，阴性21份，其中H5亚型阳性3份、H9亚型阳性10份、H5＋H9亚型阳性5份、未分型1份。辖区未发生人感染禽流感病例。

【鼠密度监测】 2022年，市疾控中心累计在大湾镇上洞村及田心村居民区布笼600个，鼠密度0%（0/600）；在大湾镇上洞村及田心村的附近山林、田野布笼600个，鼠密度2.2%（13/588）；在大湾镇捕捉和解剖老鼠302只，无菌条件下采集鼠肺、鼠肾、鼠脾、鼠耳、鼠全血标本1510份。对302份鼠血进行钩体病及出血热抗体检测，钩体病抗体均为阴性，出血热抗体阳性32份，其他均为阴性；

对302份鼠肾进行钩体病抗体检测，均为阴性；对302份鼠肺进行出血热抗体检测，130份为Ⅱ型阳性，其他均为阴性；对302份鼠内耳进行恙虫病抗体检测，结果均为阴性；对302份鼠脾进行恙虫病抗体检测，结果为5份阳性，其他均为阴性。

【疟疾监测】 2022年，全市各哨点医院累计血检535人，未检出阳性患者；累计复检血片62片，复核结果均一致。

【碘缺乏病监测】 2022年，市疾控中心完成200名儿童监测工作，经测定儿童甲状腺肿大率2.5%（5/200），碘盐覆盖率100%（200/200），碘盐合格率96%（192/200），尿碘中位数为168.65 μg/L，＜20 μg/L者0人；完成100名孕妇监测工作，碘盐覆盖率100%（100/100），碘盐合格率97%（97/100），尿碘中位数为187.1 μg/L，≥150 μg/L者70%（70/100）；累计开展全覆盖居民生活饮用水监测2624份。

【病媒监测】 2022年，市疾控中心在英德市24个镇（街道）开展登革热和寨卡病毒病媒介伊蚊监测467个点，其中伊蚊幼虫密度（布雷图指数法BI）监测点442个，存在高密度监测点5个、中密度监测点2个、低密度监测点8个、符合防控要求点427个；伊蚊成蚊密度（诱蚊诱卵器法MOI）监测点238个，其中存在高密度监测点1个、中密度监测点2个、低密度监测点4个、符合防控要求点231个。全市未发现重症登革热病例，登革热病毒NS1抗原筛查175例，阳性2例，样品送清远市疾病预防控制中心检测复核，反馈结果为阴性。

【慢性非传染性疾病防控】 2022年，市疾控中心开展居民健康档案管理、高血压、糖尿病患者管理和老年人健康管理工作。全市常住人口94.13万人，累计建立电子健康档案84.57万份，建档率89.8%；居民规范化电子健康档案覆盖人数77.87万人，覆盖率82.7%；65岁及以上常住人口10.93万人，接受健康体检人数7.36万人，老年人规范健康管理服务人数6.77万人，服务率61.9%。全市高血压任务数3.66万人，高血压患者已管理6.1万人，任务完成率166.7%，其中规范管理3.91万人，规范管理率64.1%，血压控制满意4.47万人，血压控制率73.3%；全市糖尿病任务数1.49万人，Ⅱ型糖尿病患者已管理1.64万人，任务完成率109.9%，其中规范管理9960人，规范管理率60.7%，空腹血糖控制满意1.12万人，控制率67.9%。

【死因监测】 2022年，英德市29个医疗机构报告死亡个案7795例，粗死亡率6.46‰；各医疗单位死因报告率100%，全市审核率100%。

【肿瘤监测】 2022年，英德市新发肿瘤1487例，肿瘤死亡1754例，其中新发病例含病理诊断1032例，病理诊断率69.4%，支气管、肺恶性肿瘤为英德市高发肿瘤，报告257例，占2022年度新发肿瘤的17.3%，其次为肝和肝内胆管恶性肿瘤，报告150例，占2022年度新发肿瘤的10.1%。

【水质监测】 2022年，广东省饮用水水质监测设置监测点80个，其中城区市政供水监测点16个、乡镇集中式供水监测点64个，各监测点每个季度监测1次，全年监测水样320份；用户水龙头水质监测设置监测点38个，各监测点每个季度监测1次，全年监测水样152份；农村饮水安全工程水质监测879宗工程，已监测工程860宗、水样1720份，19宗工程因缺水或管网损坏无法采样监测；市区云山水厂、城区新供水工程（英红、横石塘、锦潭水库）水质监测采样256份。国家双随机监督抽检自来水厂出厂水14份，合格14份，合格率100%；二次供水3份，合格3份，合格率100%。

【公共场所监测】 2022年，市疾控中心按照国家双随机监督抽检方案监测，其中美容美发30处，检测样品150份，合格129份，合格率86%；旅业23处，检测样品230份，合格211份，合格率91.7%；候车室1处，监测点数2点次，合格点数2点次，合格率100%；游泳池水监测22处，检测样品63份，合格56份，合格率88.9%；餐具4处，样品48份，合格48份，合格率100%。

【学校卫生监测】 2022年，市疾控中心开展学生近视等常见监测工作，监测学校7所，其中小学2所、初中2所、高中1所，幼儿园2所，监测学生2383人。监测学校教学环境15所，其中双随机监测10所，学生常见病监测5所。9所示范学校（高中2所、初中3所、小学3所、幼儿园1所）开展因病缺勤网报工作，对监测产生预警事件均已按要求处理。

【宣传教育】 2022年，市疾控中心通过各平台发布原创稿件25篇，转载184篇；结合各种宣传日开展宣传教育活动和健康知识讲座16次；举办英德市死因监测和慢性病管理等基本公共卫生服务项目工作技术培训班、2022年基本公共卫生服务项目培训班、预防接种知识线上培训班及新冠疫情防控技术培训班等28期，培训1779人次。

【检验检测设备】 2022年，市疾控中心完成实验室升级改造，实验室面积从690平方米增加至1370平方米，其中二级生物安全实验室从80平方米增加至228平方米。新增1台PCR仪，核酸检测能力从1440管/日上升到2160管/日。新配置ICP-MS 1台，提升饮用水中金属项目检测能力。

（邝少丽）

卫生监督

【概况】 2022年，英德市卫生监督所（以下简称"市卫监所"）完成监督服务单位3806间次，监督检查公共场所2146间次，各类医疗卫生单位1369间次，企业128家次，中小学校99所次，生活饮用水62间次，卫生监督覆盖率100%。成立元旦、春节、"五一"、国庆节，高考、中考期间，市人大和市政协"两会"等重大活动卫生保障工作领导小组，监督检查辖区内公共场所、学校等场所卫生安全。查处职业卫生、公共场所卫生、医疗卫生等各类违法行为44宗，罚没金额116多万元，结案率100%，保持案件处理零上访、零投诉。

【传染病卫生监督】 2022年，市卫监所根据《传染病防治法》《基本医疗卫生和健康促进法》《医疗机构管理条例》，定期或不定期监督检查医疗机构法定传染病疫情报告，开展经常性监督检查和专项整治。开展医疗机构新冠疫情防控专项督查，要求未按规定落实防控措施的29家医疗机构停业整顿；市卫监所和市检察院、市市场监督管理局联合执法，对全市65家经营单位开展消毒产品专项检查，立案查处1宗违法行为；落实《医疗机构依法执业自查管理办法》，开展二级医疗机构依法执业自查系统使用督查。

【公共场所卫生监督】 2022年，市卫监所履行公共场所疫情防控卫生监督职责，开展美容美发场所新冠疫情防控专项督查，未按规定落实防控措施的60间美容美发场所停业整顿；摸排全市美容美发从业人员信息，每周督促从业人员完成核酸检测，周检率和场所码申报率100%。检查各类公共场所2146间次，立案查处8宗，罚没金额2.45万元。

【卫生监督协管建设】 2022年，市卫监所开展镇（街道）卫生监督协管站规范化建设，完成协管辖区监督信息公示建设和卫生监督协管员在岗年度培训。开展国家卫生健康监督协管员报告信息系统的使用培训和考核，实现卫生监督协管"巡查上报""线索上报""档案管理"和"回访任务"现场线上直报，完成卫生监督管理和信息采集工作下移。

【无证行医打击】 2022年，市卫监所到各村（社区）排查无证行医场所，将取缔场所通报当地政府，立案查处无证行医15宗，罚没79万元。联合市公安局、市市场监督管理局打击非法行医，行动中发现的药品非法流通线索1宗，已移送市市场监督管理局、涉嫌非法行医罪案件1宗，已移送公安部门。9月，召开无证行医没收药械集中销毁现场会，销毁药品2.49吨，医疗器械42台。

【生活饮用水卫生监督】 2022年，市卫监所开展生活饮用水卫生监督专项检查，重点检查21个镇级以上供水单位卫生管理，5家供水单位不符合卫生许可发证条件，已函告当地政府。开展农村集中式供水单位卫生管理现状调查，检查25个"千吨万人"供水工程和179个"百吨千人"供水工程，指导日常卫生监督管理。

【学校、幼儿园卫生监督】 2022年，市卫监所开展学校春、秋季学期中小学生安全返校疫情防控卫生监督，指导学校做好测温登记、校园消毒等疫情防控措施，要求学校落实晨午检、因病缺勤等制度；定期开展校园周边环境整治安全行动，与市场、文广等多个部门联合整治，确保中小学校周边200米内无电子游戏经营场所等娱乐场所和无证行医或以人流、性病治理业务为主的诊所；做好中高考疫情防控卫生监督工作，落实考点内饮用水卫生、试室等场所的疫情防控措施，监督中小学校99所次。

【职业卫生监督】 2022年，市卫监所落实职业卫生分级分类工作，举办3期企业负责人及管理人员职业卫生分级分类培训班，培训400多人。开展重点职业病危害治理、乙酸甲酯暴露所致职业中毒等专项整治工作，检查企业128家，下达卫生监督意见书102份，立案查处违法行为7宗，罚款29万元。

【"双随机"监督抽检】 2022年，市卫监所落实国家随机监督抽查计划，增加监督范围和监督数量，完成国家双随机任务176个，完成率100%。开展部门联合双随机抽检工作，与市市场监督管理局共同完成全市4家影剧院"双随机、一公开"专项监督抽查。

（汪 岩 梁雄灿）

爱国卫生

【概况】 2022年，英德市爱国卫生运动委员会组织各镇（街道）、各单位开展环境综合治理和除"四害"[老鼠、苍蝇、蚊虫、蟑螂（蜚蠊）]病媒生物防治工作。组织全市性环境卫生整治活动、爱国卫生专项活动9次。全市创建省卫生村187个、省卫生行政村1个，清远市卫生村229个、清远市卫生行政村68个。

【国家卫生城市创建】 2022年，英德市创建国家卫生城市工作领导小组办公室（以下简称"市创卫办"）根据《国家卫生城市标准》《国家卫生城市技术评估量化考评表》以及省级和国家级明查暗访、考核评估等一系列应检流程，指导各职能部门推进创建国家卫生城市工作。市创卫办不定期组织督查组检查农贸市场、学校、"四小"行业、餐饮单位、背街小巷等重点场所，并对存在的问题发出整改函3份，均已限期落实整改。

【健康促进】 2022年，市区月桂湖公园、市人民公园、浛洸镇党建广场等场所增设"健康加油站"，在大湾镇小联村、浛洸镇党建广场、汉威泰公司设置"健康伴人生"趣味知识综合转牌。开展24个镇（街道）1352户家庭健康素养、健康危险因素和烟草流行入户调查，调查数据在分析中。结合"健康中国行"主题，组织健身活动、健康巡讲和健康主题文化活动。组建健康教育专家团队指导开展工作和培训基层健康教育骨干，开展健康素养巡讲5场、职业病预防讲座3场、健康咨询活动277场，举办各类健康知识讲座1816场，惠及青少年、公务员、企业从业者、老年人、慢性病患者等人群6.3万多人次。

【病媒生物防控】 2022年，英德市爱国卫生运动委员会办公室实施以环境治理为主、药物治理为辅的综合防制措施，组织全市性环境卫生整治活动、爱国卫生专项活动9次，灭鼠行动2次，聘请专业消杀公司在建成区农贸市场及周边居民区、公园、广场、垃圾收集点、公厕、垃圾压缩站等重点场所安装老鼠毒饵站5600多个，在市区公园、广场、主干道等外环境开展常态化病媒生物消杀行动。（郑彤璟）

市重点医院简介

【英德市人民医院】 2022年，英德市人民医院（以下简称"市人民医院"）门、急诊量95.1万人次（不含单独核酸门诊量）；出院患者4.03万人次，抢救危重患者6022人次；出院患者总手术人数1.4万人，出院患者手术占比34.7%，微创手术占比14%，四级手术占比11.6%。3月，总建筑面积3.8万平方米，集英德市120急救指挥中心、内儿科及急诊业务用房于一体的地上16层，地下1层的内儿科大楼投入使用。

专科建设 2022年，市人民医院组织泌尿外科、骨科、重症医学科、心血管内科等科室参与广东省重点建设专科申报及现场评审工作。胸痛中心被广东省卫生健康委确定为广东省首批县级心血管病防治中心。

人才培养 2022年,市人民医院30位医疗人才成功申报高级职称,其中申报主任医师8人、副主任医师14人、副主任药师1人、副主任护师7人。

新技术新项目 2022年,市人民医院开展英德首例单孔胸腔镜肺癌根治术、英德首例房颤射频消融+左心耳封堵"一站式"治疗新技术,开展高难度TIPS手术(经颈静脉肝内门腔分流术)、脊椎内镜微创技术、颊针治疗等新技术、新项目。

科研建设 2022年,市人民医院获国家实用新型专利15项、广东省卫生健康适宜技术推广项目1项、广东省医学指令性科研立项1项、广东省中医药局科研立项1项、"创新清远"科技进步二等奖一项、清远科研带资金立项2项;通过清远市科技局结题验收12项、通过清远成果鉴定4项;发表论文194篇,其中SCI论文2篇,国家级论文98篇、省级论文93篇。

惠民利民 2022年,市人民医院开展志愿活动117场,累计5539人次参加;开展医疗帮扶13次、便民义诊2次、健康知识讲座18次;医院微信公众号缴费实现医保即时报销。

三甲创建 2022年,市人民医院落实市委、市政府指示精神,开展三级甲等医院创建工作,通过评审专家培训指导4次。

抗洪救灾 2022年6月21日,英德市启动防汛Ⅰ级响应,市人民医院感染科出现险情,医院38位住院患者及家属转移到内儿科5楼。期间,医院派出医护人员11人,为3个群众安置点、北江抗洪救灾现场、血液透析患者开展医疗保障,诊治群众69人,转运1人;派出医护人员21人,为抗洪一线187名消防员和支援英德复电的427名外来电力工程人员进行核酸采样;派出干部职工72人次开展江湾防洪堤段巡防。

疫情防控 2022年,市人民医院在"7·10疫情"中开展涉疫地区紧急医疗救治386人次,六大种类特殊人群医疗救治199人次;组建27个核酸采样队,派出1500多人次,参加市区5次大规模核酸采样28.5万人次,开展患者和职工

▲2022年11月21日,英德市人民医院举行关心关爱外派支援抗疫工作人员慰问座谈会 (市人民医院供图)

的核酸采样4万多人次；派出公共卫生医师5人，协助市疾控中心做本地疫情流调工作；派出医务人员7人，支援隔离酒店医疗、消杀和感控督导。在"10·28"疫情中，市人民医院承担临时管控区医疗救治任务，接诊群众89人次，收治住院治疗5人次。

12月，市人民医院党政领导班子每日开展"疫情防控和医疗救治工作交班会"，制定中、西药协定处方，提前做好单人份药包，缩短就诊时间，发热门诊度过单日就诊量997人次的高峰；重症医学科、儿科、呼吸内科、发热门诊等重点科室，提前做好统筹安排；结合实际制定新冠病毒感染诊疗方案及临床路径；做好小分子抗病毒药物的储备和使用的培训；从专区收治新冠患者到分区收治、全院收治新冠患者，最大限度地提供医疗救治，提高救治成功率。

（谭秋娴　陈晓芬）

【英德市中医院】 2022年，英德市中医院（以下简称"市中医院"）门诊诊疗49.14万人次，收治病人2.23万人次，完成各类手术5552例，完成健康体检4.81万人次。首次参加国家三级公立中医医院绩效考核（2021年度），得分625.19分，考核等级B级，居全国第379位，其中满分指标13个。

专科建设　2022年，市中医院推动治未病科、针灸科、中医适宜技术推广中心建设；推动胸痛中心创建，常态化开展急性胸痛救治应急演练和全员心肺复苏培训。全年完成手术397台，比2021年度增长28.1%，其中支架植入术154台，全部符合胸痛中心录入要求。成功开展软镜结合输尿管负压引鞘碎石取石术、胸腔镜下的肺癌根治术、胸腔镜下的肺叶楔形切除术、胸膜肿瘤切除术、胸腹腔镜下的食管癌根治术等多项新技术。

疫情防控　2022年，市中医院完成清远市非新冠隔离人员就诊指定医院后备医院和清远市新冠疫情亚（准）定点救治医院建设并投入使用；参与"7·10""10·28"疫情核酸采样，累计派出医务人员1575人次，完成核酸采样50.99万份；组建应急核酸采样队，累计派出159人次支援广州花都、东莞、惠州、清城等地核酸采样工作；派出医护人员18人次支援广州南沙医院、从化方舱医院新冠病人医疗救治和广州健康驿站医疗救治；派出67人参加英德市级及以上流调39次；完成市中医院东门、新天地及月桂湖便民采样点核酸采样115.15万人次、市场环境和物品1000多份。12月，防疫重点转向医疗救治，市中医院17个病区均承担起新冠患者医疗救治工作。

人才培养　2022年，市中医院引进硕士研究生3人，全日制本科规培医生4人；10名卫生专业技术人员通过卫生系列副高级职称评审，1人通过高级会计师评审；利用广州市中医医院和清远市人民医院帮扶契机，组织院内业务培训；举办省、市级继续教育项目13项，举办《中医药适宜技术推广培训班》《中医护理适宜技术推广培训班》，培训卫技人员830人次。

惠民生　2022年，市中医院选派6名技术骨干下沉镇级卫生院，其中高级职称医师4名，接收5名卫生院医务人员进修、2人挂职；6月流感和特大洪水灾害期间，无偿提供中医协定处方，指导卫生院使用中医中药治疗及预防；承担救灾期间多个安置点救治任务，派出医务人员25人次，处置病人150人次；英州杏林公益金支出6.27万元；举办健康公益讲座16场，下乡义诊13次。（杨泽茂 陈秀媚）

【英德市妇幼保健院】 2022年1月24日，经市编办批复，英德市妇幼保健计划生育服务中心更名为英德市妇幼保健院；7月30日，挂牌"广东省生殖医院英德分院"；10月17日，英德市妇幼保健院（以下简称"市妇幼"）城南总院搬迁试用；12月25日，产前诊断中心通过评审；12月25日，市妇幼加入英德市120医疗救治网点。全年门诊量18.99万人次；住院7296人次；业务收入8621.48万元。

学科建设 2022年1月，市妇幼开设高危儿专科门诊、生长发育专科门诊；3月，开设内科门诊；10月，开设外科门诊。

孕产妇和0—6岁儿童管理 2022年，市妇幼辖区孕产妇在孕期接收5次及以上产前随访服务人数6759人，产后访视人数7686人，孕产妇死亡0例。全市新生儿访视人数7897人；7岁以下儿童保健管理人数8.63万人；全市婴儿死亡数28人，5岁以下儿童死亡数50人。

妇幼公共卫生管理 2022年，英德市5647人进行婚前医学检查，婚检率59.4%；7408人进行孕前优生检查，孕前优生检查覆盖率65.8%；9581人领取免费叶酸，领取叶酸人数占比99.95%；孕产妇艾滋病、梅毒、乙肝检测人数8318人，HIV检测完成率、梅毒检测完成率及乙肝检测完成率均为100%；8542名城乡妇女进行"两癌"（乳腺癌、宫颈癌）筛查，"两癌"筛查任务完成率100.3%。

出生缺陷综合防控 2022年，市妇幼为8838对育龄夫妇提供产前血常规初筛服务，为2445对夫妇提供血红蛋白分析服务，为499对夫妇提供地贫基因诊断服务，携带同型地贫夫妇产前地贫基因诊断率93.4%；为7772名孕妇提供产前唐氏综合征筛查服务，诊断出18、21三体综合征9例，产前进行干预，干预率100%；为孕妇提供孕期超声结构畸形筛查服务1.41万人次，诊断结果异常5人，均在产前进行干预。为8424名新生儿提供遗传代谢病筛查服务，筛查率98.9%。
（何思敏）

【英德市慢性病防治医院】 2022年，英德市慢性病防治医院（英德市精神卫生中心、英德市职业病防治所）（以下简称"市慢病医院"）门诊诊疗9.1万人次，出院2003人次。

学科建设 2022年，市慢病医院优化心理精神科门诊设置，划分普通精神科门诊、睡眠门诊、心理咨询和治疗门诊；推广改良性电抽搐治疗、经颅磁刺激治疗和VR心身减压训练辅助治疗。肺科开展气管镜检查295例，选派医生到深圳三院进修支气管镜检查操作和耐药肺结核诊治。皮肤性病科新增CGF（浓缩生长因子及CD34+）项目，推广痤疮治疗、光子嫩肤、腋臭治疗、面部祛斑除皱等美容项目，形成皮肤病治疗为基础、皮肤美容相结合的专科特色。职业健康监护科对辖区内346家企业2.53万人进行职业健康检查，其中上岗前体检6628人，在岗期间体检1.79万人，离岗体检796人，发现职业禁忌证1250人，疑似职业病9人（其中疑似职业性噪声聋7人、疑似职业性尘肺2人）；协助开展培训及指导企业建立健全职业卫生档案，重点指导职业病危害分类严重的企业；建立完善职业健康监护工作，承担全市重点职业病的监测和报告工作。

项目管理 2022年，市慢病医院减免精神科贫困住院患者相关费用，推进精神分裂症患者长效针剂注射工作，全市24家基层卫生院开设精神卫生门诊，完成药物采购。开展社会心理服务体系建设，9月30日和英德中学合作启动中学生心理健康干预项目；市精神卫生中心配合市委政法委、市教育局和市教调委开展"心理健康进学校"工作，制定实施"学校—社会心理服务站-精神卫生机构"三级转介机制，接学校转介的学生案例208例，完成处置208例。接诊可疑结核病人795例，查痰725例，初诊查痰率91.2%，确诊管理活动性结核患者356例；终结结核项目2022年前期组织5次研讨会议，8月22日印发项目实施方案，开展基于社区的"二筛二治一隔离"强化策略终结结核综合防治措施。报告性病1743例，其中梅毒411例，生殖道衣原体感染968例，尖锐湿疣161例，生殖器疱疹68例，筛查梅毒11.26万例。麻风病现症病人2例，患病率0.2/10万，2022年新发1例，疑似病例642例，转诊到位187例，转诊到位率38.6%。

职业病防治 2022年，市慢病医院协助市卫健局和安全生产协会举办基层监管人员培训、企业主要负责人和职业卫生管理人员培训班8期，培训1300人。指导企业开展职业病危害申报，自2019年至2022年12月31日，全市共350间企业进行初次申报（其中2022年新增54间初次申报），均通过审核。重点职业病监测职业健康指标常规监测率≥95%，完成英德市40名职业性尘肺病患者随访工作并录入系统，开展重点职业人群职业卫生培训。监测25间重点企业工作场所职业病危害因素，并上报监测数据。

疫情防控 2022年，市慢病医院在做好院内感染控制基础上加强培训演练，落实一人一档。配合上级完成核酸采样，包括大规模核酸采样、学校、市场、"三人小组"上门采样、隔离酒店驻点、粤运汽车客运站落地检驻点、高铁英德西站落地检标本转运、人民广场核酸便民采样点、英德市重点场所采样检测、涉疫人员转运、广州健康驿站（清远）等工作，累计派出医务人员6000人次，成立院内流调小组，支援全市及外市多地流调工作。 （罗济伦）

【洽洸镇中心卫生院】 2022年，洽洸镇中心卫生院（以下简称"卫生院"）是粤北地区首家镇级二级甲等综合医院，完成门诊诊疗27.01万人次，比2021年下降4.4%；入院人数1.32万人，比2021年下降17.1%；出院人数1.32万人次，比2021年下降17.2%；完成各类手术3882例，比2021年增长3.4%，其中大手术2531例，比2021年下降3.6%；医技科室项目检查50.02万人次，比2021年下降14.7%。卫生院业务总收入1.04亿元，比2021年下降8.2%。3月29日，卫生院通过国家卫健委评审验收。

2022年，卫生院开展处方点评、医疗质量月分析评议、医院感染控制、服务质量考评等医疗质量管理活动；落实术前讨论、风险评估、患者知情和风险告知制度；开展整顿医疗秩序活动。

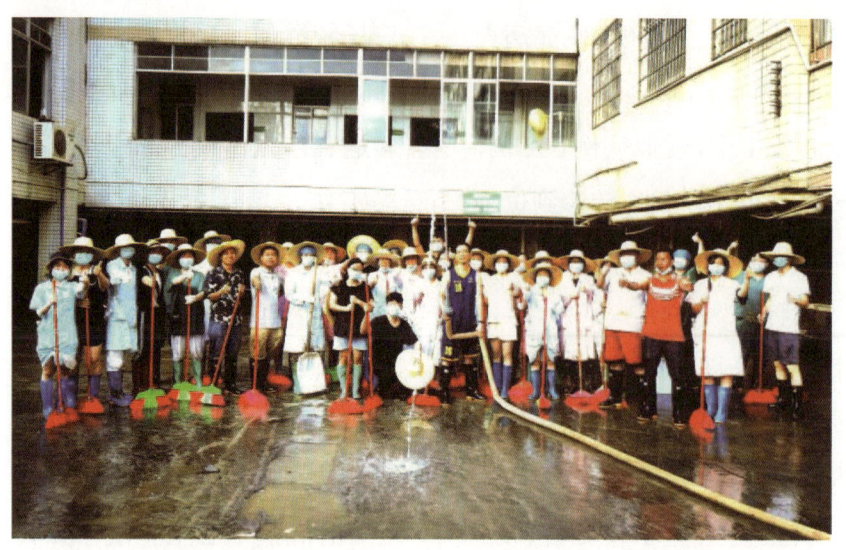

▲2022年6月26日，英德市浛洸镇中心卫生院干部职工参与灾后清淤行动
（市浛洸镇中心卫生院供图）

2022年，卫生院举办健康教育宣传咨询活动12场、镇级健康教育讲座12场次、村级健康教育讲座78场次，派发50种1.27万份健康教育宣传资料；完成辖区居民建立电子健康档案人数5.86万人；做好死因网络报告、儿童保健管理、孕产妇管理、老年人保健、慢性病管理、重性精神病管理工作、传染病及突发公共卫生事件报告和处理、卫生监督协管、肺结核患者管理、中医药健康管理服务、家庭医生签约服务等工作。（温碧莹）

【东华镇中心卫生院（英德市第二人民医院）】 2022年，东华镇中心卫生院（英德市第二人民医院）（以下简称"卫生院"）门急诊量29万人次，比2021年增长27.6%；出院人数1.84万人次，增长2.6%；完成手术6173例，增长13.2%；医疗业务总收入1.43亿元，增长12%。全年未发生重大医疗事故和安全生产事件。

二级甲等综合医院创建 2022年，卫生院按照《二级综合医院评审标准实施细则》开展工作，汇编制度书籍11册，完成资料1000多盒。12月26—28日开展二级甲等综合医院评审工作，一次性通过二级甲等综合医院评审。

医院升级改造 2022年，卫生院增设老年医学科、康复医学科、临床化学检验专业等二级科目17个；落实院长行政查房，执行临床医保偏离值考核；落实18项医疗核心制度及专项安全管理制度，院、科两级全面培训；推进临床路径和单病种质量控制，提高入径率；推进临床合理用药，落实处方点评制度；探索运用持续改进（PDCA）及品管圈（QCC）管理工具开展优质护理。

疫情防控 2022年，卫生院组建英东片疫情防控流调队伍，派出31支医疗队，412人次参加核酸采样、医学隔离观察、方舱医院救治工作，出动1231人次进行密接人员的处置和大数据推送人员的核酸采样，组织4次东华镇全员大规模核酸检测，采样核酸人数356.4万人次。

基本公共卫生服务 2022年，卫生院更新健康教育宣传专栏内容172期；开展镇级健康咨询活动9场次，接受咨询495人次；开展镇（街道）级健康教育知识讲座114场次，接受健康教育5250人次；发放健康教育资料5945份；建立居民档案5.71万份；完成0—6岁儿童体检7168人；65岁以上老年人接受健康管理4985人；规范管理精神病人228人，传染病报告及时率100%。（林雪勤）

社会生活

编辑：胡瑞芬

人力资源和社会保障

【概况】 2022年，英德市人力资源和社会保障局（以下简称"市人社局"）推进就业创业、技能培训、人才人事、社会保障、劳动关系等工作，全市新增就业9053人。

【稳就业促创业】 2022年，市人社局坚持就业优先政策，帮助城镇失业人员实现再就业3369人，促进创业652人。发放就业创业补贴1065.34万元。解决农民、贫困户、退伍军人创业融资难问题，发放58笔创业贷款3812.5万元。7—9月，举办第七届英德市"英州杯"创新创业大赛。9月，完成户外招聘市场建设。举办"2022年英德市'南粤春暖'——乡村振兴巡回招聘会""直播带岗招聘"、大学生"雁归"计划专场网络招聘会、"2022年百日千万网络招聘专项行动"等就业招聘活动；举行"线上＋线下"招聘活动92场，提供岗位3.9万个次，服务各类求职人员约60万人次。

【劳动保障】 2022年，市人社局依法处理答复12345政务热线1049条，核查处理答复全国欠薪平台813条线索，涉及1225人1299万元；化解各类来访、投诉案件83宗，为797名劳动者追回欠薪1374万元。劳动仲裁调解立案处理435宗（其中集体案件5宗），结案428宗，结案率96.2%，调解和裁决金额1406.43万元。基层劳动人事争议调解委员会调解案件862宗，涉及劳动者人数2330人，涉案金额4740.89万元。全市案件调解率75.7%。维护劳动者工伤权益，作出工伤认定620宗，开展7期劳动能力鉴定会，工伤初次鉴定309人、其中评定伤残等级302人。处置广东粤北联合钢铁有限公司因停工停产而产生与员工解除劳动关系的问题。做好劳动关系的稳控，监测和服务企业裁员，指导确需裁员企业依法裁员，保障劳动者权益。

【社会保障政策落实与监督】 2022年，市人社局开展风险"排查""清查""清数"和"筑墙"行动，防范社保基金安全风险。完成涉嫌虚构"死亡时间"骗取企业职工养老保险一次性死亡待遇的80条疑点数据核查、11条失业保险疑点数据信息核查。做好失业保险稳岗返还工作，为3994家市场主体返还金额1162.8万元。做好被征地农民养老保障工作，解决10多年来被征地农民的养老保障留存资金分配历史遗留问题，涉及16.37万人1.56亿元；建立正常报批发放机制，全年新报批建设土地项目7批次，被征地农民6794人养老保障资金分配金额1560.37万元，全部获清远市的审核意见书并已发放。

【职业技能提升培训】 2022年，市人社局指导英德市职业技能培训机构开展线上＋线下的技能培训服务，完成技能提升补贴性培训3133人次,发放补贴资金316.05万元。新增职业资格或职业技能等级证书人数2393人,其中高级工以上职业资格或职业技能等级证书163人。指导英德市职业技术学校完成744人次在校生职业技能认定,支持引导有条件的企业加强对工人的技能培训及开展企业技能等级认定,4家企业获批开展职业技能等级认定资质,新增"广东技工"获证1470人。推荐英德市粤菜人才认定清远市星级"粤菜师傅"8人,其中三星级和二星级分别有1人。"英德特色茶香菜"被列入广东省"广府风味菜烹饪"专项能力考试内容,组织英德特色茶菜培训16期530人次。6月,举办2022年英德市特色菜式技艺大赛,推动本土特色美食烹饪技艺交流。9月,制作《宴会英州》宣传片,申报清远市首批特色菜名厨1人、名店2间、名品菜式3个。12月,举办首届"广清杯"清远"南粤家政"技能大赛公益训练营活动,推进"南粤家政"工程高质量发展。7月,成功申报《英德市制造业技能"工匠"培育孵化工程》"起航计划"项目,争取每年培养本土人才1500人次。抓茶产业特色人才培训,争取乡村振兴有关专项资金60万支持开展茶产业特色人才培训计划。开展茶叶拼配、茶叶店经营与管理、特色茶菜培训等11期,培训272人次。

▲2022年8月19日,市人社局在连樟村省级"粤菜师傅"培训基地开展特色茶菜精品培训班授课现场　　　　　(市人社局供图)

【人才人事】 2022年,全市24个镇级乡村振兴人才驿站完成集体授牌并正常运行。开展事业单位人事人才工作,全年招聘事业单位工作人员319人,为英德市吸纳一批优秀教育、医疗人才。做好职称评定工作,新增高级职称265人、中级261人、初级687人。发动用人单位参加全国博士后创新创业大赛、清远市创新驱动产业发展高端人才交流会等活动。全市建设有博士后工作站1个,博士后创新实践基地2个,广东省博士工作站10个。5月18日,根据《关于在广州市胸科医院等224家单位设立广东省博士工作站的通知》文件,省人力资源和社会保障厅批复同意在英德市科恒新能源科技有限公司设立广东省博士工作站。

【第七届英德市"英州杯"创新创业大赛】 2022年7月29日,启动"奋进新征程 扬帆创业梦"第七届(2022年)英德市"英州杯"创新创业大赛,9月28日举行决赛及颁奖仪式。大赛设置团队组和企业组两大组别,统筹兼顾不同领域、各具代表的创业团队、项目及个人,总奖金高达10.9万元。大赛吸引30多个企业和团队报名，有 13 家企业和 11 个团队符合参赛资格。评选出 13 个优秀项目晋级决赛，有科技含量高、发展潜力大的高精尖项目，有原创性强、接地气的原生态项目，有网络、直播带货、服务实体经济的新业态项目，评选出"九龙豆腐""农业品牌创新建设"等 11 个获奖项目。大赛推动粤北地区的创新驱动，激发青年群体的创业热情，在粤北地区掀起"双创"热潮。（谭教欢）

医疗保障管理

【概况】 2022 年，英德市医疗保障局（以下简称"市医保局"）主要承担全市医疗保险、生育保险、医疗救助、大病（补充）医疗保险及基金监管等职责。有下属事业单位 1 个（英德市医疗保障服务中心）。

【医疗保障改革】 2022 年，市医保局推进医保支付方式精细化改革。在定点医疗机构按病种分值结算办法的基础上，按照"总额控制、结余留用、合理超支分担"原则完善英德市医保基金支付方式。全面实现省内和跨省异地就医，全市有 34 家定点医疗机构对接异地结算平台，与全国超 3 万家联网结算医疗机构实现直接结算。落实国家医保谈判药品"双通道"机制。英德市 2 家定点零售药店被确认为清远市国家医保谈判药品"双通道"协议管理定点零售药店。

【医药服务管理】 2022 年，全市药品采购总金额 3.14 亿元，平台线上采购金额 3.09 亿元，线上采购率 98.4%；医用耗材采购总金额 3.01 亿元，平台线上采购金额 2.82 亿元，线上采购率 93.7%。合理调整医疗服务项目价格，在不增加患者负担前提下，结构性调整基本医疗服务项目 264 项，其中降低价格 103 项，提高价格 161 项，按病种分值补偿不足项目作降价调整，范围涵盖放射治疗类、手术治疗类等，项目单项拟降价幅度最高 20%。

【医疗救助】 2022 年，市医保局救助城乡困难群众 22.77 万人次，基本医疗费用支付金额 1.31 亿元，大病补充支付金额 2516 万元，医疗救助支付金额 6845 万元。资助全市建档立卡贫困人口 5.06 万人参加 2022 年度城乡居民医疗保险。

【疫情救治保障】 2022 年，市医保局加强对疫情防控所需药品、新型冠状病毒感染核酸检测相关医用耗材集团带量采购和使用情况的动态掌握，确保相关药品、医用耗材的正常供应。开展定点零售药店的"哨点"巡查工作，全年巡查定点零售药店 308 家，责令限期整改 2 家，暂停医保服务协议 3 家。

【基本医疗保险扩面提标】 2022 年，市医保局完成基本医疗保险参保人数 105.57 万人次，超额完成清远下达的任务。其中职工医保参保人数 14.45 万人、城乡居民医保参保人数 91.12 万人，基本达到医疗保障全覆盖。

【医保基金监管】 2022 年，市医保局检查辖区内定点医药机构 361 家次，暂停定点零售药店医保服务协议 3 家，责令定点医药机构和个人退回违规使用的医保基金 146.10 万元。实施行政处罚 21 宗，罚款 106.49 万元。（梁立群）

民 政

【概况】 2022 年，英德市有城市低保对象 1535 人，农村低保对象2.14万人，发放低保金1.33亿元；有城市特困供养人员143人，农村特困供养人员4067人，发放特困供养金5500.08万元；有困难残疾人和重度残疾人2.36万人，发放残疾人"两项补贴"6146.2万元；有孤儿87人，发放孤儿保障金134.72万元；有事实无人抚养儿童470人，发放事实无人抚养儿童保障金288.76万元；截至2022年底，有80岁以上老年人2.78万人，2022年累计发放高龄老年人津贴1171.39万元。

【基层政权】 2022年，英德市有24个镇（街道）299个村（社区），有村（居）委会成员1151名。男干部749名，女干部402名，其中女村（居）委会主任32名。村（社区）党组织书记、村（居）委会主任、村（社区）经济组织负责人三个"一肩挑"100%，"两委"干部交叉任职比例100%。有村（居）务监督委员会299个，村（居）务监督委员会成员972人。依法开展正常离任村干部信息采集工作，有正常离任村干部6446名，按照《清远市正常离任村干部生活补助方案（试行）》，对满足条件的人员发放生活补助2865万元。

【地名管理】 2022年，英德市民政局（以下简称"市民政局"）执行《广东省地名条例》和《广东省建筑物住宅区名称管理规定》，依法对"富钧楼"等12处建筑物及镇级路街巷进行命名、更名和调整使用范围的批复，并依法在清远市公共信息管理平台进行挂网公示。开展国家地名信息库质量建设行动，审核国家地名信息库系统专项数据质量建设，审核修改地名信息1.23万条。

【社会组织管理】 2022年，市民政局执行国务院《社会团体登记管理条例》和《民办非企事业单位登记管理暂行条例》，办理社会组织登记管理，全市登记社会组织437家，社会团体161家，民办非企业单位276家；新成立登记17家，注销登记24家，变更登记37家。

【婚姻登记】 2022年，市民政局依据《中华人民共和国民法典》和民政部关于贯彻落实《中华人民共和国民法典》中有关婚姻登记规范的通知等有关法律法规，坚持依法依规办理婚姻登记，办理各类婚姻登记1.11万宗，其中结婚登记5204宗，离婚登记申请2867宗，实际办理离婚登记1985宗，补领结婚证928宗，补领离婚证130宗，涉外婚姻登记业务51宗。

【收养登记】 2022年，市民政局按照《中华人民共和国民法典》和《中国公民收养子女登记办法》依法办理收养登记3宗，其中生父母有特殊困难无力抚养子女的1宗、三代以内旁系血亲子女的2宗。

【殡葬管理】 2022年，市民政局执行国务院《殡葬管理条例》，落实惠民政策，全年遗体火化7738具，免除殡葬基本服务费930万元，火化率100%。

【社会救助】 2022年，英德市城市低保标准每月人均877元，农村低保标准每月人均670元；城市特困人员供养标准每月人均1403元，农村特困人员供养标准每月人均1072元。全市城乡低保对象有3万人，发放低保金1.33亿元；城乡特困供养人员有4363人，发放特困供养金5524.06万元。

发放日常护理补贴466.72万元，住院护理补贴588.58万元；实施临时救助491人，支出救助金额125.42万元；救助长期滞留流浪乞讨人员72人，接收疑似精神病人7人，帮助寻亲成功17人，支出各类救助经费234万元。

【慈善事业】 2022年，英德市慈善会依据《中华人民共和国慈善法》和《英德市慈善会章程》开展慈善公益工作，全年筹集善款4106.41万元，慈善事业支出3838.03万元。英德市重大疾病关爱基金全年救助298人，支出436.29万元。

【社会工作人才】 2022年，英德市有社工机构7家，登记注册社工134人，全市设24个社工站，服务点84个，设置社工岗位347人，实现社会工作服务站（点）100%覆盖、困难群众和特殊群体社会工作服务100%覆盖。

【福利彩票】 2022年，英德市有福利彩票投注站48个，销售福利彩票约5300万元，筹集福利彩票公益金400万元。 （林文星）

退役军人事务

【概况】 2022年，英德市退役军人服务中心被评定为省级五星级服务中心，英城街道、大站镇、英红镇、望埠镇、桥头镇、横石塘镇、水边镇、东华镇被评定为省级五星级镇（街道）级服务站，西牛镇、九龙镇、黄花镇、石牯塘镇、白沙镇、大湾镇镇、下砵镇、大洞镇被评定为省级四星级镇（街道）级服务站，沙口镇、黎溪镇、连江口镇、横石水镇、青塘镇、石灰铺镇、浛洸镇、波罗镇被评定为省级三星级镇（街道）级服务站，实现创建全国示范型和省级服务站全覆盖。

【退役军人服务保障体系建设】 2022年，英德市退役军人事务局（以下简称"市退役军人事务局"）指导退役军人服务站建设，推进全国示范型村级退役军人服务站的工作，打造特色服务站。

【退役军人志愿服务体系建设】 2022年，英德市退役军人事务局发挥退役军人特别是党员退役军人"退役不退志，退伍不褪色"的模范带头作用，全市50支退役军人志愿服务队组织、发动退役军人志愿者参与疫情防控、无偿献血、新型冠状病毒感染疫苗接种、防汛抗洪、创文等志愿活动和社会治安、环境保护等公共服务。

【双拥模范城创建】 2022年，市退役军人事务局常态化完善更新户外双拥宣传，制作并寄送春节慰问信2万多份，印发双拥宣传挂历1万多份；完成30个烈士纪念设施整修任务，294个零散烈士墓迁入陵园集中保护，迁移集中保护率从21%上升到89%，获得省退役军人事务部门的通报表扬；升级网络祭扫平台，为"我们的节日·清明"主题教育活动提供阵地保障；按一人一档建立烈士信息库，提交610名烈士的完整档案资料；为339名烈士家属发放"9·30"烈士公祭日慰问金16.95万元；为149名在读高中、中专、大专、本科等烈士后裔发放助学金62.3万元。

【拥军慰问关爱】 2022年，市退役军人事务局在春节、八一期间组团慰问来英驻训部队，关心关爱功臣，为立三等功以上现役军人家庭送喜报；为在部队立功受奖的军人发放立功受奖奖励金11.73万元。

【优抚服务】 2022年，市退役军人事务局按时足额发放各种定补和抚恤金3423.89万元，发放老年生活补助1238.28万元，为676名优抚对象提供医疗费用"一站式"结算服务核报医疗费用69.11万元，对103名优抚对象进行医疗大病救助22.12万元。为8名残疾军人办理评残及换证手续，为16名2014年未办证的烈士家属补办烈士证明书手续。开展建档立卡和优待证申领工作，全市应建档立卡人数预计2万人，系统录入95.5%，已办好优待证1.71万，占比89.95%。

【转业安置】 2022年，市退役军人事务局做好转业士官安置工作，为4名符合条件的满12年的转业士官在局里专设岗位开展安置前适应性岗位培训，10月15日前如期完成2021年底及2022年下达的13名符合政府安排工作的转业士官安置任务，依时足额发放军转干等生活补助约210万元；协调1名随军家属安置到市教育部门工作，发放随军家属未就业生活补助金1.4万元；主动协调举办退役军人就业专场招聘会15场。

【退役军人应急救助】 2022年，市退役军人事务局申请19例省级应急救助，金额约72.51万元；有64名困难退役军人获《英德市退役军人应急救助暂行办法》救助，救助金额约40.54万元。

【退役军人就业帮扶】 2022年，市退役军人事务局与市人力资源和社会保障局组织举办15场退役军人就业专场招聘会，参会企业38家，为退役军人提供就业工作岗位1631个。发动组织15名有就业需求的退役士兵参加清远市退役军人事务局举办的专场招聘会；指导创建清远市级退役军人创业孵化基地。

【退役军人信访维稳】 2022年，市退役军人事务局受理上级转办信访案件10宗，办结10宗。做好春节、清明、"五一"、两会等重要节点的退役人员信访稳定工作。

（覃军宇）

应急管理

【概况】 2022年，英德市发生各类生产安全事故（以下简称"事故"）27起，死亡27人，受伤8人，直接经济损失约122.05万元；成功防御4轮强降雨、2轮冰冻灾害和6个台风，其中6月中下旬"暹芭"台风与"6·22"洪灾同时出现，导致24个镇（街道）不同程度受灾，受影响人口约40万人，临灾转移14.2万人，经济损失43.12亿元，没有造成人员伤亡。全市发生森林火灾25宗，均为较大以下森林火灾，未造成人员伤亡事件。

【安全生产】 2022年，市应急管理局提请市委常委会和市政府常务会议听取研究安全生产专题汇报28次、组织承办全市各类安全生产会议38次。印发《英德市党政部门及驻英有关单位安全生产工作职责》《英德市安全生产责任落实年工作方案》《英德市安全生产大检查工作实施方案》等方案，总结"安全生产述职报告会"等经验做法，截至2022年底，全市排查企业1.91万家次，出动5.74万人次，排查出一般事故隐患1.59万项，已整改1.49万项，整改率93.7%。开展重点监管领域安全生产责任落实、安全生产专项整治三年行动、一企业一监管台账和安全生产大排查工作，截至2022年底，全市应急系统排查企业1673家次，排查出隐患2509项，已整改2425项，整改率96.7%。开展化工园区整治提升、危化品安全风险集中整治等专项工作，责令停产、停业企业9家次，立案处理9家，注销安全生产许可证2家。开展非煤矿山安全生产风险分级等专项检查，责令停产企业10家次，注销安全生产许可证7家，提请市政府关闭非煤矿山16座。开展钢铁、金属冶炼、液氨制冷行业企业等专项检查行动，责令停产企业14家次，立案查处工贸企业15家。开展烟花爆竹"打非"联合排查执法行动，检查烟花爆竹批发、零售企业214家次，立案处理非法经营烟花爆竹行为4宗。优化执法检查和行政审批服务，整合监管单位检查计划16个，实现30项审批服务事项"零跑腿"，全年执法工作日3242天，监督检查工作日390天，行政立案47宗，罚款金额421.76万元。

【防灾减灾救灾】 2022年，市应急管理局建立并落实三防会商、灾害天气预报预警联动等制度机制，累计启动防汛、防冻、防风Ⅳ级及以上应急响应15次，持续971.5小时，召开防强降雨、防台风、防冰冻灾害等会商会议100多次，应急值班抽查检查140多次，实现全年自然灾害零伤亡。"6·22"超百年一遇洪灾期间，召开会商研判会议85次、视频调度59次、接听咨询求助类电话800多个。对接全省各地应急救援队伍500多支，协助全省应急管理系统调配车辆、通讯装备1000多辆次支援。统筹全市灾后复工复产工作和冬春受灾群众救灾工作，坚持每周例会推进全倒户、严损户房屋重建修缮工作，220户受灾群众已住进新房。完成全市第一次自然灾害综合风险普查，广清一体化森林火灾应急能力建设项目投入1000万元，配备森林消防水车、指挥车等车辆10辆，无线电通讯自组网（移动基站）6套，背负式水枪、风力灭火机一批。累计投入597万元完成299个行政村（社区）防灾减灾建设，投入789万元采购对讲机、卫星电话、冲锋舟、橡皮艇等应急物资采购。督促推进全市42万多用户完成低压漏电保护器安装。统筹开展重点时期森林防火工作和森林火灾多发镇整治，打造英德森林防灭火六条措施及"网格化、台账化、责任化"工作经验，处置森林火灾25宗。

【应急体制机制建设】 2022年，市应急管理局完成《英德市防汛防旱防风防冻应急预案》等多个综合性应急预案及专项应急预案修订，完成24个镇（街道）应急管理"四个整合"，应急一键通应用活跃人数超过6000，推动完成市镇村三级1152人应急集群网组网工作，初步建立起市镇村三级应急指挥体系。推进全市153个庇护所、41个防灾减灾物资仓库规范建设，牵头开展防汛一张图建设，推动市综合应急救援队伍营房、人员和装备标准化建设，完成45人市应急综合救援大队直属中队的组建，成功支援韶关始兴、梅州兴宁、阳山、连州等地多次扑火任务，并纳入省应急管理厅森林扑火机动队，1月，被省委宣传部、省应急管理厅授予"2021广东最美应急集体"称号。

【宣传培训教育】 2022年6月，市应急管理局开展"安全生产月"等宣传教育活动，累计音频宣传5000次，发放宣传折页近5万份、宣传物资1.5万份，举办英德市2022年安全生产月启动仪式暨企业职工安全生产工作技能大赛，推动安全生产和防灾减灾宣传教育"五进"（进单位、进学校、进企业、进社区、进家庭）系列活动，累计培训企业主要负责人737名、安全管理人员1070名。制作宣传教育短片3个。1月，印发《英德市安全生产领域举报奖励实施办法》畅通举报奖励渠道，累计发布11宗生产安全违法案例。打造并推广"应急宝宝"宣传作品和"应急先锋之歌"等15个原创设计作品，6月，参与广东省第二届应急管理优秀宣传作品征集展播活动，获包括一等奖在内的16个奖项，被省应急管理厅、省委宣传部评为优秀组织单位。

（陈小红）

关心下一代工作

【概况】 2022年，英德市关心下一代工作委员会（以下简称"市关工委"）开展青少年思想道德系列主题教育活动、农村创业青年培训、特殊群体关心关爱活动等。

【主题教育活动】 2022年，市关工委联合市文明办、市教育局、市检察院、市团委、市妇联、市融媒体中心等部门，制定并印发《英德市2022年开展青少年"中华魂"（中华好家风）主题教育活动方案》《关于开展"老少同声颂党恩，携手喜迎二十大"主题教育实践活动的通知》《关于组织青少年儿童参加"2022年广东省少年儿童践行社会主义核心价值观主题征文活动的通知"》。在"中华魂"（中华好家风）主题教育活动中，有32.75万人次学生参加"六个一"活动；有6214名学生代表参加向烈士陵园、纪念碑、墓地敬献花圈、花篮活动；有6.3万名学

▲英德市在北江英城流域举行2022年防汛应急演练

（市应急管理局供图）

生通过文明网祭奠革命先烈。有2.43万名学生参加"2022年广东省青少年儿童践行社会主义核心价值观主题征文活动",评出一等奖征文353篇、二等奖征文692篇、三等奖征文1027篇,送省参评征文77篇;有8.83万名学生参加主题演讲、主题朗诵比赛,其中4424名学生进入决赛,1410名学生获奖;开展"新时代好少年"宣传学习和评选,评出"新时代好少年"1516名,其中获英德市2022年"新时代好少年"荣誉称号15名。在"老少同声颂党恩,携手喜迎二十大"主题教育实践活动中,组织40批(次)1.06万名学生代表参观鱼湾苏维埃政府旧址纪念馆、龙华红色村英德龙华革命斗争史展示中心、金造起义革命斗争展览馆;组织2551名新团员、8328名新少先队员到红色基地举行入团、入队宣誓仪式;开展110场(次)"党史学习月"活动,有8.25万名学生、4825名教师、181名"五老"人员参加党史学习,有8.83万名学生参加"传讲红色故事"活动,有3923名学生进入党史知识问答竞赛、红色故事演讲决赛,1192人获奖。在"关爱明天,普法先行"及安全教育活动中,举办《家庭教育促进法》大讲堂活动53场次,参加活动的家长、监护人4.98万人,师生5.05万人;联合教育、政法部门推出《英德市加强家庭学校社会协同育人工作实施方案》,开展禁毒、反校园欺凌、预防性侵害未成年人的"春风行动",受教育学生38.57万人次;开展防灾、交通安全、防溺水教育活动1527场(次),受教育学生11.36万人次;建立安全巡查组(队)585个,组(队)员2649人。

【好事实事】 2022年,市关工委组织"五老"联合共青团、妇联、社工等志愿者7005人进村入户家访3.63万户,向其中的3081户特殊群体未成年人户发放72.75万元帮扶解困金,赠送1515个"爱心书包"和1515套学习文具;为全市农村中小学校捐资购送《青少年关爱系列图书》2800本;组织"五老"1415人开展63场(次)"端午节"等中华优秀传统文化纪念活动;为4.04万名青少年儿童、3.01万名家长传扬优秀传统文化知识;组织647名特殊群体未成年人参加10个夏令营开展的益智益德活动,丰富暑假学习生活;开展奖教奖学活动,奖励师生3256人,奖金185.06万元。

【创业青年培训和跟踪服务】 2022年4月25—26日,市关工委在西牛镇举办有71名麻竹笋专业合作社理事长及种植、营销大户参加的"麻竹笋扩量提质塑品牌"培训班;6月8—9日,在英红镇田江村龙头影"英九庄园"举办"茶产业标准化规模化产业化发展"培训班,93名学员参加,听取"广东大西牛农业科技股份有限公司"总经理陈肯锐作《麻竹笋概说及高产栽培技术研究》讲座,"英九庄园"中央智能茶厂厂长、高级工程师黄文定及总经理王光平作《茶叶种植技术,茶叶加工技术》《英德红茶、英红九号历史及由来,数字化转型,营销与销售》讲座,参观"电商新零售体系展示厅","中国英德红茶摇篮""国家第五批工业遗产"红旗茶厂,"智能生态茶园""中央智能茶厂"。

【宣传报道】 2022年,市关工委编辑出版自办刊物《英德关心下一代工作动态》《校外教育辅导学习资料》各4册,分发全市关工委组织、市四套班子领导、校外教育辅导站，并赠送给省关工委，韶关市关工委、汕头市关工委、清远市关工委及其8个县（市、区）关工委交流；编辑《英德市关心下一代工作（2014年1月—2020年12月）》《英德市关工委农村创业青年联谊会专辑》两部英德市关心下一代工作史料丛书；邀请新闻媒体记者参加重要工作活动采访12场（次），形成的相关资料、信息被新闻媒体鉴用的有9篇（件）；征订2023年度《中国火炬》417份、《秋光·关心下一代》639份。 （陈永宏）

水利移民

【概况】 2022年，英德市核定水库移民人口6.63万人，其中大中型水库移民人口6.11万人，小型水库移民人口5227人，分布在17个镇（街道）。大中型水库6座，分别是飞来峡水利枢纽、白石窑水电厂水库、长湖水库、枫树坪水库、锦潭水库、空子水库，移民人口主要涉及英红镇、大站镇、英城街道、东华镇、横石塘、黎溪镇、连江口镇、沙口镇、石牯塘镇、水边镇、望埠镇、西牛镇、石灰铺镇13个镇（街道）；小型水库10座，分别是大迳水库、东风水库、古道迳水库、黄花水库、鹿颈水库、树山水库、双鱼潭水库、寺前水库、新村水库、黄洞水库，移民人口主要涉及波罗镇、大洞镇、大湾镇、横石塘镇、黄花镇、沙口镇、石灰铺镇、望埠镇、西牛镇、英城街道10个镇（街道）。

【水库移民后期扶持】 2022年，英德市核减死亡或嫁外省大中型水库移民人数336人，发放大中型水库移民直补到人资金4.54万人、2715.06万元；核减死亡或嫁外省小型水库移民人数34人，发放小型水库移民补助资金359.99万元。2022年全市投入6824万元，在水库移民区实施建设生产生活道路硬底化、陂头灌渠、自来水建设、美丽乡村建设等基础设施工程项目81宗，改善水库移民区生产生活条件。12月，英德市水利移民工作办公室（以下简称"市水利移民办"）举办系列"粤菜师傅"移民技能系列培训班，培训移民200多人次。配合广东省水利厅委托的第三方重点监测评估英德市大中型水库移民后期扶持政策实施情况，编制形成监测评估报告，为全面评估英德市后期扶持政策的实施效果提供数据支撑和实施后期扶持工作提供指引。

【水库移民村家园建设】 2022年，市水利移民办组织实施《英德市水库移民村美丽家园行动方案》，英红镇田江村龙头影组通过整合移民资金和其他行业资金，完善村中基础设施并落地"英九庄园"等农业产业、休闲农业、乡村旅游项目，打造美丽家园精品村。连江口镇城樟社区淡地村民小组将新村成功打造成美丽家园精品村，其旧村通过流转引进的"野渡谷民宿"成为网红打卡点，移民群众通过在项目基地务工和分红取得较好的经济收益和社会效益，将美丽乡村转变为美丽经济。

【水库移民村亮化工程】 2022年，市水利移民办为黎溪镇、连江口镇、西牛镇等未安装路灯的移民村安装650盏太阳能路灯。 （梁传异）

社会保险

【概况】 2022年，英德市有

48.5万人参加城乡居民社会养老保险。城镇职工基本养老（含机关养老保险）、失业、工伤保险参保36.6万人次，三项基金总收入（含机关养老和职业年金）18.6亿元，总支出24亿元。城乡居民养老保险收入（包括各级补助资金）3.84亿元，支出3.78亿元。

【企业职工养老保险】 2022年，全市14.4万人参加企业职工养老保险（含企业离退休人员3.9万人）。企业职工养老基金收入10.4亿元，支出11.2亿元，保证企业离退休人员养老金按时足额发放。

【机关事业单位养老保险】 2022年，全市机关事业单位养老保险参保2.7万人（含机关事业单位离退休人员0.8万人）。机关事业单位养老保险基金收入5.6亿元，支出5.5亿元；职业年金收入2.2亿元，上解调剂2亿元。

【城乡居民养老保险】 2022年，全市城乡居民养老保险参保48.5万人（含满60周岁以上长期领取待遇16.1万人），其中实际缴费人员20.9万人。城乡居民养老保险基金收入3.8亿元，支出3.8亿元。

【失业保险】 2022年，全市8.2万人参加失业保险，比2021年增加0.6万人，失业保险基金收入2391万元，支出3663万元。

【工伤保险】 2022年，全市11.3万人参加工伤保险，比2021年增加2.1万人，工伤保险基金收入1755万元，支出4295万元。

【社保扩面征缴】 2022年，市人社局、市税务局、社保部门联合成立社会保险扩面征缴专项工作小组，制定《英德市2022年社会保险扩面征缴工作方案》，建立扩面征缴部门联动机制。扩面征缴专项工作小组集中开展一个月稽核行动，重点稽核是否全员足额参保、是否按规定申报缴费工资，针对发现的问题责令相关用人单位全员参保、限期整改。人社、社保部门联合组织开展"拼经济、惠民生、促发展"百日集中服务专项活动，到各园区管委会、企业宣讲社保政策、答疑解惑，扩大企业和职工政策知晓率，提高参保意识。截至2022年底，英德市城乡居民养老保险、职工养老保险、失业保险和工伤保险参保人数分别完成清远市任务的107.3%、103.6%、105.6%、122.4%。

【养老待遇调整】 2022年，英德市社会保险基金管理局（以下简称"市社保局"）落实人社部和省人社厅调整待遇部署要求，做好企业养老待遇和城乡居保基础养老金最低标准调整工作，连续18年提高企业退休人员养老待遇，释放政策红利。7月，经过调整企业退休人员养老待遇水平，英德市企业职工养老金平均增长115元，惠及离退休人员3.6万人；8月，城乡居保基础养老金最低标准从每人每月180元调整到190元，补发7月以来调资差额，惠及城乡居民14万人。

【社保助企纾困政策】 2022年，市社保局落实国家、省、市助企纾困一揽子政策措施。建立社保首席服务专员制度助企纾困，为英德市人民医院、稀美资源广东有限公司、佳纳新能源科技有限公司、广东埃力生高新科技有限公司等企业提供社保专属服务。开展"社保尊才"服务行动，为"人才优粤卡"持有者和高层次人才及其配偶、子女提供专属社会保险服务。推行稳岗返还"免申即享"政策，根据省和清远市失业保险参保数据与税务征收数据核查反馈，筛选出符合2021年失业稳岗返还的企业4502家，为3958家企业发放失业保险稳岗补贴1161万元，发挥失业保险保生活、防失业、促就业重要功能。

【困难群体保障政策】 2021年，市社保局落实社保扶贫政策，将低保、特困、返贫致贫、重残对象等困难群体2万多人纳入社会保障体系，落实政府代缴城乡养老保险费政策。每月为年满60周岁以上且符合长期领取养老待遇条件的人员办理待遇领取手续，新增人员坚持"动态清零"，符合条件的城乡居民实现100%参保、100%领取待遇。

（吴震舢）

民族宗教

【概况】 2022年，英德市境内有少数民族成分28个、人口1.06万人，其中户籍人口8145人、流动人口2477人，约占全市户籍人口0.8%，人数较多的有壮族、瑶族、苗族、土家族。全市世居少数民族是瑶族（过山瑶），人口约1600人，主要分布在石牯塘、横石塘、沙口、东华、横石水5个镇，少数民族聚居村（组）有石牯塘镇联山瑶族村（建制村），横石塘镇石门台村的南山、枕头坳、铜锣坪、老屋场瑶族村小组，沙口镇滑水山瑶族村小组，东华镇温塘山瑶族村小组和横石水镇唐皇山瑶族村小组。

2022年，英德市有佛教、道教、基督教、天主教四大宗教，宗教团体有天主教爱国会、基督教三自爱国会。全市依法登记的宗教活动场所21

▲2022年8月6日，英德市举办"侨心永向党　筑梦新时代"——2022年英德市归国华侨文化沙龙暨大学生联谊会

（市委统战部供图）

处（寺观教堂14处、固定处所7处），其中佛教4处、道教3处、基督教13处、天主教1处，分布在英城街道、黎溪、连江口、浛洸、大湾、望埠、东华、白沙、青塘、横石水、英红、沙口、横石塘等13个镇（街道）。有已备案宗教教职人员27人，各宗教信众约9000人。

【民族】 2022年，市委统战部组织开展"中华民族一家亲 同心共筑中国梦""喜迎二十大 团结一家亲"等主题的民族团结进步宣传教育活动9场，争取中央、清远市少数民族发展资金224万元，推动完成石牯塘镇联山瑶族村特色村寨保护和建设工程（二期）项目。处置2起外来少数民族人员意外死亡事故及后续工作，协助解决10名流动少数民族经商务工人员子女转学入学问题。落实中考、高考少数民族考生照顾政策和少数民族聚居区大学生资助审核工作，保障少数民族合法权益。

【宗教】 2022年，市委统战部推动宗教工作纳入"网格化＋信息化""网格员＋信息员"基层社会治理体系，开展平安宗教场所创建活动。落实宗教界代表人士联系制度，指导宗教界加强思想建设，坚持宗教中国化方向。开展"宗教政策法规学习月"活动，指导宗教界学习宣传《互联网宗教信息服务管理办法》等新配套宗教政策法规，依法依规开展宗教活动。 （王观妹）

收入与消费

【概况】 2022年，英德市经济总体保持平稳增长态势，全年实现生产总值405.2亿元，比2021年增长1.7%，人均生产总值（按常住人口计算）4.3万元，比2021年增长1.5%；地方财政一般预算收入29.2亿元，比2021年增长15.4%；社会消费品零售总额98.5亿元，比2021年下降0.3%，其中城镇市场消费额比2021年下降0.6%、农村市场消费额比2021年增长0.3%；年末住户存款余额541.1亿元，比2021年增长8.9%。

【农村居民收入状况】 2022年，全市农林牧渔业及服务业总产值158.3亿元，比2021年增长12.1%。第一产业增加值87.6亿元，比2021年增长11%。农民人均可支配收入21 230元，比2021年增长5.5%。农民人均可支配收入中，工资性收入10 990元、经营净收入6258元、财产性收入330元、转移性收入3652元。

【城镇居民收入状况】 2022年，城镇居民人均可支配收入33 686元，比2021年增长2.9%。城镇居民人均可支配收入中，工资性收入17 272元、经营净收入9145元、财产性收入1356元、转移性收入5913元。

【全体居民收入状况】 2022年，全体居民人均可支配收入26 582元，比2021年增长4.4%。全体居民人均可支配收入中，工资性收入13 689元、经营净收入7498元、财产性收入772元、转移性收入4623元。

【居民生活消费支出情况】 2022年，农村居民人均生活消费支出16 483元，农村居民恩格尔系数为45.3；城镇居民人均生活消费支出21 977元，恩格尔系数为40；全体居民人均生活消费支出18 843元，恩格尔系数为42.7。 （市统计局 国家统计局英德调查队）

镇（街道）

编辑：张 锋

英城街道

【英城街道基本情况】 位于英德市中部，是英德市政治、经济、文化、交通、信息中心，功能定位为城镇与工业聚集发展镇。2022年辖区面积165平方千米，年末户籍人口144 154人，下辖6个村和5个社区。

【英城街道经济发展概况】 2022年，英城街道规模以上工业总产值45.89亿元，农林牧渔及服务业总产值3.89亿元。

农业 2022年，英城街道耕地面积2.9万亩，其中水田面积1.08万亩，水稻种植1.49万亩，总产量6700吨；经济作物总面积1.82万亩，其中麻竹笋1.47万亩；政策性水稻保险承保面积8700.6亩；引导长岭村、廊步村、江湾村、矮山坪村、城西社区推广种植杂优良种；开展农机化插秧试验示范680亩。蔬菜育苗大棚15个，总面积38亩；调整岩前、南山、廊步、矮山坪辖区内水田种植结构，冬种马铃薯100多亩。农业机械补贴62台、51单，总补贴20.6万元。生猪出栏2.09万头，"三鸟"（鸡、鸭、鹅）饲养量240.8万羽，水产养殖面积7761亩。

林业 2022年，英城街道完成人工造林72亩、退化林修复234亩、新造林抚育302亩；巡查与管护辖区内22棵古树，修复保护城南社区鹤塘村小组3棵古树名木；落实森林防灭火责任制，与10个村（社区）签订森林防火工作责任书，悬挂宣传横幅200条，张贴派发宣传单约1.5万份，安装宣传器10个；清明期间在44个上山路口设哨卡点，检查登记8700多人次，无山火发生。

重点项目建设 2022年，英城街道签订征地协议面积108.74亩，包括英德市石门台饮用水工程项目一期47.25亩、碧桂园三期34.75亩、红茶文旅中心21.03亩、武广高铁排险便道5.71亩；完成英城衡州路以东、碧桂路以南土地招拍挂工作，土地出让总面积61.77亩，成交总价款1.01亿元。完成投资金额为7000万元的英德市2022年英城街道老旧小区改造首期工程。

基础设施建设 2022年，英城街道投入12.62万元，做好乡村道路及农村候车亭管养工作；完成南山上寮和岩前村中张村村内道路硬底化建设；总投资1067.8万元的5宗水利移民工程已完成4宗（南山自来水入户项目、岩前自来水入户项目、白沙一二三七八移民村自来水入户项目、南山李屋文化室建设工程），楼厅文化室在建设中；完成2022年白沙村供水工程，完成城西、长岭供水工程，廊步供水工程设计施工。

【英城街道社会事业发展概况】 教育 2022年中考，885人参加考试，232人上国家级示范性普通高中分数线。

劳动就业 2022年，英城街道累计转移输出农村劳动力480人，创业带动就业650人，城镇新增就业岗位2819人；受理劳资纠纷案件289宗、网上投诉234宗，涉及人数337人，涉及拖欠工人工资279.85万元，为工人追回拖欠工资金额253.65万元，受理率100%，调解率93%。

社会保障 2022年，英城街道城乡居民养老保险参保8945人，城乡医疗保险参保9.31万人。有城乡低保户577户1154人、城乡特困供养人员167人，为2322名80岁以上老年人发放高龄津贴；年底在册持证残疾人2381人，为1460名残疾人办理重度护理补贴，为427名困难残疾人办理生活津贴；协助22名困难群众申请大病关爱基金，发放救助金38.46万元。

医疗卫生 2022年，英城街道卫生院医疗业务收入3492.12万元，比2021年增长9.3%，接收门诊人次18.4万人，住院人次4816人；累计建立城乡居民健康档案16.51万份，65岁以上老年健康管理9973人次、高血压规范管理3925人次、糖尿病规范管理585人次、严重精神障碍患者规范管理人数827人次；督导和培训村居卫生站，累计开展督导308次、业务培训15次。

文化、体育 2022年，英城街道开展各类文体惠民活动56场，包括"新时代文明实践活动""四点半课堂""英城分馆制品牌活动""全民阅读""全民健身"等系列活动。结合新时代文明实践站、综合文化服务中心、农家书屋等文化阵地，开展宣传活动30多次，派发宣传品4300多册，受众8000多人。

创文 2022年，英城街道开展品牌服务活动60多场，发动志愿者350多人次，受益群众约900人；"线上""线下"新时代文明实践站（所）开展活动83场次；开展环境卫生整治活动20次，生活垃圾分类宣传系列活动11次、乡村新闻官发布生活垃圾分类宣传视频5个；推动辖区6个村创建清远市文明村。

人口 2022年，全街道出生1438人，其中一孩547人、二孩558人、三孩266人、四孩67人。出生率9.73‰，总和生育率1.24‰，死亡971人，死亡率6.57‰，自然增长467人，自然增长3.16‰。完成免费孕前优生健康检查1250人次，完成率43.2%。

【英城街道党建】 2022年，英城街道培养入党积极分子118人、发展中共党员30人、预备党员转正60人，收缴党费32.09万元。各社区累计办结4件民生实事和118件民生微实事。在城中社区、城北社区、城西社区标准化建成3个新业态新就业群体服务点"暖蜂驿站"。打造英德华润燃气党支部示范点，以党建引领企业发展。推进乡村振兴人才驿站建设，组建一支有21名专业技术职称人才的队伍。

【英城街道综治信访维稳】 2022年，英城街道受理信访案件126宗，成功调解案件33件，涉及金额144.7万元。立刑事案件799宗，侦破213宗，立行政案件2608宗，查处628宗。推广安装"国家反诈中心"App 17万台次，累计制作、发放宣传单张20万张，悬挂横幅1800条，制作宣传栏149个；劝返涉诈重点人员3名，电信诈骗发案数比2021年减少41.6%，总体损失量减少42.6%。开展禁毒宣传活动523场次，发放禁毒宣传单张2万多份，悬挂横幅800多次；完成月桂湖凤凰广场禁毒文化主题公园打造。

【英城街道乡村振兴】 2022年，英城街道"6·30扶贫济困日"活动筹得捐款187.5万元;开展爱心企业(人士)助学招募活动,筹款11.62万元用于教育补助;与积庆里公司达成投资协议,将分红主要用于助力乡村振兴。推进农村人居环境整治,创建"整洁村"146个,完成创建100%,创建美丽宜居村73个,通过考核验收特色村2个;完成152个自然村农村雨污分流管网,占82.2%;村庄保洁覆盖面和垃圾处理率100%;落实22个自然村"四小园"建设。

【英城街道安全生产】 2022年,英城街道检查各类企业312家次,督促整改189处隐患;推进低压漏电保护器普及推广工作,排查用电户11.05万户,排查率100%,安装率100%;排查"三小"场所(小档口、小作坊、小娱乐场所)8458家,发现并整改各类消防安全隐患2682项;拆除有安全隐患外立面广告牌502块、开设逃生窗18个、整治电动车违规停放充电223处;组织劝导站开展集中交通劝导活动6次,录入交通劝导信息4.3万条;检查"两客一危"企业36家次、道路货物运输源头企业18家次、快递物流企业46家次;检查燃气经营业企12家,督促安装燃气安全报警装置餐饮单位984家;2022年辖区内未发生较大等级以上的安全事故和火灾事故。

【英城街道抗洪救灾】 2022年7月受6月"龙舟水"、7月台风"暹芭"影响,英德降雨量打破历史同期纪录,北江英德站最高水位35.97米,超警戒水位9.97米,英城街道遭遇百年一遇大洪水,受灾严重,其中农作物受灾1.21万亩、渔业受灾4800亩、受灾死亡畜禽3.52万头(羽),损坏及倒塌房屋37间,突发山体滑坡、泥石流等16宗;英城街道全员投入抗洪救灾,累计转移群众1.13万人,停工工地33处,灾后清淤面积174.84万平方米,期间无人员因灾伤亡。

【英城街道生态文明建设】 2022年,英城街道巡查露天焚烧24次;巡查堆场、裸地28次;巡查企业扬尘防控等117次;巡查饮用水水源地13次,巡查入河排污口18次;巡查固体废物21次,发现并处理固废非法转移事件1起;河湖长巡河1532次,巡查发现并解决问题211个,投入45万元外包清漂,清理漂浮物384吨;打击盗采河砂行为,现场毁坏抽砂管1466米,没收浮桶63只、竹筏9个、车辆9台,罚款6.5万元。

【英城街道新冠疫情防控】 2022年,英城街道落实15.12万人次到英返英人员报备并核酸检测、健康监测等工作;推进新冠疫苗接种工作,60—

▲2022年7月13日,英城街道在新濠天地停车场开展核酸检测(英城街道供图)

79岁人群全程接种率99.8%；完成1.5万多家商事主体场所码的设置和使用。（曾佑活）

白沙镇

【白沙镇基本情况】 位于英德市东南部，辖区面积163平方千米，2022年末户籍人口41 098人，下辖10个村和1个社区。

【白沙镇经济发展概况】 2022年，全镇规模以上工业总产值9.04亿元，农林牧渔及服务业总产值3.54亿元。在建总投资500万元以上的投资项目10个。

农业 2022年，全镇农作物总播种面积5.11万亩，总产量3.93万吨。其中水稻面积2.8万亩，总产量1.01万吨；玉米245亩、薯类517亩、花生2803亩、大豆1129亩、其他作物1.84万亩。"粤之绿农业有限公司""东润农业发展有限公司""英德市白沙镇颐和农业园""鼎裕丰农业发展有限公司""英德市象贵昌盛农业合作社""英德市绿汇农业发展有限公司"分别申报英德市2022年绿色种养循环农业试点项目。白沙镇特色农业品牌为白沙绿茶及绿色果蔬品，农业规模化种植龙头企业有"粤之绿农业有限公司""东润农业发展有限公司""鼎裕丰农业发展有限公司"等。

农田水利设施建设 2022年，白沙镇完成3宗农村集中供水工程建设，分别是张坑、岐山坑、太平街（扩网、水质提升）建设项目、白沙镇（白沙）供水工程以及（水心、门洞）供水工程，涉及11个村（社区），受益人口3.27万人。投资1171.42万元，建设3671亩农田高标准农田；投入156万元，修建全镇11个坡头水圳。查扣涉及盗采河砂山砂的车辆30辆，全部依法依规处理。

重点项目建设 2022年，白沙镇观音鼎温泉度假村开发项目"又见山居"完成大部分征地任务，并解决周边环境污染问题，为项目推进排除障碍。凯迪园区内的英德世朗普力斯环保科技有限公司年环保炭黑项目，在建设厂房等设备设施中；清远华侨工业园固体废弃物处理中心配套填埋区，完成可研报告编制，通过环评专家评审；解决凯迪工业园区与象贵片村民的土地纠纷问题。

基础设施建设 2022年，白沙镇国道G106线太平桥单边重建竣工并全面通车；车头大桥、廖湾桥维修加固工程完工并投入使用；门洞村白颈坑桥因水毁重建竣工并投入使用；美田桥因水毁重建在施工中。

林业 2022年，全镇公益林补偿款35.31万元，集体林地确权32亩，个人林地确权3028亩。辖区15.8万亩、悬挂森林防火宣传横幅200条、张贴宣传标语5300张，清理松材线虫疫木2000多棵，派发病虫害宣传单1000多张，处理野外违规用火行为7起，受理林权证换发30宗，林业行政处罚案件11宗，林业罚没收入9.18万元，全年辖区内未发生与林业相关的安全事故。

【白沙镇社会事业发展概况】 教育 2022年，白沙镇中心小学杨玉行被评为清远市优秀乡村教师；丘志刚辅导学生沈佳参加省教厅主办的"从小学党史 永远跟党走"中小学主题教育活动，获"扣好人生第一粒扣子"征文展示（小学组）三等奖。英德市、清远市作业设计比赛，获清远市一等奖1个，英德市一等奖1个、二等奖1个、三等奖3个。中心小学、白沙小学成功创建广东省绿色学校。2月，白沙镇中心幼儿园被教育部评为"全国足球特色幼儿园"。白沙中学投入120多万元，升级改造学生饭堂，饭堂由学校自主管理，2021年中考，310人参加考试，55人上国家级示范性普通高中分数线，白沙中学被广东省教育厅评为"广东省绿色学校"。

劳动就业 2022年，全镇为14人提供创业服务，实现创业带动就业人数44人，组织开展"归雁返乡"大学生就业招聘座谈会暨企业实地观摩活动。8—10月开展"惠企稳企"政策宣传进园区、企业活动，为12家企业传达《英德市人社系统"拼经济、惠民生、促发展"百日集中服务专项行动方案》《人社惠企政策汇编》文件精神。在12家企业开展劳动保障监察日常巡查，处理投诉劳资、人事纠纷案件21起，涉及金额451.11万元，办结率100%。

社会保障 2022年，全镇城乡居民基本养老保险参保1.65万人，城乡居民基本医疗保险参保3.02万人。全镇5385名60周岁以上老人办理领取城乡居民养老保险待遇，每人每月发放养老金195元，累计发放1260万元。全镇发放优抚金133.9万元。在册的低保户471户、特困人员139人、孤儿和事实无人抚养儿童18人、享受高龄津贴老人777人，为537名重度残疾人发放护理补贴13.53万元，为331名低保残疾人发放生活津贴6.22万元，两项补贴合计发放19.75万元。排查六类人员27人，其中帮助落实身份问题19人、协调医疗机构帮助进行精神鉴定6人，帮助5人评残并享受残疾补贴，帮助新办理低保1户、增员2人（带动相关家庭成员16人每月享受低保待遇），社工站为1998户服务对象建档。6月，完成11个村（社区）残协机构的选举工作，8月，完成镇残联第八届主席团和市残联代表的选举工作，推举产生镇残联执行理事会。

文化、体育 2022年，白沙镇在太平街开展"5·22"生物多样性日、"六·五"世界环境日等主题宣传时间节点开展垃圾分类、打击非法集资、疫情防控、"文明健康 绿色环保"生活方式、环境保护、文明公约等宣传活动。开展"扫黄打非"、国家安全、禁毒、防范新型网络诈骗等法治宣传活动，并动员组织各村（居）委结合实际开展理论政策、法律法规、文明新风尚、主流价值观等群众性宣传活动。开展活动40多场，发放宣传折页、单张2万多张，服务群众5000多人次。开展4场深化精神文明教育活动，5月，在白沙镇政府食堂、太平村水口组文化广场、车头村新时代文明实践站开展"反对浪费、崇尚节约"文明行动各1场；6月，在太平社区新时代文明实践站开展"绿色环保生活从垃圾分类做起"之倡导文明健康绿色环保生活方式主题活动1场。开展志愿服务活动100多项次，服务群众3000多人次。开展扫黄打非专项行动20多次，宣传活动20多场，受众人数4000多人。

人口 全镇出生391人，其中一孩135人、二孩149人、三孩74人、四孩33人，出生率9.24‰，总和生育率1.18‰；死亡261人，死亡率6.17‰，自然增长130人，自然增长率3.07‰。引导优生优育，完成孕前优生健康检查262人，为已婚育龄妇女开展免费两癌筛查（乳腺癌和宫颈癌）144例。

【白沙镇农村综合改革】 2022年，白沙镇完成2022年中央耕地地力保护补贴资金发放登记5291户，面积3.46万亩，补贴标准为86元/亩，发放297.59万元；完成2022年实际种粮农民一次性补贴9.36万亩、133.99万元；全年农业支持保护补贴（耕地地力保护补贴）登记面积3.46万亩；承保水稻保险2.75万亩，其中早稻1.43万亩和晚稻1.33万亩。承保农房保险5922户；投入农村公益事业项目资金86万元，用于农田水利建设、水毁道路桥梁的重建等9项目民生工程。投入159.5万元，开展农田水利设施修复和重建，涉及9个农田水利项目；引进电商企业——英德市何公桥农业发展有限公司落户，畅通农副产品销售渠道；引进水心村种子育苗基地、车头村兰花育种基地、白沙张坑绿色农业种植基地等优质项目，推动农业企业扩大种植规模，盘活撂荒土地，促进土地流转。

【白沙镇党建】 2022年，白沙镇召开意识形态工作专题会议11次；依托镇委党校，构建"线上线下相结合、轮训特训相配合、紧扣新思想新理论"的党员教育体系；继续擦亮"书记党课"品牌，精心组织书记党课3场。织密建强组织体系，筑牢战斗堡垒"向心力"。优化机关党支部设置，优化调整村（社区）"两委"干部队伍，2022年指导补选"两委"6名，新聘任村干部5名。全镇各村（社区）"两委"干部队伍平均年龄38岁，大专及以上学历占比82%，11个村（社区）的党组织书记大专以上学历10人。门洞村新建党群服务中心竣工并投入使用、太平社区党群服务中心完成升级改造并投入使用；水心村党群服务中心已动工建设。举办"喜迎二十大、礼赞新时代""强国复兴有我"百姓故事汇和"庆丰收、感恩党、迎国庆"主题晚会7场，开展"学习党的二十大精神小讲堂"宣讲活动27场。2022年，培养入党积极分子20人，预备党员12人、预备党员转正14人，缴交党费3.17万元。

【白沙镇综治信访维稳】 2022年，镇综治中心受理各类案件和矛盾纠纷案件36宗，办结36宗；开展网格化工作，各网格员进行日常巡查，发现问题，及时上报流转部门处置，发动信息员参与综合网格治理。全年上报网格事件1559件。执行领导责任制，坚持领导信访接访制度，党政班子领导每周接访群众；在"4·15""6·26""12·4"等主题日开展国家安全教育、禁毒、宪法宣传教育等活动，派发宣传资料3000份。

【白沙镇乡村振兴】 2022年，白沙镇通过农村集体资产交易管理平台，完成3项扶贫工程交易，涉及金额59.4万元；12月，工程完成建设并通过验收。加强基础建设建设，改善人居环境、完善村庄卫生公共服务设施、带动村民增收、提高村民生活质量，改善农村人居环境整治面貌。落实符合教育补助脱贫户学生补助发放；对脱贫户继续落实城乡居民基本医疗保险；落实安全住房保障。开展4个乡村公益性岗位申报，为4名脱贫户提供4个月薪1410元的乡村保洁员工作岗位，为贫困户增收。2022年英德市"6·30"扶贫济困日，募得35.39万元善款。持续开展防返贫动态监测和帮扶工作，利用17万元乡村振兴帮扶资金针对性帮扶10户46人。投入1157万元乡村振兴驻镇帮镇扶村资金，用于白沙镇第二期美丽乡村风貌带、乡村振兴规划设计、农村公厕、人居长效管护机制、人居环境补短板、农田水利、路灯、社区综合性体育广场、中心小学运动场及道路提升改造等项目。

【白沙镇美丽乡村建设】 2022年，白沙镇投入奖补资金119万元，推进会英村、石园村农村生活污水整治，新增农村生活污水处理设施3座，新增资源化利用村庄4个，完成3座污水处理设施异常运行整改。持续推进农村人居环境整治工作，完成144个自然村的资金筹集并建立村庄长效管护机制。完成88宗农户的农村宅基地建房审批，核发《农村宅基地批准书》。

【白沙镇土地管理】 2022年，全镇整改违法违规用地17宗，总面积60.1亩，复耕复绿面积45.4亩。开展土地、矿产资源和地质灾害巡查工作，全年巡查140多次。巡查中发现违法用地（包括占地建设、堆放沙石等）43宗，发出《责令停止土地违法行为通知书》43份。

【白沙镇安全生产】 2022年，全镇组织6次重大节假日安全生产专项执法检查行动，完成危险化学品及化工行业领域安全生产专项检查9个，出动整治和安全检查1406人次，排查危险化学品及化工、烟花爆竹、工贸企业、非煤矿山等各类生产经营单位388家次，落实整改安全隐患200多处。悬挂横幅、张贴安全生产（含消防、道路交通安全等）防护标语、海报、横幅120多份，发放《防灾救灾手册》等宣传资料2500多份。

【白沙镇非法开采稀土矿整治】 2022年，白沙镇查扣涉及盗采河砂山砂的车辆30辆，全部依法依规处理。立案查处违法水事案件4宗，办结4宗，依法给予行政处罚15.5万元。清理矿产卫片图斑92个，全年累计出动人数1.09万人次，摧毁草酸池916个、收尾矿池1160个，收缴稀土矿678包，查扣涉矿车辆（汽车、摩托车、拖拉机等）71辆，其他小件采矿工具、水管、电线一批，抓获犯罪嫌疑人13人，已移交公安局依法处理。按照生态复绿"一点一方案"要求，分步对全镇12个矿点进行生态复绿；投入约808万元复绿门洞第四塘鸡场旧矿点139亩，投入约1740万元复绿门洞大岭头牛场旧矿点250亩，修复工程基本完成，地表复绿面积92%；门洞笋合笼旧矿点574亩，完成前期排水渠科学分布开挖、降坡及土地平整、撒播草籽和种植绿被等工作。申请中央专项资金3795万元，准备投入生态修复工作。

【白沙镇疫情防控】 2022年，白沙镇排查重点地区来粤人员627人；其中居家隔离医学观察472人；集中隔离医学观察120人，全面开展春夏秋冬爱国卫生运动和病媒生物消杀活动，预防各种病媒的游生。推进疫苗接种工作，到农村接种疫苗100多次、接种60岁以上老人3000多人。

【白沙镇人大】 2022年，白沙镇人大多次组织白沙镇人大代表、职能部门、村民代表和园区代表召开协调会，理清园区和村民群众争议的焦点问题，提出分"三步走"策略，就凯迪工业园历史遗留问题的各项争议条款达成共识。白沙镇人大以村（社区）为单位，组织三级人大代表77人分成11个代表小组，开展城乡生活垃圾收集、运输和处理、汛后复工复产、农村厕所革命等重点工作主题调研活动。实地视察调研同屋村杨屋陂头便民路的建设进度，针对竣工后的路面保养和安全问题提出一系列意见建议，解决同屋村400多个村民出行难的问题。白沙镇人大在太平圩镇开展"倡导垃圾分类，反对餐饮浪费"普法宣传活动，向群众介绍爱国卫生健康知识和疫情防控知识等，派发宣传手册40多份，解答群众咨询问题20多个。根据《白沙镇人大主席团成员联系代表、代表联系群众的"双联系"工作制度》要求，镇人大代表们进村入户讲解国家政策，面对面了解群众的所思、所求、所盼。针对群众所提出的问题，帮助解决并给予答复。

【白沙镇第十七届人民代表大会第二次会议】 2022年4月14日，白沙镇第十七届人民代表大会第二次会议在镇政府四楼会议室召开，应到代表70人，实到代表55人。会议听取和审议《白沙镇人民政府工作报告》《白沙镇人大主席团工作报告》，书面审查《白沙镇2021年预算执行情况和2022年预算（草案）报告》《白沙镇政府2021年重点工作及民生实事项目"问结果"工作报告》，并作出各项决议。对2021年镇政府重点工作和民生实事完成情况进行满意度测评，投票选出2022年白沙镇6项民生实事项目。

【白沙镇第十七届人民代表大会第三次会议】 2022年9月23日，白沙镇第十七届人民代表大会第三次会议在镇政府四楼会议室召开，应到代表70人，实到代表60人。会议听取和审议《白沙镇人民政府工作报告决议的执行情况的报告》《白沙镇人大主席团工作报告的决议执行情况的工作报告》，书面听取《白沙镇2022年上半年财政预算执行情况工作报告》《白沙镇2021年财政决算（草案）报告》，表彰支援英城疫情防控的人大代表，并通过各项决议，完成各项议程。 （熊智丽）

青塘镇

【青塘镇基本情况】 位于英德市东部，2022年辖区面积122平方千米，年末户籍人口38 377人。下辖7个村和1个社区。

【青塘镇经济发展概况】 2022年，青塘镇规模以上工业总产值39.93亿元，农林牧渔及服务业总产值5.99亿元。

农业 2022年，青塘镇粮食总面积2.67万亩，其中稻谷面积2.13万亩，产量7787吨；玉米336吨、蔬菜1.58万亩、大豆2006亩、水果2495亩，全镇生猪出栏8.4万头，"三鸟"（鸡、鸭、鹅）饲养216.86万羽，水产养殖2294亩。全镇水稻耕种面积1.17万亩；沙糖桔种植户11户、面积2100亩；三华李种植户3户、面积274亩；蔬菜种植户6户、面积483亩；稻谷收购加工厂1个。生猪养殖户22户，养殖4.96万头；养鸡户10户，养殖23.5万羽；鸽子养殖户6户，养殖25万羽。

重点项目建设 2022年，青塘镇完成新建公立幼儿园项目前期立项及设计工作；完成佳纳公司蒸汽管道项目前期租用地手续；完成佳纳公司二期扩产项目用地征地工作。

基础设施建设 2022年，青塘镇157个自然村，全部创建成整洁村，其中示范村101个、特色村3个，创建农村生活污水池65个。完成6个农村民生项目：青塘镇青南村垃圾收集点改造提升项目、青南村灌溉坝头重修工程项目、青南村过圳涵洞建设工程项目、榔社村上新屋婆太陂建设工程项目、青北村下何组陂头坝（路肩）崩塌修复工程项目、石联村上径叉马塘至胶塘灌溉水渠。

林业 2022年，青塘镇生态公益林6842.21亩；批准采伐桉树采伐蓄积2.76万立方米，设立森林防火临时检查点值班亭8个，组建一支31人的半专业森林消防队伍，有25名生态护林员和6名生态专职护林员。

水利 2022年，青塘镇检查辖区内5座水库、5座水电站汛前安全生产工作，配备救生衣、土工布、抽水机等防汛物资，累计发放全面推行河湖长制、防汛、防溺水宣传资料1200多份，刊播宣传标语300多条，转发宣传视频100多次，广播播报600多次。推行河湖长制工作常态化组织"清漂"行动，累计出动人员150人次、车船25次，清理河道垃圾35吨。青塘镇蛇坑水土保持项目已开工建设，总投资2348万元，项目实施小流域水土流失综合治理以蛇坑片区崩岗治理为核心，兼顾岩下水库上游河道清淤以及岩下水库溢洪道下游河道塌方治理及周边生态自然修复区。青塘镇扩网、水质提升供水工程建设项目已基本完成，总投资1050万元，受益群众7179人。完成2021年英德市青塘镇（青北、榔社、新青、石联、榄村、青南、建新）集中供水全覆盖供水工程建设，总投资约1500万元，受益群众约1万人。英德市青塘镇农村水系综合整治工程项目已立项并申请2023年专项债券资金，总投资6799.34万元。

【青塘镇社会事业发展概况】

教育 2022年中考，344人参加考试，71人上国家级示范性普通高中分数线。

劳动就业 2022年，青塘镇农村劳动力转移就业937人，劳动力转移培训460人；新增就业人员105人，稳定就业半年以上农民工83人，下岗失业人员再就业3人，公益性岗位就业15人。

社会保障 2022年，青塘镇城乡居民基本养老保险参保1.58万人，城乡居民基本医疗保险参保2.86万人。全镇331户960人纳入城乡居民最低生活保障，发放低保金548.37万元；特困人员136人，发放特困金172.94万元；发放高龄津贴31.7万元，发放残疾补贴201.17万元，通过民政专项经费救助临时困难家庭11户，下拨临时救助金2.07万元。精神障碍在册患者234人，其中低保92人、五保31人，有残疾证208人。

文化、体育 2022年4月，青塘镇组织"家越美 粤幸福"全民阅读日活动；5月，组织端午节包粽子趣味比赛活动。8月，青塘镇的业余民间艺术团队春风民间艺术团举行"清远市文化惠民千村行"专场演出6场，惠及民众约200人次。广东省文物考古研究院联合中山大学、北京大学、清远市博物馆、英德市博物馆等单位，挖掘英德青塘岩山寨遗址岩背、石尾头，清理新石器文化晚期和商时期文化遗存，出土陶、石器。

人口 2022年,青塘镇出生365人,其中一孩150人、二孩128人、三孩62人、四孩25人。出生率9.43‰,总和生育率1.25‰;死亡191人,死亡率4.93‰,自然增长174人,自然增长率4.50‰。已婚育龄妇女6572人。

【青塘镇农村综合改革】 2022年,青塘镇土地整合1.97万亩;申报耕地保护补贴约2.68万亩;农作物保险约1.08万亩。完成2022年中央耕地地力保护补贴资金发放登记5378户,面积2.62万亩,补贴标准91.2元/亩,补贴239.1万元;完成2022年实际种粮农民一次性补贴2.8万亩、31.68万元;购买农业保险人数7048人,金额88.27万元;青塘镇威望农场为实施主体"一村一品、一镇一业"项目建设。

【青塘镇党建】 2022年,青塘镇培养入党积极分子33人、预备党员17人、预备党员转正38人,缴交党费6.01万元。全镇有党组织32个,其中镇党委1个、村级党委2个、党总支6个、党支部22个。优化机关党组织,成立青塘中队党支部,青塘镇政法党支部更名为青塘镇派出所党支部。普遍直接联系群众工作走访群众1.23万人(次),联系群众全覆盖,收集意见和建议43个,已解决43个,办结率100%。

【青塘镇综治信访维稳】 2022年,青塘镇开展创建平安村(居)、平安青塘宣传,发放禁毒、扫黑除恶、普法、反邪教等各类宣传单1.32万张,开展各类活动20场,接待群众95批196人次,受理投诉15宗,达成协议12宗;村(居)委会受理案件16宗,调处14宗,调解成功率87.5%,发放"以案定补"资金1600元。为234名患者购买责任补偿保险,保费2.34万元。全年未发生精神障碍患者肇事肇祸事件和涉毒人员脱管事件。

【青塘镇安全生产】 2022年,青塘镇开展安全隐患排查整治行动,排查非煤矿山、危化企业,"三小"场所(小档口、小作坊、小娱乐场所)641家,发现隐患2564项,整治隐患2466项;开展交通劝导,累计录入交通劝导信息6.4万个,开展最严交通安全整治统一行动50次,出动警力553人次,出动车辆50辆次,查处各类违法行1652宗,扣车720辆;签订《2022年青塘镇安全生产责任书》24份;检查生产经营单位125家次,排除安全隐患72宗;开展消防安全宣传活动15次,悬挂"三小"场所消防安全责任牌620处,开展辖区内超市、酒店、饭店等重点场所消防安全隐患专项排查36次。

【青塘镇非法开采稀土矿整治】 2022年,青塘镇对非法盗采稀土矿行为始终保持严打的高压态势。2022年,累计出动人员2140人次,车辆609辆次,巡查次数累计609次,摧毁铁栏1个、木栏3个、收尾矿池59个、草酸池78个、水管1010米,收缴稀土矿68包、草酸46包、碳酸氢铵40包,收缴发电机13台,收缴破坏抽水机162台,抓获嫌疑人1人,扣缴车辆1辆、摩托车42台。

【青塘镇乡村振兴】 2022年,英德市下拨驻镇帮镇扶村项目资金452万元,分别用于返贫监测、二期风貌带(青北路段道路黑底化)、二期风貌带(青北生利公园建设、青北道路两边绿化亮化、政府门口公厕建设、政府门口左侧人行道铺设、四小园建设（青南、榔社、新青）、人居环境卫生保洁、购买16辆垃圾保洁车、安装110个垃圾分类亭、发展青北红松茸产业、青南玉米基地和开展青南榄村新青受矿水污染农田土壤监测。

【青塘镇第十七届人民代表大会第二次会议】 2022年4月14日，青塘镇第十七届人民代表大会第二次会议在镇政府大会议室召开，应到代表68人，实到代表64人，非镇人大代表的镇领导班子成员、政府相关部门负责人等列席会议。大会听取和审议《政府工作报告》《人大主席团工作报告》《2021年财政收入执行情况》《2022年财政预算的报告》，对青塘镇2021年政府重点工作完成情况进行满意度测评，测评结果普遍表示满意。表决通过启动老旧城区改造项目、清廉湖沿岸绿化亮化及污水沟改造项目、圩镇路灯优化改造等10项政府民生实事。代表提出建议和意见10个，其中涉及农业农村方面6个、道路交通方面1个、城市管理方面1个、其他方面2个。

【青塘镇第十七届人民代表大会第三次会议】 2022年10月28日，青塘镇第十七届人民代表大会第三次会议在镇政府大会议室召开，应到代表67人，实到代表55人，非镇人大代表的镇领导班子成员、政府相关部门负责人等列席会议。大会听取和审议镇人民政府、镇人大主席团工作报告以及听取"三问一评一票决"跟踪监督重点项目进展较慢部门的工作汇报，审查《青塘镇2022年上半年财政预算执行情况》《2021年财政决算（草案）报告》，提出建议意见11个，其中涉及城市建设方面3个、道路建设方面5个、农业方面1个、水利方面2个。（黎宇星）

桥 头 镇

【桥头镇基本情况】 位于英德市东北部，2022年辖区面积148.6平方千米，年末户籍人口40 463人，下辖10个村和1个社区，235个村（居）民小组。

【桥头镇经济发展概况】 2022年，桥头镇规模以上工业总产值49.84亿元，农林牧渔及服务业总产值6.89亿元。

农业 2022年，桥头镇种植早稻1.26万亩、大豆386亩、玉米202亩、晚稻1.56万亩。水稻保险投保5066户2.27万亩，甘蔗保险投保872亩，花生、玉米保险投保247.7亩。早造水稻受灾理赔面积1万多亩，理赔金额800多万元。发放耕地地力保护补贴6599户、4.75万亩、408.5万元，发放一次性种粮补贴2.53万亩、69.34万元。完成撂荒地复耕复种面积528.57亩，完成率101%，高标准基本农田建设项目2534亩，总投资约706.5万元，涉及7个村50多个村民小组，受益群众3000多户，2万多人。检疫合格并出栏猪18.21万头、鸡385.17万羽、鸭97.32万羽、鸽32.42万羽。

林业 2022年，桥头镇森林覆盖率50.2%，植树节期间植树700多株，植树面积30亩。全年办理林木采伐申请手续176单，采伐面积546.13公顷，出材量7.09万吨。完成林权流转变更登记手续32宗。在各重大节假日、防火期设立森林防火临时检查点400点次、877人次参与值守，2022年辖区内"零山火"。

重点建设项目 2022年，

亚婆石天农公司30万羽肉鸡孵化园项目已建成运营。

【桥头镇社会事业发展概况】

教育　2022年高考，参考人数280人，本科上线12人、专科及以上上线280人、专科上线率100%。2022年中考，326人参加考试，47人上国家级示范性普通高中分数线。在清远市义务教育阶段学科书面作业设计评选活动评比中获清远市级荣誉6个。全镇20多位教师的教育教学论文分别在国家级和市级刊物发表并获奖。

劳动就业　2022年，桥头镇发布乡村振兴招聘求职宣传10期、信息210条，张贴广告宣传标语4500张，实现就业人数842人，其中三支一扶人员1人、志愿者5人、社工12人、退役军人28人、公益性岗位（购买社保）14人和乡村公益性岗位4人。完成农村新增转移输出就业人数527人，其中女性劳动力266人、脱贫劳动力110人、本地就业132人、珠三角地区就业395人（佛山就业人数202人），城镇登记失业人数0人。

社会保障　2022年，桥头镇城乡居民基本养老保险参保1.76万人，城乡居民基本医疗保险参保3.08万人。征缴医疗保险费用约1010万元，完成率100%。做好城乡低保申报工作，取缔66户158人不符合低保条件对象。每月发放322户821人低保条件对象低保金33.94万元、173户特困户特困金18.54万元；每月发放4个孤儿和13个事实无人抚养儿童孤儿补助金每人1313元。完成754名残疾人年度资格认定，按时发放两项补贴（困难残疾人生活补贴和重度残疾人护理补贴），发放284.08万元。10月，桥头镇政府周边停车场，设有1个充电桩，配有120千瓦的直流快充机箱、2条充电枪，单枪使用、汽车电池允许的情况下最大可以调用120千瓦的快速充电。

文化　2022年，桥头镇举办新时代文明实践所活动16次、新时代文明实践站活动88次。桥头社区宁屋村、五石村、仙蕉坑村创建为新时代文明实践示范站，以点带面铺开创建工作。

人口　2022年度，桥头镇出生429人，其中一孩164人、二孩148人、三孩77人、四孩40人。出生率10.77‰，总和生育率1.48‰；死亡267人，死亡率6.45‰，自然增长172人，自然增长率4.32‰。

【桥头镇党建】　2022年，桥头镇举办习近平总书记"七一"重要讲话精神和省第十三次党代会精神等各类培训班49期，覆盖党员2089人次。开展"两新"党组织规范化建设，打造3个"两新"（新经济组织、新社会组织）党组织党员活动阵地。推动英德农商银行与桥头镇党委和11个村（社区）党委（总支）结对共建，打造"党建引领＋村村通政务＋户户通金融"发展新格局。8月10日，英德市白石窑水电投资有限责任公司党总支与英德市桥头镇板甫村党总支"党建结对共建"签约仪式在板甫村举行，推进基层党组织工作方式和活动方式创新，打造"党建引领＋乡村振兴"发展新格局。成立桥头派出所党支部，推进派出所"红旗党支部"创建工作，全镇基层党组织44个，开展党内关爱活动，惠及老党员、困难党员149人。建成桥头社区油茶基地、仙蕉坑村下洋坝撂荒地复耕等"党建引领乡村振兴示范点"，申报创建5个抓党建促乡村振兴示范村，建立桥头镇党员志愿服务队16支、党员突击队15支，落实和推进"网格化＋信息化""网格员＋信息员"基层治理体系建设。2022年，培养入党积极分子16人、预备党员19人、预备党员转正26人，缴交党费7.7万元。

【桥头镇综治信访维稳】2022年，桥头镇被划分为32个综合网格，配备32名专职网格员，发展下属信息员641名，上传网格事件1816宗。调解投诉举报案件8起，涉及金额20多万元，成功率100%，引导粤北联合钢铁厂成功转制，2000多员工未发生上访事件；协助部队解决罗伞引山军用地围闭问题。开展"清风2022""百日行动""扫黑除恶"等专项行动，接有效警情493个，受理治安案件147起。

【桥头镇乡村振兴】2022年，桥头镇申报2022年乡村振兴项目51个，成功入库32个，其中产业发展类项目11个、公益性基础设施项目9个、其他12个。做好潭坑村"英德市桥头镇巷尾荷花农场"、五石村"英德市秧地田莲藕种植专业合作社""一村一品、一镇一业"入库申报工作。"6·30广东扶贫济困日"募得善款53.77万元。统筹乡村振兴财政专项资金60万元，延长亚婆石村大棚蔬菜扶贫投资合作项目。五石、红桥村使用白云区引导资金与广州东弘光伏科技有限公司合作，分别投入90万元和40万元建设124.8千瓦和55.58千瓦分布式光伏扶贫电站。

【桥头镇美丽乡村建设】2022年，桥头镇成功创建一批2022年度生态宜居美丽乡村。博下村郭屋通过清远市干净整洁村验收、板甫村会星和石角村廖屋通过清远市美丽宜居村验收、亚婆石村暗径通过清远市特色村验收。截至2022年底，73个自然村升级美丽宜居村通过清远市验收，128个自然村通过英德市干净整洁村验收，全镇整洁村创建达标率99%。投入40万元完成新益丘屋、桥头社区上塘"四小园"公益事业建设示范点工程。健全农村环境整治长效机制，配备公益性岗位20个，制定卫生保洁制度及落实门前三包制度，129个自然村全面落实长效保洁工作机制。完成危房改造4户。

【桥头镇农村综合改革】2022年，桥头镇完成早稻种植面积1.26万亩，完成率109.2%；完成高标准基本农田建设2564亩，总投资788.83万元，受益群众3000多户2万多人；发放耕地地力保护补贴4.7万亩400多万元；完成全镇243个农村集体经济组织换届工作。

【汕昆高速桥头互通连接线改扩建工程建成通车】2022年1月25日，汕昆高速公路桥头互通连接线改扩建工程正式建成通车，项目于2021年4月开工建设，起点为汕昆高速公路桥头镇收费广场，通过扩建县道X410线连接至国道G358线。路线全长2千米，采用整体式路基一级公路技术标准，为双向四车道，沥青混凝土路面，路基宽度19.5米，设计行车速度60千米/小时。

【桥头镇抗灾救灾】2022年6月12—21日，桥头镇发生百年一遇的洪涝灾害，桥头镇迅速响应，组织全体镇村干部参与防汛救灾，累计投入救援力量1000多人次，共转移群众718人，实现人员"零伤亡"，70个村小组2039户7394人遭受洪水侵袭；农业受灾面积4.36万亩，其中粮食作物1.52万亩（水稻1.25万亩）、蔬菜1.22万亩、甘蔗及其他1.62万亩；畜牧业牲畜损失466只（头）、家禽损失11.13万只（羽）、鱼塘受灾面积3790亩、损失产量82万公斤，损毁塘基1244米，损失栏舍面积4160平方米，损失栏舍面积5800平方米；损坏电站1座、水库3座，200米河堤受损，板甫大桥（旧桥）遭冲毁，有6702米不同类型的农田灌溉或排水的沟渠受损，国道G358线路段3处山体大面积滑坡，县道X410线路段3处塌方，石角大塘排洪渠山体滑坡堵塞。6月22日，桥头镇召开灾后复工复产工作会议，成立工作领导小组，制定《桥头镇灾后复工复产工作26项责任清单》《关于成立桥头镇灾后农业救灾复产重建工作指挥部的通知》《桥头镇灾后农业复产重建工作实施方案》，截至6月27日，派出党员3245多人次，参与救援及灾后重建工作，各级党员联系村户8559户、8.04万多人次。

【桥头镇疫情防控】 2022年，桥头镇人群累计接种疫苗7.41万剂次，18周岁以上人群全程接种率99.2%；其中60周岁以上人群全程接种率88.3%；60周岁以上人群第一针接种率为93.8%。桥头镇压实疫情防控四方责任，把好"外防输入、内防扩散"关口，推进核酸检测，按时保质完成三轮全员核酸检测任务；动员全镇11名乡村新闻官参与疫情防控宣传，印发疫情防控工作宣传单，利用微信群、朋友圈、宣传展板、宣传车等多方式、多渠道开展常态化疫情防控宣传。

【中共桥头镇第十六届党员代表大会第二次会议】 2022年3月28日，中共桥头镇第十六届党员代表大会第二次会议在桥头镇政府一楼会议室召开，112名党代表出席，3名事业单位负责人列席。会议听取镇党委书记林树雄汇报的《坚定历史自信，继续勇毅前行，以全面从严管党治党推动桥头高质量发展》党委工作报告。

【桥头镇第十七届人民代表大会第二次会议】 2022年4月15日，桥头镇第十七届人民代表大会第二次会议在桥头镇政府一楼会议室召开，应到代表71人，实到代表67人。大会提出议案建议和批评意见5件，票决产生2022年民生实事项目4个：布点安装新能源汽车充电桩、沿江路安装路灯、镇中心小学新建教学楼1幢。 （杨文健 邓江政）

东 华 镇

【东华镇基本情况】 位于英德市东部，辖区面积559平方千米，2022年末户籍人口115 889人。下辖24个村和4个社区。是清远市华侨工业园所在地，也是广东省中心城镇之一。

【东华镇经济发展概况】 2022年，东华镇规模以上工业总产值11.84亿元，农林牧渔及服务业总产值13.77亿元。

农业 2022年，东华镇粮食种植总面积6.66万亩，总产量1.99吨，其中种植水稻5.76万亩，总产量1.93万吨；种植玉米2009亩，总产量502吨。生猪出栏18.37万头，水产养殖497公顷。

林业 2022年，东华镇结合蒲岭旧矿区修复开展义务植树,植树1万多株,产林改造2500亩,荒山造林600亩,新种油茶面积130亩;秋季完成抚育改造7600亩,组织清除疑似松材线虫病枯死树1000多株。

水利 2022年,东华镇村村通自来水工程覆盖28个村(社区),受益人口10.64万人。对主要河流电站开展7次专项清漂行动,清理漂浮物195.5吨,清理河流长度约15.6千米,出动清漂车船15次、人员113人次、钩机2台。

招商引资 2022年,东华镇清华园片区有投产企业110家(含规上工业企业89家),在建企业44家、高新技术企业41家,提供就业岗位约2.2万个,初步形成以新材料、新能源、机械装备制造为主导,美妆为重点培育的"3+1"现代产业体系。

基础设施建设 2022年,东华镇推进东升村东岭亮化工程和大镇社区横岭烈士陵园门前道路修缮项目建设,推进宝洞村半山和马鞍山两条干路2.8千米的硬底化工作;推进水毁路段修复工作,包括九郎村乡道Y404线、双寨村省道S526线路段、鱼湾街至文策村坝子桥路段;推进水毁桥梁修复工作,其中上级部门统筹重建5座、全镇修复6座;做好镇区公路沿线设备维护工作,定期维护大镇街、英华街的路灯;巡查镇区沿线公路,及时置换沿线破损沙井盖。

【东华镇社会事业发展概况】

教育 2022年,东华镇完成坐下小学新教学楼项目建设;完成鱼湾中学宿舍楼项目建设。2022年中考,1026人参加考试,201人上国家级示范性普通高中分数线。

劳动就业 2022年,东华镇实现再就业1089人。受理办结劳动纠纷案件129宗,已办结85宗,涉及人数306人,涉及金额466.72万元。

社会保障 2022年,东华镇城乡居民基本养老保险参保4.52万人,城乡居民基本医疗保险参保8.4万人。为全镇6816名高龄老人发放津贴132.94万元;为2561名残疾人发放补贴59.31万元。

人口 2022年,全镇出生1317人,其中一孩465人、二孩428人、三孩280人、四孩144人。出生率10.88‰,总和生育率1.29‰,死亡820人,死亡率6.78‰,自然增长497人,自然增长率4.11‰。

【东华镇农村综合改革】 2022年,东华镇完成6.62万亩粮食种植,其中早造3.25万亩、晚造3.37万亩,完成复耕复种面积3208.65亩,复种率83%;发放2022年2批次一次性种粮补贴138.41万元,发放耕地地力保护补贴897.01万元;发放6月"龙舟水"理赔款662.5万元。

【东华镇党建】 2022年,东华镇培养入党积极分子115人、发展党员33人、预备党员转正60人(含转入预备党员7人)、延期转正4人。

【东华镇综治信访维稳】 2022年,东华镇各级人民调解委员会调处矛盾纠纷案件303宗,其中镇级人民调解委员会调解案件184宗,各村(社区)人民调解委员会调解案件119宗;上级交由东华镇主办调处的信访案件75宗,其中东华镇通过法定途径受理55宗,不予受理20宗。

【东华镇乡村振兴】 2022年,东华镇全面摸查1600户脱贫户,完善2021年项目库相关资料，并按要求提交及归档，做好2022年的项目库入库的8个项目相关资料的录入，做好扶贫资产后续管理；推动扶贫项目资产在巩固脱贫攻坚成果和全面实现乡村振兴中持续发挥效益，统筹2100万元扶贫资金，对接相关企业进行洽谈；制定东华镇乡村治理中推广运用积分制工作方案，在双寨村委会寨一村民小组和寨二村民小组设立试点。

【东华镇美丽乡村建设】 2022年，东华镇开展农村人居环境整治逐村过关"30天集中攻坚"行动，全镇27个村居完成环境大清理、公共设施整治、落实农户门前三包、补短板和开展宣传工作；推行长效管护工作，全镇27个涉农村居，24个落实推行长效管护机制，下拨长效管护奖补资金57.67万元；推进古滩村古竹岗、同乐村曾屋、东升村督尾、汶潭村下围4个清远市"特色村"和汶潭村汶潭组1个清远市"生态村"创建工作，其中古竹岗特色村已通过清远验收，其他待验收；新建5个污水处理设施和7个资源化利用村庄建设，推进第二批8个污水池建设；开展2022年农村厕所摸排整改"回头看"工作，核查出46户因长期无人居住，不纳入改厕范围，13户重复录入系统，更正后录入户厕为2.08万户、公厕93座。

【东华镇疫情防控】 2022年，东华镇开展全人群疫苗接种，其中60—79岁人群全程接种率99.2%；60—79岁人群第一剂加强针接种率98.5%。

【东华镇第四届人民代表大会第二次会议】 2022年4月13日，东华镇召开第四届人民代表大会第二次会议。大会应到代表122人，实到代表112人。会议听取审议东华镇人民政府工作报告、镇人大工作报告、民生实事等重要决议。

【东华镇第四届人民代表大会第三次会议】 2022年10月28日，东华镇召开第四届人民代表大会第三次会议。大会应到代表118人，实到代表94人。会议听取审议东华镇第四届人民代表大会第二次会议关于政府工作报告的决议执行情况的工作报告、东华镇第四届人民代表大会第二次会议关于人大主席团工作报告的决议执行情况的工作报告、东华镇2022年上半年财政预算执行情况报告、东华镇2021年财政决算草案报告等重要决议。（刘厚芬 刘 静）

横石水镇

【横石水镇基本情况】 位于英德市东北部，盛产黑皮果蔗和无公害蔬菜，素有"黑皮果蔗之乡""农业生态镇""文化之乡"之称。2022年辖区面积118平方千米，年末户籍人口36369人，下辖6个村和1个社区。

【横石水镇经济发展概况】 2022年，横石水镇农林牧渔及服务业总产值5.34亿元。

农业 2022年，横石水镇耕地面积约3.66万亩，累计完成土地整合3万亩，占比82%，主要是种植水稻、黑皮果蔗、蔬菜为主。春种水稻9404亩，晚造水稻种植7696亩，冬种粮食90亩，完成上级下达的粮食生产任务。黑皮果蔗种植面积约1.3万亩，亩产约1.8万斤。蔬菜种植约1万亩，其中盛产蔬菜品种有大心芥菜、苦瓜、丝瓜、节瓜、茄子、辣椒、长豆角、四季豆角、荷兰豆、特色蔬菜等，辖区内规模较大的种植企业和合作社有3家，分别是英德市胜景农业有限公司、英德市明辉种养专业合作社和英德市禾丰盛生态农业专业合作社，其中明辉种养专业合作社是国家级示范社，英德市禾丰盛生态农业专业合作社种植血通菜、马齿苋等特色蔬菜约160亩。生猪出栏量约7.9万头，仔猪出售约1.5万头；肉牛出栏425头，"三鸟"（鸡、鸭、鹅）出栏约145万羽，水产养殖约2000亩。

林业 2022年，横石水镇有专职护林员9名，重点护林员25名，半专业森林消防队20名。在横岭村上龙潭设立1个护林点，安排1名专职护林员驻点看护。组织开展义务植树活动，种植深山含笑、山杜英等树苗1500株，造林总面积约50亩；推行林长制工作，镇村林长开展责任区域巡林工作，推进"绿美横石水"建设；开展森林防火宣传，森林特别防护期在林区重点区域、进山路口设立森林防火临时检查点25个，引导进山入林人员扫"防火码"。安排护林员每天巡山护林，定期对庙宇周边及山边杂草排查隐患、完成清理清扫工作。在全镇范围张贴500个森林防火横额和宣传标语，进村入户派发森林防火宣传资料1万份，组织村民签订《森林防火安全承诺书》3.5万份。

农田水利设施建设 2022年，横石水镇政府争取上级专项资金约1.2亿元，完成横石水渡头朱段河道疏浚工程；完成下空水及墨岭溪治理工程；全镇农村水系综合整治工程总投资980万元，8月动工，包括马鞍塘挡土墙、墨岭溪护岸、联雄群一群二、周屋等5个灌溉塘整治，完成工程量90%；全镇农村水系综合整治工程（二期）总投资4418万元，涉及7个村（社区），8月施工，主要完成中空河骑虎庙至友谊桥河道护岸清淤、新建陂塔岗和文化站等渠段箱涵、洋湖塘排洪渠三面光建设等工程，已完成工程量90%；上空水及下空水治理工程（二期）总投资1865万元，主要完成下空水联雄段、上空水溪北横岭段河道的护岸、清淤以及机耕路铺设等工程，已完成工程量90%；高标农田建设项目总投资3867.43万元，项目覆盖全镇7个村（社区）1.2万亩农田，主要建设内容为镇政府门前机耕路建设和硬底化，政府中心路拓宽和硬底化，塔岗上村灌渠、塔岗榕树下圳、江古山下罗圳等三面光工程，截至12月底，已完成建设机耕路11.3千米、农渠68.7千米、土地平整约280亩。

惠农政策 2022年，横石水镇发放耕地地力保护补贴

▲2022年11月，横石水镇1.5万亩甘蔗　　　　（横石水镇政府供图）

3.12万亩、268.37万元；开展耕地撂荒复耕、红火蚁防治、新型职业农民培育、农药经营许可证申报培训等专题工作；开展农村生活环境整治及基层公益设施建设。

基础设施建设　2022年，横石水镇落实城镇开发范围控制性详细规划编制，完成中心小学、中心幼儿园建设项目土地利用总体规划规模置换约44亩，完成农业废物再生利用项目用地预留规模约55亩。建设公益事业公路项目3个、1.4千米。

【横石水镇社会事业发展概况】　教育　2022年中考，298人参加考试，59人上国家级示范性普通高中分数线。2022年教师节，全镇表彰14位优秀教师、16位优秀班主任和8位模范教育工作者。

劳动就业　2022年，横石水镇农村新增转移就业人数153人，贫困劳动力71人，城镇新增就业15人，公益性岗位就业人员15人，创业带动就业41人，办理登记失业3人。

社会保障　2022年，横石水镇城乡居民基本养老保险参保1.42万人，城乡居民基本医疗保险参保2.62万人。全镇享受农村低保231户622人，城镇低保7户18人，特困人员103人，孤儿和事实无人抚养儿童17人，发放低保保障金344.72万元，特困人员保障金128.32万元，孤儿和事实无人抚养儿童保障金28.89万元。申请临时救助7户，发放金额2.09万元。

医疗卫生　2022年，横石水卫生院医疗总收入510.1万元，比2021年增加15.2%，门诊3.52万人次，住院1178人次。

人口　2022年，全镇出生443人，其中一孩184人、二孩153人、三孩85人、四孩21人，出生率11.82‰，总和生育率1.31‰，死亡226人，死亡率6.03‰，自然增长217人，自然增长率5.79‰。

共青团　2022年，共青团横石水镇委员开展志愿服务活动52场次，志愿者参与764人次。成立8支镇、村团员青年战疫突击队，组织24次疫情防控志愿服务活动。

【横石水镇党建】　2022年，横石水镇党委下辖34个党组织，有党员984名。创建横石社区、溪北村、新星村为农村基层党建示范村，通过验收。组织19支"队伍"，1652人次参与6月抗洪抢险救灾工作。举办入党积极分子、发展对象、预备党员培训班2期，150人参加。培养入党积极分子109名、发展党员16名、预备党员转正23名，收缴党费8.48万元。利用镇、村党校开展培训、轮训87期，1870人次参加。组织开展党员志愿服务42次，参与志愿服务1214人次。组织开展明查暗访、专项督查28次，通报问责镇村干部24人。立案查处党员违纪违法案件3宗。

【横石水镇综治信访维稳】　2022年，横石水镇综治中心受理办结人民调解案件140宗，受理办结信访案件25宗，其中转办23宗、协办2宗。开展普法、禁毒、反诈等宣传300多场次，受教育人数9000多人，印发宣传海报500张、宣传手册8000份，制作更新普法宣传栏18个。开展平安镇（街道）、平安村居、平安市场、平安企业、平安学校、平安医院、平安家庭等创建活动，推进"平安细胞工程"建设。联合电信公司打造"互联网+平安乡村"建设项目，在镇、村主要交通要道及人流集中场所安装150

处高清监控摄像头。全镇网格员上传事件1636件,人均上传事件54.5件。

【横石水镇美丽乡村建设】 2022年,横石水镇有157个村小组通过美丽乡村建设验收,完成道路硬底化建设1.4千米,新建污水处理池3个,资源化利用1个,新建村级公厕5间和垃圾收集点4个,建成乡村休闲公园4个,并配备篮球场或健身设施。建成江古山村(向阳、东升、九龙楼)、联雄村(大联、双联)、新星村(上王、下王)特色村。

【横石水镇乡村振兴】 2022年,横石水镇乡村振兴项目11个,投入资金1323万元,其中农村长效管护机制投入43万元,用于建立农村长效保洁机制,聘请保洁员,购买保洁用具等;水利项目5年规划投入40万元,完成横石水镇水利项目5年规划编制;2022年纳入6户防返贫监测对象,累计纳入监测对象9户,防返贫监测项目投入10万元,用于防止出现返贫现象;投入26万元,完成横空公路洋湖塘桥建设;联雄村桥梁建设工程投入64万元,完成重建或改建桥梁3座;横岭大桥至横岭白楼河堤护栏建设工程投入61万元,完成建设挡土墙400多米;横石水镇美丽乡村精品路线第二期投入资金200万元,改造省道S252线外立面,完成40幢农房改造;横石水联雄村至横岭村风貌带工程一期工程投入570万元,道路拓宽、绿化以及外立面改造,完成进度90%;横石水镇基建及配套设施工程项目投入资金100万元,完成太阳能路灯建设260盏;横石水镇美丽圩镇建设亮化工程投入资金100万元,建设省道S252线联雄段路灯,完成进度90%;横石水镇小型水利基础设施建设和维修工程投入资金120万元,已定预算方案。

【横石水镇安全生产】 2022年,横石水镇完成"四个整合"(部门、职能、指挥调度、力量)应急工作,建立应急物资储备仓库1个,配备配齐应急救援物资。明确细化安全生产责任,将全体镇村干部分为11个检查组,定期开展危险化学品安全专项整治、消防安全专项整治、道路交通安全专项整治、建筑施工领域安全整治、涉电安全专项整治等方面的工作。开展"拆违、破网、开窗、治电"消防安全、燃气安全、经营性自建房排查、防溺水等专项行动,完成经营性自建房安全排查整治4家,整治无证燃气配送点2个,新安装低压漏电保护器近1000个,圩镇新开设逃生窗100个,拆除广告牌5个,整治软管老化、未设置专用气瓶间等燃气、用电安全隐患一批。

【横石水镇防汛抗洪】 2022年6月,横石水镇进入"龙舟水"强降雨阶段,遭遇百年一遇大洪水,累计开展隐患巡查1000多次,及时处理安全隐患104处,及时转移群众108人。期间无一人伤亡,灾后组织发动群众及时抢修各类设施,帮助受灾群众恢复正常生产生活秩序。防汛期间争取上级应急抢险、救灾复产资金206万元,向社会各界筹集扶贫济困资金68.5万元、灾后重建资金33万元以及帐篷、食品、化肥等救灾物资。

【横石水镇第十七届人民代表大会第二次会议】 2022年4月12日,横石水镇第十七届人民代表大会第二次会议在镇政府四楼会议室召开,应到代表68人,实到代表63人,列席人员22人。会议听取并审议通过党委副书记、镇长范方赠作的政府工作报告、镇人大主席黄成洪作的人大主席团工作报告,书面审查《横石水镇2021年财政预算执行情况和2022年财政预算(草案)报告》《横石水镇政府2021年重点工作及民生实事项目"问结果"工作报告》。大会对10项2021年镇政府重点工作及8项民生实事项目完成情况进行满意度测评,票决产生8项2022年镇政府民生实事项目,圆满完成大会各项议程。

【横石水镇第十七届人民代表大会第三次会议】 2022年10月28日,横石水镇第十七届人民代表大会第三次会议在镇政府四楼会议室召开,应到代表68人,实到代表47人,列席人员19人参加会议。会议听取并审议通过党委副书记、镇长范方赠作的政府工作报告、镇人大主席黄成洪作的人大主席团工作报告、"三问一评一票决"跟踪监督过程中工作较慢的单位作工作汇报,书面审议《横石水镇2022年上半年财政预算执行情况工作报告》和《2021年财政决算(草案)报告》。 （蓝美河）

英 红 镇

【英红镇基本情况】 位于英德市中部,2022年辖区面积219平方千米,年末户籍人口36 890人,全镇下辖6个村和6个社区。建有300吨、500吨水运码头各1座。

【英红镇经济发展概况】 2022年,全镇规模以上工业总产值99.98亿元,农林牧渔及服务业总产值4.68亿元,完成固定资产投资20.48亿元。

农业 2022年,全镇粮食总面积2.11万亩、总产量7532吨,其中水稻1.48万亩、产量5257吨;玉米2964亩、产量825吨;豆类499亩、产量91吨;薯类12 342亩、产量1359吨。花生7098亩,蔬菜1.81万亩,水果1358亩。生猪出栏4.57万头,"三鸟"(鸡、鸭、鹅)饲养382.97万羽,水产养殖2895亩。全镇耕地面积3.49万亩,整合(户均耕三块田以下)3.02万亩,占全镇耕地面积的86.5%。

水利 2022年,英红镇实施建设高标准基本农田项目,项目建设总规模1.46万亩。项目总投资3289.88万元。项目于2021年10月23日开始施工,2022年3月29日全面竣工。实施水利移民项目4宗,总投资532万元,完善移民村生产生活道路,修复部分水毁陂头。实施农村公益事业农田水利基础设施项目及白眉石陂头水毁工程修复,总投资约180万元,修复锦田、田江、水头3个村委水毁陂头3宗及白眉石陂头。投资180万元,实施农村供水保障工程1宗,改善红卫社区用水问题。

基础设施建设 2022年,全镇新建项目27个,竣工项目23个。在建英红镇老旧小区改造配套基础设施建设项目,总投资约1.13亿元,截至2022年底,完成投资9842万元,完成工程87.1%。续建项目英德市英红镇南岭国家公园入口社区道路整治工程(含红卫、新岭乡道拓宽,镇域太阳能路灯安装)和英红镇南岭国家公园入口景观廊道坑口咀片区道路改造工程(坑口咀市政道路黑底化),2个项目总投资约1.2亿元,截至2022年底,完成投资1.2亿元,完成工程100%。

林业 2022年,英红镇投入约24万元,植树9000株,面积86亩；完成低产林更新造林192亩、中幼林抚育2793亩，封山育林1.13万亩。有一支20人的半专业扑火队，有专职消防队员9人，防火期前举办5天的体能和专业技能培训。配有摩托广播宣传器材8台、灭火风机18台、灭火水枪10支、发电机1台及镰刀、锄头和打火把等灭火工具。张贴森林防火宣传标语4000张，悬挂宣传横幅50条，发放张贴禁火令3000张，翻新固定宣传牌9块，签订村（居）委防火责任书12份、村民小组防火责任书170份、村民防火责任书3541份、教师责任书206份、学生保证书4500份、造林业主或进山作业人员防火保证书9份。办理林权登记发证3宗，面积1125亩；查处违法占用林地行为16宗。生态公益林发放补偿356万元，发放率98.5%；配备护林员9人，划定巡山责任区，制订巡山考勤登记制度。

【英红镇社会事业发展概况】

教育 2022年中考，371人参加考试，95人上国家级示范性高中分数线。

劳动就业 2022年，全镇劳动力转移就业202人，新增城镇就业岗位648人。

社会保障 2022年，全镇城乡居民养老保险参保4372人，城乡居民医疗保险参保2.38万人。为辖区内退休职工4002人完成年度资格认证，为2900名60周岁以上领取城乡居民养老待遇人员完成年度资格认证。增加低保户33户114人，取消低保39户74人。全镇有低保户420户1041人；有五保户66人，其中入住英德市福利院5人；有孤儿2人，事实无人抚养儿童14人，全部享受社会保障兜底政策。社会临时救助44人次，发放救助资金11.02万元。发放御寒棉被60张，大衣5件，65户困难群众受益。为全镇三级以上的残疾人参加城乡居民医疗保险和享受城乡居民养老保险901人，为648名重度残疾人发放护理补贴，为318名纳入低保的残疾人发放生活津贴，无障碍改造9户、办理辅具申请42人，94人申请评残，已办理残疾证94人。发放"八一"建军节、春节慰问经费13万元。

医疗卫生 2022年，英红镇卫生院总收入（包括新大楼债券）3217万元，其中业务指标收入1069万元，总诊疗人次6万人次，门诊人次5.4万人次，出院人次1954人次。居民健康档案建档累计3.2万人次，高血压规范管理2367人次、糖尿病规范管理733人次、肺结核患者健康管理13人次，65岁以上老人健康管理人数4052人次，中医药健康管理人数4258人次，中医适宜技术总开展服务1.82万次，完成全镇6400人次中小学学生及幼儿园体检工作。

文化、体育 2022年，英红镇投入20多万元，修缮及更换健身设施，升级改造文化站功能室。建设1个"扫黄打非"主题公园。完成7个省卫生村、11个清远市卫生村、3个省卫生行政村的申报。

人口 2022年，全镇出生262人，其中一孩104人、二孩98人、三孩60人、四孩11人，出生率6.93‰，总和生育率1.08‰；死亡271人，死亡率7.17‰；自然增长-9人，自然增长率-0.24‰。办理生育登记297宗，数据清理清查1.5万条信息，办理计划生育奖励69人，其中办理城镇独生子女父母奖励60人，农村部分家庭奖励7人，特别扶助奖2人。开展"5·29会员活动日"，筹集"一元爱心捐助"6974元。

【英红镇疫情防控】 2022年，英红镇核查上级推送大数据人员1.91万人，其中落地8694人，全部落实"四个一"健康管理措施（发放一份健康通知书、展开一次健康问询、查验一次健康码、开展一次核酸检测）。全年采核酸数量77.19万人次。全人群累计接种疫苗9.56万次。为65岁以上合并基础疾病老年人2104人，孕产妇144人，残疾人975人，孤寡老人、独居老人5人，困境儿童16人实行分类分级管理健康服务。

【英红镇党建】 2022年，镇党委下设45个基层党组织，有党员1035名。培养入党积极分子39人、预备党员13人、预备党员转正26人，收缴党费16.46万元。

【英红镇综治信访维稳】 2022年，英红镇接待群众373批1028人次，受理信访案件211件，人民调解案件50宗，30宗在办结中，结案率88.5%。受理劳资纠纷案107宗，涉及金额1153万多元、人数532人。通过责令整改、调解等方式解决44宗，金额441万多元，涉及254人；在调解处理中13宗，金额181万元，涉及71人，调解终结处理50宗。派出所接收警情2403条；行政案件受理301宗，行政拘留85人；刑事案件立案114宗、破案34宗，刑事拘留21人、逮捕13人、起诉6人；电信诈骗受理行政案件9宗，电信诈骗立刑事案件36宗。2022年，综合行政执法办公室依法立案查处行政处罚案件54宗，其中自然资源执法领域案件31宗、涉及林业执法领域案件19宗、涉及水利执法领域1宗、涉及市场监管领域案件2宗、涉及城市管理执法领域案件1宗，罚没收入126.34万元。

【英红镇应急管理】 2022年，英红镇监督检查生产经营单位521次，出动检查人员1609人次，查处一般事故隐患2960个，监督完成事故隐患2558个，完成整改率86.4%；使用安全生产行政执法文书110份，全年无出现重特大安全生产事故。"三小"场所（小档口、小作坊、小娱乐场所）隐患排查1732家，发现隐患4591项，截至2022年底，整改场所1633家，整改隐患3879项，其中联网式烟感安装303个；违规住人443家，已整改完毕。完成中央环保督察交办案件3宗，已结案。完成75座农村污水处理设施建设，占总任务103座的72.8%，完成2022年底前要求60%的治理率任务。组织开展食品专项整治行动340多次，检查餐饮门店数69家，企业食堂15家，学校、幼儿园食堂13家；检查流通行业74家；检查药店9家；检查小作坊23家，生产企业32家。证照过期、未办理相关行业证照、食品安全不达标的行业要求限期整改，全部整改成毕。发生食品安全案件39宗，食品安全各类投诉54宗，没收违法所得物品45千克，罚款20多万元。完成1.08万户摩电户籍化管理登记，摸排登记摩托车、电动自行车6524辆，其中有牌摩托车1414辆、无牌摩托车2599辆、有牌电动车1058辆、无牌电动车1453辆。重点车辆保有量531辆，保持年审状态正常车辆492辆，重点车辆检验率93%。

【英红镇乡村振兴】 2022年，英红镇有脱贫户348户906人、监测对象15户63人，帮扶措施投入8.99万元。组织开展季度排查4次，防寒抗冻排查1次，总排查户数382户，完成对脱贫户和监测对象的全覆盖式排查。邀请专业技术人员和科技特派员组织开展3场农业技术培训。

【英红镇美丽乡村建设】 2022年，英红镇3个村小组创建清远市特色村并通过验收。全镇人居环境系统内的103个村小组，建成28个干净整洁村、71个美丽宜居村、4个特色村；全镇村小组100%达到干净整洁村以上标准，72.8%的村小组达到美丽宜居村以上标准。

【英红镇城乡清洁】 2022年，英红镇城市管理办发出通知97份，其中停建通知1份、限期拆除37份、限期整治脏乱差58份、限期搬离公有房屋1份；整治拆除存在安全隐患的户外广告牌和门店招牌97件、604平方米，拆除广告牌横幅58件；拆除违法建筑17宗、680平方米；整治超载飘洒2宗，违法偷倒偷排5宗。收取经营服务性卫生费12.42万元。

【英红镇国土规划】 2022年，英红镇完成2021年度执法卫片图斑的整改工作。完成2022年度各类执法卫片图斑的外业核查及大部分违法图斑的整改工作。抓获非法开采矿产资源案件7宗，查扣挖掘机6台、大型炮机3台、非法运输车辆2辆。推进镇点状供地、英红镇中心小学、观音山隧道拓宽工程、岭南隧道工程、英红镇消防站和蒋家洲安置地等项目的调规和用地报批工作。完成英红镇中心小学用地报批工作，完成观音山隧道拓宽工程的调规工作。批复1个乡村振兴项目用地，上报预留规模待清远批复的乡村振兴项目7个。完成镇2020—2035年国土空间总体利用规划的前期准备工作。

【中共英红镇第五届党员代表大会第二次会议】 2022年3月25日，中共英红镇第五届党员代表大会第二次会议在镇政府七楼会议室召开，应到代表95人，实到代表93人。会议传达学习中国共产党第十九届中央委员会第六次全体会议公报；审议党委工作报告、镇纪委工作报告、2021年经济社会发展情况、镇党费收缴使用管理情况报告；民主评议镇领导班子及成员，评议2021年年会主题完成情况和提案办理情况；投票表决确定年会主题，审议通过大会提案提议受理情况意见（草案）及大会相关决议。

【英红镇第五届人民代表大会第二次会议】 2022年4月20日，英红镇第五届人民代表大会第二次会议在镇政府七楼会议室召开，应到代表67人，实到代表65人，会议听取和审议英红镇《政府工作报告》《人大主席团工作报告》《2021年三审二问一公开工作报告》《英红镇乡村振兴战略五年规划》，审查通过《英红镇2021年财政预算执行情况和2022年财政预算草案报告》，审议《英红镇第五届人民代表大会第二次会议镇政府重点工作和民生实事项目完成情况满意度测评办法（草案）》《英红镇第五届人民代表大会第二次会议民生实事项目表决办法（草案）》，对2021年镇政府重点工作和民生实事项目完成情况进行满意度测评，表决通过"英红镇主要道路安装治安摄像头工程""英红镇英红大道交通道路安防工程""云岭至水头乡道Y456线路灯亮化工程""英德市英红镇田江村委张家排移民村道路硬化工程""英德市英红镇田江村委石尾塘移民村至猪沟坑移民村生产道路工程""红卫路段太阳能路灯安装工程""英红镇Y496线（产业大道至新岭街）路"7项2022年民生实事项目和各项决议。

【英红镇第五届人民代表大会第三次会议】

2022年10月28日，英红镇第五届人民代表大会第三次会议在镇政府七楼会议室召开，应到代表67人，实到代表66人。大会听取并审议《英红镇第五届人民代表大会第二次会议关于政府工作报告的决议执行情况的工作报告》《英红镇第五届人民代表大会第二次会议关于人大主席团工作报告的决议执行情况的工作报告》，书面审查《英红镇2022年上半年财政预算执行情况工作情况》《2021年财政决算草案报告》。根据"三问一评一票决"跟踪监督工作要求，听取有关工作推进情况报告，表决通过各项决议（草案）。 （张仕杰）

沙 口 镇

【沙口镇基本情况】 沙口镇位于英德市东北部，2022年辖区面积322平方千米，年末户籍人口49 437人，下辖13个村和1个社区。

【沙口镇经济发展概况】 2022年，沙口镇规模以上工业总产值9.05亿元，农林牧渔及服务业总产值5.18亿元。

农业 2022年，沙口镇粮食总产量2.1万吨，农作物种植面积6.09万亩，其中粮食作物播种面积3.69万亩（水稻2.77万亩、玉米7230亩、红薯1307亩、大豆547亩、冬种小麦168亩），经济作物种植面积2.39万亩（蔬菜850、茶叶5057亩、花生7170亩、黑皮甘蔗3990亩、麻竹笋4550亩、冬瓜657亩、果树1692亩，主要有黄皮、鹰嘴桃、沙糖桔、沙田柚等品种）。沙口镇有英德市（县级）龙头企业6家、示范家庭农场5家（2022年新增一家）、示范合作社2家。官坪村（英德红茶）获批为2022年省级"一村一品、一镇一业"专业村。推进水稻投保工作，完成2022年上造水稻10个村8990.58亩保险投保；下造水稻14个村2.39万亩保险投保。全镇有生猪养殖规模场42户，生猪存栏2.8万头；家禽养殖规模场85户，家禽存栏118万羽；牛羊养殖规模场45户，牛羊存栏6500头。抓好红火蚁防控工作，印发《沙口镇红火蚁防控攻坚行动工作方案》，累计投入防控药物1.95吨、防控资金8.1万元，红火蚁发生面积由2021年的6639亩控制到2022年的2500亩以下。

林业 2022年，沙口镇开展防治松材线虫工作，在园山村八角水库附近、青湾村、高桥路边等多个地方设立"松墨天牛专用诱捕器"。在春节、清明节、重阳节等重点防火期，落实"包山头、守路口、打早小"的森林防灭火工作要求，清理神坛社庙等重点区域，在重要节假日加强防火巡查。设置4个临时放鞭炮点、2个森林防火检查点、10个森林防火宣传点把守重要路口。宣传森林防火、野生保护动物等相关知识，更新沙清路口、沙口大桥、洲西路口、蕉园路口、平峰路口等重点区位的防火宣传横幅；向全镇师生和家长发放6000多份《森林防火公开信》，向全镇干部群众发放森林防火宣传资料3万多份，2022年沙口镇未发生森林火灾。

水利 2022年，沙口镇建立完善供水网络工程管护制度，定期做好水源水质检测工作，完成12宗水源水质检测。建设镇级污水处理厂1座，厂区主体工程已基本完工，进入试运行状态。推进河长制工作，截至2022年底，镇、村级河长开展巡河1178次，及时记录巡河发现的问题并反馈给河长办解决。开展大规模清漂行动3次，主要清理沙口坑、北江清溪段、红峰段水面漂浮物，累计投入运输车辆41辆次、钩机5个台班、船9个台班，人员73次，清理面积约2万平方米，清理河长约13千米，投入经费22万元。

重点项目建设 2022年，沙口镇改造旧街区，一期为沙口大道及支路加铺、新建室内篮球场；二期为沙清路及支路施工；三期为人民北路、文化广场、山顶公园、卫生院及旧市场改造；四期为滨江路。人民中路及链接支路施工，改造总长6000米，硬底化面积1.45万平方米，雨污分流管网建设约3000米，建设便民公厕1个，卫生院改造占地面积2.36万平方米，建设相关配套设施，截至2022年底，完成第一期沙口大道及支路改造。截至2022年底，国能清远发电工程项目一期累计完成投资42.38亿元，规划建设2台100万千瓦超超临界燃煤发电机组，同步建设烟气除尘、脱硫和脱硝设施。项目二期累计完成投资5000万元，规划建设2台100万千瓦超超临界燃煤发电机组，同步建设烟气除尘、脱硫和脱硝设施。

基础设施建设 2022年，沙口镇完成削坡建房整治9处、危房改造14户，推进道路单改双工程2.7千米。推进沙口镇旧城改造工程，"厕所革命"工作，录入"厕革助手"系统的户厕9450间，公厕56间。完成188个农村污水处理池建设，其中110个村（102个池）已通过上级验收。

【沙口镇社会事业发展概况】

教育 2022年1月，沙口镇中心幼儿园从民办经营转为公办幼儿园，由沙口中心小学经营管理；2月，沙口中心小学被教育部授予全国青少年校园足球特色学校；9月，毛丰云被评为清远市优秀乡村教师。沙口中心小学2022年度投入50万元改造全镇小学通槽式厕所，投入50多万元完善冬瓜铺小学附属幼儿园的设备设施。2022年中考，337人参加考试，166人上国家级示范性普通高中分数线。

劳动就业 2022年，沙口镇新增转移就业人数562人，城镇新增就业岗位129个；就业困难人员实现就业18人；创业人员3人，带动13人就业。

社会保障 2022年，沙口镇城乡居民基本养老保险参保2.33万人，城乡居民基本医疗保险参保3.55万人。医疗保险参保成功扣费2.1万多人。有低保502户、1181人，发放低保金（含补助金）601.27万元。在册特困人员185人，其中市福利中心集中供养23人，分散供养162人，发放特困金185.43万元。有孤儿1人，发放1.44万元；事实无人抚养儿童22人，发放31.77万元。摸排737户困难群众家庭，发现"六类人员"（低保户、危房户、重病户、残疾户、独居老人户和无劳动能力户）7人，会同公安机关救助流浪疑似精神障碍患者1人，送返1人，纳入低保4户，送往医院救助1人。全年社工站新增建档1217户，累计建档1285户；新增入户1853人次，累计入户1927人次。开展个案跟进服务12个。协助办理低保46户、97人，协助办理特困12户，协助办理低保边缘家庭12户，协助81名群众办理临时救助，累计发放救助金17.63万元；协助3名群众申请英德市大病关爱基金，救助金额2.42万元；协助4名群众申请大病医疗救助，救助金额9.34万元。新办理残疾人证122人，其中新增残疾人生活补贴35人，残疾人护理补贴75人；取消残疾人生活补贴40人，残疾人护理补贴33人，发放高龄津贴1285人、49.59万元。

医疗卫生 2022年，沙口镇投入资金192万元，完成沙口镇卫生院提档升级，投入16.53万元配备齐全医疗设施。截至2022年底，沙口镇已创建清远市卫生村186个，创建省卫生村51个。落实职业病防治工作，巡查检查企业次数5次，检查企业6家，未核查出职业病病例。建立英德市职业病危害因素用人单位情况表37家企业，职业病宣传周进村委、社区、企业等3次，出动人数13人次。

人口 2022年，沙口镇出生395人，其中一孩171人、二孩136人、三孩67人、四孩21人。出生率7.82‰，总和生育率1.09‰，死亡305人，死亡率6.04‰，自然增长90人，自然增长率1.78‰。办理计生证明294人；生育登记941人；办理独生子女和纯二女奖扶34人。为20名妇女开展乳腺检查。开展"康乃馨"行动，慰问贫困妇女。

文化、体育 2022年，沙口镇开展网格化环境整治行动，把全镇干部职工分为2个大组13个小组，定期整治清理墟镇范围内街道。开展11次集中大行动，重点整治农贸市场和主要街道乱贴乱画、乱摆乱卖、乱停乱放现象。沙口镇村两级建有15支志愿服务队，常态化开展志愿服务50多次。建设1个沙口镇新时代文明实践所和14个新时代文明实践站。组建镇篮球队、镇广场舞队、铜锣山醒狮队等参加各种文体赛事活动，其中镇篮球队参加2022年英德市第二十三届"篮协·英德农商银行杯"篮球赛，获街镇组冠军。

【**沙口镇农村综合改革**】 2022年，沙口镇完成撂荒地复耕复种1877.5亩。完成重金属超标类耕地核查973.91亩，全面禁种水稻，改种其他作物，并配合上级部门做好污染类耕地土壤改良试点实验。高标准农田建设项目2个，其中沙口镇高标准农田建设项目（示范）涉及冬瓜铺村、官坪村、蕉园村、清溪村、石坑村、新建村和园山村7个村，投资1457.7万元，建设规模4859亩；沙口镇洲西村等13个村高标准农田建设项目涉及高桥村、红丰村、江溪村、平丰村、群英村、洲西村6个村，投资1429.8万元，建设规模4766亩。

【**沙口镇乡村振兴**】 2022年，沙口镇完成188个农村污水处理池建设，其中110个村（102个池）通过上级验收。其中有3个村的农村污水处理池在建设中，4个村的资源化利用在建设中。全年有16个乡村振兴项目，建设资金1202万元。推动"一村一品"项目工作，其中"再生稻"项目已完成，通过镇级验收，另有2个红茶项目完成建设，1个红茶项目在建设中。开展巩固脱贫成果工作，有26户扶贫监测对象，其中符合条件的10户退出监测，新纳入4户监测对象，截至2022年底，有监测对象20户84人。制定《沙口镇关于做好公益性岗位优先安排防返贫人口就业工作的计划方案》，落实"一次性吸纳补贴""岗位补贴""社保补贴"等有关奖补政策。原建档立卡贫困户有劳动能力并已完成就业708人，实现100%就业。发动企业和社会组织46次参与结对帮扶和走访慰问，累计慰问和帮扶资金110多万元，推动沙口镇20个种类的农产品进驻"粤北乡情"、英德市消费扶贫馆等线上、线下平台，开展金融帮扶，授信群众45人，授信金额680多万元。

【沙口镇党建】 2022年，沙口镇组建16支党员突击队、16支党员志愿服务队，镇党员干部下沉一线支援疫情防控工作4300多人次，其中党员2600多人次。收集登记完成民生实事67件、民生微实事157件。开展20多次理论学习中心组集中学习活动，开展党的二十大精神专题宣讲26场次。常态开展"护苗2022""绿书签"宣传行动24次，派发"扫黄打非"宣传册、主题环保袋、扇子等宣传品1600多份，做好"扫黄打非"信息报送工作，报送工作简讯及小结29篇。全镇发出乡村新闻官报道123个。建立沙口镇党政人才、本土人才、实用技能人才、乡村振兴人才信息台账，登记800多人。培养入党积极分子16人、预备党员14人、预备党员转正24人，缴交党费12.3万元。

【沙口镇综治信访维稳】 2022年，沙口镇综治中心及各村（居）人民调解委员会受理各类矛盾纠纷30宗，21宗为镇人民调解委员会调解，8宗为各村（居）人民调解委员会调解，其中成功化解29宗，调解终结并建议当事人到依法有管辖权的法院起诉1宗，没有因矛盾纠纷转化为治安案件和刑事案件的情况。开展镇领导干部职工学法讲座3场，到村（社区）、学校、企业等进行普法宣传活动8场次。送治严重精神障碍患者8名，为全部送治的精神障碍患者购买2022年监护责任补偿保险。开展禁毒宣传338场，教育覆盖5000多人次，发放宣传单1万份；开展扫黑除恶宣传活动5场次，发放宣传单张1500多份。制定《沙口镇2022年矛盾纠纷"大排查、大化解"百日攻坚专项行动方案》。

【沙口镇安全生产】 2022年，沙口镇出动检查人员428人次，检查相关企业128家次，发现安全隐患第一时间要求相关单位整改。与辖区的村（居）委、企业单位、有关部门等签订年度安全生产责任书47份。组织道安办、派出所、交警、学校、各村（社区）等多部门联合开展最严交通安全整治行动，开展道路交通安全"两站两员"工作，开展督导28次。在学校、村（社区）悬挂、播放宣传标语56条，在国道G240线入口、省道S358线入口树立大型交通安全宣传广告牌2块。在农交安App录入三轮车616辆、拖拉机142辆、面包车170辆。完成三轮车车身喷涂"严禁载人"警示标识250辆。把全镇企业分成A、B、C三类，A类为危化企业，B类为各工厂企业，C类为酒店、旅业、旅游景区景点。对A类企业实行每两个月检查一次，B类、C类企业实行每季检查一次。督促企业成立安全生产监管领导机构和工作机构，要求企业按制度开展安全生产自查。

【沙口镇第十七届人民代表大会第二次会议】 2022年4

月13日，沙口镇第十七届人民代表大会第二次会议在沙口镇政府二楼大会议室召开，应到代表73名，实到代表66名，17名列席人员参加了会议。会议听取并审议《沙口镇人民政府工作报告》《沙口镇人大主席团工作报告》，审查《沙口镇2022年财政预算执行情况和2023年预算草案的报告》《2022年镇政府重点工作和民生实事项目"问结果"工作报告》，表决通过《关于"三审二问一公开"镇人大预算审查监督工作办法》和各项决议。并对2022年镇政府重点工作和民生实事项目完成情况进行满意度测评，票决产生5项2023年沙口镇民生实事项目，分别是沙口镇沙口社区鱼干厂厂房建设项目；沙口镇沙口社区老街尾组鸭麻湖至乌龟湖农田灌溉排水渠建设工程；沙口镇垃圾中转站升级改造；完善沙口中学土地手续；英德市沙口镇中心幼儿园改扩建工程项目。会议表决通过大会中的各项决议，完成各项议程。

【沙口镇第十七届人民代表大会第三次会议】 2022年8月12日，沙口镇第十七届人民代表大会第三次会议在沙口镇政府二楼大会议室召开，应到代表73人，实到代表65人。镇辖区的清远市、英德市人大代表列席会议。市人大常委会副主任蓝文坚参加会议。会议听取并审议《沙口镇人民政府工作报告的决议执行情况》《沙口镇人大主席团工作报告的决议执行情况》，审查《2023年上半年财政预算执行情况的报告》《2022年财政决算草案的报告》，听取《"三问一评一票决"跟踪监督过程中工作较慢的单位的工作汇报》。会议依照法定程序，巫天养同志当选为沙口镇人大主席，并表决通过大会中的各项决议，完成各项议程。 （梁　绮）

望 埠 镇

【望埠镇基本情况】 位于英德市中部，2022年辖区面积207平方千米，年末户籍人口56 731人，下辖13个行政村和3个社区。

【望埠镇经济发展概况】 2022年，全镇规模以上工业总产值60.88亿元，农林牧渔及服务业总产值5.47亿元。

农业 2022年，望埠镇粮食种植面积3.01万亩，总产量1.05万吨，其中水稻2.43万亩、玉米5043亩、豆类161亩、薯类478亩。撂荒耕地复耕复种523.2亩。丝苗米种植面积3000亩。组织农业龙头企业认定和完成青石雾峰红茶"一镇一业、一村一品"项目建设，青石村获省农业农村厅"一镇一业、一村一品"专业村称号。生猪总饲养量11.2万头、年末存栏量2.92万头、出栏量8.28万头；鸡年末存栏量27.5万羽、年出栏量113.95万羽；鸭年末存栏量3.6万羽、年出栏量1.2万羽；鹅年末存栏量3000只、年出栏量6000羽；鸽年末存栏量4.8万对、年出栏量35.02万羽；牛年末存栏量1973头、年出栏量1731头；羊年末存栏量3378头、年出栏量3817头。

林业 2022年，望埠镇义务植树2500多棵、面积28亩。新增专职护林员5人，共11人；新增重点林区护林员10人，共30人。

惠农政策 2022年，望埠镇发放耕地地力保护补贴440.12万元。根据农户自愿购买的原则，早稻投保面积

5322.9亩，受灾4796.5亩，赔付364.33万元；晚稻投保面积1.26万亩，受灾1542.84亩，理赔50.94万元，晚造玉米投保150亩。完成30台农机购置补贴9.18万元。

重点项目建设 2022年7月，完成望埠镇区排水管道改造工程，工程于2021年11月动工，投资额1345万元。完成望埠镇老旧镇区改造工程（一期），投资额5000万元。完成望埠镇三角地小区、金盛小区改造工程，投资额581万元。

基础设施建设 2022年，望埠镇投入5000万元老旧镇区债券资金，升级改造圩镇饮用水管网及排水管道；投入750万元，新增116个消防栓并完善消防管网铺设；利用老旧小区改造项目投入581万元，升级改造三角地和金盛小区排水排污管网。新安装路灯357盏、修复路灯130盏。投入40多万元，修复洪灾受损陂头等农田水利设施，投入263.83万元，完成高粱防洪堤水毁应急修复项目建设。

【望埠镇社会事业发展概况】

教育 2022年中考，望埠镇378人参加考试，59人上国家级示范性普通高中分数线。南华学校新建2个篮球场。望埠镇奖教奖学基金奖励优秀学生51名，奖励金额8.98万元。

劳动就业 2022年，望埠镇实现新增城镇就业人员223人、失业再就业13人。累计转移352人，其中英德市210人，珠三角地区142人。促进创业人员37人，创业带动就业55人。开发公益性岗位36个。处理劳资纠纷15宗。

社会保障 2022年，全镇城乡居民养老保险参保1.02万人，城乡医疗保险参保4.12万人。新增低保61户136人，取消149户326人，在册低保户408户940人，累计发放低保金552.5万元。在册特困人员163人，其中分散供养130人，集中供养33人，累计发放特困供养金218.1万元，照料护理补贴22.58万元。在册事实无人抚养儿童32人，累计发放保障金43.6万元。在册孤儿3人，发放保障金每人每月1313元，累计发放4.73万元。领取高龄津贴1255人，累计发放高龄津贴51.2万元。排查出因灾致基本生活困难的群众58人，核发临时救助金11.83万元。

医疗卫生 2022年，望埠镇卫生院收治住院1790人次、门诊13.5万人次，中医服务项目适宜技术开展20种以上，医疗总收入1131万元。建立居民健康电子档案4.9万份，完成电子建档率99%，其中新建档1174份。

文化、体育 2022年1月，望埠镇举办春节欢乐送对联送年画活动；举办英德顺德白云区三地美术书法展览，展出三地书画家作品50多幅；2月，举办"喜庆元宵、共祝团圆"主题活动；3月，开展"凝聚巾帼力量，助力乡村振兴"妇女节系列活动；4月27日，举办"阅读新时代·奋进新征程"经典诵读活动；9月，开展中秋主题活动。全年累计开展"我们的节日"系列活动55场。协助英德市歌舞团等在望埠镇举办"戏曲进农村"、创文等文艺演出3场。

人口 2022年，全镇出生601人，其中一孩233人、二孩215人、三孩120人、四孩33人。出生率10.42‰，总和生育率1.38‰，死亡404人，死亡率7.01‰，自然增长197人，自然增长率3.43‰。

【望埠镇党建】 2022年，望埠镇有党员1985人，其中女党员438人。培养入党积极分子33人、发展预备党员22人、预备党员转正59人，收缴党费17.3万元。4月，望埠镇创建镇级党建品牌——望埠镇基层党建引领基层治理"一网工程"。6月30日，召开庆祝中国共产党成立101周年暨"两优一先"表彰大会，机关第一党支部等10个基层党组织被授予"先进基层党组织"荣誉称号；邓石全等114人被授予"优秀共产党员"荣誉称号；黄朝飞等20人被授予"优秀党务工作者"荣誉称号。8月，望埠镇党委举办村（社区）党组织主题党日评比表彰活动，评比活动采取"线上+线下"方式进行，每个村（社区）推荐1个党支部参加评比。8月26日，在镇政府东边会议室举行主题党日线下现场汇报会，16个村（社区）的党组织书记、组织委员及参评党支部的书记参加汇报活动。望埠社区直属党支部获一等奖，萌新村直属党支部、黄田村直属党支部获二等奖，崦山村上联党支部、龙头山社区直属党支部、桥新村直属党支部获三等奖。11月，望埠镇古村村、黄田村、萌新村、桥新村创建为英德市2022年抓党建促乡村振兴示范村。

【望埠镇综治信访维稳】2022年，望埠镇16个村（社区）划分为85个网格，配备85名网格员、2065名信息员，累计上传办结网格事件2732件，接收上级推送大数据1.97万条，核查率100%。受理办结信访案件70宗，其中交办、转送信访案件70宗。完成国家、省、市交办的重复专项治理案及"百日攻坚"突出信访案6宗。受理人民调解案件64宗，办结64宗。在册管控严重精神障碍患者322人，其中二级及以下283人、三级以上39人，全年无肇事肇祸事件，未发生被侵害、被虐待、被拐卖情况。在册安置帮教人员46名，其中接收刑满释放人员36名，期满解矫人员10名。落实社区戒毒14人，社区康复8人，落实帮扶戒毒康复人员就业及申请临时救助金1人，纳入低保1人，帮扶自主创业1人，危房改造2人。累计收集扫黑除恶专项斗争线索19条（其中上级交办11条，镇受理8条），办结19条。在16个村（社区）新安装406支摄像头。全镇258条自然村创建为英德市2017—2021年平安村，16个行政村（社区）创建为民主法治村（社区）。其中，望埠社区、古村村等村（社区）先后被创建为广东省民主法治示范村（社区）。劝返5名滞留境外涉诈重点人员，完成20宗铁路沿线安全隐患问题整治。

【望埠镇巩固脱贫攻坚成效】2022年，望埠镇原建档立卡脱贫户698户1793人，全部落实"四个不摘"要求（摘帽不摘责任、摘帽不摘政策、摘帽不摘帮扶和摘帽不摘监管）。脱贫不稳定户6户21人开展常态化监测预警，跟踪其收支变化，"两不愁三保障"（"两不愁"即不愁吃、不愁穿，"三保障"即义务教育、基本医疗、住房安全有保障。）及饮水安全等情况。

【望埠镇美丽乡村建设】2022年，望埠镇干净整洁村创建率100%，美丽宜居村创建率86.2%；投入330万元新建14个农村污水处理设施；投入123万元新建公厕20个，改建1个；奖补4.25万元完成17户户厕改造；筹措资金25.65万元，拆除清运危旧泥砖房855间。入库乡村振兴项目147

个，上级安排资金2194万元的14个项目已基本完工，其中农旅风貌带投入689万元、文旅精品线路风貌改造投入1187万元。投入农村人居环境整治资金1114万元，实现美丽乡村建设和长效管护机制全覆盖。

【望埠镇城乡清洁】 2022年，望埠镇组织镇区积存垃圾清理整治行动30多次，清理卫生死角40多处，清理生活垃圾560多吨，清理建筑残土600多吨。综合整治望埠市场、城乡接合部等重点场所，清理占道经营150多处、落地灯箱广告牌28处、摘除乱挂条幅160多幅。

【望埠镇安全生产】 2022年，望埠镇投入安全生产、消防、森林防灭火、道路交通等工作经费16.5万元，检查生产经营单位和场所135家次，检查食品药品、特种设备、化工企业等生产经营单位和场所310家次，累计排查"三小"场所（小档口、小作坊、小娱乐场所）1031家，发现安全隐患责令相关单位限期整改。开展安全生产"五进"（进企业、进农村、进社区、进学校、进家庭）宣传活动7场，派发宣传单1000多份，环保宣传袋等主题宣传品800多份。签订《安全生产责任书》91份。

【望埠镇疫情防控】 2022年，望埠镇落实党政主要负责同志双组长制，成立望埠镇新型冠状病毒感染疫情防控工作领导小组、重点群体网格化排查管控三人领导小组和重点人员排查3个专班，制定本地疫情应急处置方案（2022年版）。根据疫情防控工作要求，7月12日、13日、15日开展3轮全员核酸检测，检测结果均为阴性。累计接种灭活疫苗8.87万剂次。按照《英德市新冠重点人群健康调查工作方案》为2382名重点人群、1891名次重点人群、2528名一般人群提供健康管理服务。投入资金43万元，储备防护口罩、防护服、消毒液等疫情防护物资2000多套。家庭医生签约服务人口2.24万人，其中重点人群均已完成签约，重点人群签约6800人。

【望埠镇超百年一遇特大洪水】 2022年6月21日，英德连降暴雨，英城镇北江英德（五）站，于6月22日14时出现35.97米洪峰水位，超警戒水位（26.00）9.97米（望埠没有水文监测点）。防汛Ⅱ级应急响应提升为防汛Ⅰ级应急响应。镇辖区望河大街、宝墩

▲2022年6月22日，英德遭受北江超百年一遇特大洪水，图为受浸严重的望埠镇区

（梁立彬 摄）

大道受浸；望埠镇莲塘村、寿江村、萌新村、桥新村、望河社区、望埠社区、崩岗村、同心村、下塘村、崦山村受北江水倒灌，村庄被浸淹。全镇出动网格员（信息员）巡查2134人次，排查安全隐患点26个，协助转移（撤离）群众1.59万人，洪灾中无人员伤亡。农作物受害2.11万亩，经济损失3.92亿元。

【望埠镇首届电商直播大赛】
2022年9月，望埠镇举办以"发展望埠电商、助力乡村振兴"为主题的首届电商直播大赛，活动前期开办农产品短视频拍摄技巧及电商直播公益培训。9月28日，望埠镇首届电商直播大赛决赛在宝墩湖举行，通过初赛筛选出的10强乡村主播参加决赛。决赛直播活动中，参与线上观看人数9137人，点赞38万人次。赛事举办期间，完成交易额26.99万元。

【中共望埠镇第十五届党员代表大会第二次会议】 2022年4月13日，中共望埠镇第十五届党员代表大会第二次会议在望埠镇政府二楼会议室召开。应到代表108人，实到代表104人。会议听取中国共产党望埠镇第十五届委员会工作报告，书面审查镇纪委工作报告和党费收缴情况报告，民主评议第十五届党委领导班子成员、2021年年会主题完成情况和提案办理情况，书面通报2021年年会主题完成情况和提案建议办理情况评议结果，投票表决确定"党建引领基层治理"作为2022年年会主题，并通报大会提案建议受理情况及通过大会各项决议。

【望埠镇第十七届人民代表大会第二次会议】 2022年4月14日，望埠镇第十七届人民代表大会第二次会议在望埠镇政府二楼会议室召开。应到代表80人，实到代表75人，30名列席人员参加会议。会议听取并审议《望埠镇人民政府工作报告》《望埠镇2021年预算执行和2022年预算草案报告》《望埠镇人大主席团工作报告》，审查《2021年望埠镇政府重点工作和民生实事项目"问结果"工作报告》《望埠镇人民政府关于2022年政府民生实事候选项目的报告》。会议无记名测评2021年政府重点工作和民生实事项目完成情况满意度，测评结果显示人大代表对重点工作和民生实事项目的完成情况表示满意。投票选出提升农村交通基础设施、老旧小区改造、镇区饮用水管网升级改造、实施镇村平安建设工程、建设卫生院预检分诊室、国道G240线至国道G358线沿途风貌带建设等6件2022年望埠镇政府民生实事。会议依法选举龙锦章为望埠镇人民政府副镇长。

【望埠镇第十七届人民代表大会第三次会议】 2022年12月9日，望埠镇第十七届人民代表大会第三次会议在望埠镇政府二楼会议室召开，应到代表78人，实到代表69人，30名列席人员参加会议。会议听取和审议政府工作报告的决议执行情况的工作报告、镇人大主席团工作报告的决议执行情况的工作报告、听取和审查望埠镇2022年上半年预算执行情况工作报告和望埠镇2021年决算草案的报告，大会通过各项决议，完成各项议程。

【望埠镇残联第八次代表大会】
2022年8月30日，望埠镇残疾人联合会第八次代表大会在望埠镇政府东边会议室召开，应到代表33人，实到代表31人，2名列席人员参加会议。会议听取并审议《望埠镇残联工作报告》。会议以无记名投票方式依法选举产生镇残疾人联合会第八届主席团委员及出席英德市残联第八次代表大会代表。　　　　（卢新友）

大 站 镇

【大站镇基本情况】 位于英德市中部，辖区面积246平方千米，2022年年末户籍总人口44 931人，下辖11个村和1个社区。

【大站镇经济发展概况】 2022年，大站镇规模以上工业总产值9.49亿元，农业总产值4.22亿万元。

农业　2022年，大站镇完成种粮任务2.15万亩，其中早稻9849亩、晚稻1.14万亩、大豆面积228亩；发放"6·21特大洪水"应急储备水稻种子3371千克。完成农产品检测175项，发放红火蚁防控物资10万元；"英德市大站镇嘉兴生态农场""英德市大站镇周仔种植场"2家申报英德市示范家庭农场，申报英德市2022年绿色种养循环农业试点组织5个（待审批）。免费发放禽流感疫苗480瓶、猪口蹄疫460瓶、牛羊口蹄疫180瓶。完成动物防疫注射免疫生猪2.3万头、禽类22.04万羽、牛羊2000头、犬4500只。开展检疫出证6854份，其中检疫猪2.72万头、牛123头、禽类895.4万羽，查处病害禽类并无害化处理3921羽、畜类493头，监管调运车辆消毒6854次。开展非洲猪瘟疫情监控排查、上报约30.98万头，无害化处理异常病死猪351头。开展渔业休（禁）渔期工作，发放休（禁）渔补贴17.6万元。为农户办理农机购置补贴72台，补贴资金12万元。完成撂荒地复耕复种任务数2067.77亩；完成高标准农田建设项目概算总投资1598.72万元；发放农村耕地保护地力补贴资金245.82万元，完成村宅基地审批11宗，农村房屋安全隐患排查（C/D）级整治26户。

林业　2022年，大站镇种植桂花等680棵，中幼林抚育5200多亩，人工造林350亩；上传林木采伐申请235份，批准采伐3.1万立方米；完成市林业局下发森林督查图斑2个，均已完成整改复绿。

水利　2022年，大站镇投资2124万元，完成污水管网工程2.9千米建设（天佑南路田家炳中学路口往南）；完成鸿泰玻璃厂异地补偿的征地和建设工作；投资1790万元，大站镇片区供水扩网及驻军基地水质提升项目动工；完成江南防洪堤加高及堤路结合工程；配合上级部门完成波罗坑防洪堤丹洲段修复工程。成功抵御"6·21"洪灾，组织专业力量修复丹洲糖寮段约500米供水管网和受损陂头14座，完成北灌渠抢险通水，修复疏通灌渠12千米；修复北江防洪堤丹洲段防洪堤190米溃堤处和江南大塘段防洪堤130米溃堤处堤坝。

重点项目建设　2022年，大站镇协助英德市自然资源局推动完成东岸新城的控制性详细规划修编工作；推进南、北排涝站和东岸咀村民小组安置区建设项目，补征土地73.57亩；协调英德卓佳玩具有限公司完成增资扩产项目申报手续办理；完成英德市监管办案培训中心（二期）项目约80亩预留城乡建设用地使用方案编制工作；完成北江防洪堤丹洲段190米和大塘段130米损毁部分主体建设。

基础设施建设　2022年，大站镇投资2124万元完成天佑南路田家炳中学路口往南污水管网工程2.9千米建设；基本完成旧街道维修、雨污分流、硬底化、黑底化等老旧小区改造工程。

【大站镇社会事业发展概况】

教育　2022年高考，英德市第二中学本科上线238人，指标完成率居英德市第一。2022年中考，375人参加考试，63人上国家示范性高中分数线，98人就读英德市内中职（技）学校，123人就读英德市外中职（技）学校。

医疗卫生　2022年，大站镇卫生院接诊门诊患者9.99万人次，住院1417人次，开展健康知识讲座78场，健康咨询活动9场，完成中小学生体检7786人次，65岁以上老年人健康管理率65.8%，糖尿病患者管理率92.3%、高血压患者管理率95.1%；为12个村（社区）的群众开展家庭医生签约服务并建立电子健康档案，家庭医生签约率68.7%。

劳动就业　2022年，大站镇新增城镇就业451人，新增农村劳动力转移就业400人、困难人员再就业14人、创业培训17人、成功创业10人，带动就业人数50人，城镇登记失业率2.9%；组织30人次参加粤菜师傅——广式点心制作培训班。

社会保障　2022年，大站镇城乡居民基本养老保险参保2.19万人，城乡居民基本医疗保险参保3.02万人。为60周岁以上老人办理城乡居民养老保险待遇6065人；完成5户危房改造任务；发放城乡低保、特困、孤儿、事实无人抚养儿童、临时救助、残疾人两项补助、高龄津贴等各类救助资金约900万元。

文化、体育　2022年，大站镇开展"我们的节日"系列活动；举行"挥毫泼墨写春联　上门入户送祝福"志愿服务活动；开展义务植树活动；组织江南文艺队开展喜迎二十大——文化进万家系列活动之2022年清远市文艺惠民千村行演出，完成演出6场次；完成大塘村、联丰村、景头村图书分馆服务点建设，每个图书分馆服务点增置1个图书架、3张成人阅读书桌和15张座椅、1张儿童阅读书桌和5张儿童座椅，新增1000本少儿和成人读本；农村宣讲员常态化开展党的二十大精神、习近平总书记系列重要讲话精神，以及疫情防控、"三农"领域重点工作、乡村振兴等主题宣讲活动536场次。全镇13个新时代文明实践所（站）累计开展文明实践活动884场次。

▲2022年8月5日，大站镇举行"归雁返乡"主题座谈会　（市委组织部供图）

人口 2022年,全镇出生452人,其中一孩190人、二孩196人、三孩58人、四孩8人。出生率9.80‰,总和生育率1.22‰,死亡355人,死亡率7.70‰,自然增长97人,自然增长率2.10‰。办理一孩、二孩、三孩以上登记827对夫妇、流动人口婚育证明34人,出具计生证明1362份,办理22个农村家庭部分奖励、47个城镇独生子女父母奖励。

【大站镇农村综合改革】 2022年,大站镇构建"村党总支部＋村民小组党支部＋党小组"的三级党建网格,并推选村民小组长为党小组长。全镇277个农村集体经济组织中,成员身份确认工作完成262个,股权量化工作完成259个,完成股权量化的农村集体经济组织资料已交送第三方公司审核。农村集体"三资"(货币资金、资产、资源)平台成功交易农村集体资产资源及乡镇小额建设工程25宗。与英德农商银行合作为种植大户提供33笔2393万元大额度贷款。流转土地2427亩,引进富盈公司在大蓝滑塘380亩土地开展农业观光旅游、规模化种植项目,樟滩坝仔村建成占地40亩、饲养量50万只的中华草龟养殖基地。樟滩洞尾村与洞美旅游投资有限公司共同打造"洞美营地",发展房车营地、家庭民宿、乡村美食,引入观光、体验、摄影等新业态。樟滩坝仔村与广东省凤熠康养旅游发展有限公司签约,旧村整改发展民宿旅游项目,规划用地137亩。

【大站镇党建】 2022年,大站镇有22个镇直属党组织,其中机关党支部5个,"两新"(新经济组织和新社会组织)组织党支部5个,行政村(社区)党组织12个,下辖27个村(居)民小组党支部,村党小组数51,有党员1376名。开展13次党委理论学习中心组活动。实施党组织"头雁"工程和"青苗培育"工程,调整配强村(社区)"两委"干部2人。创建成为英德市抓党建促乡村振兴示范镇,高标准打造6个抓党建促乡村振兴示范村。全年举办入党积极分子培训4期,培养培训入党积极分子130人、发展中共党员15人、预备党员转正26人、收缴党费12.83万元。

【大站镇综治信访维稳】 2022年,大站镇受理涉及土地、劳资、环境、医患、婚姻、邻里等各类社会矛盾纠纷216宗,其中镇综治维稳中心受理110宗,村(社区)综治中心受理106宗,成功调处结案209宗,在调处中7宗,化解率97%,全年未发生重大群体性事件。派出所处理有效警情1074宗,其中受理刑事案件183宗,刑事拘留17人,刑事逮捕11人,起诉9人;受理行政案件326宗,查处24宗,抓获20人,行政拘留20人(其中社区戒毒1人)。

【大站镇乡村振兴】 2022年,大站镇落实巩固脱贫攻坚成果"四不摘"(摘帽不摘责任、摘帽不摘政策、摘帽不摘帮扶和摘帽不摘监管)"三保障"(义务教育、基本医疗、住房安全有保障)和饮水安全政策,为全部建档立卡脱贫户和监测户520户1285人购买合作医疗,为全部建档立卡脱贫户和监测户305户594人发放低保五保金;为全部建档立卡脱贫户和监测户215名在校生发放生活补助,没有因贫辍学现象。新增3户10人监测对象,1户监测对象稳定脱贫取消监测。投入1428万元，实施14个乡村振兴项目，包括人居环境、农村长效管护机制、乡村道路建设、水利设施建设、江南防洪堤维修加固、"6·21"洪灾损毁基础设施修复。

【大站镇美丽乡村建设】2022年，大站镇161个纳入省人居环境系统内的自然村，全部完成美丽乡村建设，全部创建达到整洁村以上标准。大站镇美丽乡村休闲农旅风貌带动工建设，波罗坑村农房外立面风貌整饰完成100幢7.47万平方米的建设；完成景头村、大蓝村、联丰村雨污分流工程；完成建设景头村至樟滩村道路拓宽工程等项目；统筹推进农村"厕所革命"，重新核实农村厕所问题摸排整改数据并录入省网，摸排全镇5712户，建设农村示范公厕3座，完成户改厕30户；截至2022年底，11个村99%以上自然村完成污水收集、已建成农村污水处理设施并正常运行94座，覆盖人居系统内134个自然村，完成率85%；全镇达到农村生活垃圾清理清运全覆盖，各村完成保洁员配备。购买800个四分类垃圾桶；新建55个设置有广告宣传、分类垃圾桶的垃圾分类亭。

【大站镇安全生产】2022年，大站镇排查工贸企业45家次、加油站加气点13家33次，烟花爆竹经营部和零售点3家4次、渡口2个8次；出动211人次，督查、检查，排查企业56家次，发现事故隐患36个，整改完成36个，整改率100%。全年未发生重大安全生产事故。

【大站镇环境保护】2022年1月，大站镇投入约87万元整治河湖"清四乱"工作，整改30多个疑似河湖"四乱"问题；以长湖水库为重点开展水环境综合治理，清理河道10.8千米，清理岸边及河道垃圾4270吨；投入资金92.5万元，打击非法采砂行动27次，查获铲车11台、非法改装抽砂机17台、货车23辆，捣毁管网1142米、简易竹排17条，均已移交市水政大队处理。开展对排污企业的常规检查，出动196人次，检查企业70多家。开展防尘整治单位（堆场、沙场、停车场）巡查，出动执法人102人次，现场责令整改36次。经过排查，全镇未发现黑臭水体。继续跟进中央环保督查交办案件，"黄岗路双东北社区有石加工坊作业造成严重扬尘污染"问题，加工企业已经完成拆除。协同配合市环保局对未通过环评手续的大蓝村东森（英德市）油脂加工有限公司进行责令停业整顿。在"六·五"世界环境日、全国低碳日、生物多样性日等时间节点开展宣传活动，举行文艺宣传活动3场次、街头宣传活动8场。春节前后开展市区禁放烟花爆竹宣传与非法烟花爆竹查处行动，出动执法人员96人次，全镇未发生因燃放烟花爆竹引起的火灾；2022年长湖主河道20家畜禽规模化养殖场完成粪污配套处理设施和环评登记。

【大站镇"创文""创卫"】2022年，大站镇纠正占道经营586间，规范线内摆卖1730档，整治乱摆卖流动摊贩1.3万多宗，移除乱摆放户外灯箱广告、招牌350多宗，集中清除条幅、违法招贴广告250多条，清除牛皮癣2500处，整治伸缩帐篷户195处。投入资金约500万元完成三角塘路、广场路一巷、广场路三巷等背街小巷巷道硬化及排污管道建设。拆除违法建筑6宗，累计拆除违法建筑3150平方米，完成2022年度卫片整改11宗。大站镇14个自然村被广东省爱国卫生运动委员会授予"广东省卫生村"称号；疫情防控使用消毒药液1200千克，灭鼠药180千克，整治蚊虫孳生地72处，安装灭鼠屋500个，消毒水井2000多口，清理各类垃圾150多吨，累计消杀面积80万平方米。

【大站镇第十七届人民代表大会第二次会议】 2022年4月12日，大站镇第十七届人民代表大会第二次会议在镇政府四楼会议室召开。应到代表73人，实到代表69人。镇政府有关领导、部门负责人，以及驻站单位、挂扶单位负责人等30人列席会议。会议审核通过镇党委副书记、镇长周波作的《政府工作报告》和镇人大主席肖建雄作的《人大主席团工作报告》；审查通过《大站镇2021年预算执行情况和2022年预算（草案）报告》。

【大站镇第十七届人民代表大会第三次会议】 2022年8月18日，大站镇第十七届人民代表大会第三次会议在镇政府四楼会议室召开。应到代表72人，实到代表65人。镇政府有关领导、部门负责人，以及驻站单位、挂扶单位负责人等24人列席会议。会议审核通过周波代表镇政府所作的《大站镇第十七届人民代表大会第二次会议关于政府工作报告的决议执行情况的工作报告》和肖建雄作的《大站镇第十七届人民代表大会第二次会议关于人大主席团工作报告的决议执行情况的工作报告》；审查通过《大站镇2022年上半年财政预算执行情况工作报告》；审查批准《大站镇2021年财政决算（草案）的报告》；书面听取《英德市大站镇镇区老旧小区改造配套基础设施项目建设情况汇报》《大站镇粮食安全生产工作情况汇报》。大会依法选举陈仕朝为大站镇人民政府副镇长。

（莫四广　阮远健）

黎溪镇

【黎溪镇基本情况】 位于英德市最南部，有"英德市南大门"之称，2022年辖区面积285平方千米，年末户籍人口39 050人，下辖11个村和1个社区。

【黎溪镇经济发展概况】 2022年，黎溪镇规模以上工业总产值12.62亿元，农林牧渔及服务业总产值3.85亿元。

农业　2022年，黎溪镇为1.16万亩水稻购买保险，早稻受灾50.09亩，理赔25户次，理赔3.65万元；晚稻受灾268.6亩，理赔92户次，理赔9.69万元。"三鸟"（鸡、鸭、鹅）总存栏85.2万羽（只），出栏70.19万羽（只），生猪总存栏6.14万头，总出栏4.53万头，全年没有发生非洲猪瘟。

林业　2022年，黎溪镇完成造林与生态修复2704亩，完成高质量水源林工程302亩，新造林地森林抚育400亩，社会投资或地方投资森林抚育6071亩。全年采伐设计申请商品林1191.03公顷、木材产量7.59万立方米。

基础设施建设　2022年，黎溪镇主要在建、筹建重点项目6宗，总投资20.7亿元。完成黎溪镇中心镇区控制性详细规划，并经市政府批复同意实施。推进重点项目建设，投入1600万元，完成佳美达一期厂房建设；投入1287万元开展驻镇帮镇扶村项目建设7宗。投入1894.9万元移民后期扶持资金，完成水利移民生产道路、水毁设施抢修项目28宗；投入1100万元，完成省十大民生实事大湖、湖溪污水处理池及污水管网工程；投入6527万元，开展街道整治和完善基础设施建设；投入1000多万元，建成滨江公园、铁溪库湾公园、国防教育公园，成功创建为宜居圩镇。

【黎溪镇社会事业发展概况】
教育 2022年，黎溪镇完成黎溪中心小学运动场改造工程并投入使用，投入160多万元。成立黎溪镇特殊教育资源中心。发放奖教奖学金17.21万元，投入175万元，完成中心小学运动场升级改造，筹集115万元，帮扶黎溪中学A级饭堂升级改造。2022年中考，307人参加考试，55人上国家级示范性普通高中分数线。

劳动就业 2022年，黎溪镇完成新增农村劳动力转移输出就业393人，组织劳动力技能培训304人，完成城镇新增就业岗位220人。落实招用工备案制度，规范管理劳动合同签订786人。开展"南粤家政""粤菜师傅"培训，培训家政人员31人、"粤菜师傅"273人。

社会保障 2022年，黎溪镇城乡居民基本养老保险参保1.63万人，城乡居民基本医疗保险参保2.94万人。全镇低保户239户604人、特困户168人，做到应保尽保。全镇防返贫监测户12户45人，防返贫监测对象入学率、医保落实率、养老保险落实率均100%。走访慰问困难群众869户，发放临时救助9人1.57万元，新增办理残疾证129人，扶贫资产项目收益103.71万元，危房改造3户。30户57人享受困难群众最低基本生活保障。为困难群众发放棉被121张、7户10人发放临时救助、786位80岁以上老人办理老年津贴。为198名残疾人解决最低生活保障问题，办理590位残疾人重度护理补贴，办理198位残疾人困难补贴，为38位残疾人发放康复辅助器具，与英德爱康医院联系，为48例白内障患者送去光明。

文化、体育 2022年，黎溪镇建有综合文化站1个，村级综合性文化服务中心12个并对群众免费开放，组织开展送春联、全民阅读、全民健身、少儿春晚等文体活动。开展文物保护工作，出动28人次，巡查辖区内不可移动文物点位6次。配合上级开展送影下乡132次、送戏下乡2次，组织民间艺术团队开展文艺演出12次。开展"扫黄打非"日常检查行动45次，开展专项检查行动33次，开展护苗及绿书签宣讲活动8次。

卫生和健康 2022年，黎溪镇创建清远市卫生村10个，广东省卫生村9个。开展"银龄安康"行动，为60周岁以上老年人购买意外险。全镇范围内开展失能老年人评估活动。举办无偿献血活动。

人口 2022年，黎溪镇出生361人，其中一孩122人、二孩135人、三孩74人、四孩30人。出生率9.13‰，总和生育率1.18‰，死亡215人，死亡率5.44‰，自然增长146人，自然增长率3.69‰。

【黎溪镇抗洪救灾】 2022年6月22日，黎溪镇发生洪灾，（6月21日22时，府前码头左岸水位达到27.3米，已达到20年一遇标准，6月22日19时，府前码头左岸水位达到28.9米，已达到50年一遇标准；6月23日0时，府前码头左岸水位达到29.1米，已超50年一遇标准）镇委、镇政府组织镇村干部排查各村组、关键点、风险点，出动人员2850人次、车辆900多辆次、冲锋舟60多艘次，提前转移疏散、安置受灾群众273人。组织25名青年党员成立应急分队支援石灰铺镇、英红镇抢险救灾，获清远军分区抗洪抢险先进单位表彰。统筹1800多万元，抢修、重建大坪桥、坝子桥、三呼桥等水毁桥梁及水毁农田基础设施，开展灾后环境消杀、安全隐患排查整治，指导农业复耕复产，开展灾区群众走访和矛盾纠纷排查调处，做好灾后复工复产。

【黎溪镇乡村振兴】 2022年，黎溪镇推进美丽乡村建设，创建整洁村以上村小组173个，其中铁溪福龙围、大围等5个村小组创建为生态村。累计投入1936万元，落实长效管护机制148个。投入60万元，新增四分类垃圾棚150个。开展农村厕所摸排整改"回头看"行动，推进"厕所革命"，摸排户厕5195户、公厕9座，完成改厕12户。高标准打造乡村风貌示范带，完成黎溪香炉峡至铁溪田心沿线10个村庄和恒昌、黎新等部分村小组外立面改造，整治松柏、恒昌、黎明、大坪村委周边环境。

【黎溪镇粮食安全】 2022年，黎溪镇投资2255万元，实施涉及8个行政村1.1万亩的高标准基本农田建设，改善全镇农田耕种条件。开展撂荒耕地复耕复种，发放种子793斤，邀请农科院专家50多人次到村组指导20多次，整治撂荒耕地513.1亩（其中15亩以上480.5亩），发放奖补资金8万多元。全镇完成春种粮食5340亩，夏种粮食6225.56亩，防范基本农田"非粮化""非农化"。全年通过农村"三资"交易平台招标项目31个，持续规范"三资"交易程序。

【黎溪镇落实河长制】 2022年，黎溪镇落实河长制，镇村干部开展巡河917次，完成上级暗访河湖四乱问题整治9个，实施涉及松柏、恒昌、大埔、铁溪4个村3条中小河流整治。开展水面漂浮物清理行动，清理河流6.4千米、水域面积3.8万平方米、水面漂浮物46吨。做好畜禽免疫和渔业保护工作，开展打击非法捕捞行动，出动60多人次拆除灯光网33张。

【黎溪镇落实林长制】 2022年，黎溪镇落实林长制，查处森林督查违法图斑案件28宗，完成社会投资或地方投资森林抚育6071亩，造林与生态修复2704亩，高质量水源林302亩，新造林地森林抚育400亩。

【黎溪镇安全生产】 2022年，黎溪镇开展最严交通整治大检查34次，交通现场执法20多次。开展"清剿火患百日攻坚""拆违、破网、开窗、治电"和"扫雷"消防安全专项整治行动，生产经营场所治安监督检查500多家次，消防安全检查700多家次，排查"三小"场所540多家，生产经营单位141次。完成涉及24户的5个农村削坡建房风险点整治，排查农村房屋4121间、经营性自建房557户，危房整治83户。完成低压漏电保护器安装1.13万户。完成全镇116条桥梁、200多千米乡村公路安全普查和3条四好农村公路16千米硬底化建设，配合完成国道G240线道路交通安全严管路升级整改。

镇（街道）

【黎溪镇综治信访维稳】 2022年，黎溪镇接警情862个，侵财类警情128个；立刑事案件83宗，刑事拘留31人；受理行政案件82宗，行政拘留11人，刑事逮捕10人，刑事起诉19人。遴选48名法律明白人，聘任3名村（社区）法律顾问。建成镇级社会心理服务站和12个村（社区）社会心理服务室。启动"无毒乡镇""无毒村居"创建工作。打击新型电信诈骗，诈骗止付超10万元，劝返缅北滞留人员1名。创建滨江公园法治文化长廊，开展法治宣传54场次。受理信访案件24宗，调解矛盾纠纷14宗。全年定期定时巡查210次，查处抽运河砂船8艘、锚艇2艘、铲车1辆、钩机2台、拖拉机2辆，组织打击非法盗采稀土矿行动20多次，发现盗采矿点5起，查处稀土700斤。抓好辖区自然资源管理，完成卫片整改26宗、农村拆旧复垦38.37亩和地质灾害点整治2个。

【黎溪镇党建】 2022年，黎溪镇推进党群服务中心建设，黎明、恒昌、黎新、铁溪、湖溪创建英德市抓党建促乡村振兴示范村，铁溪、湖溪创建清远市"一江一路"示范村。李鼎新被授予全国"人民满意的公务员""广东青年五四奖章""广东省优秀共产党员""2022年第三季度广东好人""英德市时代楷模"等荣誉称号。全年立案5宗，受理信访件9件，开展谈话提醒248人次。全年培养入党积极分子22人、发展中共党员14人、预备党员转正32人，收缴党费8.13万元。镇纪委查处违纪案件5宗，受理各类信访9件，5件已办结，4件办理中。开展明查暗访8次，实施集体廉政谈话2次，日常廉政谈话72人次，任前廉政谈话7人次，提醒谈话2人次，批评教育4人次，通报批评3人次。

【黎溪镇疫情防控】 2022年，黎溪镇出动2.15万人次，在各村（社区）、重点场所、高速服务区及出入口做好防疫知识宣传、疫苗接种、全员核酸、大数据及重点人员排查管控等工作，完成接种疫苗6.9万剂次，全员核酸检测4轮累计9.57万人次，大数据核查人员1.46万人次，落地核查2958个，落实"四个一"措施2893个，处置红码人员230人，转运集中隔离136人，并派出3名熟练操作"一码通"工作人员组成党员突击队支援九龙镇疫情防控工作。

【黎溪镇第十七届人民代表大会第二次会议】 2022年4月15日，黎溪镇第十七届人民代表大会第二次会议在镇政府六楼召开。实到代表57人。会前，代表们集中观看《"三问一评一票决"问效工作机制》视频。会议听取和审议《黎溪镇人民政府工作报告》《黎溪镇人大主席团工作报告》，审查《黎溪镇2021年预算执行情况和2022年预算（草案）报告》《黎溪镇2021年镇政府重点工作及民生实事项目"问结果"工作报告》，通过关于接受欧柱荣辞去黎溪镇人民政府副镇长职务申请的决定，并对13项2021年镇政府重点工作及民生实事项目完成情况进行满意度测评，票决产生5项2022年镇政府民生实事项目。

【黎溪镇第十七届人民代表大会第三次会议】 2022年9月23日，黎溪镇第十七届人民代表大会第三次会议在镇政府六楼召开。会议应到代表67人，实到代表61人，17人列席会议。会议通过政府工作执行情况、人大主席团工作执行情况、黎溪镇2022年上半年财政预算执行情况、黎溪镇2021年财政决算等报告和各项决议。依法选举梁清云为副镇长，大会为新当选人员颁发当选证书，举行宪法宣誓仪式。（莫子吟）

连江口镇

【连江口镇基本情况】 位于英德市南部，2022年辖区面积380平方千米，年末户籍人口38 863人，下辖9个村和2个社区。

【连江口镇经济发展概况】 2022年，连江口镇规模以上工业总产值2.84亿元，农林牧渔及服务业总产值5.13亿元。

农业 2022年，连江口镇引入"高端丝苗香米＋禾虫＋禾花鱼"绿色生态高效种养项目，推广种植丝苗米2600亩；申报2022年农业生产社会化服务，引进资金229万元，开展2022年高标准农田建设项目，7项农田水利公益事业奖补项目通过验收；按时完成全年粮食1.68万亩的生产任务，其中水稻1.39万亩、大豆453亩；完成图斑内连片大于15亩以上撂荒耕地任务159.62亩，完成粮食安全指标进度100%。累计发放耕地地力保护补贴218.34万元、实际种粮一次性补贴50.6万元，惠及农户6684户。开展畜禽农产品质量安全检测50次。

林业 2022年，连江口镇建立以镇党政班子成员为镇级产业林长、村"两委"干部为村级产业林长的镇、村两级产业林长责任体系，形成紧密型、合作型、辐射型的"三型"发展模式，解决连樟村及周边地区700多名劳动力的就业问题，带动人均增收5000多元。全年办理林权证126宗，涉及面积3.24万亩，清理4000棵枯死木。

重点项目建设 2022年，国家城乡融合发展试验区广清接合片区清远（片区）连江口镇投资2098万元建设，连江口镇下步村野菜加工及种植基地、英德市龙船渡田园综合体（二期）、"连樟新思路"十公里示范带项目、浈阳峡风景区升级改造项目、连樟村乡村振兴学院宿舍楼建设项目。19个水利移民项目完成17个。

基础设施建设 2022年，连江口镇完成省道S382线塘旺桥危桥改造项目。完成广连高速公路"三改"（改水、改路、改电）。完成500千瓦清远电厂项目征租地工作。

【连江口镇社会事业发展概况】 教育 2022年，连江口镇投入教育经费570万元，升级改造中小学校办公室、阶梯课室、宿舍、厨房等基础设施，安装校园安全监控系统。2022年中考，190人参加考试，23人上国家级示范性普通高中分数线。

劳动就业 2022年，连江口镇城镇新增就业79人，完成年目标率100%；就业困难人员再就业8人；新增农村劳动力转移217人，省内转移190人。受理劳资纠纷等案件网上投诉33宗、到访投诉2宗，涉及人数475人，涉及金额8.68万元。

社会保障 2022年，连江口镇城乡居民基本养老保险参保1.63万人，城乡居民基本医疗保险参保2.9万人。全镇每月发放低保金37.62万元，每月发放特困金18.88万元，每月发放生活保障金42.54万元，发放生活保障金3.15万元，发放生活津贴25.93万元，发放残疾人护理补贴159.67万元；生活补贴

48.44万元。

文化、体育 2022年，连江口镇举办电影下乡、送戏下乡、全民健身、全民阅读等活动133场；开展"扫黄打非"宣传活动33场，检查文化经营场所60多家次，没收非法出版物104本，发放宣传资料1000多份、受众7000多人次。

卫生、健康 2022年，连江口镇加强全镇新冠疫苗接种工作，重点为60岁以上老人接种。督查生活垃圾收运情况72次，清运垃圾640车、6400吨。开展爱国卫生运动36次。开展"清理水面漂浮物"行动8次，清理垃圾1050吨。

人口 连江口镇出生473人，其中一孩140人、二孩166人、三孩167人、四孩15人。出生率11.10‰，总和生育率1.56‰，死亡234人，死亡率5.49‰，自然增长233人，自然增长率5.61‰，办理生育登记凭证552件。

【连江口镇党建】 2022年，连江口镇有党员1174人，培训入党积极分子70人、发展中共党员17人、预备党员转正33人。连江口镇抓好党的二十大精神学习宣传贯彻，召开班子成员会、党员大会、青年干部学习会等专题会议12次。落实党员评星定级管理制度，建立健全党员突击队、志愿队，发挥长效机制，结合连樟评星定级经验，在全镇11个村（社区）平行展开。6月，面对历史"最强龙舟水"和近10年最大降雨台风的双重影响，在防洪救灾及灾后重建工作中，共组建14支党员突击队、15支党员志愿服务队，派出党员7775人次，奋战在抗洪抢险一线，统筹规划指导开展受灾民政对象慰问工作，共计开展入户194户。开展助残活动，为全镇14户残疾人提供免费无障碍改造服务。发挥村党组织的战斗堡垒作用，推动落实村级组织向党组织报告工作制度，推行"四议两公开""党群议事厅"制度，建立村级小微权力清单，严格执行党务村务财务公开制度。全镇5个村（社区）通过2022年度抓党建促乡村振兴示范村估验收。通过发展特色产业，11个村集体经济每年达到16万元以上。发挥省委办公厅——恒健控股公司驻镇帮扶工作队的资源优势，统筹各类帮扶资金超过3000万元（含物资折算，不含驻镇帮镇扶村财政资金）用于巩固拓展脱贫攻坚成果、发展产业、改善民生、夯实基层党建基础。

【连江口镇综治信访维稳】 2022年，连江口镇排查矛盾纠纷73宗。8月，英德市"百日攻坚"信访案中，连江口镇4宗信访案均已审核化解办结。开展禁毒、扫黑除恶、全民反诈等宣传教育活动200多场次；开展法治讲座70多场次，发放宣传资料2万多份，宣传车巡讲1000多次。

【连江口镇抗洪救灾】 2022年6月12—23日，连江口镇遭遇超百年一遇特大洪灾，最高水位30.92米（警戒水位26.00米），超警戒线4.92米，全镇受灾2.8万人，镇党委政府24小时应急待命，派遣人员开展应急救助。洪水后第一时间组织开展环境清理、消杀，部署推进复工复产复学工作，争取各项抗洪救灾、复工复产专项资金238万元，收到社会各界捐赠善款443.9万元，解决抗洪救灾物资购置、公共基础设施和受损公路维修等问题；

发放应急储备调拨水稻种子821千克，受灾农用地复耕复种99%，发放四批惠农补贴263万元，惠及全镇6684户农户，发放水稻保险理赔款15.7万元；开展助企纾困，全镇受洪灾影响停工停产的18家企业全部恢复正常；推进因灾倒损住房的重建、修缮，25户因灾倒损户完成房屋的重建修缮。

【连江口镇脱贫攻坚成果巩固】 2022年，连江口镇开展防返贫监测，重点聚焦"两不愁三保障"（不愁吃、不愁穿，义务教育、基本医疗、住房安全有保障）和饮水安全成果巩固；继续推进脱贫人口小额信贷贴息工作，累计发放25人3.41万元；对无劳动能力低保脱贫户学生发放教育生活补助，发放41人4.9万元。英德市2022年"广东扶贫济困日"活动期间，全镇募集善款34.87万元。

【连江口镇乡村振兴】 2022年，连江口镇利用帮扶单位及乡村振兴专项资金，投入约2013万元，实施20个项目。11个村（居）投入鳜鱼工厂化养殖项目，每村每年可获村集体收入16万元。

【连江口镇美丽乡村建设】 2022年，连江口镇有4个干净整洁村、2个美丽宜居村通过英德市第一期美丽乡村验收，全镇人居系统内村庄均已基本建成美丽乡村，累计建成"四小园"163个，面积1.23万平方米。建成农村生活污水处理设施8座。村庄清洁行动期间清理农村生活垃圾165吨、清理村庄塘沟135处、清理禽畜养殖粪污等农业生产废弃物126吨。连樟村全面完成农村户厕改造，无害化户厕普及率为100%，建设对外开放的农村公厕（含文化室内附属公厕）9个；建立"户分类、村收集、镇转运、市处理"的垃圾处理体系，村庄保洁覆盖达到100%；完成农村污水收集自然村100%，农村生活污水处理率100%，建成污水处理设施14座；结合美丽乡村创建推进农村"四小园"建设，建成"四小园"16个，面积3871平方米。

【连江口镇安全生产】 2022年，连江口镇各村（居）委、安委会成员单位以及辖区内所有企业签订年度安全生产责任书，开展应急救援演练2场，安全生产专项隐患排查12次，检查各类生产经营企业单位310多家次。排查并整改安全隐患56个，整改率100%。集中打击盗采河砂28次，摧毁盗采河砂点3个，查扣大、小型抽砂机9台，货车1辆。

【连江口镇第十七届人民代表大会第二次会议】 2022年4月13日，连江口镇第十七届人民代表大会第二次会议在镇政府四楼会议室召开。大会应到会代表70人，实到会代表66人，会议听取和审议《政府工作报告》《人大主席团工作报告》《连江口镇2021年财政预算执行情况和2022年财政预算（草案）报告》，票决出2022年镇政府民生实事项目。讨论并通过各项报告决议；大会期间收集代表提出的建议意见8件。

【连江口镇第十七届人民代表大会第三次会议】 2022年6月8日，连江口镇第十七届人民代表大会第三次会议在镇政府四楼会议室召开。大会应到会代表69人，实到会代表67人。大会接受陈光辞去连江口镇人民政府镇长职务申请,依法选举范兰辉为连江口镇人民政府镇长。

【连江口镇第十七届人大代表补选】 2022年8月26日,在连江口社区机关二选区补选范兰辉为连江口镇第十七届人民代表大会代表。

【连江口镇第十七届人民代表大会第四次会议】 2022年11月23日,连江口镇第十七届人民代表大会第四次会议在镇政府四楼会议室召开。大会应到会代表68人,实到会代表63人。会议听取和审议通过《连江口镇第十七届人民代表大会第二次会议关于政府工作报告的决议执行情况的工作报告》《连江口镇第十七届人民代表大会第二次会议关于人大主席团工作报告的决议执行情况的工作报告》《连江口镇2022年上半年财政预算执行情况的报告》,审查《关于连江口镇2021年财政决算(草案)报告》《连江口镇2022年财政预算调整方案的议案》,审查"三问一评一票决"跟踪监督项目工作进度汇报。讨论并通过各项报告决议;大会期间收集代表提出的建议意见8件。　　(杨国炬)

横石塘镇

【横石塘镇基本情况】 位于英德市北部,2022年辖区面积202平方千米,年末户籍人口31 060人,下辖9个村和2个社区。

【横石塘镇经济发展概况】 2022年,横石塘镇规模以上工业总产值4542万元,农林牧渔及服务业总产值4.53亿元。

农业 2022年,横石塘镇粮食种植面积2.37万亩,总产量7515吨,其中水稻种植面积2.13万亩,产量7107吨,玉米2429亩、蔬菜8424亩、水果2289亩、花生5465亩、油菜籽500亩、茶叶1.6万亩。生猪出栏3.3万头,"三鸟"(鸡、鸭、鹅)饲养量22万羽。有市级以上农业龙头企业1家、农民专业合作社1家、市级示范家庭农场1家。

惠农政策 2022年,横石塘镇发放种粮补贴5431户302.56万元,发放生态公益林补偿6425户565.87万元,发放农机购置补贴15户3.27万元。全镇有1.49万亩水稻购买保险,全年上报水稻灾情755.5亩,保险公司及时理赔。

基础设施建设 2022年,横石塘镇完成马口塘水库等工作,争取上级资金320多万元完成水毁工程维塘大坝坑陂头修复,投入30多万元解决共耕、龙华迳子片饮水问题。完成英德市市区石门台饮水工程10千米征地任务,配合饮水工程指挥部完成管网铺设并通水。投资299.09万元,完成781亩高标准农田建设,涉及共耕、龙新、前锋、新群4个村委。全镇累计投资3100多万元,完成镇区路网改造提升工程建设,完成道路黑底化7.4千米;投入100多万元消除道路交通安全隐患,拓宽改造省道S348线茶山水库路段急弯处,完成中学前人行道、中心小学前临时停车场建设。

经营性自建房 2022年,横石塘镇完成经营性自建房排查310间,发现安全隐患6间,完成安全隐患整改6间,整改率100%。

削坡建房 2022年,横石塘镇完成削坡建房安全隐患整治3处,受益群众6户27人。

【横石塘镇社会事业发展概况】 教育 2022年，横石塘镇发动热心人士捐资10.36万元，用于奖教奖学。横石塘镇中心小学投入30万元，为教学楼和学生宿舍楼的三至四层走廊安装不锈钢安全网，改造男生沐浴房；投入15万元，修缮维塘教学点、仙桥教学点的教师宿舍、学生厕所；9月，横石塘镇中心小学被广东省教育厅认定为第四批"广东省绿色学校"。横石塘镇初级中学投入20万元维修饭堂、投入35万元建设电脑室、投入25万元建设学校运动场及1处塑胶跑道。2022年中考，160人参加考试，30人上国家级示范性普通高中分数线。

政务数据管理 2022年，横石塘镇新群村被评为2022年度优秀"粤智助"应用单位、2022年第四季度最佳业务单位，工村社区被评为2022年第四季度推广创新单位。

劳动就业 2022年，横石塘镇完成农村劳动力转移就业382人，其中英德市转移就业148人，外地转移就业234人，完成城镇新增就业岗位40个，完成城镇失业人员再就业15人，零就业5人，公益性岗位就业2人。受理劳动仲裁劳资纠纷案件20宗，结案20宗，为工人讨回200多万元。

社会保障 2022年，横石塘镇城乡居民基本养老保险参保1.37万人，城乡居民基本医疗保险参保2.31万人。全镇在册低保户308户700人，在册特困人员127人，全年发放低保补助金383.39万元，特困金147.09万元。走访退役军人和其他优抚对象，发放慰问金9.42万元。

文化、体育 2022年，横石塘镇投入300万元，在镇政府前建设乡村振兴文化广场，建设室内文体中心，内设舞台、篮球场、羽毛球场、厕所和更衣室等，建成儿童小公园。完成文物仙桥的抢修工程。完成民宿普查工作，为工村社区果然居民宿发放"民宿登记回执"。发展全域旅游，接待游客39.17万人次，完成旅游收入4990.14万元。开展规模适当的阅读推广和群众文艺活动等线下和线上活动。1月，举行横石塘镇首届"振兴杯"乒乓球赛；4月，举办"品读革命家书 追寻红色记忆"品读会；开展端午活动、六一亲子活动、中秋主题亲子活动；开展元宵猜灯谜、"有声家书"线上征集活动、暑期"21天阅读挑战"活动、文化惠民送戏下乡演出等。

人口 2022年，全镇出生216人，其中一孩70人、二孩84人、三孩51人、四孩11人。出生率6.72‰，总和生育率1.19‰，死亡340人，死亡率7.47‰，自然增长-24人，自然增长率-0.75‰。

【横石塘镇党建】 2022年，横石塘镇党员总数942名，培养入党积极分子46人、发展中共党员12人、预备党员转正18人，全年收缴党费10.79万元。实施"头雁"工程和"青苗"培育工程，选拔培养村级后备干部56名，其中35岁及以下34名；高中及以上学历44名。优化成立横石塘派出所党支部，调整机关党组织书记2人；开展"学习宣传二十大 党群连心访万家"活动，采集导入户情民情信息3.15万条，解决群众急难愁盼问题49个。

【横石塘镇综治信访维稳】 2022年，横石塘镇综治信访维稳中心收到信访案件15宗，已办结15宗，其中省访2宗、国网信4宗、清访信3宗、英访网6宗。人民调解受理案件13宗，其中已调解13宗，调解率100%。开展法治宣传33场，宣传覆盖4800人次；有社区矫正人员6名；接收刑释人员8名，2名社矫人员，6名监狱释放人员。各村（居）网格员上传网格事件4140宗，已办结4140宗，办结率100%。召开防诈工作会议6次，成功劝返涉诈重点人员9人次，开展大型宣传活动12次，发放宣传单4800份。

【横石塘镇乡村振兴】 2022年，横石塘镇投入1388万元驻镇帮镇扶村资金，实施9个乡村振兴项目。全镇防返贫监测对象41户148人，有18户55人经过帮扶达到风险消除。

【横石塘镇美丽乡村建设】 2022年，横石塘镇启动5个特色村创建，5个特色村完成创建并通过验收；启动13个村民小组社会主义新农村示范村建设，其中13个村民小组完成建设工作并申请验收，通过验收5个。

【横石塘镇农村宅基地审批管理】 2022年，横石塘镇发出《农村宅基地批准书》21份，颁发乡村建设规划许可证书39宗，总占地面积3431.9平方米，总建筑面积9890.2平方米。

【横石塘镇城乡清洁】 2022年，横石塘镇农村生活垃圾转运覆盖全镇11个村（居）、170个村小组，投入107.6万元，在农村生活垃圾转运。

【横石塘镇安全生产】 2022年，横石塘镇政府与全镇11个村（居）、10个机关单位和49家企业、生产经营单位的负责人签订安全生产责任书。全镇进行89次安全生产检查，其中安全生产大排查7次、日常检查82次，检查企业252家次。发现安全隐患99个，已整改99个，整改率100%。开展安全生产知识宣传，悬挂宣传标语83条、横幅43条，举办安全知识培训班2期。全年无一般以上生产安全事故发生。

【横石塘镇党风廉政】 2022年，横石塘镇纪委开展谈话316人次，其中日常廉政谈话311人次，提醒谈话2人次，诫勉谈话1人次，警诫谈话2人次，批评教育2人次。开展明查暗访21次，专项检查30次，会风会纪监督检查10次，通报批评3人次。

【横石塘镇第十七届人民代表大会第二次会议】 2022年4月12日，横石塘镇第十七届人民代表大会第二次会议在镇综合文化站三楼会议室召开，应到代表63人，实到代表58人。大会听取和审议《横石塘镇人民政府工作报告》《横石塘镇人民代表大会主席团工作报告》，表决通过《横石塘镇2021年财政预算执行情况和2022年财政预算（草案）报告》《横石塘镇第十七届人民代表大会第二次会议镇政府重点工作完成情况满意度测评办法》《横石塘镇第十七届人民代表大会第二次会议民生实事项目表决办法》以及各项决议。

【横石塘镇第十七届人民代表大会第三次会议】 2022年9月29日，横石塘镇第十七届人民代表大会第三次会议在镇综合文化站三楼会议室召开，应到代表62人，实到代表59人。大会听取和审议《横石塘镇人民政府工作报告》《横石塘镇人民代表大会主席团工作报告》，表决通过《横石塘镇2022年上半年财政预算执行情况报告》《横石塘镇2021年财政决算报告》

以及各项决议。　　（邵丽冰）

石牯塘镇

【石牯塘镇基本情况】 位于英德市西北部，2022年辖区面积333平方千米，年末户籍人口40 704人，下辖12个村和1个社区。

【石牯塘镇经济发展概况】 2022年，石牯塘镇规模以上工业总产值5911万元，农林牧渔及服务业总产值14.5亿元。

农业 2022年，石牯塘镇农作物总播种6.72万亩。其中水稻1.99万亩，总产量8206吨；玉米4199亩；薯类452亩；甘蔗774亩，总产量6154吨；花生1.03万亩；蔬菜2.6万亩，产量4.67万吨；豆类334亩，产量58吨；水果4631亩，产量2980吨。生猪出栏量18万头，水产养殖7545亩。

重点项目建设 2022年，石牯塘镇推进南岭国家公园项目建设，已上报入库项目10个，立项3个。其中竹田河中小河流整治工程（联山瑶族村—鲤鱼村）工程已完工，总投资2549万元，治理河段7.5千米，包括新建护岸12.25千米，新建绿道13.9千米。广东石门台国家级自然保护区锦潭访客中心及其附属设施建设项目以及石牯塘圩镇—南岭国家公园道路升级改造工程施工图已完成审图和投资审核。

基础设施建设 2022年，石牯塘镇投入210万元建设乌石头陂升级改造民生工程，解决1200亩耕地灌溉；投入资金20多万元，推进水利设施灾后重建修复；镇污水处理基础建设投资2610万元，厂区建设已基本完成并开始投入使用。

【石牯塘镇社会事业发展概况】 **教育** 2022年中考，237人参加考试，60人上国家级示范性普通高中分数线。

劳动就业 2022年，石牯塘镇农村劳动力新增转移培训就业输出682人，城镇新增就业45人。

社会保障 2022年，石牯塘镇城乡居民基本养老保险参保8977人，城乡居民基本医疗保险参保3.25万人。有低保363户781人，新增低保32户51人，累计取消低保192户334人。有特困人员225人，其中分散供养208人、集中供养17人，新增特困人员8人，累计取消特困人员13人。

文化、体育 2022年，石牯塘镇滨江村木冠英堂木呷狮醒狮队入选广东省省级非物质文化遗产代表性项目名录扩展项目名传统舞蹈名录；石牯塘镇综合文化站获第九届少儿春节联欢晚会优秀组织奖；石牯塘镇文化站副站长王小峰被评为广东省文化和旅游工作先进个人。

医疗卫生 2022年，石牯塘镇医院总收入1375万元，其中医疗业务收入763万元，门急诊人数6万人次，门诊业务收入448万元，住院人数1631人次，住院业务收入314万元。已建城乡居民健康档案2.4万人，其中0—3岁儿童中医药管理970人，0—6岁儿童健康管理2371人。65岁老年人健康管理2441人，其中中医药管理2410人。高血压管理档案2077人，2型糖尿病管理档案487人，重症精神病管理档案306人。孕产妇早孕建册195人，孕检70人次。开展健康咨询讲座21场次。0—6岁儿童预防接种8000人次。

人口 2022年，全镇出生336人，其中一孩107人、二孩122人、三孩81人、四孩

26人。出生率7.81‰，总和生育率1.18‰，死亡264人，死亡率6.13‰，自然增长72人，自然增长率1.67‰。

【石牯塘镇党建】 2022年，石牯塘镇党委开展理论中心组学习24次，镇委党校开展培训31期次，培训2367人次，覆盖率100%。全镇配备27名村（社区）支部书记后备干部，配备46名村（社区）两委后备干部；投入约30万元，建成镇级人才驿站，开展3次"雁归系列"活动；推选石下村党总支书记参加英德市"十佳头雁"选拔，并获提名奖。全年培养入党积极分子51人、预备党员18人、预备党员转正31人，收缴党费9.47万元。

【石牯塘镇综治信访维稳】 2022年，石牯塘镇排查出各类矛盾纠纷和信访案件300多宗，成功化解290多宗，化解率98%。开展禁毒普法宣传358场，反邪教普法宣传52场；发放平安创建宣传资料1万多份，利用普法车在街头、乡村巡回播放。全镇划分52个综合网格，网格员52名，信息员390名，辖区内处理有效上传事件942件，办结942件，办结率100%。

【石牯塘镇乡村振兴】 2022年，石牯塘镇申报2个英德市农民专业合作社示范，1个县级龙头企业；种植麻竹笋5.4万亩，种植桑芽菜1.3万亩；申报2022年乡村振兴项目22个，资金2190.07万元，完工2个，已动工4个；申报2023年乡村振兴项目16个，资金2047万元。

【石牯塘镇城乡清洁】 2022年，石牯塘镇创建干净整洁村133个，美丽宜居村143个，特色精品村3个；其中78个村开展"四小园"（小公园、小花园、小果园、小菜园）建设，建设"四小园"92个；建成垃圾收集点297个，覆盖279个自然村，各村均配备1名保洁员；已建设雨污分流管网的自然村269个，已建设污水处理设施130座，处理户数5322户；完成存量农房微改造277户，完成率100%。

【石牯塘镇安全生产】 2022年，石牯塘镇召开安全生产（消防安全）专题会议16场次，应急预演40场次，累计参加人数1320多人次。出动执法人员923多人次、车辆163辆次，打击私宰生猪行为，检查各类门店多户次，责令限期整改124项，备案农村集体聚餐24起，食品安全实现零事故。

【石牯塘镇疫情防控】 2022年，石牯塘镇3—11岁人群第一针接种覆盖率94.5%，18—59岁人群全程接种覆盖率80.7%；60岁以上人群全程接种覆盖率为87.4%；完成7月疫情期间3次大规模核酸采样工作，检测超6万人次。

【石牯塘镇第十七届人民代表大会第二次会议】 2022年4月13日，石牯塘镇第十七届人民代表大会第二次会议在镇政府文化楼四楼会议室召开。应到代表69人，实到代表68人。大会代表提出建议、意见8个，产生2022年镇民生实事项目9项。大会听取和审议石牯塘镇人民政府工作报告、人大主席团工作报告；审议《石牯塘镇2021年财政预算执行情况和2022年财政预算（草案）报告》，批准石牯塘镇2022年本级预算；听取和审议2021年镇政府重点工作及民生实事项目"问结果"工作报告；审查石牯塘镇人民政府关于2022年民生实事候选项目；对2021年镇政府重点工作及民生实事项目进行满意度测评；票决石牯塘镇2022年民生实事项目。

【石牯塘镇第十七届人民代表大会第三次会议】 2022年9月22日，石牯塘镇第十七届人民代表大会第三次会议在镇政府文化楼四楼会议室召开，应到代表68人，实到代表67人。大会代表提出建议、意见10件，其中涉及交通运输的3个、水利6个、环保1个。会议听取和审议《听取和审议石牯塘镇人民政府工作报告》《石牯塘镇人大主席团工作报告》，审查《石牯塘镇2022年上半年财政预算执行情况工作报告》《2022年预算调整方案的议案》《2022年镇政府重点工作及民生实事项目"问进度"工作报告》。 （陈其瑞）

浛洸镇

【浛洸镇基本情况】 位于英德市西部，辖区面积236平方千米，2022年末户籍人口73 442人，下辖14个村和3个社区。

【浛洸镇经济发展概况】 2022年，浛洸镇规模以上工业总产值1.29亿元，农林牧渔及服务业总产值13.98亿元。

农业 2022年，浛洸镇申报购置农机34户、100台，补贴26.43万元，组织水稻和甘蔗技术培训、春秋两季动物疫病防控培训、学习咨询活动5期，289人次参加；生猪饲养35.3万头，禽类饲养662.4万羽；实施产地检疫出证6229份，生猪产地检22.17万头；禽类产地检疫159.65万羽；注射禽流感（含重组苗）疫苗46万羽次、猪口蹄疫疫苗3万头次、牛口蹄疫疫苗998头次、羊注射口蹄疫疫苗2000头次，存栏动物免疫注射99%以上。

林业 2022年，浛洸镇造林绿化150亩，其中义务植树25亩，开展林业安全生产检查30多次，发现安全隐患7次，整改7次；卫片图斑占用林地2宗，移交执法部门立案2宗，结案2宗；全年未发生森林火灾，出动100多人次日常巡查管护12棵古树名木。

农田水利设施建设 2022年，浛洸镇完成涉及鱼水、荷州、三村等14个行政村高标准农田建设4566亩，受益人口2万多人、推进撂荒地复耕复种，整治撂荒地5544.28亩，水稻种植4.52万亩，其中早造2.35万亩、晚造2.16万亩；常态化开展水库白蚁灭杀、红火蚁防治行动。

基础设施建设 2022年，浛洸镇完成老旧小区两期改造工程，修复浛洸大道、沿江路等6条街道的破损路面，完成人行道改造3.19万平方米，修缮老旧房屋460幢，改造旧街长度3.4千米，整治乱打乱拉等"蜘蛛网"3千米；新建文化主题公园、休闲小公园、停车场390个；新增雨水管网和污水管网1.3千米，完成垃圾中转站升级改造；新建200多个镇村垃圾分类点。

【浛洸镇社会事业发展概况】

教育 2022年中考，482人参加考试，62人上国家级示范性普通高中分数线。

劳动就业 2022年3月7日，浛洸镇举办英德市"春风行动、南粤春暖"——乡村振兴巡回招聘会，提供岗位464个，招聘5441人。307人参加，达成就业意向人数75人。招聘会现场进行直播带岗，浏览人数1.54万人次，现场4家企业参与直播，提供30个岗位，招聘126人。联合英德志成职业技能培训学校、英德市残疾人联合会打造浛洸镇首个青创孵化基地，开展"粤菜师傅""南粤家政""广东技工"等就业技能培训。完成新增转移就业人数127人，就业困难人员实现就业人数6人，公益性岗位任务数27人。

社会保障　2022年，浛洸镇城乡居民基本养老保险参保3.25万人，城乡居民基本医疗保险参保5.61万人。城乡低保户749户1538人，五保户305户305人，在册孤儿5人，事实无人抚养儿童29人。发放低保保障金807.42万元；城乡特困人员391.03万元、孤儿12.21万元、无人抚养儿童46.38万元；发放残疾人护理补贴1049人、308.08万元；发放残疾人生活补贴563人、127.28万元。

人口　2022年，全镇出生576人，其中一孩212人、二孩207人、三孩123人、四孩34人。出生率7.49‰，总和生育率1.17‰，死亡491人，死亡率6.39‰，自然增长85人，自然增长率1.11‰。

妇女儿童　2022年，浛洸镇妇联走访慰问留守困境儿童、事实孤儿19名，慰问单亲贫困妇女30人，发放慰问金9500元。镇妇联接待群众来访6次，解决各种纠纷4件。组织妇女351人参加"两癌"（乳腺癌、宫颈癌）筛查。开展寻找美丽庭院23户，最美家庭9户，文明家庭6户。

文化、体育　2022年，浛洸镇开展"我们的节日"系列主题活动，开展政策宣讲900多场；开展鹿城民间艺术团送戏下乡活动9场。

医疗卫生　2022年，浛洸医院通过国家二甲医院复审，医疗资源辐射英西片区20多万人口，完成14期252人培训。组织26名医生采取分片包干的形式开展基本医疗、国家卫生服务，开展免费体检，惠及群众2500人，开展慢性病回访3500人。

【浛洸镇党建】　2022年，浛洸镇培养入党积极分子57人、预备党员22人、预备党员转正55人，收缴党费17.76万元。镇村干部走访群众约8000人，群众提出34个问题和建议，帮助解决问题和接受建议34个。

【浛洸镇综治信访维稳】　2022年，浛洸镇开展普法宣传活动689场次；开展法制课活动68场次，审查合同115份；排查矛盾纠纷370宗，调解案件370宗，矛盾纠纷调解率97%以上；落实43名安置帮教人员一人一案制度，完成389名精神障碍患者监护人和协助监护信息采集、监护协议签订在管；开展"护苗·绿书签"扫黄打非等专项行动6次。

【浛洸镇乡村振兴】　2022年，浛洸镇纳入监测对象12户51人，落实大病救助7人2.1万元，教育补助11户4.4万元，两奖补10户5.01万元，开展危房改造14户，补助50.4万元。2022年上级批准实施乡村振兴项目14个，资金总额2700万元，截至2022年底，已完成项目10个，其余4个项目在进行中，使用资金375万元，上级实际拨付375万元，支付375万元，支付率100%。

【浛洸镇美丽乡村建设】　2022年，浛洸镇368个自然村全部达到整洁村标准，其中特色村6个，示范村222个，建设282座污水处理设施，服务293个村小组。新建45间无害化厕所。14个村被评为"英德市文明村",新增清远市卫生村35个,广东省卫生村10个。

【浛洸镇城乡清洁】 2022年,浛洸镇开展美丽圩镇建设、打击违法违章建设、垃圾分类宣传、道路扬尘管控等工作。在农贸市场南门及四周划定临时摆卖区。开展"三清三拆三整治",清理乱堆乱放63处,清理水域漂浮物和障碍物10处,拆除违法建筑物306处;拆除非法违规商业广告、招牌249处,拆除沿街破旧雨篷、遮阳篷等破旧附属设施113处;整治占道经营乱摆卖现象271宗,公共场合乱贴画行为247处。全天巡回保洁,垃圾清运日产日清。

【浛洸镇环境保护】 2022年,浛洸镇清理河长13.56千米,清理漂浮物156吨,出动324人次,使用机械、船只和车辆等88次,累计投入经费约20.45万元。河道水面基本实现无成片垃圾漂浮物。巡查非法开采、违法违规用地和违法倾倒垃圾行为,动态巡查执法违法用地21宗、违法占用耕地7宗和违法开采砂土、英石4宗,拆除卫片图斑7宗,复耕复绿7宗图斑,立案6宗图斑;开展禁止露天焚烧秸秆和森林防火工作。

【浛洸镇安全生产】 2021年,浛洸镇政府与辖区各生产经营单位、村委会、中小学校、幼儿园等签订《安全生产责任书》170份、《消防安全责任书》170份、《食品安全责任书》65份;开展7次专项治理检查,检查辖区危化品、工贸企业、制衣企业、非煤矿山、饮食服务业、烟花爆竹销售、建筑施工等生产经营单位433家次,累计派出检查人员1291人次,查处事故隐患99个,整改隐患99个;取缔非法加油点1个,查获非法成品油1吨,非法加油车1辆、非法加油设备2台;开展各类安全生产主题活动14场次,派发宣传手册、环保宣传手袋等4万多份。

【浛洸镇国土规划】 2022年,浛洸镇开展拆旧复垦、垦造水田和两违专项整治工作。福园村、新平村、先锋村、张陂村开展拆旧复垦,总建设规模面积652.51亩,已完成施工并通过市验收;完成2021年鱼咀村垦造水田项目(400亩)施工,完成2022年镇南村垦造水田项目(设计规模1180亩)的土地移交,并逐级开展施工,在施工中;"两违"(违法占地和违法建筑)专项行动,全镇涉及非农建设违法图斑21个,违法用地总面积57.88亩,其中耕地3.94亩。全年拆除卫片图斑7宗,复耕复绿7宗图斑,完善用地手续立案6宗图斑,已完成整改49.93亩(其中耕地1.65亩),剩余7.95亩(其中耕地2.29亩)在完善手续中。

【浛洸镇疫情防控】 2022年,浛洸镇疫情防控落地核查5518人。截至2022年底,入境人员26人,密接14人,次密接70人,居家健康管理(隔离)983人。各村居报备登记2.24万人。全镇3—11岁人群接种比例97%;18—59岁人群全程接种比例80.8%;60岁以上人群现有总人数1.06万人,第一针接种比例91.7%,全程接种比例86.4%,18岁以上加强针接种比例91.2%。悬挂宣传横幅80多条、各村宣传栏20多个,张贴《致全市广大农民朋友及在外返乡人员的一封信》475份,转发倡议书至475个微信群,企业签订浛洸镇疫情防控责任书84份。

【浛洸镇第十七届人民代表大会第二次会议】 2022年4月14日，浛洸镇第十七届人民代表大会第二次会议在浛洸镇政府三楼会议室召开。应到代表92人，实到代表86人。会议听取并审议《政府工作报告》《人大主席团工作报告》，审查并批准《浛洸镇2021年预算执行和2022年预算（草案）的报告》，对浛洸镇2021年27项镇政府重点工作和民生实事项目完成情况进行满意度测评，票决产生浛洸镇2022年10件民生实事项目，公开人大预算审查监督信息，表决通过各项决议，批准浛洸镇燕石自来水厂建设项目、浛洸镇老旧小区改造（二期）建设项目。

【浛洸镇第十七届人民代表大会第三次会议】 2022年11月4日，浛洸镇第十七届人民代表大会第三次会议在浛洸镇政府三楼会议室召开。会议应到代表90名，实到代表84名，列席14人。会议听取和审议《浛洸镇第十七届人民代表大会第二次会议关于政府工作报告的决议执行情况的工作报告》《浛洸镇第十七届人民代表大会第二次会议关于人大主席团工作报告的决议执行情况的工作报告》，书面审议《浛洸镇2022年上半年预算执行情况工作报告》《2021决算（草案）的报告》《浛洸镇2022年预算调整方案的议案》，听取农业农村办、乡村振兴办、综合执法办关于承办镇政府重点工作和民生实事项目推进情况汇报，批准《浛洸镇2022年预算调整方案》，表决通过各项决议。

（王文浩）

下砵镇

【下砵镇基本情况】 位于英德市东南部，2022年辖区面积174.6平方千米，年末户籍人口13 063人，下辖5个村和1个社区，106个村（居）民小组。

【下砵镇经济发展概况】 2022年，全镇规模以上工业总产值8168万元，农林牧渔及服务业总产值27.12亿元。

农业 2022年，下砵镇粮食种植面积9564亩、总产量3879吨，其中水稻8285亩、产量2934吨，玉米326亩、产量92吨；豆类238亩、产量51吨；薯类715亩、产量802吨。蔬菜瓜果种植5449亩、总产量1.21万吨。生猪年末存栏16.14万头，出栏7.8万头；活家禽年末存栏5.51万羽，出栏12.3万羽，其中鸡年末存栏4.49万羽，出栏10.59万羽；鸭年末存栏7500羽，出栏1.08万羽；鹅年末存栏2679羽，出栏1799羽。

招商引资 2022年，下砵镇推动中信矿业投资5.26亿元光伏玻璃石英砂生产线进驻。推动畜禽养殖企业减排增效，新增5户全自动化肉猪养殖场。

惠农政策 2022年，下砵镇发放耕地地力保护补贴6.18万元，养殖补贴3.48万元。接待4批次结对帮扶企业到镇调研，与15家企业签订结对帮扶协议。发动合农果蔬专业合作社与村民签订协议，发挥新型农业经营主体机械化耕作和规模化经营的优势为村民提供机械翻耕服务，对连片撂荒耕地进行清障翻耕平整，落实"以晚补早"，140.75亩撂荒地实现复耕复种。

基础设施建设 2022年，下砵镇投入4800多万元资金，推动圩镇供水及污水支管及末端管网建设工程、新能源充电桩建设、上湾水渠建设工程、灯塔村楼下桥重建工程、高洞村农网改造项目、"龙舟水"水毁公路灾后重建、实施塘埔坑及其支流苦竹坑整治工程等一批兜底线、补短板、展风貌的乡村振兴项目建设。

【下砵镇社会事业发展概况】

教育　2022年中考，下砵镇64人参加中考，6人上国家级示范性普通高中分数线。6月，下砵学校被广东省教育厅评为"广东省绿色学校"。10月，被英德市精神文明委员会评为无烟单位。

劳动就业　2022年，全镇新增转移输出就业152人，公益性岗位就业3人，促进创业5人，带动就业5人。8月和12月，下砵镇组织开展两期粤菜师傅培训班，培训99人。

社会保障　2022年，下砵镇城乡居民基本养老保险参保5115人，城乡居民医疗保险参保9949人。发放低保救济金、城乡特困人员及事实无人抚养儿童供养金、残疾人"两项补贴"406.42万元，一户一档已建档489户，其中低保159户，特困69户，事实无人抚养儿童2人，特殊困难群体7户，残疾人255人。

医疗卫生　2022年，下砵镇创建清远市卫生村1个，截至2022年底，累计创建71个，创建率100%；创建省卫生村4个，截至2022年底，累计创建15个。镇康园中心被清远市残疾人联合会评定为清远市二星级社区康园中心。

文化、体育　2022年，下砵镇文化站开展"全民阅读"活动，在下砵学校开展"全民阅读 浓浓书香满校园"读书分享主题活动。统计与更新文物建筑清单；完善陆氏宗祠文物修复前各项准备工作；采取措施保护沙岗村古树、烈士纪念设施；"爱心之家"完成转型升级，投入规范运维；摄影大赛圆满收官，收获一批展现下砵风采风貌作品。

人口　2022年，全镇出生98人，其中一孩36人、二孩34人、三孩27人、四孩1人。出生率7.44‰，总和生育率1.14‰，死亡166人，死亡率12.60‰，自然增长-66人，自然增长率-5.16‰。

【下砵镇党建】　2022年，下砵镇党委下辖28个基层党组织，有555名党员。培养入党积极分子19人、预备党员10名、预备党员转正19人，收缴党费5.24万元。开展"第一议题"学习35次。开展理论学习中心组学习24次；镇委党校开展培训96期，培训4297人次；党员突击队、志愿服务队开展活动，活动出席队员1631人次。开展法治宣传活动75场次，受教育群众

▲2022年12月23日，下砵镇爱心之家揭牌　　　　　　（下砵镇政府供图）

1.55万人次。全年镇纪律检查委员会立案审查3起,给予党纪处分2人。开展日常廉政谈话72次、任前廉政谈话7人,警诫谈话2人。

【下硁镇疫情防控】 2022年,下硁镇累计接种疫苗2.5万剂次,全人群全程接种率82.1%,其中60岁以上人群全程接种率88.7%,累计接收CAT大数据6266条,创建场所码251个。

【下硁镇综治信访维稳】 2022年,下硁镇镇村两级受理人民调解案件16宗,调解成功16宗,调解成功率100%;受理信访案件8宗,办结8宗,办结率100%。建设治安视频监控系统,安装68个监控。开展法治专题讲座31场次,法治宣传活动48场次,派发宣传资料1.78万份,出动普法宣传车90辆次,张贴横幅、标语210条,受教育群众1.16万人次。

【下硁镇城乡清洁】 2022年,下硁镇配置生活垃圾清运车辆拖拉机2台,镇级保洁员7名,村级保洁员60名,投入50.75万元,配置88个垃圾分类亭和16个二分类垃圾收集桶,在下硁卫生院建成一个垃圾分类储存屋。

【下硁镇安全生产】 2022年,下硁镇开展企业安全生产隐患排查治理,督促整改安全隐患38处,排除"三小"场所(小档口、小作坊、小娱乐场所)消防隐患130项、燃气安全隐患23项,安装低压漏电保护器3087户,完成社会面低压漏电保护器普及工作。转移风险点居民37户58人,汛期无人员伤亡、无电站水坝受损、无发生地质灾害等情况。

【下硁镇环境保护】 2022年,下硁镇落实山水林田湖草沙系统治理要求,完成造林与生态修复1607亩,其中高质量水源林修复120亩,新造林抚育220亩,完成社会投资森林抚育4000亩,森林蓄积量约112万立方米,森林覆盖率87.6%。红火蚁防控投入资金4.9万元,减少灾害面积692亩,整治成效显著;推深做实林业有害生物防治各项工作,松材线虫病实现发生面积1.15万亩,和枯死木数量3893棵,切实履行河长职责,开展河道巡查及"清漂"行动1300多次。

【下硁商会第一次会员大会】 2022年1月20日,英德市下硁商会第一次会员大会在下硁镇政府召开。英德市工商联、英德市民政局领导和下硁镇全体班子成员、下硁镇商会会员等参加,大会完成各项议程,选举产生下硁商会第一届领导班子,分别为会长巫仕吹,名誉会长陆文艺,常务副会长陆奕源,副会长张丰涌、邝廷标,秘书长谢树桥,监事长陆奕来,理事邝仕贤、邓先李、邓继兴。

【下硁镇第十七届人民代表大会第二次会议】 2022年4月8日,下硁镇第十七届人民代表大会第二次会议在镇政府二楼会议室召开。会议听取和审议通过《镇人民政府工作报告》和《镇人大主席团工作报告》,书面审议和批准《2021年财政预算执行情况和2022年预算(草案)的报告》,审议并通过《英德市下硁镇乡村振兴规划(2022—2035年)》《下硁镇镇区风貌提升方案》《下硁镇控制性详细规划(2020—2035年)》的决议;表决通过《下硁镇第十七届人民代表大会第二次会议镇政府重点工作和民生实事项目完成情况满意度测评办法》《下砝镇第十七届人民代表大会第二次会议民生实事项目表决办法》；以无记名投票方式，对镇政府8项重点工作和民生实事项目完成情况开展满意度测评，并票决产生6项2022年度民生实事项目，有完善水利基础设施建设、塘塌坑及苦竹坑支流小流域整治、高洞村石猪兜桥梁建设、镇村环境风貌提升、新能源充电桩建设、圩镇候车亭建设等。收到代表提出的建议、意见14件，其中交通通信类6件、农林水类5件、城建环资类2件、教科文卫类1件。

【下砝镇第十七届人民代表大会第三次会议】 2022年11月4日，下砝镇第十七届人民代表大会第三次会议在镇政府二楼会议室召开。会议听取并审议《下砝镇十七届人大二次会议关于政府工作报告的决议执行情况的工作报告》《下砝镇十七届人大二次会议关于人大主席团工作报告的决议执行情况的工作报告》，书面审议和批准《下砝镇2022年上半年财政预算执行情况的工作报告》《下砝镇2021年财政决算（草案）的报告》

《下砝镇2022年预算调整方案的议案》，听取"三问一评一票决"跟踪监督过程中关于高洞村茶坑、砾头农网改造项目建设情况汇报；收到代表提出的建议、意见17件，其中交通通信类5件、农林水类10件、城建环资类1件、财政经济类1件。

（陈炜杰）

大 洞 镇

【大洞镇基本情况】 位于英德市西南部，辖区面积185平方千米，2022年末户籍人口20 282人；下辖7个村和1个社区，174个村（居）小组。

【大洞镇经济发展概况】 2022年，全镇农林牧渔及服务业总产值1.5亿元。

农业 2022年，全镇投入撂荒耕地复耕资金17万元，完成撂荒地复耕复种442.07亩，其中复耕复种水稻面积113.14亩，复耕复种其他粮食作物面积224.98亩，复耕复种其他农作物面积103.95亩。春种粮食播种面积4730亩，夏种粮食播种面积2811亩、大豆种植989亩、红薯种植408亩、玉米种植631亩、其他粮食1060亩；全镇完成红火蚁治理400亩。生猪存栏5549头、羊存栏232头、牛存栏28头、禽类存栏约8.95万羽、肉鸡存栏3.79万羽、肉鹅存栏1.22万羽，水产品总产量49吨。

林业 2022年，全镇义务植树30亩，新造林面积120亩，完成人工造林90亩，森林抚育林2000亩；协助村民办理不动产登记证书130宗，流转13宗；调处山林纠纷2宗，结案2宗。

水利 2022年，全镇有21座水电站，其中停产1座。21座水电站全部落实"三个责任人"。完成圩镇自来水供水管网及消防管网更新改造工程项目，其中自来水供水管网更换约2千米，消防栓安装20套。提升大田村王屋村、龙潭村坳口村、庙坑村新南村3宗农村供水保障水质项目建设。全年使用"智慧河长"完成巡河514次，其中镇级102次、村级412次。组织河长制工作培训3次。集中开展"清漂"行动3次，出动人员280人次，清理河道垃圾约8吨。

基础设施建设 2022年，大洞镇完成圩镇百花路、环城北路、利民路、幸福路、永安路硬底化、黑底化建设。

其中，新建水泥混凝土路面铺设约1500平方米，6厘米细粒式改性沥青砼1.5万平方米，新建排水系统约300米。完成社区桥头东岸河岸整治项目，全长110米，其中新建片区挡土墙908立方米，新建行人护栏100米，防裂网钢筋网片铺设710平方米。完成大洞镇乡村振兴风貌带工程（第一期），项目为省道S383线龙潭村坪仔村至上围村及黄沙村荷坳垃圾中转站至小岭桥、社区居委至麻蕉茶地岙10千米。沿线的相关村小组进行农房外立面改造约1万平方米，安装路灯190盏，部分区域人行道改造。龙潭、黄沙、圩镇范围进行垃圾分类棚安装49套196个分类垃圾桶。

【大洞镇社会事业发展概况】

教育　2022年中考，61人参加考试，8人上国家级示范性普通高中分数线。

劳动就业　2022年，大洞镇转移农村劳动力输出就业133人次，其中转移输出贫困劳动力就业13人；输出到珠三角地区就业人数36人，带动就业人数14人，公益性岗位就业24人，其中城镇最低生活保障人员2人，残疾人员1人。

社会保障　2022年，全镇城乡居民基本养老保险参保8170人，城乡居民医疗保险参保1.55万人；医疗救助申请6人，已通过上级审核并完成待遇支付2人，救助金额5.16万元。全镇有低保对象299户789人，发放低保金414.31万元。特困人员83人，其中敬老院集中供养7人，分散供养76人，每人每月保障金1072元；分散供养孤儿1人，事实无人抚养儿童3人，每人每月发放救助金1313元；80岁以上高龄老人377人，申报办理大病医疗救助5人，临时救助1人，办理报销殡葬基本服务费21人。

医疗卫生　2022年，全镇门诊人次1.95万人次，收治住院病人509人次，比2021年下降16.5%；医疗业务收入195.98万元，门诊收入103.38万元，住院收入92.6万元。建立居民电子健康档案6886份，健康档案管理率98.7%，档案中有动态记录的档案数3425份，健康档案使用率49.7%。全镇举办各类健康教育知识讲座52场，1300人参加，在街道、医院内及学校、人口聚集地进行健康教育宣传咨询活动9次，450人参加，发放宣传资料3000多份，办健康教育专栏72期。

人口　2022年，全镇出生165人，其中一孩54人、二孩52人、三孩34人、四孩15人。出生率7.64‰，总和生育率1.17‰，死亡136人，死亡率6.70‰，自然增长19人，自然增长率0.94‰。审核一、二孩生育登记369个；新增农村部分计生家庭奖励3例，城镇独生子女奖励4例；配合卫生院开展36场健康教育讲座，开展125例"两癌"（乳腺癌和宫颈癌）筛查工作，完成率100%。

【大洞镇综合行政执法】　2022年，大洞镇完成2021年非法占用林地6宗、滥伐林木14宗，行政案件15宗，刑事案件5宗，均已结案。原森林公安无线索而中止调查的滥伐林木案件18宗，大洞镇参与调查后，完成结案7宗，还有行政案件4宗、涉嫌刑事案件7宗在调查中。

【大洞镇党建】　2022年，大洞镇开展"第一议题"学习44次；开展镇委党校培训

20多场，参训500人次；投入资金30多万元，建设大洞镇人才驿站；落实组织生活制度，开展"我们的支部主题党日活动最多彩"评选活动，累计发布12期，参与投票超过1万人次。培养入党积极分子21人、预备党员12人、预备党员转正22人，缴交党费5.15万元。

【**大洞镇综治信访维稳**】 2022年，大洞镇接待来访群众86人次，受理矛盾纠纷案件和信访案件46宗，及时化解25宗，程序办结21宗。大洞镇构建"中心＋网格化＋信息化"工作体系，划分39个网格，发展815个信息员，2022年上报群众反映事件2962件，事件已落实并按期结案。

【**大洞镇乡村振兴**】 2022年，大洞镇落实"四不摘"（摘帽不摘责任、摘帽不摘政策、摘帽不摘帮扶和摘帽不摘监管）"三保障"（义务教育、基本医疗、住房安全有保障）和饮水安全政策，通过发放教育补助、产业帮扶、慰问等帮扶措施，确保7户脱贫不稳定户不返贫。推动大王庙茶场、"四小园"（小公园、小花园、小果园、小菜园）示范点建设及自来水供水管网、消防管网更新改造。打造龙潭村水果木瓜种植、麻蕉村丝苗米种植、苗花村迟菜心种植、大田村番薯种植项目等。完成滨江公园二期及配套工程、圩镇充电站建设工程、塘肚公路硬底化建设工程等民事实事项目，建立镇人才驿站，推动黄沙、大洞社区片区人大代表联络站升级改造。12月，大洞镇评为清远市示范圩镇。

【**大洞镇应急管理**】 2022年，大洞镇常态化开展安全生产大检查316次，出动1515人次，捣毁2个非法储存烟花爆竹窝点，收缴烟花爆竹54箱。结合"三小"场所（小档口、小作坊、小娱乐场所）、"多合一"等场所消防检查专项工作，检查"三小"场所、学校、医院等63间760次，发现火灾隐患23处，现场整改16处，发出《责令改正通知书》2份，派发宣传单张3700多份。全镇接处火灾警情2次，出动警力16人次，建立5个微型消防站，每个消防站配备6名人员。开展辖区内食品安全经营单位检查93家次，发现问题5个，整改5个；开展食品安全宣传"五进"活动12场次，派发宣传资料1300多份，张贴宣传海报80多张。全镇排查道路安全隐患30处，发现隐患道路5条，整改隐患道路5条。重点车辆和重点驾驶人隐患清零，全镇驾驶人未审验28人，已完成15人；驾驶人多次未处理2人，已通知2人；驾驶人超分被扣押车辆1人；逾期未换证18人，已完成7人；驾驶人未学习2人，已告知驾驶人学习2人；死亡无法审验、隐患清零人数5人；2022年度重点隐患车辆新增22人。

【**大洞镇疫情防控**】 2022年，大洞镇排查2656人，大数据推送落地大洞镇人员198人；全镇收到聚集性活动报备12例，对参加人员登记造册，严查核酸检测情况；党政领导班子组织镇村干部800多人次开展重点场所疫情防控检查60多次。全镇重点行业在册人员71人，落实三天一检和两天一检核酸检测。全镇接种疫苗1.55万剂次，其中60—79岁人群全程接种率91%，加强针接种率90.1%，80岁以上人群全程接种率91.6%，加强针接种率77.3%。

【大洞镇创文】 2022年，大洞镇开展党史学习教育活动10场、迎接学习宣传党的二十大精神宣传宣讲活动6场；开展习近平新时代中国特色社会主义思想进社区进农村宣讲活动10场；开展"强国复兴有我"群众性宣传教育系列活动4场、"四史"学习教育活动7场；开展道德模范宣传、规范守则教育、文明礼仪、"我们的节日"等实践活动18场。申报并打造广东省文明村1个、清远市文明村5个、清远市文明镇1个，建设乡村"复兴少年宫"3所，达到干净整洁村标准的村小组160个；51个村小组达到生态宜居村标准。

【大洞镇抗洪救灾】 2022年，大洞镇抗洪抢险、"龙舟水"期间转移群众889人，分批组织18名志愿者支援大湾镇、水边镇。

【大洞镇第十七届人民代表大会第二次会议】 2022年4月13日，大洞镇第十七届人民代表大会第二次会议在镇政府二楼会议室召开，应到代表59人，实到代表59人。镇人大会议通过党委副书记、镇长吴国亮作的《政府工作报告》和镇人大主席罗国成作的《人大主席团工作报告》；审查批准《大洞镇2021年预算执行情况和2023年预算（草案）报告》。与会人大代表对2021年政府重点工作和民生实事项目完成情况满意度进行测评，并票决产生2022年大洞镇政府民生实事项目。

【大洞镇第十七届人民代表大会第三次会议】 2022年9月27日，大洞镇第十七届人民代表大会第三次会议在大洞镇政府阶梯会议室闭幕。应到代表59人，实到代表59人。镇党政班子成员、市人大代表、镇政府部门负责人等列席。会议听取并审议《大洞镇十七届人大二次会议关于政府工作报告的决议执行情况的工作报告》《大洞镇十七届人大二次会议关于人大主席团工作报告的决议执行情况的工作报告》，书面审查《大洞镇2022年上半年财政预算执行情况工作报告》《大洞镇2021年财政决算（草案）报告》，批准《大洞镇2022年财政预算调整方案的议案（草案）》，表决通过各项决议（草案）。 （朱伶香）

西 牛 镇

【西牛镇基本情况】 位于英德市西南部，2022年辖区面积245平方千米，年末户籍人口57 696人，下辖12个村和1个社区。

【西牛镇经济发展概况】 2022年，全镇规模以上工业总产值9845万元，农林牧渔及服务业总产值13.17亿元。

农业 2022年，西牛镇举办农业科技服务农业技术培训班1期，590人次参加，组织科技人员下乡服务90人次，发放技术资料2500份；种植优质水稻5000亩，玉米种植4800亩、花生种植2800亩，指导种植冬瓜、茄子、丝瓜（上造）等经济作物3000亩；红火蚁防控投入资金9.6万元、药剂2吨，实施防治面积2万亩，发生面积控制在1450亩以下。统筹上级资金4300万元，完成9宗农村饮水扩网、水质提升和饮水全覆盖工程建设，惠及10个村（社区）5.14万多名群众，全镇供水覆盖率95%。实施2791亩高标准农田建设，完成1082亩"旱改水"项目整治土地2100亩，复耕撂荒地1136亩。

基础设施建设　2022年，西牛镇投资6586.6万元，完成圩镇旧城区改造工程项目，建设国防教育广场、亲水平台等亮点民生工程。投资923.24万元，完成1个生态村、7个特色村建设。投资135.22万元，完成维修沙坝村冲头桥工程；投资86.3万元，升级改造镇区客运停靠点；投资350万元，动工建设拓宽沙坝至水边公路；投资99.9万元，完成龙潭公路硬底化；投资202.5万元，修缮水毁公路11处、削坡建房14处。

【西牛镇社会事业发展概况】

教育　2022年，西牛镇为55名考取重点初中、高中和本科及以上院校学生发放奖学金15.61万元。2022年中考，318人参加考试，45人上国家级示范性普通高中分数线。

劳动就业　2022年，西牛镇完成农村劳动力转移就业人数524人。组织人员参加2022年白云区—英德市对口帮扶网上招聘活动。

社会保障　2022年，西牛镇城乡居民基本养老保险参保1.21万人，城乡居民基本医疗保险参保4.35万人。落实低保户527户1223人。279人享受五保特困政策待遇。累计发放低保、特困供养人员、困难残疾人生活补贴等补助资金1198.93万元；累计发放医疗救助12.46万元，重点优抚对象补助121.25万元。

文化、体育　2022年，西牛镇文化站建立西牛镇文化站网站提供数字网络文化服务，引导群众1023人注册文化网站。举办20场镇级活动；参与市级活动6场；送戏下乡6场；开展文化宣传活动8场，开展扫黄打非检查13场。

创文　2022年，西牛镇增设"文明健康，绿色环保"、社会主义核心价值观、讲文明树新风等公益广告50多块，立牌30块。

人口　2022年，全镇出生578人，其中一孩220人、二孩217人、三孩107人、四孩34人。出生率9.75‰，总和生育率1.26‰，死亡366人，死亡率6.17‰，自然增长212人，自然增长率3.57‰。

【西牛镇麻竹笋产业】

2022年，西牛镇打造麻竹笋百亿产业，完成麻竹笋产业发展规划编制，用15万元收回西牛麻竹笋商标，成功申报省农业龙头企业1家，协助英德市申报省麻竹笋现代产业园。推进镇域产业园建设，镇域产业园纳入建设企业14家。全镇麻竹笋种植面积20.8亩，产量35万吨，经济效益18亿元。

【西牛镇综治信访维稳】

2022年，西牛镇综治信访维稳中心受理信访案件96宗，调解96宗。开展扫黑除恶工作宣传活动12场次、禁毒系列宣传活动141场次。查处治安案件17宗，行政拘留违法人员12人，刑拘犯罪嫌疑人8人。

【西牛镇美丽乡村建设】

2022年，西牛镇打造1个生态村、7个特色村。建成生态村4个，特色村15个。"西乡月"乡村振兴示范带基本完成建设，累计完成2207幢农房外立面微改造，示范带主干道全线完成硬底化铺设。

【西牛镇党建】

2022年，西牛镇打造西联、小湾、花田、花塘、赤米、金竹、鲜水、沙坝8个为抓党建促乡村振兴示范村,通过西牛镇的抓党建促乡村振兴示范镇验收。培养入党积极分子21人、预备党员15人、预备党员转正15人,收缴党费7.46万元。

【西牛镇精准扶贫】 2022年,西牛镇有13个村居完成1852卷扶贫档案交接,其中综合类档案1313卷,户档类档案526卷,项目类档案12卷,照片类1册。开展防返贫监测,经县级审定批复认定西牛镇第一批防止返贫致贫监测对象7户22人,其中脱贫不稳定户4户15人,边缘易致贫户3户7人,无突发严重困难户。西牛镇出台防止返贫致贫监测和帮扶工作方案,申请乡村振兴资金10万元用于开展相关防止返贫措施,鼓励监测户开展农业种植及转移劳动力等措施防止返贫致贫。6月1日,有6户16人消除返贫致贫风险,对返贫1户6人返贫致贫监测对象已制订一户一策帮扶措施。

【西牛镇疫情防控】 2022年,西牛镇成立镇级和村级疫情防控工作领导小组、应急救治领导小组、镇级和村级"三人工作小组"、村级"网格化"管理工作成员组。通过乡村广播、巡逻宣传车等宣传播放相关防疫知识。完成疫苗接种6.75万人次。落实大数据推送名单落地核查等相关疫情防控工作。

【西牛镇安全生产】 2022年,西牛镇开展安全检查各类检查89次,排查企业1053家次,排查出隐患43处,整改完成35处。宝塔路1家煤气充装点无证经营,存在安全隐患,已依法取缔。

【中共西牛镇第十六届党员代表大会第二次会议】 2022年4月20日,中共西牛镇第十六届党员代表大会第二次会议召开。103名党员代表、3名列席代表参加会议。会议总结西牛镇第十六届党员代表大会第一次会议以来工作,研究部署下一阶段工作任务。听取和审查镇党委书记罗亚生代表西牛镇党委向大会所作的《奋勇争先 攻坚克难 努力谱写新时代西牛高质量发展新篇章》的报告,并投票表决出2022年年会主题"抓实基层党建,促进乡村振兴"。

【西牛镇第十七届人民代表大会第二次会议】 2022年4月2日,西牛镇第十七届人民代表大会第二次会议在镇政府二楼大会议室召开,应到代表83人,实到代表78人,符合法定人数。会议听取和审议《西牛镇人民政府工作报告》《西牛镇人大主席团工作报告》,审查《西牛镇2021年预算执行情况和2022年预算(草案)报告》《镇政府2021年重点工作及民生实事项目"问结果"工作报告》,并对16项2021年镇政府重点工作及民生实事项目推进情况进行满意度测评,票决产生麻竹笋产业园建设项目、老旧小区二期改造项目、美丽乡村建设项目、人民广场亲水平台建设项目、镇区客运站改造建设项目、镇区市场升级改造项目等6项2022年镇政府民生实事项目,完成各项议程。

【西牛镇第十七届人民代表大会第三次会议】 2022年9月29日,西牛镇第十七届人民代表大会第三次会议在镇政府三楼大会议室召开,应到代表78人,实到代表68人。会议听取和审议《镇人民政府工作报告决议的执行情况的报告》《镇人大主席团工作报告的决议执行情况的工作报告》，书面审议《西牛镇2022年上半年财政预算执行情况工作报告》《西牛镇2021年财政决算（草案）报告》《西牛镇2022年重点工作及民生实事项目"问进度"工作报告》，通过各项决议，并依法选举卢扬本为西牛镇人民代表大会主席。（陆志伟）

水 边 镇

【水边镇基本情况】 位于英德市西南部，2022年辖区面积105平方千米，年末户籍人口19 885人，下辖6个村和1个社区。

【水边镇经济发展概况】 2022年，水边镇农林牧渔及服务业总产值1.84亿元。

农业 2022年，水边镇粮食播种总面积1.1万亩，其中水稻7801亩、大豆254亩，玉米等其他粮食作物2449亩，水果338亩。全镇"三鸟"（鸡、鸭、鹅）饲养量9.8万羽，水产养殖产量124吨。种植特色产品水边粉葛100多亩（因发生水灾无产量）。种植麻竹笋2.56万亩，年产1.68万吨。水边镇142个经济社完成清产核资。成员赋码更新63个经济社成员人数、户数。

林业 2022年，水边镇完成林木采伐申请许可234宗6565立方米；调处山林纠纷6宗，面积160亩。投入资金1.87万元，义务植树1996株，面积55亩。完成造林与生态修复1310亩，中幼林抚育6013亩；为56株古树名木更换新牌和整改周边生长环境；清除疑似松材线虫病的枯死松树184个小斑面积1.67万亩2846株。实行镇、村林长巡查制度，43名林长完成巡林任务462人次。

基础设施建设 2022年，水边镇投入1000多万元开展美丽圩镇建设，项目有7个子项目，其中水边社区建设路绿化项目、水边社区生活垃圾分类设施和宣传项目已完工并验收，水边社区路灯安装项目完成工程量30%，4个子项目完成招投标。投入1200多万元开展乡村振兴基础设施建设，项目有9个子项目，其中沙田桥重建工程完成工程量20%，8个子项目完成招投标。筹划移民后期扶持资金150多万元，维护与亮化水边镇大桥，已完工验收。筹划移民后期扶持资金50多万元，建设水边社区启一、启二移民组大坪道路工程，12月底进场施工，预计2023年春节前完工并交付使用。

【水边镇社会事业发展概况】
教育 2022年中考，62人参加考试，10人上国家级示范性普通高中分数线。水边朝阳奖教奖学基金发放5.71万元，其中慰问金2.42万元、表彰奖励金9000元、奖教金2.39万元，表彰优秀教职工30人，慰问教职工（含在职、退休）153人。

劳动就业 2022年，水边镇新增转移农村劳动力498人，组织农村劳动技能培训112人，完成"4050"（处于劳动年龄段中女40岁以上、男50岁以上的，本人就业愿望迫切，但因自身就业条件较差、技能单一等原因，难以在劳动力市场竞争就业的劳动者）就业困难人员认定12人。

社会保障 2022年，水边镇城乡居民基本养老保险参保9797人，城乡居民基本医疗保险参保1.44万人。全镇有低保户231户622人。全年办理低保户12户30人，申请办理特困人员11人；集中供养特困6人，分散供养149人。

发放33户特困群众棉夹被33套，发放重度残疾人护理补贴77.36万元。为92名残疾人办理二代残疾人证。领取80周岁以上高龄津贴老人436人。

医疗卫生 2022年，水边镇卫生院累计投入150多万元，建设规范化发热诊室、购置彩超等医疗设备和改善群众就医环境。全年门急诊诊疗人次3.47万人，比2021年增长4.1%；住院人次1739人，比2021年增长0.4%。建立规范居民健康档案9508人，其中0—6岁儿童建档625人、65岁及以老年人建档1471人、高血压患者建档879人、Ⅱ型糖尿病患者建档154人、严重精神障碍患者建档113人、孕产妇早期建册人数49人。为"高血压、糖尿病"等慢性疾病患者、重症精神病患者及65岁及以上老年人开展一年一次免费健康检查。

文化、体育 2022年，水边镇文化站参加2022年广东省乡镇（街道）社会体育指导员服务站评估定级，获AA级服务站定级。组织开展文体协管员培训班、书法班、送春联活动；组织村、社区儿童开展全民阅读主题活动，清明主题活动，童心向党学党史教育实践活动，央视节目组拍摄《匠人匠心》舞火龙。到白坑村和热水小学开展2022年文化进万家系列活动之戏曲进农村主题活动、2022年文化进万家系列活动之戏曲进校园系列活动。

人口 2022年，水边镇出生164人，其中一孩65人、二孩67人、三孩28人、四孩4人。出生率8.30‰，总和生育率1.16‰，死亡122人，死亡率6.18‰，自然增长42人，自然增长率2.13‰。

妇联 2022年，水边镇开展最美家庭和文明家庭评选活动，评选热水村黄艺政等14户优秀家庭，开展"最美妇联执委"评选活动，评选黄竹村刘彩云等7名优秀妇联执委。开展城乡适龄妇女"两癌"（宫颈癌、乳腺癌）免费筛查活动，100人次参加。开展"小红花计划""爱心父母大联盟"女童助学活各1期，助学8名女童；开展妇联重点人群和家庭关爱帮扶工作，重点儿童145人，重点妇女253人，重点家庭21户，全年入户走访1.01万次。开展"美丽庭院"创建活动，全镇各村重点打造35户先进典型美丽庭院，创建"四小园"36个（小公园、小花园、小果园、小菜园）。组织妇女开展"绿色低碳健康生活"活动29场，"传承弘扬好家教好家风"活动31场，文明公约好民风活动10场。

【水边镇食品安全】 2022年，水边镇开展《食品安全法》培训2次。开展食品安全宣传周活动，推送食品安全知识150次，发放宣传资料200份。检查商铺159家，监管农村群体性聚餐24次，未发生群体性食品安全中毒事件。

【水边镇党建】 2022年，水边镇党委有各级党组织28个，有党员519名，农村党员450人。培养入党积极分子50人、发展党员11人，预备党员转正10人，收缴党费6.15万元。镇委党校举办培训班18期，培训约1500人次。

【水边镇综治信访维稳】 2022年，水边镇综治中心落实信访案件领导包案协调处理机制，受理信访案件73件，立案受理73件，办结73件，办结率100%；调解各类纠纷案件25宗，调处成功19宗，调处成功率76%；全年无发生群体性事件。

【水边镇乡村振兴】 2022年,水边镇募集"6·30广东扶贫济困日"善款4.06万元。申报2022年度英德市巩固拓展脱贫攻坚成果与乡村振兴项目库项目91个,获批入库31个(不含市级统筹),第一批乡村振兴驻镇帮镇扶村资金安排项目12个,涉及金额1001万元;第二批乡村振兴驻镇帮镇扶村资金安排项目4个,涉及金额280万元(皆不统计后续变动)。消除防止返贫动态监测对象1户6人。完成农村危房改造指标4户。

【水边镇美丽乡村建设】 2022年,水边镇水边社区启一组、启二组、船厂坝、群建组、徐屋组、新联组完成农房微改造。

【水边镇城乡清洁】 2022年,水边镇投入101.7多万元,主要用于全镇的垃圾清运、圩镇范围内的清洁服务以及更换垃圾收集亭等。由第三方公司清远市江粤环卫服务有限公司负责圩镇及农村道路沿线垃圾清理工作,日清理垃圾9吨,农村生活垃圾清运覆盖率99.9%,农村生活垃圾有效处理率99.9%。

【水边镇安全生产】 2022年,水边镇开展企业安全生产大检查和专项检查8次,日常检查102次,检查场所353家次。发现安全隐患60个,已整改60个。有劝导站6间,交通劝导点7个,劝导员14人,1—9月录入交通劝导日志4.5万条。完成222辆三轮车"严禁载人"警示标识喷涂。

【水边镇创文宣传】 2022年,水边镇开展文明创建系列活动,累计开展环境综合整治3200人次。播放创文宣传标语2万多次,在主次干道悬挂公益广告200多幅,开展新时代文明实践活动672场,"我们的节日"系列活动7场、未成年人思想建设系列活动24次。组织乡村新闻官拍摄宣传视频68个,点击量1.81万次,组织农村宣讲员到机关、单位、学校、田间地头宣讲336场,4500多人次参加。建设辖内新时代文明实践所(站)8个,组建14支志愿服务队。开展"扫黄打非"现场检查36次,宣传活动12次。

【水边镇疫情防控】 2022年,水边镇排查外出返乡人员4764人,排查到水边人员1072人次,落实防控要求,组织镇村干部1450多人次开展重点场所疫情防控检查360多次;组织村委干部、村医随访65岁以上老年人和严重基础疾病患者等高风险、脆弱人员,发放个人健康包(含药品、抗原试剂等)。

【水边镇第十七届人民代表大会第二次会议】 2022年4月13日,水边镇第十七届人民代表大会第二次会议在水边镇人民政府五楼会议室召开,大会应到代表57名,实到代表53名。会议以无记名投票方式,新建水边客运上落点、加快圩镇部分道路接驳、修缮农田水利设施、加强圩镇"三线"整治、增设重点路段的交通标识、加强农村生活垃圾清运等2022年的民生实事6件。

【水边镇第十七届人民代表大会第三次会议】 2022年10月28日,水边镇第十七届人民代表大会第三次会议在水边镇人民政府五楼会议室召开,大会应出席代表57人,实到代表53人。会议通过《水边镇人民政府2022年工作报告》《水边镇2022年人大主席团工作报告》《水边镇2022

年财政预算报告》。

（刘志健　陈筱玮）

九 龙 镇

【九龙镇基本情况】 位于英德市西南部，2022年辖区面积236平方千米，年末户籍人口65 706人，下辖16个村和1个社区。

【九龙镇经济发展情况】 2022年，九龙镇规模以上工业总产值1.61亿元，农林牧渔及服务业总产值3.94亿元。

农业　2022年，九龙镇粮食生产面积3万亩，其中水稻面积约2.2万亩，大豆面积3000多亩，玉米面积5000多亩，完成撂荒地复耕面积3600多亩，复种非图斑撂荒地2100多亩。英德市正农果蔬专业合作社、英德市万仔蚕桑专业合作社被认定为广东省2022年农民专业合作社省级示范社，英德市鲜蕊芽生态农业发展有限公司被认定为英德市（县级）重点农业龙头企业，英德市豆鲜生农业农民专业合作社、英德市淼鑫种植专业合作社、英德市景和农林种植专业合作社被认定为县级农民专业合作社示范社。2022年，九龙镇获得广东省"一村一品、一镇一业"专业豆腐镇称号。

招商引资　2022年，九龙镇引进中能建光伏、桑蚕产业园、现代农牧业智慧化种养基地、淼鑫生态葡萄园、千亩大豆繁育基地等项目，总投资金额22亿元。九龙镇成为"湾区种质数字港"入驻单位，与国家大豆改良中心广东分中心正式签约合作框架协议。

林业　2022年，九龙镇实行24小时领导带班值班制度。镇与村（社区）签订17份责任书，与学校、教师签订责任书84份保证书，与学生签订3000多份保证书，与经营业主签订150多份保证书。村委与村小组签订284份责任书、专职护林员和村干部进村入户与村民签3000份保证书、3000份承诺书。筹集森林防火经费30多万元，购置摩托车宣传喇叭32套，购买护林员阻燃服、迷彩服各45套。

畜牧业　2022年，九龙镇免疫注射禽流感疫苗约91万羽，猪牛羊口蹄疫2.4万多头。上交猪尿液120份、鸡血清20份，检测瘦肉精600份，未发现阳性。发放二氯异氰脲酸钠粉15箱，开展养殖场巡场220人次，完成非洲猪瘟防控工作。累计出栏生猪2.5万头，禽类91万羽，出具动物检疫合格证明2650份；提供生猪瘦肉精检测120份，药残监测12份。

基础设施建设　2022年，九龙镇完成虎迹岗桥新建工程，全长48.66千米，总价214万元；完成九龙小镇农旅大道（万里碧道）建设工程，全长2.3千米，总价390万元；完成镇政府府前路峰林街九龙大道道路维修工程；完善建设峰林街、府前路部分、九龙大道部分4702平方米沥青修复及铺设；完成"四好农村路"单改双工程；完成乡道Y371线九龙社区至团结村路段、乡道Y379线石角路口到乌石村路段路面拓宽；完成金鸡、团结、塘坑村委会农村道路硬底化及省道S348线与乡道Y379线平交路口（石角路口）道路交通安全隐患点整治工程。

旅游　2022年，九龙镇开拓"峰林晓镇""洞天仙境"2个国家级AAAA级景区和金造红色文化基地资源，推进农业产业与旅游产业深度融合，年均接待游客超300万人次，实现"旅游+农业"产业创收2亿元。

【九龙镇社会事业发展概况】

教育　2022年中考，437人参加考试，92人上国家级示范性普通高中分数线。全镇上本科线及以上的118人，其中有7人考上研究生。发放奖教奖学金10.03万元；整合教育资源，完成乌石、泉水小规模学校撤并工作。

劳动就业　2022年，九龙镇累计城镇新增就业70人，转移输出农村劳动力327人，城镇登记失业率控制在0.03%，新增创业人数253人，带动创业就业322人；受理劳资纠纷案件11宗，涉及人数29人。

社会保障　2022年，九龙镇城乡居民基本养老保险参保2.99万人，城乡居民基本医疗保险参保5.22万人。有低保户404户970人、特困户177户177人；退出不符合条件的低保户63户131人、特困户14户14人，新增低保54户155人，新增特困5户5人；被征地农民养老保障留存资金903.52万元全部分配到人；受理大病救助50人，火灾救助1人，发放临时救助资金16.69万元，补贴残疾人787人，发放重度护理补贴和困难生活津贴两项资金147.46万元；"6·30广东扶贫济困日"筹集善款107万元。

文化、体育　2022年，九龙镇完成对宝溪村、金造村、寨背村、大陂村、新田村等10个行政村（社区）综合性文化服务中心根据指引完善提质增效工作，完成达标率60%；完成寨背村综合性文化中心乒乓球台、健身路径等位置设置不合理、不集中、不规范问题的整改。申请寨背村综合文化服务中心提质增效资金10万元，申请河头村文旅融合中心提质增效资金4.5万元；组织业余星级文艺团队开展文艺惠民千村行演出活动14场、参与协办文化进万家系列活动之戏曲进农村演出2场、开展全民阅读活动2场、电影下乡96场；将镇中小学校体育老师纳入年度三级社会体育指导员申报行列；暑假开办青少年篮球培训班；开展"强国复兴有我，运动伴我同行"全民健身活动3场。

人口　2022年，九龙镇出生682人，其中一孩253人、二孩237人、三孩133人、四孩59人。出生率10.01‰，总和生育率1.30‰，死亡374人，死亡率5.49‰，自然增长308人，自然增长率4.52‰。流动人口服务处理100%；农村部分计生家庭奖励35人，农村计划生育节育奖励44人，城镇独生子女父母奖励29人，特别扶助（术后并发症）3人，特别扶助（独生子女伤残死亡）4人，办理479对夫妇生育登记服务（含一孩、二孩、三孩、四孩），网上审批236对夫妇生育登记。

卫生　2022年，九龙镇定期开展灭蚊、灭鼠等除四害行动、控烟活动、环境卫生大整治行动。春节，聘请第三方公司消杀圩镇，6月，申报创建省卫生村15个，清远市卫生行政村11个、清远市卫生村16个。在第34个爱国卫生月动员组织全镇276个村小组开展村庄环境卫生大扫除和消杀蚊虫等四害行动，消灭卫生死角约600个，清理垃圾30多吨，派发宣传手册1000多份，组织300多人参加环境卫生大整治专项行动。

【九龙镇乡村振兴】　2022，九龙镇有脱贫户697户1864人，一般脱贫户254户953

人，低保脱贫户304户771人，五保脱贫户139户140人。无劳力脱贫户321户478人，残疾户256户310人。在册监测户15户，其中脱贫不稳定户2户6人，边缘易致贫户13户55人，有劳力监测户11户51人，无突发严重困难户。投入帮扶资金25万元，开展针对性帮扶，对有劳动能力的监测对象实施就业奖补帮扶政策，奖补金额3.9万元；对劳力户实施种养奖补，奖补金额3.37万元；无劳力户进行生产生活帮扶政策，帮扶1.73万元；监测户在校生进行教育补助，补助金额14.3万元；聘请41名有劳力脱贫人口至公益性岗位。扶贫资产实现再投资，资金848.7万元，惠及行政村13个，助力村集体经济增收80多万元；收到上级补助35.4万元，其中特困户每户补助资金3.4万元，低保户和易返贫致贫户每户补助4万元；完成农村危房改造项目，其中6户为易返贫致贫户，1户为分散供养特困人员，2户为低保户。

【九龙镇美丽乡村建设】2022年，九龙镇完成农村人居环境整治目标；全镇276个村已达到省干净整洁村标准；272个村完成污水管网铺设，实现雨污分流；198个村建成198座污水处理池；提升创建清远市美丽乡村272个，其中生态村1个，特色村13个，示范村185个，整洁村73个；全部行政村达到干净整洁村标准；累计提升打造岩竹、瓦新、围内3个特色村；建成9019户户厕，建成卫生公厕168座，完成24户无害化卫生户厕改造；农村无害化卫生户厕普及率100%；完成农村公益事业建设5宗，市、镇、村三级验收合格率100%,惠及农户超2000人；打造美丽田园"四小园"（小公园、小花园、小果园、小菜园）示范点，新建成100处"四小园"，面积约3000平方米，已打造石角村、大陂村、河头村、团结村4个"四小园"小生态板块建设示范村；通过2022年清远市第三、四轮美丽圩镇美丽圩镇验收。河头村被评为清远市"美丽庭院"示范村。

【九龙镇党建】2022年，九龙镇创建大陂、寨背、石角、新田、泉水、金鸡、金造7个抓党建促乡村振兴示范村，英德市国业旅游开发有限公司党支部创建英德市"两新"组织党建示范点；完成合兴、农惠、和祥、国业4个"两新"组织党支部委员会换届选举工作，调整3名领导班子成员担任机关党支部书记；河头、宝溪、大陂、团结4个党总支探索推进党员积分制。组建党员志愿服务队和突击队，村（社区）17支、"两新"组织5支、镇1支，有队员385人。11月，中共英德市国业旅游开发有限公司支部委员会被评为清远市非公有制经济领域党建品牌。培养入党积极分子112人、预备党员40人、预备党员转正70人，缴交党费15.7万元。

【九龙镇综治信访维稳】2022年，九龙镇涉及土地权属纠纷、山林权属纠纷、劳动纠纷、邻里纠纷等各类矛盾纠纷登记81宗，其中信访案件19宗，已办结19宗，办理满意率100%,化解历史积案4宗，中央交办的重复信访积案化解率100%,受理人民调解案件62宗，调解成功62宗，调解协议涉及金额250多万元，均已履行调解协议。

【九龙镇疫情防控】2022

年，九龙镇累计接种新冠疫苗8.57万剂次。处置"07·10"本地疫情工作，实现三天内（7月10日—12日）社会面清零，期间无危重病例、无发生外溢、无极端事件、无负面舆情，相关防控经验在英德市内推广。

【九龙镇十七届人民代表大会第二次会议】 2022年4月12日，九龙镇十七届人民代表大会第二次会议在镇政府五楼召开，应到代表84人，实到代表81人。大会听取和审议政府工作报告、人大主席团工作报告及镇财政预算报告，通过各项决议，票决产生2022年镇民生实事项目5个，收集意见建议20个。

【九龙镇十七届人民代表大会第三次会议】 2022年10月30日，九龙镇十七届人民代表大会第三次会议在镇政府五楼召开，应到代表82人，实到代表77人。大会听取和审议政府、人大主席团上半年工作执行情况报告及镇财政预算调整报告，通过各项决议，收集意见建议21个；全年组织召开4次主席团会议，会上听取政府上半年重点工作和民生实事项目推进情况、财政收支情况等工作报告。

【九龙镇人大代表活动】 2022年，九龙镇开展"人大代表接待选民日"活动，每月安排1至2名市镇人大代表接待选民，各代表每月进村入户联系群众2次；累计开展代表进站接待选民群众80场次，视察调研活动8场次，片区代表议事会8场次，代表主题活动1场次；十七届人大第二次会议提出意见建议20件，办结20件；第二次会议闭会期间提出建议意见23件，办结20件；十七届人大第三次会议提出意见建议21件，已按要求交办；已办结的建议、意见，征询代表满意度为全部满意；人大代表参与矛盾纠纷调解工作，参与综治人民调解案件22宗、九龙法庭调解案件5宗，均已成功调解。

【九龙镇精神文明建设】 2022年，九龙镇打造金造村"复兴少年宫"示范点和河头村、大陂村、金造村新时代文明实践站省级示范点；组建九龙镇新时代文明实践所6支志愿服务队、每个新时代文明实践站成立2支志愿服务队、"复兴少年宫"成立1支志愿服务队；镇新时代文明实践所累计举办12场文明实践活动，村新时代文明实践站累计举办34场文明实践活动；更换九龙大道、九沙路、峰林街、文化站、长途汽车站、大型T牌公益广告近30幅，更换政治性理论宣传广告100幅；更新乡风文明、垃圾分类、社会主义核心价值观、乡贤榜、好人榜、道德榜、农业农村、疫情防控、习近平新时代中国特色社会主义思想等公益广告34幅。 （黄志鹏）

石灰铺镇

【石灰铺镇基本情况】 位于英德市西部，2022年辖区面积227平方千米，下辖14个村和1个社区，年末户籍人口44 828人。

【石灰铺镇经济发展概况】 2022年，全镇规模以上工业总产值1.9亿元，农林牧渔及服务业总产值12.38亿元。

农业 2022年，石灰铺镇农作物总播种面积6.37万亩，其中水稻2.15万亩、总产量

8038.7吨；花生1万亩、总产量2074吨；玉米4904.4亩、产量1124吨；甘蔗7028亩、产量6.23万吨；大豆1443亩、产量219吨；薯类972亩、产量1136吨。

重点项目建设 2022年，石灰铺镇完成城乡一体化（市政工程）和老旧小区改造，项目总投资7076.8万元，完善升级镇街排污排水、亮化美化黑底化、乡村公路拓宽和街巷道改造等基础设施。4月，石灰铺镇水厂及配水干管工程动工建设。

基础设施建设 2022年，石灰铺镇落实平安乡村建设项目，完成15个村（居）、271个自然村435个视频监控点和90套大喇叭的安装，每个村（居）配备一套智慧监控视屏。

【**石灰铺镇社会事业发展概况**】 **教育** 2022年中考，317人参加考试，54人上国家级示范性普通高中分数线。

劳动就业 2022年，石灰铺镇发布信息1300条，就业人数863人，其中在校及毕业五年内高校毕业生7人，公益性保洁人员9人，退役军人及返乡就业人员50多人，英德市内就业283人，登记在档失业人数5人，失业率0.002%。

社会保障 2022年，石灰铺镇城乡居民基本养老保险参保2.19万人，城乡居民基本医疗保险参保3.51万人。居民被征地失地保险资金分配涉及8736人，分配金额525万元，全部完成分配；办结9宗，已动态清零。

文化、体育 2022年，石灰铺镇开展歌舞文化表演、送戏下乡等活动5场，观影人数200多人次。组织群众学跳广场舞、下象棋、观看爱国主义体裁影视作品等活动10场次。

医疗卫生 2022年，石灰铺镇卫生院累计建立规范化居民电子健康档案2.59万份，开展健康知识讲座96场，为65周岁老年人体检3012人，收治门诊5.23万人次。

创文创卫 2022年，石灰铺镇开展创文创卫宣传活动80多场，更新更换公益宣传栏120多块。出动500人次整治辖区范围内的主次干道、内街背巷、农贸市场等重点区域，引导500多家商户规范经营。

人口 2022年，石灰铺镇出生444人，其中一孩178人、二孩161人、三孩85人、四孩20人。出生率9.73‰，总和生育率1.36‰，死亡291人，死亡率6.38‰，自然增长153人，自然增长率3.35‰。

【**石灰铺镇农村综合改革**】 2022年，石灰铺镇实施"美丽乡村2025"行动计划，抓好"四小园"（小公园、小花园、小果园、小菜园）整治，打造友联、大田、惟东村及社区居委会为"四小园"示范村；发放农村宅基地批准书29份，发放乡村规划许可证8份，5户农户成功办理不动产权证；3435亩高标农田建设项目进入施工阶段，完成撂荒耕地复耕复种面积134.29亩。

【**石灰铺镇环境治理**】 2022年，石灰铺镇183个村完成农村生活污水治理，其中162个村建设污水处理设施。完成10个污水处理设施提升改造任务；拆除并完成复耕复绿面积100多亩，排查整治削坡建房安全隐患5处，完成3处在册地质灾害隐患点治理。

【**石灰铺镇党建**】 2022年，石灰铺镇纪委开展节日期间监督检查 40 多次，指正存在问题 21 个；监督会风 9 次，发现并纠正立行立改问题 6 个，开展明查暗访 47 次，通报批评 6 人次。培养入党积极分子 86 人，预备党员 14 人，预备党员转正 31 人，缴交党费 11.24 万元。

【石灰铺镇社会综合治理】 2022 年，石灰铺镇开展法治"六进"（进学校、进社区、进企业、进农村、进单位、进场所）宣传 43 场次、全民禁毒宣传 412 场次，提供法律服务 580 人次，处置解决人民群众到访及矛盾纠纷 64 宗，综治网格月平均活跃度 96%，结案处理网格事件 192 宗，反诈宣传 221 场次。

【石灰铺镇乡村振兴】 2022 年，石灰铺镇投入驻镇帮镇扶村资金 480 万元，完成勤丰村节水灌溉系统工程（一期）、勤丰村节水灌溉系统工程（二期）建设；因户施策制定防返贫监测户 19 户 80 人帮扶计划，投入 52 万元开展防返贫帮扶工作，其中发放监测户教育补助 2.9 万元，发放产业、就业奖补 6.9 万元，发放公益性保洁员 15.2 万元，援助危房改造 6 万元；拨付脱贫户小额贷款贴息 21 万元，开展走访慰问 6000 元。

【石灰铺镇美丽乡村建设】 2022 年，石灰铺镇 2 个村通过 2022 年第一期美丽乡村镇级验收，包括 1 个干净整洁村，1 个美丽宜居村；拨付英德市 2022 年第一期美丽乡村资金 73.86 万元。

【石灰铺镇安全生产】 2022 年，石灰铺镇开展道路交通安全联合执法检查 86 次，开展道路安全隐患排查整治 10 次，累计检查车辆 3150 多辆次，录入交通劝导工作日志 9.67 万次，查处车辆违法行为 120 起。开展食品安全和消防安全等各领域安全生产大检查 12 次，检查生产经营企业 86 家次，出动人员 422 人次，排查整改安全隐患 28 项、火灾隐患 262 项。

【石灰铺镇疫情防控】 2022 年，石灰铺镇累计排查国内重点地区到粤人员 2728 人次、境外到粤的中国籍及外籍人员 5 人次，按照疫情防控要求落实管控措施；18—59 岁人群第一针接种率为 94.7%，第二针接种率为 92.8%；60 岁及以上人群第一针接种率为 99.5%，第二针接种率为 92.6%；加强针接种率 86.4%。

【石灰铺镇第十七届人民代表大会第二次会议】 2022 年 4 月 13 日，石灰铺镇第十七届人民代表大会第二次会议在镇政府三楼大会议室召开，应到代表 72 人，实到代表 68 人。会议听取和审议《石灰铺镇人民政府工作报告》《石灰铺镇人大主席团工作报告》，审查《石灰铺镇 2021 年预算执行情况和 2022 年预算（草案）报告》《石灰铺镇人民政府 2021 年重点工作及民生实事项目"问结果"工作报告》并对 2021 年 5 项镇政府重点工作任务和 3 件民生实事项目完成情况进行满意度测评，票决产生石灰铺镇城乡一体化（市政工程）项目、石灰铺镇老旧小区升级改造配套基础设施建设项目、平安乡村建设项目、石灰铺镇水厂及配水干管工程项目、勤丰村节水灌溉系统工程、美村村"宜机化"项目、子塘村园子桥维修建设工程、光明村庙背桥维修建设工程等 8 项 2022 年镇政府民生实事项目。

【石灰铺镇第十七届人民代表大会第三次会议】 2022年9月28日,石灰铺镇第十七届人民代表大会第三次会议在镇政府三楼大会议室召开,应到代表70人,实到代表67人。会议听取和审议《镇人民政府工作报告决议的执行情况的报告》《镇人大主席团工作报告的决议执行情况的工作报告》,书面审议《石灰铺镇2022年上半年财政预算执行情况工作报告》《石灰铺镇2021年财政决算(草案)的报告》。

【石灰铺镇抗洪救灾】 2022年6月,石灰铺镇发生超百年一遇洪灾,石灰铺镇共有9个村居受到不同程度洪涝影响,洪灾水毁农田130亩、桥梁3座、道路4处、坡头3座、水渠2210米,受淹村小组100个,道路塌方6处,工地停工36家,预计直接经济损失达9487万元。全镇出动860人次开展救援,其中党员突击队367人、应急救援队45人、社会志愿援救队35人。出动冲锋舟3艘、调集民间小渔艇8条、小机艇6台参与抢险救灾201轮次,引导群众有序转移,没有出现人员伤亡。灾情过后,镇党委政府带领干部群众开展复工、复产工作,共抢修17座陂头、3210米水渠、350米机耕路;发放水稻种子3.27吨,投入复工复产资金300多万元,确保按时完成今年粮食生产任务。 (叶顺奇)

大 湾 镇

【大湾镇基本情况】 位于英德市西北部,辖区面积382平方千米,2022年末户籍人口87 373人,下辖15个村和3个社区。

【大湾镇经济发展概况】 2022年,全镇规模以上工业总产值763万元,农林牧渔及服务业总产值9.28亿元。

农业 2022年,大湾镇农作物播种面积9.3万亩,其中粮食4.3万亩,经济作物4.5万亩(甘蔗、油料、木薯等1.7万亩,蔬菜等其他作物2.8万亩),园林水果5000亩,茶叶3500亩,蚕桑6000亩。生猪出栏量3.2万头,家禽出栏32万羽,淡水水产品711吨。

农田水利 2022年,大湾镇在茅塘、小联、中步等村新建和维修水渠3.45千米,投入252.31万元,受益面积5500亩;开展英德市供水工程大湾镇(扩网、水质提升)15宗建设工程,涉及12个行政村144个自然村,工程建设规模4761.7立方米/天;实施大湾镇集中供水全覆盖供水工程,涉及7个行政村38个自然村,工程建设规模为1219.34立方米/天。

基础设施建设 2022年,大湾镇统筹安排乡村振兴驻镇帮镇扶村资金1338万元用于制定乡村振兴项目总体规划以及人居环境长效管护、沿江路道路亮化及扩宽工程、圩镇部分道路、排水、路灯建设、房屋外立面等配套设施改造提升工程、农产品集散中心建设等12个改善民生基础设施建设的项目;各帮扶单位累计投入帮扶资金105.16万元。投入资金4万多元更换金山公园老旧设施设备。

【大湾镇社会事务发展概况】 教育 2022年中考,619人参加考试,122人上国家级示范性普通高中分数线。大湾中学获评2022年广东省绿色学校、2022年清远市第四届中小学生美育节活动表演类舞蹈一等奖。青坑学校在2022年清远市中小学生"童心喜迎二十大·唱支心歌给党听"比赛活动中获初中组三等奖，11月，获评广东省绿色学校，12月，被广东省教育厅评定为广东省校园排球项目推广学校。

劳动就业 2022年，大湾镇新增转移就业575人，其中市外就业347人、就近就业133人；巡查辖区内的18家用工密集单位，未发现存在拖欠农民工工资的情况。

社会保障 2022年，大湾镇城乡居民基本养老保险参保3.95万人，领取待遇1.52万人，城乡居民基本医疗保险参保6.45万人。

医疗卫生 2022年，大湾镇创建清远市卫生村24个；组织开展"迎新春"爱国卫生专项活动、第34个爱国卫生月行动、灾后爱国卫生运动、国庆前环境卫生整治行动等多项爱国卫生专项行动，累计消毒消杀70多次，累计投放消毒消杀药物500千克，出动消毒消杀人员514人次，清理垃圾1.2万多吨。

文化、体育 2022年，大湾镇完成1个图书馆分馆和3个图书馆服务点建设。配合开展"非遗"保护工作，完成麻步四角楼、蔡屋、赤水、新围古村落初步申报工作，对辖区内一般不可移动文物进行日常检查3次。联合镇属有关部门、新时代文明建设所等开展阅读、健身、展览、送戏下乡等"我为群众办实事"活动16场，参与人数1500多人。

人口 2022年，全镇出生810人，其中一孩350人、二孩280人、三孩139人、四孩41人，出生率8.83‰，死亡577人，死亡率6.29‰，自然增长233人，自然增长率2.54‰。

【**大湾镇乡村振兴**】 2022年，大湾镇推进农村集体产权制度改革，完成503个经济合作社及17个经济联合社的组织登记赋码工作，完成率99.8%；2022年农村集体三资管理交易平台完成交易13宗，成交金额1026.92万元；2022年申请驻镇帮镇扶村项目资金1338万元，主要用于乡村振兴总体规划、圩镇道路、排水、路灯等基础设施建设，房屋外立面改造和农产品集散中心建设。

【**大湾镇美丽乡村建设**】 2022年，大湾镇推进美丽乡村建设工作，改善人居环境；完成农村厕所摸查户厕为1.59万户，公厕131间，摸排及录入进度100%；结合冬春季村庄清洁大行动、爱国卫生运动，整治人居环境，通过美丽乡村验收的自然村237个，完成率79.8%，有60个自然村已完工并通过镇级验收。

【**大湾镇党建**】 2022年，全镇有党员1878名，其中流动党员371名；培养入党积极分子52个，发展党员13个，预备党员转正40个，缴交党费10.26万元。整建制转出大湾卫生院党支部，整建制转入英德市日昇矿业有限公司党支部；镇委党校举办培训班39期，1621人次参加学习教育；颁发光荣在党50年纪念章6枚；大湾镇中步村、英建村、布心村、茅塘村申报抓党建促乡村振兴示范村。提出辞职且按程序通过批准的"两委"干部3人，落实人选资格县级联审制度且按程序补选的"两委"干部4人。

【**大湾镇综治信访维稳**】 2022年，大湾镇综治信访维稳中心网格内累计排查涉稳案件32宗，均已落实稳控责任；接到上级交办信访案件80宗,已办结77宗,在办理中3宗,未出现进京上访现象;开展领导下访42次,其中公开接访28次,收到线索3个,均已办结解决;创建古道、田心、上洞、麻步、中步、瑶排、鸡蓬、上坝、长山和青坑社区等10个无毒村居,建成广东省民主法治村1个(英建村衣滩一组)。

【大湾镇安全生产】 2022年,大湾镇开展安全隐患排查整治行动,出动7687人次,排查企业、自建房2405家(次),排查出一般事故隐患数346项,发出责令整改通知书255份;入户检查燃气用户2.01万户,督促91家餐饮单位安装燃气报警装置;排查低压漏电开关2.37万个,总体排查和安装进度均为100%;安装防溺水警示牌423块;整改广告牌、"生命通道"隐患47处,开设逃生窗105处,责令停业整顿企业1家;常态化开展道路交通安全工作,整合资源整治隐患路口41处,安装爆闪灯、减速带11处,摸排管理摩电2.18万户,投入7万多元修缮交通劝导站,常态化开展交通劝导11.55万人次,播放宣传标语3.62万处(次),派发宣传单2.76万份,开展联合执法31次;印发森林灭火宣传资料4万多份,2022年清明期间326人在全镇53个森林防火检查点驻守值班,登记进山祭祖人员1.93万人,收缴鞭炮1.41万联(下山后返还),发放礼炮736个,清明期间全镇39万亩林地零火情;成立消防事务中心和组建7人专职消防队。

【大湾镇疫情防控】 2022年,大湾镇未发生聚集性疫情,累计登记来(返)湾人员3.08万人次,开展排查管控风险人员218人,排查登记红白事等活动138场次,涉及7752人次;组建67人的疫情防控应急分队;开展全镇范围大规模核酸检测3次,分别检测3.25万、3.17万、3.39万人次,结果均为阴性;完成60—79岁人群全程接种率96.9%、80岁及以上人群全程接种率92.1%。

【大湾镇特色美食、民俗活动在央视播报】 2022年1月29日,大湾镇特色美食酿猪皮,在CCTV-10的首档美食文化探索类节目《味道》栏目——《猪皮和杂粮,究竟是如何酿出美味的呢?》播出。2月9日,大湾镇舞火麒麟特色闹元宵活动在CCTV-10的首档美食文化探索类节目《味道》栏目——《2022中国年味·英德篇》播出。4月11日,大湾镇散养麻鸡养殖户被中央卫视采访并在CCTV-17《温暖帮扶路》节目上映。

【大湾镇"6·21"超百年一遇特大洪水】 2022年6月21日,大湾镇遭遇超百年一遇特大洪水,连江河大湾段河道水位最高峰值47.85米(超警戒水位5.85米),全镇18个村(社区)有15个行政村、242个自然村受浸,约1.14万户2.8万人受灾,因灾倒损唯一居住房屋22户。大湾镇委、镇政府组织开展抢险救灾,采取"点单式+派单式"方式组织转移和救援群众9711人,集中安置341人,实现全辖区零伤亡。灾后,大湾镇委、镇政府组织复工复产,以最快速度恢复正常生产生活秩序。

【乡村振兴资金管理使用暨农村集体"三资"管理专项巡察县级交叉巡察】 2022年8—10月,清城区委第三巡察组对大湾镇（含大湾社区、小联村、茅塘村、上坝村、田心村）开展乡村振兴资金管理使用暨农村集体"三资"管理专项巡察县级交叉巡察。镇相关部门主动加强与巡察组的沟通协调，坚持问题导向，按照边巡察边整改的要求，对巡察组提出的意见和建议，及时查漏补缺，逐条逐项整改，全力配合完成本次巡察任务。

【中共大湾镇第十六届代表大会第二次会议】 2022年3月28日，中共大湾镇第十六届代表大会第二次会议在大湾镇政府二楼会议室召开。应到代表138人，实到代表106人，会议听取、审议并通过大湾镇党委工作报告、纪委工作报告和党费收缴使用情况报告。评议党委班子成员、2021年党代会年会主题完成情况和中国共产党大湾镇第十五届代表大会第七次会议代表提案提议办理情况，投票表决确定2022年年会主题为"提升党建引领基层治理效能"。

【大湾镇第十七届人民代表大会第二次会议】 2022年4月13日，大湾镇第十七届人民代表大会第二次会议在大湾镇政府二楼会议室召开。应到代表100人，实到代表87人。会议听取并审议通过《大湾镇人民政府工作报告》《大湾镇人大主席团工作报告》《2021年财政预算执行情况和2022年财政预算报告》《2022年镇政府重点工作和民生实事项目完成情况满意度测评办法》《2022年镇政府民生实事项目表决办法》。大会对2021年镇政府重点工作和民生实事项目完成情况进行满意度测评，并票决出削坡建房风险点整治、美丽乡村风貌带改造、农田水利灌渠设施建设、茅塘村村教学点安全隐患厕所改造工程项目、乡道农村公路通建制村单改双工程5件2022年镇政府民生实事项目。

【大湾镇第十七届人民代表大会第三次会议】 2022年8月17日，大湾镇第十七届人民代表大会第三次会议在大湾镇政府二楼会议室召开。应到代表101人，实到代表85人。会议听取《大湾镇政府工作报告的决议执行情况的工作报告》《大湾镇人大主席团工作报告的决议执行情况的报告》《大湾镇2022年上半年财政预算执行情况的报告》，大会依法选举产生大湾镇人民政府镇长陈光。

（王硕帆　刘恩来）

波 罗 镇

【波罗镇基本情况】 位于英德市西北部，辖区面积173平方千米，2022年末户籍人口15798人，下辖9个村。

【波罗镇经济发展概况】 2022年，全镇农林牧渔及服务业总产值4.04亿元。

农业　2022年，波罗镇粮食种植总面积6381亩，其中水稻1113亩、玉米2830亩、大豆1480亩、甘薯942亩。经济作物种植面积1.7万亩，其中花生5438亩、蔬菜及食用菌6873亩、瓜类（果用瓜）1202亩、木薯2186亩。园林水果5463亩，其中柑橘类水果3314亩、热带水果147亩，其他水果2002亩。茶叶种植面积390亩。全镇大小型生猪养殖场47户，大小型活鸡养殖场18户，全年生猪出栏量3.9万头，牛年末存栏量700多头，羊年末存栏量390多头，鸡年末存栏量28万羽。

惠农政策　2022年，波罗

镇发放耕地地力保护补贴3276人384.73万元,发放生态公益林补偿385.1万元,发放农机购置补贴5户2730元,全镇有1113亩水稻购买保险,投保户数251户,全年117.2亩水稻受灾,理赔金额7.51万元。

基础设施建设　2022年,波罗镇完成建设板水村帽龙江村容村貌升级改造项目、太平坪村农房外立面改造及村庄人居环境提升项目;建有电站25座、水库10座、山塘1个,污水处理厂1间;投入资金500万元完成波罗镇风貌带建设、乡村振兴规划与设计、长效管护机制以及村内道路建设。

高标准基本农田建设　2022年,波罗镇完成2021年高标准基本农田建设项目,项目建设规模1.46万亩,投入资金3290.19万元,涉及全镇9个村委108个村小组,截至2022年底,2021年高标准农田建设项目已竣工。其中陂头完成8座、三面光渠道完成2.96万米、机耕路完成2.55万米。

林业　2022年,波罗镇社会造林67亩,其中镇义务植树30亩,悬挂宣传横幅标语90条,固定防火宣传牌53个,路口设卡检查登记点23个。张贴标语禁火令等4200张,出动防火宣传车260次,督查各辖区防火工作40次,制止各类野外用火16宗。

【波罗镇社会事业发展概况】

教育　2022年中考,71人参加考试,13人上国家级示范性普通高中分数线,发放教师节评优评先奖教金4500元。

劳动就业　2022年,波罗镇完成农村新增转移输出就业人数418人,其中在本地就近就地转移就业人数184人,输出到珠三角地区就业人数234人。

社会保障　2022年,波罗镇城乡居民基本养老保险参保6644人,城乡居民基本医疗保险参保1.18万人;组织走访慰问优抚对象216人次,病故军人遗属1人,烈士遗属4人;为重度残疾人发放护理补贴258人,为低保户发放生活补贴123人。

文化、体育　2022年,波罗镇文化站完成文化馆总分馆建设分馆1个,服务点3个;组织15场文体活动,3000多人次参与;开展2022年戏曲进农村演出活动和"送电影下乡"惠民活动。

人口　2022年度,波罗镇出生166人,其中一孩72人、二孩51人、三孩30人、四孩13人。出生率10.32‰,总和生育率1.50‰,死亡111人,死亡率6.90‰,自然增长55人,自然增长率3.42‰。免费优生健康检查76人,农村妇女免费"两癌"筛查111人。

妇女儿童　2022年,波罗镇探访重点人群和家庭1.32万次。波罗镇妇联"家越美 粤幸福"创建工作开展活动30

▲2022年3月5日,波罗镇开展"家越美 粤幸福"活动　　(波罗镇政府供图)

场、"绿色低碳健康生活"活动10场、"传承弘扬好家教好家风"活动8场、文明公约好民风活动2场、帮扶困境家庭和儿童8次、深化创业创新巾帼行动活动2场；组织108名妇女群众参加"两癌"免费筛查活动；开展"美丽庭院"创建活动、"四小园"创美活动、"阅读领航之家""最美家庭""星级文明户"等评选活动，其中"阅读领航之家"获2022年第四季度清远市"阅读领航之家"荣誉称号。

【波罗镇农村综合改革】 2022年，波罗镇完成9个经济联合社和111个经济合作社的集体资产年度清查、量化、组织成员身份确认和系统平台更新，完善农村有关经济发展基础数据采集。

【波罗镇党建】 2022年，波罗镇党委组织各级党组织召开45场学习贯彻党的二十大精神专题研讨会、专题党课、主题党日等各类活动；组织拍摄党建宣传视频16个，打造"红色云课堂""云上小课堂"党建品牌。制定《波罗镇抓党建促乡村振兴示范镇创建行动方案》，推进33项重点工作112项分解任务。全镇各党组织累计开展"我为群众办实事"活动47场次，完成民生"微实事"203件。200多名党员加入"两支队伍"（党支部保卫委员和思想工作骨干），累计开展防疫、防火等活动260多场次，惠及群众1.3万人次。全年发展入党积极分子24人、预备党员11人、党员转正23人，缴交党费4.72万元。

【波罗镇综治信访维稳】 2022年，波罗镇调处矛盾纠纷34宗，其中信访案件12宗，已全部办结；开展各类普法活动13场次，派发各类普法宣传资料1200多份，受教育干部、群众约1500人次；开展各类禁毒宣传240场，受教育人数约1万人次。

【波罗镇乡村振兴】 2022年，波罗镇脱贫户249户559人全部达到脱贫标准，边缘易致贫户9户36人实施常态化监测预警、落实分类施策帮扶，"两不愁三保障"政策实现全覆盖，镇村书记遍访率100%；组织就业技能培训1次，为低收入有劳动力贫困户申请乡村公益性岗位16个、设置光伏公益性岗位23个；发动捐款13.12万元；发动"乡村振兴乡贤员"10个、"十镇百企千村"结对帮扶企业10家；因地制宜申报建设巩固拓展脱贫攻坚成果和乡村振兴项目11个；完成危房改造。

【波罗镇美丽乡村建设】 2022年，波罗镇开展农村人居环境综合整治工作，干净整洁村创建工作已完成，共17个美丽乡村待验收，其中干净整洁村3个，美丽宜居村14个；农村垃圾治理实现农村生活垃圾上门统一收集和处置；全镇53个村民小组参加农村长效管护机制，收缴村级保洁费11万元，聘请保洁员53人；2022年加建农村生活污水处理设施14座，为3个自然村新增铺设雨污分流管网约3.2千米，建设生活污水处理资源化利用设施3个，全镇75个自然村完成污水管网铺设，建成53座农村生活污水处理设施，36个自然村生活污水通过资源化利用；开展春季、夏季村庄清洁行动，清理农村生活垃圾数量约350吨，清理村内水塘数量76处，清理畜禽养殖粪污等农业生产废弃物数量34吨，开展进村入户宣传教育数量24次，发放宣传单1500多份。

【波罗镇安全生产】 2022年，波罗镇开展危险化学品和烟花爆竹领域的安全隐患排查、食品安全等检查100多次，出动150人次；开展执法检查53次，出动执法人员150多人次，全镇监督检查51家生产经营企业（单位），整改23项安全隐患，整改率100%；安装联网式烟感56个，实现100%覆盖；推进餐饮等行业安装可燃气体报警装置工作，燃气使用单位7家，全部完成安装；投入10多万元，建成波罗镇应急仓库1个；投入1.47万元为全镇211户低保、五保等特殊人员安装低压漏电保护开关，全镇3799户用电户全部完成低压漏电保护开关安装。

【波罗镇道路交通安全】 2022年，波罗镇组织驻村团队、交通劝导员、党员先锋队等累计1200多人次开展交通劝导活动；组织道安办、派出所、执法队等开展50多次系统防范化解道路交通安全风险"百日攻坚"专项系列行动，出动执法人员260人次，盘查人员200人次，车辆120辆次，查处违法违章行为55起（车辆违章10起，暂扣摩托车20起，警告22起，酒驾3起）；完成交通劝导日志录入3.69万个；完成56辆三轮车喷涂"严禁载人"警示标识。

【波罗镇创文】 2022年，波罗镇擦亮"文明·波罗蓝""七彩波罗"等文明实践活动品牌，全镇10个新时代文明实践所（站）累计开展150多场新时代文明实践活动，惠及群众5000多人次，包括"七彩波罗"学雷锋活动、"每天锻炼一小时 幸福生活一辈子"全民健身活动、"用爱护光明"关爱老人白内障筛查义诊活动、"我们的节日"系列主题活动；全镇公益广告覆盖50幅以上；波罗镇联合各部门、镇属各单位共同开展创文综合整治行动30多场；派发宣传单、折页等创文宣传品3000多份。

【波罗镇社会工作服务站】 2022年，波罗镇设立2个社工点，分片区已设立波罗村社会工作服务点（河西片）和更古村社会工作服务点（河东片），覆盖9个行政村；投入资金1.5万元完善更古服务点基础设施；全年举办19场社区活动，普及群众2953人次；走村入户了解困难群众和特殊群体家庭情况，建立一户一档资料582户。

【波罗镇疫情防控】 2022年，波罗镇组织镇村干部1280多人次开展重点场所、学校等疫情防控检查230多次；组织镇村干部、各单位负责人、重点场所工作人员开展业务培训5次并开展3次应急演练；排查返乡人员4530多人次，完成核查7660多个大数据推送；7月12—15日，组织390多人次志愿者开展全镇辖内全员核酸检测工作，每次采样4783人，核酸检测结果全部阴性；全年派发传单2800多份，发放宣传手册、张贴海报600份，播放电子横幅200条，转发疫情防控信息600多次，宣传普及人数2.26万人次；开展疫苗接种活动，截至2022年底，波罗镇全人群累计接种1.33万剂次，其中60岁以上人群已接种第一针1488人，60岁以上第一针接种率为92.5%，60岁以上全程接种率88.1%，全镇加强针接种率为95.9%。

【波罗镇第十七届人民代表大会第二次会议】 2022年4月13日，波罗镇第十七届人民代表大会第二次会议在镇三楼大会议室召开，大会应到代表53名，实到代表48名。市人大常委会副主任丘文彪、市人大常委会农村工委副主任刘厚武参加会议。会议听取并审议镇人民政府工作报告、镇人大主席团工作报告，审查《波罗镇2021年财政预算执行情况和2022年财政预算（草案）报告》，表决通过镇第十七届人民代表大会第二次会议镇政府重点工作和民生实事项目完成情况满意度测评办法（草案）、镇第十七届人民代表大会第二次会议民生实事项目表决办法（草案），公开镇财政预算监督小组一年来审查监督镇财政预算编制、执行、调整等方面内容的具体情况，对2021年10项镇政府重点工作和民生实事项目完成情况进行满意度测评，票决产生5项2022年政府民生实事项目。

【波罗镇第十七届人民代表大会第三次会议】 2022年10月12日，波罗镇第十七届人民代表大会第三次会议在镇三楼大会议室召开，大会应到代表52人，实到代表51人。会议听取和审议镇政府工作报告决议的执行情况、人大主席团工作报告的决议执行情况，书面审议镇2022年上半年财政预算执行情况和镇2021年财政决算草案。

（杨小敏 梁伙妹）

黄花镇

【黄花镇基本情况】 位于英德市西南部，2022年辖区面积206平方千米，年末户籍人口57 302人。下辖11个村和1个社区。

【黄花镇经济发展概况】 2022年，黄花镇农林牧渔及服务业总产值4.24亿元。

农业 2022年，黄花镇粮食种植总面积1.78万亩，总产量5966亩，其中水稻1.39万亩，总产量4987吨，玉米3782亩，总产量979。大豆播种面积162亩，总产量33亩。薯类1767.5亩，总产量1925吨，茶叶6557亩，总产量852吨，园林水果5858亩，总产量2751吨。做好红火蚁防控工作，开展红火蚁宣传、防控、扑杀行动，投入防控药剂2.2吨，累计实施防控面积4000亩，带动作业人数500多人次。

基础设施建设 2022年，黄花镇分配到专项债券额度约6880万元用于推进老旧镇区改造第二期项目，2022年底完工，黄花镇老旧镇区改造项目列入国家发展改革委国家重大项目库。投入约45万元，完成4处12户削坡建房风险点整治。

水利 2022年，黄花镇投入约4489.25万元，推进农村供水全覆盖工程，工程覆盖8个行政村和1个社区，供水规模4260立方米，受惠群众2.5万人，可解决偏远村庄的饮水困难和下雨水质浑浊的问题。投入58.08万元，升级改造放板村、平星村、德岗村部分村小组的饮用水设施和提升水质。投入约365万元，整改加固黄花水库。投入2303.14万元，实施水边河干流上游及支流治理工程。

森林防火 2022年，黄花镇森林防火应急指挥部实行全年24小时值班制；森林防火期内，在重点地段组织护林员在主要路口定点设卡、值守宣传；组织各村（社区）、护林员等开展"五清"行动，清林边31处、清坟边208处、清地边49处、清隔离带7千米、清旅游景区内可燃物15处。

【黄花镇社会事业发展概况】

教育 2022年，黄花镇募集善款23.55万元，表彰教学集体奖3个、教师奖35个、学生奖37个。完成中心小学教学综合楼项目落地，新增学位550个。2022年中考，397人参加考试，79人考上国家级示范性普通高中分数线。

劳动就业 2022年，黄花镇新增转移培训就业人员450多人，公益性岗位招聘脱贫户15人，城镇新增就业人员70多人。

社会保障 2022年，黄花镇城乡居民基本养老保险参保1.82万人，城乡居民基本医疗保险参保4.21万人。全镇在册低保346户988人纳入城乡居民最低生活保障，发放低保金581.03万元；特困人员174人，发放特困金215.86万元；发放高龄津贴49.18万元，残疾补贴126.35万元，通过民政专项经费救助临时困难家庭9户，下拨临时救助金4.25万元，救助孤儿6人，发放生活保障金8.4万元。

文化、体育 2022年，黄花镇文化站组织12个社区综合文化服务中心开展"我们的节日"活动、全民阅读推广活动等30场文体活动，配合市委宣传部开展电影下乡43场次、戏曲进农村和校园3场；文化站图书室书籍借阅量8905册次，借阅1518人次。

人口 2022年，黄花镇出生557人，其中一孩215人、二孩198人、三孩98人、四孩46人。出生率9.53‰，总和生育率1.20‰，死亡323人，死亡率5.53‰，自然增长234人，自然增长率4.00‰。免费孕前优生健康检查172人。

【黄花镇党建】

2022年，黄花镇培养入党积极分子19人、发展中共党员14人、预备党员转正23人，收缴党费8.71万元。黄花镇党委下辖50个党组织，有党员997人。全镇享受月补农村党员116人，享受困难党员补助22人。

【黄花镇综治信访维稳】

2022年，黄花镇受理各类矛盾纠纷案件81宗，其中信访案件9件，均已结案或按程序答复信访人，结案率100%；镇综治中心推进"综合网格化服务"建设，各村（社区）发展信息员1550名，上传处置各类（案件）事件6505件，办结率100%。未发生因处理民事争议引发重大群体性事件。

【黄花镇乡村振兴】

2022年，黄花镇完成2021年乡村振兴项目建设。推进公正村棚塘和潘屋、旧塘角172栋农房外立面改造，累计改造4.3万平方米。做好2022年度乡村振兴项目入库工作，英德市已批复黄花镇乡村振兴项目11个，总安排资金1165万元。全年乡村振兴项目开工率91%，其中乡村振兴示范带提升规划设计项目已形成初稿，按进度拨付60万元资金；平星村至德岗村倒流水8千米环山公路旁加装排水渠项目和迳孔村委茂兰迳至田三村小组约3千米河道两边加固维护项目已完成招投标程序，在建设中。黄花镇2022年农村公益事业项目实施27个，争取奖补资金566万元，有13个项目已完工，14个项目在建设中。

【黄花镇美丽乡村建设】

2022年，黄花镇录入全域农村人居环境整治系统村民小组177个，均已达到干净整洁村标准，创建率100%；达到美丽宜居村行政村9个，美丽宜居村率75%；达到广东省、清远市、英德市创建生态宜居美丽乡村的任务目标。全镇新增14个美丽乡村通过镇级验收，其中干净整洁村3个、美丽宜居村11个，其中放板村委巷口村通过英德市2022年第一期美丽乡村抽检验收；争取2021年度清远市特色村创建指标7个，新民村、新一村已通过清远市验收，其余6个特色村已完工，等待验收。

【黄花镇安全生产】 2022年，黄花镇完成206间"三小"场所和三合一场所的复查整改工作；排查出经营性自建房558间，其中2间存在安全隐患，已整改完成；落实"清剿火患"百日攻坚行动、"拆违、破网、开窗、治电"专项行动，发现并消除隐患156处；"龙舟水"期间，整治道路塌方14处，清理倒塌房屋21间、转移受灾群众11人。通过各种大小课堂开展防溺水安全教育50多场次，教育学生4000多人次。各村（居）委在辖区内河流、水库等旁设置防溺水安全警示牌73块，全年未发生溺水安全事故。组织烟花爆竹专项检查6次，查处私炮8箱。开展建筑工地安全检查32家次，发现8家建筑施工工地普遍存在工人未佩戴安全帽、工地未设置安全防护网、缺少危险警示标志、建筑废料随意堆放等问题，已整改完毕。开展道路交通整治行动30多次，查处违法行为234宗。

【黄花镇生态环境保护】 2022年，黄花镇开展2次集中式"清漂"行动，7次例行"清漂"，清理河道长度16.5千米，清理面积1.74万平方米，清理漂浮物41吨，出动人员225人，车船21辆次；巡河次数1822次,开展打击非法盗采河砂35次。

【黄花镇第四届人民代表大会第二次会议】 2022年4月12日，黄花镇第四届人民代表大会第二次会议在镇政府四楼会议室召开，应到代表82人，实到代表78人。大会对2021年11项镇政府重点工作和民生实事项目完成情况进行满意度测评，满意度100%。票决产生4项2022年民生实事工程项目，分别是"推进一批美丽乡村特色村建设""完成一批农村公益性事业补短板项目""推进35千伏黄花输变电工程建设""推进水边河（黄花段）中小河流流域综合治理"。

【黄花镇第四届人民代表大会第三次会议】 2022年12月15日，黄花镇第四届人民代表大会第三次会议在镇政府四楼会议室召开，应到代表82人，实到代表58人，列席代表9名。会议听取和审议黄花镇第四届人民代表大会第二次会议关于政府工作报告的决议执行情况的工作报告、黄花镇第四届人民代表大会第二次会议关于人大主席团工作报告的决议执行情况的工作报告、黄花镇2022年上半年财政预算执行情况工作报告、黄花镇2021年财政决算草案的报告，听取"三问一评一票决"跟踪监督过程中工作较慢的经济发展办作工作汇报，表决通过了《黄花镇政府工作报告》《黄花镇人大主席团工作报告》《黄花镇2021年财政决算（草案）报告》等各项报告和决议。

（卢宇翔）

人　物

编辑：曹　亮

新任英德市副市长

潘斌，男，1970年2月出生，汉族，广东新丰人，本科学历，1991年7月参加工作，1995年8月加入中国共产党。1989年9月至1991年7月就读于广东省建筑工程学校，城镇建设与规划专业，中专毕业。1991年7月至1993年10月，任英德县城乡建设办公室规划勘察设计室副主任、主任（其间：1992年9月至1995年7月在华南理工大学建筑学专业学习，大专毕业）。1993年10月至1998年3月任英德市城建规划局科员，历任规划科副科长、科长。1998年3月至2002年7月任英德市城建规划局副局长，1999年6月兼任英城镇党委副书记（其间：1997年9月至1999年12月在中共广东省委党校经济管理专业函授学习，本科毕业）。2002年7月至2007年5月任英德市规划市政局副局长，2005年4月起任党组成员。2007年5月至2010年3月任英德市规划市政局党组书记、局长（其间：2008年9月至2010年7月在中山大学经济法学专业研究生课程进修班结业）。2010年3月至2011年11月任英德市规划和城市综合管理局党组书记、局长。2011年11月至2012年11月任英德市政协党组成员、副主席2012年11月至2014年10月任英德市政协党组成员、副主席，清远华侨工业园管委会常务副主任，2013年3月起兼任清远华侨工业园党组副书记。2014年10月至2015

▲2022年4月2日，第四届中国·英德红茶头采节在英九庄园开幕
（南方日报英德站供图）

年12月任广东省清远市英德市（县级）人民政府党组成员、副市长。2015年12月至2019年3月任英德市人民政府党组成员、副市长，兼任清远华侨工业园管委会党组书记、主任。2019年3月至2021年3月任英德市人民政府党组成员、副市长。2021年3月至2022年6月任英德市市委委员、常委，市委办主任。2022年6月起任英德市委常委，市政府党组成员、副市长。

王琼，男，1971年10月出生，汉族，江西修水人，本科学历,1996年7月参加工作,2002年7月加入中国共产党。1992年9月至1996年7月在西南政法大学刑事侦查专业学习,大学毕业。1996年7月至2002年3月任英德市公安局刑警大队二中队副中队长。2002年3月至2006年5月任英德市刑警大队三中队中队长。2006年5月至2011年6月任清远市公安局刑事警察支队科员。2011年6月至2013年1月任清远市公安局刑事警察支队大要案侦查大队副大队长。2013年1月至2016年7月任清远市公安局刑事警察支队缉毒大队副大队长。2016年7月至2018年12月任清远市公安局刑事警察支队五大队大队长。2018年12月至2020年4月任清远市公安局刑事警察支队五大队大队长、一级警长。2020年4月至2021年1月任清远市公安局刑事警察支队副支队长、一级警长。2021年1月至2022年7月任清远市公安局刑事警察支队政委。2022年7月至2022年8月任清远市公安局党委委员。2022年8月至2022年11月任清远市公安局党委委员、副局长。2022年11月至2022年12月任清远市公安局党委委员、副局长,英德市副市长人选。2022年12月起任清远市公安局党委委员、副局长,英德市政府党组成员、副市长,英德市公安局党委书记、局长、督察长,英德市政法委第一副书记。

▲2022年,英德市麻竹笋种植面积达62万亩,为英德市"两大百亿"产业之一　　　　　(陈咏怀 摄)

附 录

编辑：阮关凤

2022年英德市国民经济和社会发展统计公报

2022年是党的二十大胜利召开之年，也是英德发展历程中极不平凡、极为不易的一年。面对错综复杂的经济形势，一年来，在市委、市政府的坚强领导下，坚持以习近平新时代中国特色社会主义思想为指导，全面贯彻落实党的二十大精神，全面落实"疫情要防住、经济要稳住、发展要安全"重要要求，砥砺奋进、攻坚克难，有效推动经济社会健康稳定发展。

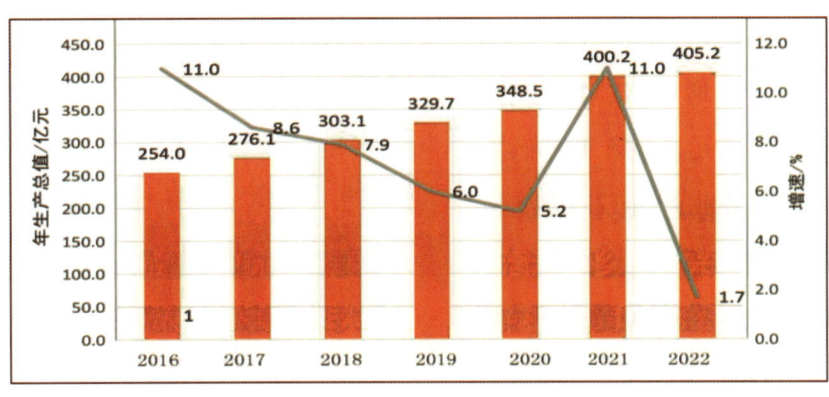

2016—2022年生产总值及增速

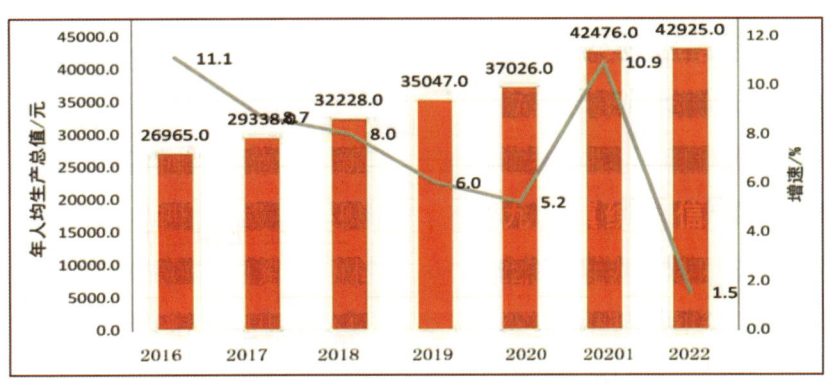

2016—2022年人均生产总值及增速

一、综 合

根据清远市地区生产总值统一核算结果，2022年我市实现生产总值405.2亿元，增长1.7%。其中第一产业增加值为87.6亿元，增长11.0%，对地区生产总值增长的贡献率为140.9%；第二产业增加值为157.2亿元，下降1.8%，对地区生产总值增长的贡献率为-41.9%；第三产业增加值为160.4亿元，同比持平，对地区生产总值增长的贡献率为1%。三次产业结构比重为21.6∶38.8∶39.6。全市人均生产总值42 925元，增长1.5%。

全市居民消费价格总水平上涨1.5%。分类别看，食品烟酒类上涨0.4%，衣着类上涨2.2%，居住类上涨0.8%，生活用品及服务类上涨1.7%，交通和通信类上涨5.5%，教育文化和娱乐类上涨1.3%，医疗保健类上涨1.3%，其他用品和服务上涨1.3%。

二、农　业

全年农林牧渔及服务业总产值158.3亿元，增长12.1%，其中农业产值55.9亿元，增长3.3%；林业产值25.5亿元，增长69.6%；牧业产值56.2亿元，增长10.4%；渔业产值3.7亿元，下降9.1%；农林牧渔服务业产值17.1亿元，增长4.9%。

全年农作物总播种面积126.7万亩，下降3.3%。其中，谷物播种面积54.9万亩，增长0.2%；经济作物种植面积68.1万亩，下降6.1%；其中，甘蔗种植面积4.5万亩，下降8%；油料作物种植面积16万亩，下降4%；木薯种植面积1.8万亩，下降62.3%；蔬菜及食用菌种植面积43.4万亩，下降0.6%。

全年谷物产量18.5万吨，下降0.1%；甘蔗产量34.5万吨，下降9.5%；油料作物产量3.3万吨，下降5.7%；木薯产量2.3万吨，下降60.7%；蔬菜及食用菌产量82.4万吨，下降4.4%；水果产量4.6万吨，下降28.4%；茶叶产量1.37万吨，增长78.9%。

全年造林面积10.2万亩，增长93.5%；木材采运64.5万立方米，增长0.3%；大径竹采运356.4万根，增长16%；竹笋干产量3.3万吨，增长90.2%。

全年肉类总产量13万吨，增长21.7%。其中，猪肉产量8.99万吨，增长17%；牛肉产量790吨，下降10%；家禽肉产量3.9万吨，增长34.8%。全年水产品产量2.8万吨，下降11.5%。

2022年农林牧渔业总产值

各行业分类	产值/亿元	增速/%
农林牧渔业总产值	158.3	12.1
农业产值	55.9	3.3
林业产值	25.5	69.6
牧业产值	56.2	10.4
渔业产值	3.7	-9.1
农林牧渔服务业产值	17.1	4.9

三、工业和建筑业

全年规模以上工业总产值464.9亿元，下降8.5%。实现规模以上工业增加值137.7亿元，增长6.3%。其中，国有企业增加值1.97亿元，股份制企业增加值76.8亿元，外商及港澳台商投资企业增加值58.3亿元。分轻重工业看，轻工业增加值21.5亿元，重工业增加值116.2亿元。

在规模以上工业现代产业中，先进制造业增加值47.2亿元，增长23.9%，其中高端电子信息制造业增长1783.6%，石油化学产业下降16.5%，先进轻纺制造业下降1.3%，新材料制造业下降30.4%。传统优势产业增加值62.6亿元，下降10.5%，其

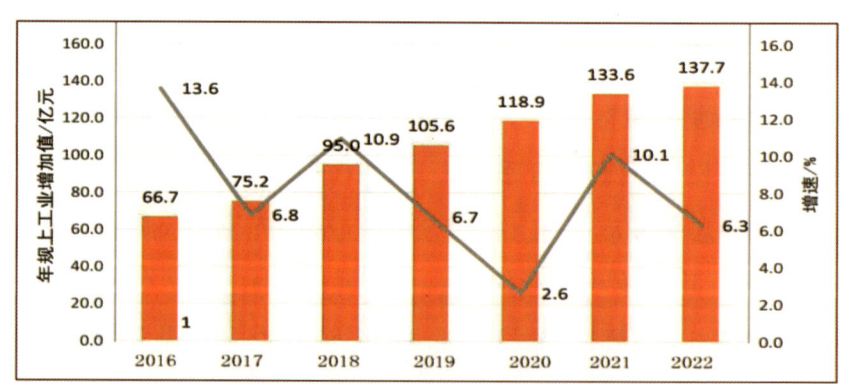

2016—2022年规上工业增加值及增速

中，纺织服装业下降5.1%，食品饮料业下降12%，建筑材料业下降10.7%，金属制品业下降17%，家用电力器具制造业下降1.7%。高技术制造业增加值16.9亿元，增长490.2%。装备制造业增加值20.7亿元，增长319.6%。

全年规模以上工业实现营业收入469.2亿元，下降8.9%；利润总额4.4亿元，下降91.2%。

全年具有建筑业资质等级的建筑业企业21家，建筑业实现总产值7.9亿元，下降54.9%；实现增加值5.9亿元，下降42.3%。

四、服务业

全年交通运输、仓储和邮政业增加值下降10.3%，批发和零售业增加值下降7.6%，住宿和餐饮业增加值下降8.4%，金融业增加值增长6.0%，房地产业增加值下降7.5%。

全年规模以上服务业企业实现营业收入17.4亿元，增长5.6%，利润总额下降396.5%。分行业看，商务服务业增长52.8%，道路运输业下降8.8%；水上运输业下降14.8%，教育业增长52.1%，专业技术服务业增长33.5%，生态保护和环境治理业下降42.6%。

五、固定资产投资

全年完成固定资产投资下降12.9%。其中，项目投资下降3.2%，工业投资增长93.9%，技术改造下降15.8%，房地产开发投资下降41.2%。第一产业完成投资下降38.1%。第二产业完成投资增长93.9%；第三产业完成投资下降46.4%。商品房销售面积98.9万平方米，下降37.1%，销售额42.6亿元，下降35.7%。

六、国内贸易

全年实现社会消费品零售总额98.5亿元，下降0.3%。分地域看，城镇消费品零售额64.7亿元，下降0.6%；乡村消费品零售额33.8亿元，增长0.3%。分限上、限下看，总限上消费品零售额14.1亿元，下降3.8%；总限下消费品零售额84.4亿元，增长0.3%。

2022年规模以上工业现代产业增加值

指标名称	增加值/万元	增长率/%
先进制造业	471 579	23.9
高技术制造业	168 640	490.2
装备制造业	207 418	319.6
优势传统产业	625 731	-10.5

2022年规模以上工业企业用电量及主要产品产量

序号	指标名称	全年数量	增长率/%
1	企业用电量(万千瓦时)	353 381.4	-15.0
2	发电量(万千瓦时)	475 531.7	32.7
3	硅酸盐水泥熟料(万吨)	1880.4	-9.3
4	水泥(万吨)	1804.2	-6.5
5	布(万米)	6587	-10.1
6	成品糖(吨)	16 313	-20.1
7	钢材(万吨)	136.7	-14.7
8	硫酸(折100%吨)	129 964	-5.6
9	蚕丝(吨)	14	-76.3
10	涂料(吨)	121 981.5	-20.0

七、资源、环境与安全生产

全年全市能源消耗总量436.2万吨标准煤,下降11.9%,单位GDP能耗1.108吨标准煤/万元,下降13.4%;全社会用电量57.3亿千瓦时,下降12.2%,其中规模以上工业用电35.3亿千瓦时,下降15%。

全年参加义务植树188.96万株;完成造林营造林面积4672.5公顷,林业用地面积39.5万公顷;全市活立木蓄积2518.4万立方米,年末生态公益林面积13.4万公顷,森林覆盖率为68.8%,林木绿化率69.5%。

根据英德市环境空气自动站监测数据统计,空气质量级别Ⅰ级(优)的天数为201天,Ⅱ级(良)的天数为142天,达标率为95.0%;空气污染天数为18天,其中轻度污染18天,无中度污染以上天数。

全年共发生各类事故27起,下降30.7%;死亡27人,下降34.2%;受伤8人,下降46.7%;经济损失122.1万元,下降65.7%。无发生较大道路交通事故、重大及以上事故。分行业看,交通运输和仓储业发生事故25起,死亡25人,受伤8人,经济损失6.1万元;建筑业发生事故1起,死亡1人,经济损失110万元;其他行业发生事故1起,死亡1人,经济损失6万元;无发生商贸制造业事故。

八、交通

年末英德境内公路通车里程6534千米,其中高速公路里程320.4千米,全年公路货运量3560.2万吨,全年水路货运量1674.3万吨。

九、对外经济和旅游

全年进出口总额83.3亿元,增长11.1%。其中,进口37.6亿元,增长21.9%,出口45.7亿元,增长3.6%。全年实际利用外资3465万元,下降74.2%。

全年接待旅游总人数217.8万人次,实现旅游总收入20.4亿元。接待入境旅游人数2781人次,其中,港澳台同胞2208人次。全市年末有星级酒店2家,星级饭店客房511间。

十、财政和金融

全年地方一般公共预算收入29.2亿元,增长15.4%,其中税收收入13.4亿元,下降27.9%。地方一般公共预算支出83亿元,增长2.1%。其中教育20.6亿元,增长2%;科学技术0.35亿元,下降67.5%;文化体育与传媒1.6亿元,下降12.1%;社会保障和就业14.1亿元,下降9.1%;医疗卫生与计划生育11.2亿元,增长7.6%。

年末全市金融机构各项存款余额541.1亿元,增长8.9%。其中,住户存款余额425.8亿元,增长11.6%;非金融企业存款余额74.3亿元,增长18.98%。年末金融机构各项贷款余额391.3亿元,增长12.7%,其中,住户贷款232.8亿元,增长10%;非金融企业及机关团体贷款158.3亿元,增长17%。

十一、教育和科学技术

年末全市各类普通学校(包括幼儿园)497所,招生5.2万人,在校生20.9万人,毕业生5.02万人,学校教职工数合计1.62万人,其中专任教师1.27万人。全市学龄儿童入学率100%,小学毕业生升学率为100%,初中毕业生升学率99.77%。

年末全市各类专业技术人员23 541人,其中中级技

2022年各学校基本情况表

指标	学校数/所	招生数/人	在校生/人	毕业生/人	专任教师/人
普通高中	7	5903	17 150	5533	1359
初中	33	15 698	41 758	11 925	2812
中等职业技术教育	2	2609	6670	1453	386
小学	213	15 848	103 047	15 619	5679
学前教育	241	11 896	39 976	15 671	2388
特殊教育	1	14	200	16	57

术职称以上11 325人。年末全专利授权989件，高新技术企业81家。

十二、文化、卫生和体育

全市有文化馆1个，文化站24个，公共图书馆1个，图书馆藏书约58.9万册（包含电子书），博物馆1个、剧场、影剧院1个，表演艺术团体1个，电影放映单位5个，电影放映场次3.25万场。广播电台1座，电视发射与转播台3座，有线数字电视用户8.67万户，广播人口覆盖率100%。年末全市共有体育场馆1个，共举办各类运动会10次，参加运动员3600人。

全市有各类卫生事业机构634个，其中医院（包括综合医院、中医院）8个、卫生院25个、社区卫生服务中心（站）1个、村卫生室456个、门诊部9个、诊所（卫生所、医务室）130个、妇幼保健院（所、站）1个、疾病预防控制中心1个、专科疾病防治院（所、站）1个、急救中心（站）1个、床位4652张。各级医疗机构卫生技术人员5878人，其中，执业医师和执业助理医师2072人，注册护士2796人。全年无偿献血4985人次，献血量1232.4升。

十三、人民生活与社会保障

年末全市户籍总户数313 659户，年末户籍总人口1 209 391人，其中城镇人口391 769人，乡村人口817 622人，男性人口635 567人，女性人口573 824人。全年户籍出生人口12 944人，出生率9.28‰；死亡人口7448人，死亡率6.42‰；自然增长人口5496人，自然增长率2.87‰。

年末全市常住人口94.44万人，出生率8.76‰，死亡率8.11‰，自然增长率0.65‰，城镇比43.87%。

全年城乡居民人均可支配收入26 582元，增长4.4%。其中，城镇居民人均可支配收入33 686元，增长2.9%；农村居民人均可支配收入21 230元，增长5.5%。

全年城镇登记失业人数677人，下降73.35%；新增就业人数9053人，增长0.93%；失业人员实现再就业3369人，增长5.28%；组织农村劳动力培训3133人，下降23.4%。

年末参加城镇职工基本养老保险12.4万人，城乡居民基本养老保险48.5万人，参加城乡基本医疗保险105.6万人，其中，城镇职工14.4万人，城乡居民91.1万人；参加失业保险8.2万人、工伤保险11.3万人、生育保险10.4万人。

全市拥有社会福利院机构18个，床位1088张，收养346人；敬老院15个，床位528张，收住200人。居民最低生活保障人数22 957人，其中，农村21 422人、城镇1535人。

注：

1、本公报部分统计数据为当年快报数或初步统计数；

2、公报中的地区生产总值、增加值绝对量为现价，增长速度按可比价计算。

3、旅游、教育、卫生、安全生产等数据来自部门统计。

英德市 2020—2022 年社会经济主要指标

指 标	单 位	2020 年	2021 年	2022 年
行政区划面积	平方千米	5634	5634	5634
地区生产总值	万元	3 484 249	4 002 978	4 051 937
第一产业	万元	736 439	799 725	876 081
第二产业	万元	1 267 844	1 596 612	1 571 591
工业	万元	1 166 079	1 468 752	1 513 706
第三产业	万元	1 479 966	1 606 641	1 604 264
人均地区生产总值	元	37 026	42476	42 925
地区生产总值指数	上年＝100	105.2	111.0	101.7
第一产业	上年＝100	108.3	115.5	111.0
第二产业	上年＝100	105.8	110.4	98.2
工业	上年＝100	104.6	104.6	101.8
第三产业	上年＝100	103.3	109.4	100.0
人均地区生产总值指数	上年＝100	107.7	110.9	101.5
年底总人口	人	1 203 989	1 206 690	1 209 391
年末总户数	人	303 573	331 069	313 659
全社会就业人员	人	457 435	458 569	454 100
城镇居民人均可支配收入	元	30 674.6	32 750	33 686
地方一般预算财政收入	万元	221 711	252 618	291 590
地方一般预算财政支出	万元	844 003	813 703	830 408
农村居民人均可支配收入	元	18 398.9	20 115	21 230
农林牧渔业总产值	万元	1 276 359	1 448 948	1 577 607
农林牧渔业总产值指数	上年＝100	108.9	116.3	111.7

续上表

指 标	单 位	2020年	2021年	2022年
农作物总播种面积	亩	1 301 195	1 309 188	1 266 629
粮食产量	吨	204 700	192 018	211 089
猪牛羊肉产量	吨	43 249	76 850	91 001
水果产量	吨	69 438	63 971	45 806
规模以上工业总产值	万元	3 780 362	5 071 296	4 649 266
规模以上工业增加值	万元	1 188 535	1 336 053	1 440 867
社会消费品零售总额	万元	886 731	988 294	985 116
外贸出口总额	亿元	34.7	44.1	45.7
实际外商直接投资额	亿元	0.93	1.3	0.35
金融机构存款余额	亿元	461.6	496.8	541.1
金融机构贷款余额	亿元	312.8	347.1	391.3
城乡居民储蓄存款余额	亿元	349.8	381.5	425.8
小学学校数	所	251	236	213
小学在校学生数	人	100 360	102 934	103 047
普通中学学校数	所	40	40	40
普通中学在校学生数	人	51 923	55 027	58 908

英德市2022年各镇（街道）主要经济指标

（一）英德市2022年人口指标及规模以上工业总产值

镇（街道）	2022年人口/人	2022年规模以上工业总产值/万元（现行价）
英城街道	144 154	458 896
大站镇	44 931	94 931
白沙镇	41 098	90 429
桥头镇	40 463	498 357

续上表

镇（街道）	2022年人口/人	2022年规模以上工业总产值/万元（现行价）
青塘镇	38 377	399 280
东华镇	115 889	1 184 401
横石水镇	36 369	0
沙口镇	49 437	90 548
横石塘镇	31 060	4542
下矻镇	13 063	8168
连江口镇	38 863	28 418
黎溪镇	39 050	126 217
望埠镇	56 731	608 779
英红镇	36 890	999 828
石灰铺镇	44 828	10 898
浛洸镇	73 442	12 909
石牯塘镇	40 704	5911
大湾镇	87 373	763
波罗镇	15 798	0
西牛镇	57 696	9845
大洞镇	20 282	0
九龙镇	65 706	16 147
黄花镇	57 302	0
水边镇	19 885	0

（二）英德市2020—2022年农林牧渔及服务业总产值和固定资产投资

镇（街道）	农林牧渔及服务业总产值/万元（现行价）			固定资产投资/万元		
	2020年	2021年	2022年	2020年	2021年	2022年
英城街道	30 718	30 724	38 944	460 279	561 645	474 814
白沙镇	30 957	31 387	35 377	6192	3683	8862

续下表

续上表

镇（街道）	农林牧渔及服务业总产值/万元（现行价）			固定资产投资/万元		
	2020 年	2021 年	2022 年	2020 年	2021 年	2022 年
青塘镇	27 889	38 456	59 955	54 934	9015	18 956
桥头镇	48 220	106 779	68 987	53 507	19 450	12 854
东华镇	203 750	216 420	137 665	144 187	137 020	138 440
横石水镇	35 485	35 583	53 386	1328	2550	3133
英红镇	41 067	46 993	86 830	167 577	268 208	400 291
沙口镇	30 683	27 516	51 768	7548	25 138	31 233
望埠镇	51 800	51 810	54 673	94 519	62 262	45 923
大站镇	37 230	40 290	39 192	21 190	7502	36 622
黎溪镇	26 572	25 358	38 517	6392	81 700	87 042
连江口镇	48 561	45 783	51 281	19 486	37 687	57 430
横石塘镇	33 691	39 684	45 274	29 653	17 935	22 708
石牯塘镇	89 677	135 173	145 010	9290	12 262	4955
浛洸镇	133 990	129 691	139 757	11 985	52 003	76 624
下砵镇	8777	22 134	27 116	4626	5189	7013
大洞镇	11130	12 280	14 998	822	6666	986
西牛镇	63 221	81 538	131 679	30 507	60 131	86 399
水边镇	35 392	12 456	18 390	676	39 796	56 644
九龙镇	37 514	33 780	39 389	51 492	6861	6090
石灰铺镇	118 284	134 679	123 795	49 795	17 206	17 459
大湾镇	85 124	92 220	92 810	5113	72 857	80 856
波罗镇	12 751	19 517	40 399	2220	1852	3811
黄花镇	34 235	38 696	42 412	1798	4225	3922

说明：1.户籍人口数据来源于市公安局。2.规模以上工业总产值、农林牧渔及服务业总产值、固定资产投资数据来源于市统计局。3.工商税收数据来源于市财政局。4.从2011年起，规模以上工业统计范围为年主营收入2000万元及以上的工业法人企业；固定资产投资项目统计起点由计划投资50万元提高到500万元，增速为可比口径。省规定固定资产投资额不对外公开。　　（英德市统计局提供）

先进单位与个人

（根据报送单位的资料整理）

先进单位

2022 年度获全国系统先进单位称号

序号	获奖单位	荣誉称号	授予单位	授予时间
1	英德市人民检察院	第十届全国检察机关"文明接待室"	最高人民检察院	2021年11月
2	英德市连樟村妇联	全国妇联系统先进集体	人力资源和社会保障部、全国妇联	2021年12月
3	英德市林业局	全国林草系统"七五"普法表现突出单位	国家林业和草原局	2022年1月
4	英德市水边镇	《流寨村：青山绿水浇灌生态农业花》获得"咱村的小康故事"征文评选优秀奖	中国组织人事报	2022年1月
5	英德市人民医院	获得国家实用新型专利：一种腮腺肿物切除术后伤口负压固定式引流球	国家知识产权局	2022年1月
6	英德市人民医院	获得国家实用新型专利：一种腮腺肿物切除术后防止涎瘘加压固定帽	国家知识产权局	2022年1月
7	英德市浛洸镇中心小学	2021年"全国青少年校园足球特色学校"	全国青少年校园足球工作领导小组办公室（教育部体育卫生与艺术教育司）	2022年2月
8	英德市沙口中心小学	2021年"全国青少年校园足球特色学校"	全国青少年校园足球工作领导小组办公室（教育部体育卫生与艺术教育司）	2022年2月
9	英德市石灰铺中学	2021年"全国青少年校园足球特色学校"	全国青少年校园足球工作领导小组办公室（教育部体育卫生与艺术教育司）	2022年2月
10	英州实验幼儿园	2021年"全国足球特色幼儿园示范园"	全国青少年校园足球工作领导小组办公室（教育部体育卫生与艺术教育司）	2022年2月
11	石牯塘镇中心幼儿园	2021年"全国足球特色幼儿园示范园"	全国青少年校园足球工作领导小组办公室（教育部体育卫生与艺术教育司）	2022年2月
12	大湾镇中心幼儿园	2021年"全国足球特色幼儿园示范园"	全国青少年校园足球工作领导小组办公室（教育部体育卫生与艺术教育司）	2022年2月

续上表

序号	获奖单位	荣誉称号	授予单位	授予时间
13	白沙镇中心幼儿园	2021年"全国足球特色幼儿园示范园"	全国青少年校园足球工作领导小组办公室（教育部体育卫生与艺术教育司）	2022年2月
14	青塘镇中心幼儿园	2021年"全国足球特色幼儿园示范园"	全国青少年校园足球工作领导小组办公室（教育部体育卫生与艺术教育司）	2022年2月
15	水边镇中心幼儿园	2021年"全国足球特色幼儿园示范园"	全国青少年校园足球工作领导小组办公室（教育部体育卫生与艺术教育司）	2022年2月
16	英城街喜洋羊幼儿园	2021年"全国足球特色幼儿园示范园"	全国青少年校园足球工作领导小组办公室（教育部体育卫生与艺术教育司）	2022年2月
17	明德艺术幼儿园	2021年"全国足球特色幼儿园示范园"	全国青少年校园足球工作领导小组办公室（教育部体育卫生与艺术教育司）	2022年2月
18	城北幼儿园	2021年"全国足球特色幼儿园示范园"	全国青少年校园足球工作领导小组办公室（教育部体育卫生与艺术教育司）	2022年2月
19	英红镇云岭启飞幼儿园	2021年"全国足球特色幼儿园示范园"	全国青少年校园足球工作领导小组办公室（教育部体育卫生与艺术教育司）	2022年2月
20	英德市人民医院	获得国家实用新型专利：一种医用骨科多功能下肢支撑垫	国家知识产权局	2022年2月
21	英德市农业农村局（英德市农业技术推广中心）	在2021年全国测土配方施肥数据采集工作考评中获评"全国优秀县级单位"	全国农业技术推广服务中心	2022年4月
22	市检察院未检办	全国青少年维权岗（2021年已获评，牌匾2022年收到）	共青团中央、最高人民检察院	2022年5月
23	英德市	2021年度全国区县体彩工作表扬名单	国家体育总局体育彩票管理中心	2022年5月
24	英德市人民医院	获得国家实用新型专利：一种辅助侧卧位防压疮专用一体枕	国家知识产权局	2022年6月
25	积庆里红茶谷	全国农作物病虫害绿色防控示范基地	全国农技中心	2022年7月
26	英德市革命老区建设促进会	2022年老区宣传工作二等奖	全国老区建设促进会	2022年7月
27	英德市人民医院	获得国家实用新型专利：一种多功能组合式手术衣	国家知识产权局	2022年7月
28	英德市人民医院	获得国家实用新型专利：一种多功能升降病人转运车	国家知识产权局	2022年7月
29	英德市人民医院	获得国家实用新型专利：一种辅助鼻腔术后经口吸氧罩	国家知识产权局	2022年7月
30	英德市人民医院	获得国家实用新型专利：一种用于辅助半坐卧位的床上用躺垫	国家知识产权局	2022年8月

续上表

序号	获奖单位	荣誉称号	授予单位	授予时间
31	英德市人民医院	获得国家实用新型专利：一种智能化道闸	国家知识产权局	2022年8月
32	英德市人民医院	获得国家实用新型专利：一种适用于静疗门诊PICC维护治疗台	国家知识产权局	2022年8月
33	英德市纪委监委	2022年度《中国纪检监察》学刊用刊工作"先进单位"	中国纪检监察杂志社	2022年9月
34	英德华侨农场	第十批"中国华侨国际文化交流基地"，为清远市首个"国字号"华侨文化基地	中国侨联	2022年9月
35	英德市人民医院	获得国家实用新型专利：一种乳腺术后术口充气加压装置	国家知识产权局	2022年9月
36	英德市桥头商会	2021—2022年度全国"四好"商会	全国工商业联合会	2022年11月
37	英德市连江口镇连樟村村民委员会	全国先进基层群众性自治组织	民政部	2022年11月
38	英德市	2022年度全国投资潜力百强县	稷夏智库	2022年11月
39	英德市人民医院	获得国家实用新型专利：一种改进型颅骨牵引弓	国家知识产权局	2022年11月
40	英德市英城街中心小学大队六(1)中队	全国优秀少先队集体	共青团中央、教育部、全国少工委	2022年12月
41	广东英德农村商业银行股份有限公司百花分理处	全国金融先锋号	中国金融工会全国委员会	2022年12月
42	英德国家森林公园	2022年全国林草系统生态旅游游客量数据报送工作表现突出样本单位	国家林业和草原局	2023年1月
43	英德市侨胞之家	2021—2022年度全国侨联系统"侨胞之家"典型选树单位	中国侨联	2023年1月
44	英德市	2022年度茶业助力乡村振兴示范县域称号	中国茶叶流通协会	2023年2月
45	英德市	2022年度茶叶百强县域	中国茶叶流通协会	2023年2月

2022年度获省级先进单位称号

序号	获奖单位	荣誉称号	授予单位	授予时间
1	王原鹏创新工作室	广东省劳模和工匠人才创新工作室	广东省总工会	2021年12月
2	英德市人民医院	2021年度广东省药品不良反应监测工作表现突出的医疗机构	广东省药品监督管理局	2022年1月
3	英德市委老干部局	全省老干部工作先进集体	中共广东省委组织部、中共广东省委老干部局、广东省人力资源和社会保障厅	2022年1月
4	清远英德红茶体验之旅	"广东省第二批工业旅游精品线路"	广东省文化和旅游厅、广东省工业和信息化厅	2022年1月

续上表

序号	获奖单位	荣誉称号	授予单位	授予时间
5	英德市综合应急救援大队	2021广东最美应急集体	中共广东省委宣传部、广东省应急管理厅	2022年1月
6	英德市公安局	2021年广东省"扫黄打非"先进集体	广东省"扫黄打非"工作领导小组	2022年1月
7	华粤艺术学校	广东省第三批中华优秀文化传承学校	广东省教育厅	2022年2月
8	英德市第七小学	广东省第五批艺术教育特色学校	广东省教育厅	2022年2月
9	英德市人民检察院	广东省"先进基层检察院"	广东省人力资源和社会保障厅、广东省人民检察院	2022年2月
10	英德市人民检察院第二检察部	广东省"巾帼文明岗"	广东省妇女联合会	2022年2月
11	英德市横石水镇	广东省2021年信访工作示范乡镇	广东省信访工作联席会议办公室、广东省信访局	2022年2月
12	亚婆田·白水寨假日酒店	广东省首批驿道乡村酒店	广东省文化和旅游厅	2022年2月
13	观光国际旅行社	广东省首批A级旅行社	广东省文化和旅游厅	2022年2月
14	英德市人民检察院第二检察部	广东省"巾帼文明岗"	广东省妇女联合会	2022年2月
15	英德市人民检察院	广东省"先进基层检察院"	广东省人力资源和社会保障厅、广东省人民检察院	2022年2月
16	英德市英城街中心小学	2021—2022年度广东省"红领巾奖章"四星章大队	共青团广东省委、广东省教育厅、少先队广东省工作委员会	2022年4月
17	英德市人民检察院政法队伍教育整顿领导小组办公室	记功"集体嘉奖"	广东省人民检察院	2022年4月
18	英德市黄花镇团委	2021—2022年度广东省五四红旗团委（标兵）	共青团广东省委	2022年4月
19	英城消防救援站	2021—2022年度广东省五四红旗团支部（标兵）	共青团广东省委	2022年4月
20	英德青塘遗址	广东省十年十大重要考古发现	广东省文化和旅游厅	2022年4月
21	英德岩山寨遗址	广东省十年十大重要考古发现	广东省文化和旅游厅	2022年4月
22	英德市石牯塘镇滨江村木冠英堂木呷狮醒狮队	广东省省级非物质文化遗产代表性项目名录扩展项目名录 传统舞蹈名录	广东省人民政府	2022年4月
23	广东华电清远能源有限公司	广东省"五一"劳动奖状	广东省总工会	2022年4月
24	英德市实验中学	"从小学党史 永远跟党走"主题教育活动"优秀组织单位"	广东省教育厅	2022年4月

续上表

序号	获奖单位	荣誉称号	授予单位	授予时间
25	英德海螺水泥有限责任公司	广东省"五一"劳动奖状	广东省总工会	2022年4月
26	英德市人民检察院政法队伍教育整顿领导小组办公室	记功"集体嘉奖"	广东省人民检察院	2022年4月
27	英德市第七小学	2021—2022年度"广东省少先队红旗大队"	共青团广东省委员会、广东省教育厅、少先队广东省工作委员会	2022年5月
28	英德市英城街中心小学大队六(1)中队	2021—2022年度"广东省少先队红旗中队"	共青团广东省委、广东省教育厅、少先队广东省工作委员会	2022年5月
29	英德市第一小学大队六(1)中队	广东省2020—2021年度"红领巾奖章"四星章中队	共青团广东省委、广东省教育厅、少先队广东省工作委员会	2022年5月
30	望埠镇	2021年广东省移动支付示范镇	中国人民银行广州分行、广东省地方金融监督管理局	2022年5月
31	英德市人民检察院第二检察部党支部	"党徽闪耀 守护花开"支部品牌评为"2022年度全省检察机关党建业务深度融合最佳案例"	广东省人民检察院政治部	2022年5月
32	英德市人民检察院第二党支部	2022年度全省检察机关党建业务深度融合最佳案例	广东省人民检察院	2022年5月
33	英德市第七小学	2022年广东省中小学田径锦标赛小学组团体总分第八名	广东省学生体育艺术联合会	2022年6月
34	英德市人民医院	广东省首批县级心血管病防治中心	广东省卫生健康委员会	2022年6月
35	浈阳坊文旅小镇	广东省总工会首批广东省技术工人疗养基地	广东省总工会	2022年6月
36	徐家庄旅游度假村	广东省总工会首批广东省技术工人疗养基地	广东省总工会	2022年6月
37	英德市第二人民医院(东华镇中心卫生院)	2021年度全省47家中心卫生院综合评估第三名	广东省卫生健康委员会	2022年6月
38	英德市人民检察院	广东省未成年人保护百集普法短剧《别捂我的嘴》进入200强(排在第六)	广东省未成年人保护工作领导小组办公室	2022年6月
39	英德市连江口镇	优秀镇域乡村振兴规划一等奖	广东省乡村振兴局	2022年8月
40	英德市连江口镇	优秀乡村振兴调研报告一等奖	广东省乡村振兴局	2022年8月
41	英德市广播电视台	作品《农村产权交易中心激活农村"沉睡"资本》获2021年度广东省广播影视奖新闻类电视长消息三等奖	广东省广播电视局	2022年8月
42	广东石门台国家级自然保护区管理局	在2022年参加全国职工新《安全生产法》知识竞赛答题暨安全文化宣传活动中荣获优秀组织单位称号	广东省林业工会委员会、广东省林业局安全生产委员会办公室	2022年8月

续上表

序号	获奖单位	荣誉称号	授予单位	授予时间
43	英德市中医院	首届广东省中药质量控制综合技能大赛总决赛优胜奖	广东省中药药事质量控制中心	2022年8月
44	英德市总工会	"粤工惠"平台"学'四史',赢电影票"线上活动获评"2022年粤工惠平台优秀运营案例"	广东省总工会	2022年8月
45	英德市职业技术学校	广东省绿色学校	广东省教育厅	2022年9月
46	大湾中学	广东省绿色学校	广东省教育厅	2022年9月
47	大湾镇中心小学	广东省绿色学校	广东省教育厅	2022年9月
48	九龙二中	广东省绿色学校	广东省教育厅	2022年9月
49	石牯塘镇中心小学	广东省绿色学校	广东省教育厅	2022年9月
50	石灰铺中心小学	广东省绿色学校	广东省教育厅	2022年9月
51	石灰铺中学	广东省绿色学校	广东省教育厅	2022年9月
52	西牛镇中心小学	广东省绿色学校	广东省教育厅	2022年9月
53	英城街中心小学	广东省绿色学校	广东省教育厅	2022年9月
54	华粤艺术学校	广东省绿色学校	广东省教育厅	2022年9月
55	白沙中学	广东省绿色学校	广东省教育厅	2022年9月
56	波罗学校	广东省绿色学校	广东省教育厅	2022年9月
57	横石塘镇中心小学	广东省绿色学校	广东省教育厅	2022年9月
58	黄花中心小学	广东省绿色学校	广东省教育厅	2022年9月
59	九龙镇中心小学	广东省绿色学校	广东省教育厅	2022年9月
60	黎溪镇大湖小学	广东省绿色学校	广东省教育厅	2022年9月
61	黎溪镇湖溪小学	广东省绿色学校	广东省教育厅	2022年9月
62	英德市培贤实验学校	广东省绿色学校	广东省教育厅	2022年9月
63	青塘镇中学	广东省绿色学校	广东省教育厅	2022年9月
64	清涟小学	广东省绿色学校	广东省教育厅	2022年9月
65	沙口中学	广东省绿色学校	广东省教育厅	2022年9月
66	智通学校	广东省绿色学校	广东省教育厅	2022年9月
67	英德石牯塘镇	乡村振兴调研报告获得全省优秀乡村振兴调研报告	中共广东省委农村工作领导小组办公室、广东省乡村振兴局	2022年9月
68	英德石牯塘镇	乡村振兴调研报告获得镇域乡村振兴规划二等奖	中共广东省委农村工作领导小组办公室、广东省乡村振兴局	2022年9月

续上表

序号	获奖单位	荣誉称号	授予单位	授予时间
69	英德市石牯塘镇联山瑶族村	2022年广东省"民主法治示范村(社区)"创建单位	中共广东省委全面依法治省委员会办公室、中共广东省委农村工作领导小组办公室、广东省司法厅、广东省民政厅	2022年9月
70	英德市大湾镇英建村	2022年广东省"民主法治示范村(社区)"创建单位	中共广东省委全面依法治省委员会办公室、中共广东省委农村工作领导小组办公室、广东省司法厅、广东省民政厅	2022年9月
71	英德市望埠镇古村村	2022年广东省"民主法治示范村(社区)"创建单位	中共广东省委全面依法治省委员会办公室、中共广东省委农村工作领导小组办公室、广东省司法厅、广东省民政厅	2022年9月
72	英德市应急管理局	广东省第二届应急管理优秀宣传作品征集展播活动"优秀组织单位",相关作品荣获一等奖1个、优秀奖6个、网络人气奖5个、月度人气最佳奖3个	中共广东省委宣传部、广东省应急管理厅	2022年9月
73	英德市沙口镇官坪村	2022年省级"一村一品、一镇一业"专业村	广东省农业农村厅	2022年10月
74	英德市横石塘镇仙桥村	2022年省级"一村一品、一镇一业"专业村	广东省农业农村厅	2022年10月
75	英德市正农果蔬专业合作社	广东省2022年农民专业合作社省级示范社	广东省农业农村厅	2022年10月
76	英德市万仔蚕桑专业合作社	广东省2022年农民专业合作社省级示范社	广东省农业农村厅	2022年10月
77	英德市共赢种植专业合作社	广东省2022年农民专业合作社省级示范社	广东省农业农村厅	2022年10月
78	英德市公安局	2020—2021年度平安广东建设先进集体	广东省人力资源和社会保障厅	2022年10月
79	清远市英德市望埠镇青石村	2022年省级"一村一品、一镇一业"专业村	广东省农业农村厅	2022年10月
80	英德市满杰有机种植专业合作社	广东省2022年农民专业合作社省级示范社	广东省农业农村厅	2022年10月
81	清远市英德市横石水镇联雄村	2022年省级"一村一品、一镇一业"专业村	广东省农业农村厅	2022年10月
82	清远市英德市石牯塘镇鲤鱼村	2022年省级"一村一品、一镇一业"专业村	广东省农业农村厅	2022年10月
83	清远市英德市九龙镇	2022年省级"一村一品、一镇一业"专业镇	广东省农业农村厅	2022年10月
84	清远市英德市石灰铺镇	2022年省级"一村一品、一镇一业"专业镇	广东省农业农村厅	2022年10月

续上表

序号	获奖单位	荣誉称号	授予单位	授予时间
85	野渡谷民宿粤书吧	2022年广东省最美新型公共文化空间案例	广东省文化和旅游厅	2022年11月
86	英德市人民检察院	检察建议书（英检建〔2022〕Z2号）被评为行政检察"优秀法律文书"	广东省人民检察院	2022年11月
87	英德市人民检察院	"法融网格"零距离普法项目被评为"优秀普法项目"	广东省普法办公室	2022年11月
88	英城消防救援站	2022年度广东创建全国青年安全生产示范岗活动优秀集体	共青团广东省委 广东省应急管理厅	2022年11月
89	英德市人民医院	2021—2022年度广东健康教育先进单位	广东省健康教育协会	2022年11月
90	英德市市场监督管理局（知识产权局）	广东省市场监管（知识产权）系统先进集体	广东省人力资源和社会保障厅、广东省市场监督管理局、广东省药品监督管理局	2022年11月
91	英德连樟村	2022年广东省林长绿美园	广东省林长办	2022年11月
92	台泥（英德）水泥有限公司	2022年广东省制造业企业500强第138位	暨南大学产业经济研究院、广东省制造业协会、广东省发展和改革研究院	2022年11月
93	台泥（英德）水泥有限公司	2022年广东省（粤）、海南省（琼）"创尔杯"水泥检验技术大对比"全优单位"	广东省硅酸盐学会、广东省质量监督水泥检验站（广州）	2022年11月
94	北江生活馆	2022年广东省最美新型公共文化空间案例	广东省文化和旅游厅	2022年11月
95	英德市人力资源和社会保障局劳动保障监察综合执法大队	全省根治拖欠农民工工资工作先进集体	广东省根治拖欠农民工工资工作领导小组办公室	2022年11月
96	英德市人民检察院	检察建议书（英检建〔2022〕Z2号）被评为行政检察"优秀法律文书"	广东省人民检察院	2022年11月
97	英德市人民检察院	"法融网格"零距离普法项目被评为"优秀普法项目"	广东省普法办公室	2022年11月
98	英德市大湾镇青坑学校	广东省绿色学校	广东省教育厅	2022年12月
99	英红中学	广东省绿色学校	广东省教育厅	2022年12月
100	横石水中学	广东省绿色学校	广东省教育厅	2022年12月
101	石牯塘镇初级中学	广东省绿色学校	广东省教育厅	2022年12月
102	英德市第七小学	"从小学党史 永远跟党走"主题教育活动"优秀组织单位"	广东省教育厅	2022年12月
103	英德市第一中学男子校园足球队	2022年广东省"省长杯"青少年校园足球全省总决赛第六名	广东省教育厅、广东省体育局	2022年12月
104	积庆里茶叶有限公司	广东省2022年"千企帮千镇 万企兴万村"广东百佳爱心帮扶企业	广东省农业农村厅	2022年12月
105	英德连江口镇下步村	2022年"千企帮千镇 万企兴万村"行动典型案例	广东省农业农村厅（乡村振兴局）、广东省文明办、广东省广东省国资委、广东省工商联、南方报业传媒集团	2022年12月
106	清远市英德市连江口镇	广东摄影目的地	广东省摄影家协会	2022年12月

续上表

序号	获奖单位	荣誉称号	授予单位	授予时间
107	英德市下矻学校	2021年度广东省无烟单位	广东省爱国卫生运动委员会	2022年12月
108	英德市大湾镇青坑学校	广东省校园排球项目推广学校	广东省教育厅	2022年12月
109	英德市	广东省健康县（市、区）	广东省卫健委办公室	2022年12月
110	英德市统计局	广东省统计系统先进集体	广东省人社厅、广东省统计局	2022年12月
111	英德市横石水镇人民政府	2021年度广东省无烟单位	广东省爱国卫生运动委员会	2022年12月
112	中共英德市委统一战线工作部	2021年度广东省无烟单位	广东省爱国卫生运动委员会	2022年12月
113	英德市市场监督管理局	2021年度广东省无烟单位	广东省爱国卫生运动委员会	2022年12月
114	英德市中医院	7个专科14位专家登榜2022年度"岭南名医录"	广东省家庭医生协会	2022年12月
115	英德市第一中学女子校园足球队	2022年广东省"省长杯"青少年校园足球全省总决赛第六名	广东省教育厅、广东省体育局	2022年12月
116	英德市应急管理局	2022年三防工作表现突出单位	广东省三防总指挥部、广东省应急管理厅	2022年12月
117	英德市农业农村局（英德市农业技术推广中心）	广东省农业技术推广奖三等奖（英德市茶叶有机肥替代化肥技术示范与推广）	广东省农业技术推广奖评审委员会	2022年12月
118	英德市	2022年度广东省严重精神障碍管理治疗工作先进县（市、区）	广东省精神卫生中心	2023年3月

先进个人

2022年度获全国系统先进个人荣誉称号

序号	姓名	获奖时单位职务或职称	荣誉称号	授予单位	授予时间
1	赵红波	英德市人民法院九龙人民法庭原庭长	全国法院先进个人	最高人民法院	2022年1月
2	伍思瑜	英德市司法局普法与依法治理股股长	全国普法工作先进个人	中共中央宣传部、司法部、全国普法办	2022年1月
3	黄福宁	英德团市委城乡部负责人	2021年度全国大学生"返家乡"社会实践活动表扬工作者	团中央	2022年4月
4	林柏桂	英德市农业技术推广中心副主任	2021年全国测土配方施肥数据采集工作考评中获评"全国优秀个人"称号	全国农业技术推广服务中心	2022年4月

续上表

序号	姓名	获奖时单位职务或职称	荣誉称号	授予单位	授予时间
5	李凤姣	英德市人民医院五官科护士	获得国家实用新型专利：一种防护型床上洗头器	国家知识产权局	2022年4月
6	谢文娟	英德市人民医院五官科护士	获得国家实用新型专利：一种用于眼科结膜囊冲洗的多功能枕	国家知识产权局	2022年4月
7	陈文汐	英德团市委实习生	2021年度全国大学生"返家乡"社会实践活动表扬学生	团中央	2022年4月
8	赵腾发	英德市公安局大站派出所一级警员	个人一等功	公安部	2022年7月
9	邓沛源	英德团市委乡村振兴志愿者	《优化政策举措，吸引更多青年投身乡村振兴》荣获团中央权益部共青团与人大代表、政协委员面对面优质选题荣誉	团中央	2022年7月
10	缪碧丽	英德市人民医院肾内科护士长	获得国家实用新型专利：一种连接采血管的装置	国家知识产权局	2022年7月
11	李鼎新	英德市黎溪镇党委委员	全国"人民满意的公务员"	中共中央、国务院	2022年8月
12	黄浩	英德市横石水镇农业技术综合服务中心成员	2019—2021年度全国农牧渔业丰收奖农业技术推广成果奖二等奖	农业农村部	2022年9月
13	陈笔锋	英德市第一小学教师	全国学生信息素养提升实践活动证书	中央电化教育馆	2022年9月
14	罗颖	英德市第一小学学生	全国学生信息素养提升实践活动证书	中央电化教育馆	2022年9月
15	陈欣蕾	英德市第一小学学生	全国学生信息素养提升实践活动证书	中央电化教育馆	2022年9月
16	唐劲夫	实验中学教师	全国学生信息素养提升实践活动指导证书	中央电化教育馆	2022年9月
17	宗彦博	英德市第一小学学生	《一种高效泡茶茶壶》专利证书	国家知识产权局	2022年9月
18	杨丕生	英德市农业科学研究所所长、高级农艺师	荣获农业农村部颁发的2019—2021年度全国农牧渔业丰收奖农业技术推广贡献奖	农业农村部	2022年9月
19	高毅	英德市纪委监委	中国纪检监察杂志社学刊用刊工作"先进工作者"	中国纪检监察杂志社	2022年10月
20	张琴	桥头镇中心小学教师	第四届中华经典诵写讲大赛"诗教中国"诗词讲解大赛三等奖	第四届中华诵写讲大赛组委会	2022年10月

续上表

序号	姓名	获奖时单位职务或职称	荣誉称号	授予单位	授予时间
21	邝作祥	英德市农业科学研究所农艺师	2022年全国大豆高产竞赛"豆明星"	农业农村部种植业管理司	2022年12月
22	林扬海	英德市气象局党组书记、局长	2022年重大气象服务优秀个人	中国气象局	2023年1月

2022年度获省级先进个人荣誉称号

序号	姓名	获奖时单位职务或职称	荣誉称号	授予单位	授予时间
1	黄梓轩	英德市第一中学学生	作品《当阳光照进滕王阁》荣获广东省第七届中小学生艺术展演活动 艺术作品类 绘画中学甲组 一等奖	广东省教育厅	2021年12月
2	麦飘雪	英德市第一小学教师	2021年全省首届美育教师教学基本功比赛小学组书法类三等奖	广东省教育厅	2022年1月
3	张樟新	网络警察大队副大队四级警长	2021年度全省公安国保情报能手	广东省公安厅	2022年1月
4	林大胜	英德市横石水镇江古山村现役军人	个人三等功	中国人民武装警察部队海警总队第四支队政治工作部	2022年2月
5	巫飞燕	综合业务部主任	全省检察系统第八次先进个人	广东省人力资源和社会保障厅、广东省人民检察院	2022年2月
6	刘慧芳	英德市第一小学教师	第三届广东省中小学青年教师教学能力大赛初中综合实践活动二等奖	广东省教育厅	2022年3月
7	许秋洁	清涟小学教师	第三届广东省中小学青年教师教学能力大赛小学科学三等奖	广东省教育厅、广东省总工会	2022年3月
8	张雯斐	驻英德市横石水镇帮扶工作队长、镇党委副书记（挂职）	优秀巾帼队员	广东省乡村振兴局广东省妇女联合会	2022年3月
9	张妙玲	派驻浛洸检察室副主任	第一批全省检察新闻宣传人才库成员	广东省人民检察院	2022年3月
10	黄福宁	青少年宫主任	2021-2022年度优秀共青团干部	共青团广东省委	2022年4月

续上表

序号	姓名	获奖时单位职务或职称	荣誉称号	授予单位	授予时间
11	徐菲	英德市石牯塘镇初级中学教师	2021年广东省从小学党史永远跟党走主题教育活动中优秀指导老师	广东省教育厅	2022年4月
12	蔡水莲	英德市石牯塘镇初级中学教师	2022年广东省从小学党史永远跟党走主题教育活动中优秀指导老师	广东省教育厅	2022年4月
13	李金莲	英德市石牯塘镇初级中学教师	2023年广东省从小学党史永远跟党走主题教育活动中优秀指导老师	广东省教育厅	2022年4月
14	钟振宇	英德市信访局信访信息中心主任	在2022年第一季度被评为争当"广东信访铁军标兵"活动表现突出个人	广东省信访工作联席会议办公室	2022年4月
15	李会	英德市委办公室副主任	国家安全人民防线建设先进个人	广东省国家安全人民防线建设领导小组	2022年4月
16	黄世英	英德市人民医院重症医学科护士长	广东五一劳动奖章	广东省总工会	2022年4月
17	程军	广东华电清远能源有限公司党总支委员、副总经理、工会主席	广东五一劳动奖章	广东省总工会	2022年4月
18	刘云林	英德市科学技术局局长	广东省科技企业工作优秀个人	广东省科技厅	2022年4月
19	刘启坤	清远市英德市应急管理局党委委员、副局长	2018年以来全省应急管理系统工作表现突出个人记功授奖	中共广东省应急管理厅委员会	2022年4月
20	龙玉贤	政治部一级科员	个人嘉奖	广东省人民检察院	2022年4月
21	张监海	英德市第七小学校长	2021—2022年度"广东省优秀少先队工作者"	广东省教育厅	2022年5月
22	杨文星	英德市第一中学学生	2021—2022年度"广东省优秀共青团员"	共青团广东省委	2022年5月
23	张恺	英德市第一中学学生	2021—2022年度"广东省优秀共青团员"	共青团广东省委	2022年5月
24	吴嘉伟	英德市公安局坑口咀派出所一级警员	援疆工作队先进个人	广东省公安机关警力援疆工作队	2022年5月
25	李鼎新	英德市黎溪镇党委委员	广东五四青年奖章	共青团广东省委、广东省青年联合会	2022年7月
26	李鼎新	英德市黎溪镇党委委员	广东省优秀共产党员称号	中共广东省委	2022年7月
27	曾俊权	英德市公安局大站派出所五级辅警	一级嘉奖	广东省公安厅	2022年7月
28	王斐然	英德市公安局禁毒大队副大队长	个人二等功	广东省公安厅	2022年7月

续上表

序号	姓名	获奖时单位职务或职称	荣誉称号	授予单位	授予时间
29	陆世武	英德市公安局大站派出所四级辅警	一级嘉奖	广东省公安厅	2022年7月
30	谭振强	英德市公安局大站派出所五级辅警	一级嘉奖	广东省公安厅	2022年7月
31	杨传青	英德市公安局大站派出所五级辅警	一级嘉奖	广东省公安厅	2022年7月
32	李珂	英德市九龙镇中心小学教师	广东省第十一届小学数学教师说课比赛二等奖	广东教育学会小学数学专业委员会	2022年8月
33	李慧兰	英红中小教师	广东省第十六届运动会"体育道德风尚奖"裁判员	广东省第十六届运动会组织委员会	2022年8月
34	王小锋	石牯塘镇文化站副站长	广东省文化和旅游工作先进个人	广东省文化和旅游工作先进集体、先进个人评选表彰工作领导小组办公室	2022年8月
35	赵腾发	英德市公安局大站派出所一级警员	全省"最美基层民警"	广东省公安厅、中共广东省委宣传部	2022年8月
36	龙冬林	英德市公安局巡警大队副大队长	个人二等功	广东省公安厅	2022年9月
37	邓光洪	英德市公安局辅警大队猛龙中队三级辅警	三级嘉奖	广东省公安厅	2022年9月
38	房兆鑫	英德市人民医院骨科医生	在广东省医疗行业协会第五次创伤骨科管理分会学术会议青年医师优秀病例竞赛中荣获三等奖	广东省医疗行业协会	2022年9月
39	成步新	英德市公安局政工室副主任	个人三等功	广东省公安厅	2022年9月
40	曾国雄	英德市公安局辅警大队猛龙中队四级辅警	三级嘉奖	广东省公安厅	2022年9月
41	巫永范	英德市公安局河头派出所所长	个人三等功	广东省公安厅	2022年9月
42	黄毅斌	英德市公安局交警大队车管中队四级辅警	三级嘉奖	广东省公安厅	2022年9月
43	张学韶	英德市公安局城南派出所副所长	个人三等功	广东省公安厅	2022年9月
44	李锦荣	英德市公安局大湾派出所三级辅警	三级嘉奖	广东省公安厅	2022年9月
45	罗竞云	英德市公安局坑口咀派出所社区警务中队中队长	个人三等功	广东省公安厅	2022年9月
46	罗嘉城	英德市公安局九龙派出所四级辅警	三级嘉奖	广东省公安厅	2022年9月
47	潘兴平	英德市公安局城中派出所五级辅警	三级嘉奖	广东省公安厅	2022年9月
48	吴基干	英德市公安局城西派出所四级辅警	三级嘉奖	广东省公安厅	2022年9月

续上表

序号	姓名	获奖时单位职务或职称	荣誉称号	授予单位	授予时间
49	郑伟	市委政法委副书记	2020—2021年度平安广东建设先进个人	中共广东省委平安广东建设领导小组办公室、广东省人力资源和社会保障厅	2022年10月
50	张帮东	清远英德市纪委副书记、市监委副主任	个人嘉奖	中共广东省纪律检查委员会、广东省监察委员会	2022年10月
51	包文婧	英德中学教师	"笔墨中国—第十四届广东省规范汉字书写大赛教师软笔组"三等奖	广东省语言文字工作委员会	2022年10月
52	黄永远	英德中学教师	"笔墨中国—第十四届广东省规范汉字书写大赛中学硬笔组"优秀指导教师三等奖	广东省语言文字工作委员会	2022年10月
53	林道法	英德中学教师	"2022年度空军招飞工作优秀组织个人"奖	广东省招生委员会办公室	2022年10月
54	徐奕天	英德市人民医院总务科干事	"广东119消防奖"先进个人	广东省人力资源和社会保障厅、广东省消防救援部队	2022年10月
55	黄佐添	英德市横石水镇人民政府残联成员	2022年全省残疾人声乐独唱大赛美声唱法三等奖	广东省残联	2022年11月
56	陈健平	英德市第二中学教师	第四届广东省中小学心理教师专业能力大赛二等奖	广东省教育厅	2022年11月
57	刘晓为	英德市人民医院健康管理中心主任	在2021-2022年度工作中，成绩突出，被评为2021—2022年度广东健康教育先进个人	广东省健康教育协会	2022年11月
58	王小琴	第五检察部主任	第一届广东省公益诉讼检察业务竞赛"业务能手"	广东省人民检察院	2022年11月
59	唐嘉妮	第一检察部五级检察官助理	广东省十佳公诉人提名奖	广东省人民检察院	2022年11月
60	唐嘉妮	第一检察部五级检察官助理	广东省优秀公诉人	广东省人民检察院	2022年11月
61	包金海	英德市人力资源和社会保障局	广东省金牌劳动关系协调员	广东省人社厅、广东省总工会、广东省企业联合会、广东省企业家协会、广东省工商联	2022年11月
62	李鼎新	英德市黎溪镇党委委员	2022年第三季度"广东好人"	广东省精神文明建设委员会办公室	2022年12月

续上表

序号	姓名	获奖时单位职务或职称	荣誉称号	授予单位	授予时间
63	郭慧银	英德市第四小学教师	广东省2022年度青年教师优秀教学设计比赛一等奖	广东教育学会小学语文教学专业委员会	2022年12月
64	林柏桂 郭少力 张凤姬 史芳源 肖四军 杨丕生 苏锡泉	英德市农业技术推广中心、农业科学研究所、农产品质量检验检测中心	2021年广东省农业技术推广奖荣获三等奖（英德市英叶有机肥替代化肥技术示范与推广）	广东省农业农村厅	2022年12月
65	李鼎新	英德市黎溪镇党委委员	南粤楷模	中共广东省委宣传部	2023年2月

2022年纳税100万元以上企业统计

序号	社会信用代码（纳税人识别号）	纳税人名称	入库税款/万元
1	914418007701799831	英德海螺水泥有限责任公司	48 919.83
2	91441800753688153C	台泥（英德）水泥有限公司	21 122.42
3	441881748003551	英德龙山水泥有限责任公司	19 343.10
4	441881769321567	佳美达（英德）玩具有限公司	14 068.19
5	914418007545493583	广东佳纳能源科技有限公司	11 175.11
6	914418818977723541	广东英德农村商业银行股份有限公司	10 627.68
7	441881796236958	时代（英德）皮具制品有限公司	10 457.52
8	914418007701685121	月亮（英德）纸品有限公司	8 698.18
9	44188156826106X	英德广英房地产有限公司	8 372.91
10	441881663300637	英德卓佳玩具有限公司	8 308.33
11	91441881688645949T	广东奥克莱集团有限公司	7 574.80
12	441881669859853	广东烟草清远市有限公司英德市分公司	6 725.44
13	91441800707607631R	英德市嘉德鞋业有限公司	6 679.33
14	91441800570150051D	汉威泰（英德）电器制造有限公司	6 601.09
15	91441881MA4WXFDD3G	广东万洋众创城置业有限公司	6 108.29
16	441881570197343	英德市中博金谷房地产开发有限公司	5 593.10

续上表

序号	社会信用代码(纳税人识别号)	纳税人名称	入库税款/万元
17	91441881MA572CF87C	广东华电清远能源有限公司	5 015.51
18	91441800787935562B	稀美资源（广东）有限公司	4 815.32
19	91441881MA4X2XPP9W	广东电网有限责任公司清远英德供电局	4 323.91
20	441881345318962	英德市景福投资有限公司	3 803.51
21	91441881694774464W	英德八达玻璃有限公司	3 580.45
22	441881755600266	广东广康生化科技股份有限公司	3 325.47
23	441881785775964	英德仙湖房地产开发有限公司	3 301.36
24	91441881MA53F5W83H	英德万洋众创城开发建设有限公司	3 182.61
25	441881692473334	英德市新兴业房地产开发有限公司	3 161.24
26	441881753686174	莲花园（英德）发展有限公司	2 816.14
27	441881770187000	三耀（英德）礼品包装有限公司	2 803.99
28	44188169693015X	广东广乐高速公路有限公司	2 788.17
29	441881739881248	清远伟源塑胶有限公司	2 620.51
30	441881050735435	广东依斯特新材料有限公司	2 605.40
31	441881568288764	广东中天创展球铁有限公司	2 587.40
32	441881304194297	英德市科毅硅橡胶有限公司	2 160.26
33	441881572449903	英德英隆置业投资有限公司	2 052.11
34	91441881663332524A	广东卫斯理化工科技有限公司	2 011.10
35	91330301693625176X	万洋建设集团有限公司	1 888.75
36	91441881MA4UWJAP6E	英德市科恒新能源科技有限公司	1 747.61
37	441881073538047	英德康盛置业有限公司	1 669.50
38	91441881197777739X7	英德市白石窑水电投资有限责任公司	1 669.17
39	441881579673828	英德市山湖居房地产开发有限公司	1 661.56
40	441881753688145	利惠（英德）五金塑料制品有限公司	1 647.80
41	91441881097069353U	广东顺德农村商业银行股份有限公司英德支行	1 592.28
42	441881315286963	大禹九鼎新材料科技有限公司	1 586.92
43	441881590107499	英德市宏润房地产开发有限公司	1 557.53
44	441881197773655	广东省广裕集团英德工贸实业有限公司	1 552.23
45	441881061505213	英德市佳宇房地产开发有限公司	1 347.55
46	441881584728301	英德市吉泰房地产有限责任公司	1 302.42

续上表

序号	社会信用代码(纳税人识别号)	纳税人名称	入库税款/万元
47	441881562601270	广东恒鑫置业有限公司	1 287.75
48	44188178794571X	英德市佳馨华庭房地产开发有限公司	1 284.08
49	91441881897772362U	中国农业银行股份有限公司英德市支行	1 280.98
50	91441881797790416E	中国平安财产保险股份有限公司清远市英德支公司	1 255.32
51	441881669851843	英德市万昌房地产开发有限公司	1 232.14
52	441881553631291	广东新南华水泥有限公司	1 216.40
53	91441881560829298N	广东良仕工业材料有限公司	1 213.74
54	441881768433516	英德市天子峰制衣有限公司	1 111.03
55	44010655665631201	广东省路桥建设发展有限公司广韶分公司（英德段）	1 104.90
56	91441800797703570D	英德市极丰染织有限公司	1 060.05
57	91441881MA4UJKNN45	英德市恒辉资产经营管理有限公司	1 037.34
58	441881579735857	清远市立道精细化工有限公司	1 031.42
59	441881678882318	英德市鸿泰玻璃有限公司	987.95
60	441881197770884	英德市建筑安装工程公司	985.39
61	441881068481883	时代（英德）箱包制品有限公司	960.59
62	91441881661533998L	英德市新宇建房地产开发有限公司	935.71
63	914418818977876955	中国人民财产保险股份有限公司英德支公司	920.91
64	44188161766080X	英德市英马水泥有限公司	914.83
65	441881345319551	英德市吉安投资有限公司	908.42
66	914418816650086487	广东埃力生科技股份有限公司	884.68
67	441881897771482	中国工商银行股份有限公司英德支行	872.24
68	441881728752248	中国石化销售股份有限公司广东清远英德石油经营部	854.92
69	44188105244798X	清远慧谷新材料技术有限公司	849.72
70	91441881MA51LF0W44	广东英德泰隆村镇银行有限责任公司	835.30
71	44188174800356X	英德海螺型材有限责任公司	832.84
72	441881584676564	英德欧姆智能机械有限公司	819.94
73	441881754539571	英德市小北江架桥石水电有限公司	813.72
74	441881325057902	英德市嘉桦房地产开发有限公司	811.70
75	441881562625029	英德市东顺精细化工实业有限公司	802.49
76	441881557326972	广东粤电长源发电有限责任公司	783.39

续上表

续上表

序号	社会信用代码(纳税人识别号)	纳税人名称	入库税款/万元
77	441881097528206	广东泰强科技实业有限公司	772.42
78	441881066675131	英德华润燃气有限公司	751.32
79	91441881MA4UQ9W953	英德市和鸣投资有限公司	744.79
80	441881070237871	英德市锦顺房地产开发有限公司	739.67
81	441881897772258	中国建设银行股份有限公司英德支行	734.12
82	91441881897770842P	中国银行股份有限公司清远英德支行	717.80
83	441881592167479	广东川奥高新科技有限公司	676.04
84	9144188106218065X9	英德科迪颜料技术有限公司	663.14
85	441802325041396	清远市水务投资集团有限公司河砂分公司	642.25
86	441881748039538	英德市新裕有色金属再生资源制品有限公司	638.05
87	9144188157970118XY	英德市中裕置业有限公司	596.30
88	441881557340889	英德市鸿业贸易有限公司	594.46
89	91441900198029270C	广东省水利水电第三工程局有限公司	592.51
90	441881669881532	中国邮政储蓄银行股份有限公司英德市支行	590.12
91	91441881698182570R	广东翔鹰化工有限公司	581.65
92	441881598953251	红岛实业（英德）有限公司	580.05
93	91441881MA4WLGBX11	英德市圣德混凝土有限公司	571.33
94	91441881MA4X5JCA10	英德市宏泰建筑工程有限公司	562.46
95	91441881MA4WMBG48W	英德万业海润房地产开发有限公司	562.38
96	91441881MABN66FY0W	广东省源天工程有限公司英德分公司	556.24
97	91441881564528 2654	英德市金地辉煌房地产开发有限公司	546.31
98	91441800MA4UUDK32A	英德至成塑胶有限公司	545.35
99	91441881MA53Y7U717	清远市方能电力工程安装有限公司英德分公司	538.64
100	441881588263740	广东柏胜新材料股份有限公司	533.60
101	441881761580054	英德市艺青奇石园林有限公司	521.27
102	441881082612878	广东杰锐新材料有限公司	521.26
103	91441881197774228K	英德市第一建筑安装工程公司	507.44
104	441881059922077	英德市宏利皮革有限公司	505.83
105	91440982588258458B	广东集盛建设有限公司	505.37
106	91410700172960008B	河南省第二建设集团有限公司	499.13

续上表

序号	社会信用代码(纳税人识别号)	纳税人名称	入库税款/万元
107	91441881694746017H	英德市雅家涂料有限公司	495.15
108	441881586364898	广东润华化工有限公司	494.26
109	441881197770796	广东粤电长湖发电有限责任公司	493.84
110	91441881MA53C4K53W	广东省广业绿色建材有限公司英德分公司	488.97
111	91441881661491732X	英德创美房地产开发有限公司	474.28
112	441881769317779	中国太平洋财产保险股份有限公司清远市英德支公司	445.91
113	91441881MA5386HH6N	英德市鑫科金属制品有限公司	441.32
114	440181729930173	亚联创展包装（清远）有限公司	433.44
115	440106746251113	广东省广业绿色建材有限公司	431.53
116	440923799356234	广东永和建设集团有限公司	430.42
117	914418007462564163	本州电池（英德）有限公司	424.96
118	91441881MA4W3MUU6R	广东弘历建筑工程有限公司	421.55
119	91441881050706626D	广东长鹿新材料科技有限公司	418.36
120	91330329MA2ARG0W26	泰顺达诚建筑劳务有限公司	408.26
121	441881669829742	英德市柏顺自来水有限公司	406.53
122	91441881075076325G	英德市可立克电子有限公司	403.53
123	440184191284180	从化市南方建筑工程有限公司	400.16
124	440105190432129	中交第四航务工程局有限公司	395.51
125	914418810537168540	清远贝特新材料有限公司	390.25
126	91441881071949205M	中国人寿财产保险股份有限公司清远市英德支公司	389.53
127	91441881MA53B1052G	科德汇（清远）园区运营管理有限公司	385.26
128	441881084502197	广东禹能建材科技股份有限公司	379.39
129	441881055397682	英德市聚龙房地产开发有限公司	379.03
130	441881694748418	清远大参林连锁药店有限公司英德和平分店	372.67
131	44188158825262X	广东友联钢结构材料有限公司	371.41
132	91441881MA4W6RBG05	英德市金碧房地产开发有限公司	371.34
133	441881673050571	英德市仁兴房地产开发有限责任公司	370.74
134	91441881MABRW3DU21	广州市水电建设工程有限公司英德分公司	368.22
135	91110000100001916P	中国公路工程咨询集团有限公司	366.98
136	91441800MA4UK3BP3E	清远市新时代合成材料有限公司	357.18

续上表

序号	社会信用代码(纳税人识别号)	纳税人名称	入库税款/万元
137	441881577945666	广东兴裕铝业有限公司	349.76
138	441881784872981	英德市岳泉化工有限公司	345.39
139	91120102103218520P	中国能源建设集团天津电力建设有限公司	344.41
140	441881677082984	广东华辉环境工程有限公司	343.14
141	91441881MA56HU321D	英德泰联科技有限公司	341.78
142	441881757871086	英德海螺塑料包装有限责任公司	340.91
143	91441881673055415XG	英德市明智五金制品有限公司	339.53
144	91441881314976989U	英德市世纪阳光置业有限公司	337.04
145	44188176731059X	同进（英德）纺织品有限公司	336.69
146	440112617412056	中国能源建设集团广东火电工程有限公司	336.38
147	91441881MA4UY53K3T	广东鑫龙盛环保科技有限公司	335.37
148	91441881698160419U	英德市西洲气体有限公司	330.08
149	441881698184090	英德市粤澳矿业有限公司	328.63
150	91441881084515916P	英德市竣冠新型材料有限公司	322.43
151	91441881MA535HYW0H	广州农村商业银行股份有限公司清远英德支行	320.26
152	441881686411102	英德市随通贸易有限公司	310.17
153	441881197775909	英德市宝江水泥材料有限公司	307.23
154	441881724797975	英德市国有资产经营管理有限责任公司	301.65
155	440106190334510	保利长大工程有限公司	293.94
156	44188169047814X	广东和祥环保材料有限公司	293.67
157	441881338111330	英德市大晟房地产开发有限公司	292.99
158	91441881MA7FMGKJXJ	广东东越建设有限公司英德分公司	288.50
159	441881728770964	广东德海建设集团有限公司	281.35
160	441881592161798	英德市捷成化工有限公司	278.76
161	91441881MA4UPU480L	英德市通德混凝土有限公司	277.97
162	91441881574450860K	英德市九丰能源科技有限公司	276.14
163	91441881MA513WMG10	广东中油通驿能源销售有限公司横石水油气站（北行）	272.08
164	441881X18029004	英德市荣达建材贸易有限公司	272.04
165	91441881564568937X	清远市柯林达新材料有限公司	270.23
166	44188172784372X	广东奥胜新材料有限公司	269.71

续上表

序号	社会信用代码(纳税人识别号)	纳税人名称	入库税款/万元
167	441881079525191	英德市厚德房地产开发有限公司	268.32
168	91441881753699602R	英德海螺国际大酒店有限公司	264.94
169	441881086822880	清远市和联民爆器材有限公司英德分公司	264.82
170	91441881MA52MD61XK	英德市嘉壹石料加工有限公司	262.84
171	441881791230370	英德市云超聚合材料有限公司	262.81
172	914418000931270931	英德市阿斯凯莫化工有限公司	260.92
173	91441881MA52KDN25M	杭加（广东）建筑节能新材料有限公司	256.54
174	91441881MA4W7FDQ81	英德市启信置业有限公司	255.98
175	441881081222974	广东通达投资发展有限公司	253.69
176	91441881MA4UPWRA91	北新防水（广东）有限公司	251.81
177	91441881572412991J	广东宏德投资有限公司	251.39
178	441881323269493	英德市佳祥投资有限公司	250.89
179	91441881564589404U	广东锐涂精细化工有限公司	242.68
180	91441881071881052Q	广东美亨新材料科技有限公司	242.15
181	914418817545062 6X5	广东鸿星环保科技有限公司	231.96
182	91320000134756137W	中国能源建设集团江苏省电力建设第一工程有限公司	231.60
183	91441881564507712B	英德市东华镇英昊混凝土有限公司	230.98
184	11441881677133948L	清远英德高新技术产业开发区管理委员会	230.59
185	91441881075086910R	英德市荣德房地产开发有限公司	229.94
186	441881052401527	英德市朝旭照明电器有限公司	229.02
187	914418815572590 1X5	广东波特新材料有限公司	228.32
188	91441881351986035L	英德市西联加油站投资管理有限公司	227.84
189	44188177308631X	英德市龙鑫旋窑水泥有限责任公司	226.27
190	441881562566938	英德市景盛投资有限公司	225.03
191	91441800560847672F	沃尔玛（广东）商业零售有限公司英德利民路分店	223.06
192	91441881MA526AG26C	英德市煜阙置业有限公司	222.87
193	441881094277456	广东宏昌新材料科技有限公司	221.73
194	44188133807068X	广东韵宅实业有限公司	220.32
195	91441881688631360A	英德市广业环保有限公司	217.59
196	91440300MA5FDGP62E	广东宏辉建筑工程有限公司	215.92

续上表

序号	社会信用代码(纳税人识别号)	纳税人名称	入库税款/万元
197	91510504MA6224E006	四川久巨建设工程有限公司	213.77
198	440982081079987	广东华博建筑工程有限公司	212.61
199	91441881MA519BCK63	广东开瑞建设有限公司英德分公司	210.32
200	44182200WK00015	英德市人民政府英城街道办事处	208.50
201	441881553655971	英德市恒荣行皮革有限责任公司	206.89
202	441881061472351	广东金正大生态工程有限公司	205.04
203	914418810930540901	广东捷西中央空调设备有限公司	204.97
204	441881584723869	英德市英南水泥有限公司	204.42
205	91441881MA4WCTPQX1	英德港湾新材料有限公司	201.93
206	440104724793579	广东省广业环保产业集团有限公司	201.69
207	91441800MA531APW24	喜乐得户外用品科技（清远）有限责任公司	201.39
208	91441881588323723R	英德三基电子有限公司	199.58
209	916100002205264183	陕西航天建设集团有限公司	199.21
210	91441881665032701Y	华安财产保险股份有限公司广东分公司清远市英德支公司	198.30
211	91441881MABNLWCJ1X	清远市创和建筑工程有限公司（英德）分公司	196.44
212	913600006937085883	江西建工第一建筑有限责任公司	195.85
213	441827758335963	广东卓诚医药有限公司	195.43
214	91441881MA52L7AX5R	英德中睿置业有限公司	194.99
215	441881743667658	英德市永源水力发电有限公司	194.95
216	441881666503210	巧口（英德）食品有限公司	194.48
217	441881799381720	英德市沙口罗华加油站	194.33
218	114418810073129558	英德市望埠镇人民政府	193.19
219	441881777838208	英德市昊晟金属有限公司	192.90
220	440902730485804	茂名市茂南建安集团有限公司	192.33
221	91441881MA4UJ6UTX5	英德市鸿特空调设备有限公司	190.65
222	441881675168901	广东顺安投资发展有限公司	187.28
223	91450000198229934T	广西建工第一建筑工程集团有限公司	185.80
224	91441881MA55YE2R89	广东悦色化妆品有限公司	185.53
225	441881692463814	英德市正中房地产开发有限公司	181.04
226	441881324809199	英德市建筑工程检测站	180.51

续上表

序号	社会信用代码(纳税人识别号)	纳税人名称	入库税款/万元
227	441881197775562	英德市民用爆破器材专卖有限公司	180.19
228	91441881559159952J	中国平安财产保险股份有限公司清远市英德支公司东华营销服务部	179.52
229	441881315287325	英德市德鸿化工有限公司	179.48
230	441881551708996	英德市仕曼奇化学工业有限公司	178.39
231	914418817864784005	英德市祥云房地产开发有限责任公司	177.11
232	441881053740053	英德市富翔房地产开发有限公司	175.35
233	441881090104187	奥园集团（英德）有限公司	175.18
234	91440300MA5F56XE85	深圳市鼎创建筑工程有限公司	174.79
235	441881574530940	英德市白沙镇文勇林化有限公司	173.01
236	441881755626116	英德市粤北糖业有限公司	172.75
237	91441881MA530JPMXW	广东华睿工程监理有限公司	172.58
238	92441881MA4WLH8N33	英德市下砵镇师资石英粉厂	172.30
239	441881897802023	中国农业发展银行英德市支行	170.39
240	441881796267420	英德市青山电力有限公司	166.73
241	914418816947968908	英德市奈斯化工科技实业有限公司	166.22
242	441801897586850	广东电网有限责任公司清远供电局	162.71
243	91441881MA51K1NF83	广东名森新材料科技有限公司	161.76
244	91441881MA52GJ242R	温州万洋众创城智慧园区运营有限公司英德分公司	159.83
245	91441881MA58D3MM23	英德市中达铝业有限公司	158.76
246	91441881MA4UHW5T0M	英德温氏禽业有限公司	158.03
247	9144188107506317X7	英德市银山汽车贸易有限公司	157.68
248	91441881157646123XK	英德市新御晟房地产开发有限公司	156.88
249	441881304070403	英德市宁源矿业有限公司	156.60
250	441822197771609	英德轻化水泥有限公司	156.24
251	441881315116 77X	太平财产保险有限公司英德支公司	156.22
252	91441881MA4WYKMK75	广东方中高新材料有限公司	155.67
253	441881560803098	英德市安诚食品有限公司	155.24
254	91441881090159815R	英德市老虎岩生活垃圾处理有限公司	153.46
255	91110000766270215N	中交中南工程局有限公司	151.88
256	91441881MA4X50773L	英德生宏兴业建材有限公司	151.68

续上表

序号	社会信用代码(纳税人识别号)	纳税人名称	入库税款/万元
257	442000071879163	广东阳鑫建筑劳务有限公司	150.06
258	91441881784896473L	英德市英航船务有限公司	150.06
259	914418815796872340Q	英德华美迪油墨有限公司	149.75
260	914418810651948704	英德积庆里茶业有限公司	148.93
261	441881566665132	英德市英泰电子有限公司	148.83
262	91440101MA5CKB620A	广东明隆建设集团有限公司	148.35
263	91440904669816570T	广东华辉建设有限公司	145.30
264	440100698102438	广东省政府还贷高速公路管理中心	144.73
265	91441881MA53FMBY9X	英德市日辉混凝土有限公司	144.56
266	914400001903224486	广东省源天工程有限公司	144.31
267	440881675679525	广东建恒建筑工程有限公司	144.17
268	91441900MA4WYWM49P	广东宏远投资有限公司	143.61
269	91441881707607682C	中国电信股份有限公司英德分公司	142.53
270	91441881MA5265565T	英德市鸿源混凝土有限公司	142.11
271	91441881MA4UWOBG7X	英德市众诚混凝土有限公司	140.36
272	441881197771123	广东省英红华侨水泥厂	139.66
273	91441881752069609J	广发证券股份有限公司清远英德浈阳东路证券营业部	139.59
274	91441881MA53WEEW29	广东旭发新材料有限公司	137.74
275	911400001131517291	山西一建集团有限公司	137.32
276	91510000789101676N	四川盈泰建筑劳务有限公司	135.95
277	440606279945414	广东英海建筑工程有限公司	134.49
278	9144188169641303XF	英德市雅凯高新材料有限公司	134.06
279	440102707668733	广东祺商建设集团有限公司	133.55
280	91441881677793903N	广东日创电梯有限公司	132.34
281	91441881555643034L	英德市荣昌化工实业有限公司	131.70
282	91330108MA2GMOM80P	杭州向荣建筑劳务有限公司	131.65
283	91441881MA52UUT75L	英德市创炜石英砂有限公司	130.77
284	91441881MA52JGRQXM	英德市英运混凝土有限公司	130.30
285	91441881MA4UPU0A13	英德市广德贸易有限公司	130.18
286	9144188157237661XQ	广东润昌南星新材料有限公司	128.45

续上表

序号	社会信用代码(纳税人识别号)	纳税人名称	入库税款/万元
287	91441881MA54FAAC0W	广东航美药业有限公司	128.41
288	91441881694797025A	英德市佐桐化学品有限公司	127.96
289	91441881MA7DRH0D1U	广东华飞工程有限公司英德分公司	127.13
290	91441602MA55FLHC6A	广东耀飞建筑工程有限公司	126.81
291	91441881MABQ3Q1UX4	广建湾区智造科技（清远）有限公司	126.39
292	91441881MA4UQLER04	英德市骏辉钙业有限公司	125.54
293	441881782994977	金桥（英德）航空用品有限公司	125.00
294	91441400791214899L	广东顺安药业有限公司	124.92
295	441881056803099	广东金高丽新材料有限公司	122.97
296	441881682418120	英德市诚鑫混凝土有限公司	122.94
297	91441881MA51MR5108	英德市晟世建筑材料有限公司	120.89
298	91441881MA4UJ13B75	碧桂园生活服务集团股份有限公司英德分公司	120.48
299	91321084713280030C	江苏弘盛建设工程集团有限公司	120.20
300	441881068543618	英德市永盛矿业有限公司	119.87
301	441881551668840	英德市嘉和房地产开发有限公司	119.81
302	91441881MA4UKECM52	广东万豪塑业有限公司	117.87
303	91441881MA58D6UA3J	广东蓝航建设工程有限公司英德分公司	117.17
304	91441881MA550Y4174	英德市粤中新型建材有限公司	116.81
305	91441881MA56J59306	英德市西南建设工程有限公司	116.06
306	441881688667531	英德市顺昌贸易发展有限公司	114.42
307	441881325187950	英德市北江航运有限公司	114.35
308	91441881MA4UUP4C7G	英德市德信运输有限公司	114.31
309	91441827MA57B9XC5K	清远市宝康玩具有限公司	112.05
310	441881314976663	英德市鸿华农业发展有限公司	110.35
311	91440400775088044XW	珠海市磊利建筑工程有限公司	110.31
312	91340500664204532J	安徽振业建设集团有限公司	109.61
313	441881062184925	广东德旭绝热材料有限公司	109.19
314	914418815744631003	英德市碧桂园房地产开发有限公司	108.98
315	9144188157449015XK	清远市贝客音涂料有限公司	108.73
316	91441881MA4WFATB74	英德市榕旺五金机械配件制造有限公司	108.25

续上表

序号	社会信用代码(纳税人识别号)	纳税人名称	入库税款/万元
317	91130400601157484W	邯郸市第一建筑安装有限公司	108.16
318	441881077942725	宝丽汉达建材（英德）有限公司	107.90
319	92441881MA53HE3P3G	英德市望埠镇天海建材经营部	107.52
320	91441881MA52XB5G03	英德市华宝贸易有限公司	107.29
321	91510114MA62QJ6P6D	四川旭鼎建筑劳务有限公司	106.94
322	91441881MA4UUPWH6T	广东创通建设工程有限公司	106.90
323	91330322MA7CTAMY41	温州胤祥劳务有限公司	105.07
324	91441881MA7NFL5A3T	广东中都建筑集团有限公司英德分公司	104.23
325	441881086829716	广东澳飞扬实业有限公司	104.16
326	441881594009845	英德桥鑫房地产开发有限公司	103.95
327	91441881757876207B	广东星鑫环保资源开发有限公司	103.83
328	91441881MA529P777N	广东德强环保混凝土科技有限公司	103.00
329	441881L01903810	广东浈阳律师事务所	102.45
330	441881081085228	广东中天创展精密机械有限公司	101.81
331	441881053797252	英德市星汇置业投资有限公司	100.95
332	91441881MA7G9AMR1Q	清远一建建材有限公司	100.79

（英德市税务局提供）

2022年市委及市委办公室文件要目

市委文件

文号	文件标题
英发〔2022〕1号	中共英德市委 英德市人民政府关于调整市党政领导班子成员工作分工的通知
英发〔2022〕2号	中共英德市委关于印发《中共英德市委常委会2022年工作要点》的通知
英发〔2022〕3号	中共英德市委 英德市人民政府关于调整市党政领导班子成员工作分工的通知
英发〔2022〕4号	中共英德市委 英德市人民政府关于宣布失效一批涉计划生育市委文件的决定
英发〔2022〕5号	中共英德市委 英德市人民政府关于给予黎章品等同志嘉奖的决定
英发〔2022〕6号	中共英德市委 英德市人民政府关于给予王杰辉等同志记三等功的决定

续上表

文号	文件标题
英委〔2022〕1号	中共英德市委关于拟对部分镇（街）党政正职进行调整的请示
英委〔2022〕2号	中共英德市委关于蔡创等同志职务任免的请示
英委〔2022〕3号	中共英德市委关于2021年度全面从严治党主体责任落实情况的报告
英委〔2022〕4号	中共英德市委关于召开英德市委领导班子党史学习教育专题民主生活会的请示
英委〔2022〕6号	中共英德市委关于给予陈合同志党内严重警告处分的请示
英委〔2022〕7号	中共英德市委关于给予罗亚生同志党内严重警告处分的请示
英委〔2022〕8号	中共英德市委关于给予李书海同志党内严重警告处分的请示
英委〔2022〕9号	中共英德市委关于给予绕学韶同志党内严重警告、政务撤职处分的批复
英委〔2022〕10号	中共英德市委 英德市人民政府2021年法治政府建设年度报告
英委〔2022〕11号	中共英德市委关于学习贯彻落实党的十九届六中全会精神情况报告
英委〔2022〕12号	中共英德市委关于2021年度工作情况的报告
英委〔2022〕13号	中共英德市委 英德市人民政府关于英德市2021年度计划生育工作情况的报告
英委〔2022〕15号	中共英德市委关于2021年抓党建工作情况的报告
英委〔2022〕16号	中共英德市委关于拟对部分镇（街）党政正职进行调整的请示
英委〔2022〕17号	中共英德市委 英德市人民政府关于英德市2021年推动制造业实体经济发展工作考核情况的报告
英委〔2022〕19号	中共英德市委关于市委领导班子党史学习教育专题民主生活会召开情况综合报告
英委〔2022〕21号	中共英德市委关于市党政领导班子分工调整的备案报告
英委〔2022〕24号	中共英德市委关于调整市党政班子党员领导干部与党外人士联系交友对象的通知
英委〔2022〕26号	中共英德市委关于给予陈合同志党内严重警告处分决定执行情况的报告
英委〔2022〕27号	中共英德市委关于给予李书海同志党内严重警告处分决定执行情况的报告
英委〔2022〕28号	中共英德市委关于给予罗亚生同志党内严重警告处分决定执行情况的报告
英委〔2022〕29号	中共英德市委关于成立英德市第十六届人大代表大会第二次会议临时党委的决定
英委〔2022〕30号	中共英德市委关于成立政协第十三届英德市委员会第二次会议临时党委的决定
英委〔2022〕31号	中共英德市委关于成立英德市十六届人大二次会议临时党支部的批复
英委〔2022〕32号	中共英德市委关于成立中共政协英德市十三届二次会议临时党支部的批复
英委〔2022〕33号	中共英德市委关于建议确定欧阳誉华等同志为三级调研员考察对象建议人选的请示
英委〔2022〕34号	中共英德市委关于给予张卫强同志党内警告处分决定执行情况的报告
英委〔2022〕36号	中共英德市委关于给予孔就荣开除公职处分的批复

续上表

续上表

文号	文件标题
英委〔2022〕37号	中共英德市委关于追授李鼎新同志"清远市优秀共产党员称号"的请示
英委〔2022〕38号	中共英德市委关于同意设立中共英德市土地开发储备局党组的批复
英委〔2022〕39号	中共英德市委关于推荐追授李鼎新同志"广东省优秀共产党员"称号的请示
英委〔2022〕41号	中共英德市委关于给予钱金勤同志党内警告处分决定执行情况的报告
英委〔2022〕44号	中共英德市委关于陈贻栋同志免予党纪处分给予诫勉处理决定执行情况的报告
英委〔2022〕45号	中共英德市委关于陈志锋同志记过、党内警告处分决定执行情况的报告
英委〔2022〕46号	中共英德市委关于丘绍辉同志记大过、党内严重警告处分决定执行情况的报告
英委〔2022〕47号	中共英德市委关于市党政领导班子分工调整的备案报告
英委〔2022〕48号	中共英德市委关于李慧萍等同志担任英德市党外知识分子联谊会相关职务的请示
英委〔2022〕49号	中共英德市委关于给予刘厚生同志党内严重警告、政务撤职处分的批复
英委〔2022〕51号	中共英德市委 英德市人民政府 关于英德市"07·10"疫情应急处置工作情况的报告
英委〔2022〕53号	中共英德市委关于给予谢晋胜开除公职处分的批复
英委〔2022〕54号	中共英德市委关于给予王振鹏开除党籍、开除公职处分的批复
英委〔2022〕55号	中共英德市委关于建议确定郭成战等同志为相关职务考察对象建议人选的请示
英委〔2022〕57号	中共英德市委关于2022年英德市纪律教育学习月活动情况的报告
英委〔2022〕58号	中共英德市委 英德市人民政府关于开展第六届广东省"人民满意的公务员"和"人民满意的公务员集体"推荐工作报告
英委〔2022〕59号	中共英德市委关于邓远屿同志任职的请示
英委〔2022〕61号	中共英德市委关于推荐林明晓等同志为新一届省人大代表候选人初步人选的请示（报清远市委组织部）
英委〔2022〕62号	中共英德市委关于推荐林明晓等同志为新一届省人大代表候选人初步人选的请示（报清远市人大选联工委）
英委〔2022〕63号	中共英德市委关于英德市近年来民族工作情况的报告
英委〔2022〕64号	中共英德市委关于李巧玲同志担任英德市红十字会相关职务的请示
英委〔2022〕65号	中共英德市委关于李巧玲同志担任英德市残疾人联合会相关职务的请示
英委〔2022〕66号	中共英德市委关于给予杨华同志党内严重警告（二年）、政务撤职处分的批复
英委〔2022〕67号	中共英德市委关于给予郑宽华开除党籍、政务撤职处分的批复
英委〔2022〕68号	中共英德市委关于给予李志强同志党内严重警告（二年）、政务撤职处分的批复
英委〔2022〕69号	中共英德市委关于吴国添同志党内警告处分决定执行情况的报告

续上表

文号	文件标题
英委〔2022〕70号	中共英德市委 英德市人民政府关于2022年英德市全面推行河长制湖长制工作情况报告
英委〔2022〕72号	中共英德市委 英德市人民政府关于英德市2022年食品安全工作情况的报告
英委〔2022〕73号	中共英德市委关于请求清远市领导及有关部门以视频会议形式出席英德市区石门台饮用水工程（一期）通水仪式的请示
英委〔2022〕74号	中共英德市委关于同意设立中共英德市投资审核中心党组的批复

市委办公室文件

文号	文件名
英委办〔2022〕1号	中共英德市委办公室关于印发《英德市委2022年重点工作任务分工一览表》的通知
英委办〔2022〕3号	中共英德市委办公室 英德市人民政府办公室关于调整东岸新城建设指挥部成员的通知
英委办〔2022〕4号	中共英德市委办公室关于调整市委办公室领导班子成员分工的通知
英委办〔2022〕5号	中共英德市委办公室 英德市人民政府办公室关于调整英德市综合网格化服务管理工作领导小组成员的通知
英委办〔2022〕7号	中共英德市委办公室 英德市人民政府办公室关于调整英德市国家城乡融合发展试验区连樟样板区建设工作领导小组组成人员等事项的通知
英委办〔2022〕8号	中共英德市委办公室 英德市人民政府办公室关于调整部分党政领导班子成员工作分工的通知
英委办〔2022〕9号	中共英德市委办公室 英德市人民政府办公室关于调整市人民武装委员会成员的通知
英委办〔2022〕11号	中共英德市委办公室 英德市人民政府办公室关于成立英德市物流保通保畅工作领导小组的通知
英委办〔2022〕13号	中共英德市委办公室 英德市人民政府办公室关于成立英德市新冠肺炎本地疫情应急处置前线指挥部的通知
英委办〔2022〕14号	中共英德市委办公室关于印发《2022年全市开展纪律教育学习活动月的意见》的通知
英委办〔2022〕15号	中共英德市委办公室关于办理公务用车报废和重新购置的请示
英委办〔2022〕16号	中共英德市委办公室关于调整市委基层治理领导小组的通知
英委办〔2022〕17号	中共英德市委办公室关于成立省委下拨英德市修复四座灌溉陂专项资金项目实施工作领导小组的通知
英委办〔2022〕18号	中共英德市委办公室关于调整市委办公室领导班子成员分工的通知
英委办〔2022〕19号	中共英德市委办公室 英德市人民政府办公室关于成立英德市区石门台饮用水工程（二期）规划建设工作领导小组成员的通知
英委办〔2022〕20号	中共英德市委办公室关于提请审议《英德市优化政务营商环境三项制度（试行）》（送审稿）的请示

续下表

续上表

文号	文件名
英委办〔2022〕21号	中共英德市委办公室 英德市人民政府办公室关于印发《英德市优化政务营商环境三项制度（试行）》的通知
英委办〔2022〕22号	中共英德市委办公室关于请求划拨2022年英德市机关内部电话号码簿编印经费的请示
英委办〔2022〕23号	中共英德市委办公室关于调整市委办公室领导班子成员分工的通知

（英德市委办公室提供）

2022年市政府及市政府办公室文件要目

市政府文件

文号	文件标题
英府〔2022〕1号	关于对乡道Y387线K3+000-K9+500段实施交通管制的通告
英府〔2022〕2号	关于请求解决英德人民大桥拆除重建资金的请示
英府〔2022〕3号	关于提请审定盘活2021年部分本级财政资金及资金分配方案的请示
英府〔2022〕4号	关于提请审定2022年春节期间安排财政资金支付工程款的请示
英府〔2022〕5号	关于请求调整英德滑水山市级自然保护区范围的请示
英府〔2022〕6号	英德市人民政府批准城镇建设用地公告
英府〔2022〕7号	关于召开英德市人民政府领导班子党史学习教育专题民主生活会暨反思严重违纪违法案件教训专题民主生活会有关事项的请示
英府〔2022〕8号	关于英德人民大桥实施全封闭禁行的通告
英府〔2022〕9号	英德市人民政府2021年法治政府建设年度报告
英府〔2022〕10号	关于禁止大型货运车辆在英德市区道路通行的通告
英府〔2022〕11号	关于2022年征兵工作的公告
英府〔2022〕12号	关于印发英德市水利发展"十四五"规划的通知
英府〔2022〕13号	关于划定公路两侧绿化用地范围的通告
英府〔2022〕14号	关于印发英德市城镇排水管理办法的通知
英府〔2022〕15号	英德市人民政府征收土地公告（2021年度第三批次）
英府〔2022〕16号	英德市人民政府关于提请审定2022年英德市十件民生实事的请示

续上表

文号	文件标题
英府〔2022〕17号	英德市人民政府关于提请审定安排我市第一次全国自然灾害综合风险普查工作经费的请示
英府〔2022〕18号	英德市人民政府征收土地公告（2021年度第四批次）
英府〔2022〕19号	英德市人民政府征收土地公告（神华国华项目）
英府〔2022〕20号	关于确保清明节期间森林防火安全的通告
英府〔2022〕21号	关于请求报批《广东石门台国家级自然保护区人工林更新改造提升方案（2022—2026）》的请示
英府〔2022〕22号	关于对国道G358线英德英城至大湾茅塘段实施交通管制的通告
英府〔2022〕23号	关于加强疫情和清明节期间销售、燃放烟花爆竹管控的通告
英府〔2022〕24号	关于提请审定将全市24个镇街生活垃圾转运至清远市进行无害化处理的请示
英府〔2022〕25号	关于提请审定2022年英德市主要经济指标预测情况的请示
英府〔2022〕26号	关于提请审定2022年《政府工作报告》的请示
英府〔2022〕27号	关于提请审定《英德市2022年财政预算》（草案）的请示
英府〔2022〕28号	关于提请审定建设英德市市区石门台饮用水工程项目（一期）的请示
英府〔2022〕29号	关于提请审定《英德市2022年重点建设项目计划表（草案）》和《英德市2022年重点建设前期预备项目计划表（草案）》的请示
英府〔2022〕30号	关于提请审定《英德市2021年国民经济和社会发展计划执行》（草案）的请示
英府〔2022〕31号	英德市人民政府批准城镇建设用地公告（2021年度第二十五批次）
英府〔2022〕32号	英德市人民政府批准城镇建设用地公告（2021年度第二十六批次）
英府〔2022〕33号	英德市人民政府批准城镇建设用地公告（2021年度第二十七批次）
英府〔2022〕35号	关于恳请解决英德人民大桥拆除、重建资金的请示
英府〔2022〕36号	关于对国道G240线英德大站大蓝至黎溪大湖路段实施交通管制的通告
英府〔2022〕37号	英德市人民政府关于请求转报省交通运输厅商请解决广东省龙川至怀集公路石灰铺互通连接线剩余工程建设资金的请示
英府〔2022〕38号	英德市人民政府征收土地公告
英府〔2022〕39号	英德市人民政府征收土地公告（2021年度第五批次）
英府〔2022〕40号	英德市人民政府征收土地公告（2020年第四十一批次）
英府〔2022〕41号	英德市人民政府批准城镇建设用地公告（2021年第十一批次）

续上表

文号	文件标题
英府〔2022〕42号	英德市人民政府征收土地公告（2021年第十九批次）
英府〔2022〕43号	英德市人民政府关于同意英德市申报2022年农业生产社会化服务项目的请示
英府〔2022〕44号	英德市人民政府关于提请审定调整英德市市区石门台饮用水工程项目（一期）总承包（EPC）项目控制价的请示
英府〔2022〕45号	英德市人民政府关于提请审定英德市国有资产经营管理有限责任公司2022年公司债券资金使用计划的请示
英府〔2022〕46号	关于请求加快推进拟设采矿权挂牌出让的请示
英府〔2022〕47号	关于下达英德市2022年国民经济和社会发展计划的通知
英府〔2022〕48号	关于对国道G358线英德英城至大湾茅塘段实施交通管制的通告
英府〔2022〕49号	英德市人民政府关于2021年债券资金支出使用进度触发预警整改情况报告
英府〔2022〕50号	关于请求解决英德人民大桥拆除资金的请示
英府〔2022〕51号	关于提请审定《英德市人民政府2022年度重大行政决策事项目录》的请示
英府〔2022〕52号	关于请求调整下砺镇湖洋塘陶瓷用砂岩矿生态修复方式的请示
英府〔2022〕53号	关于英德市桥头镇横石水河桥头段河道清淤工程存在问题整改情况的报告
英府〔2022〕54号	关于请求审定英德市国土空间规划"三区三线"全国统一划定成果的请示
英府〔2022〕55号	关于请求审定《清远市英德市2022年度土地征收成片开发方案》的请示
英府〔2022〕56号	关于提请市委常委会会议听取英德市防汛抗洪和救灾复产工作汇报的请示
英府〔2022〕58号	关于省道S382线K70+900-K70+000路段实施交通管制的通告
英府〔2022〕59号	关于请求清远市人民政府转报省人民政府安排资金支持我市救灾复产的请示
英府〔2022〕60号	英德市人民政府关于请求划付改造水田价款的请示
英府〔2022〕61号	关于请求批准李鼎新同志为烈士的请示
英府〔2022〕62号	关于对国道G240线英德大站镇波罗坑大桥至连江口镇连江口大桥路段实施交通封闭的通告
英府〔2022〕63号	关于请求协调清远市融达城建投资有限公司免收英德浈阳电力公司借款利息的请示
英府〔2022〕64号	关于提请审定2021年新增债券资金调整方案和2022年新增债券额度分配方案有关事项的请示
英府〔2022〕65号	关于英德市2022年省级涉农资金支出进度情况的报告
英府〔2022〕66号	英德市人民政府征收土地公告

续上表

文号	文件标题
英府〔2022〕67号	关于依法关闭英德市景红矿业有限公司等16家非煤矿山企业的通告
英府〔2022〕68号	关于2022年5月底英德市2021—2022年新增专项债券支出进度触发预警整改情况的报告
英府〔2022〕69号	关于拆除县级文物保护单位英德人民大桥的请示
英府〔2022〕70号	关于推荐连樟样板区乡村振兴示范带参加2022年度"广东省十大乡村振兴示范带"评选工作的请示
英府〔2022〕71号	关于提请审定调整英德市看守所改造工程项目总投资有关事宜的请示
英府〔2022〕72号	关于提请审定同意追加我市各学段公用经费本级财政预算的请示
英府〔2022〕73号	关于提请审定2022年度垦造水田项目招投标相关事项的请示
英府〔2022〕74号	关于2022年6月底我市债券资金支出使用进度落后有关问题整改情况的报告
英府〔2022〕75号	关于再次请求督促惠清高速公路公司付清兑现承诺垦造水田资金尾款的请示
英府〔2022〕76号	关于注销黎溪镇部分《农村土地承包经营权证》的公告
英府〔2022〕77号	关于加强松材线虫病除治和疫木监管的公告
英府〔2022〕78号	关于对省道S382线楼下桥实施封闭交通管制的通告
英府〔2022〕79号	关于对省道S382线大汾桥实施封闭交通管制的通告
英府〔2022〕80号	关于印发国道G358线英德市英城至大湾段一级公路改建工程土地征收及拆迁等补偿办法的通知
英府〔2022〕81号	关于印发国道G358线英德市英城至大湾段一级公路改建工程征地拆迁补偿费和奖励资金审批使用管理办法的通知
英府〔2022〕82号	关于提请审定《英德市2022年上半年国民经济和社会发展计划执行情况报告》的请示
英府〔2022〕83号	关于提请审定调整英德市浛洸镇贵坑水库等5宗水库除险加固工程建设规模有关事宜的请示
英府〔2022〕84号	关于提请审定2022年第二批新增债券资金用途调整方案的请示
英府〔2022〕85号	关于提请审定上级救灾资金和社会捐赠资金分配方案的请示
英府〔2022〕86号	关于申请撤销县级文物保护单位英德人民大桥的请示
英府〔2022〕87号	关于请求审批《英德市大站镇土地利用总体规划（2010—2020年）》修改方案（英德市拘留所）的请示
英府〔2022〕88号	关于印发《英德市妇女发展规划（2021—2030年）》《英德市儿童发展规划（2021—2030年）》的通知
英府〔2022〕89号	关于恳请解决英德人民大桥拆除、重建资金的请示
英府〔2022〕90号	关于请求解决英德市青塘中学新建学生宿舍楼内外配套项目建设资金的请示

续上表

续上表

文号	文件标题
英府〔2022〕91号	关于申请广清指挥部帮扶资金用于购置执法类设备PDT对讲机和记录仪的请示
英府〔2022〕92号	关于请求转报省人民政府发布禁止在英德市石门台水库工程占地及淹没区新增建设项目和迁入人口通告的请示
英府〔2022〕93号	关于印发英德市省道、县道国土空间规划（2021—2035年）的通知
英府〔2022〕94号	关于请求解决职业年金投资运营后利息的请示
英府〔2022〕95号	关于盘活2022年部分本级财政资金的请示
英府〔2022〕96号	关于请求审定英德市镇级及以下集中式饮用水水源保护区调整划分方案的请示
英府〔2022〕97号	关于请求支持国能清远电厂二期2×100万千瓦扩建工程的请示
英府〔2022〕98号	关于请求同意英德人民大桥拆除工作不纳入安全生产责任制考核和平安清远建设三项攻坚任务内容的请示
英府〔2022〕99号	关于请求审批《英德市白沙镇土地利用总体规划（2010—2020年）修改方案》（清远华侨工业园固体废物处理中心配套填埋场项目）的请示
英府〔2022〕100号	关于请求协调民航广东监管局出具航空影响意见书的请示
英府〔2022〕101号	关于英德市东岸南片区排涝站升级改造工程（大站镇广场路垃圾压缩站以西部分路段、杨万里大道与育才路交叉路口以南路段）实施交通封闭的通告
英府〔2022〕102号	关于提请审定解除桥头镇横石水河桥头段河道清淤工程项目《拍卖标的处置合同》有关事宜的请示
英府〔2022〕103号	关于提请审议《2023年部门预算编制标准》的请示
英府〔2022〕104号	关于申请神华国华清远发电工程（2×100万千瓦）建设项目（二期）土地征收的请示
英府〔2022〕105号	关于对白石窑枢纽坝顶公路实行交通管制的通告
英府〔2022〕106号	关于请求审批《英德市东华镇土地利用总体规划（2010—2020年）修改方案（清远广晟新材异地搬迁升级改造项目）》的请示
英府〔2022〕107号	关于请求解决国能清远电厂二期2×100万千瓦扩建工程用水指标的请示
英府〔2022〕108号	关于恳请解决英德市城区防洪体系加固建设资金的请示
英府〔2022〕109号	关于请求协调解决2022年新增专项债券资金有关问题的请示
英府〔2022〕110号	关于研究追加安排核酸检测经费有关事宜的请示
英府〔2022〕111号	关于提请研究安排资金解决国道G358线英德市英城至大湾段一级公路改建工程项目建设用地报批征地补偿款及养老保障费有关事宜的请示
英府〔2022〕112号	关于提请研究安排资金解决我市25间乡镇卫生院和市慢性病防治医院退休人员住房改革补贴等待遇有关事宜的请示

续上表

文号	文件标题
英府〔2022〕113号	关于提请研究英德市职业技术学校迁建选址有关事宜的请示
英府〔2022〕114号	英德市人民政府通告
英府〔2022〕115号	英德市人民政府关于申请国能清远电厂2×1000兆瓦二期扩建工程项目土地征收的请示
英府〔2022〕116号	关于提请审定《英德市优化政务营商环境三项制度（试行）》的请示
英府〔2022〕117号	关于提请研究安排卫生健康项目本级财政配套资金有关事宜的请示
英府〔2022〕118号	关于提请研究实施英德人民大桥拆除工程有关事宜的请示
英府〔2022〕119号	关于重新报送英德滑水山市级自然保护区范围、功能区调整申报书的请示
英府〔2022〕120号	关于修改完善牛栏洞遗址等六处省级文物保护单位保护范围和建设控制地带的请示
英府〔2022〕121号	英德市2022年市场监管领域部门联合"双随机、一公开"监管工作自查报告
英府〔2022〕122号	英德市人民政府 中国人民解放军31628部队关于建设罗伞引山军事管理区边界封围设施的通告
英府〔2022〕123号	关于提请研究将市公路事务中心公路养护经费纳入财政预算有关事宜的请示
英府〔2022〕125号	关于印发英德市公安机关警务辅助人员管理办法的通知
英府〔2022〕126号	关于2022年10月底专项债券资金支出使用进度触发预警整改情况的报告
英府〔2022〕127号	关于请求审定英德市职业年金实账积累延期支付工作方案的请示
英府〔2022〕129号	关于2023年春季征兵工作的公告
英府〔2022〕130号	关于请求解决埃力生增资扩产项目用地规模、用地指标和林地指标的请示
英府〔2022〕131号	关于英德市2022年婚前孕前保健工作落实情况的报告
英府〔2022〕132号	英德市人民政府征收土地公告（神华国华二期）
英府〔2022〕133号	关于请求审定清远市英德市2022年度土地征收成片开发方案的通知
英府〔2022〕134号	关于请求审定《英德市仙水东湖城市黑臭水体系统化整治方案》的请示
英府〔2022〕135号	英德市人民政府关于英德市2022年度第十批次城镇建设用地土地征收的请示

（英德市政府办公室提供）

索　引

编辑：黄丽华

索引说明

一、本栏目设"主题索引"

二、部分主题词后编有"二级索引"

三、索引按标引词第一个字汉语拼音顺序排列

四、标引词后的阿拉伯数字表示内容所在页码

主题词索引

0～9

1月 50

10月 52

11月 52

12月 53

2022第四届中国·英德红茶头采节 7 200

2022年"两新"组织党组织书记全员培训班 105

2022年广东好人 34

2022年纳税100万元以上企业统计 414

2022年清远好人 35

2022年市委及市委办公室文件要目 425

2022年市政府及市政府办公室文件要目 429

2022年新录用公务员初任培训班 105

2022年英德市道德模范 39

2022年英德市国民经济和社会发展统计公报 391

2022年英德市十件民生实事完成情况 1

2022年英德市时代楷模 41

2022年英德市新任副科级领导干部培训班 104

2022年英德市征兵工作会议 124

2022年英德市政府全体成员（扩大）会议暨党风廉政工作会议 124

2022年英德市重点项目建设、专项债支出进度和驻镇帮镇扶村项目建设工作推进会 125

2022年最美英德人 43

2月 50

3月 50

4月 50

5月 51

6月 51

7月 52

8月 52

9月 52

A

艾滋病防治 287

爱国卫生 291

安全生产 233 243 302

安全食品建设 243

案件执行 163

奥园英德巧克力王国 248

B

白沙镇 313

白沙镇安全生产 316

白沙镇党建 315
白沙镇第十七届人民代表大会第二次会议 317
白沙镇第十七届人民代表大会第三次会议 317
白沙镇非法开采稀土矿整治 316
白沙镇基本情况 313
白沙镇经济发展概况 313
白沙镇美丽乡村建设 316
白沙镇农村综合改革 315
白沙镇人大 316
白沙镇社会事业发展概况 313
白沙镇土地管理 316
白沙镇乡村振兴 315
白沙镇疫情防控 316
白沙镇综治信访维稳 315
办公用房管理 131
办会 91
办文 91
宝墩湖湖山温泉度假村 248
宝晶宫生态旅游度假区 247
保密 90
保险业务 261
保障性住房建设 229
北江航道（英德段） 221
编制规划 167
标准化监督管理 178
殡葬管理 300
病媒监测 288
病媒生物防控 291
波罗镇 382
波罗镇安全生产 385
波罗镇创文 385
波罗镇党建 384
波罗镇道路交通安全 385

波罗镇第十七届人民代表大会第二次会议 386
波罗镇第十七届人民代表大会第三次会议 386
波罗镇疫情防控 385
波罗镇基本情况 382
波罗镇经济发展概况 382
波罗镇美丽乡村建设 384
波罗镇农村综合改革 384
波罗镇社会工作服务站 385
波罗镇社会事业发展概况 383
波罗镇乡村振兴 384
波罗镇综治信访维稳 384
博爱送万家活动 153
不动产登记 173
不良资产清理 259

C

财政 250
财政管理效能 251
财政·税务·金融 250
财政预算审计 175
餐饮环节质量安全 186
残疾人就业创业 151
残疾人康复 152
残疾人文体 152
残疾人证办理 153
茶旅融合 199
茶业 198
茶叶产业保障 199
茶叶产业发展 199
茶叶科技服务调研 209
茶叶品质气象指数保险落地英德 13
茶叶气象服务 209

茶叶世界 247
产学研合作和科技创新人才队伍建设 272
长湖 249
车辆超限超载 217
成人教育 267
城防工程 230
城管领域营商环境优化 228
城管执法 227 232
城建·环保 227
城市供水 238
城市管理 232
城市管理数字化平台 228
城市管理整治 228
城市亮化 239
城市绿化 238
城市排水和污水收集工程 206
城市生活垃圾分类 227
城市生活污水处理 237
城市卫生 239
城西汽车客运站 218
城乡产业协同发展平台搭建 48
城乡基本公共服务均等化发展体制机制建立 49
城乡建设 229
城乡居民养老保险 307
城乡人居环境 227
城镇居民收入状况 309
城镇生活污水处理设施建设 206
初级卫生救护培训 153
储备油轮换 244
传染病卫生监督 289
船舶维护管理 222
船闸维护管理 222
"创文创卫" 239

创业青年培训和跟踪服务 305
春运 216
慈善事业 301
村（社区）"两委"干部管理培养 95
村（社区）"两委"干部全员轮训班 105
村（社区）"两委"干部小班制培训班 103
村（社区）党组织书记全员培训班 105

D

打击破案 156
"打非治违"整治 230
大洞镇 364
大洞镇创文 367
大洞镇党建 365
大洞镇第十七届人民代表大会第二次会议 367
大洞镇第十七届人民代表大会第三次会议 367
大洞镇基本情况 364
大洞镇经济发展概况 364
大洞镇抗洪救灾 367
大洞镇社会事业发展概况 365
大洞镇乡村振兴 366
大洞镇疫情防控 366
大洞镇应急管理 366
大洞镇综合行政执法 365
大洞镇综治信访维稳 366
大气污染防治 235
大统战工作格局构建 109
大湾镇 379
大湾镇"6·21"超百年一遇特大洪水 381
大湾镇安全生产 381
大湾镇党建 380
大湾镇第十七届人民代表大会第二次会议 382

大湾镇第十七届人民代表大会第三次会议 382
大湾镇基本情况 379
大湾镇经济发展概况 379
大湾镇美丽乡村建设 380
大湾镇社会事务发展概况 379
大湾镇特色美食、民俗活动在央视播报 381
大湾镇乡村振兴 380
大湾镇疫情防控 381
大湾镇综治信访维稳 380
大型生活垃圾压缩转运站建设 241
大站污水处理厂 238
大站镇 342
大站镇"创文""创卫" 345
大站镇安全生产 345
大站镇党建 344
大站镇第十七届人民代表大会第二次会议 346
大站镇第十七届人民代表大会第三次会议 346
大站镇环境保护 345
大站镇基本情况 342
大站镇经济发展概况 342
大站镇美丽乡村建设 345
大站镇农村综合改革 344
大站镇社会事业发展概况 343
大站镇乡村振兴 344
大站镇综治信访维稳 344
大樟沙滩度假村 249
大中专毕业生岗前培训班 103
代建项目情况 190
党校 102
党的二十大报道 278
党的二十大精神传达贯彻落实大会 136
党的二十大精神学习宣传贯彻 99
党的二十大精神学习宣传贯彻系列活动 148
党建促乡村振兴 94

党建带团建 144
党史 280
党务政务 77
党校科研 102
党校宣讲 102
党政机构职能体系 100
党组织联建共建行动 93
档案安全保密管理 281
档案工作 280
档案接收 281
档案利用 281
档案信息化建设 281
档案宣传教育 281
道路交通管理 158
德高信T三有机茶园 248
德育 262
地理位置 55
地貌 56
地名管理 300
地质 55
地质灾害防治 174
第七届英德市"英州杯"创新创业大赛 298
第三次全国国土调查 173
第五届北江鱼干美食节开幕 6
第一届特约监察员聘请会议 136
碘缺乏病监测 288
电力安全管理 214
电力服务 214
电力供应 213
电网管理 213
电信 224
电信反诈 254
电信基础管理 225
电信市场经营 224

电信网络建设维护 224

电子商务产业园 242

钉螺疫情处置 286

东华红茶小镇 248

东华污水处理厂 238

东华镇 323

东华镇党建 324

东华镇第四届人民代表大会第二次会议 325

东华镇第四届人民代表大会第三次会议 325

东华镇基本情况 323

东华镇经济发展概况 323

东华镇美丽乡村建设 325

东华镇农村综合改革 324

东华镇社会事业发展概况 324

东华镇乡村振兴 324

东华镇疫情防控 325

东华镇中心卫生院（英德市第二人民医院） 296

东华镇综治信访维稳 324

动物强制集中免疫 195

动物卫生监督巡查 195

动物疫病监测 195

动物资源 61

洞天仙境生态旅游度假区 247

督查督办 90

对外贸易 242

多党合作 109

F

发展计划管理 167

法院 162

法治·军事 155

反邪教 155

方志驿站建设 280

防洪度汛 230

防空警报试鸣活动 165

防灾减灾救灾 303

妨碍河道行洪突出问题排查整治 206

房产管理 231

房地产业管理 229

"放管服"改革 129

放管服改革 159

非公企业服务 140

非公企业沟通联系 140

非公有制经济 110

非洲猪瘟防控 195

分散式饮用水水源保护区划分 207

孵化育成体系建设 272

扶贫济困 198

福利彩票 301

妇联普法 146

妇女儿童帮扶关爱 146

妇女维权与信息服务 146

妇女议事会 146

附录 391

G

改革 77

干部培养锻炼 97

港口码头 220

港口与船舶污染物防治 221

高新技术企业和科技型中小企业 272

高中教育 264

高中学校简介 264

耕地保护 172

工程维修保养 231
工会活动 142
工会荣誉 143
工会慰问 142
工伤保险 307
工商联乡村振兴 141
工商联志愿服务 141
工业 211
工业综述 211
工业和农业源减排 234
工业园区建设 211
工资规范管理 97
公安 156
公安队伍建设 158
公安系统思想建设 156
公安宣传 158
公厕建设 239
公房管理 231
公共场所监测 289
公共场所卫生监督 290
公共法律服务 164
公共卫生服务 283
公共资源交易 130
公路安全 219
公路管理和建设 218
公路建设 218
公路养护 219
公路运输业 215
公务用车管理 131
公务员初任培训班 102
公务员登记自查整改 97
公务员管理 97
公务员全员培训暨"十个一批"干部专业化培训 103

公务员招录 97
公益诉讼检察 161
公证 164
供水基础设施建设 238
供销合作 243
共青团英德市委员会 143
固定污染源排污许可管理 235
关心下一代工作 304
广东省妇女创业小额担保贷款贴息项目 145
广东省英德监狱 166
广东省英德市地质灾害防治"十四五"规划 128
广东石门台国家级自然保护区 236
广东顺德农村商业银行股份有限公司英德支行 260
广东英德华侨农场入选第十批"中国华侨国际文
　化交流基地" 10
广东英德农村商业银行股份有限公司 256
广东英德泰隆村镇银行 260
广东粤电长湖发电有限责任公司 213
广告市场监督管理 179
广清经济特别合作区广德（英德）产业园 212
广州大学附属中学英德实验学校 266
广州市白云区对口帮扶英德 170
规范性文件备案 118
国潮文化旅游节暨"乡潮中国年"活动 6
国家女子足球英德训练基地 277
国家统计局英德调查队 176
国家卫生城市创建 291
国库会计核算 253
国土空间规划 172
国土空间生态修复 174
国有资产监督管理 189

H

浛洸污水处理厂 238
浛洸镇 358
浛洸镇安全生产 360
浛洸镇城乡清洁 360
浛洸镇党建 359
浛洸镇第十七届人民代表大会第二次会议 361
浛洸镇第十七届人民代表大会第三次会议 361
浛洸镇国土规划 360
浛洸镇环境保护 360
浛洸镇基本情况 358
浛洸镇经济发展概况 358
浛洸镇美丽乡村建设 359
浛洸镇社会事业发展概况 358
浛洸镇乡村振兴 359
浛洸镇疫情防控 360
浛洸镇中心卫生院 295
浛洸镇综治信访维稳 359
航标维护管理 221
航道管理 221
航道维护管理 221
航道巡查 222
行业安全生产 196
行业综合监管 284
好事实事 305
合同管理 190
何公坑新排涝站 231
河道管理范围划定 206
河湖"清四乱" 206
河湖长制 206
河流 57

黑臭水体治理 207
"黑广播"排查打击 224
横石水镇 325
横石水镇安全生产 328
横石水镇党建 327
横石水镇第十七届人民代表大会第二次会议 328
横石水镇第十七届人民代表大会第三次会议 329
横石水镇防汛抗洪 328
横石水镇基本情况 325
横石水镇经济发展概况 325
横石水镇美丽乡村建设 328
横石水镇社会事业发展概况 327
横石水镇乡村振兴 328
横石水镇综治信访维稳 327
横石塘镇 353
横石塘镇安全生产 355
横石塘镇城乡清洁 355
横石塘镇党风廉政 355
横石塘镇党建 354
横石塘镇第十七届人民代表大会第二次会议 355
横石塘镇第十七届人民代表大会第三次会议 355
横石塘镇基本情况 353
横石塘镇经济发展概况 353
横石塘镇美丽乡村建设 355
横石塘镇农村宅基地审批管理 355
横石塘镇社会事业发展概况 354
横石塘镇乡村振兴 355
横石塘镇综治信访维稳 354
红茶品牌影响力 199
红火蚁防控 194
红旗茶厂 249
红十字"5·8"博爱周活动 153

红外相机网格化监测 236
洪灾后清淤 240
洪灾应对 206
户外广告招牌规范 228
化妆品监管 188
环保督察整改 241
环境保护 233
环境保护与生态建设规划 235
环境质量 63
环卫质量考核 240
黄花镇 386
黄花镇安全生产 388
黄花镇党建 387
黄花镇第四届人民代表大会第二次会议 388
黄花镇第四届人民代表大会第三次会议 388
黄花镇基本情况 386
黄花镇经济发展概况 386
黄花镇美丽乡村建设 387
黄花镇社会事业发展概况 387
黄花镇生态环境保护 388
黄花镇乡村振兴 387
黄花镇综治信访维稳 387
婚姻登记 300
获认证企业名单统计 180

J

机构编制 100
机构编制规范化管理 101
机构编制资源优化配置 101
机关、群团统一社会信用代码赋码发证 101
机关党建 159

机关饭堂管理 131
机关事务管理 130
机关事业单位养老保险 307
积庆里仙湖旅游区 247
基本医疗保险扩面提标 299
基层政权 300
基础教育 263
基础设施建设 237
疾病预防控制 285
集中式供水安全保障 187
计划生育利益导向机制 284
计量监督管理 179
纪检监察队伍建设 137
技能培训 143
家庭文明建设 146
价格监督管理 179
价格认证和鉴证 168
价格收费管理 167
监管安全 166
减税降费 251
检察 159
检察队伍建设 161
检察作风建设 162
检验检测设备 289
建置沿革 54
建筑工程招投标管理 230
建筑施工质量安全监管 230
建筑市场管理 229
健康促进 291
交通安全监督 216
交通运输行政执法 218
交通运输业和邮政业 215

交通重点工程建设 215
交通综合执法 217
交易平台建设 251
教师队伍建设 263
教学质量 262
教育改造 166
教育·科技 262
教育综述 262
接待 107
节目调整 279
节约集约利用土地 173
巾帼大宣讲 145
巾帼行动 147
金融 253
金融风险防范化解 160
金融生态环境建设 253
金融业务管理 259
近距离考察识别干部 96
进城落户农民自愿有偿转让退出农村权益制
　度建立 48
禁渔期 197
经济发展 77
经济犯罪打击 160
经济管理与监督 167
经济社会发展 66
经济社会发展概况 66
经济责任审计 175
经济作物种植 192
经贸 242
经营管理 261
经营业绩 254 260
精神文明建设概况 68
警银联防反诈驿站 260
净化绿化亮化 227

竞技体育 276
九龙峰林晓镇 247
九龙镇 373
九龙镇党建 375
九龙镇基本情况 373
九龙镇经济发展情况 373
九龙镇精神文明建设 376
九龙镇美丽乡村建设 375
九龙镇人大代表活动 376
九龙镇社会事业发展概况 374
九龙镇十七届人民代表大会第二次会议 376
九龙镇十七届人民代表大会第三次会议 376
九龙镇乡村振兴 374
九龙镇疫情防控 375
九龙镇综治信访维稳 375
九州驿站·天门沟 247
居民生活消费支出情况 309
聚侨力　惠侨民 150
卷烟经营 244

K

抗洪救灾 154
抗洪抗疫"两支队伍"管理 92
抗洪抗疫用电保障 214
抗洪抢险 78
科级领导班子和干部队伍建设 96
科技创新 187
科技创新平台建设 272
科技项目 272
科普服务公共平台 151
科普宣传 272
科普宣传活动 151

科学技术 271
空气环境质量 234
控告申诉检察 160
矿产资源 61
矿产资源管理 174
困难群体保障政策 308

L

垃圾分类 240
劳动保障 297
劳模宣传交流活动 143
老干部服务 105
老干部工作宣传 107
老干部活动阵地建设 106
老干部生活待遇落实 106
老干部政治待遇落实 105
老干部志愿服务活动 107
老干部走访慰问 106
老虎岩垃圾填埋场运营监督管理 241
离退休党支部达标创优 106
黎溪镇 346
黎溪镇安全生产 348
黎溪镇党建 349
黎溪镇第十七届人民代表大会第二次会议 349
黎溪镇第十七届人民代表大会第三次会议 349
黎溪镇基本情况 346
黎溪镇经济发展概况 346
黎溪镇抗洪救灾 347
黎溪镇粮食安全 348
黎溪镇落实林长制 348
黎溪镇落实河长制 348
黎溪镇社会事业发展概况 347

黎溪镇乡村振兴 348
黎溪镇疫情防控 349
黎溪镇综治信访维稳 349
李鼎新事迹 93
理论学习 99
连江航道（英德段） 221
连江口镇 350
连江口镇安全生产 352
连江口镇党建 351
连江口镇第十七届人大代表补选 353
连江口镇第十七届人民代表大会第二次会议 352
连江口镇第十七届人民代表大会第三次会议 352
连江口镇第十七届人民代表大会第四次会议 353
连江口镇基本情况 350
连江口镇经济发展概况 350
连江口镇抗洪救灾 351
连江口镇美丽乡村建设 352
连江口镇社会事业发展概况 350
连江口镇脱贫攻坚成果巩固 352
连江口镇乡村振兴 352
连江口镇综治信访维稳 351
连樟村妇联被授予"全国妇联系统先进集体"称号 5
连樟样板区城乡融合发展试验探索 168
连樟样板区城乡融合发展试验探索 47
良种良法宣传及农业技术指导 202
粮食生产 191
粮食物资仓储建设 244
粮食物资储备 244
粮食物资储备安全生产 244
粮食与物资储备管理 168
两大百亿产业 191
两大百亿产业政策 198

索 引

两汉、三国、两晋时期 54
两宋时期 55
"两新"组织党建示范点打造 96
"两新"组织领域基层党建 96
亮化管理 239
林长制 204
林长制工作 236
林木采伐 205
林业 203
林业病虫害防治 204
林业生产 205
林业行政执法 204
领导干部接访约访活动 108
"龙舟水"过程气象保障服务 210
龙山庄垃圾压缩中转站升级改造 239
路政管理 219
旅游接待与收入 246
旅游景区（点）简介 247
旅游行业管理 246
旅游宣传与节庆活动 246
旅游业 246
旅游业综述 246
旅游资源 61
旅游资源开发和景区（点）建设 246
绿化建设（改造） 238
绿化日常养护管理 239
绿化养护 238
绿色农业 194

M

麻腮风疫苗查漏补种及评估 287

慢性非传染性疾病防控 288
贸易 242
"美丽庭院"创建活动 147
美丽乡村建设 193
免疫规划 286
民政 299
民国时期 55
民进参政议政 139
民进社会服务 140
民盟参政议政 138
民盟社会服务 139
民盟自身建设 138
民商事审判 162
民生实事建设 129
民生事业 78
民生事业支出 250
民生司法保障 163
民生项目 190
民事检察 161
民主党派 138
民主党派和工商联 138
民族 64 309
民族宗教 64 110 308
模范机关创建 94

N

内部管理 254
内控管理 255 259 261
纳入国家满意度评价案件 108
纳税服务 252
奶业生产能力提升项目 195

南北朝时期 54

南岭国家公园项目建设 237

南山 249

能源管理 168

年度关注 1

农产品安全源头管理 186

农村产权抵押担保权能完善 48

农村环境整治 235

农村集体经营性建设用地入市制度建立 47

农村集中供水工程建设 206

农村居民收入状况 309

农村危房改造 229

农村信用体系建设 259

农机安全生产 201

农机购置补贴 201

农机管理 200

农机设备基本情况 200

农机示范推广 201

农机业务管理 202

农贸市场升级改造 186

农民持续增收体制机制健全 49

农业 191

农业综述 191

农业产业化发展水平 192

农业风险保障 261

农业技术培训 202

农业技术推广与培训 202

农业科技 202

农业生产社会化服务 201

农业·水利·气象 191

农作物新品种试验示范 202

女足基地升级改造 277

疟疾监测 288

P

彭家祠 248

品种引进 202

普法依法治理 164

普惠金融业务 255

Q

企业管理 226

企业信息化发展 226

企业职工养老保险 307

气候 58 208

气象 208

汽车站简介 218

侨界代表人士专题学习 149

侨界青年大学生联谊活动 149

侨联扶贫救助 150

侨联联谊拓展 150

侨企服务 150

侨文化建设 150

侨务 111

桥头镇 320

桥头镇党建 321

桥头镇第十七届人民代表大会第二次会议 323

桥头镇基本情况 320

桥头镇经济发展概况 320

桥头镇抗灾救灾 322

桥头镇美丽乡村建设 322

桥头镇农村综合改革 322

桥头镇社会事业发展概况 321

桥头镇乡村振兴 322

桥头镇疫情防控 323

桥头镇综治信访维稳 322

禽类市场外环境监测 287

青年发展体制机制 144

青少年思想道德建设 143

青塘镇 317

青塘镇安全生产 319

青塘镇党建 319

青塘镇第十七届人民代表大会第二次会议 320

青塘镇第十七届人民代表大会第三次会议 320

青塘镇非法开采稀土矿整治 319

青塘镇基本情况 317

青塘镇经济发展概况 317

青塘镇农村综合改革 319

青塘镇社会事业发展概况 318

青塘镇乡村振兴 319

青塘镇综治信访维稳 319

《清远名村系列丛书》编纂出版 280

清洁卫生服务费和生活垃圾处理费征收 241

清远鸡产业发展 194

清远市金鸡林场 205

清远市英德林场 205

清远市粤运汽车运输有限公司英德分公司 218

清远英德高新技术产业开发区 211

情暖童心公益活动 148

庆祝"三八"国际妇女节座谈会 145

全市道路交通安全"百日攻坚（第六轮）"行动工作推进会 125

全市纪委监委机关党史学习教育总结会议 135

全体居民收入状况 309

群团组织 142

群众身边腐败和作风问题专项整治 137

群众体育 276

群众体育活动 276

群众文化 274

R

燃气服务监管 228

人才服务体系 99

人才工程项目 98

人才人事 298

人才政策体系优化 98

"人民满意的公务员"和"人民满意的公务员集体"推荐活动 98

人大常委会会议 112

人大代表"以人民为中心"网格式联系服务群众 119

人大代表活动 120

人大代表建议办理 119

人大代表约见市长活动 120

人大监督 117

人大新闻宣传 119

人大执法检查 118

人大重要会议 111

人大重要活动和主要工作 117

人大专题调研 118

人口 63

人口·语言 63

人力资源和社会保障 297

人民调解 165

人民防空 165

人事任免 119

人物 389
日常监督 136
融媒体 278
融媒体中心宣传 278
软弱涣散村（社区）党组织排查整顿 95

S

"三问一评"跟踪监督机制 119
"三线一单"成果运用 235
"四风"纠治 136
赛事活动 277
扫黑除恶斗争 155
森林防火 203
森林生态安全 159
森林资源 60
森林资源保护与管理 203
森林资源管护 205
森林资源智能化管护 236
沙口镇 333
沙口镇安全生产 336
沙口镇党建 336
沙口镇第十七届人民代表大会第二次会议 336
沙口镇第十七届人民代表大会第三次会议 337
沙口镇基本情况 333
沙口镇经济发展概况 333
沙口镇农村综合改革 335
沙口镇社会事业发展概况 334
沙口镇乡村振兴 335
沙口镇综治信访维稳 336
山脉 57
汕昆高速桥头互通连接线改扩建工程建成通车 322
社保扩面征缴 307

社保助企纾困政策 307
社会保险 306
社会保障政策落实与监督 297
社会工作人才 301
社会公益 245
社会监督 162 163
社会救助 300
社会力量办学 268
社会矛盾化解 155
社会生活 297
社会事业发展概况 68
社会治安 157
社会治理 161
社会综合治理 156
社会组织管理 300
社区矫正和安置帮教 165
社区康园中心建设 153
涉航项目技术核查 222
审计 174
生活饮用水卫生监督 290
生态产品价值实现机制建立 49
生态公益岗位设立 236
生态环境保护 78
生态环境保护宣传 234
生态环境监测 235
生态环境监察 233
生态环境检察 160
生态环境信访 236
生态文明建设概况 70
生育优质服务 284
生猪产业转型升级 195
生猪屠宰标准化建设 195
声环境 63

声环境质量 234
省级水产健康养殖和生态养殖示范区创建 197
失业保险 307
诗词六进 275
诗社作业 275
施工安全生产监管 190
十九届中央纪委六次全会精神专题学习 135
石牯塘镇 356
石牯塘镇安全生产 357
石牯塘镇城乡清洁 357
石牯塘镇党建 357
石牯塘镇第十七届人民代表大会第二次会议 357
石牯塘镇第十七届人民代表大会第三次会议 358
石牯塘镇基本情况 356
石牯塘镇经济发展概况 356
石牯塘镇社会事业发展概况 356
石牯塘镇乡村振兴 357
石牯塘镇疫情防控 357
石牯塘镇综治信访维稳 357
石灰铺镇 376
石灰铺镇安全生产 378
石灰铺镇党建 377
石灰铺镇第十七届人民代表大会第二次会议 378
石灰铺镇第十七届人民代表大会第三次会议 379
石灰铺镇环境治理 377
石灰铺镇基本情况 376
石灰铺镇经济发展概况 376
石灰铺镇抗洪救灾 379
石灰铺镇美丽乡村建设 378
石灰铺镇农村综合改革 377
石灰铺镇社会事业发展概况 377
石灰铺镇社会综合治理 378
石灰铺镇乡村振兴 378

石灰铺镇疫情防控 378
石油销售 245
石油销售管理 245
实名制系统数据管理 101
食品安全"两个责任" 186
食品安全监督管理 186
食品安全培训 187
食品安全消费投诉 186
食品安全宣传 187
食品安全应急 187
食品风险监测 187
食品监督抽检 186
食品快筛快检 186
食盐储备 245
食盐销售 245
食盐专营 245
史志档案管理 90
史志工作 279
市场管理 243
市场监督管理 176
市场建设 243
市场建设与管理 242
市场秩序维护 180
市管非实职领导干部管理 97
市纪委十四届二次全会 135
市区国有土地上房屋征收 231
市区环境空气质量 63
市区石门台饮用水工程（一期）推进会 126
市人大常委会领导名单 70
市人大代表约见市长座谈会 127
市人民政府领导名单 70
市十六届人民代表大会第二次会议 112

市委常委会（扩大）会议 79
市委常委会工作报告 14
市委人大工作会议 111
市委深化改革 91
市委重要会议 79
市政府常务会议 120
市政府重要会议 120
市政府重要政事与决策 127
市政设施建设 227
市政协常务委员会会议 132
市政协全体委员会议 132
市直（驻英德）机关党组织书记培训班 104
市直（驻英德）机关党组织委员培训班 104
市直机关党务 94
市直机关发展对象培训班 102
市直机关预备党员培训班 103
市直机关转正1年内的正式党员培训班 103
市重点工程项目房屋拆迁 231
市重点医院简介 291
示范点建设 176
事业单位登记管理 101
事业单位法人公示信息抽查 101
事业单位法人年度报告 101
事业单位结构调整 101
事业单位信用体系建设 102
收入与消费 309
收养登记 300
鼠密度监测 287
"数字财政"建设 250
"数字政府"建设 130 226
数字化经营 255
"双随机"监督抽检 290
"双减" 263

双拥模范城创建 301
水电 213
水利 205
水边镇 370
水边镇安全生产 372
水边镇城乡清洁 372
水边镇创文宣传 372
水边镇党建 371
水边镇第十七届人民代表大会第二次会议 372
水边镇第十七届人民代表大会第三次会议 372
水边镇基本情况 370
水边镇经济发展概况 370
水边镇美丽乡村建设 372
水边镇社会事业发展概况 370
水边镇食品安全 371
水边镇乡村振兴 372
水边镇疫情防控 372
水边镇综治信访维稳 371
水产品质量安全 197
水产品质量监管 196
水产养殖 196
水产业 196
水厂建设 238
水环境 63
水环境质量 234
水库除险加固工程 207
水库移民村家园建设 306
水库移民村亮化工程 306
水库移民后期扶持 306
水利工程质量监督 208
水利移民 306
水路运输市场 220
水路运输业 220

水泥产业 212
水泥产业能源消耗情况 245
水上交通安全管理 222
水上交通安全监督管理 222
水源地建设 238
水质监测 288
水资源 60
税务 251
税收征管 251
司法体制改革 163
司法行政 163
死因监测 288
隋、唐、五代十国时期 54
索引 435

T

台、港、澳 110
台泥（英德）水泥有限公司 212
特殊教育 264
特载 14
特种设备安全监察 177
铁路运输业 220
铁溪小镇 249
统计 175
统计法治 175
统计法治宣传 176
统计服务 175
统计执法检查 176
统计专项调查 175
统战 108
突发公共卫生事件处置 285
土地要素保障 172

土地资源 59
土壤 57
土壤污染防治 235
团工作新平台 143
团市委志愿服务 144
团市委助力乡村振兴 144
退役军人服务保障体系建设 301
退役军人就业帮扶 302
退役军人事务 301
退役军人信访维稳 302
退役军人应急救助 302
退役军人志愿服务体系建设 301
拖拉机驾驶员培训 201

W

"我为群众办实事"实践活动 95
外汇管理情况 253
网络保障服务 225
网络市场行为规范 178
望埠镇 337
望埠镇安全生产 340
望埠镇残联第八次代表大会 341
望埠镇超百年一遇特大洪水 340
望埠镇城乡清洁 340
望埠镇党建 338
望埠镇第十七届人民代表大会第二次会议 341
望埠镇第十七届人民代表大会第三次会议 341
望埠镇巩固脱贫攻坚成效 339
望埠镇基本情况 337
望埠镇经济发展概况 337
望埠镇美丽乡村建设 339
望埠镇社会事业发展概况 338

望埠镇首届电商直播大赛 341
望埠镇疫情防控 340
望埠镇综治信访维稳 339
为农服务 243
圩镇整治 233
卫生基础设施建设 283
卫生监督 289
卫生监督协管建设 290
卫生健康 282
卫生人才队伍建设 284
卫生信息化建设 283
未成年人检察 160
文化成就 274
文化活动 273
文化·体育·传媒 273
文化综述 273
文史资料 134
文体市场 275
文体市场管理 275
文体市场综合执法 276
文艺活动 147
文艺进校园 148
稳就业促创业 297
污染防治 234
无线电安保 224
无线电管理 224
无线电信号监测 224
无证行医打击 290
物业管理 229

X

西城污水处理厂 238

西牛镇 367
西牛镇安全生产 369
西牛镇党建 368
西牛镇第十七届人民代表大会第二次会议 369
西牛镇第十七届人民代表大会第三次会议 369
西牛镇基本情况 367
西牛镇经济发展概况 367
西牛镇精准扶贫 369
西牛镇麻竹笋产业 368
西牛镇美丽乡村建设 368
西牛镇社会事业发展概况 368
西牛镇疫情防控 369
西牛镇综治信访维稳 368
习近平总书记在庆祝中国共产主义青年团成立
　　100周年大会上的重要讲话精神专题学习 135
下砳镇 361
下砳镇安全生产 363
下砳镇城乡清洁 363
下砳镇党建 362
下砳镇第十七届人民代表大会第二次会议 363
下砳镇第十七届人民代表大会第三次会议 364
下砳镇环境保护 363
下砳商会第一次会员大会 363
下砳镇基本情况 361
下砳镇经济发展概况 361
下砳镇社会事业发展概况 362
下砳镇疫情防控 363
下砳镇综治信访维稳 363
仙桥地下河 247
先进单位与个人 400
先秦以前 54
乡村新闻官 100
乡村振兴 77 198

乡村振兴新闻发布会 198
乡村振兴助力 254
乡村振兴驻镇帮镇扶村工作队员培训班 103
乡村振兴资金管理使用暨农村集体"三资"管理
　专项巡察县级交叉巡察 381
乡镇"五小"场所和周转房建设 96
消防审验 230
消费维权 180
小流域整治工程建设 207
校园安全 262
校园足球 277
新冠病毒疫苗接种 285
新冠疫情常态化防控 282
新冠疫情防控 285
新任英德市副市长 389
新物种 237
《信访工作条例》宣传 108
信访 107
信访维稳 190
信息化建设 226
信息业 224
信用监管 177
刑事检察 161
刑事审判 162
行政复议和行政应诉 164
行政和事业人员用编计划 101
行政检察 161
行政区划 64
行政区域界线勘定 65
行政事业（企业）单位负责人名单 71
行政执法监督 164
行政中心后勤管理 131

杏林公益金救助 154
徐家庄生态旅游景区 247
畜牧业 194
畜牧业受灾情况 196
畜禽产地和屠宰检疫 195
畜禽养殖废弃物资源化利用 196
宣传 99
宣传报道 305
宣传教育 289
宣传培训教育 304
"学习宣传二十大　党群连心访万家"活动 93
学前教育 263
学术交流 151
学校、幼儿园卫生监督 290
学校卫生监测 289
巡察 137

Y

"雁归计划" 98
亚婆田·白水寨生态旅游度假区 249
烟草专卖 244
演出活动 275
养老待遇调整 307
养殖 192
养殖业政策性保险措施 196
药品、医疗器械、化妆品安全监督管理 188
药品、医疗器械监管 188
药械化不良反应报告 189
业务发展 254　255
"一村一品、一镇一业"项目建设 194
一般程序行政执法 228

医保基金监管 299
医共体建设 283
医疗保障改革 299
医疗保障管理 299
医疗服务 283
医疗救助 299
医疗卫生 282
医药服务管理 299
依法行政 164
依法治市 163
依法治税 252
宜居城乡建设 229
移动 225
移动网络建设 225
移动业务发展 225
义务教育 263
疫苗安全管理 188
疫苗可预防传染病监测 287
疫情防控 79 158 166 167 180 188
疫情救治保障 299
疫情信息处置 286
应急管理 302
应急体制机制建设 303
应急物资管理 244
《英德年鉴·2022》编纂出版 280
《英德市妇女发展规划（2021—2030年）》《英德市儿童发展规划（2021—2030年）》 128
英城街道 310
英城街道安全生产 312
英城街道党建 311
英城街道基本情况 310
英城街道经济发展概况 310

英城街道抗洪救灾 312
英城街道社会事业发展概况 310
英城街道生态文明建设 312
英城街道乡村振兴 311
英城街道新冠疫情防控 312
英城街道综治信访维稳 311
英德多个品牌获第二届世界红茶产品质量推选活动"大金奖" 11 199
英德概览 54
英德国家森林公园获批为国家级森林公园 10
英德红茶地理标志 199
英德红茶国家产业园 199
英德红茶获广东首批"粤地优品——广东高品质地理标志"称号 11 200
英德华粤教育集团 269
英德华粤艺术学校 269
英德华粤幼儿园 271
英德华粤中英文学校 270
英德两处遗址入选"广东十年十大重要考古发现" 8
英德木呷狮舞入选第八批省级非遗代表性项目名录 8
英德农商银行"三农"金融 257
英德农商银行好德金融 256
英德农商银行科技金融 258
英德农商银行平安金融 258
英德农商银行小微金融 257
英德农商银行责任担当 256
英德青塘考古遗址公园入选第四批国家考古遗址公园立项名单 12
英德入选2022年度全国投资潜力百强县（市） 11
英德诗社 274
英德市2020—2022年社会经济主要指标 396
英德市2022年大事记 50

索　引

英德市2022年各镇（街道）主要经济指标 397
英德市安全生产和消防安全工作会议 127
英德市残疾人联合会 151
英德市城镇排水管理办法 127
英德市创新驱动发展专项资金管理暂行办法 128
英德市第二中学 265
英德市第一中学 265
英德市代建项目管理中心 190
英德市东岸北片区排涝站升级改造工程 231
英德市东岸南片区排涝站升级改造工程 231
英德市防汛救灾复盘工作座谈会 126
英德市妇女第十三次代表大会 145
英德市妇女联合会 145
英德市妇幼保健院 294
英德市工商业联合会 140
英德市公共资源交易中心 251
英德市归国华侨联合会 148
英德市侨联七届六次全体委员会议召开 148
英德市红十字会 153
英德市化工行业安全发展规划（2022—2026）127
英德市经济形势研判会议 126
英德市科学技术协会 151
英德市粮食生产暨复工复产进度督导会 126
英德市留学人员联谊会成立 149
英德市慢性病防治医院 294
英德市气象灾害防御重点单位名单 210
英德市气象灾害应急预案 128
英德市气象灾害应急预案 210
英德市清涟小学 269
英德市秋光歌舞团 275
英德市区石门台饮用水工程项目一期正式通水 12
英德市人民代表大会 111

英德市人民医院 291
英德市人民政府 120
英德市人民政府2022年度行政规范性文件制定
　计划 128
英德市人民政府2022年度重大行政决策事项
　目录 128
英德市生态环境保护"十四五"规划 128
英德市时代楷模、道德模范、最美人物 34
英德市实验小学 271
英德市实验中学 269
英德市田家炳中学 266
英德市统战成员培训班 105　110
英德市头号民生工程"护航" 119
英德市投资审核中心改革 101
英德市土地储备有关工作会议 124
英德市危险化学品禁止、限制和控制目录（试行）127
英德市违法用地问题整治工作推进会议 125
英德市文学艺术界联合会 147
英德市县域农村生活污水治理专项规划（2020—
　2025年） 128
英德市乡镇渡口渡船运行管理实施方案（暂行）127
英德市畜禽养殖发展规划（2021—2035年） 128
英德市畜禽养殖污染防治规划（2021—2025）128
英德市应急管理"十四五"规划 128
英德市英德中学 264
英德市英东中学 266
英德市英西中学 267
英德市粤海实验学校 268
英德市政协领导名单 71
英德市职业技术学校 267
英德市中医院 293
英德市重污染天气应急预案（修订） 127

英德市综合交通运输"十四五"发展规划 128
英德市总工会 142
英德站 220
英红镇 329
英红镇城乡清洁 332
英红镇党建 331
英红镇第五届人民代表大会第二次会议 332
英红镇第五届人民代表大会第三次会议 333
英红镇国土规划 332
英红镇基本情况 329
英红镇经济发展概况 329
英红镇美丽乡村建设 332
英红镇社会事业发展概况 330
英红镇乡村振兴 331
英红镇疫情防控 331
英红镇应急管理 331
英红镇综治信访维稳 331
英九庄园 249
英西峰林·九重天 248
英西峰林·老虎谷溶洞漂流 248
英西峰林走廊 249
英州红茶趣园 248
英州文艺讲堂 148
营林生产 205
营商环境建设 168
营商环境优化 159
拥军慰问关爱 301
优抚服务 302
优秀老干部表彰和老干大学业务培训活动 107
邮政改革创新 223
邮政能力建设 223
邮政业 223

邮政业务发展 223
有线广播电视网络 279
有线广播电视网络安全播出 279
有线广播电视网络抗洪救灾复工复产 279
渔船管理 197
渔业安全生产管理 198
渔业绿色循环发展试点项目 197
渔业灾情 197
渔政管理 197
舆论宣传 100
语言 63
预防接种异常反应监测 286
元、明、清时期 55
云水谣生态旅游度假区 248
运输行业管理 216

Z

灾后房屋评估 230
灾后复产 193
造价管理 190
造血干细胞捐赠 154
增殖放流活动 197
招商引资 242
浈阳峡风景区 247
镇（街道） 310
镇（街道）党（工）委、政府（办事处）主要负责人名单 75
镇（街道）党务干部队伍"优才培育计划" 95
镇（街道）党校建设 102
镇（街道）人大主席（主任）座谈会 117
镇志申报编修 280
政法队伍教育整顿 156

政法与综治 155
政府工作报告 21
政务服务 129
政务服务便民热线管理 130
政务服务管理 130
政务和公益机构域名注册和网上名称管理 102
政务信息 91
政协联络活动 134
政协提案 133
政协协商议政、民主监督 133
政协英德市委员会 132
政协重要会议 132
政协重要活动和主要工作 133
政协综述 132
政治监督 136
政治建设 77
知识产权保护 178
执法监督管理 208
值班值守 91
职业技能提升培训 297
职业教育 267
职业卫生监督 290
植树造林 203
治超非现场执法设施应用 217
治理效能 163
质量监督管理 177
智慧广电平安英德治安视频监控传输系统项目 279
智慧农机和稻谷机械化烘干项目建设 201
中共大湾镇第十六届代表大会第二次会议 382
中共桥头镇第十六届党员代表大会第二次会议 323
中共望埠镇第十五届党员代表大会第二次会议 341
中共西牛镇第十六届党员代表大会第二次会议 369
中共英德市纪律检查委员会 英德市监察委员会 134
中共英德市委领导名单 70
中共英德市委员会 77
中共英德市委员会综述 77
中共英红镇第五届党员代表大会第二次会议 332
中国工商银行股份有限公司英德支行 253
中国共产党英德市第十四届委员会第二次全体会议 79
中国建设银行股份有限公司英德支行 255
中国民主促进会英德市总支部委员会 139
中国民主同盟英德市基层委员会 138
中国农业银行股份有限公司英德市支行 254
中国人民财产保险股份有限公司英德支公司 261
中国人民银行英德市支行 253
中国邮政储蓄银行股份有限公司英德市支行 259
中华人民共和国时期 55
中华英石园 248
中介服务管理 232
中青年干部培训班 104
中医药服务 283
肿瘤监测 288
种植业 193
重点工作任务 189
重点领域改革 250
重点项目建设 167
重复信访、信访积案专项集中治理 108
重症"地贫儿"专项救助行动 153
主题词索引 435
主题教育活动 304
主要接待 107
主要气候事件 208
主要行政事业机构及负责人名单 70

住房改革资金管理 231

住房公积金管理 251

助力乡村振兴 260

助企助农 253

注册登记 176

专辑 34

专卖管理 244

专业知识业务培训 237

转业安置 302

资源开发和景区（点）建设 246

自然地理 55

自然教育活动 237

自然资源 59 172

自然资源领域改革 173

自然资源执法监察 174

宗教 64 309

综合调研 91

综合协调服务 89

组织 92

最美人大代表联络站创建 119

▲2022年3月，英德各大茶园陆续开采春茶　　　　　　　　　　　　（南方日报英德站供图）